지방공기업 운영 공공체육시설 경영론

Management theory of Public Sports Facilities
run by Local Public Enterprises

지방공기업 운영
공공체육시설 경영론

초판 1쇄 발행 2021년 1월 1일

지은이 정인환(casajung@naver.com)
펴낸이 장길수
펴낸곳 지식과감성#
출판등록 제2012-000081호

디자인 박예은
편집 박예은, 이현
교정 양수진
마케팅 고은빛

주소 서울시 금천구 벚꽃로298 대륭포스트타워6차 1212호
전화 070-4651-3730~4
팩스 070-4325-7006
이메일 ksbookup@naver.com
홈페이지 www.knsbookup.com

ISBN 979-11-6552-572-9(93320)
값 25,000원

ⓒ 정인환 2021 Printed in Korea

잘못된 책은 구입하신 곳에서 바꾸어 드립니다.
이 책의 전부 또는 일부 내용을 재사용하려면 사전에 저작권자와 펴낸곳의 동의를 받아야 합니다.

이 도서의 국립중앙도서관 출판예정도서목록(CIP)은 서지정보유통지원시스템
홈페이지(http://seoji.nl.go.kr)와 국가자료공동목록시스템(http://www.nl.go.kr/kolisnet)에서
이용하실 수 있습니다. (CIP제어번호 : CIP2020050489)

 홈페이지 바로가기

지방공기업 운영 공공체육시설 경영론

Management theory of Public Sports Facilities run by Local Public Enterprises

정인환 지음

우리 옆에 있는 지방공기업, 우리 옆에 있는 공공체육시설 제대로 이해하기!

지방 직영기업   지방 공사   지방 공단

목차

제1장 지방공기업 개요　5
　제1절 지방공기업 의의　7
　제2절 지방공기업 분류　14
　제3절 지방공기업 관련기관　20

제2장 지방공기업 설립 및 운영사업　33
　제1절 지방공기업 설립　35
　제2절 지방공기업 운영사업　57

제3장 지방공기업 운영기준　85
　제1절 조직 및 인력 운영기준　87
　제2절 인사 운영기준　105
　제3절 보수 운영기준　111
　제4절 예산 편성기준　119

제4장 지방공기업 경영평가　151
　제1절 경영평가　153
　제2절 경영평가 지표 이해　168
　제3절 경영평가 결과 및 활용　181

제5장 공공체육시설 관련 법령　207
　제1절 지방공기업 관련 법령　209
　제2절 체육 관련 법령　220

제6장 공공체육시설의 이해　237
　제1절 체육정책의 변천　239
　제2절 공공체육시설의 이해 및 운영　247

제7장 공공체육시설 경영　263
　제1절 경영　265
　제2절 위·수탁 협약 및 사업(운영)계획　270
　제3절 공공체육시설 관리운영　289

제8장 지방공사·공단 운영 공공체육시설　377
　제1절 공공체육시설 현황　379
　제2절 서울시 자치구 공단 운영 체육시설　402

제9장 지방공사·공단 운영규정　437
　제1절 운영규정의 이해　439
　제2절 지방공사 운영규정　444
　제3절 지방공단 운영규정　463
　제4절 체육시설 및 선수단 운영규정　480

참고문헌　504

찾아보기, 색인　506

제 **1** 장

지방공기업 개요

제1장 목차

제1절 지방공기업 의의　　　7
1. 개요
2. 특성
3. 지방공기업 변천

제2절 지방공기업 분류　　　14
1. 개요
2. 지방 직영기업
3. 지방공사·공단

제3절 지방공기업 관련기관　　　20
1. 행정안전부
2. 지방공기업평가원
3. 한국지방공기업학회

제1절 지방공기업 의의

1. 개요

1 정의

「지방공기업법」 제1조(목적)에서는 지방공기업은 '지방자치단체가 직접 설치·경영하거나, 법인을 설립하여 경영하는 기업의 운영에 필요한 사항을 정하여 그 경영을 합리화함으로써 지방자치의 발전과 주민 복리의 증진에 이바지함을 목적으로 한다.'로 정의되어 있다. 지방공기업은 위 법률에서 명시한 바와 같이 지방자치단체가 설치하고 경영하는 것을 말하며, 설치·경영하는 분명한 이유는 지방자치의 발전과 주민 복리의 증진에 이바지한다고 설명하고 있다. 이처럼 지역주민의 복리 증진을 위해 지방자치단체에서 설립·운영하는 기업을 "지방공기업"이라 말할 수 있을 것이다. 정미균(2007)의 '지방공기업(地方公企業)의 활성화 방안에 관한 연구'에서는 '일반적으로 공기업(Public enter prise, Public corporation)이란 국가 또는 지방자치단체(地方自治團體)가 수행하는 사업 중 기업적인 성격을 지닌 것을 말한다.'라고 정의하였으며, 지방공기업 설립 목적은 지방자치단체가 지역주민의 복지증진을 목적으로 직접 경영하는 기업 활동을 "지방공기업"이라 할 수 있다고 정의하였다. 지방공기업은 지방자치의 발전과 주민의 복리증진(福利增進)에 기여하기 위해 지방자치단체가 직접 설치·경영하거나 법인(공사, 공단 및 민·관 합작 법인)을 설립(設立)하여 간접적으로 경영(經營)하는 기업(企業)이라고 정의할 수 있을 것이다.

2 개념

지방공기업은 지방자치단체가 설립하여 운영하는 시설로서 백승전(2013. 6)은 다음과 같이 지방공기업 개념에 대하여 설명하고 있다. 지방공기업은 지방자치단체가 주민의 복지증진을 목적으로 경영하는 사업 중 「지방공기업법」의 적용을 받는 사업을 영위하는 기업으로 일반 행정이나 민간기업 및 국가공기업과는 다음과 같이 구분된다. 일반 행정은 일반 공공수요를 충족시키는 활동으로 그 효과는 대체로 관할지역 내 일반 주민에게 귀속되고 그 비용은 권력적으로 부과·징수되는 조세(租稅)로 충당한다. 이에 비하여 지방공기업은 특정 공공수요를 충족시키는 활동으로 그 효과는 관할지역을 넘어 특정 개인에게 분할·귀속돼도 그 비용은 이용자가 부담하는 요금수입으로 충당한다. 민간 기업은 소유·경영의 주체가 개인 또는 사(私)법인 단체로서 이윤 획득을 목적으로 하며 이윤은 주주에게 배당된다. 이에 비하여 지방공기업은 소유·경영의 주체가 지방자치단체로서 주민편익과 공공복지 증진을 목적으로 하며, 이익은 시설개량이나 서비스 향상 등을 통하여 주민에게 환원된다. 국가공기업은 국가가 출자한 공기업으로 국가조직으로부터 독립된 기업체로 운영되고 규모가 크고 서비스 수혜 범위가 전국적이며, 공기업·준정부기관·기타 공공기관 등이 있다. 지방공기업은 국가공기업보다 대부분 규모가 크지 않고 지역주민들과의 생활 밀착성이 있으며, 지방자치단체가 설립하고 운영하는 지역에 대한 특수성을 지니고 있다. 이러한 지방공기업의 개념을 크게 3가지로 구분하여 설명할 수 있으며, 3가지의 개념은 다음과 같다.

첫째, 지방공기업을 위해 제정된「지방공기업법」의 적용을 받는 사업을 수행하여야 하며, 둘째, 지방공기업을 설립하는 주체는 지방자치단체이어야 한다. 셋째, 설립된 지방공기업은 독립채산의 원칙으로 운영되어야 한다는 것이다.「지방공기업법」제2조(적용범위)에서 정하고 있는 사업의 범위 내에서 운영되어야 하며, 같은 법 제1조(목적) '이 법은 지방자치단체가 직접 설치·경영하거나 법인을 설립하여 경영하는 기업의 운영에 필요한 사항을 정하여'로 규정하고 있는 것처럼 지방자치단체에서 직접 설치하거나 운영되어야 한다. 설립 주체는 지방자치단체로서 지방공기업의 설립목적 자체가 지방자치의 발전과 주민 복리의 증진을 위한 공익사업이라 할 수 있을 것이며, 이렇게 지방공기업은 법률(法律)에서 정하고 있는 기준의 적용을 받아 운영되어야 한다. 또한, 지방공기업은 이윤을 최우선으로 하는 민간기업과는 다르게 이윤 창출을 최우선으로 하지는 않는다. 지방공기업 경영에 있어 공익성과 수익성이 적절히 분배되어 조화를 이뤄 운영되어야 하며, 이는 지방공기업에서 운영하는 사업이 지역주민들의 일상생활과 밀접하게 작용하고 대부분의 운영사업이 지역주민들에 대한 공익적 서비스 산업으로 운영되기 때문이다. 지방공기업의 과도한 영업수익은 지역주민들에게 부담으로 작용하기 때문이다. 그런데도 지방공기업은 사업을 경영하는 기업으로서 기업 스스로의 수지에 의해 경영되어야 하는 독립채산(獨立採算)을 원칙으로 운영되어야 한다.

2. 특성

지방공기업은 지방자치단체가 설립하여 운영되는 기관으로서 다양한 특성을 가지고 있으며, 지방공기업의 특성을 지방정부성(지방자치단체), 공익성, 기업성, 지역성, 사회적 공동 소비성 등 크게 5가지의 특성으로 구분하여 설명할 수 있을 것이다. 5가지 특성은 다음과 같다.

1 지방정부성(지방자치단체)

지방공기업의 설립은 「지방공기업법」 제1조(목적)에 지방자치단체가 설치·경영하도록 규정되어 있다. 중앙정부가 아닌 지방자치단체에서 운영하는 지방공기업은 지방공사·공단 등 별도의 법인체(法人體)를 설립하여 운영하지만 그런데도 최종적인 경영 주체는 지방자치단체가 된다. 지방자치단체에서 설립·운영하는 지방공기업은 「지방공기업법」 제5조(지방 직영기업의 설치)에서 규정하고 있는 지방 직영기업과 「지방공기업법」 제49조(설립)에서 규정하고 있는 지방공사, 「지방공기업법」 제76조(설립·운영)에서 규정하고 있는 지방공단 등이 있다. 이들 지방공기업은 해당 지방자치단체에서 해당 지역에 설립하고 운영하는 특성이 있다.

2 공익성

지방공기업의 설립목적은 지역주민의 복리증진이다. 「지방공기업법」 제1조(목적)에 '주민 복리의 증진에 이바지함을 목적으로 한다.'로 규정되어 있다. 민간기업의 설립목적은 이윤 추구라고 정의할 때 설립목적 자체가 공공성을 띠고 있다 할 수 있다. 지방공기업은 사업 운영에 있어 정책적 특성에 의해 지역주민을 위한 채산성 낮은 사업 등을 수행(공익성)하기도 하며 기업 운영을 통해 이윤이 발생할 경우에도 이를 운영사업의 시설 개선, 또는 서비스 개선 등의 영역에 재분배하여 지역주민의 복지증진 향상을 위해 운영되는 것이 민간기업과는 차별화되어 있는 지방공기업의 특성이라 할 수 있다.

3 기업성

「지방공기업법」 제3조(경영의 기본원칙) 1항에는 지방공기업 경영의 기본원칙에 관해 설명하고 있으며, 주요 내용은 '지방직영기업(地方直營企業), 지방공사 및 지방공단(이하 '지방공기업'이라 한다)은 항상 기업의 경제성과 공공복리를 증대하도록 운영하여야 한다.'로 규정하고 있다. 제14조(독립재산)에서는 독립재산제를 시행하여 기업을 창의적이며, 효율적으로 운영할 수 있도록 하였고, 지방 직영기업은 제16조(회계처리의 원칙), 지방공사·공단은 제64조의2(회계처리의 원칙)에서 '회계처리의 원칙을 발생주의 원칙과 기업회계 기준에 따라 회계처리 하다.' 등으로 규정하고 있어 지방공기업이 기업의 역할에 충실하도록 법제화되어 있는 특성이 있다.

4 지역성

지방공기업은 정부에서 운영하는 공기업과는 차별성이 있다. 그 대표적 차별성은 사업영역과 대상으로 설명할 수 있을 것이다. 국가공기업의 경우 사업영역과 대상이 우리나라 전체를 대상으로 하는 범국가적 사업이 대부분으로 지역성이 특별히 존재하지는 않는다. 하지만 지방공기업에서 운영하는 사업의 사업영역과 대상은 일정한 지역이라는 한계성 및 특성이 있다. 이는 「지방공기업법」에서도 규정하고 있는 지방자치단체가 직접 설치·운영한다는 것과 같은 의미로 지방공기업이 운영하는 사업의 대부분이 일정 지역 내에서 자체 생산되어 자체 소비되는 형태로 관할 행정구역이라는 공간적인 제약이 따르는 것이다. 이러한 특성은 지방공기업의 소유·경영의 주체가 지방자치단체이므로 지방정부가 가지고 있는 지역성 때문으로 볼 수 있을 것이다.

5 사회적 공동 소비성

사회적 공동 소비성이라는 것은 사회적 필요에 의해 만들어져 모두가 같이 공동으로 사용하는 것을 의미하며, 지방공기업의 사회적 공동 소비성이라는 것은 지역주민들의 필요에 의해 만들어진 시설 등을 지역주민들이 공동으로 사용하는 것을 의미한다. 다시 말해 지방공기업이 설립되고 운영되어 생산되는 소비재 또는 서비스 등은 지역사회에서 공동으로 소비되는 특성이 있다는 것을 의미하는 것이다. 지역사회의 필요에 의한 공동 소비는 일반기업처럼 사적인 이득을 취하는 형태가 아니기 때문에 이는 지역사회의 재정적 부담으로 다가올 수도 있을 것이다. 지역주민들의 복리 증진을 위해 운영되는 지방공기업이 지역경제의 부담이 되어서는 안 될 것이며, 지방공기업은 이러한 재정적 손실을 최소화하기 위한 노력을 무엇보다도 우선하여 추진하여야 할 것이다.

3. 지방공기업 변천

1 개요

우리나라 지방공기업 변천에 관한 연구는 다양하게 진행되고 있다. 그중 지방공기업의 변천 과정을 「지방공기업법」 개정을 기준으로 설명하는 것이 보편적으로 타당하다고 할 수 있을 것이다. 지방공기업은 제도에 의해 형성되고 운영되기 때문이다. 1964년 내무부(內務部) 시절 지방공기업에 대한 업무분장의 언급이 처음 등장했다고 설명하고 있으나, 지방공기업에 관한 법률은 1969년에 제정되었다. 「지방공기업법」 제정 이후 현재까지 법률의 개정을 통해 지방공기업과 관련된 제도 및 지방공기업의 운영방식이 변화하였으며, 이러한 법률의 개정을 기준으로 지방공기업의 변천을 말하는 것이 타당하다고 보는 연구가 많을 것이다. 「지방공기업법」 제정(制定) 이후 개정(改定) 시기별 주요 내용 및 특징을 기준으로 지방공기업의 변천을 살펴보면 다음과 같다.

지방공기업에 대한 변천과 관련하여 연구한 학자는 신열(2006), 원구환(2012), 정창훈(2015) 등이 대표적이다. 정창훈(2015)은 우리나라 지방공기업 제도(역사)의 시기 구분을 시도한 선행연구는 신열(2006)과 원구환(2012)이 있으며, 이 중 신열(2006)의 연구가 최초라고 정의하였다. 신열의 연구에서는 지방공기업의 역사를 제도 성립기, 제도 발전기, 제도 성숙기 등으로 구분하였으며, 원구환(2012)은 태동기, 분화기, 정착기 등 3단계로 구분하였다. 지방공기업의 변천에 대하여 정창훈(2015)은 태동기, 분화기, 정착기, 도약기 등 4단계로 구분하였으며, 이 중 원구환(2012)은 지방공기업의 변천을 법 제도 변천을 기준으로 구분한 것이 큰 특징으로 볼 수 있을 것이다. 위에서 기술한 내용은 아래와 같다.

〈별표 1-1-1〉 지방공기업 변천(학자별 구분)

구분	내용
신열 (2006)	지방공기업 역사를 "제도성립기(1969~1981)", "제도발전기(1982~1998)", "제도성숙기(1999~현재)"로 분류함.
원구환 (2012)	법 제도의 내용을 중심으로 분석하였으며, "태동기(1969~1979)", "분화기(1980~1995)", "정착기(1996~현재)"로 구분함.
정창훈 (2015)	지방공기업을 "태동기(1964~1979)", "분화기(1980~1996)"로 규정하였으며, 1997~2009를 원구환과 마찬가지로 지방공기업의 "정착기(1997~2009)"라고 구분함. 2010~현재까지는 "도약기"로 구분하였다.

2 사업의 변천

지방공기업평가원에서 편찬한 「대한민국 지방공기업 50년사」[1]에서는 「지방공기업법」의 개정(改定) 내용을 중심으로 지방공기업 적용 대상 사업의 변천을 구분하였다. 사업의 구분은 「지방공기업법」 개정 내용을 중심으로 당연적용사업과 임의적용사업으로 구분하였다. 당연적용사업과 임의적용사업의 기준이란 지방공기업은 지방정부가 경영하는 기업에 모두 일률적으로 적용되는 것은 아니고 기업에 따라 당연히 적용되는

---

[1] 「대한민국 지방공기업 50년사」는 지방공기업평가원에서 지방공기업의 역사와 지방공기업이 나아갈 방향을 제시하여 지방공기업의 발전을 도모하기 위해 저술된 지방공기업의 역사서이다.

것, 임의로 적용되는 것으로 구분하는 것을 말한다. "당연적용사업"의 개념은 대통령령이 정하는 일정 규모 기준 이상이면 의무적으로 적용하는 사업이며, "임의적용사업"이란 지방자치단체별 조례가 정하는 바에 의하여 자주적(自主的)으로 법을 적용할 수 있는 사업으로 정의하였다. 다시 말해 법 적용 기준에 있어 당연적용사업 분야는 직영기업으로 임의적용사업 분야는 공사·공단에서 운영하는 사업으로 구분하였으며, 공사·공단은 사업 규모와 관계없이 설립·운영할 수 있어 직영기업보다 사업의 다양화를 신속하고 적극적으로 추진할 수 있는 장점이 있다고 설명하고 있다.

(1) 「지방공기업법」 제정(1969)

「지방공기업법」 제정(1969) 시의 당연적용사업은 수도, 공업용수도, 궤도, 자동차운송, 가스 등의 사업이며, 임의적용사업은 병원, 주택, 시장, 도축, 공익전당포, 택지조성, 기타 기업으로 경영하는 것이 적당한 사업으로 구분하였다.

(2) 1차 개정(1980)

「지방공기업법」 1차 개정(1980) 때의 당연적용사업은 수도, 공업용수도, 궤도, 자동차운송, 가스, 지방도로, 하수도, 청소·위생, 주택, 의료, 매장 및 묘지 등의 사업으로 최초 제정 시 당연적용사업보다 6개 사업이 추가되었다. 임의적용사업은 시장, 도축장, 토지개발, 통운, 중기관리, 관광, 계량기 검침, 체육관, 문화·예술, 공원 기타 주민복리(住民福利) 등에 기여할 수 있는 사업 중 그 경비를 주로 사업수입으로 충당하는 사업을 임의적용사업으로 구분하여 최초 법 제정 시 기업으로 경영하는 것이 적당한 사업에서 주민복리 증진에 기여할 수 있는 사업으로 변화되었다.

(3) 3차 개정(1992)

「지방공기업법」 3차 개정 시의 당연적용사업은 기존의 적용사업에 주차장, 토지개발, 시장, 관광 등의 사업을 추가하였으며, 임의적용사업에서는 도축장, 통운, 자동차 터미널, 체육관, 문화·예술, 공원, 기타 경상경비의 5할 이상을 경상수입으로 충당할 수 있는 사업 중 주민복리증진, 지역개발, 지역경제 활성화에 이바지할 수 있는 사업으로 개정되었다.

(4) 5차 개정(1999)

「지방공기업법」 5차 개정 시의 당연적용사업은 상수도, 공업용수도, 궤도, 자동차운송, 지방도로, 하수도, 주택, 토지개발, 의료사업으로 개정되었으며 임의적용사업에서는 구체적인 사업명(事業名)을 삭제하고 포괄적으로 규정하였다.

(5) 7차 개정(2004)

7차 개정 시 당연적용사업은 변동이 없으며, 임의적용사업 중「체육시설의 설치·이용에 관한 법률」에 의한 체육시설 및「관광진흥법」에 의한 관광사업(여행 및 카지노 사업 제외)이 추가되어 임의적용사업으로 구분되었다. 체육시설이 지방공사·공단에서 확대 운영되는 계기가 되었다.

(6) 9차 개정(2005)

9차 개정 시에는 당연적용사업 중 의료사업이 제외되었으며, 2016년 기준「지방공기업법 시행령」제2조(지방 직영기업의 범위) 1항에서의 사업 범위는 수도사업, 공업용 수도사업, 궤도사업, 자동차운송사업, 지방 도로사업, 하수도 사업, 주택사업, 토지개발사업 등 크게 8가지 사업으로 구분·제한하고 있다. 제한 기준은 사업별 규모를 기준으로 지방 직영기업의 사업 범위를 제한하고 있으며, 임의적용사업의 경우 구체적인 사업명을 삭제, 포괄적으로 규정하여 지방자치단체의 판단하에 운영되고 있다.

〈별표 1-1-2〉「지방공기업법」적용 대상사업의 변천

구분	당연적용사업	임의적용사업
제정 (1969)	수도, 공업용수도, 궤도, 자동차운송, 가스	병원, 주택, 시장, 도축, 공익전당포, 택지조성, 기타 기업으로 경영하는 것이 적당한 사업
1차 개정 (1980)	수도, 공업용수도, 궤도, 자동차운송, 가스, 지방도로, 하수도, 청소·위생, 주택, 의료, 매장 및 묘지	시장, 도축장, 토지개발, 통운, 중기관리, 관광, 계량기검침, 체육관, 문화·예술, 공원 기타 주민 복리 등에 기여할 수 있는 사업 중 그 경비를 주로 사업수입으로 충당하는 사업
3차 개정 (1992)	수도, 공업용수도, 궤도, 자동차운송, 가스, 지방도로, 하수도, 청소·위생, 주택, 의료, 매장 및 묘지, 주차장, 토지개발, 시장, 관광	도축장, 통운, 자동차터미널, 체육관, 문화·예술, 공원, 기타 경상경비의 5할 이상을 경상수입으로 충당할 수 있는 사업 중 주민복리증진, 지역개발, 지역경제 활성화에 이바지할 수 있다고 인정되는 사업
5차 개정 (1999)	상수도, 공업용수도, 궤도, 자동차운송, 지방도로, 하수도, 주택, 토지개발, 의료	구체적인 사업명 삭제(포괄적으로 규정)
7차 개정 (2004)	상동	「체육시설의 설치·이용에 관한 법률」에 의한 체육시설 및「관광 진흥법」에 의한 관광사업(여행 및 카지노 사업 제외) 추가
9차 개정 (2005)	상수도, 공업용수도, 궤도, 자동차운송, 지방도로, 하수도, 주택, 토지개발(의료 제외)	상동

자료: 대한민국지방공기업50년사, 지방공기업평가원, 2015.6

제2절 지방공기업 분류

1. 개요

「지방공기업법」에 따른 지방공기업은 지방 직영기업, 지방공사, 지방공단 등 크게 세 가지로 구분하여 정의하고 있다. 2014년 법 개정 전에는 지방공사 및 지방공단 외의 출자법인으로 제3섹터(주식회사 및 재단법인)도 「지방공기업법」에 포함되었으나 제3섹터는 제외되고 현재는 지방 직영기업과 지방공사·공단 등 세 가지 유형으로 지방공기업을 구분하고 있다. 지방 직영기업, 지방공사·공단의 차이점과 특징은 지방 직영기업의 경우 조직 및 인력이 지방자치단체 소속으로 구분·운영되고 있으나, 지방공사·공단의 조직 및 인력은 지방자치단체 소속이 아니라 할 수 있을 것이다. 운영 형태에 따른 지방공기업의 분류로는 직접경영사업과 간접경영사업 두 가지로 구분할 수 있으며, "직접경영사업"의 경우 상·하수도와 관련된 사업을 수행하기 위해 지방자치단체가 독립적 회계 형태로 운영하는 사업으로 정의할 수 있을 것이다. "간접경영사업"은 지방자치단체에서 공공서비스 수행을 위해 출자하여 법인을 설립하였으나 독립적으로 운영되는 법인으로 정의할 수 있으며, 따라서 직접경영은 지방 직영기업을, 간접경영은 지방공사·공단을 의미할 수 있을 것이다.

2. 지방 직영기업

1 개념

지방공기업 중 지방 직영기업이라는 것은 지방자치단체에서 설립하고 직접 경영하는 기업을 의미하며, 지역주민들의 일상생활과 밀접한 공익성 있는 사업 수행을 전제로 운영되는 기업을 말한다. 다시 말해 지방 직영기업은 지역주민들을 위한 공공서비스의 역할이 강조되며, 사업 운영에 있어 행정적 색채가 강한 사업을 수행하는 기업을 의미한다. 지방 직영기업은 지방자치단체의 사무를 처리하는 기업으로 상·하수도 사업처럼 지방자치단체의 조직으로 운영된다. 직영기업에 근무하는 직원의 신분은 지방공무원이며, 직원의 임용 방법이나 근무 조건이 일반 공무원과 동일하다. 「지방공기업법」제10조의2(기업직원)에서는 '지방 직영기업 운영을 전문화하는데 필요한 경우에는 「지방공무원법」에서 정하는 바에 따라 지방 직영기업 소속 공무원에 대한 전문 직렬을 둘 수 있다'고 규정하고 있다. 이렇듯 직영기업의 직원은 공무원 신분으로서 임용 방법이나 보수가 매우 경직적이어서 기업의 경영 측면, 또는 기업성(企業性)을 도입하기에는 한계성이 존재하는 것이 사실이다. 지방 직영기업을 운영하기 위한 예산 편성근거는 「지방공기업법」 제13조(특별회계)에서 정하고 있으며, 제13조(특별회계)에서는 '지방자치단체는 제2조(적용 범위)에 해당하는 사업마다 특별회계를 설치하여야 한다.'로 규정하고 있다. 하지만 직영기업은 공익적 사업의 한계성으로 인하여 일반회계에서 부담할 경비에 대한 부분을 일반회계에서 예산을 편성·집행할 수 있는 근거 또한 마련하고 있다. 해당 근거는 「지방공기업법시행령」에서 정의하고 있으며, 그 내용은 다음과 같다. 공공의 목적을 위한 무상 공급에 드는 경비, 공공의 필요에 의하여 요금 등의 공급가격이 발생 원가 이하로 책정되거나 발생 원가 이하로 유지됨에 따른 발생 원가와 공급가격과의 차액, 궤도사업, 하수도 사업, 주택사업 및 토지개발 사업 등에 필요한 경비 등을 일반회계로 편성·집행한다(「지방공기업법시행령」 제5조). 지방 직영기업의 회계처리 방법은 「지방공기업법시행령」 제6조에 근거하여 "기업회계원칙"에 따라야 한다.

2 설립근거

지방 직영기업의 설립근거는 「지방공기업법」에 근거한다. 「지방공기업법」 제5조(지방 직영기업의 설치)에서는 지방자치단체는 지방 직영기업을 설치·경영하려는 경우에는 그 설치·운영의 기본사항을 조례로 정하여야 한다고 정의하고 있다. 지방 직영기업은 「지방공기업법」 제6조(지방자치법 등의 적용)에 근거하여 「지방자치법」과 「지방재정법」 등의 법령을 적용한다.

3 사업범위

지방 직영기업의 사업범위는 「지방공기업법시행령」 제2조(사업범위) 1항에서 정의되고 있으며, 그 사업범위는 아래 표와 같다.

〈별표 1-2-1〉 사업범위

사업명	사업범위
수도사업	1일 생산능력 1만 톤 이상
공업용수도사업	1일 생산능력 1만 톤 이상
궤도사업	보유차량 50량 이상
자동차운송사업	보유차량 30대 이상
지방도로사업	도로관리연장 50킬로미터 이상 또는 유료터널·교량 3개소 이상
하수도사업	1일 처리능력 1만 톤 이상
주택사업	주택관리 연 면적 또는 주택건설 면적 10만 평방미터 이상
토지개발사업	조성 면적 10만 평방미터 이상

자료: 「지방공기업법시행령」 제2조(사업범위), 개정 2015.1.28.

3항에서는 '지방자치단체는 법 제2조 제1항에 규정된 사업으로서 제1항 각호의 기준에 새로이 도달하게 된 사업에 대해서는 그 기준에 도달한 날로부터 6개월 이내에 해당 사업에 대한 법 적용을 위하여 필요한 사항을 조례로 정하여야 한다.'고 규정하고 있다(개정 2020. 6. 2.).

3. 지방공사·공단

1 개념

일반적으로 지방공기업의 포괄적 개념은 지방자치단체가 법인(法人)을 만들어 운영하는 기업을 "지방공기업"이라 하며, 지방자치단체가 지역주민의 복리 증진을 위해 경영하는 기업이라 할 수 있을 것이다. 지방공기업 중 지방 공사·공단은 지방자치단체가 법인을 설립하여 직접 경영하는 형태가 아니고 간접 경영 형태로 운영되는 성격을 가지고 있는 지방공기업을 말한다.

(1) 지방공사

지방공기업 중 지방공사는 일반적으로 지방자치단체가 지역주민의 공공복리를 증진하고, 설립한 지방자치단체가 출자하여 지방자치단체 내에 설립하는 지방공기업을 의미한다. 지방자치단체에서는 지방공사 운영을 위한 재정적·행정적 원조를 제공하며, 그 경영에 일부 관여하게 된다. 지방공사는 법인(法人)으로서 지방공단보다 기업성이 강한 것이 특징이며, 기업성이 강하다는 의미는 지방공사에서 운영하는 사업 성격이 주택개발, 토지취득 및 개발 분양, 임대 및 관리사업 등 민간부문의 사업영역 측면이 강하다는 것을 의미한다. 지방자치단체에서는 공공성 확보를 위해 간접 경영하는 형식으로 운영하게 되는 것이다.

(2) 지방공단

지방공기업 중 지방공단은 지방자치단체의 고유 업무를 전문성과 기술성을 살려 전담하는 공공업무 대행 기관이다. 주요 추진 사업으로는 주차시설, 체육시설, 문화회관, 여성회관 등 주로 공공 시설관리 분야 운영을 위해 설립되고 있으며, 이런 이유로 인하여 지방공단은 지방공사보다 공공업무 대행 기관으로서의 성격이 강한 것이 특징이다. 우리나라에서는 서울시시설관리공단이 1983년 처음으로 지방공단이라는 명칭으로 설립되어 지금도 운영되고 있다.

2 설립근거

(1) 지방공사

지방공사를 설립하기 위한 법률적 근거는 「지방공기업법」 제49조(설립)이다. 지방공사는 법 제49조를 근거로 설립·운영할 수 있으며, 그 내용은 아래와 같다. 제49조(설립) 1항 '지방자치단체는 제2조에 따른 사업을 효율적으로 수행하기 위하여 필요한 경우에는 지방공사(이하 "공사"라 한다)를 설립할 수 있다. 이 경우 공사를 설립하기 전에 특별시장, 광역시장, 특별자치시장, 도지사 및 특별자치도지사(이하 "시·도지사"라 한다)는 행정안전부장관과 시장·군수·구청장(자치구의 구청장을 말한다)은 관할 특별시장·광역시장 및 도지사와 협의하여야 한다.'고 지방공기업을 설립할 수 있는 근거를 마련하고 있다. 2항에서는 '지방자치단체는 공사를 설립하는 경우 그 설립, 업무 및 운영에 관한 기본적인 사항을 조례로 정하여야 한다.'로 정의하여 지방공사를 설립하기 위해 지방자치단체에서는 지방공사 운영을 위한 자치법규를 조례로 정하여야 한다.

(2) 지방공단

지방공단 설립을 위한 법률적 근거는 「지방공기업법」 제76조(설립·운영) 1항이다. 법 제76조 1항의 내용은 '지방자치단체는 제2조(적용범위)의 사업을 효율적으로 수행하기 위하여 필요한 경우에는 지방공단(이하 "공단"이라 한다)을 설립할 수 있다.'로 규정하고 있으며, 제2조는 지방공기업에서 운영할 수 있는 사업의 적용 범위다. 관련 법을 근거로 해당 지방자치단체에서는 조례를 제정하여 해당 지방자치단체의 운영근거를 마련하고 공단을 설립·운영한다.

(3) 설립타당성 검토

지방공사 및 공단의 설립을 위한 법률적 근거는 위에서 제시한 바와 같으며 지방공사 및 공단을 설립하기 위해서는 해당 사업 분야에 대한 설립 타당성 검토를 해당 지방자치단체에서는 이행해야 한다. 타당성 검토에 대한 검토 결과를 기준으로 지방자치단체에서는 지방공사 및 지방공단을 설립·운영할 수 있도록 관련 법률에 규정화되어 있다. 지방공사 및 공단을 설립하기 위해서는 설립에 대한 설립 타당성 검토가 전제되어야 하며, 이는 「지방공기업법」 제49조(설립) 3항에 규정되어 있다. 법 제49조에서는 지방공사·공단에 대한 설립 타당성 검토를 시행하고 그 결과를 공개하여야 한다고 규정되어 있으며, 「지방공기업법시행령」 제47조(설립 타당성 검토 등) 1항에서는 타당성 검토 수행 시 포함되어야 할 내용과 이에 따른 세부절차 및 검토 기준은 행정안전부장관이 정한다고 규정하고 있다. 타당성 검토에 포함되어야 하는 내용은 법 제47조 1항 각호에서 정의하고 있으며, 그 내용은 1. 사업의 적정성 여부, 2. 사업별 수지분석, 3. 조직 및 인력의 수요판단, 4. 주민의 복리 증진에 미치는 영향, 5. 지역경제와 지방재정에 미치는 영향 등을 말한다. 지방공기업 설립 타당성 검토 수행 시 반드시 포함하여 검토되어야 한다.

3 사업범위

(1) 지방공사 · 공단

「지방공기업법」 제2조(적용 범위) 2항에서는 지방공사 및 공단의 사업에 대한 적용 범위를 규정하고 있다.

법 제2조 2항의 내용은 '지방자치단체는 다음 각호의 어느 하나에 해당하는 사업 중 경상경비의 50% 이상을 경상수입으로 충당할 수 있는 사업을 지방 직영기업, 지방공사 또는 지방공단이 경영하는 경우에는 조례로 정하는 바에 따라 이 법을 적용할 수 있다.'로 정의하고 있으며, 각호의 내용은 아래와 같다.

1. 민간인의 경영 참여가 어려운 사업으로서 주민복리의 증진에 이바지할 수 있고, 지역경제의 활성화나 지역개발의 촉진에 이바지할 수 있다고 인정되는 사업
2. 제1항 각호의 어느 하나에 해당하는 사업 중 같은 항 각호 외의 부분에 따라 대통령령으로 정하는 기준에 미달하는 사업
3. 「체육시설의 설치·이용에 관한 법률」에 따른 체육시설업
4. 「관광진흥법」에 따른 관광사업(여행업 및 카지노업은 제외한다)

〈개정 2020.2.4.〉

지방공사 · 공단은 법에서 규정한 바와 같이 1~4호까지의 사업을 수행할 수 있으며, 지방자치단체에서는 위호의 사업을 수행하기 위해 해당 지방자치단체의 조례를 제정하여야 한다.

최근 지방자치단체에서 운영하는 지방공사와 지방공단이 사업의 성격과 일원화를 위해 통합 운영되는 경우도 있다. 이는 지방공사 및 공단의 사업 분야가 위에서 언급한 바와 같기 때문일 것이다. 이를 반영하듯 지방공사와 지방공단의 조직변경과 관련된 내용이 「지방공기업법」 제80조(공사와 공단의 조직변경)에 규정화되었다. 지방공사가 지방공단으로, 지방공단이 지방공사로 조직을 변경할 수 있는 근거가 마련되었는데 그 주요 내용은 다음과 같다. 동법 제80조(공사와 공단의 조직변경) 1항 '공사와 공단은 사업의 효율적 운영을 위하여 필요한 경우에는 청산 절차를 거치지 아니하고 공사는 공단으로, 공단은 공사로 조직변경을 할 수 있다.'

(2) 사업타당성 검토

지방공사(공단)는 설립 후 관련 법률에서 정하고 있는 다양한 사업을 수행할 수 있다. 지방공사(공단)가 설립되면 지방공사(공단)는 지역주민의 공공서비스 향상을 위해 다양한 사업을 추진하게 된다. 지방공사(공단) 설립 이후 지방공사(공단)에서 신규 사업을 추진하기 위해서는 추진하고자 하는 사업이 지방공기업에서 운영하기 적정한 사업인지를 검토하도록 법률로써 규정하고 있다. 타당성 검토는 지방공기업 설립에 대한 타당성 검토와 설립된 지방공기업에서 새로이 추진하는 신규 투자 사업에 대한 타당성 검토 등 2개의 타당성 검토로 구분할 수 있을 것이다. 신규 투자 사업에 대한 타당성 검토는 「지방공기업법」 제65조의3으로 규정화되어 있으며, 주요 내용으로는 신규 투자 사업의 필요성과 사업 계획의 타당성 등을 검토하여 지방자치단체의 장에게 보고하고 의회의 의결을 받도록 정하고 있다. 이는 지방공기업의 신규 투자 사업에 의한 무분별한 확대에 따른 부실 경영을 사전 예방하기 위함일 것이다.

제3절 지방공기업 관련기관

1. 행정안전부

1 사무관장

　지방공기업을 설립한 지방자치단체를 제외하고 지방공기업과 연관된 기관으로는 "행정안전부", "지방공기업평가원", "한국지방공기업학회" 등으로 설명할 수 있을 것이다. 행정안전부는 지방공기업과 관련한 정책을 결정하며, 지방공기업평가원은 지방공기업에 대한 자문, 경영평가 등을 수행한다. 한국지방공기업학회는 지방공기업과 관련한 논문 및 학회지 등의 발간을 통해 지방공기업 발전에 기여하고 있다. 지방공기업이 건실하며 합리적으로 발전하는 데 필요한 기관들로서 해당 기관들이 어떤 기능과 역할을 하는지 알아보고자 한다. 「정부조직법」 제34조(행정안전부) 1항에서는 행정안전부의 사무관장의 범위를 다음과 같이 정하고 있다. '국무회의의 서무, 법령 및 조약의 공포, 정부 조직과 정원, 상훈, 정부 혁신, 행정능률, 전자정부, 정부청사의 관리, 지방자치제도, 지방자치단체의 사무지원·재정·세제, 낙후지역 등 지원, 지방자치단체 간 분쟁 조정, 선거·국민투표의 지원, 안전 및 재난에 관한 정책의 수립·총괄·조정, 비상대비, 민방위 및 방재에 관한 사무를 관장한다.(《개정 2020.2.4.》)'고 규정하고 있다. 또한, 대통령령인 「행정안전부와 그 소속기관 직제」 제3조(직무)에서는 행정안전부의 직무에 관해 규정하고 있으며, 규정된 행정안전부의 직무는 국무회의의 서무, 법령 및 조약의 공포, 정부조직과 정원, 상훈, 정부혁신, 행정능률, 전자정부, 개인정보보호, 정부청사의 관리, 지방자치제도, 지방자치단체의 사무지원·재정·세제, 낙후지역 등 지원, 지방자치단체 간 분쟁조정, 선거·국민투표의 지원, 안전 및 재난에 관한 정책의 수립·총괄·조정, 비상 대비, 민방위, 방재 및 국가의 행정사무로서 다른 중앙행정기관의 소관에 속하지 아니하는 사무 관장 등이다. 「정부조직법」에서 정하고 있는 사무관장과 동일하나 '국가의 행정사무로서 다른 중앙행정기관의 소관에 속하지 아니하는 사무를 관장한다.'는 직무가 추가되어 포함되어 있다. 행정안전부의 사무관장과 직무에서 정하고 있는 업무의 범위 중 지방자치(地方自治)와 관련한 업무 중 하나가 지방공기업과 관련한 업무일 것이다.

2 주무부서

　「대한민국지방공기업 50년사」(지방공기업평가원, 2015년)에서는 1964년 5월 21일 대통령령으로 내무부 직제 개정을 통해 '재정과'에 대한 조항을 신설하고 재정과의 사무분장으로 지방재정 제도에 관한 사항과 지방채, 지방재정의 조정과 지도감독, 지방공영기업의 설치에 관한 지도, 재정 보조에 관한 사항 등을 규정한 것이 지방공기업에 대한 최초의 사무분장이라고 설명하고 있다. 1977년에는 처음으로 지방공기업을 담당하는 독자적인 과(課)가 신설된 해로 기록되고 있으며, 이는 정부 직제에 지방공기업 사무분장이 나타난 1964년 이래 13년 만의 일로 설명하고 있다.

처음 신설된 공기업과의 사무는 1. 지방공기업의 운영·관리의 지도·감독, 2. 세외수입 제도의 조사·연구, 3. 세외수입의 부과·징수의 지도·감독과 요율의 조정, 4. 지방자치단체의 재산 및 물품관리에 대한 지도·감독, 5. 지방채의 기채(起債) 및 관리에 대한 지도·감독 등으로 사무가 규정되었다. 과(課) 이전에는 1969년 12월 3일 대통령령으로 공포된 내무부 직제에서 재정과(課) 내 최초로 지방공기업 명칭을 단 "계(係)"가 있었다고 한다. 「행정안전부와 그 소속기관 직제」[시행 2020.4.28.]는 행정안전부와 그 소속기관의 조직과 직무범위, 그 밖에 필요한 사항을 규정함을 목적으로 제정된 대통령령으로 제15조(지방재정경제실) 1항에서는 지방재정경제실의 조직과 관련하여 지방재정경제실에 실장 1명을 두고, 실장 밑에 지방재정정책관·지방세정책관 및 지역경제지원관 각 1명을 둔다고 규정하고 있다.

자료: 행정안전부(https://www.mois.go.kr/), 2020.06.30.

〈그림 1-3-1〉 지방재정경제실 조직도

지방재정경제실장은 2정책관과 1지원관 1추진단을 조직으로 구성하여 지방재정에 대한 업무를 총괄하고 있다. 제15조(지방재정경제실) 3항에서는 지방재정경제실의 사무에 대한 분장을 정하고 있으며, 지방재정경제실은 제1호부터 제57호까지의 업무를 수행하고 있다. 1호부터 57호까지의 분장 사무 중 지방재정정책관은 1호부터 19호까지, 지방세정책관은 20호부터 39호까지, 지역경제지원관은 40호부터 57호까지의 분장된 사무를 수행하고 있다. 1호부터 57호까지의 분장 사무 중 지방공기업과 관련한 분장 사무는 52호부터 57호까지로 구분할 수 있으며, 해당 사무는 지역경제지원관에서 담당하고 있다. 지방공기업의 사무에 대한 분장 내용은 다음과 같다.

⟨별표 1-3-1⟩ 지방공기업 관련 사무분장

「행정안전부와 그 소속기관 직제」 제15조 3항	
52.	지방공기업 및 지방자치단체 출자·출연기관 정책 수립 총괄
53.	지방공기업 및 지방자치단체 출자·출연기관 관련 제도의 연구·운영에 관한 사항
54.	지방공기업에 대한 경영평가 및 경영진단에 관한 사항
55.	지방공기업평가원의 관리·감독
56.	지방공기업정책위원회의 운영에 관한 사항
57.	지방자치단체 출연연구원의 운영 지원

자료: 국가법령정보센터(http://www.law.go.kr/)

지방공기업과 관련한 업무는 제3항 52호부터 57호까지로 규정하고 있으며, 분장된 사무는 지방공기업 및 지방자치단체 출자·출연기관과 관련한 정책수립, 제도 연구 및 운영, 경영평가 및 경영진단, 지방공기업평가원 관리감독, 공기업정책위원회 운영, 출연연구원의 운영지원 등이다.

「행정안전부와 그 소속기관 직제 시행규칙」[시행 2020.4.28.]은 행정안전부령으로「행정안전부와 그 소속기관 직제」의 세부사항을 규정하고 있으며, 제1조(목적)에서는 '행정안전부와 그 소속기관에 두는 보조 기관·보좌 기관의 직급 및 직급별 정원,「정부조직법」제2조 제3항 및 제5항에 따라 실장·국장 밑에 두는 보조 기관과 이에 상당하는 보좌 기관의 설치 및 사무분장 등「행정안전부와 그 소속기관 직제」에서 위임된 사항과 그 시행에 필요한 사항을 규정함을 목적으로 한다.'고 정하고 있다. 동 시행규칙 제12조(지방재정경제실)에서는 지방재정경제실의 소속부서 및 소속부서의 직급, 분장사무 등에 대해 규정하고 있으며, 2항에서는 '지방재정경제실에 1) 재정정책과, 2) 재정협력과, 3) 교부세과, 4) 회계제도과, 5) 지방세정책과, 6) 부동산세제과, 7) 지방소득소비세제과, 8) 지방세특례제도과, 9) 지역일자리경제과, 10) 지방규제혁신과, 11) 지역금융지원과, 12) 공기업정책과 및 13) 공기업지원과를 둔다.'고 정하고 있어 총 13개 과(課)의 사무를 관장하고 있다. 13개 과(課) 중 지역경제지원관은 지역일자리경제과, 지방규제혁신과, 지역금융지원과, 공기업정책과, 공기업지원과 등 5개 과(課)의 사무를 관장하고 있으며, 5개 과(課) 중 지방공기업을 담당하는 부서는 공기업정책과와 공기업지원과이다.

자료: 행정안전부(https://www.mois.go.kr/), 2020.06.30.

⟨그림 1-3-2⟩ 지역경제지원관 조직도

공기업정책과의 분장 사무는 다음과 같다.

<별표 1-3-2> 공기업정책과 사무분장

공기업정책과	
1.	지방공기업 및 지방자치단체 출자·출연기관 정책의 기획 및 총괄·조정
2.	지방공기업, 지방자치단체 출자·출연기관 및 지방자치단체 출연연구원 관련 법령·제도의 연구·개선 및 운영
3.	지방공기업정책위원회의 구성 및 운영
4.	지방공기업에 대한 경영평가, 경영진단, 및 경영개선에 관한 사항
5.	지방자치단체 출자·출연기관의 경영혁신에 관한 사항
6.	부실지방공기업에 대한 해산 요구에 관한 사항
7.	지방공기업평가원의 관리·감독
8.	지방공기업 사장에 대한 업무성과 평가에 관한 사항
9.	지방자치단체 출자·출연기관의 경영실적평가결과 표준화 및 국회보고에 관한 사항
10.	지방 직영기업의 경영 지원에 관한 사항
11.	지방자치단체의 공영개발사업과 관련된 사항
12.	지방 상·하수도 요금 적정화, 중장기 경영관리계획 수립에 관한 사항
13.	지방공기업 및 지방자치단체 출자·출연기관 노사협력 및 대외협력 네트워크의 구축·운영

자료: 행정안전부(https://www.mois.go.kr/), 2020.06.30.

공기업정책과는 지방공기업과 지방자치단체 출자·출연기관 정책기획, 법령 및 제도 연구, 공기업정책위원회 구성, 경영평가, 경영혁신, 평가원 관리 감독, 지방 직영기업 관련 업무 등을 수행한다.

공기업지원과의 분장 사무는 다음과 같다.

<별표 1-3-3> 공기업지원과 사무분장

공기업지원과	
1.	지방공기업 및 지방자치단체 출자·출연기관 예산·회계 운영의 투명성·효율성 제고를 위한 연구 및 제도 개선
2.	지방공기업 및 지방자치단체 출자·출연기관의 예산편성·결산 등 재무 관리
3.	지방공기업의 부채 관리에 관한 사항
4.	지방공사 및 지방공단의 사채 승인·관리에 관한 사항
5.	지방공기업 예산회계 시스템의 관리·운영
6.	지방공기업의 재정균형집행에 관한 사항
7.	지방공기업과 지방자치단체 출자·출연기관의 신설을 위한 협의와 관련된 사항
8.	지방공기업 공공부문 재정 통계 자료의 작성 및 관리
9.	지방공기업 및 지방자치단체 출자·출연기관의 통합 경영공시 관련 제도의 수립·운영
10.	지방공기업 경영정보공개시스템의 구축·운영 및 사용자 교육
11.	지방공기업 및 지방자치단체 출자·출연기관 경영정보의 분석 및 통계 관리
12.	지방공기업 및 지방자치단체 출자·출연기관 인사운영에 관한 공통기준 마련 및 운영
13.	지방공기업 및 지방자치단체 출자·출연기관의 일자리 창출 및 고용개선에 관한 사항
14.	지방공기업 및 지방자치단체 출자·출연기관 임직원의 복리후생 및 임금체계

자료: 행정안전부(https://www.mois.go.kr/), 2020.06.30.

공기업지원과에서는 지방공기업과 지방자치단체 출자·출연기관의 예산 및 결산, 재정균형집행, 경영공시, 경영정보 분석 및 통계, 인사 운영의 공통기준, 일자리 창출, 임직원의 복리후생 및 임금체계 등의 업무를 수행한다.

2. 지방공기업평가원

1 설립근거

지방공기업평가원의 설립근거는 「지방공기업법」에서 정하고 있으며, 법 제78조의4(지방공기업평가원의 설립·운영)에서는 지방공기업평가원의 설립과 운영에 관하여 규정하고 있다. 제1항에서는 지방공기업평가원의 설립목적에 대해 정의하고 있으며, 지방공기업평가원의 설립목적에 대해 '지방공기업에 대한 경영평가, 관련 정책의 연구, 임직원에 대한 교육 등을 전문적으로 지원하기 위해 설립한다.'고 정의하고 있다. 「지방공기업법」 제78조의4는 지난 2015년 12월 29일 본조가 신설되었고 이를 통해 지방공기업평가원은 법에서 지정하고 있는 법정기관으로 업무를 수행하게 되었다. 제78조의4의 주요 내용은 지방공기업평가원의 설립목적, 설립등기, 출연, 이사회와 감사, 이사장 선임 및 임기, 정관, 지도 및 감독, 규정 준용 등 10개 항으로 구성되어 있다. 제78조의4 제3항에서는 '지방자치단체 또는 지방공기업은 평가원의 업무수행을 지원하기 위하여 평가원에 출연할 수 있다. 이 경우 출연의 지급, 사용 및 관리 등에 필요한 사항은 대통령령으로 정한다.'고 정의하고 있으며, 「지방공기업법시행령」 제76조(지방공기업평가원에 대한 출연)에서는 출연금 규모결정, 사업계획 제출, 출연금요구서제출, 출연금예산확정 및 통지, 자금집행계획 첨부, 출연금사용, 잉여금 관리, 출연금 지급 및 사용보고 등 8개 항목으로 구성되어 있다.

지방공기업평가원은 「지방공기업법」 및 시행령을 근거로 지방공기업에 대한 경영평가, 지방공기업과 관련한 정책 연구, 지방공기업 임직원에 대한 교육 등을 전문적으로 지원하고 지방공기업평가원 운영에 필요한 출연금의 규모를 결정하여 지방자치단체 및 지방공기업 예산에 편성될 수 있도록 제출하게 된다. 또한, 평가원의 출연금은 평가원 고유사업 및 운영경비로 사용하여야 하도록 규정하고 있다.

2 연혁

「대한민국 지방공기업 50년사」(지방공기업평가원, 2015년)에서는 지방공기업평가원의 연혁을 다음과 같이 소개하고 있다. 지방공기업평가원은 (재)지방자치경영협회로 설립(비영리재단법인)되어, 특수법인으로의 전환, (재)한국자치경영협회 출범(재단법인), (재)한국자치경영평가원으로 명칭변경, 지방공기업평가원(경영지도법인), 경영지도 법인에서 법정기관으로의 전환 등을 거쳐 현재의 지방공기업평가원이 운영되고 있다. 1992년 설립된 (재)지방자치경영협회는 지방자치의 실시와 더불어 지역개발 및 주민복지 수요 증대에 부응하기 위하여 지방공기업 등 경영 사업이 확대됨에 따라 이들 사업에 대한 전문적인 경영 지도를 통한 경영합리화를 도모하기 위해 자치단체를 회원으로 하는 전문 경영지도 법인을 설립·운영할 필요성이 대두되었으며, 이에 따라 1991년 11월 30일 '지방자치경영협회 설립준비 위원회'를 개최하고 1992년 2월 18일 내무부장관의 설립허가를 얻어 3월 9일 설립 등기(비영리재단법인)를 마치고 4월 1일 '지방자치경영협회'를 개소하였다. 지방자치단체에서도 자치단체에서 설립한 지방공기업의 경영 지도를 위한 전문기관(자문기관)이 필요했을 것이다. 지방자치경영협회는 지방자치단체가 경영하는 지방공기업 등 경영사업의 합리화를 도모하기 위하여 동 사업 전반에 대한 경영지도·진단·평가·조사연구·자료발간·교육훈련을 실시함으로써 주민복지 증진과 지역경제 활성화 및 지방 재정력 확충에 기여하기 위해 설립되었다. 설립된 (재)지방자치경영협회의 주요사업으로는 ① 지방공기업의 설립·운영에 관한 상담·자문·지도, ② 지방공기업 지방경영사업의 경영지도·진단·평가, ③ 지방경영사업과 관련한 조사연구·교육훈련 및 자료발간, ④ 특정 지방채사업에 대한 검토 및 융자알선, ⑤ 지역경제 활성화 시책에 관한 자료 및 정보 수집·제공, ⑥ 기타 협회의 목적 달성을 위해 필요한 사업 등을 수행했다. 당시 경영협회의 기구는 이사회와 경영지도위원이 있었으며, 상근직원은 13명이었다.

1994년 특수법인으로의 전환은 「지방공기업법」 제78조의2의 규정에 의한 것으로 법 제78조의2는 지방공기업의 경영지도·자문 및 평가업무의 전문적 지원, 설립인가, 지방자치단체의 출연 또는 보조, 준용규정 등으로 규정되어 있다. 「지방공기업법」 제78조의2는 신설되어 1993년 4월 1일부터 시행되었으며, 이 규정에 따라 (재)지방자치경영협회는 특수법인으로 전환되어 지방공기업의 경영지도와 경영자문 및 평가업무를 효율적으로 수행하고 지방공기업의 발전과 주민복지 증진에 기여하는 계기가 되었다. (재)한국자치경영협회는 2000년에 출범했으며, 1998년 8월 17일 '정부출연위탁기관의 경영혁신계획'이 국무회의에서 확정되었고 8월 27일 기획예산처에서는 지방자치경영협회를 「민법」상 비영리법인으로 존속하되 기금 중 출연금을 지방자치단체에 반환하는 '지방자치경영협회 경영혁신 세부추진계획'을 수립하였다. 당시 행정자치부에서는 같은 해 11월 지방자치경영협회 민간법인화 세부추진계획을 수립하여 지방자치경영협회를 「민법」에 의한 비영리법인으로 전환하고 자치단체출연금을 '지방공기업발전기금'으로 조성하기로 결정했다. 이에 따라 지방자치경영협회는 자치단체 출연금을 반납하고 나머지 재원으로 (재)한국자치경영협회를 재출범하게 되었으며, 민법에 의한 재단법인으로 지방공기업 설립·운영에 관한 경영지도·사문 및 진단·평가업무, 지자체 경영수익사업 원가계산 및 요금관리, 지방공사·공단 설립 및 지지체 투자사업(지방채사업 포함)에 대한 타당성조사, 지방공기업 및 경영 사업에 대한 조사연구·교육연수·자료발간사업, 지역경제 활성화 및 지방재정력 확충을 위한 정보자료 수집·전파 및 조사연구과제 용역사업, 지방자치단체와 관련되는 사업에 대한 경영컨설팅, 지자체의 경영능력 향상을 위한 전문요원(경영진단사, 원가관리사 등) 양성사업, 지자체 및 지방공사공단의 경영우수기관에 대한 수혜사업(시상금, 장학사업 등), 기타 지방자치단체의 행정, 재정, 경영업무에 필요한 서비스 제공 및 협회 목적 달성을 위한 수익사업 등의 사업을 추진하였다. (재)한국자치경영협회는 2002년 9월 (재)한국자치경영평가원으로 명칭을 변경하였다. 지방공기업평가원은 2011년 3월 23일 16개 시·도 기획관리실장의 의결을 얻어, 같은 해 4월 1일 「지방공기업법」 제78조의3에 의한 경영지도법인 지방공기업평가원이 설립됐다. 정원은 25명이며, 조직은 경영본부(정책연구실, 경영평가실), 교육연수부 및 총무부 등으로 구성되었다(「대한민국 지방공기업 50년사」, 지방공기업평가원, 2015년).

지방공기업 평가원 연혁		
1.	1992년	(재)지방자치경영협회 설립(내무부 최초설립)
2.	1994년	특수법인으로의 전환
3.	2000년	(재)한국자치경영협회 출범(특수법인에서 재단법인으로 전환)
4.	2002년	(재)한국자치경영평가원으로 명칭변경
5.	2011년	지방공기업평가원 설립(경영지도법인)
6.	2016년	지방공기업평가원 설립(법정기관)

자료: 대한민국지방공기업 50년사(지방공기업평가원), https://www.erc.re.kr/

3 사업

지방공기업평가원(이하 "평가원"이라 한다) 정관(2019.10.8. 개정) 제4조(사업)에서는 평가원의 사업에 대해 규정하고 있으며, 평가원의 사업은 다음과 같다.

평가원 사업 (정관 제4조)	1. 지방공기업 정책 연구개발과 정부에 대한 자문 및 지원, 2. 자치단체 및 공기업에서 추진하는 경영사업의 지원, 3. 자치단체 및 공기업이 위탁하는 사업, 4. 자치단체의 지방공기업 설립, 지방공기업의 출자 및 신규투자사업 타당성 검토, 학술연구용역, 출판·판매사업 및 정기 간행물 발행 운영, 5. 공기업에 대한 경영평가, 경영진단 및 경영컨설팅, 6. 지방자치단체 출자·출연기관의 경영평가 진단, 경영컨설팅, 7. 「평생교육법」 등 교육 관련 법령에 의한 교육훈련, 8. 공기업의 정보자원 관리 및 표준화 지원, 9. 국내외 교류·협력사업, 10. 지방공기업 발전지원 사업, 11. 부동산 임대사업, 12. 기타 평가원의 설립목적 달성을 위하여 필요한 사업

평가원은 정관 제4조(사업)에 의해 12개의 사업을 수행하게 되며, 「지방공기업법」 제78조의4(지방공기업평가원의 설립·운영) 1항에서 정하고 있는 지방공기업에 대한 경영평가, 관련 정책의 연구, 임직원에 대한 교육 등의 사업이 세부적으로 잘 구분되어 있다. 이를 근거로 평가원에서는 해당 사업을 수행하게 되며, 지방공기업에서는 평가원의 사업 중 지방공기업에 대한 경영평가, 경영진단 및 경영컨설팅, 「평생교육법」 등 교육 관련 법령에 의한 교육훈련, 지방공기업 발전지원 사업 등과 관련한 업무를 공유 및 추진할 것이다.

4 직제 및 정원

지방공기업평가원의 조직은 직제규정 제2조(조직)에서 그 기준을 정하고 있다. 제2조 1항에서는 평가원의 효율적인 업무수행을 위하여 연구평가본부, 투자분석센터, 기획운영실, 교육연수센터, 감사실을 둔다고 정의하고 있어 평가원의 조직은 1본부, 2센터, 2실로 구성되어 있으며, 기구표는 다음과 같다.

자료: 지방공기업평가원(https://www.erc.re.kr/)

〈그림 1-3-3〉 지방공기업평가원 기구표

조직별 업무는 다음과 같이 분장되어 있다. 연구평가본부에는 연구컨설팅실과 경영평가실로 구분하고 있으며, 업무분장은 다음과 같다.

〈별표 1-3-4〉 연구평가본부 업무분장

구분	연구평가본부	
연구 컨설팅실	1. 지방공기업 정책연구 개발, 법령 및 제도 연구 2. 공기업 정책과제 연구 3. 지방공기업 육성·지원정책 연구 4. 지방공기업 공제·보험사업 연구 5. 정책연구지 발간 6. 지방공기업지(紙) 발간 7. 지방공기업 국·내외 우수사례 발굴·보급 8. 외국의 공기업 운영사례 조사·연구 9. 정책연구과제 심의회 운영 10. 출자·출연기관 운영 관리	11. 국제협력사업(개도국 등에 지방공기업정책 보급 등) 12. 지방공기업 발전 지원 사업(학술지원, 학술세미나 개최 등) 13. 지방공기업 등의 경영전략·분석 컨설팅 14. 컨설팅 총괄 15. 컨설팅계획 수립·시행 16. 컨설팅 매뉴얼 작성·개선 17. 신설공기업 긴설팅 18. 맞춤형 컨설팅 19. 일자리 창출 관련 업무 20. 기타 본부 내 타 부서에 속하지 아니하는 사항
경영 평가실	1. 경영평가 총괄 2. 경영평가계획 수립·시행 3. 경영평가에 대한 정책지원·자문 4. 경영평가편람 작성·개선 5. 경영평가제도 개선·연구 6. 경영평가 시스템 개선 7. 경영평가DB 구축 8. 경영평가 워크숍 개최 9. 고객만족도 조사계획 수립·시행	10. CS위원회 구성·운영 11. PSI모형 개선 및 개입탐색모형 검토 12. 경영진단 총괄 13. 경영진단계획 수립 시행 14. 경영진단에 대한 정책지원·자문 15. 경영진단제도 개선·연구 및 시스템 개선 16. 경영평가 피드백 컨설팅 17. 기타 경영진단 관련 업무

자료: 지방공기업평가원 직제규정(개정 2020.4.2.)

연구컨설팅실은 지방공기업의 정책연구와 컨설팅을 주된 업무로 수행하고 있으며, 경영평가실은 지방공기업의 경영평가와 관련된 업무를 수행하고 있다. 투자분석센터의 업무분장은 다음과 같다.

〈별표 1-3-5〉 투자분석센터 업무분장

투자분석센터	
투자분석센터	1. 지방공기업 설립 타당성 검토 2. 타 법인에 대한 출자타당성 검토 3. 신규 투자사업의 타당성 검토 4. 설립 및 투자 타당성 검토 심의위원회 운영 5. 각종 타당성 검토기법 연구 6. 지방공기업 타당성 검토 백서 발간

자료: 지방공기업평가원 직제규정(개정 2020.4.2.)

투자분석센터는 설립타당성 및 출자 타당성 검토를 주된 업무로 수행하고 있다.

기획운영실은 기획운영팀과 정보화팀으로 구분하고 있으며, 팀별 업무분장은 다음과 같다. 기획운영팀은 1. 평가원 운영 기본계획 수립, 2. 주요업무계획 작성 및 추진실적(성과) 관리, 3. 이사회 운영, 4. 정관, 제 규정 및 규칙 제·개정 관리, 5. 중장기 발전계획 수립 등의 업무를 수행하며, 정보화팀은 1. 평가원 정보화 기본계획 수립 및 정보화사업 계획 및 추진, 2. 정보시스템 구축 및 운영·관리, 3. 홈페이지 및 내부업무 시스템 운영·관리, 4. 개인정보보호 업무 총괄 등의 업무를 수행한다.

교육연수센터는 교육총괄팀과 교육운영팀으로 구분하고 있으며, 팀별 업무는 다음과 같다.

〈별표 1-3-6〉 교육연수센터 업무분장

구분	교육연수센터	
교육총괄팀	1. 교육훈련 기본계획 수립·운영 2. 교육훈련 중장기계획 수립 3. 교육과정 개발 4. 교육운영 매뉴얼 작성 관리 5. 지방공기업 CEO과정 운영 6. 출자·출연기관 CEO 교육운영 7. 교육훈련 관련 각종 규정 제·개정 8. 전산교육장 설치 운영 9. 교육관련 대외협력 및 해외연수 10. 국내외 교육훈련 연구자료 수집 11. 교육훈련 수요조사 및 홍보	12. 교육평가 및 피드백 13. 각종 교육프로그램 개발 및 콘텐츠 연구·지원 14. 교육운영 및 강의장 조정 관리 15. 학적부 관리 16. 교육운영 관리시스템 운영 17. 사이버교육 프로그램 개발 18. 시청각 기자재 구입 및 시청각실 운영 19. 교육비 수납, 강사수당, 여비 등 교육 관련 회계처리 20. 특별연수에 관한 사항 21. 기타 센터 내 타부서에 속하지 아니하는 사항
교육운영팀	1. 지방공기업 임직원 과정 교육운영 총괄 2. 지방공기업 최고경영자 과정 운영 3. 출자·출연기관 및 기타 기관 임직원 교육운영 4. 출자·출연기관 최고경영자 과정 운영 5. 공무원 전문교육과정 운영 6. 지방직영기업 최고경영자 포럼	7. 지방공기업 장기교육과정 개설·운영 8. 교육프로그램 개발 및 운영 9. 강사 섭외 및 대외 협력 10. 현장학습 운영관리 11. 교육비 수납, 강사수당, 여비 등 교육 관련 회계처리 12. 학적부 관리

자료: 지방공기업평가원 직제규정(개정 2020.4.2.)

교육총괄팀과 교육운영팀은 교육과 관련한 업무를 주 업무로 수행하고 있으며, 지방공기업 최고 경영자 및 직원들의 직무교육도 포함하고 있다. 감사실의 업무분장은 1. 감사계획 수립·이행 및 보고, 2. 업무집행 감사, 3. 감사원 등 외부감사 관련 업무, 4. 임직원 행동강령 및 복무기강 확립, 5. 윤리경영 관련 업무, 6. 반부패 청렴시책 구축 및 평가업무, 7. 기타 감사업무에 관한 사항 등으로 감사 및 임직원 행동강령, 윤리경영, 반부패 등의 업무를 수행하고 있다. 지방공기업평가원의 정원은 직제규정 제3조(정원) 1항에서 정하고 있으며, 1항은 '평가원의 정원은 [별표1]과 같다.'고 규정하고 있다.

〈별표 1-3-7〉 정원표

직급별	총계	임원		전문직					전문계약직	일반직						
		이사장	상임이사	소계	1급	2급	3급	4급		소계	1급	2급	3급	4급	5급	6급
정원	49	1	1	27	2	6	15	4	1	19	1	3	3	3	4	5

자료: 지방공기업평가원 직제규정(개정 2019.12.11.)

3. 한국지방공기업학회

1 연혁

한국지방공기업학회[2](The Korean Association for Local Public Enterprises: KALPE) 정관 제2조(목적)에서는 '본 학회는 지방공기업의 연구와 실세 적용을 통해 지방공기업의 발전에 기여하고 지방공기업에 관한 시민의 의식을 고취함을 목적으로 한다.'고 정하고 있다. 한국지방공기업학회(이하 '학회'로 한다)는 정관의 목적에서 정하고 있는 바와 같이 지방공기업에 대한 연구 및 적용으로 지방공기업 발전에 기여하기 위해 설립된 기관이다. 학회는 2002년도와 2003년 다섯 차례에 걸쳐 창립을 위한 준비모임을 갖고, 2003년 7월 11일 발기인(發起人) 전원의 동의로 설립되었으며, 학회 설립을 위한 발기인은 학계·민간전문가·정부 및 지방공기업 실무관계사·일반시민 등이 주요 설립 발기인이었다. 2003년 8월 28일 행정자치부로부터 「민법」제32조 및 「행정자치부 및 경찰청 소관 비영리법인의 설립 및 감독에 관한 규칙」제4조의 규정에 의하여 사단법인 "한국지방공기업학회" 설립을 허가 받았으며, 법인 등록은 10월 13일부로 완료했다(한국지방공기업학회, http://www.kalpe.or.kr/).

---

[2] 한국지방공기업학회는 2003년 8월 28일 설립된 비영리법인으로 지방공기업의 연구와 실제 적용을 통해 지방공기업의 발전에 기여하기 위해 설립된 법인이다.

2 정관 및 운영규칙

한국지방공기업학회의 정관 및 운영규칙은 총칙, 회원, 임원과 기관, 회의, 재정, 보칙 등 총 5개의 장과 21개의 조항 및 부칙으로 구성되어 있다(한국지방공기업학회, http://www.kalpe.or.kr/). 제1장 총칙은 명칭, 목적, 사업, 사무소 등 4개 조항으로 구성되어 있으며, 제2조(목적)에서는 '본 학회는 지방공기업의 연구와 실제 적용을 통해 지방공기업의 발전에 기여하고 지방공기업에 관한 시민의 의식을 고취함을 목적으로 한다.'고 정의하고 있다. 제2장 회원은 회원의 종류, 권리·의무, 후원회 등 3개 조항으로 구성되어 있으며, 제5조(회원의 종류)에서는 회원의 종류를 정회원과 준회원, 명예회원과 단체회원으로 구분하였고 제6조(회원의 자격)에서는 '모든 회원은 본 학회의 취지에 찬동하는 자로서 다음 각호에 해당하는 자 중 입회절차(入會節次)를 필한 자로 한다.'고 규정하고 있다. 정회원은 한국지방공기업에 관심이 있는 석·박사학위 소지자 이상이거나 관련 공무원 및 지방공기업 현업에 종사하고 있는 자, 그리고 해당 분야에 전문성이 있다고 인정되는 자로 한다고 정의하고 있으며, 준회원은 한국지방공기업에 관심이 있는 대학원생 또는 동등한 자격이 있는 자로서 정회원 1인 이상의 추천을 받은 자로 한다고 정하고 있다. 명예회원은 본 회의 발전에 현저히 기여한 자 또는 기여할 수 있는 자로서 이사회의 승인을 얻은 자로 하며, 단체회원(團體會員)은 지방공기업 관련 중앙부처 및 지방자치단체, 지방자치단체가 설립 또는 출자·출연한 공기업으로 한다. 그리고 본회(本會)와 관련된 기관 및 단체로서 집행부의 승인을 얻은 기관 및 단체를 회원으로 할 수 있다고 정하고 있다. 제3장 임원과 기관은 임원과 기관, 회장·부회장, 이사 및 감사, 고문, 임원의 임기 등 5개 조항으로 구성되어 있으며, 제9조(임원과 기관)에서는 학회의 임원과 기관을 다음과 같이 정하고 있다. 학회의 임원은 회장 1명, 부회장 5명 이내, 이사 30명 이내, 감사 2명 이내로 정하고 있으며, 본 회의 기관으로 사무국 및 간사를 둘 수 있다고 규정하고 있다. 제13조(임원의 임기)에서는 '모든 임원의 임기는 1년이며, 연임할 수 있다.'고 규정하고 있다. 제4장 회의에서는 회의, 총회사항, 이사회의 심의·의결사항, 성원과 연결 등 4개 조항으로 구성되어 있으며, 제15조(총회사항)에서는 총회에서의 의결사항을 다음과 같이 정하고 있다. 총회의 의결사항은 정관의 변경, 예산 및 결산의 승인, 사업계획의 승인, 회장, 감사의 선임, 기타 회장이 특히 중요하다고 인정하는 사항 등이다. 제5장 재정에서는 경비(經費), 회비부과 및 징수, 회계 년도, 후원회의 후원금 등 4개 조항으로 구성되어 있으며, 제18조 경비(經費)에서는 학회의 경비는 회비·찬조금·사업수입·연구용역 수입 및 기타수입 등으로 충당한다고 정하고 있다. 19조(회비부과 및 징수)에서는 회비 등 부과 및 징수방법은 이사회에서 정하도록 규정하고 있다. 한국지방공기업학회에서는 정관 및 운영규칙을 근거로 지방공기업의 연구 및 적용 등 지방공기업 발전을 위해 학회를 운영하고 있다.

3 조직 및 주요사업

한국지방공기업학회의 조직은 고문, 회장, 부회장 등이 있으며, 이사회와 감사를 두고 6개의 위원회로 조직을 구성하여 운영되는 기관이다. 6개 위원회는 총무기획, 연구, 편집, 정보화, 섭외, 교육취업위원회로 구성하고 있으며, 위원회의 위원장과 위원(이사)은 대학교수, 연구원 및 연구소, 기관대표, 회계법인 등의 업무를 수행하는 자로 선임하여 해당 위원회별 고유 업무를 수행하고 있다. 편집위원회에서는 편집위원회 규정(規定)을 제정(2004.2.18.)하여 학회의 학술지인 '한국지방공기업학회보'에 관한 제반 업무를 수행하며, 학회에서 위탁한 간행물의 발간에 관한 사항 등을 심의·의결한다.

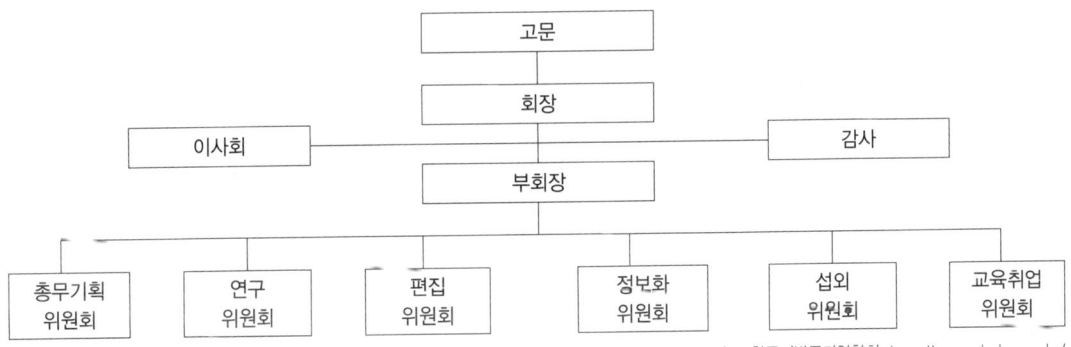

자료: 한국지방공기업학회, http://www.kalpe.or.kr/

〈그림 1-3-4〉 한국지방공기업학회 기구표

학회는 학회 정관 제3조(사업)에서 정하고 있는 사업을 수행하고 있으며, 학회가 운영하는 사업은 다음과 같다.

〈별표 1-3-8〉 운영사업

제3조(사업)
1. 지방공기업의 이론과 실무에 관한 연구, 2. 지방공기업과 관련된 행정기관과의 공동연구, 3. 지방공기업과 관련된 인접학문과의 상호교류, 4. 지방공기업과 관련된 서적 및 정기간행물의 간행, 5. 국내외의 관련기관과의 교류, 6. 지방공기업과 관련된 자문 및 상담, 7. 지방공기업과 관련된 정보 제공 사업, 8. 기타 본 학회의 목적 달성에 필요한 부대사업

자료: 한국지방공기업학회, http://www.kalpe.or.kr/

학회에서는 8개의 사업을 운영할 수 있도록 정관에서 정하고 있으며, 학회는 학술사업을 위해 학술지와 지방공기업 학회보(學會報) 발간, 학술논문발표, 동·하계 학술대회 등을 추진하고 있다.

"지방공기업"은

지방자치의 발전과 주민의 복리증진(福利增進)에 기여하기 위해
지방자치단체가 직접 설치·경영하거나 법인(공사, 공단 및 민·관 합작 법인)을 설립(設立)하여
간접적으로 경영(經營)하는 기업(企業)이라고 정의할 수 있을 것이다.

본문중에서

제 2 장

지방공기업 설립 및 운영사업

제2장 목차

제1절 지방공기업 설립　　　35

1. 설립절차
2. 설립 단계별 세부 검토기준
3. 지방공기업 설립

제2절 지방공기업 운영사업　　　57

1. 지방공기업 현황
2. 특별·광역시 지방공기업
3. 도(道) 지방공기업

제1절 지방공기업 설립

1. 설립절차

1 서론

지방공기업을 설립하기 위해서는 「지방공기업법」을 준용하여 추진하게 된다. 지방 직영기업을 제외하고 지방공사와 지방공단의 설립에 관한 사항은 「지방공기업법」 제49조(설립) 및 제76조(설립·운영)에서 정하고 있다. 법 제49조(설립) 1항에서는 지방공사의 설립에 관한 규정으로 '지방자치단체는 제2조에 따른 사업을 효율적으로 수행하기 위하여 필요한 경우에는 지방공사(이하 "공사"라 한다)를 설립할 수 있다.'로 규정하고 있다. 제76조(설립·운영) 1항에서는 지방공단의 설립에 관한 규정으로 '지방자치단체는 제2조의 사업을 효율적으로 수행하기 위하여 필요한 경우에는 지방공단(이하 "공단"이라 한다)을 설립할 수 있다.'고 정하고 있다. 이러한 법률적 근거를 기준으로 지방자치단체에서는 지방공기업을 설립하여 운영할 수 있으며, 설립에 대한 세부 기준은 지방공기업의 업무를 총괄 담당하는 행정안전부에서 수립하게 된다. 「지방공기업법시행령」 제47조(설립타당성 검토 등) 1항에서는 '법 제49조 제3항에 따른 타당성 검토에는 다음 각 호의 사항이 포함되어야 하며, 이에 따른 세부절차 및 검토 기준은 행정안전부장관이 정한다.'고 규정하고 있기 때문이다. 행정안전부에서는 관련 법률을 근거로 매년 지방공기업에 대한 운영기준을 수립하여 지방자치단체 및 지방공기업에 통보하며, 지방자치단체 및 지방공기업에서는 행정안전부에서 수립한 기준에서 정하고 있는 기준으로 업무를 수행하게 되는 것이다. 행정안전부에서 수립한 '지방공기업 설립·운영기준(2017.12.)[3]'에서 정하고 있는 설립에 관한 절차는 다음과 같다.

2 설립절차

행정안전부의 '지방공기업 설립·운영기준(행정안전부, 2017.12.)'에서는 지방공기업을 설립하기 위한 과정을 크게 6단계로 구분하고 있으며, 6단계는 다음과 같다.

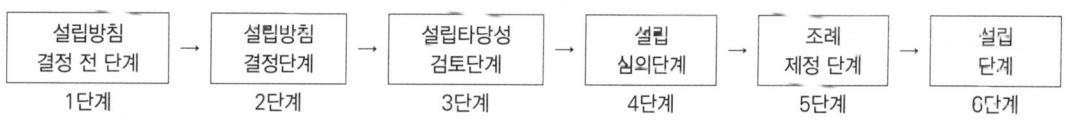

〈그림 2-1-1〉 지방공기업 설립과정

---

3) 지방공기업 설립·운영기준은 「지방공기업법시행령」 제47조(설립타당성 검토 등)에서 정하고 있는 '지방공기업의 설립 시 필요한 타당성 검토의 세부절차 및 검토기준을 행정안전부장관이 정한다'는 규정을 근거하여 마련된 기준이다.

1단계는 '설립방침 결정 전' 단계, 2단계는 '설립방침 결정' 단계, 3단계는 '설립타당성 검토' 단계, 4단계는 '설립 심의' 단계, 5단계는 '조례 제정' 단계, 6단계는 '설립' 단계이다. 지방공기업에 대한 설립은 이렇게 여섯 단계를 거쳐 추진된다. 각 단계별 추진내용은 다음과 같다. 1단계(설립방침 결정 전 단계)에서의 주요 추진사항은 지방자치단체에서 설립할 지방공기업의 사업의 성격, 유형 등에 대하여 내부 검토를 선행하고 대상 지방공기업의 형태별 추진방안에 대한 비교 분석을 하게 된다. 지방공기업의 형태별 검토는 민간위탁, 직영, 공사, 공단 등이며, 1단계에서는 대상 지방공기업에 대한 사업의 성격과 운영 형태 결정이 주요 추진 사항이다. 2단계(설립방침 결정단계)에서의 주요 추진사항은 설립요건 검토 및 형태 결정, 공기업 설립검토안 마련, 행정안전부(시·도가 설립하는 경우) 또는 시·도(시·군·구가 설립하는 경우) 및 지방의회 등 관계기관 의견수렴 등 설립추진 기본 방침에 관하여 결정하게 된다. 3단계(설립타당성 검토단계)에서의 주요 추진사항은 지방공기업에 대한 설립타당성에 대한 연구용역 추진을 위해 설립타당성 검토계획 작성 및 검토기준을 제시하고 타당성에 대한 전문기관과의 용역계약 체결 및 용역 업무를 수행하게 된다. 지방공기업에 대한 타당성 전문조사기관은 「지방공기업법시행령」 제47조 4항에서 규정하고 있는 기관으로 선정하여야 하며, 선정기준은 법 제47조 4항 1호 및 2호에 의한 기관으로 다음과 같은 요건을 충족하여야 한다. 사업 타당성 검토 업무에 3년 이상 종사한 경력을 가진 사람 5명 이상과 5년 이상 종사한 경력을 가진 사람 2명 이상을 보유하고 있어야 하며, 최근 3년 이내에 법 제3조에 따른 지방공기업 또는 「공공기관의 운영에 관한 법률」 제4조에 따른 공공기관(이하 "공기업"이라 한다)이나 지방 재정 관련 연구용역 실적이 있는 기관이어야 한다. 위 기준에 충족되는 전문기관과의 용역계약 및 용역 실시 후 설립타당성 검토보고서를 확정하게 된다. 설립타당성 검토보고서의 내용이 지방공기업 설립으로 결정이 되면 다음 단계인 지방공기업에 대한 설립심의 단계를 추진하게 된다. 4단계(설립 심의단계)에서의 주요 추진사항은 지방공기업 설립에 대한 주민설명회(공청회) 등을 통해 해당 지방자치단체의 주민 의견을 수렴하고, 수렴 결과에 따라 행정안전부(시·도가 설립하는 경우) 또는 시·도와(시·군·구가 설립하는 경우) 협의를 진행하게 된다. 또한, 지방공기업에 대한 설립심의위원회를 구성하게 되는데 이때 민간위원은 과반수로 구성하여 위원회를 운영하여야 한다. 위원회에서는 지방공기업 설립과 관련한 심의 검토 기준을 제시하고 기준에 근거하여 위원회에서는 심의하게 된다. 5단계(조례제정단계)에서는 해당 지방자치단체의 장은 지방공기업 설립에 대해 결정을 하고 해당 지방자치단체에 지방공기업에 대한 자치 조례안을 마련하여 지방의회의 심의를 거쳐 지역주민에게 조례제정에 대한 내용을 공포하게 된다. 6단계(설립단계)에서는 지방공기업에 대한 조례제정이 완료되면 해당 지방공기업에 대한 정관 등 제 규정을 제정하고 「지방공기업법」 제58조(임원의 임면 등) 3항에 근거하여 임원추천위원회 구성을 통해 해당 지방공기업의 임원 공모 및 사장(이사장)을 선임하게 된다. 임명된 사장(이사장)은 해당 지방공기업에 대한 설립등기(자본금 납입 후 3주일 이내) 및 설립보고(등기 후 10일 이내) 등을 추진한다. 지방공기업을 설립하기 위한 절차는 위에서 기술한 바와 같이 관련 법령 및 행정안전부 운영기준에 근거하여 설립 절차가 진행된다.

2. 설립 단계별 세부 검토기준

1 설립방침 결정 전 단계

행정안전부에서는 「지방공기업법시행령」을 근거로 지방공기업 설립에 필요한 세부절차 및 검토 기준인 '지방공기업 설립·운영기준'을 마련하고 있다. 해당 기준은 지방공기업 설립 시 추진되어야 할 기준으로 지방자치단체에서는 이 기준을 근거로 지방공기업의 설립과 관련한 업무를 추진해야 한다. 하지만 지방공기업을 새로이 설립하는 과정은 결코 단순한 과정은 아닐 것이다. 지방공기업 설립·운영 기준에서는 지방공기업 설립 절차를 '설립방침 결정 전' 단계, '설립방침 결정' 단계, '설립타당성 검토' 단계, '설립심의' 단계, '조례제정' 단계, '설립' 단계 등 총 6단계 설립 절차로 설명하고 있으며, '설립' 단계는 등기·설립과 설립·등기로 구분하여 추진된다. 추진내용은 다음과 같다. 1단계 설립방침 결정 전 단계에서의 업무 추진 절차는 다음과 같이 설명할 수 있을 것이다. 지방자치단체의 지방공기업 업무를 주관하는 담당 부서에서는 지방공기업의 설립방침 결정 전 업무를 추진하게 되며, 「지방공기업법」 제2조 및 제49조와 관련된 업무를 수행하게 된다. 법 제2조(적용범위)를 근거로는 설립 예정인 지방공기업의 사업성격, 유형 등에 대해 내부 검토를 이행하게 되며, 법 제49조(설립)를 근거로는 설립할 지방공기업의 민간위탁, 직영, 공사, 공단 등 지방공기업의 형태별 추진방안을 검토 및 비교 분석하게 된다. 설립방침 결정 전 단계를 시작으로 해당 지방자치단체에서는 지방공기업 설립에 대한 본격적인 업무를 수행하게 된다.

2 설립방침 결정단계

(1) 타당성 검토를 위한 예비사업 선정 시 검토기준

타당성 검토를 위한 예비사업 선정 시 검토기준은 「지방공기업법」 및 관련 법령의 사업 적정성에 대해 검토해야 한다. 관련 법률에 따른 검토 기준은 다음과 같다. 먼저 「지방공기업법」의 사업 적정성 측면에서는 지방공기업의 범위와 지방공기입의 경영이념에 관련된 사항을 검토하게 되며, 적용 지방공기업의 범위에서는 「지방공기입법」 제2조(적용범위)의 내용을 검토하는 것으로서 당연 적용사업 측면에서는 법 제2조 제1항에서 규정하고 있는 8개 분야에 대한 내용에 부합하는지를 검토하고 임의 적용사업 측면에서는 법 제2조 제2항 민간인의 경영 참여가 어려운지, 경상수지 비율이 5할 이상인 사업인지 등에 관한 내용을 검토하게 된다. 또한, 지방공기업의 경영이념에 부합한지에 대한 내용도 검토 대상이며, 이는 「지방공기업법」 제3조 1, 2항의 내용에 대한 검토이다. 관련 법령상의 사업 적정성은 지방공기업에 대한 검토 사항 중 관련 법상의 내용 검토에 대한 사항으로 주민의 권리, 의무와 관련된 사무나 「행정규제기본법」상 공무원의 재량적 판단이 요구되는 사항은 부적합, 전문적 기술이나 지식이 요구되는 사업이거나 규모의 경제를 통해 관리의 효율성이 요구되는 사무는 적합 등 관계 법령상의 내용을 적합과 부적합 등으로 검토하는 단계이다.

(2) 설립할 지방공기업 등 형태 결정

설립할 지방공기업 등 형태 결정에서의 분류기준 및 체계는 다음 그림과 같다.

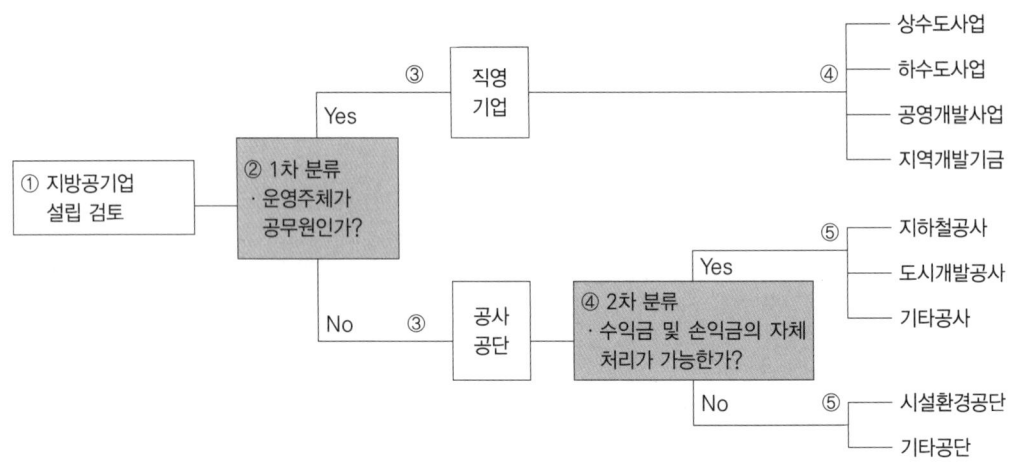

자료: 행정안전부, 지방공기업 설립·운영기준(2017.12.)

〈그림 2-1-2〉 분류기준 및 체계

지방공기업 설립 시 분류기준은 1차 분류와 2차 분류로 구분하며, 1차 분류에서의 분류기준은 설립할 지방공기업의 운영 주체가 누구인가로 판단한다. 운영 주체가 공무원인가를 기준으로 판단하게 되며, 이는 직영기업과 공사·공단으로 분류하는 기준이 되기 때문이다. 운영 주체가 공무원인 경우 직영기업으로 분류하고 운영 예정 사업의 성격에 맞도록 직영기업 중 상수도 사업, 하수도 사업, 공영 개발사업, 지역개발기금 등으로 분류한다. 운영 주체가 공무원 신분이 아닌 민간인의 신분일 경우에는 공사·공단으로 분류하고 수입금 및 손익금의 처리가 가능한가에 대한 2차 분류를 통해 지방공사 또는 지방공단으로 분류된다. 지방공사로 분류될 경우에는 지하철 공사, 도시개발공사, 기타 공사 등으로 분류하며, 지방공단으로 분류될 경우에는 시설관리공단, 환경관리공단 등으로 분류된다. 지방공기업에 대한 유형을 검토하는 단계에서는 설립 예정인 지방공기업이 어떤 형태로 운영되어야 하는지에 관해 결정하게 되며, 유형별 세부 검토기준에서의 검토 사항은 크게 지방 직영기업, 지방공사 및 지방공단 등 3개 유형에 대한 검토가 될 것이다. 지방공기업은 크게 직영기업과 간접경영기업으로 분류되며, 직영기업과 간접경영의 가장 큰 특징은 직원의 신분에 의해 구분된다는 것이다. 직영기업에 속해 있는 직원의 신분은 공무원이며, 간접경영형태인 지방공사 및 지방공단에 속해 있는 직원의 신분은 공무원이 아닌 것이다. 이렇게 직접경영과 간접경영형태는 직원의 신분에 의해 형태를 결정할 수 있을 것이며, 직영기업의 경우 관련 법에서 규정하고 있는 사업의 규모를 충족한다면 직영기업은 시도·시·군·구간 이해관계가 특별히 충돌할 여지는 없을 것이다. 직영기업에서 운영하는 대표적인 사업 분야는 상·하수도 사업으로 설명할 수 있을 것이다.

지방공사 및 지방공단의 형태 결정 시 지방공사와 지방공단의 핵심적 차이는 결산 결과에 따른 손익금에 대한 처리 가능 부분이 가장 큰 차이점이라 할 수 있을 것이다. 공사의 경우 「지방공기업법」 제67조(손익금의 처리)에서 손익금에 대한 처리에 관한 사항을 규정화하여, 이익이 생겼을 경우 결손금 보존, 이익 준비금 적립, 감채적립금 적립, 또는 이익을 배당하거나 공사 정관으로 정하는 바에 따라 적립하여 운영할 수 있다. 하지만 지방공단의 경우 손익금에 대한 처리 규정이 없으며, 이로 인해 지방자치단체에서 위탁하는 사업을 수탁받거나 대행하는 형태로 운영되고 있다. 이를 근거로 지방공사 및 지방공단의 형태로 결정할 수 있는 것이다.

(3) 행정안전부·시·도간(시도·시·군·구간) 1차 협의

지방공기업을 설립하기 위해서는 시·도는 행정안전부와, 시·군·구는 시·도와 1차 사전협의를 진행하게 된다. 이는 불필요한 지방공기업의 설립을 방지하기 위한 수단으로 지방자치단체에서는 지방공기업에 대한 설립 검토(안) 마련 후 행정안전부에 설립 협의를 요청하고 행정안전부에서는 지방자치단체의 지방공기업에 대한 설립검토(안)을 검토 후 15일 이내(필요시 10일 이내 1회 연장 가능) 해당 지방자치단체에 검토 의견을 회신하게 된다. 행정안전부에서 설립검토(안) 검토 후 제시한 의견에 대해서는 지방자치단체에서는 반영하여야 하며, 반영이 곤란한 사항은 그 사유를 명시하여 행정안전부에 통보하여야 한다. 이때 행정안전부에서는 다시 의견을 제시할 수 있으며, 행정안전부와 지방자치단체의 1차 협의가 완료되었을 시 7일 이내에 협의 기간 및 협의 내용 등을 지방자치단체 홈페이지와 게시판에 공개하게 된다. 1차 협의 시 포함되어야 할 내용으로는 크게 설립개요, 사업범위, 기대효과, 기타사항 등 4가지이며, 설립개요의 주요 내용은 설립근거, 설립형태, 설립예정일, 운영방안(회계연도, 예산, 경영분석), 자본금 출자(출자형태, 규모) 등 제시 등이다. 사업범위의 주요 내용은 대상사업의 범위를 개략적으로 제시하되 분야(分野)별로 구분하여 제시하여야 하고 광역자치단체는 당해 시·도(시·군·구는 시·도)의 기존 공기업과 중복되는 사업이 있는지를 검토하고, 만약 중복되는 사업이 있다고 판단 시 운영방안에 대한 검토의견을 제시하도록 정하고 있다(지방공기업 설립·운영기준(2017. 12), 행정안전부).

3 설립타당성 검토단계

(1) 타당성 검토 전문기관 선정

지방공기업 설립 시 타당성 검토는 중요한 요인으로 작용한다. 설립타당성 검토 결과는 지방자치단체의 지역주민들에 대한 공청회 및 행정안전부·시도(시도·시군구) 협의, 설립심의위원회 심의 등 지방공기업 설립과 관련된 절차상 중요한 기초자료로 활용된다. 이러한 중요성에 의해 「지방공기업법시행령」에서는 평가기관의 선정과 관련하여 기준을 규정화하여 시행하고 있다.

「지방공기업법시행령」 제47조(설립타당성 검토 등)에서는 설립타당성 검토 시 반영되어야 할 사항들과 평가기관에 대한 요건을 명시하였다. 설립타당성 검토 시 반영되어야 할 사항은 1) 사업의 적정성 여부, 2) 사업별 수지분석, 3) 조직 및 인력의 수요판단, 4) 주민의 복리증진에 미치는 영향, 5) 지역경제와 지방재정에 미치는 영향 등이다. 설립타당성 검토를 수행하는 평가기관의 기준은 '첫째, 사업타당성 검토 업무에 3년 이상 종사한 경력을 가진 사람 5명 이상과 5년 이상 종사한 경력을 가진 사람 2명 이상을 보유하고 있어야 하며, 둘째, 최근 3년 이내에 법 제3조에 따른 지방공기업 또는 「공공기관의 운영에 관한 법률」 제4조에 따른 공공기관(이하 "공기업"이라 한다)이나 지방재정 관련 연구용역 실적이 있는 기관으로 규정하고 있다. 위 두 가지 요건을 갖추고 있는 기관 중 행정안전부장관이 지정·고시하는 기관에 의뢰하여 실시하여야 한다.'고 규정하고 있으며, 행정안전부장관이 지정·고시하는 기관은 「지방공기업법」 제49조 제4항 및 동법 제65조의3의 규정에 따른 타당성 검토 전문기관은 「지방공기업법」 제78조의4에 따라 설립된 지방공기업평가원과 「한국지방행정연구원 육성법」에 따라 설립된 한국지방행정연구원으로 정하고 있다(국가법령정보센터, http://www.law.go.kr/).

(2) 타당성 검토기준

타당성 검토 수행에 대한 법적 근거로는 타당성 검토 실시에 대한 근거와 타당성 검토 수행 시 포함되어야 할 사항 등을 정한 근거 등 크게 두 가지로 구분하여 설명할 수 있을 것이다. 첫 번째, 타당성 검토를 해야 하는 근거는 「지방공기업법」 제49조 3항 '지방자치단체는 공사를 설립하는 경우 대통령령으로 정하는 바에 따라 주민복리 및 지역경제에 미치는 효과, 사업성 등 지방공기업으로서의 타당성을 미리 검토하고 그 결과를 공개하여야 한다.'고 정의하고 있다. 해당 법률의 근거에 의해 지방공기업을 설립하고자 하는 지방자치단체에서는 설립에 대한 타당성을 사전 검토해야 한다는 것이다. 두 번째, 타당성 검토에 포함되어야 할 내용은 동법 시행령 제47조(설립타당성 검토 등) 1항 각호에서 정하고 있는 1. 사업의 적정성 여부, 2. 사업별 수지분석, 3. 조직 및 인력의 수요판단, 4. 주민의 복리증진에 미치는 영향, 5. 지역경제와 지방재정에 미치는 영향 등 5가지이다. 각호에서 정하고 있는 5가지 사항은 반드시 포함되어야 하며, 이러한 법률적 근거로 지방자치단체에서는 지방공기업 설립에 대한 타당성 조사 및 타당성 검토 수행 시 반영되어야 할 내용을 반영하여 타당성 검토를 수행하게 된다. 설립타당성에 대한 검토 시 포함되어야 하는 동법 시행령 제47조(설립타당성 검토 등) 1항 각호에 대해 설명하면 다음과 같다.

첫 번째, 사업의 적정성 여부는 「지방공기업법」에서 정하고 있는 '사업 적정성 기준'과 '임의 적용사업의 적정성 판단 기준' 등 두 가지로 구분하여 검토하여야 한다. 「지방공기업법」의 사업 적정성 기준에서는 동법 제2조(적용범위) 및 동법 시행령 제2조(지방 직영기업의 범위)에서 정하고 있는 내용을 검토하여야 하며, 사업 적정성 검토 시 공공성과 기업성도 충분히 고려되어야 한다. 「지방공기업법」상의 사업적정성 기준에서의 공공성 기준은 민간인의 경영참여가 어려워야 하며, 주민복리의 증진에 기여할 수 있어야 한다. 또한, 지역경제 활성화나 지역개발 촉진에 기여할 수 있어야 하며, 특히, 환경 훼손이 없어야 하는 등 4가지 공공성 기준에 적합한지 검토되어야 한다. 기업성 측면의 검토기준은 관련 법률에서 정하고 있는 경상경비의 5할 이상을 경상수입으로 충당할 수 있는지에 대한 검토가 선행되어야 한다. 임의적용사업의 적정성 판단 기준은 1) 민간인의 경영 참여가 어려운 사업으로 주민복리 증진과 지역경제 활성화나 지역개발촉진에 기여할 수 있는 사업. 2) 「체육시설의 설치·이용에 관한 법률」에 의한 체육시설 및 「관광진흥법」에 의한 관광사업 등이다. 이러한 임의 적용사업의 적정성 판단에 있어 검토되어야 할 사안은 해당 사업 분야의 경상수지비율은 예상 영업 수익이 예상 영업비용의 5할 이상이 되어야 하며, 주민 복리 증진 기여 여부는 직접적인 효과를 중심으로 검토하여야 한다. 지역경제 활성화 기여 여부는 5년 이상의 장기적인 관점에서 검토되어야 하며, 민간의 경영 참여 곤란 여부는 지방공기업에서 운영할 사업 분야를 각각의 개별 사업별로 분석·검토하여야 한다.

〈별표 2-1-1〉 타당성 검토기준

구분		검토기준
사업 적정성 기준	공공성 검토기준	1) 민간인의 참여가 어려운 사업이어야 하며, 2) 해당 사업 추진을 통해 지역 주민의 복리 증진에 기여해야 한다. 3) 지역경제 활성화 및 지역 개발 촉진에 기여하여야 하며, 4) 환경훼손에 문제가 없는지에 대한 내용 등을 포함
	기업성 검토기준	관련 법률에서 정하고 있는 경상경비의 5할 이상을 경상수입으로 충당될 수 있는지에 대한 검토
임의 적용 사업의 적정성 판단기준		1) 민간인의 경영참여가 어려운 사업으로 주민복리증진과 지역경제 활성화나 지역개발촉진에 기여할 수 있는 사업 2) 「체육시설의 설치·이용에 관한 법률」에 의한 체육시설 및 「관광진흥법」에 의한 관광사업

자료: 행정안전부, 지방공기업 설립·운영기준(2017.12.)

두 번째, 사업별 수지분석에서는 설립 예정인 지방공기업의 수지분석에 관한 내용의 검토 사항으로 크게 세 가지로 구분하여 검토되어야 한다. 세 가지는 1) 비용과 편익의 흐름 추정, 2) 비용과 편익의 현재가치화, 3) 할인된 편익과 비용을 통한 경제성 분석 등이다. 사업별 수지분석은 설립 예정 지방공기업의 비용과 편익이 예상되는 중·장기 수지분석을 통해 사업성 유·무를 판단하는 과정으로 비용과 편익에 대한 설득력 있는 산출 기초가 확보되어야 하며, 미래가치를 현재가치로 전환하거나 현재가치로 할인된 편익과 비용을 토대로 경제성 등을 평가하여야 한다(지방공기업 설립·운영기준(2017.12), 행정안전부). 세 번째, 조직 및 인력의 수요판단에서는 설립 예정인 지방공기업의 조직과 인력에 대한 분석으로서, 지방공기업에서 수행 예정인 사업의 기능을 중심으로 조직에 대한 적정조직(안) 운영방안을 도출하고, 이를 기준으로 개별 사업에 대한 소요인력 및 인력구성에 대한 계획을 수립하게 된다. 또한, 조직 및 인력구성안을 근거로 적정 인건비를 산출하고 경상경비에 대한 예상 규모를 추정하여야 한다. 네 번째, 지역주민의 복리증진에 미치는 영향에서는 영향분석의 범위가 포괄적인 특성이 있어 객관적이고 계량화된 지표분석이 현실적으로 한계성이 있으며, 이를 해결하기 위한 방법의 하나는 객관적이고 신뢰성 있는 외부 여론조사 기관을 선정하여 지역주민들을 대상으로 설문조사를 실시할 수 있다. 설문조사는 조사의 객관성을 확보하기 위해 해당 지역주민 중 다양한 계층과 집단의 의견을 조사하여 반영하며, 또한, 해당 지방자치단체와 연관된 이해관계자의 의견을 수렴하여야 하고 수렴된 의견을 토대로 지역주민들의 복리 증진을 위한 정책 방안을 도출한다. 지역경제와 지방재정에 미치는 영향은 설립 예정인 지방공기업이 설립 후 운영 시 해당 사업 운영으로 인한 사업의 지역경제 파급효과에 대해 검토하는 단계로서 해당 지방공기업으로 인한 생산유발 효과, 부가가치 유발효과, 고용 유발효과 등에 대해 분석을 하고, 객관적인 통계 예상치를 활용하기 위해 한국은행의 전국산업연관표 등을 이용하여 산업 부문별 총생산액 및 투입구조 등에 대해 분석하여 지역경제에 얼마만큼의 파급효과가 있는지 예측한다. 지방공기업을 설립하고자 하는 지방자치단체에서는 설립 예정인 지방공기업 운영에 필요한 자원을 분석하기 위해 적정 자본금 및 가용투자 재원에 대한 분석을 실시하게 된다. 해당 지방공기업 운영 시 사업운영에 필요한 적정 자본금의 규모 분석, 자본금 출자의 적정성에 대한 분석, 공유재산 현물출자 가능 여부, 해당 지방자치단체의 가용투자 재원 분석 등을 실시하며, 인력 운영의 측면에서는 지방공기업을 설립·운영하여 기존 지방자치단체에서 운영하던 사업을 지방공기업에 위탁하고자 할 경우 기존인력에 대한 감축 계획을 수립하는 등 인력에 대한 감축 계획의 적정성도 검토되어야 한다.

이렇게 지방공기업을 설립하기 위한 세부절차인 타당성에 대한 검토기준은 세밀하고 정확하게 분석되어 추진되어야 한다. 이는 지방공기업이 지역사회에 미치는 영향이 크기 때문이다.

(3) 타당성 검토 결과 검증 및 공개

전문기관에 의뢰한 지방공기업에 대한 설립타당성 검토가 완료되면 지방자치단체에서는 설립타당성 검토 용역 결과에 대해 검증심의회를 구성 개최하여 용역 결과에 대한 적정성에 대해 검토를 수행하게 된다. 검증심의회는 관계 공무원과 민간전문가로 구성하고 민간전문가가 1/2 이상이 되도록 구성하여 객관성을 확보하여야 한다. 설립타당성에 대한 연구용역의 결과물은 용역이 완료된 날로부터 7일 이내에 검토 기관, 용역참가자 명단, 용역기관 및 용역 금액 등을 해당 지방자치단체 홈페이지 및 게시판에 공개하여 지역주민들이 열람할 수 있도록 한다.

4 설립 심의단계

(1) 주민공청회 개최

주민공청회는 설립 예정인 지방공기업이 지역주민들과 밀접한 관계를 맺어야 하는 기관으로 「지방공기업법」 및 「지방공기업법시행령」에는 주민의 복리 증진에 기여할 목적으로 설립할 수 있도록 정의되어 있다.

이를 위해 지방자치단체에서는 지방공기업 설립심의위원회 개최 전 공청회를 개최하여 지역주민의 의견을 수렴한다. 주민공청회를 통해 개진된 의견들은 설립심의위원회 및 지방의회에 자료로 제공되며, 지방공기업 설립 심의 및 조례제정안 의결 시 검토 자료로 활용된다.

(2) 행정안전부 · 시도(시도 · 시군구) 간 협의

「지방공기업법」 제49조(설립) 1항에는 '지방공사(공단)를 설립하고자 할 경우 지방자치단체는 행정안전부 또는 특별시장, 광역시장, 도지사와 협의하여야 한다.'로 정의하고 있다. 이는 행정안전부 · 시도(시도 · 시군구) 간 협의를 통해 지방공기업에 대한 중복투자 방지 및 협력을 모색하기 위한 방안이다. 협의 방법은 지방자치단체에서 설립심의위원회가 개최되기 이전에 설립타당성 용역 결과보고서 및 용역 결과 검증심의회 개최 결과, 주민공청회 개최 결과, 설립심의위원회 구성(안) 등 관련 자료를 첨부하여 행정안전부 및 시 · 도(시 · 군 · 구일 경우)에 협의 사항에 대하여 요청한다. 요청사항에 대하여 행정안전부(시도)는 관련 법규에 위배되지 않는지 충분히 검토하고 검토사항에 대한 의견을 해당 지방자치단체에 제시하게 된다.

(3) 설립 심의위원회 구성 · 심의

설립 심의위원회 구성에 관한 법적 근거는 「지방공기업법시행령」 제47조이다. 시행령 제47조 2항에서는 '지방공기업을 설립하고자 하는 지방자치단체의 장은 설립타당성 검토 결과와 주민공청회의 결과를 기초로 지방공기업에 대한 설립 여부를 심의하여야 한다.'로 정의하고 있다. 또한, 심의위원회 구성과 관련하여 시행령 제47조 2항과 3항에서는 심의위원회 구성에는 의회의원, 관계전문가 및 해당 지방자치단체의 관계 공무원 등으로 구성하며 심의위원회의 위원 중 1/2 이상은 민간위원으로 위촉하도록 규정하고 있으며, 심의위원회의 구성과 운영에 필요한 사항은 해당 지방자치단체의 장이 정하도록 하고 있다. "지방공기업 설립·운영기준(2017.12)"에서는 위원회 구성은 7~9인으로 구성하고 1/2 이상을 민간위원으로 위촉하며, 위원 위촉 시 위원의 동의를 받아 지방자치단체 홈페이지와 게시판에 공개하도록 정하고 있다. 위원의 임기는 위원회의 존속기관과 같고, 설립심의를 완료한 경우 자동으로 해산하도록 지침을 정하고 있다. 이렇게 구성된 심의위원회에서는 용역 결과, 공청회 결과 등을 근거로 심사를 하며 위원회는 객관적이고 공정한 설립심의를 위하여 심사표를 마련하여 심의하고 최종적으로 설립에 대한 가·부를 결정하게 된다.

5 조례 제정 단계

「지방공기업법」 제49조(설립) 2항에서는 '지방자치단체는 공사(공단)를 설립하는 경우 그 설립, 업무 및 운영에 관한 기본적인 사항을 조례로 정하여야 한다.'로 규정하고 있어 법 제49조(설립) 2항을 근거로 지방자치단체에서는 지방공기업 설립 시 지방공기업 설립 및 운영에 관한 지방자치단체 조례를 제정하여야 한다. 조례 제정은 해당 지방자치단체에서 상정하며, 해당 지방의회에서 심의·의결한다. 이렇게 지방공기업 설립 및 운영에 관한 조례를 제정한다는 것은 지방공기업 설립 여부를 결정하는 최종단계로 보아도 무방할 것이다. 조례 제정을 위하여 지방자치단체의 장은 해당 지방의회에 타당성 검토, 주민공청회, 행정안전부(시·도)와의 협의 결과 등에 대하여 보고 및 설명을 한다. 이를 근거로 지방의회에서는 조례 제정 절차에 따라 심의·의결하고 조례가 의결되면 지방자치단체장은 공포 및 시행하게 된다. 조례의 주요 내용은 해당 지방공기업에 대한 내용으로서 조례의 목적, 법인격, 사무소, 자본금, 주식발행, 정관, 총칙과 임원, 사장, 감사, 임원 추천위원회, 이사회, 직원의 임·면 등 임원 및 직원에 관한 사항, 사업 및 예산 관련 사항 등에 관한 내용으로 제정된다.

6 등기·설립 단계

(1) 정관 등 제 규정 작성

정관(定款)은 법인(法人)의 근본적인 규칙(規則)을 의미하며, 「지방공기업법」 제56조(정관) 1항의 규정에서 정하고 있는 각호의 사항이 포함되어야 한다. 각호는 1. 목적, 2. 명칭, 3. 사무소의 소재지, 4. 사업에 관한 사항, 5. 임직원에 관한 사항, 6. 이사회에 관한 사항, 7. 재무회계에 관한 사항, 8. 공고에 관한 사항, 9.

자본금에 관한 사항, 10. 사채 발행에 관한 사항, 11. 정관 변경에 관한 사항, 12. 그 밖에 대통령령으로 정하는 사항 등 12개의 호(號)를 말한다. 법 제56조 제1항 제12호 '그 밖에 대통령령으로 정하는 사항'이라 함은 '공사의 조직 및 정원에 관한 사항'을 말한다. 지방공사(공단)의 정관에는 해당 지방공기업의 조직 및 정원에 관한 사항도 포함하여야 한다. 지방공기업 정관 제정은 지방공기업의 설립 전 단계이므로 해당 지방자치단체에서 작성한다.

(2) 임원의 임명

임원의 임명(任命)은 「지방공기업법」제58조(임원의 임면 등)·제58조의2(사장과의 경영성과계약) 등에서 법률로써 규정하고 있으며, 지방자치단체에서는 이 규정을 근거로 임원을 임명하게 된다. 임원의 임명은 지방공기업 설립 전 단계로서 해당 지방자치단체에서 주관하게 되며, 지방자치단체에서는 임원의 임명을 위하여 임원추천위원회를 구성하여 공개모집 절차에 따라 임원을 채용하게 된다. 임원추천위원회 설치·구성, 임원후보자의 추천절차, 심사기준 등에 대한 세부적인 사항은 「지방공기업 인사운영기준」에서 정하고 있다. 임원추천위원회 구성인원은 7인이며, 지방공기업 설립 전으로 지방자치단체장 추천 4인, 지방의회 추천 3인으로 구성하게 된다. 사장(이사장), 감사, 비상임이사에 대해서는 지방자치단체장이 임명하고 상임이사(본부장)는 사장(이사장)이 임명한다. 임원을 채용하기 위한 공모 절차는 다음과 같다.

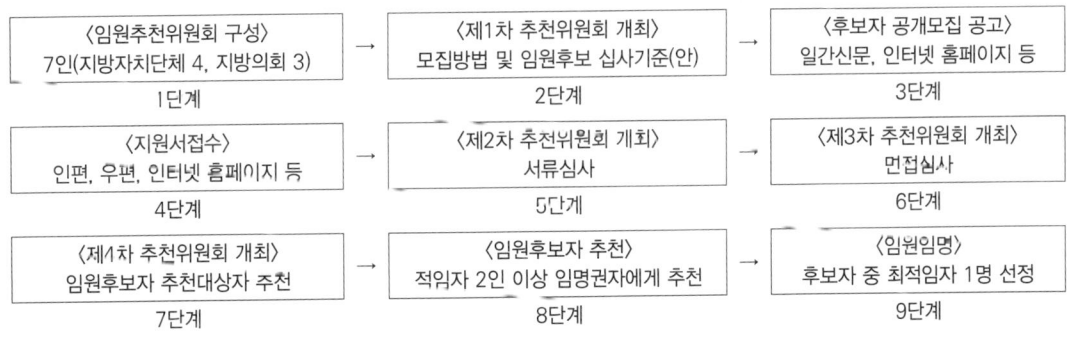

자료: 행정안전부, 지방공기업 설립·운영기준(2017.12.)

〈그림 2-1-3〉 임원 공모 절차

6-1 설립·등기

(1) 법적 근거

지방공기업 설립(設立)에 관한 사항은 「지방공기업법」제57조(등기)에서 정하고 있으며, 법 제57조(등기) 1항 '공사(공단)는 그 주된 사무소의 소재지에서 설립등기를 함으로써 성립된다.'로 규정하고 있다. 또한,

「지방공기업법시행령」 제78조(보고 등)에 '설립(등기)일로부터 10일 이내에 지방자치단체의 장은 행정안전부장관에게 보고하여야 한다.'로 정의하고 있다.

(2) 설립 등기 사항

등기(登記)에 관한 사항은 지방공사(공단)의 사장(이사장)을 대상으로 추진되며, 등기기한은 자본금 납입이 있는 날로부터 3주일 이내에 실시한다. 주된 등기 사항은 목적, 명칭, 주된 사무소의 소재지, 자본금, 출자방법, 임원의 성명과 주소, 공고의 방법 등이다. 지방공기업에 대한 설립 등기가 완료되면 설립일(등기일)로부터 10일 이내 조례, 정관, 자본금, 임원임명, 조직 및 인력 등 설립사항에 대해 보고하여야 한다. 보고 절차는 그림과 같다.

| 시장·군수·구청장 | → | 시·도지사 | → | 행정안전부장관 |

〈그림 2-1-4〉 설립보고 절차

3. 지방공기업 설립

1 설립준비 및 타당성 검토 기관 선정

세종특별자치시는 2000년 이후 가장 활발한 변화를 가진 도시이다. 세종특별자치시는 2005년 5월 행정중심복합도시 건설을 위한 특별법이 제정·공포되었으며, 2006년 12월 '세종특별자치시'로 도시 명칭이 확정됐다. 2010년 12월에는 「세종특별자치시 설치 등에 관한 특별법」이 공포(법률 제10419호)되었다. 2012년 7월 1일 세종특별자치시가 출범하였으며, 이후 중앙행정기관이 이전을 추진하였다. 2016년 9월 인사혁신처와 국민안전처 등이 이전을 완료하였으며, 세종특별자치시는 2020년 출범한 지 8주년이 되었다. 2019년 7월 말 기준 세종특별자치시에는 중앙행정기관 22개 기관과 소속기관 21개 기관 등이 이전하여 업무를 수행하고 있다. 중앙행정기관은 국무조정실, 국무총리비서실, 기획재정부, 공정거래위원회, 국토교통부, 해양수산부, 교육부, 행정안전부, 문화체육관광부 등이며, 소속기관은 중앙노동위원회, 최저임금위원회, 무역위원회, 전기위원회, 우정사업본부 등이다(www.sejong.go.kr/). 이렇게 세종특별자치시는 새로운 행정수도로의 변화를 짧은 시간 내에 이행하였으며, 내부적으로는 도시의 원활한 기능 유지 및 시민편의 제공을 위해 세종도시교통공사, 세종시문화재단, 세종시복지재단, 세종특별자치시시설관리공단 등의 기관 설립 및 운영 등이 진행되었다. 세종특별자치시에서 지역 주민 편의를 위해 설립한 기관 중 지방공기업인 세종특별자치시시설관리공단(이하 '공단'이라 한다)의 설립과정에 대해 알아보고자 한다. 공단은 2016년 9월 23일 설립등기를 마치고 같은 해 10월 24일 지방공기업 유형 중 시설관리공단으로 출범했다. 세종특별자치시는 지방공기업인 세종특별자치시시설관리공단을 설립하기 위해 "세종시 시설관리공단 설립타당성 검토 보완 연구용역"을 수행했다. 연구용역 주무부서는 세종특별자치시 행정도시지원과로 연구용역 과업 기간은 2015년 9월 15일부터 2015년 12월 13일까지 약 3개월 동안 진행됐다. 설립에 대한 타당성 검토 연구 용역은 행정안전부와 세종특별자치시 간 지방공단 설립 1차 협의 진행 후 시작되었을 것이다. 타당성 검토 연구 용역의 주요 내용은 지방공단의 설립 적정성과 설립 후 지방공단의 사업수지분석, 조직 및 인력 분석 등이다. 세종특별자치시에서는 지방공단 설립타당성 연구 용역수행을 위한 기관 선정을 「지방공기업법」에서 정하고 있는 기준에 충족되는 기관을 선정하여 연구용역 업무를 수행하게 된다. 「지방공기업법」에서 정하고 있는 타당성 검토 전문기관의 기준은 다음과 같다. 「지방공기업법」 제49조(설립) 4항에서 규정한 '제3항에 따른 타당성 검토는 전문 인력 및 조사·연구 능력 등 대통령령으로 정하는 요건을 갖춘 전문기관으로서 행정안전부장관이 지정·고시하는 기관에 의뢰하여 실시하여야 한다.' 대통령령으로 정하는 요건을 갖춘 전문기관은 「지방공기업법시행령」 제47조(설립타당성 검토 등) 4항에서 정하고 있으며(〈전문개정 2016.3.30.〉), 정하고 있는 기준은 다음과 같다.

첫째, 사업타당성 검토 업무에 3년 이상 종사한 경력을 가진 사람 5명 이상과 5년 이상 종사한 경력을 가진 사람 2명 이상을 보유하고 있을 것.

둘째, 최근 3년 이내에 법 제3조에 따른 지방공기업 또는 「공공기관의 운영에 관한 법률」 제4조에 따른 공공기관(이하 "공기업"이라 한다)이나 지방재정 관련 연구용역 실적이 있는 기관을 전문 인력 및 조사연구 능력 등 대통령령으로 정하는 요건을 갖춘 전문기관으로 정하고 있다.

세종특별자치시에서는 「지방공기업법시행령」에서 규정하고 있는 전문기관을 선정하여 지방공기업 설립에 대한 타당성 연구용역을 수행하게 되는 것이다.

2 설립타당성 연구용역

지방공단 설립을 위한 타당성 검토는 다음과 같이 진행된다. 지방자치단체에서는 관련 법에서 정하고 있는 전문기관을 선정하여 지방공기업 설립타당성에 대한 연구 용역 업무를 수행하며, 선정된 타당성 검토 연구 용역 수행기관에서는 조사 및 분석을 통해 용역업무 수행 완료 후 그 결과를 지방자치단체에 제출하게 된다. 타당성 검토 기관에서 제출한 "가칭) 세종시 시설관리공단 설립타당성 검토 보완 연구용역"의 결과물은 다음과 같다. 참여 연구진은 책임연구원 포함 5명으로 구성되어 진행하였으며, 제1장은 연구개요, 제2장은 이론적·제도적 고찰, 제3장은 대상사업별 검토, 제4장은 가칭) 세종시 시설관리공단 설립방안, 제5장은 결론으로 구성하였다. 제1장 연구개요에서는 연구배경 및 목적, 연구범위 및 방법에 대해 설명하고 있으며, 제2장 이론적·제도적 고찰에서는 지방공기업 제도, 지방공기업 설립운영기준 및 절차, 지방공기업의 분류, 관련 법규, 지방공단 운영실태, 지방공단에 대한 관리·감독방안 등 지방공기업 운영과 관련한 법률 및 기준 등에 대해 조사하여 설명하고 있다. 제3장 대상사업별 검토에서는 지방공단 설립타당성 검토 대상 사업인 기존 위탁 대상 4개 사업과 추가 발굴 3개 사업 등 총 7개 사업으로 7개 사업이 지방공단에서 관리 운영하기 적합한 사업인지에 대해 사업 대상별로 구분하여 검토하는 과정으로 이번 연구 용역인 설립타당성 검토의 핵심 연구 분야 중 하나이다. 기존 위탁 대상 사업은 주차시설, 은하수공원, 공공자전거, 세종 고용복지+센터 등 4개 사업이며, 추가 발굴 대상 사업은 공동구 관리운영, 환승주차장(2개소), 행복아파트 등 3개 사업이다. 제4장 가칭) 세종시 시설관리공단 설립방안에서는 대상사업 선정 및 추진방향, 조직 및 인력설계, 종합수지분석 및 자본금 규모, 주민설문조사 등에 대해 분석하고 연구하게 된다. 조직 및 인력설계에서는 지방공단 설립 시 조사 대상 사업을 모두 운영하게 될 경우와 사업이 축소되어 지방공단이 설립될 경우 등 변수를 반영하여 필요한 조직에 대해 제언하게 된다. 또한, 지방공단이 설립되어 행정기관에서 수행하던 사무가 이관될 경우 지방공무원의 감축에 대한 분석도 포함되게 된다. 가칭「세종시 시설관리공단」설립타당성 검토 용역결과 공개(세종시 행정도시지원과, 330-2212) 주요 검토 결과에서는 공단이 설립되어 7개 대상 사업을 시설관리공단에 이관할 경우 공무원 감축 대상은 5.9명으로 분석했다. 이는 "지방공기업 설립운영 기준"에서 정하고 있는 기준으로 다음과 같다.

첫째, 지방자치단체가 기존사업을 공기업에 위탁하고자 할 때에는 설립타당성 검토 용역 발주 시 기존인력 감축계획을 수립하고, 용역업체는 감축계획의 적정성을 검토하여야 함.
　　※ 위탁업무 관리를 위한 최소인력을 제외한 나머지 인력은 감축
둘째, 지방자치단체(조직관리 부서)에서는 공사·공단 전환에 따른 정원 감축계획을 「지방자치단체의 행정기구와 정원기준 등에 관한 규정 시행규칙」에 따라, 「중기 기본인력 운용계획」에 반영하여야 함.
　　※ 행정안전부(지방조직관리부서)에서는 「중기 기본인력 운용계획」의 적정성을 검토하여 익년도(翌年度) 총액 인건비 산정 시 조정
셋째, 이미 설립된 공기업에 추가로 위탁하는 경우에도 동일기준 적용

주민 설문조사는 다음과 같이 진행됐다. 설문조사의 목적은 공공시설의 지속적 증가에 따른 효율적 관리

운영, 공익성과 수익성 고려, 주민의 복리증진과 지역경제 및 지방재정에 미치는 영향 등에 대한 분석과 주민의견 분석을 통한 정책수립 기초자료로 활용하기 위함일 것이다. 설문조사 내용은 크게 3개 분야로 구성하고 있으며, 3개 분야는 첫째, 세종특별자치시시설관리공단 설립 관련 기본 의견, 둘째, 세종특별자치시시설관리공단 설립 시 나타나는 효과, 셋째, 인구 사회학적 요인 등이다. 세부적인 조사항목은 다음과 같다. 첫째, 세종특별자치시시설관리공단 설립 관련 기본 의견에서는 4가지 항목을 조사하였으며, 4가지 조사항목은 1) 세종특별자치시 시설관리공단 설립에 대한 찬반 의견 및 그 이유, 2) 설립 시 예상되는 기대효과, 3) 설립 시 예상되는 삶의 만족도 증가여부, 4) 세종특별자치시에 부족한 프로그램 등이다. 둘째, 세종특별자치시시설관리공단 설립 시 나타나는 효과의 조사항목은 1) 주민복리효과 측면, 2) 지역경제효과 측면, 3) 지방재정효과 측면 등 3개 항목이다. 셋째, 인구 사회학적 요인의 조사항목은 성별, 연령, 직업 등 3개 항목으로 조사하였다. 설문조사는 전화조사로 진행되었으며, 2015년 10월 12일부터 2015년 10월 23일까지(평일 기준 10일간) 진행되었다(세종시시설관리공단 설립타당성 검토 보완 연구용역, 2015). 제5장 결론에서는 연구 및 분석 결과에 대한 전문기관의 종합의견과 지방공단이 운영할 수 있는 신규 추가사업에 대한 연구 결과로 구성하고 있다. 연구 용역 수행기관에서는 「지방공기업법시행령」 제47조(설립타당성의 검토 등) 4항에서 규정하고 있는 설립타당성에 포함되어야 하는 사업의 적정성 여부, 사업별 수지분석, 조직 및 인력의 수요판단, 주민의 복리증진에 미치는 영향, 지역경제와 지방재정에 미치는 영향 등을 포함하고 타 지방공기업의 운영현황 조사 및 분석, 지역주민 설문조사 등을 수행하고 그 결과에 대해 제출하게 된다.

3 설립심의 및 조례제정

지방공기업에 대한 설립타당성 연구 용역이 추진되고 타당성 검토보고서가 확정되기 전까지 지방자치단체에서는 지방공기업 설립을 위해 다양한 업무를 추진하게 된다. 세종특별자치시에서는 지방공기업 설립과 관련하여 지속적으로 행정안전부와 협의를 진행하며, 지방공기업 설립과 관련한 주민설명회 개최, 설립심의위원회 구성 및 심의 등을 진행하여야 한다. 해당 시에서는 "세종시시설관리공단 설립 주민공청회 개최 계획"을 수립하고 주민공청회를 진행하게 되며, 주민공청회 개최 계획에는 일시, 장소, 참석대상, 주요내용 등이 포함된다. 개최 계획 수립이 완료되면 지역주민들을 위해 개최 공고를 고지하게 되며, 고지는 해당 자치구 시장의 명의로 공고하게 되고 최소 15일 이상 공고하여 주민들에게 충분한 공지가 되도록 정하고 있다. "지방공기업 설립운영 기준"에서는 지방공기업 설립에 대한 주민공청회(住民公聽會) 개최 시 공고문에 다음과 같은 내용을 게재하도록 지침을 정하고 있다. 게재되어야 할 내용은 개최목적, 개최예정일 및 장소, 지방공기업 설립 개요, 기타 주민의견 개진 방법, 담당부서(담당자) 등을 공지하여야 한다.

```
○○시 공고 제○○○-○○○호
┌─────────────────────────────────────┐
│ ○○시 지방공기업 설립을 위한 주민공청회 개최 공고 │
└─────────────────────────────────────┘
○○시 지방공기업 설립과 관련하여 주민 및 관계전문가의 의견청
취를 위한 공청회를 다음과 같이 개최하고자 공고합니다.
                ○○○○. ○○. ○○.
                     ○○시장
1. 개최목적
○○시 지방공기업 설립과 관련하여 주민 및 관계전문가 등의 의견
을 듣고 타당성 있는 의견에 대하여 설립심의 시 반영하고자 함.
2. 개최일시 및 장소
◇ 일    시: ○○○○. ○○. ○○(화), 14:00
◇ 장    소: ○○시 ○○동 주민센터(3층)
3. 설립개요
◇ 명    칭: (가칭) ○○시 지방공기업
◇ 설립형태: 지방공단형(시설관리공단)
◇ 출범년도: 2000년 ○월(예정)
◇ 사업 및 내용(1단계)
 - 대상사업: 체육센터, 주차장, 공원, 복지센터
 - 타당성 검토 결과: 별도 공지
※ 의견이 있을 시 당일 의견서를 제출하여 주시고 자세한 사항은
   ○○시청 ○○○지원과(000-000-0000)로 문의하여 주시기
   바랍니다.
```

〈공고안내〉

개최 공고문에는 공고번호와 개최제목, 개최인사말, 공고일시 및 지방자치단체의 장 명의를 표기하여 알린다.

〈본문〉

개최목적, 개최일시 및 장소, 설립개요 등으로 구분하여 누구나 쉽게 알 수 있도록 설명한다. 설립개요에서는 대상사업에 대해 명칭을 포함하여 명확히 표현한다.

 예) ○○○동 ○○공영주차장

〈기타〉

기타에는 의견개진 및 주무부서에 대해 안내한다.

　지방자치단체에서는 주민공청회와 관련하여 지방공기업 명칭, 설립형태, 출범 예정년도, 운영사업과 타당성 검토에 대한 결과 등을 추가로 공지하여 지역 주민의 이해를 도와야 한다. 또한, 주민공청회의 개최목적은 설립심의위원회 심의를 위한 의견 청취임을 공지하도록 하고 개최 장소는 지역 주민접근이 용이한 곳으로 정하여야 한다. 주민공청회 개최가 완료되면 지방자치단체에서는 그 결과에 대해 보고하게 되며, 공청회 개최 완료 후 7일 이내에 개최일시, 장소, 참석인원, 참석자 주요 발언내용 등을 지방자치단체 홈페이지와 게시판에 공개해야 한다.

〈공고안내〉

개최결과 공고문에는 공고제목과 자치구 주관부서명 및 공고번호를 게재한다.

```
┌─────────────────────────────────────────┐
│   ○○시 지방공기업 설립 관련 주민공청회 개최결과   │
│        〈○○시 ○○○○지원과, 000-000-000@〉    │
│ □ 공청회 개요                               │
│ ○ 일시: 0000.00.00(월) 14:00                │
│ ○ 장소: ○○동 주민센터(3층)                   │
│ ○ 참석인원: 주민, 전문가, 관계공무원 등 약 ○○명  │
│ ○ 주요내용                                  │
│ - 공단 설립 관련 그간 추진상황 및 향후 추진계획 설명│
│ - 공단 설립 관련 타당성 보완용역결과 설명 및 질의·응답│
│ ○ 주민의견 및 검토결과 (서면의견 미접수)         │
```

시민의견	검토결과	비고
①	○	
②	○	
③	○	
④	○	
⑤	○	
⑥	○	
⑦	○	

〈본문〉

공청회 개요에서는 공청회 개최와 관련한 일시, 장소, 참석인원 등과 공청회 개최 내용에 대해 설명한다. 주민의견 및 검토결과에서는 공청회 당시 지방공기업 설립에 대한 주민의견과 의견에 대한 검토결과를 포함하여 게재하게 된다.

주민의견은 설립심의위원회 및 지방의회에 전달되어 지방공기업 설립 검토 자료로 활용된다.

주민의견은 주민공청회에서 제시된 의견에 대해 반영 여부를 검토하고, 미반영 시 그 사유를 명시하며, 그 결과를 설립심의위원회와 지방의회에 제출하여 지방공기업 설립심의 및 조례제정안 의결 시 검토 자료로 활용하도록 정하고 있기 때문이다(지방공기업 설립 운영기준). 설립심의위원회는 설립타당성 연구용역, 주민공청회 등의 절차가 완료되면 위원회 구성 및 심의가 추진된다. 세종특별자치시는 설립심의위원회 개최 전 행정안전부(공기업과)와 지방공기업 설립에 대한 최종 협의 결과를 공개하였으며,[4] 공개 내용은 다음과 같다. 협의 내용은 지방공단 설립에 관한 내용으로 설립형태, 설립목표일, 주요사업 등이며, 주요사업은 ① 은하수공원(장례식장, 추모공원 포함), ② 주차시설(조치원 주차타워, 조치원전통시장 주차장), ③ 세종고용복지+센터, ④ 공동구, ⑤ 환승주차장, ⑥ 행복아파트(밀마루 노인복지관 포함) 등이었다. 협의 결과 6개 사업 중 공공자전거 사업은 장기수요가 불분명하고 수지 비율이 낮으므로 제외 검토 의견을 제시하였고 세종특별자치시에서는 공공자전거사업을 제외하는 조치계획을 정하고 공고하였다. 향후계획으로는 자체 설립심의위원회 구성·심의 및 설립 준비단을 구성하고('16.2) 정관 등 제 규정 작성('16.3), 관련 조례 시의회 상정·의결·공포('16.3~4), 공단 출범('16.8) 순으로 정하였다. 위원회에서는 설립타당성 검토 용역 결과와 주민공청회, 세종특별자치시와 행정안전부 협의 결과 등을 종합적으로 검토하여 지방공기업의 설립 여부를 최종 심의하게 된다. 설립심의위원회 구성은 민간인이 반 이상 포함되어 구성하도록 정하고 있다.

---

[4] 공공시설물 이관 증가에 따른 체계적인 시설물 관리와 전문성 제고를 위해 설립예정인 "세종시 시설관리공단 설립"과 관련하여 지방공기업 설립·운영기준에 따라 진행된 행자부(공기업과)와 최종협의를 실시하고 그 협의결과를 공개한 것이다.

세종특별자치시 시설관리공단 설립심의위원회는 7명으로 구성되었으며, 민간인은 4인이 포함되어 구성되었다.

○○시 지방공기업 설립심의위원회 개최결과
〈○○시 ○○○○지원과 ○○○, 000-000〉

□ 회의개요
○ 일시: 0000.00.00(월) 14:00
○ 장소: ○○시청 회의실(○○○호)
○ 참석자: 7명(관계 전문가 4, 의원 및 공무원 3)
○ 방법: '설립심의 심사표'에 의한 심의
○ 내용: 타당성검토용역결과, 주민공청회, 행안부 협의결과 등을 종합적으로 검토하여 ○○시 지방공기업 설립 여부 최종 심의
○ 심의결과: 심의위원 전원 지방공기업 설립 「찬성」 의결

□ 심의위원 명단

소속	직위	성명	비고
○○대학교	교수	○○○	위원장
○○연구원	연구부장	○○○	위원
○○회계법인	회계사	○○○	위원
○○법무법인	변호사	○○○	위원
○○시의회	○○의원	○○○	위원
○○시	○○과장	○○○	위원
○○군	○○과장	○○○	위원

〈공고안내〉

개최결과 공고문에는 공고제목과 자치구 주관부서명 및 공고번호를 게재한다.

〈본문〉

회의개요에는 회의 개최 일시, 장소, 참석자, 심의방법, 심의내용, 심의결과 등을 게재한다. 심의결과에는 「찬성」 또는 「반대」 등 심의 결과를 게재하고 심의결과가 「찬성」으로 의결되면 지방공기업 설립을 위한 조례 개정 및 설립을 위한 업무가 추진된다.

심의위원 명단은 소속, 직위, 성명 등으로 구분한다.

지방자치단체는 설립심의위원회 개최 후 그 결과를 공지하며, 공지 내용은 설립심의위원회 개최 및 의결 결과가 대상이다. 의결 결과에 따라 지방자치단체에서는 관련 업무를 수행하게 되며, 설립심의위원회 심의 결과가 찬성의결로 정해지면 지방공기업 설립을 위한 조례개정 등의 업무를 추진하게 된다. 세종특별자치시에서는 지방공기업 중 지방공단 형태인 시설관리공단의 설립을 추진하였으며, 「세종특별자치시 자치법규 입법에 관한 조례」 제2조(정의) 3항에 따라 입법예고를 거쳐 지방의회에 의결을 요청하게 된다. "입법예고"는 자치법규를 입법(立法)하고자 하는 경우 그 입법 취지와 주요 내용을 미리 시민에게 알려 의견을 구하는 것을 말하며, 자치법규의 입법은 자치법규를 제정·개정 또는 폐지하는 것을 말한다. 위의 근거를 기준으로 「세종특별자치시 시설관리공단 설립 및 운영에 관한 조례」 제정(안)을 마련하고 지방의회 의결 후 2016년 4월 20일(조례 제838호) 제정되었다. 제정 시 조례는 제1장 총칙, 제2장 임원 및 직원, 제3장 사업, 제4장 재무회계, 제5장 감독, 제6장 보칙 등 총 6장 33개 조항 및 부칙으로 구성되어 제정되었다. 제3장 제19조(사업)에서는 은하수공원 및 공설봉안당·공설묘지의 관리·운영사업, 주차시설(조치원읍 주차타워, 조치원읍 전통시장 주차장)의 관리·운영사업, 공동구의 관리·운영사업, 행복아파트의 관리·운영사업(밀마루복지마을 시설의 관리·운영사업을 포함한다), 세종고용복지+센터의 관리·운영사업, 환승주차장의 관

리·운영사업, 제1호부터 제6호까지의 규정에 해당하는 시설의 부대사업, 그 밖에 시장이 필요하다고 인정하는 위탁사업 등 1호부터 8호까지의 사업을 수행하도록 조례에서 규정하고 있다. 행정안전부와의 협의결과에 따라 공공자전거 사업은 공단 운영사업에서 제외되고 조례가 제정되었다.

제2장(임원 및 직원) 제7조(임원)와 제18조(직원)에서는 임직원의 임면에 대해 규정하고 있으며, 임직원 임면은 정관에서 정하도록 규정하고 있다. 조례 제정 후 세종특별자치시 시설관리공단(이하 "공단"이라 한다) 설립을 위한 업무를 수행하게 되는 것이다. 2016년 4월 20일 「세종특별자치시 시설관리공단 설립 및 운영에 관한 조례」 공포 후 2016년 9월 23일 시설관리공단 설립등기, 2016년 9월 29일 시설관리공단 사업자 등록, 2016년 10월 24일 시설관리공단 출범 순으로 업무가 진행됐다.

4 채용

(1) 임원

공단 설립 전 세종특별자치시에서는 임원추천위원회를 구성하고 임원추천위원회에서는 임원에 대한 채용을 진행했다.

세종특별자치시 공고 제2016-1155호
세종특별자치시시설관리공단 임원 공개모집 공고
「지방공기업법」 및 「세종특별자치시 시설관리공단 설립 및 운영 조례」에 따라 세종특별자치시시설관리공단 임원을 다음과 같이 공개모집을 하오니, 전문성과 역량을 지니신 분들의 많은 응모 바랍니다.
2016년 7월 28일 세종특별자치시시설관리공단 임원추천위원회위원장

□ 임용 예정 직위 및 인원

임용직위(예정)	임용인원	주요 직무내용
이사장	1명	○ 공단을 대표하고 공단업무를 총괄 ○ 위탁시설 및 사업의 효율적인 관리·운영
상임이사	1명	○ 이사장을 보좌하며 본부장 직무 겸임 ○ 공단업무 총괄
비상임이사	2명	○ 공단이사회 부의 안건 심의·의결
비상임감사	1명	○ 공단의 회계 및 업무 감사

※ 시설관리공단 운영시설(사업): 6개 시설(사업)
- 은하수공원, 주차시설(조치원읍 주차타워, 조치원읍 전통시장 주차장), 공동구, 행복아파트(밀마루복지마을 포함), 세종고용복지+센터, 환승주차장, 기타 해당 부대시설 등

자료: 세종특별자치시(https://www.sejong.go.kr/)

〈공고안내〉

세종특별자치시에서 공고하였으며, 설립에 따른 임원 공개모집임을 안내했다. 「지방공기업법」에 따라 구성되어 진행했다.

〈본문〉

임용예정 직원 및 인원에서는 이사장, 상임이사, 비상임이사로 구분하여 채용을 진행했다.

〈사업소개〉

정관에서 정하고 있는 6개 사업운영을 설명하고 있다.

공고문은 임원 예정 직위 및 인원, 임기 및 보수, 응모자격, 응시원서 접수, 제출서류, 심사방법 및 합격자 발표, 기타사항 등 7개 항목과 지원서 양식 1부, 자기소개서 양식 1부, 직무수행계획서 양식 1부, 개인정보 수집·이용 및 제3자 제공 동의서 1부 등 4개의 붙임문서를 첨부하여 모집에 대한 공고를 공개로 진행했다. 임원의 결격사유는「지방공기업법」제60조 및 공단 정관 제14조에서 정하고 있는 1) 대한민국 국민이 아닌 사람, 2) 미성년자, 3)「지방공무원법」제31조 각호의 어느 하나에 해당하는 사람, 4)「지방공기업법」제58조 제4항 또는 제5항에 따라 해임된 후 3년이 지나지 아니한 사람, 5)「지방공기업법」을 위반하여 벌금형을 선고받고 2년이 지나지 아니한 사람, 6) 공단의 사업과 영리적인 거래관계가 있는 사람 등이다. 임원의 자격기준은 다음과 같다.

〈별표 2-1-2〉 임원 자격기준

	임원 자격기준
이사장	○ 국가 또는 지방자치단체의 4급(상당) 이상 공무원으로 3년 이상 근무경력이 있는 사람. 또는 3급(상당) 이상으로 근무경력이 있는 사람 ○「공공기관운영에 관한 법률」에 따른 공기업 또는 준정부·기타 공공기관 및 지방자치단체의 지방공기업 및 출자·출연기관에서 상임임원으로 3년 이상 근무경력이 있는 사람 ○ 상장기업에서 상임임원(「상법」에 따라 등기된 임원)으로 3년 이상 근무 경력이 있는 사람
상임 이사	○ 국가 또는 지방자치단체의 4급(상당) 이상 공무원으로 근무경력이 있는 사람 ○「공공기관운영에 관한 법률」에 따른 공기업 또는 준정부·기타 공공기관 및 지방자치단체의 지방공기업 및 출자·출연기관에서 상임임원으로 2년 이상 근무경력이 있는 사람 ○ 상장기업에서 상임임원(「상법」에 따라 등기된 임원)으로 2년 이상 근무 경력이 있는 사람
비상임 이사	○ 공인회계사, 세무사, 변호사, 노무사 등 전문가 ○ 경영, 행정, 노무, 건축·토목 기술 분야 등에 관한 학식과 경험이 풍부한 사람 ○ 4급(상당) 이상 국가 또는 지방공무원으로 재직한 경력이 있는 사람 ○ 기타 공기업 경영에 관한 지식과 자문 능력이 있다고 임원추천위원회에서 인정하는 사람
비상임 감사	○ 변호사, 공인회계사 자격증 소지자로 실무경력 2년 이상인 사람 ○ 감사 관련 업무(감사·수사·예산·회계·조사·평가)를 2년 이상 담당한 사람으로 5급(상당) 이상 공무원으로 근무한 경력이 있는 사람 ○ 공기업 또는 준정부, 기타 공공기관에서 3급 이상 임직원으로 감사 관련 업무를 2년 이상 근무한 경력이 있는 사람 ○ 기타 공기업 경영에 관한 지식과 감사 능력이 있다고 임원추천위원회에서 인정하는 사람

세종특별자치시에서는 임원추천위원회를 구성하고 임원에 대한 공개모집을 실시하여 정관에서 정하고 있는 이사장 및 상임이사 등 임원을 구성했다. 정관에서 정하고 있는 직원의 채용은 임용된 시설관리공단 이사장의 명으로 공지하여 채용업무를 수행하게 된다.

(2) 직원

공단 설립에 대한 타당성 검토 시 세종특별자치시에서는 기존 위탁 대상 4개 사업과 추가 발굴 3개 사업 등 총 7개 사업에 대해 지방공단에서 관리 운영하기 적합한 사업인지에 대한 타당성 검토 연구용역을 수행했다. 기존 위탁 대상 사업인 주차시설, 은하수공원, 공공자전거, 세종 고용복지+센터 등 4개 사업은 운영 중인 사업으로 직원의 일부분은 시설관리공단으로의 전환이 되었을 것이다. 시설관리공단 이사장은 지방공단 운영 및 신규수탁 사업에 필요한 조직과 인력을 확보하기 위해 정관에서 정하고 있는 직원을 채용하게 된다. 세종특별자치시시설관리공단 1호 공채시험 공고문의 공고내용은 다음과 같다.

세종특별자치시시설관리공단 공고 제2016-1호

세종특별자치시시설관리공단 경력직 직원 공채시험 공고

시설관리공단 설립에 따른 기반구축을 위해 전문적인 지식과 경험을 갖춘 유능한 인재를 다음과 같이 공개모집합니다.

2016년 9월 13일
세종특별자치시시설관리공단이사장

□ 채용분야 및 인원

채용분야	채용직급	선발인원	예정 직무내용
일반직 (사무)	3급 (팀장)	1	○ 은하수공원 사업인수 관리·운영 총괄
	5급	1	○ 경영평가, 기획, 계약, 수탁사업 협약 등
	6급	2	○ 예산, 회계, 지출, 관급자재 업무 등 ○ 노무, 감사, BSC계획 수립 등
	7급	2	○ 급여, 서무, 물품관리, 일정관리 등 ○ 행복아파트, 고용복지+센터 계약관리 등
일반직 (기술)	3급 (팀장)	2	○ 행복아파트, 고용복지+센터 사업인수, 관리·운영 총괄 ○ 공동구, 주차시설 사업인수 관리·운영 총괄
	5급	1	○ 시설물 보안 및 전기·소방 등 안전관리 운영 등
	6급	1	○ 시설물 보안 및 전기·소방 등 안전관리 운영 등

자료: 세종특별자치시(https://www.sejong.go.kr/)

〈공고안내〉

세종특별자치시시설관리공단 명의의 1호 공채 시험 공고이며, 공단 창립 직원을 채용하는 경력직 직원 채용공고문이다.

〈본문〉

채용분야 및 인원은 일반직(사무) 6명, 일반직(기술) 4명 등 총 10명이며, 3급부터 7급까지로 직급이 구분되고 있다. 예정 직무 내용은 일반직(사무)은 은하수공원 인수 및 관리와 경영평가, 예산, 급여 등이며, 일반직(기술)은 행복아파트와 고용복지+센터 사업인수, 시설물 보안 및 전기·소방 등 안전관리이다.

일반직(사무)5급, 6급, 7급 직원의 직무내용 중 경영평가, 수탁, 회계, 감사 등은 지방공기업에서 필요한 직무로 볼 수 있을 것이다. 일반직(기술) 5급과 6급은 주간 및 야간 교대근무가 가능한 자로 공시되있다. 공고문은 채용분야 및 인원, 시험방법, 응시자격요건, 시험일정, 제출서류, 보수수준, 기타사항 등 7개 항목과 자기소개서(별지 제1호 서식), 직무수행계획서(별지 제2호 서식), 개인정보 수집·이용 및 제3자 제공 동의서(별지 제3호 서식) 등 3개의 '붙임문서'를 첨부하여 채용공고문을 공개하고 채용업무를 진행했다. 직원 채용 시험방법은 1차 시험은 서류선형으로 당해 직무수행에 관련되는 응시자의 사격·경력 등이 소정의 기준에 적합한지 여부를 서면으로 심사하여 공고된 자격 기준에 적합할 경우 합격하는 형식요건에 대한 심사로 진행되었다. 단, 응시인원이 채용예정인원의 3배수 이상일 경우 자격과 경력 등을 종합적으로 심사한다.

2차 시험은 면접시험으로 자질 및 발전가능성, 전문성, 조직 적합성 등 업무추진 역량을 평가하여 최종 합격자를 정하여 채용한다. 일반직(사무)직원의 자격기준은 다음과 같다.

〈별표 2-1-3〉 일반직(사무)직원 자격기준

구분	자격기준
3급	1. 공무원 5급 상당 이상의 직으로 사무행정 분야에 근무하였거나 또는 6급 상당 이상의 직으로 사무행정 분야에서 3년 이상 근무한 경력이 있는 사람 2. 정부 공공기관의 공기업 및 준정부 기관과 지방자치단체 출자기관 및 출연기관에서 차장급(또는 상당경력) 이상으로 3년 이상 사무행정 분야에서 근무한 경력이 있는 사람 3. 기타 위와 동등한 자격이 있다고 인정되는 사람
5급	1. 공무원 7급 상당 이상의 직으로 사무행정 분야에서 근무하였거나 또는 8급 상당 이상의 직으로 사무행정 분야에서 3년 이상 근무한 경력이 있는 사람 2. 정부 공공기관의 공기업 및 준정부 기관과 지방자치단체 출자기관 및 출연기관에서 대리급(또는 상당경력) 이상으로 사무행정 분야에서 2년 이상 근무한 경력이 있는 사람 3. 기타 위와 동등한 자격이 있다고 인정되는 사람
6급	1. 공무원 8급 상당 이상의 직으로 사무행정 분야에서 근무하였거나 또는 9급 상당 이상의 직으로 사무행정 분야에서 2년 이상 근무한 경력이 있는 사람 2. 정부 공공기관의 공기업 및 준정부 기관과 지방자치단체 출자기관 및 출연기관에서 주임급(또는 상당경력) 이상으로 사무행정 분야에서 2년 이상 근무한 경력이 있는 사람
7급	1. 공무원 9급 상당 이상의 직으로 사무행정 분야에서 근무한 경력이 있는 사람 2. 정부 공공기관의 공기업 및 준정부 기관과 지방자치단체 출자기관 및 출연기관에서 주임급(또는 상당경력) 이상으로 사무행정 분야에서 1년 이상 근무한 경력이 있는 사람
공통	▶ 정보화 관련자격증을 소지한 사람 중 다음 각호의 어느 하나에 해당하는 사람 ※ 정보화 관련자격증: 워드프로세서 1급, 컴퓨터 활용능력 2급 이상, 정보처리산업기사 이상 사무자동화산업기사, 전산회계운용사 2급 이상, 전산세무(회계) 2급 이상 3. 기타 위와 동등한 자격이 있다고 인정되는 사람

제2절 지방공기업 운영사업

1. 지방공기업 현황

1 현황

행정안전부에서는 회계연도별 지방공기업에 대한 결산 및 경영분석을 실시한다. 2017년 12월 31일 회계결산 기준 지방공기업 현황은 총 399개 기업으로 분석되었으며(2017 사업연도 지방공기업 결산 및 경영분석, 행정안전부[5]), 399개의 지방공기업은 지방 직영기업과 지방공사·공단으로 구성되어 있다. 이 중 지방 직영기업은 248개 기관이며, 지방공사·공단은 151개 기관이다. 지방 직영기업의 경우 상수도 120개, 하수도 99개, 공영개발 29개로 구성되어 있어 상수도의 비중이 가장 높았으며, 지방공사·공단의 경우 도시철도 6개, 도시개발 16개, 기타공사 40개, 지방공단 89개 기관으로 지방공단의 비중이 가장 큰 것으로 분석되었다.

〈별표 2-2-1〉 지방공기업 현황

구분	지방직영기업				지방공사·공단				
	소계	상수도	하수도	공영개발	소계	도시철도	도시개발	기타공사	지방공단
기관수	248	120	99	29	151	6	16	10	89

2017.12.31. 회계결산 기준

2017년 결산기준 지방공기업 중 '특별 및 광역시'의 지방공기업 수는 총 87개 기관이며, 서울이 30개, 부산 9개, 대구 7개, 인천 16개, 광주 7개, 대전 6개, 울산 7개, 세종 5개 기관이다. 서울이 30개로 가장 많은 지방공기업을 설립·운영하고 있다.

〈별표 2-2-2〉 특별 및 광역시 지방공기업

구분	합계	서울	부산	대구	인천	광주	대전	울산	세종
기관수	87	30	9	7	16	7	6	7	5

---

[5] 지방공기업의 결산 및 경영분석은 「지방공기업법」 제35조(결산)와 제66조(결산)를 근거로 지방직영기업과 지방공사·공단을 대상으로 행정안전부에서 실시한다. 지방공기업별 결산서를 근거로 작성되며, 「통계법」 제18조(통계작성의 승인)에 따른 국가승인 통계에 해당된다.

'도'에서 운영하는 지방공기업 수는 총 312개 기관으로 경기도 107개, 강원도 30개, 충북 21개, 충남 35개, 전북 20개, 전남 21개, 경북 36개, 경남 37개, 제주 5개 기관이다. 각 '도' 중 경기도가 107개 기관으로 가장 많은 지방공기업을 설립·운영하고 있다.

〈별표 2-2-3〉 도(道) 운영 지방공기업

구분	합계	경기도	강원도	충북	충남	전북	전남	경북	경남	제주
기관수	312	107	30	21	35	20	21	36	37	5

2 공사·공단

2017년 12월 31일 기준 지방공사·공단은 총 151개 기관인 것으로 조사되고 있으며, 유형별로는 도시철도 6개, 도시개발 16개, 기타공사 40개, 지방공단 89개 기관 등으로 나타났다. 총 151개 지방공사·공단 중 지방공단은 89개 기관으로 지방공단이 차지하는 비중은 전체의 약 58.9%에 달하는 것으로 조사됐다. 도시철도공사는 서울, 부산, 대구, 인천, 광주, 대전 등 특별시 및 광역시에서 운영하고 있으며, 서울의 경우 기존 서울메트로와 서울도시철도공사로 이원화되어 운영되던 서울지하철이 2017년 통합되어 1개의 도시철도 분야인 "서울교통공사"로 재출범하였다. 도시개발형태의 지방공기업은 총 16개 기관이며, 서울·부산·대구·인천·광주·대전·울산 등 특별 및 광역시와 경기·강원·충북·충남·전북·전남·경북·경남·제주 등 각 도별 1개의 도시개발공사를 운영하고 있다. 기타 공사는 총 40개의 지방공기업이 있으며, 각 도별로는 경기도가 19개, 경남과 경북이 각 4개, 강원도와 제주도가 각 2개, 충남·전북·전남이 각 1개의 기타공사를 운영하고 있으며, 특별 및 광역시에서는 서울 2개, 부산·인천·광주·대전이 각 1개의 기타 공사를 운영하고 있는 것으로 나타났다. 지방공단은 총 89개의 지방공기업이 있으며, 각 도별로는 경기 15개, 경남 6개, 경북 5개, 강원과 충남이 각 4개, 충북 3개, 전북과 전남이 각 1개로 총 39개의 지방공단을 운영하고 있으며, 특별 및 광역시는 서울이 25개, 인천 10개, 부산과 울산이 각 4개, 대구 3개, 광주 2개, 대전과 세종이 각 1개의 지방공단을 운영하여 총 50개의 지방공단을 운영하고 있다. 2017년 결산기준 지방공사·공단 중 지방 직영기업을 제외한 특별 및 광역시의 지방공사·공단 수는 70개 기관이며, 서울 29개, 부산 7개, 대구 5개, 인천 13개, 광주 5개, 대전 4개, 울산 5개, 세종 2개의 지방공사·공단을 운영하고 있다. 서울특별시가 가장 많은 29개의 지방공사·공단을 운영하고 있다.

〈별표 2-2-4〉 특별 및 광역 지방공사·공단(기초 포함)

구분	합계	서울	부산	대구	인천	광주	대전	울산	세종
기관수	70	29	9	5	13	5	4	5	2
비율(%)	100	41.5	10	7.1	18.6	7.1	5.7	7.1	2.9

도(道)에서 운영하는 지방공사·공단 수는 지방 직영기업을 제외하면 총 81개 기관이며, 경기도 35개, 강원도 7개, 충북 4개, 충남 6개, 전북 3개, 전남 2개, 경북 10개, 경남 11개, 제주도는 3개의 지방공사·공단을 운영하고 있으며, 경기도가 가장 많은 35개의 지방공사·공단을 설립·운영하고 있다.

〈별표 2-2-5〉 도(道) 지방공사·공단(기초 포함)

구분	합계	경기	강원	충북	충남	전북	전남	경북	경남	제주
기관수	81	35	7	4	6	3	2	10	11	3
비율(%)	100	43.2	8.6	4.9	7.4	3.7	2.5	12.4	13.6	3.7

2. 특별·광역시 지방공기업

2017년 12월 31일 기준 직영기업을 제외하고 특별 및 광역시에서 운영되는 지방공기업 현황은 다음과 같다(행정안전부, 2017). 서울특별시는 지방공사 4개 기관과 지방공단 1개 기관 등 5개의 지방공사·공단을 운영하고 있으며, 부산광역시는 지방공사 3개 기관과 지방공단 3개 기관 등 6개 기관을 운영하고 있다. 대구광역시는 지방공사 2개 기관과 지방공단 2개 기관 등 4개 기관, 인천광역시는 지방공사 3개 기관과 지방공단 2개 기관 등 5개 기관, 광주광역시는 지방공사 3개 기관과 지방공단 1개 기관 등 4개 기관, 대전광역시는 지방공사 3개 기관과 지방공단 1개 기관 등 4개 기관, 울산광역시는 지방공사 1개 기관과 지방공단 1개 기관 등 2개 기관, 세종특별자치시는 지방공사 1개 기관과 지방공단 1개 등 2개 기관을 운영하고 있다.

〈별표 2-2-6〉 특별 및 광역 지방공사·공단

구분	합계	서울	부산	대구	인천	광주	대전	울산	세종
공사	20	4	3	2	3	3	3	1	1
공단	12	1	3	2	2	1	1	1	1

특별 및 광역시에서 운영하는 지방공기업의 기관별 설립, 기관의 정원, 직급 및 직렬, 조직현황, 기관의 주요기능(사업범위), 기관의 경영목표 등을 알아보고자 한다. 기관의 경영목표는 기관의 설립목적과 기관이 완수해야 할 목표를 정하고 있는 것으로 기관의 이념과 목표는 모든 직원이 참여하여 전사적 차원에서 결정된다. 또한, 기관의 최고경영자의 경영의지가 표현되고 있는 목표이기도 하다. 특별 및 광역시에서 운영하고 있는 지방공기업의 운영현황은 다음과 같다.

1 서울특별시

(1) 개요

서울특별시의 경우 총 30개의 지방공기업이 운영되고 있으며, 이 중 서울특별시에서 운영하는 광역지방공기업은 직영사업 1개 기관(서울시상수도), 지방공사 4개 기관(서울교통공사, 서울주택도시공사, 서울에너지공사, 서울특별시농수산식품공사), 지방공단 1개 기관(서울시설공단) 등 6개 기관을 설립하여 운영하고 있다. 서울특별시 자치구 공단인 기초 지방공기업은 24개 기관으로 서울특별시 25개 자치구 중 서초구를 제외한 종로구, 성북구, 중랑구, 노원구, 강동구, 송파구, 영등포구, 구로구 등 24개 자치구에서 지방공단을 운영하고 있다. 서울특별시의 광역 지방공사는 서울교통공사, SH서울주택도시공사, 서울에너지공사, 서울특별시농수산식품공사 등 4개 지방공사가 운영되고 있으며, 광역 지방공단은 서울시설공단 1개 기관이 운영되고 있다. 서울특별시에서 운영하는 지방공기업 중 SH서울주택도시공사의 운영현황은 다음과 같다.

(2) SH서울주택도시공사

SH서울주택도시공사는 「지방공기업법」, 「서울주택도시공사 설립 및 운영에 관한 조례」를 근거로 지난 1989년 2월 1일 도시개발공사로 설립되었다. 설립 시에는 서울특별시도시개발공사로 설립되었으나 지난 2016년 9월 1일 SH공사에서 서울주택도시공사로 사명이 변경되어 현재까지 운영 중에 있다. 공사의 규정상 정원은 1,347명으로 임원은 5명이며, 직원은 1,342명이다. 직원의 직급은 1급부터 9급으로 구분되어 있으며, 7급부터는 7급 갑/을, 8급 갑/을, 9급 갑/을로 정하고 있다. 직렬은 사무직, 기술직, 주거복지직, 전문직 등으로 구분하고 있으며, 직원은 사무직 및 기술직이 1,269명, 주거복지직 400명, 전문직 73명으로 구성되어 있다. 조직현황은 7본부, 6실, 2원, 26처, 1단, 87부, 14센터(2019.3.29. 기준)이며, 주요사업으로는 토지의 취득·개발 및 공급(분양 또는 임대), 주택 등 건축물의 건설·개량·공급(분양 또는 임대) 및 관리, 집단적으로 주택을 건설, 개량, 공급 또는 관리하는 경우에 있어서 필요한 복리시설의 건설, 개량, 공급 및 관리, 도시 기반 시설 등 도시계획사업의 시행, 주거복지사업, 산업거점개발사업 등 지역경제 활성화에 기여하는 사업, 국가 또는 지방자치단체로부터 위탁받은 업무 등을 수행한다. 현재 운영 중인 사업은 주거복지사업, 도시재생사업, 택지조성사업, 주택건설사업, 임대주택사업 등을 수행하고 있다. 주거복지사업은 맞춤형주거복지 HUB 구축, 지역별 맞춤형 주거복지모델 개발. 주거복지 플랫폼 구축, 서울형 주택바우처 및 주거급여사업 참여확대. 집수리 지원서비스 체계구축 등을 추진한다. 도시재생사업은 노후하고 쇠퇴한 지역에 대한 재건축, 재개발, 주거환경개선사업, 뉴타운사업 등의 업무를 수행하는 사업을 말하며, 택지조성사업과 주택건설 사업은 미개발 택지 개발을 통해 주택 건설을 추진하는 사업으로 현재 마곡지구에 대한 택지개발 및 주택건설 사업이 진행 중이다. 임대주택사업은 건설형, 매입형, 임차형 등으로 구분하고 건설형은 영구, 공공, 국민, 장기전세, 행복주택으로 매입형은 재개발 임대와 다가구·원룸 매입임대, 임차형은 장기안심주택, 기존주택 전세임대 등으로 구분하여 사업을 수행한다. 공사는 설립목적 달성을 위해 경영목표를 정하고 설정한 경영목표를 달성하기 위해 전 직원이 노력할 것이다. 공사의 경영목표는 다음과 같다. 미션은 도시공간의 사회적 가치창출이며, 비전은 스마트 시민기업이다. 핵심가치는 시민행복 헌신, 사회적 책임, 새로운 도전, 끊임없는 혁신 등 4대 가치를 선정하였으며, 전략목표는 공공주택 20% 이상 달성 기여, 신성장사업 매출비중 30% 달성, 컨설팅 사업 매출비중 5% 달성, 사회적 가치 선도 기업 실현, 세계 최고 스마트 인재 육성 등 5대 전략목표를 설정하고 있다. 공사의 미션 및 경영목표는 다음과 같다.

〈별표 2-2-7〉 경영목표

구분	경영목표				
미션	도시공간의 사회적 가치 창출				
비전	스마트 시민기업				
핵심가치	시민행복 헌신	사회적 책임	새로운 도전	끊임없는 혁신	
전략목표	공공주택 20%이상 달성기여	신성장사업 매출비중 30%달성	컨설팅사업 매출비중 5%달성	사회적 가치 선도 기업 실현	세계 최고 스마트 인재 육성

자료: https://www.i-sh.co.kr/

2 부산광역시

(1) 개요

부산광역시에는 총 10개의 지방공기업이 설립되어 운영되고 있으며, 10개 기관 중 광역 지방공기업은 9개 기관이다. 1개 기관은 기초 지방공단이다. 광역지방공기업 중 직영기업, 지방공사, 지방공단이 각각 3개 기관씩 운영되고 있다. 직영기업은 상수도, 하수도, 지역개발기금 등이며, 지방공사 및 공단은 부산교통공사, 부산도시공사, 부산관광공사, 부산시설공단, 부산환경공단, 부산지방공단스포원 등 6개 기관이다. 기초지방공기업은 부산 기장군에서 설립·운영하고 있는 기장군도시공단이 있다. 부산광역시의 광역 지방공사인 부산도시공사와 지방공단인 부산시설공단·부산지방공단스포원의 운영현황은 다음과 같다.

(2) 부산도시공사

부산도시공사는 「지방공기업법」, 「부산도시공사설치조례」를 근거로 지난 1991년 "부산직할시도시개발공사"로 창립하여 2006년 "부산도시공사"로 사명을 변경하여 현재까지 운영되고 있다. 2019년 규정상 정원은 270명으로 임원은 4명이고 직원은 266명이다. 직원의 직급은 1급부터 7급으로 구분되어 있으며, 직렬은 사무직, 기술직, 공통으로 구분되어 운영되고 있다. 조직현황은 2본부, 1사업본부, 5실, 8처, 30부(2센터)이다(2019.7.15. 기준). 부산도시공사의 주요기능은 택지·주택의 취득개발·분양·임대 및 관리, 도시계획시설사업 및 도시개발사업, 도시 및 주거환경정비사업, 경제자유구역개발·산업단지조성·관광단지조성·공유수면매립, 국가·지방자치단체 위탁사업 등을 수행한다. 현 운영사업은 행복주택사업, 주거복지사업, 도시재생사업, 산업단지조성사업, 도시개발사업, 택지개발사업, 주택건립사업, 공공건축사업 등을 수행하고 있으며, 운영사업 중 행복주택사업은 대중교통이 편리하고 직장과 학교가 가까운 지역에 주변 시세보다 저렴한 임대주택을 공급하여, 청년(19~39세)·신혼부부·대학생 등 젊은 계층의 주거안정을 지원하는 사업이다. 부산도시공사의 설립목적을 달성하기 위한 미션 및 핵심가치는 다음과 같다.

〈별표 2-2-8〉 미션 및 핵심가치

구분	미션 및 핵심가치			
미션	창의적인 도시 공간 조성으로 시민의 주거복지와 지역사회 발전에 기여한다.			
비전	시민의 행복한 꿈을 실현하는 시민공기업			
핵심가치	시민중심	공적기능	주거복지	소통협력
전략목표	시민과 함께하는 사회적 가치 실현	부산의 미래가치 창조 선도	시민이 행복한 주거복지 실현	미래지향적 경영인프라 구축

자료: https://www.bmc.busan.kr/

부산도시공사는 4대 경영전략 목표를 달성하기 위해 경영전략별 중점추진계획을 수립하여 업무를 수행한다. 시민과 함께하는 사회적 가치실현, 부산의 미래가치 창조 선도, 시민이 행복한 주거복지 실현, 미래지향적 경영인프라 구축 등 4대 전략목표의 중점 추진계획은 다음과 같다. 첫째, 시민과 함께하는 사회적 가치실현 달성을 위해 1) 사회적 책임을 다하는 시민중심 경영, 2) 지역사회 공헌, 상생·협력체계 강화, 3) 일자리 창출 적극 참여 등 3개의 추진계획을 정하였으며, 둘째, 부산의 미래가치 창조 선도를 위해 1) 지속가능 발전 위한 미래 먹거리 창출, 2) 시민중심의 도시재생 활성화, 3) 지역경제 활성화 견인 등의 업무를 중점 추진계획으로 수립했다. 셋째, 시민이 행복한 주거복지 실현을 위해 1) 시민 주거안정을 위한 임대주택 공급 확대, 2) 수요자 중심의 맞춤형 공공주택공급, 3) 입주민이 공감하는 명품 주거 서비스 제공 등을 추진계획으로 수립하였으며, 넷째, 미래지향적 경영인프라 구축을 위해 1) 능력과 성과중심의 인사제도 운영, 2) 노사상생의 협력적 관계유지, 3) 조직역량 강화를 위한 경영 시스템 마련 등으로 추진계획을 수립하는 등 2020년도에 추진할 총 12개의 중점추진계획을 수립하여 추진하고 있다(https://www.bmc.busan.kr/).

(3) 부산시설공단

부산시설공단은 「지방공기업법」, 「부산시설공단설치조례」를 근거로 지난 1992년 주차관리공단으로 창립하여 2010년 부산시설공단으로 사명을 변경하여 현재까지 운영하고 있다. 해당 기관의 규정상 정원은 427명으로 이 중 임원은 3명(이사장 1명, 상임이사 2명)이며, 직원은 424명으로 구성되어 있다. 직원의 직급은 1급부터 8급으로 구분되어 있으며, 직렬은 일반직, 행정직, 기술직으로 구성되어 있다. 조직현황은 3본부 3실 8처 2원으로 구성되어 있으며(2020.6.1. 기준), 주요 추진사업으로는 교통시설관리, 상가시설관리, 장사시설운영, 체육시설관리, 특별교통수단 운영(두리발) 등의 사업을 수행하고 있다. 세부사업은 광안대로·남항대교, 영도대교, 공영주차장·차고지, 자갈치시장·지하도상가·부산영락공원·추모공원·한마음스포츠센터·핸드볼팀 운영 등의 사업을 수행하고 있다. 부산시설공단은 설립목적 및 수행사업의 이행을 위해 비전 및 경영전략을 수립하여 업무를 수행하고 있다. 공단의 미션 및 경영전략은 다음과 같다.

〈별표 2-2-9〉 미션 및 경영전략

구분	미션 및 경영전략			
미션	공공시설의 가치 창출로 도시발전과 시민복리 증진			
비전	행복하고 안전한 도시공간을 만드는 시민의 기업			
핵심가치	시민행복추구	도시안전구현	경영혁신창출	사회가치실현
전략방향	안전중심의 조직과 역량강화	선도적 혁신과 경영합리화	지속가능한 사업과 기술개발	사회적 가치와 일자리 창출

자료: http://www.bisco.or.kr/

(4) 부산지방공단 스포원

부산지방공단 스포원은 「지방공기업법」, 「부산지방공단스포원설치조례」를 근거로 지난 2003년 부산광역시경륜공단으로 설립하여 2010년 부산지방공단 스포원으로 사명을 변경하고 현재까지 운영하고 있다.

해당 기관의 규정상 정원은 94명으로 이 중 임원은 2명이다. 직원의 직급은 1급부터 7급으로 구분되어 있으며, 직렬은 일반직과 전문계약직으로 구성되어 있다. 해당 기관 직제규정 시행내규에서 정하고 있는 정원은 일반직이 88명, 전문계약직이 4명으로 규정화되어 있다(2018.12.13. 기준). 조직현황은 1본부 3팀이며, 주요기능으로는 경륜사업 및 그 부대시설, 금정체육공원 내 체육시설 관리·운영사업, 국가·지방자치단체 및 기타 공공단체의 경륜관련 위탁사업, 기타 경영수익사업 등을 관리 운영하고 있다. 부산지방공단 스포원은 스포원의 설립목적 및 수행사업의 이행을 위해 경영목표를 수립하여 업무를 수행하고 있다. 스포원의 미션 및 경영목표는 다음과 같다.

〈별표 2-2-10〉 미션 및 경영목표

구분	미션 및 경영목표		
미션	시민의 건전 레포츠 문화를 선도하고 체육진흥과 복리증진에 기여한다.		
비전	시민건강과 여가문화를 선도하는 으뜸 공기업		
경영목표	변화와 혁신으로 안정적인 운영기반 마련		
경영방침	고객중심 열정경영	지속성장 책임경영	행복나눔 가치경영

자료: https://www.spo1.or.kr/

3 대구광역시

(1) 개요

대구광역시의 경우 총 8개의 지방공기업이 운영되고 있으며, 8개 기관 중 대구광역시에서 운영하는 광역 지방공기업은 7개 기관으로 상수도·하수도·지역개발기금 등 직영기업 3개, 대구도시철도공사, 대구도시공사 등 지방공사 2개, 대구시설공단, 대구환경공단 등 지방공단 2개 기관을 운영하고 있다. 기초 공단은 1개 기관으로 달성군에서 설립·운영하고 있는 달성군시설공단이 운영되고 있다. 대구도시공사와 대구시설공단의 운영현황은 다음과 같다.

(2) 대구도시공사

대구도시공사는「지방공기업법」,「대구도시공사 설치 및 운영에 관한 조례」를 근거로 지난 1988년 "대구직할시토지주택개발공사"로 설립하여, 2008년 "대구도시공사"로 사명을 변경하여 현재까지 운영하고 있다. 해당 기관의 정원은 164명으로 이 중 임원은 2명이다. 직급은 1급~6급으로 구성되어 있으며, 직렬은 업무 및 기술직으로 구분하고 있다. 조직현황은 2실 7처, 1사업단, 1센터로 구성되어 있으며(2017.12.27. 기준), 대구도시공사의 주요기능으로는 택지개발사업 및 주택건설·임대·토지구획 정리사업, 재개발 및 주거환경개선사업·주택재건축사업·도시환경정비사업, 산업단지 조성사업, 체육시설업 및「관광진흥법」에 따른 관광단지 조성사업, 시장의 승인을 얻은 해외 개발사업, 기타 도시개발 사업으로 국가·지방자치단체 및 공공단체 위탁사업 등을 관리 운영하고 있다.

대구도시공사는 공사의 설립목적 완수를 위해 비전목표를 수립하여 업무를 수행하고 있으며, 공사의 미션 및 비전목표는 다음과 같다.

〈별표 2-2-11〉 미션 및 비전목표

구분	미션 및 비전목표			
미션	산업단지 조성 주택건설공급 등 도시개발 사업을 통하여 서민생활의 안정과 지역발전에 이바지한다.			
비전	시민이 행복한 스마트도시 선도 공기업			
비전목표	시민행복	스마트도시	사회적 가치	지속가능
핵심가치	사람중심	열린혁신	지속발전	청렴 / 사회적 가치창출

자료: https://www.duco.or.kr/

4대 비전목표의 목표별 세부실행 계획은 다음과 같다. 첫째, 시민행복 달성을 위한 세부실행 계획은 고객만족도 90점 이상 획득과 주민참여 사업 비중확대 등 2개 과제이며, 둘째, 스마트도시 달성을 위한 세부실행 계획은 스마트도시 기반구축과 세계스마트시티 TOP10 대구이다. 셋째, 사회적 가치실현을 위한 세부실행 계획은 취약계층 지원 사업 지속 확대와 지역공동체 복원이며, 넷째, 지속가능 실현을 위한 세부실행 계획은 당기순이익 5년 평균 400억과 부채비율 100%대 지속관리이다(https://www.duco.or.kr/).

(3) 대구시설공단

대구시설공단은 「지방공기업법」, 「대구시설공단설치조례」를 근거로 지난 1992년 "대구시설관리공단"으로 설립하여, 2016년 "대구시설공단"으로 공단명을 변경하여 현재까지 운영하고 있다. 해당 기관의 정원은 304명으로 이 중 임원은 3명이며, 직급은 1급부터 9급으로 구성되어 있다. 직렬은 관리직, 사무직, 기술직으로 구분되고 있으며, 관리직 정원은 20명, 사무직 정원 122명, 기술직 정원 159명으로 구성되어 있다(2018.12.20. 기준). 조직현황은 2본부 6처, 1실(2018.12.20. 기준)로 구성되어 있으며, 주요기능으로는 20m 이상 도시계획도로 및 자동차전용도로 유지관리, 20m 이상 도로의 가로등 관리, 터널 통합관리, 노상·노외 공영주차장 관련사업, 교통약자의 이동편의 증진에 관한 사업(나드리콜), 두류수영장, 명복공원, 도심공원, 올림픽기념국민생활관, 대구사격장, 대덕승마장, 내구승마힐링센터, 서재문화체육센터, 시티투어 이층 버스, 농수산물 도매시장 관련 상가, 지하상가(대신·대구역·범어지하도), 신천둔치 및 시설물관리 등 시장이 위탁하는 사업(부대사업 포함) 등을 관리 운영하고 있다. 대구시설공단은 설립목적 이행을 위해 미션 및 비전을 수립하여 업무를 수행하고 있다. 공단의 미션과 핵심가치는 다음과 같다.

〈별표 2-2-12〉 미션과 핵심가치

구분	미션과 핵심가치			
미션	대구시설공단은 행복한 도시 대구를 만들어 갑니다 / 시민행복 365 시민만족 100			
비전	시민중심의 공공서비스를 창출하는 혁신공기업			
핵심가치	Dream 고객가치창조	Idea 창의지향문화	Change 미래역량강화	Opportunity 지속가능성장
전략목표	시민감동	안전우선	자율책임	사회가치실현

자료: http://www.dgsisul.or.kr/

4 인천광역시

(1) 개요

인천광역시의 경우 총 16개의 지방공기업을 운영하고 있으며, 인천광역시에서 운영하는 광역지방공기업은 9개로 상수도·하수도·공영개발(인천경제자유구역사업, 인천도시개발사업)·지역개발기금 등 직영기업 5개, 인천교통공사, 인천도시공사 등 지방공사 2개 기관, 인천시설공단, 인천환경공단 등 지방공단 2개 기관을 운영하고 있다. 인천광역시의 기초 지방공단은 총 7개가 운영되고 있으며, 중구·남구·남동구·부평구·계양구·서구·강화군시설공단 등이 있다. 인천광역시 광역 지방공사인 인천도시공사와 광역 지방공단인 인천시설공단의 운영현황은 다음과 같다.

(2) 인천도시공사

인천도시공사는 「지방공기업법」, 「인천도시공사 설립 및 운영에 관한 조례」를 근거로 지난 2003년 인천도시개발공사로 설립하여, 2011년 인천도시개발공사와 인천관광공사를 통합하여 "인천도시공사"로 사명이 변경되어 현재까지 운영하고 있다. 공사의 정원은 326명으로 이 중 임원은 4명이며, 직원의 직급은 1급부터 9급까지로 구성되어 있다. 직렬은 관리운영, 행정직, 기술직으로 구분하고 있으며, 관리 운영직의 정원은 13명, 기술직 173명 행정직 138명으로 구성되어 있다(2018.12.31. 기준). 조직현황은 1감사, 4본부, 11처, 2실, 1단, 1센터이며, 주요기능으로는 주택 및 일반건축물의 취득·건설·개발·분양·설계·감리·임대 및 관리, 토지의 취득·개발·분양·임대 및 관리, 주택 재개발·도시환경정비 및 주거환경 개선 등 도시재생관련사업, 지방 산업단지, 유통·물류단지 조성 및 관리, 관광 진흥사업, 관광숙박업, 전시·회의 산업 등을 관리 운영하고 있다. 인천도시공사는 공사의 설립목적 이행을 위해 경영목표 및 추진전략을 수립하여 업무를 추진하고 있으며, 미션 및 경영목표는 다음과 같다.

〈별표 2-2-13〉 미션 및 경영목표

구분	미션 및 경영목표
미션	도시 공간 재창조로 시민 삶의 질 향상 및 지역사회 발전에 기여
비전	시민과 함께하는 도시재생·주거복지 리더 공기업
2020 경영목표	"STEP UP" 경영으로 "인천시 선도 공기업"으로서의 위상 정립
"STEP UP" 추진전략	S: 경영효율화 및 IMCD만의 조직문화 형성(지속가능경영) T: 전략적 사업 추진 및 성과관리 추진(전략경영) E: 사회적 책임 강화 경영 기반 확립(윤리·친환경경영) P: 대내외 열린 소통 및 지역기업과의 동반성장 추진(파트너십경영) UP: 도시재생 및 주거복지사업 활성화 추진(도와주리경영)

자료: https://www.ictr.or.kr/

"STEP UP" 추진전략을 이행하기 위해 20대 중점추진과제를 선정하여 운영하고 있으며, "STEP UP"과 연계한 20대 중점추진과제는 다음과 같다.

S(Sustainability)는 경영효율화 및 IMCD만의 조직문화 형성(지속가능경영)을 말하며, T(Tactic)는 전략적 사업 추진 및 성과관리 추진(전략경영), E(Ethic & environment-friendly)는 사회적 책임 강화 경영기반 확립(윤리·친환경경영), P(Partnership)는 대내외 열린 소통 및 지역기업과의 동반성장 추진(파트너십경영), UP(Urban regeneration & housing welfare practice)은 도시재생 및 주거복지사업 활성화 추진(도와주리경영)을 말한다.

〈별표 2-2-14〉 20대 중점 추진과제

S	지속가능경영 (Sustainability)	지속가능경영 및 혁신기반 확립 / 효율적 조직운영 및 조직문화 개선 / 체계적 인적자원 관리 및 역량강화 / 차질 없는 신규 사업 추진 및 사업 영역 확대
T	전략경영 (Tactic)	선제적 리스크 및 재무관리 강화 / 진행사업의 전략적 안정적 추진 / 전략적 사업 및 성과 관리시스템 구축강화 / 전략적 홍보 마케팅 및 이미지 제고
E	윤리·친환경경영 (Ethic & environment-friendly)	맞춤형 사회공헌사업 확대 추진 / 인권 및 청렴 윤리경영 고도화 추진 / 친환경 및 안전 경영체계 확립 / 공공기관 우선구매제도 이행 강화
P	파트너십경영 (Partnership)	소통 기반의 대외 상생 협력 강화 / 상생 협력의 발전적 노사관계 확립 / 지역 및 중소기업과 상생하는 성과공유제 추진 / 지역 업체 참여율 제고 및 지역혁신 활성화 참여
UP	도와주리경영 (Urban regeneration & housing welfare practice)	IMCD형 도시재생 특화사업 추진 / 공사(公社) 주도형 도시재생 뉴딜사업 추진 / 맞춤형 임대주택 적기 공급 및 주거복지 서비스 혁신 / 시 정책사업 대행 및 지원강화

자료: https://www.ictr.or.kr/

(3) 인천시설공단

인천시설공단은 「지방공기업법」, 「인천시설공단 설립 및 운영에 관한 조례」를 근거로 지난 2002년 설립하여 현재까지 운영되고 있다. 정원은 510명이며, 임원은 3명이다. 직급은 일반직의 경우 1급부터 7급이며, 실무직은 1급부터 5급으로 구분하고 있다. 직렬은 일반직과 실무직으로 구분하고 있으며, 일반직 정원은 277명, 실무직 정원은 230명이다. 조직현황은 3본부 4실, 8사업단, 4관(2019.4.1. 기준)이며, 인천시설공단의 주요기능으로는 주차장 관리·운영사업, 체육시설물, 장사시설물, 지하도상가, 도시기반시설물 등 공공시설물의 관리·운영, 도시공원 및 녹지 관리·운영사업, 청소년육성사업 및 시설 관리·운영, 여성·근로자·문화예술 등 문화시설 관리·운영사업, 노인 및 사회복지시설 관리·운영사업, 국가·지방자치단체 및 공공단체가 위탁하는 사업 등을 관리·운영하고 있다. 공단은 공단의 설립목적 이행을 위해 경영전략을 수립하여 업무를 추진하고 있으며, 미션 및 핵심가치는 다음과 같다.

〈별표 2-2-15〉 미션 및 핵심가치

구분	미션 및 핵심가치			
미션/비전	인천시민의 행복한 삶을 위한 효율적 시설 운영 / 시민과 함께 사회적 가치를 실현하는 전문 공기업			
핵심가치	공공성		시설안전	시민만족
전략과제	시민 만족을 위한 경영관리	시민 안전을 위한 시설관리	시민 참여에 의한 서비스 제공	지역사회에 기여하는 사회적 가치 실현

자료: http://www.insiseol.or.kr/

전략과제를 실행하기 위해 16개의 세부 실행과제를 선정하여 업무를 수행하고 있으며, 전략과제별 실행과제는 다음과 같다. 첫째, 시민만족을 위한 경영관리의 세부 실행과제는 1) 시민 소통확대, 2) 혁신역량 강화, 3) 협력의 증진, 4) 신뢰·투명성 보장 등 4개 과제이다. 둘째, 시민안전을 위한 시설관리의 세부 실행과제는 1) 안전우선 시설관리, 2) 전문적인 시설관리, 3) 관리효율성 제고, 4) 안전의식 및 대응력 향상 등이다. 셋째, 시민참여에 의한 서비스제공의 세부 실행과제는 1) 인천시 서비스 수요 대응, 2) 시민 참여형 프로그램 마련, 3) 모니터링 시스템 개선, 4) 품질 개선체계 내실화 등이다. 넷째, 지역사회에 기여하는 사회적 가치 실현의 세부 실행과제는 1) 좋은 일자리 창출, 2) 지역사회와의 연계, 3) 가족친화 경영, 4) 사회적 가치 실현방안 마련 등이다. 인천시설공단에서는 16개 세부 실행과제 이행을 위해 부서별 추진과제를 선정하는 등 업무계획을 수립하고 수립된 계획이 이행될 수 있도록 추진할 것이다.

5 광주광역시

(1) 개요

광주광역시의 경우 총 8개의 지방공기업을 운영하고 있으며, 광주광역시에서 운영하는 광역 지방공기업은 상수도·하수도·지역개발기금 등 직영기업 3개 기관과 광주광역시도시철도공사, 광주도시공사, 김대중 컨벤션센터, 광주환경공단 등 지방공기업 4개 기관이 운영되고 있다. 기초 지방공단은 1개 기관으로 광산구에서 설립 운영하고 있는 광산구시설공단이 있다. 광주광역시 광역 지방공사인 광주광역시도시공사의 운영현황은 다음과 같다.

(2) 광주광역시도시공사

광주광역시도시공사는 「지방공기업법」, 「광주광역시도시공사 설치조례」를 근거로 지난 1999년 광주지방공사로 설립하여, 2014년 광주지방공사와 광주도시관리공사를 합병하고 광주도시공사로 사명이 변경되어 현재까지 운영하고 있다. 해당 기관의 정원은 250명이며, 임원은 3명이다. 직원은 247명으로 1급부터 9급까지로 구분되어 있다. 직렬은 관리, 행정·사무, 기술, 기전, 업무로 구분하여 운영하고 있으며, 조직현황은 2이사, 1단, 5처, 22팀(실)이며(2019. 1. 4. 기준), 주요 기능으로는 토지의 취득ㆍ개발ㆍ공급 및 주택ㆍ일반건축물의 건설ㆍ개량ㆍ공급ㆍ임대 및 관리, 도로ㆍ도시철도 등 교통관련 시설의 건설 및 유지관리, 국가 또는 광주시가 대행 또는 위탁한 업무, 「지방공기업법」 제2조와 관련되는 경영수익사업, 주민복리 증진 및 지역 개발 또는 지역 경제 활성화에 이바지할 수 있다고 인정되는 사업 등을 관리 운영하고 있다. 광주광역시도시공사는 공사의 설립목적 이행을 위해 성과목표를 수립하여 업무를 추진하고 있으며, 미션 및 성과목표는 다음과 같다.

〈별표 2-2-16〉 미션 및 성과목표

구분	미션 및 성과목표
미션	시민의 삶의 질을 높이는 스마트도시 광주건설
비전	광주다운 도시재생ㆍ주거복지로 혁신하는 공기업
성과목표	2025년까지 도시재생 뉴딜사업 15개소 이상 발굴 / 2025년까지 임대주택 7천 세대 공급(연평균 1,000세대) / 주거복지 서비스 강화를 위한 주거복지센터 신설ㆍ운영 / 2020년까지 에너지 밸리 2단계 사업 가시화 / 일자리 7.7만 개 창출(단기 일자리 1,800개) / 2020년 경영평가 「가」등급, 청렴도 「나」등급 획득 / 관리 운영사업 수지 개선 총괄 관리 시스템 구축

자료: http://www.gmcc.co.kr/

6 대전광역시

(1) 개요

대전광역시의 경우 총 7개의 지방공기업을 운영하고 있으며, 7개 기관은 상수도ㆍ하수도ㆍ지역개발기금 등 직영기업 3개, 대전도시철도공사ㆍ대전도시공사ㆍ대전마케팅공사 등 지방공사 3개, 대전시설공단 등 지방공단 1개 기관 등이다. 대전광역시의 광역지방공사인 대전도시공사 운영현황은 다음과 같다.

(2) 대전도시공사

대전도시공사는 「지방공기업법」, 「대전도시공사 조례」를 근거로 지난 1993년 한밭개발공사로 창립하여, 1997년 대전광역시도시개발공사로 1차 명칭 변경, 2009년 대전도시공사로 2차 명칭이 변경되어 현재까지 운영하고 있다. 공사의 규정상 정원은 288명으로 임원은 3명이며, 직원은 279명이다. 직원의 직급은 1급부터 7급까지로 구분되어 있으며, 직렬은 행정, 기술, 전문, 행정기술, 행정기술전문 등으로 구분하여 운영하고 있다. 조직현황은 2이사, 2실, 5처, 1월드, 23팀, 4소(사업소)(2019. 6. 28. 기준)이며, 주요기능으로는 토지ㆍ주택ㆍ일반건축물의 취득ㆍ개발ㆍ분양ㆍ임대 및 관리사업, 주거환경개선사업ㆍ주택재개발사업ㆍ주택재건축사업 및 도시환경정비사업, 국가산업단지 또는 일반산업단지 조성사업, 도시환경관련사업 및 청소위생사업, 공원사업(동물원 조성 및 운영사업 포함) 등을 관리 운영하고 있다. 대전도시공사는 공사의 설립

목적 실행을 위해 전략방향을 수립하여 업무를 추진하고 있으며, 공사의 미션 및 전략방향은 다음과 같다.

〈별표 2-2-17〉 미션 및 전략방향

구분	미션 및 전략방향			
미션	지역개발 및 레저, 환경사업을 통하여 시민의 주거생활 안정과 복지향상, 균형발전에 기여			
비전	'시민이 행복한 도시'를 디자인하는 스마트 DCCO			
전략방향	시민편익 중점 핵심사업 구조개편	운영효율화를 통한 수익구조개선	공공성 지향 사회적 가치창출	열린 혁신을 통한 지속경영
전략목표	시민지향 주거복지체제 구축	시민 생활환경 서비스 최적화	지역개발 사회적 가치 구현	지속가능 경영체계 고도화

자료: http://www.dcco.kr/

전략목표를 이행하기 위해 12개 세부 전략과제를 선정하여 업무를 수행하고 있으며, 전략목표별 이행과제는 다음과 같다. 첫째, 시민지향 주거복지체제 구축의 전략과제는 1) 수요자 중심 주택공급 체계화, 2) 임대주택 사업 확대, 3) 주거복지서비스 체계적 지원 등 3개 과제이며, 둘째, 시민 생활환경 서비스 최적화는 1) 레저 수요 흡수력 향상, 2) 선진적인 환경관리체계 확립, 3) 융합형 신규사업모델 개발 등이다. 셋째, 지역개발 사회적 가치 구현의 전략과제는 1) 도시재생 활성화, 2) 지역균형발전 인프라 조성, 3) 사회적 책임 선도 및 시민 안전 대응력 강화 등이다. 넷째, 지속가능경영체계 고도화의 전략과제는 1) 재정구조 건전화, 2) 소통 기반의 조직역량 강화, 3) 열린 혁신 경영관리체계화 등이다.

7 울산광역시

(1) 개요

울산광역시의 경우 총 8개의 지방공기업을 운영하고 있으며, 울산광역시에서 운영하는 광역지방공기업은 상수도·하수도·지역개발기금 등 직영기업 3개, 지방공사는 울산광역시도시공사, 지방공단인 울산시설공단을 운영하고 있다. 기초 지방공단으로는 중구도시공단·남구도시공단·울주군시설공단 등 3개의 기초 지방공단이 운영되고 있다. 울산광역시의 광역 지방공사·공단인 울산광역시도시공사와 울산시설공단의 운영현황은 다음과 같다.

(2) 울산광역시도시공사

울산광역시도시공사는 「지방공기업법」, 「울산광역시 도시공사 설립 및 운영조례」를 근거로 지난 2007년 울산광역시도시공사로 설립하여, 현재까지 운영하고 있다. 해당 기관의 규정상 정원은 66명으로 임원은 2명이며, 직원은 64명이다. 직원의 직급은 1급부터 7급까지로 구분되어 있으며, 직렬은 사무직, 기술직, 공무직으로 구분하여 운영하고 있다. 조직현황은 1본부, 1실, 8팀, 1센터(2019.1.22. 기준)이며, 공사의 주요 기능으로는 건축물 및 토지의 취득·건축·분양·임대 및 관리사업, 도시 및 주거환경 정비법의 규정에 의한 정비사업, 산업단지 조성사업, 유통·물류단지 조성 및 관리, 관광단지 조성 및 관리, 체육시설물의 설치 및 관리 운영 등의 사업을 수행하고 있다. 울산광역시도시공사는 공사의 설립목적 수행을 위해 경영전략체계를 수립하여 업무를 추진하고 있으며, 미션 및 경영전략체계는 다음과 같다.

〈별표 2-2-18〉 미션 및 경영전략체계

구분	미션 및 경영전략체계			
미션	울산혁신성장 엔진, UMC			
비전	울산과 시민의 행복 기반 파트너 울산도시공사			
핵심가치	헌신		팀워크	도전
전략관점	통합공간 개발	산업기반 마련	공공성 확충	경영체계확립
전략과제	도시 인프라 개발주도	지역 특화사업 인프라 고도화	사회적 가치창조	지속가능경영 체계확립

자료: http://www.umca.co.kr/

울산광역시도시공사는 전략과제를 수행하기 위한 세부계획을 수립하여 운영하고 있다. 전략과제의 세부계획은 다음과 같다. 첫째, 도시 인프라 개발 주도의 세부계획은 1) 도시개발고도화, 2) 시민숙원사업 추진, 3) 도시재생 뉴딜추진 등으로 정하고 있으며, 둘째, 지역특화사업 인프라 고도화를 수행하기 위한 세부계획은 1) 산업단지 지속공급확대, 2) 산업단지관리 기능 강화, 3) 산단 입주기업 지원 여건강화 등이다. 셋째, 사회적 가치창조를 수행하기 위한 세부계획은 1) 울산시민 주거복지선도, 2) 울산 MICE산업기반 마련, 3) 친환경 에너지 미래 사업추진 등이다. 넷째, 지속가능경영 체계 확립의 세부계획은 1) 사회 추진 기반강화, 2) 지속가능경영추진, 3) 고객만족경영 등이다. 전략과제를 수행하기 위한 세부계획은 세부계획 수행을 위한 이행계획을 포함하고 있다.

(3) 울산시설공단

울산시설공단은 「지방공기업법」, 「울산시설공단설치조례」를 근거로 지난 1991년 "울산시주차장관리공단"으로 설립하여 2015년 "울산시설공단"으로 사명을 변경하고 현재까지 운영하고 있다. 공단의 규정상 정원은 411명으로 임원은 2명이며, 직원은 409명이다. 직원의 직급은 2급부터 7급(2019.6.28. 기준)까지로 구분되어 있으며, 직렬은 일반직, 업무직, 청원경찰, 안전관리직, 상담직으로 구분하여 운영하고 있다. 일반직 정원은 197명이다. 조직현황은 1본부, 3처, 1실, 20팀(2019.1.29. 기준)이며, 공단의 주요기능으로는 공원시설·체육시설 등 공공시설물의 관리·운영, 문화·복지 시설의 관리·운영, 가로수 등 도심 녹지관리, 종합장사시설의 관리·운영, 여성인력의 취업지원·인력개발·직업훈련시설의 관리·운영 등의 기능을 수행하고 있다. 공단은 설립목적 수행을 위해 경영전략을 수립하여 업무를 추진하고 있으며, 미션 및 경영목표는 다음과 같다.

〈별표 2-2-19〉 미션 및 경영목표

구분	미션 및 경영목표			
미션	행복한 시민, 희망찬 울산, 함께하는 시설공단			
비전	시민과 공존하는 지역밀착형 일류 공기업			
핵심가치	고객만족	지속성장	가치공존	명품시설
경영목표	고객만족도 93점	혁신평가 우수기관	U-SVI 90점	안전사고 0
전략과제	고객감동 경영정착	지속가능 성장동력확충	사회적 가치 내재화	무결점 안전체계 확립

자료: http://www.uimc.or.kr/

경영목표의 SVI(Social Value Index)는 울산시설공단이 지방공기업으로서 사회적 가치 지향성 부문에 높은 가치를 두고 업무를 수행하겠다는 의지의 표현일 것이다.

8 세종특별자치시

(1) 개요

세종특별시의 경우 총 8개의 지방공기업을 운영하고 있으며, 세종특별시에서 운영하는 광역지방공기업은 상수도·하수도·공영개발 등 직영기업 3개, 지방공사는 세종도시교통공사, 지방공단인 세종특별자치시시설관리공단을 운영하고 있다. 세종특별시의 광역 지방공단인 세종특별자치시시설관리공단의 운영현황은 다음과 같다.

(2) 세종특별자치시시설관리공단

세종특별자치시시설관리공단은「지방공기업법」,「세종특별자치시시설관리공단 설립 및 운영에 관한 조례」를 근거로 지난 2016년 세종특별자치시시설관리공단으로 설립하여, 현재까지 운영하고 있다. 규정상 정원은 187명으로 임원은 2명이며, 직원은 185명이다. 직원의 직급은 3급부터 7급까지로 구분되어 있으며, 직렬은 일반직, 공무직으로 구분하여 운영하고 있다. 조직현황은 1본부, 1실, 6팀(2019.2.14. 기준)이며, 주요기능으로는 은하수공원관리 및 공설봉안당·공설묘지의 관리·운영사업, 주차시설의 관리·운영사업, 공동구의 관리·운영사업, 행복아파트의 관리·운영사업, 세종고용복지센터의 관리·운영사업, 환승주차장의 관리·운영사업 및 부대사업과 해당 지방자치단체장이 인정하고 위탁하는 사업을 수행하고 있다. 세종특별자치시시설관리공단은 공단의 설립목적 수행을 위해 경영방향을 수립하고 있으며, 경영방향은 미션과 비전을 달성하기 위해 전략과 핵심가치를 설정하고 업무를 추진하고 있다. 공단의 미션 및 전략은 다음과 같다.

〈별표 2-2-20〉 미션 및 전략

구분	미션 및 전략			
미션	공공시설물의 효율적인 관리로 세종시 발전과 주민 복리증진에 기여			
비전	시민의 행복실현을 위해 소통하고 혁신하는 1등 공기업			
슬로건	시민과 함께 행복도시 세종을 만들어갑니다			
전략	경영수지 10% 개선	외부고객만족도 90점 달성	안전사고 10% 감소	내부고객만족도 10% 향상
핵심가치	Lead 행복도시 세종 조성 선도	Expert 전문성	Accountability 책임감	Development 성장·발전

자료: https://www.sjfmc.or.kr/

공단의 전략은 모두 계량화하였으며, 계량화된 수치는 지방공기업 경영평가와 연관된 목표로 설정되어 있다.

3. 도(道) 지방공기업

2017년 12월 31일 기준 직영기업을 제외하고 도(道)에서 운영하는 지방공기업 현황은 다음과 같다(행정안전부, 2017). 경기도와 제주도는 지방공사 3개 기관, 경북은 지방공사 2개 기관을 운영하며, 강원, 충북, 충남, 전북, 전남, 경남은 각각 1개의 지방공사를 운영한다.

〈별표 2-2-21〉 도(道) 운영 지방공사·공단

구분	합계	경기	강원	충북	충남	전북	전남	경북	경남	제주
공사	14	3	1	1	1	1	1	2	1	3

도(道)에서 운영하는 광역 지방공기업 중 지방공단 형태로 운영되는 기관은 없으며, 지방공사 형태의 14개 기관이 운영되고 있다. 지방공사 형태는 개발공사, 도시공사, 관광공사, 항만공사, 에너지공사의 형태로 구분하여 운영되고 있으며, 도(道)에서 운영하는 광역 지방공기업의 기관별 설립, 기관의 정원, 직급 및 직렬, 조직현황, 기관의 주요기능(사업범위), 기관의 경영목표 등을 알아보고자 한다. 기관의 경영목표는 기관의 설립목적과 기관이 완수해야 할 목표를 정하고 있는 것으로 기관의 이념과 목표는 모든 직원이 참여하여 전사적 차원에서 결정된다. 또한, 기관의 최고경영자의 경영의지가 표현되고 있는 목표이기도 하다. 도(道)에서 운영하고 있는 지방공기업의 운영현황은 다음과 같다.

1 경기도

(1) 개요

경기도의 경우 총 107개의 지방공기업이 운영되고 있으며, 이 중 경기도에서 운영하는 광역지방공기업은 6개 기관, 시·군·구에 속하는 지방공기업은 101개 기관으로 조사되고 있다. 경기도에서 운영하고 있는 광역 지방공기업은 직영기업 3개, 지방공사 3개 기관 등 총 6개 기관이 운영되고 있으며, 직영기업은 경기도 한류월드 조성사업, 경기도 판교 테크노밸리 조성사업, 경기도 고덕 국제화 계획지구 조성사업 등 공영개발 형태 3개 기관과 경기주택도시공사, 경기관광공사, 경기평택항만공사 등 지방공사 형태의 3개 기관을 말한다. 경기도 내 지방자치단체에서 운영하는 지방공기업은 총 101개 사업이며, 이 중 직영 기업은 69개 기관, 지방공사 17개 기관, 지방공단 15개 기관 등이 운영되고 있다. 직영기업은 69개로 경기도 내 지방자치단체에서 운영하고 있는 상·하수도 사업과 공영개발 사업이 대상 사업이다. 지방공사는 광명도시공사, 부천도시공사, 수원도시공사, 양평공사, 의왕도시공사 등이 있으며, 지방공단은 이천시시설관리공단, 김포시시설관리공단, 연천군시설관리공단 등이 설립되어 운영되고 있다. 경기도에서 설립하여 운영되고 있는 경기주택도시공사의 운영현황은 다음과 같다.

(2) 경기주택도시공사

경기주택도시공사는 「지방공기업법」 및 「경기주택도시공사의 설립 및 운영 조례」를 근거로 지난 1997년에 창립하여 현재까지 운영되고 있으며, 규정상 정원은 임원 4명, 직원 508명 등 512명이다. 직원의 직급은 1급부터 6급까지로 구분되어 있으며, 직렬은 일반직, 연구직, 전문직으로 구분하여 운영하고 있다. 조직현황은 5본부, 1실, 12처, 6단, 1센터(한시 조직인 1본부, 2센터 별도)(2019.5.9. 기준)이며, 주요기능으로는 택지개발 등을 위한 토지의 취득·개발·비축 및 공급·임대관리, 산업단지 조성 및 관리, 주택의 건설·공급·임대 및 관리, 국가 또는 지방자치단체가 위탁한 업무, 도시재정비 사업 및 리모델링 사업 등을 추진한다. 경기주택도시공사는 공사의 설립목적 달성을 위해 경영목표 및 전략을 수립하고 있으며, 미션과 비전을 달성하기 위해 경영방침과 비전목표를 설정하여 업무를 추진하고 있다. 공사의 미션 및 경영방침은 다음과 같다.

〈별표 2-2-22〉 미션 및 경영방침

구분	미션 및 경영방침			
미션	사람이 행복한, 살기 좋은 경기도			
비전	살기 좋은 도시를 만드는 The Good Developer G'H			
경영방침	사회적 책임	사람중심	혁신	전문성
전략방향	주거문제 해결	일자리기반조성	부동산 안정화	공공성 강화

자료: http://www.gico.or.kr/

2 강원도

(1) 개요

강원도의 경우 총 30개의 지방공기업이 운영되고 있다. 이 중 강원도에서 운영하는 광역 지방공기업은 총 1개 기관이 있으며, 강원도 내 지방자치단체에서 운영하는 기초 지방공기업은 29개 기관이 설립되어 있다. 기초 지방공기업은 직영사업 23개 기관, 지방공사 2개 기관, 지방공단 4개 기관 등이 운영되고 있다. 기초 직영기업은 강원도 내 지방자치단체에서 운영하고 있는 상·하수도 사업과 공영개발 사업이 대상 사업이며, 기초 지방공사 2개 기관은 춘천도시공사와 강릉관광개발공사이다. 기초 지방공단은 정선군시설관리공단, 동해시시설관리공단, 속초시시설관리공단, 영월군시설관리공단 등이다. 광역 지방공사인 강원도개발공사의 운영현황은 다음과 같다.

(2) 강원도개발공사

강원도개발공사는 「지방공기업법」, 「강원도개발공사 설치 및 관리·운영조례」를 근거로 지난 1996년 설립등기를 완료하고 1997년 창립하여 현재까지 운영 중이다. 해당 기관의 규정상 정원은 109명으로 임원은 2명이며, 직원은 107명이다. 직원의 직급은 1급부터 7급까지로 구분되어 있으며, 직렬은 일반직과 업무직으로 구분하며, 업무직은 운전직과 비서직을 말한다. 조직현황은 2본부, 2사업단, 11팀, 14사업소(2019.3.14. 기준)이며, 주요기능으로는 주택·택지개발·산업단지조성사업, 관광지·관광단지 조성 및 운영사업, 국가·지방자치단체에서 위탁하는 사업 등을 수행한다. 주택사업은 영월군, 정선군, 홍천군을 대상으로 진행하고 있으며, 공공사업은 옥계첨단소재융합, 씨감자생산, 강원도 농업기술원, 삼척복합체육공원, 정선군청소년수련관 등이며, 원주의료원과 알펜시아리조트 등의 관리 및 운영을 하고 있다. 또한, 강원랜드, 강원풍력발전·강원바이오에너지 등의 사업에 대해 출자하고 있다. 강원도개발공사는 공사의 설립목적 수행을 위해 경영이념 및 목표를 수립하고 있으며, 경영이념 및 목표는 미션과 비전을 달성하기 위해 핵심가치와 경영목표를 설정하고 업무를 추진하고 있다. 공사의 미션 및 경영목표는 다음과 같다.

〈별표 2-2-23〉 미션 및 경영목표

구분	미션 및 경영목표			
미션	강원형 공간 창조, 지역발전선도, 도민행복창출			
비전	도민과 함께 미래를 여는 행복 파트너			
핵심가치	전문성	도전성	신뢰성	혁신성
경영목표	자체사업비중 20%	사회적 가치창출 선도	부채비율 150% 달성	경영평가 '나' 등급 달성
전략방향	살고 싶고 머물고 싶은 공간	도민이 공감하는 사회적 가치실현	재정건전성 기반 성장동력 확보	경영전략 강화

자료: http://www.gdco.co.kr/

공사는 전략방향을 달성하기 위해 13개의 전략과제를 선정하여 추진하고 있으며, 전략방향의 세부 전략과제는 다음과 같다. 첫째, 살고 싶고 머물고 싶은 공간을 위한 전략과제는 1) 도시개발 전문성 제고, 2) 공공개발사업 지속강화, 3) 지역경제 활성화사업추진, 4) 삶터·일터·놀이터 조성 공간복지 실현 등 4개의 과제이며, 둘째, 도민이 공감하는 사회적 가치실현의 전략과제는 1) 공정하고 청렴한 기업문화 정착, 2) 글로벌 강원 관광 콘텐츠 강화, 3) 알펜시아 가치 극대화 등 3개 과제이다. 셋째, 재정건전성 기반 성장동력 확보의 전략과제는 1) 신(新)성장동력 확보 강원 4.0, 2) 알펜시아 투자 및 매각 실현, 3) 사업 추진력 강화를 위한 재무건전성 확보 등 3개 과제이며, 넷째, 경영전략 강화의 전략과제는 1) 지속가능경영체계 내재화, 2) 경영혁신 전문성 기반, 3) 일하고 싶은 조직 재난·안전 체계 확립 등 3개 과제이다.

3 충청북도

(1) 개요

충청북도의 경우 총 21개 지방공기업이 운영되고 있다. 이 중 광역 지방공기업은 1개 기관이 있으며, 지방자치단체에서 운영하는 기초 지방공기업은 20개 기관이 운영되고 있다. 기초 지방공기업은 직영사업 17개 기관, 지방공단 3개 기관이며, 직영기업은 상·하수도 사업 15개, 공영개발 사업 2개 등 17개 사업이다. 지방공단은 청주시시설관리공단, 충주시시설관리공단, 단양관광관리공단 등 3개 기관이 운영되고 있으며, 충청북도 광역 지방공사인 충북개발공사 운영현황은 다음과 같다.

(2) 충북개발공사

충북개발공사는 「지방공기업법」 및 「충북개발공사 조례」를 근거로 지난 2006년 공사를 창립하여 현재까지 운영하고 있다. 해당 기관의 규정상 정원은 74명으로 임원은 2명이며, 직원은 72명이다. 직원의 직급은 2급부터 7급까지로 구분되어 있으며, 직렬은 사무직과 기술직으로 구분되어 있다. 조직현황은 1본부, 2실, 7부, 1단, 1팀(2019.5.24. 기준)이며, 충북개발공사의 주요 기능으로는 토지의 취득, 개발, 분양, 임대 관리사업, 주택 및 일반 건축물의 취득·건설·개발·분양·임대 관리사업, 주택 및 일반건축물의 취득·건설·개발·분양·임대 관리사업, 지방 산업단지 조성 및 관리사업, 기타 국가 또는 지방자치단체로부터 위탁받은 사업을 추진하고 있다. 충북개발공사는 공사의 설립목적 달성을 위해 경영목표 및 전략을 수립하고 있으며, 미션과 비전을 달성하기 위해 핵심가치와 전략목표를 설정하여 업무를 추진하고 있다. 공사의 미션 및 핵심가치는 다음과 같다.

〈별표 2-2-24〉 미션 및 핵심가치

구분	미션 및 핵심가치			
미션	충북의 경제발전과 도민의 복리증진 기반 조성			
비전	'충북'의 미래를 여는 지역개발 리더			
핵심가치	상생	혁신	공익	신뢰
전략목표	충북형 산업단지 모델구축	지속성장 위한 新성장동력 확보	지역사회 공적가치 강화	조직쇄신을 위한 경영전략 강화

자료: http://www.cleaneye.go.kr/

공사의 핵심가치 중 "상생"은 균형·소통·교류의 중심점으로서 상생추구를 의미하며, '혁신'은 미래형 사업다각화를 통해 현재역량과 미래발전을 연결하는 혁신선도를 말한다. "공익"은 지역개발사업을 공공성과 균형성을 가지고 이끄는 것을 의미하며, "신뢰"는 균형개발 사업의 전문역량을 가지고 도민의 신뢰를 획득하는 것을 의미한다(https://www.cbdc.co.kr/).

4 충청남도

(1) 개요

충청남도의 경우 총 35개의 지방공기업이 운영되고 있다. 이 중 충청남도에서 운영하는 광역지방공기업은 1개 기관이 있으며, 지방자치단체에서 운영하는 기초 지방공기업은 34개로 조사되고 있다. 34개의 지방공기업 중 지방자치단체에서 직영하는 상·하수도 및 공영개발 사업은 총 29개 사업이며, 지방공사와 지방공단은 5개 사업이다. 5개 운영사업 중 지방공사는 1개 사업으로 당진항만관광공사이며, 지방공단은 4개 사업으로 부여군시설관리공단, 아산시시설관리공단, 보령시시설관리공단, 천안시시설관리공단 등이 운영되고 있다. 충청남도의 광역 지방공사인 충청남도개발공사의 운영현황은 다음과 같다.

(2) 충청남도개발공사

충청남도개발공사는 「지방공기업법」 및 「충청남도개발공사 설립 및 운영에 관한 조례」를 근거로 지난 2007년 공사를 창립하여 현재까지 운영하고 있다. 해당 기관의 규정상 정원은 84명으로 임원은 2명이며, 직원은 82명이다. 직원외 직급은 1급부터 6급까지로 구분되어 있으며, 직렬은 행정직과 기술직, 기능직, 무기계약직으로 구분되어 있다. 조직현황은 1본부, 2실, 8부(2018.8.1. 기준)이며, 충청남도개발공사의 주요 기능으로는 주택·건축물 및 토지의 개발·분양·임대·관리사업, 산업·유통 물류단지의 조성·분양·관리사업, 국가 또는 도·시·군의 위탁사업 및 관련부대사업, 기타 공공성과 수익성이 있는 경영수익사업 등이다. 충청남도개발공사는 공사의 설립목적 달성을 위해 미션과 비전을 수립하고 있으며, 미션과 비전을 달성하기 위해 핵심가치와 4대 전략방향을 설정하여 업무를 추진하고 있다.

공사의 미션 및 핵심가치는 다음과 같다.

〈별표 2-2-25〉 미션 및 핵심가치

구분	미션 및 핵심가치			
미션	지속가능한 지역개발로 도민의 복리증진과 지역경제 활성화 촉진에 기여			
비전	충남도민의 더 행복한 미래공간을 만들어가는 지방공기업			
핵심가치	신뢰	소통	협업	전문성	청렴
4대 전략방향	추진사업의 공공성과 수익성 제고	사업다각화를 통한 지속가능발전	도민에게 신뢰받는 공기업 구현	변화와 혁신의 경영체계 확립

자료: https://www.cndc.kr/

공사는 4대 전략방향을 달성하기 위해 8대 전략과제를 선정하여 추진하고 있으며, 8대 전략과제는 다음과 같다. 1) 직접 투자사업 성공적 마무리, 2) 성장동력 신규 사업 발굴 추진, 3) 공기업으로서 책임경영 강화, 4) 사업 실행력 제고를 위한 운영시스템 구축, 5) 자치단체 대행사업 성과관리 체계 수립, 6) 도시재생 및 주거안정 사업 추진, 7) 소통과 협업으로 지역상생 및 동반성장, 8) 미래성장형 조직체계 확립 등이다 (https://www.cndc.kr/).

5 전라북도

(1) 개요

전라북도의 경우 총 20개의 지방공기업이 운영되고 있다. 이 중 광역지방공기업은 총 1개가 있으며, 지방자치단체에서 운영하는 기초 지방공기업은 19개 기관이 운영되고 있다. 기초 지방공기업은 직영사업 17개, 지방공사 1개, 지방공단 1개 등의 사업이 운영되고 있으며, 17개 기초 직영기업은 상·하수도 사업과 익산시에서 운영 중인 공영개발사업 등을 말한다. 기초 지방공사는 장수한우지방공사이며, 기초 지방공단은 전주시설공단이다. 전라북도의 광역 지방공사인 전북개발공사의 운영현황은 다음과 같다.

(2) 전북개발공사

전북개발공사는 「지방공기업법」 및 「전북개발공사 설립 및 운영조례」를 기준으로 지난 1998년 설립등기를 완료하고 현재까지 운영되고 있다. 해당 기관의 규정상 정원은 92명으로 임원은 2명이며, 직원은 90명이다. 직원의 직급은 1급부터 6급까지로 구분되어 있으며, 직렬은 행정직과 기술직, 공무직으로 구분되어 있다. 행정직은 일반 행정, 회계, 전산 등의 업무를 담당하고 있으며, 기술직은 토목, 건축, 지적, 전기, 조경, 환경 등의 업무를 수행한다. 공무직은 시설관리, 환경미화, 보안, 행정지원 등의 업무를 수행하도록 규정되어 있다. 조직현황은 1본부, 1실, 3처, 1부, 1센터(2019.5.13. 기준)이며, 전북개발공사의 주요기능은 주택 및 일반건축물의 취득·개발·분양·임대 및 관리사업, 국가·지방 산업단지 조성산업, 도시개발 및 지역개발사업, 재개발·재건축 및 주거환경 개선사업, 관광개발 및 관리사업, 국가·지방자치단체 위탁사업, 체육시설, 문화예술, 집단에너지 사업 등을 추진한다. 전북개발공사는 공사의 설립목적 달성을 위해 미션과 비전을 수립하고 있으며, 미션과 비전을 달성하기 위해 핵심가치와 4대 경영목표를 설정하여 업무를 추진하고 있다. 공사의 미션 및 핵심가치는 다음과 같다.

〈별표 2-2-26〉 미션 및 핵심가치

구분	미션 및 핵심가치			
미션	지역발전을 선도하는 사업추진으로 도민의 삶의 질 향상과 사회적 가치 창출			
비전	도민의 행복을 실현하는 스마트 공기업			
핵심가치	신뢰경영	가치경영	미래경영	열린경영
	소통과 협력을 통한 신뢰	미래를 향한 건강한 도전	고객가치를 향한 혁신	사회적 책임이행
경영목표	매출액 1,188억 원	당기순이익 30억 원	부채비율 200% 이하	경영평가 '나' 등급

자료: http://www.jbdc.co.kr/

공사는 경영목표를 매출, 당기순이익, 부채비율, 경영평가 등 4개 목표의 세부 달성 목표를 계량화하여 설정했다.

6 전라남도

(1) 개요

전라남도의 경우 총 21개의 지방공기업이 운영되고 있다. 이 중 광역지방공기업은 1개 기관이며, 지방자치단체에서 운영하는 기초 지방공기업은 20개로 조사되고 있다. 기초 지방공기업은 직영사업 19개, 지방공사 1개의 사업이 운영되고 있으며, 19개 기초 직영기업은 전라남도 내 지방자치단체에서 운영하고 있는 상·하수도 사업과 광양시, 순천시, 목포시에서 운영 중인 공영개발사업 등이나. 전라남도 내 자치단체에서 운영하는 지방공단은 여수시도시관리공단이며, 광역 지방공사인 전남개발공사의 운영현황은 다음과 같다.

(2) 전남개발공사

전남개발공사는 「지방공기업법」 및 「전남개발공사의 설립 및 운영조례」를 기준으로 지난 2004년에 납입자본금 50억 원을 출자하여 설립되었다. 해당 기관의 규정상 정원은 136명으로 임원은 1명이며, 직원은 135명이다. 직원의 직급은 1급부터 8급까지로 구분되어 있으며, 직렬은 복수직, 행정직, 기술직, 운영직으로 구분되어 있다. 조직현황은 1본부, 3실, 4처, 1센터, 1사업단(2019.5.13. 기준)이며, 전남개발공사의 주요기능으로는 택지개발 및 기업·혁신도시 개발사업, 일반산업 단지 및 농공 단지 개발, 공공시설과 지역개발을 목적으로 하는 토지의 취득·개발·비축·공급사업, 관광지 조성 및 관광 상품개발·유통 지원 사업, 천일염 등 특산품을 이용한 상품개발·가공·유통·판매 등에 관한 사업 등을 추진한다. 전남개발공사는 공사의 설립목적 달성을 위해 미션과 비전을 수립하고 있으며, 미션과 비전을 달성하기 위해 전략목표 및 중점추진방향을 설정하여 업무를 추진하고 있다. 공사의 미션 및 경영목표는 다음과 같다.

〈별표 2-2-27〉 미션 및 경영목표

구분	미션 및 경영목표			
미션	친환경 공간개발을 통한 도민복지 및 지역발전 선도			
비전	전남을 잇고 행복을 짓는 도민 공기업			
경영목표	미래정책	사회적가치	생산성	경영관리
	블루에너지 331.3MW 지역균형개발사업 7개	지역경제 활성화 1.4조 원 고용창출 매년 정원 5%↑	평균 노동생산성 448백만 원↑ 평균 자본생산성 4.5%↑	경영평가 1등급 청렴도·고객만족도 1등급
전략방향	전남 블루 이코노미 선도	도민이 바라는 지역 균형 개발	스마트한 조직 문화	도민이 행복한 사회적 가치

자료: https://www.jndc.co.kr/

공사는 전략방향을 달성하기 위해 전략과제 및 실행과제, 세부과제 등을 수립하여 업무를 수행하고 있다. 전략과제는 14개 과제이며, 세부 내용은 다음과 같다. 첫째, 전남블루 이코노미 선도의 전략과제는 1) 블루 에너지, 2) 블루 투어·블루 농수산, 3) 블루 역량 강화 등 3개 과제이며, 둘째, 도민이 바라는 지역균형개발의 전략과제는 1) 지역 균형 개발, 2) 편안한 도시 환경 조성, 3) 도시재생 활성화, 4) 도민 안전 강화 등 4개 과제이다. 셋째, 스마트한 조직문화의 전략과제는 1) 자율혁신체계 구축, 2) 재무건전성 및 사업관리 강화, 3) 업무시스템 개선 등 3개 과제이며, 넷째, 도민이 행복한 사회적 가치의 전략과제는 1) 도민 신뢰 경영, 2) 도민 참여·소통 확대, 3) 사회적 책임 선도, 4) 도민중심 동반성장 구축 등 4개 과제이다 (https://www.jndc.co.kr/).

7 경상북도

(1) 개요

경상북도의 경우 총 36개의 지방공기업이 운영되고 있다. 이 중 경상북도에서 운영하는 광역 지방공기업은 총 2개 기관이 있으며, 지방자치단체에서 운영하는 기초 지방공기업은 34개 기관이 운영되고 있다. 광역 지방공기업 2개 기관은 지방공사인 경상북도문화관광공사와 경상북도개발공사를 말한다. 기초 지방공기업은 직영사업이 26개, 지방공사 3개, 지방공단 5개의 사업이 운영되고 있으며, 26개 기초 직영기업은 상·하수도 사업을 말한다. 자치단체에서 운영하는 지방공사는 청도공영사업공사, 영양고추유통공사, 청송사과유통공사 등을 말하며, 지방공단은 경주시시설관리공단, 문경관광 진흥공단, 구미시설공단, 안동시시설관리공단, 포항시시설관리공단 등 5개 기관을 말한다. 경상북도의 광역 지방공사인 경상북도개발공사의 운영현황은 다음과 같다.

(2) 경상북도개발공사

경상북도개발공사의 설립근거는 「지방공기업법」 및 「경상북도개발공사 설치조례」로서 지난 1997년 설립되어 운영되고 있다. 해당 기관의 규정상 정원은 135명으로 임원은 1명이며, 직원은 134명이다. 직원의 직급은 1급부터 7급까지로 구분되어 있으며, 직렬은 사무직, 기술직, 기능직, 계약직으로 구분되어 있다. 조직현황은 1실, 5처, 2사업단, 1센터(2019.1.23. 기준)이며, 주요기능으로는 택지개발, 주택건설, 공단조성, 일반건축물 건설 및 분양, 임대관리, 관광단지·휴게소·체육시설 등 조성 및 임대관리, 국가·지방자치단체 등의 위탁사업, 기타 지역경제 활성화에 필요한 사업 등을 수행하고 있다. 경상북도개발공사는 공사의 설립목적 달성을 위해 미션과 비전을 수립하고 있으며, 미션과 비전을 달성하기 위해 전략목표와 전략과제를 설정하여 업무를 추진하고 있다. 공사의 미션 및 경영방침은 다음과 같다.

〈별표 2-2-28〉 미션 및 경영방침

구분	미션 및 경영방침			
미션	새바람 경북의 미래를 창조하는 지역발전 혁신 공기업			
비전	지역균형개발로 공익가치 선도하는 도민행복 파트너			
경영방침	책임경영	신뢰경영	열린경영	투명경영
선략방향	미래지역성장 견인	수익안전성 강화	사회적 가치실현	경영혁신 추진
경영목표	부채비율 250% 이하 준수	신규사업 매출 10% 달성	지역경제 활성화 및 지역사회 공헌	경영평가 '가' 등급 달성

자료: https://www.gbdc.co.kr/

공사는 경영목표 달성을 위한 12개 전략과제를 수립하여 업무를 수행하고 있으며, 12개 전략과제는 다음과 같다. 1) 재무건전성 강화, 2) 품질/안전/원가혁신 강화, 3) 전사적 리스크 관리 강화, 4) 도시재생사업 추진, 5) 지역 맞춤형 사업 전개, 6) 미래 신규 사업 발굴, 7) 신도시 활성화, 8) 지역 맞춤형 일자리 창출, 9) 지역사회공헌 사업전개, 10) 경영혁신활동 전개, 11) 내부전문성 강화, 12) 지속가능경영체계 구축 등이다.

8 경상남도

(1) 개요

경상남도의 경우 총 37개의 지방공기업이 운영되고 있다. 이 중 경상남도에서 운영하는 광역 지방공기업은 총 1개 기관이며, 지방자치단체에서 운영하는 기초 지방공기업은 36개로 조사되고 있다. 경상남도에서 운영하는 광역지방공기업은 경남개발공사이며, 지방자치단체에서 운영하는 기초 지방공기업은 직영기업 26개, 지방공사 4개, 지방공단 6개 기관 등 총 36개 지방공기업이 운영되고 있다. 26개 기초 직영기업은 경상남도 내 지방자치단체에서 운영하고 있는 상·하수도 사업을 말하며, 자치단체에서 운영하는 지방공사는 4개 기관으로 함안지방공사, 거제해양관광개발공사, 김해시도시개발공사, 통영관광개발공사를 말한다. 지방공단은 사천시시설관리공단, 밀양시시설관리공단, 창녕군시설관리공단, 창원시설공단, 양산시시설관리공단, 창원경륜공단 등 6개 기관을 말하며, 경상남도 광역 지방공사인 경남개발공사의 운영현황은 다음과 같다.

(2) 경남개발공사

경남개발공사는 「지방공기업법」, 「경남개발공사설치조례」를 근거로 1996년 설립하였으며, 2013년 경상남도개발공사에서 "경남개발공사"로 사명을 변경하여 현재까지 운영 중에 있다. 공사의 규정상 정원은 102명(임원 2명, 직원 100명)이며, 직원의 직급은 2급부터 7급까지로 구분되어 있고 직렬은 사무직, 기술직, 사무직+기술직 등으로 구분되어 있다. 조직현황은 2실, 10팀, 2관, 2PM(2019.1.4. 기준)이며, 주요 기능으로는 지역개발사업과 해외 투자개발사업 등을 통하여 도민의 복지향상과 지역사회 발전에 이바지할 목적으로 「지방공기업법」 및 「지방자치법」에 따라 경상남도가 전액 출자하여 설립된 지방공기업이다. 공사는 설립목적 달성을 위해 경영철학을 수립하고 있으며, 미션과 비전을 달성하기 위해 전략과 5대 경영방침을 설정하여 업무를 추진하고 있다. 공사의 미션 및 전략은 다음과 같다.

〈별표 2-2-29〉 미션 및 전략

구분	미션 및 전략				
미션	우리는 도민이 행복한 경남발전을 선도한다.				
비전	"새로운 경남" 건설을 통한 경남의 미래가치 창출				
전략	위기극복 생존경영	지속가능 사업물량 확보	GNDC形 사회적 가치 실현	청렴기반 조직문화 구축	
5대 경영방침	혁신경영	투명경영	섬김경영	창조경영	안정경영

자료: http://www.gndc.co.kr/

공사는 전략을 달성하기 위해 13개의 과제를 선정하여 추진하고 있으며, 전략의 세부 과제는 다음과 같다. 첫째, 위기극복 생존경영의 과제는 1) 미분양 물건 매각을 통한 재무성과 개선, 2) 통합 리스크 관리체계 강화, 3) 원가절감 요인 발굴 등 3개 과제이며, 둘째, 지속가능 사업물량 확보의 과제는 1) 신규발굴사업 확정, 2) 경남 관광산업 실행, 3) 도시재생·신재생에너지사업 가시화 등 3개 과제이다. 셋째, GNDC形 사회적 가치 실현의 과제는 1) 민·관·공 사회적 가치 창출, 2) 지역맞춤형 사회공헌활동 시행, 3) 안전우선 문화 조성, 4) 서민 주거복지 실현 등 4개 과제이며, 넷째, 청렴기반 조직문화 구축의 과제는 1) 반부패·윤리문화 정착, 2) 역량강화를 통한 인재육성, 3) 존중과 섬김의 소통하는 조직문화 확대 등 3개 과제이다.

9 제주특별자치도

(1) 개요

제주특별자치도의 경우 총 5개 지방공기업이 운영되고 있다. 직영기업은 제주특별자치도 상수도와 하수도 사업이며, 지방공사는 제주특별자치도개발공사, 제주에너지공사, 제주관광공사 등 3개 기관이 운영되고 있다. 제주특별자치도의 지방공사인 제주특별자치도개발공사의 운영현황은 다음과 같다.

(2) 제주특별자치도개발공사

제주특별자치도개발공사는 「지방공기업법」 및 「제주특별자치도개발공사설치조례」를 근거로 1995년 "제주도지방개발공사"로 설립하였으며, 2007년 "제주특별자치도개발공사"로 사명을 개정하여 현재까지 운영 중에 있다. 해당 기관의 규정상 정원은 2019년 기준 865명이고 임원은 5명이며, 직원은 860명이다. 직원의 직급은 1급부터 7급까지로 구분되어 있으며, 직렬은 일반직과 특수직으로 구성되어 있다. 일반직은 행정직, 영업직, 생산직, 연구직을 말하며, 특수직은 검사직, 경리직, 경비직, 미화직을 말한다. 2020년 정원은 정관상 929명으로 예정되어 있다(2019.3.27. 기준). 조직현황은 2실, 10팀, 2관, 2PM(2019.1.4. 기준)이며, 제주특별자치도개발공사의 주요기능은 지방공기업법에 따른 주택사업, 개발사업, 「제주특별자치도 설치 및 국제자유도시 조성을 위한 특별법」에 의한 먹는 샘물과 지하수를 기반으로 하는 부대사업, 감귤 등 농산물의 가공 사업을 위한 감귤복합처리가공단지 조성 및 운영, 호접란 사업 등 제주농산물 수출사업에 따른 현지 농장운영 및 유통판매사업, 제주의 물과 농산물을 활용한 음료, 수류 등 사업을 주요 기능으로 하고 있다. 공사는 설립목적 달성을 위해 미션 및 비전을 수립하고 있으며, 미션과 비전을 달성하기 위해 핵심가치 및 전략방향을 설정하여 업무를 추진하고 있다. 공사의 미션 및 경영목표는 다음과 같다.

<별표 2-2-30> 미션 및 경영목표

구분	미션 및 경영목표			
미션	우리는 제주 자원으로 가치를 창출하여 도민에 기여한다.			
2025비전	제주의 미래를 선도하는 행복파트너			
2025 경영목표	사업	미래	고객	내부역량
	매출액 4,160억	신사업매출비중 11%	JPDC CSI 91.5점	경영평가 '가' 등급
핵심가치	혁신 · 성장	안전 · 환경		신뢰 · 상생
전략방향	사업구조 고도화	미래성장 역량강화	사회적 가치 실현선도	혁신적 경영관리체계 구축

자료: http://www.jpdc.co.kr/

2025년 경영목표에서는 2025년까지 매출액, 신사업매출비중, CSI, 경영평가 등에서 공사가 목표로 하는 수치를 계량화하여 설정하였다. 공사는 전략방향을 달성하기 위해 12개의 과제를 선정하여 추진하고 있으며, 전략방향의 과제는 다음과 같다. 첫째, 사업구조 고도화의 전략과제는 1) 먹는 샘물 시장 지배력 확대, 2) 개발사업 추진력 강화, 3) 감귤 가공 및 음료 사업 효율화 등 3개 과제이며, 둘째, 미래성장 역량강화의 전략과제는 1) 제주자원 가치증진 사업 추진강화, 2) 미래성장동력 발굴, 3) R&D 경쟁력 강화 등 3개 과제이다. 셋째, 사회적 가치실현 선도의 전략과제는 1) 안전 및 환경관리 체계 확립, 2) 사회적 책임 및 윤리경영 강화, 3) 고객만족 및 상생협력 생태계 조성 등 3개 과제이며, 넷째, 혁신적 경영관리체계 구축의 전략과제는 1) 조직체계 및 인사제도 혁신, 2) 일하는 방식 및 업무시스템 혁신, 3) 리스크 관리 체계 정립 등 3개 과제이다. 제주특별자치도개발공사는 미션과 비전을 달성하기 위해 중장기 경영목표와 당해 연도 경영방침 및 경영목표를 별도로 수립하여 관리하고 있다.

제3장

지방공기업 운영기준

제3장 목차

제1절 조직 및 인력 운영기준　　87
1. 개요
2. 조직 설치기준
3. 인력 배치기준
4. 조직현황
5. 조직규정

제2절 인사 운영기준　　105
1. 총칙
2. 임원의 인사
3. 직원의 인사

제3절 보수 운영기준　　111
1. 보수체계
2. 연봉제
3. 호봉제
4. 퇴직제도
5. 기타수당 등 운영

제4절 예산 편성기준　　119
1. 예산의 개념
2. 예산 체계
3. 예산 편성근거
4. 예산 편성원칙
5. 예산 편성절차
6. 예산 운영기준
7. 과목구조 및 과목해소
8. 예산서 작성

제1절 조직 및 인력 운영기준

1. 개요

1 조직의 정의

지방공기업은 해당 기관의 목적을 수행하기 위해 다양한 업무를 수행하고 있으며, 기관의 목적달성을 위해 추진하는 사업이 효율적으로 운영되기 위해서는 해당 업무(業務)를 수행할 기구(機構) 또는 조직(組織)이 필요할 것이다. 이러한 기구 또는 조직은 다양한 분야에서 필요한 기능일 것이며, 지방공기업 또한 사업의 효율적 수행을 위해 조직(organization)은 반드시 필요한 기능일 것이다. 조직의 정의에 대한 학자별 정의는 다음과 같다. '조직'이란 일정한 환경에서 특정 목적을 달성하기 위하여 다수의 개인 또는 집단이 업무를 배분하고, 그 분담된 역할이 전체로서 통일된 협동 관계로 기능을 발휘할 수 있도록 인위적으로 만들어진 틀 혹은 체계를 말한다. 즉, 둘 이상의 인간이 공동의 목적을 달성하기 위하여 규칙과 규정에 따라 서로의 역할을 분담하여 의도적으로 형성된 개인들의 집합 시스템이라 할 수 있다(정동열, 2008). 조직은 인간들이 협동하여 능률적으로 일할 수 있도록 하는 메커니즘(mechanism) 또는 구조(structure)라고 할 수 있다. 조직은 수행해야 할 일을 명시하고 집단화(集團化)하며, 책임과 권한을 규정하고 위임하며, 소기의 목적을 달성하기 위해 구성원들이 가장 효과적으로 협조하며, 일할 수 있도록 직무관계(working relationship)를 설정하는 등의 과정(process)이라고 할 수 있다(이상효, 2001). 이처럼 '조직'에 대한 정의는 다양하며, 조직은 공동의 목적과 다수의 개인, 직무의 분화와 조정, 권한과 책임 등과 같은 다양한 요소들이 상호작용하는 속성을 가지고 있다. '조직도(organization chart)'는 어느 특정 시점에서의 조직구조 윤곽을 나타내고 각 행정(경영)관리자의 직위 및 각 부서의 책임자를 라인계통으로 연결하여 체계화한 것을 말하며, 최상위직부터 최하위직까지의 소통(명령)계통을 나타내는 것이라 할 수 있을 것이다.

2 지방공기업의 조직

지방자치단체는 대통령령인 「지방자치단체의 행정기구 및 정원 기준 등에 관한 규정」을 근거로 지방자치단체에 필요한 행정기구의 조직과 지방공무원 정원을 관리 운영하고 있다. 동 규정 제3조(기구와 정원의 관리목표)에서는 지방자치단체의 행정기구와 지방공무원의 정원 관리에 필요한 기준을 규정하고 있으며, 관리기준은 다음과 같다.

지방자치단체 행정기구와 지방공무원의 관리기준(제3조 1항)
1. 소관 행정사무를 효율적으로 수행할 수 있도록 지역 여건·업무의 성질과 양 등에 따라 정원을 적정하게 관리하여야 한다. 2. 지방행정기관의 조직은 서로 기능상의 중복이 없도록 하여야 하며, 종합적이고 체계적으로 편성하여야 한다. 3. 지방행정기관의 기능과 업무량이 변경될 경우에는 그에 따라 지방행정기관의 조직과 정원도 조정하여야 한다.

동 규정 제2장에서는 시·도의 기구, 제3장에서는 시·군·구의 기구에 대한 설치기준을 정하고 있으며, 설치기준의 세부 내용은 다음과 같다. 「지방자치단체의 행정기구 및 정원 기준 등에 관한 규정」〔별표1〕에서는 시·도의 실·국·본부 설치기준(제9조 제1항 관련)에 대해 규정하고 있으며, 서울특별시, 광역시, 세종특별자치시, 도(道) 등의 실·국·본부의 수를 정하는 기준을 인구로 정하고 있다. 이 기준은 시·군·구도 동일하다. 〔별표3〕 시·군·구의 기구설치 및 직급 기준에서는 시·군·구의 실·국의 수를 정하고 있다.

〈별표 3-1-1〉 시·도의 실·국·본부 설치기준

구분		실·국·본부의 수
서울특별시		16개 이상 18개 이하
광역시	인구 350만 이상 400만 미만	14개 이상 16개 이하
	인구 300만 이상 350만 미만	13개 이상 15개 이하
	인구 250만 이상 300만 미만	12개 이상 14개 이하
	인구 200만 이상 250만 미만	11개 이상 13개 이하
	인구 200만 미만	10개 이상 12개 이하
세종특별자치시		6개 이상
도(道)	경기도	20개 이상 22개 이하
	인구 300만 이상 400만 미만	11개 이상 13개 이하
	인구 200만 이상 300만 미만	10개 이상 12개 이하
	인구 100만 이상 200만 미만	9개 이상 11개 이하

〈별표 3-1-2〉 시·군·구의 기구설치 및 직급기준

구분		실·국의 수
시(市)	인구 10만 미만	1개 이상 3개 이하
	인구 10만 이상 15만 미만	1개 이상 3개 이하
	인구 10만 이상 15만 미만(법 제7조 제2항 제1호에 따른 도농복합형태의 시)	2개 이상 4개 이하
	인구 15만 이상 20만 미만	2개 이상 4개 이하
	인구 20만 이상 30만 미만	3개 이상 5개 이하
	인구 30만 이상 50만 미만	4개 이상 6개 이하
	인구 50만 이상(구를 설치하지 않은 시)	5개 이상 7개 이하
	인구 50만 이상 70만 미만(구를 설치한 시)	3개 이상 5개 이하
	인구 70만 이상 90만 미만(구를 설치한 시)	4개 이상 6개 이하
	인구 90만 이상 100만 미만(구를 설치한 시)	5개 이상 7개 이하
	인구 100만 이상 120만 미만(구를 설치한 시)	6개 이상 8개 이하
	인구 120만 이상(구를 설치한 시)	7개 이상 9개 이하
군(郡)	인구 15만 미만	1개 이상 3개 이하
	인구 15만 이상 20만 미만	2개 이상 4개 이하
	인구 20만 이상	3개 이상 5개 이하
구(區)	특별시의 자치구	4개 이상 6개 이하
	광역시의 자치구 인구 10만 미만	1개 이상 3개 이하
	광역시의 자치구 인구 10만 이상 30만 미만	2개 이상 4개 이하
	광역시의 자치구 인구 30만 이상 50만 미만	3개 이상 5개 이하
	광역시의 자치구 인구 50만 이상	4개 이상 6개 이하

자료: 「지방자치단체의 행정기구 및 정원 기준 등에 관한 규정」,(시행 2013.12.12.)

광역시 자치구의 경우 인구 10만 미만일 경우 실·국은 1개 이상 3개 이하로 정하여 운영하고, 서울특별시 25개 자치구는 4개 이상 6개 이하로 실·국을 운영할 수 있다.

서울특별시 서초구청의 행정조직도는 2담당관 6국으로 조직이 구성되어 구 행정을 관리하고 있다. 인천광역시 미추홀구의 경우 인구수는 2020년 4월 기준 406,690명으로 자치안전행정국, 문화경제국, 복지환경국, 건설교통국, 도시재생국 등 5국으로 운영되고 있다.

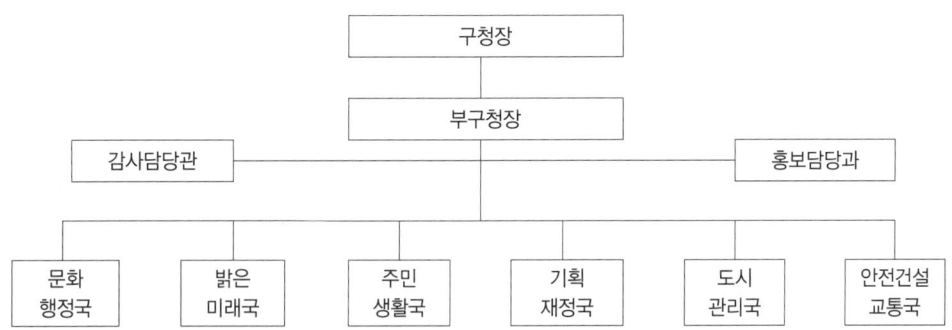

자료: https://www.seocho.go.kr/ | 기준: 2020.09.30

〈그림 3-1-1〉 서울특별시 서초구청 행정조직도

동 규정 제5조(기구의 설치 시 고려사항) 2항에서는 '지방자치단체는 위탁이 가능한 사무나 지방공사·지방공단·지방자치단체조합이나 행정협의회의 설립을 통하여 보다 효율적으로 추진할 수 있는 사무에 대하여는 기구를 설치하여서는 아니 된다.'고 정하고 있어 지방자치단체에서 지방공기업에 위임한 사무에 대해서는 기구를 설치하지 않도록 정하고 있다. 지방공기업은 지방자치단체의 사무를 위탁하며, 사무 위탁 시 지방공기업에서 필요한 기구 또는 조직을 구성하여 사무를 수행하게 되는 것이다. 지방공기업에서는 지방자치단체와 공공기관에서 위탁하는 다양한 사업을 관리·운영하게 되며, 위탁받은 사업을 관리·운영하기 위해서는 관리·운영에 필요한 조직을 구성하여 업무를 수행하게 된다. '지방공기업에서의 조직'이라 함은 사업 운영에 필요한 조직을 의미하며, 이러한 조직을 구성하여 운영하기 위해서는 조직 구성에 필요한 절차와 규정 등의 기준을 갖추어야 한다. 지방공사와 공단은 「지방공기업법 시행령」 제48조(정관기재사항)에서 '법 제56조 제1항 제12호에서 기타 대통령령이 정하는 사항이라 함은 공사(공단)의 조직 및 정원에 관한 사항을 말한다.'고 규정하고 있다. 지방공사 및 공단에서는 해당 기관의 정관에서 조직과 정원을 정하도록 규정하고 있다. 정관에서 정하지 않을 경우 직제규정 등에서 기준을 정하고 직제규정 등에서 정한 기준을 통용하도록 규정하게 되며, 직제규정에서 조직을 정하도록 규정하고 있을 경우 직제규정에서는 조직과 관련된 기준을 정하여 규정하게 된다. 직제규정 제1조(목적)에서는 'ㅇㅇ공사(공단)의 조직 및 사무 분장에 관한 사항을 규정함을 목적으로 한다.' 또는 'ㅇㅇ공사(공단)의 직제운영(직제에 관한)에 필요한 사항을 정함으로써' 등으로 직제규정의 목적을 공통적으로 정하고 있다. 또한, 직제규정 내 "기구", "직위·직급", "정원" 등 3개의 규정을 한 개의 장으로 구분하여 공통적으로 정하고 있다. 첫째, "기구"는 해당 지방공기업의 조직에 대한 구분을 말한다. 예를 들어 ○○공사(공단)에는 '본부 아래 하부조직으로 구민체육센터팀, 교통팀을 둔다.' 등으로 해당 지방공기업의 조직에 대한 기준을 정하게 된다. 둘째, "직위·직급"에서는 기구에서 정하고 있는 본부, 실, 처, 부, 팀 등의 조직의 장을 보할 수 있는 기준을 정하며, 셋째, "정원"에서는 기구에서 정하고 있는 조직에서 업무를 담당할 인력에 대한 기준인 해당 기관의 정원에 대한 기준을 정하게 된다. 직제규정 내에서 조직으로 구분하고 있는 "기구", "직위·직급", "정원"의 변경은 통상적으로 해당 지방공기업을 설립한 지방자치단체의 승인을 통해 개정할 수 있도록 정해져 있다.

지방공기업 중 서울시설공단의 경우 해당 공단의 조직과 관련된 규정은 정관 및 직제규정, 동 규정시행규칙에 명시되어 있다. 서울시설공단의 정관 제1조(목적)은 '서울시설공단은「지방공기업법」(이하 "법"이라 한다)과「서울특별시 서울시설공단 설립 및 운영에 관한 조례」가 정하는 바에 의하여 서울특별시장(이하 "시장"이라 한다)이 지정하는 시설물을 효율적으로 관리 운영함으로써 시민의 복리 증진에 기여함을 목적으로 한다.'고 규정하고 있다. 서울시설공단 정관 제22조(조직 및 정원)에서는 '공단의 조직은 [별표1], 정원은 [별표2]와 같으며, 조직 및 정원에 관한 세부적인 사항은 직제규정으로 정한다.'고 규정하고 있다. [별표1]에서는 서울시설공단의 기구에 대한 기구표로 경영전략본부, 복지경제본부, 문화체육본부, 도로관리본부, 시설안전본부, 교통사업본부 등 6개 본부로 규정되어 있다. [별표2]에서는 공단의 임원 및 일반직 정원에 관해 규정하고 있으며, 공단의 정원 내 인력은 2,757명으로 정하여 운영하고 있다. 공단의 직제규정에서는 조직과 관련된 조항은 제3장 조직 중 제12조(기구), 제13조(직위), 제14조(정원), 제15조(직무분장) 등에서 규정하고 있다. 조직과 관련한 정관 및 규정을 제정 및 개정하기 위해서는 정관 제24조(의결사항)제3호에서는 '이사회의 의결을 거쳐야 한다.'고 규정하고 있다. 직제규정[별표3]에서는 부서별 업무분장에 대해 규정하고 있으며, 공단의 체육시설은 서울월드컵경기장 운영처 및 돔 경기장 운영처에서 담당하고 있다. 서울월드컵경기장운영처의 업무는 서울월드컵경기장 및 장충체육관 시설 사용허가 및 사용료 징수 관련 업무, 서울월드컵경기장 및 장충체육관 각종 시설 운영에 관한 사항, 각종 행사유치 및 시설운영 관련 업무, 수목 및 잔디관리 등 조경 관련 업무 등이 업무분장으로 정해져 있다. 이렇듯 지방공기업은 해당 지방공기업의 규정을 근거로 지방자치단체에서 수탁받은 시설관리 및 업무를 수행하게 된다. 행정안전부에서는 지방공기업의 합리적인 조직 및 인력 배치를 위해「지방공기업 설립·운영기준」을 마련하여 이를 기준으로 지방공기업에서 이행하도록 추진하고 있다.

2. 조직 설치기준

1 조직 설치기준

「지방공기업 설립·운영 기준」에서는 지방공기업의 조직 설치기준에 대하여 정하고 있으며, 그 내용은 다음과 같다. 지방공기업에서의 "본부"는 처·실·부 등 명칭에 관계없이 유사 성격의 수개의 부서(팀 또는 과) 간 업무조정, 총괄기능 등을 수행하는 실무조직이라 하고, 본부 기능은 해당 지방공기업의 정원을 기준으로 설치 가능하다고 규정하고 있다. 본부 설치기준은 해당 지방공기업의 규정상 정원이 51명 이상인 경우에 한하여 설치 가능하도록 규정하고 있다.

「정선군 시설관리공단 설립 및 운영 조례」 제7조(임원) 1항에서는 '공단의 임원은 이사장을 포함한 이사(상임이사와 비상임이사로 구분한다) 및 감사로 하며, 그 수는 정관으로 정한다.'고 규정하고 있다. 동 조례 제16조(직원의 임면)에서는 '공단의 직원은 정관이 정하는 바에 의하여 이사장이 임면한다.'고 정하고 있으며, 「정선군시설관리공단 정관」 제10조와 제14조에서는 공단의 임원 및 정원에 대해 규정하고 있다. 제10조(임원) 1항에서는 '공단의 임원은 이사장을 포함한 11인 이내의 비상임이사와 1인의 감사를 둔다.'고 규정하고 있으며, 제14조(조직 및 정원)에서는 '공단의 조직 및 정원에 관한 사항은 직제규정으로 정한다.'고 규정하고 있다. 정관에서 정하고 있는 근거를 기준으로 살펴보면 「정선군시설관리공단 규정」 중 직제규정 제13조(정원) 1항에서는 '공단의 정원은 [별표2]와 같다.'고 규정하고 있으며, 정원은 63명으로 정하고 있다. 「정선군시설관리공단 정관」 제10조(임원) 1항에서 규정하고 있는 '공단의 임원은 이사장을 포함한 11인 이내의 비상임이사와 1인의 감사를 둔다.'고 규정하고 있어 상임이사(본부장) 없이 이사장 1인으로 운영되고 있다.

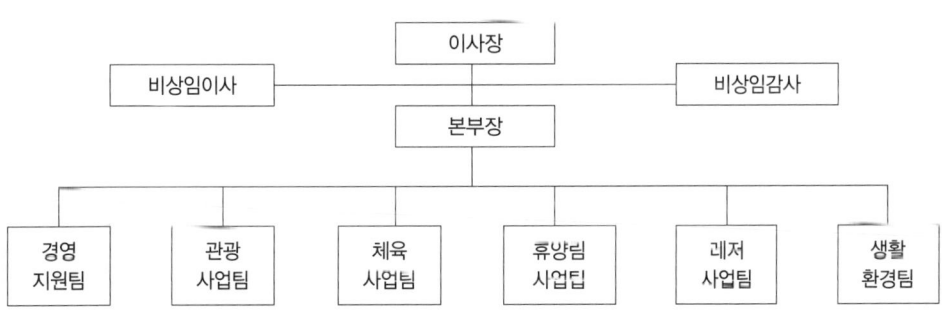

자료: http://www.jsimc.or.kr/

〈그림 3-1-2〉 정선군시설관리공단 기구표

정선군시설관리공단은 1본부 6팀으로 구성하여 정선종합경기장, 정선국민체육센터, 임계농민문화체육센터, 고한·사북생활체육공원 도사곡 휴양림, 고한 모노레일, 타임캡슐공원, 아라리촌, 회동솔향야영장, 동강전망자연휴양림, 정선군생태체험학습장, 자가발전모노레일, 읍면 종합복지회관 등의 목욕탕, 정선군 하늘공원, 정선군 사북 장례식장, 쓰레기종량제규격봉투 등 군에서 위탁받은 다양한 사업을 수행하고 있다 (2020.9.30. 기준). 본부가 복수로 설치될 수 있는 경우는 해당 지방공기업의 정원이 151명 이상이며, 이질적인 복수사업을 수행하는 경우에 한하여 설치할 수 있도록 정하고 있다.

경기도 광주시 광주도시관리공사(이하 "공사"라 한다)의 경우 정관 제27조(임직원 및 하부조직) 1항에서는 '공사에 사장을 포함한 8인 이내의 이사와 1인의 감사를 둔다. 2항에서는 '공사의 조직은 [별표1]과 같으며, 그 세부내용은 직제규정으로 정한다.'고 정하고 있으며, 제28조(정원) 1항에서는 '임원 및 일반직 직원의 정원은 [별표2]와 같다.'고 규정하고 있다. [별표2] 정원표에서 정하고 있는 공사의 정원은 226명이며, 이를 기준으로 [별표1]의 기구표에서는 2본부 4처로 조직이 구성되어 있다(2020.9.30. 기준).

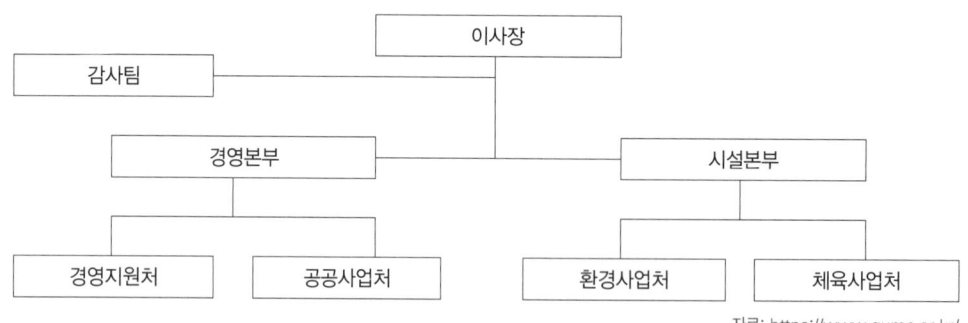

〈그림 3-1-3〉 광주도시관리공사 기구표

공사의 정관[별표2]에서 정하고 있는 정원 중 임원은 2명이고(사장 1명, 상임이사 1명) 직원은 224명이다. 지방공기업은 「지방공기업법」, 지방자치단체 조례 및 정관 또는 「지방공기업 설립·운영기준」에서 정하고 있는 기준과 직제규정에서 정하고 있는 사업의 범위와 정원(定員) 등을 근거로 하여 조직을 구성하고 사업수행을 위한 사무(업무)를 분장하게 된다. 「지방공기업 설립·운영기준」에서는 지방공기업 상임이사는 가급적 본부장에 보하여 최고실무자 역할을 부여하여 업무를 수행하도록 하고 있으며, 이러한 본부기능을 수행하는 조직 중 특정업무(홍보, 기획, 감사 등)는 본부에 속하지 않고 사장(이사장) 직속으로 설치가 가능하도록 정하고 있다.

또한, 상임감사를 두는 지방공기업의 경우 상임감사 산하에 감사부서를 설치할 수 있도록 정하고 있다.

업무의 규모 및 소속인력 등을 고려하여 본부 또는 팀 급의 사업소 설치가 가능하며, 내부조직 및 운영방법은 본부 또는 팀 운영방식으로 활용하도록 하고 있다.

2 조직진단

(1) 개요

조직진단에 대한 정의는 다양하며, 주요 학자들의 학문적 정의는 다음과 같다. Harrison & Shirom (1999)은 조직진단(Organizational diagnosis)이란 '조직의 현재 상태를 점검하고 당면한 문제점 해결 또는 조직효과성 증대를 위한 방안을 모색하기 위하여 행태과학(behavioral science)의 개념, 모형 및 방법을 사용하는 조사'라고 정의하였으며, Howard (1994)는 '사회체제로서 조직이 기능을 수행하는 방법에 대한 자료를 수집하고 자료의 의미를 분석하는 체계적 방법이다.'라고 정의했다. 조직진단은 현재의 상태를 점검하고 불합리하거나 개선되어야 하는 문제를 찾아 개선할 수 있는 방안을 찾는 행위로 해석할 수 있을 것이다. 지방공기업의 조직진단과 관련해서는 행정안전부에서 그 기준을 정하고 있으며, 「지방공기업 설립·운영기준」(행정안전부, 2017.12)에서는 지방공기업에 대해 정기적인 조직 및 인력에 대한 진단을 실시하도록 기준을 정하고 있다. 조직진단과 관련한 기준은 조직·인력 진단 시에는 Zero-Base에서 해당 지방공기업의 조직 및 인력규모를 판단하여 비대화되는 것을 억제하도록 하고 있으며, 정원의 과다 산정, 정원 외의 편법적 인력운영실태 등을 분석하여 조정하고 조직진단결과에 따라 기능개편, 업무프로세스 개선, 불필요한 인력을 감축하는 등 조직과 인력 운영의 효율화를 추구하도록 하고 있다. 또한, 결재권한의 적정성을 분석하여 일상적 업무보고는 과감히 위임할 수 있도록 지침을 마련하는 등 인력 및 조직 관리의 효율성을 유지하기 위해 지방공기업별 조직 및 인력진단을 정기적으로 추진토록 지침을 마련하고 있다.

(2) 조직진단 항목

「지방공기업 설립·운영기준」에서는 지방공기업의 조직진단 실시 기준을 2가지로 구분하고 있다. 지방공기업 주관 진단은 조직 또는 정원 조정이 필요한 경우에 실시하고 지방자치단체 주관 조직진단은 3년 주기로 실시하도록 명시하여 해당 지방공기업에서 시행하는 조직진단과 지방자치단체에서 시행하는 조직진단을 이원화하여 추진하도록 정하고 있다.

지방공기업의 설립 지방자치단체에서는 이 기준에 의거 3년 주기로 설립한 지방공기업에 대한 조직진단을 실시하여야 한다. 조직진단은 지방공기업의 인력규모 비대화를 억제하기 위한 수단으로 정원의 증원(가) 시 그에 상응하는 사유가 있지 않을 경우 지방공기업은 많은 불이익을 감수해야 한다. 정원의 증원(가)은 신규 사업 수탁 등의 경우로 한정되며, 이 또한 신규 사업 수탁에 대한 타당성 검토 결과를 기준으로 정원을 증원하여야 한다. 조직진단 업무 수행은 해당분야의 전문가로 구성되어 있는 전문성 있는 업체를 선정하여 객관적 측면에서 조직·인력 규모를 산정하고 해당 지방공기업 운영에 반영하여야 하며, 조직진단을 실시한 해당 지방공기업에서는 조직진단 결과에 따라 기능 개편, 업무프로세스 개선, 불필요한 인력감축 등 조직·인력 운영 효율화를 위해 노력하도록 하고 있다. 지방공기업을 대상으로 하는 조직진단은 조직진단을 실시하는 기관에 따라 차이가 있을 것이다. 지방자치단체에서 추진하는 조직진단에서는 설립한 지방공기업의 운영효율성에 대한 점검이 우선될수 있을 것이며, 지방공기업에서는 효율적 조직운영 및 신규 사업 운영에 대한 부분이 우선시 될 수 있을 것이다. 이러한 시선의 차이는 관리적 측면과 운영적 측면의 차이일 수 있을 것이며, 조직진단 내용은 수행하는 기관의 형태와 기관의 상황에 따라 달라질 수 있을 것이다. 조직진단은 개요, 현황분석, 조직직무 및 환경 분석, 조직 재설계, 경영개선방안, 중장기발전계획, 요약 및 결론 등 다양한 범위를 기준으로 설정하여 수행할 수 있을 것이다. 조직진단은 수행하는 기관이 얻고자 하는 분석 값이 다르기 때문에 공통된 기준은 없을 것이다. 다만, 조직 및 인력, 사업운영 등에 필요한 문제점과 개선점을 찾는다는 공통점은 있는 것이다. 이러한 기준을 근거로 한 조직진단의 세부 내용은 다음과 같이 설명할 수 있을 것이다. 개요는 조직진단을 수행하는 기관의 연구용역 수행에 대한 일반적 현황에 대한 기준을 정하며, 현황분석에서는 조직진단 수행을 위한 기초적인 현황에 대한 분석이다. 조직·직무 및 환경 분석은 연구 용역 수행의 핵심인 조직에 대한 심층 분석을 위한 연구이며, 조직 재설계 및 경영개선방안은 심층 분석을 통한 문제해결을 위한 과제이다. 중·장기 발전계획과 요약 및 결론은 조직진단 기관의 발전방향과 개선되어야 할 전략 등이다.

〈별표 3-1-3〉 조직진단 세부내용

구분	세부내용
개요	목적, 범위, 내용, 방법, 체계, 추진일정
현황분석	일반현황, 조직구조와 인력분석, 직원 의식조사
조직·직무 및 환경 분석	조직현황, 조직분석, 직무분석 내·외부 환경 분석, 사업별 적정성 분석, 운영의 효율화 방안
조직 재설계	조직 및 인력운영, 기능진단과 조직 재설계
경영개선방안	사업, 인사, 고객만족 등
중장기발전계획	조직 및 사업에 대한 중장기 발전 방안 등
요약 및 결론	요약 및 결론

(3) 선정기준

지방공기업에서는 조직진단 연구용역 수행에 적합한 기관을 선정하여야 하며, 연구용역 수행 기관은 조직 진단 업무를 수행할 능력이 있어야 할 것이다. 조직진단 수행 기관 선정에 대한 근거는 특별히 정해진 것은 없으나 「지방공기업법」 제49조(설립) 4항에서 규정한 '제3항에 따른 타당성 검토는 전문 인력 및 조사·연구 능력 등 대통령령으로 정하는 요건을 갖춘 전문기관으로써 행정안전부장관이 지정·고시하는 기관에 의뢰하여 실시하여야 한다.'의 조항을 준용하면 될 것이다. 대통령령으로 정하는 요건을 갖춘 전문기관은 「지방공기업법시행령」 제47조(설립타당성 검토 등) 4항에서 정하고 있으며, 첫째, 사업타당성 검토 업무에 3년 이상 종사한 경력을 가진 사람 5명 이상과 5년 이상 종사한 경력을 가진 사람 2명 이상을 보유하고 있을 것. 둘째, 최근 3년 이내에 법 제3조에 따른 지방공기업 또는 「공공기관의 운영에 관한 법률」 제4조에 따른 공공기관(이하 "공기업"이라 한다)이나 지방재정 관련 연구용역 실적이 있는 기관을 전문 인력 및 조사연구 능력 등 대통령령으로 정하는 요건을 갖춘 전문기관으로 정하고 있다. 지방공기업에서는 법에서 정하고 있는 타당성 검토 기준을 준용하여 해당 기관의 조직진단 수행업체를 선정할 것이다. 용역 수행에 필요한 업체 선정은 나라장터(국가종합전자조달)[6]를 통해 해당 기관의 계약담당자(부서)에서 진행하게 되며, 조직진단연구용역의 경우 기관의 규모에 따라 용역비(사업비)는 달라질 것이다. 지방공기업에서는 업체 선정을 위해 입찰공고문, 과업지시서, 제안요청서를 작성하여 공고하고 기준에 충족하는 기관에서는 입찰에 참가하게 되는 것이다. 과업지시서는 과업개요, 과업내용, 과업의 추진, 과업의 일반지침, 보안대책 등으로 구분하여 작성하게 된다. 입찰공고문은 입찰에 부치는 사항, 입찰 참가 자격, 낙찰자 결정방법, 제안서 등 제출 구비서류, 입찰보증금 납부 및 귀속, 입찰의 무효, 청렴계약이행 준수, 근로자 권리보호 이행 서약서 제출, 기타사항 등으로 구분하여 계약에 필요한 세부사항에 대해 공지하게 된다. 제안요청서는 지방공기업에서 진행하는 입찰에 참여하려는 자에게 제안서를 요청하기 위해 지급하는 서류로서 「조달청 협상에 의한 계약 제안서평가 세부기준」에서는 다음과 같이 정의하고 있다. 「조달청 협상에 의한 계약 제안서 평가 세부기준」은 기획재정부 계약예규 「협상에 의한 계약체결기준」과 행정안전부 예규 「지방자치단체 입찰 시 낙찰자 결정기준」 제5장(협상에 의한 계약체결기준)에 따라 협상에 의한 계약방식으로 체결하는 물품·일반용역계약에서 조달청장이 제안서 평가를 집행하는 경우 필요한 세부사항을 징함을 목적으로 추진하기 위한 세부기준이다. 「조달청 협상에 의한 계약 제안서평가 세부기준」 제2조(정의)에서는 제안요청서와 제안서, 제안서 평가에 대한 정의를 다음과 같이 정하고 있다. "제안요청서"란 계약담당공무원이 협상에 의한 계약으로 진행하는 입찰에 참여하려는 자에게 제안서의 제출을 요청하기 위하여 지급하는 서류를 말하며, "제안서"란 협상에 의한 계약으로 진행하는 입찰에 참가하려는 자가 제안요청서 및 입찰공고에 따라 작성하여 계약담당공무원에게 제출하는 서류를 말한다. "제안서 평가"란 평가위원이 평가항목에 따라 제출된 제안서의 기술능력을 종합적으로 평가하는 것을 말한다.

---

6) 나라장터(KONEPS)는 국가종합전자조달시스템으로 모든 공공기관의 입찰정보가 공고되며, 조달업무 전 과정을 온라인으로 처리되는 시스템을 말한다(KONEPS, Korea ON-line e-Procurement System).

협상에 의한 계약과 제한경쟁입찰로 조직진단 및 기관의 직무분석 용역을 조달청에 의뢰할 경우 "과업지시서", "입찰공고문", "제안요청서" 순으로 다음과 같이 진행한다. "과업지시서"는 표지와 본문으로 구분할 수 있을 것이다. 표지에서는 수행해야 할 용역의 제목과 용역을 의뢰하는 기관의 명칭이 포함된다. 본문은 개요, 내용, 추진, 일반지침, 보안 등 입찰에 필요한 내용에 대해 구체적으로 작성하게 된다. 과업 개요에서는 과업의 기간을 정하며(계약일로부터 4개월 등), 해당 기간이 과업을 수행해야 하는 목적을 설명하게 된다. 과업 내용에서는 지방공기업이 추구하는 과업의 대상에 대해 상세히 기술하게 된다. 이를 기준으로 조직 및 직무분석에 대한 용역의 기준이 성립되는 것이다. 기타사항에서는 기본용역 업무 외 지방공기업이 요구하는 조직과 인사, 신규 사업, 또는 경영평가 지적사항 등 기관 운영에 필요한 요청 사업이 포함될 수 있다. 과업의 추진은 용역 수행에 대한 계약 체결 후 용역 종료 후 성과품 납품까지의 업무 추진에 대해 기준을 정하며, 기관에 따라 차이는 있을 수 있으나 착수보고 후 중간 및 최종 보고회 순으로 진행되게 된다. 최종 보고회까지 용역수행업체는 연구수행결과에 대해 지속적으로 지방공기업에 제공하며, 협의를 진행하게 된다. 용역성과품 납품은 중간 및 최종보고서 등 계약에 의한 성과품을 제출하면 된다.

〈별표 3-1-4〉 과업지시서 형식

구분		내용
표지		조직진단 및 직무분석 용역 과업지시서(제목), 기간(년 월), 수행기관명
본문	과업개요	과업명, 과업기간, 과업목적
	과업내용	총괄, 조직부문, 인력부문, 기타사항
	과업의 추진	착수보고, 중간보고회, 수시보고, 최종보고회, 용역성과품 납품
	과업지침	법규의 준수, 용역수행 이행조건, 보고서의 작성, 용역성과의 소유, 해약조건, 기타사항
	보안대책	보안각서, 보안관리 책임자지정, 기타 필요사항

"입찰공고문"은 공고번호, 공고내용, 공고일 및 입찰기관명 순으로 작성되어 공지된다. 공고문의 주요 공고내용은 ① 입찰에 부치는 사항, ② 입찰참가자격, ③ 낙찰자 결정 방법, ④ 제안서 등 제출 구비서류, ⑤ 입찰보증금 납부 및 귀속, ⑥ 입찰의 무효, ⑦ 청렴계약이행 준수, ⑧ 근로자 권리보호 이행서약서 제출, ⑨ 기타사항 등으로 공고하게 된다.

① 입찰에 부치는 사항은 기본 공고 내용에 대해 공지하고 과업내용, 입찰참가등록 및 제안서 제출에 대한 내용, 기술제안서 평가위원회 개최 일시 및 장소, 가격제안서 개찰 일시 및 장소 등 일정별 주요 공지사항에 대하여 공고한다.

〈별표 3-1-5〉 주요 공지사항

공고번호	용역명	설계가격(원)	용역기간
제0000-0000호	조직진단 및 직무분석	000,000,000	계약일로부터 4개월

② 입찰참가자격은 「지방자치단체를 당사자로 하는 계약에 관한 법률」과 시행령, 시행규칙 등에서 정하고 있는 입찰의 참가자격 및 입찰 참가자격 요건의 증명에 의한 입찰 참가 자격을 갖춘 업체로, 입찰 참가 등록 마감일 현재 부정당 업자의 입찰 참가자격 제한 및 부정당 업자의 입찰 참가자격 제한에 해당하지 않는 업체가 해당된다. 또한, 「지방공기업법시행령」 제47조(설립타당성 검토 등)에서 정하고 있는 기준에 대해 지방공기업의 실정에 맞게 입찰공고일 전일 기준 일정기간 및 일정금액 이상의 조직 및 인력진단 용역을 수행한 실적이 있는 업체로 실적증명서 제출이 가능한 업체와 공동수급의 허용여부 등에 대해 공고하게 된다. ③ 낙찰자 결정 방법(협상에 의한 계약 기준)은 기술 능력과 가격 평가점수 등 2개 평가항목의 합산점수에 대한 기준 점수를 정하고 기준 점수 이상 득점한 업체를 협상적격자로 선정한다. 협상 순서는 합산점수의 고득점 순에 따라 결정하며, 합산점수가 동일한 업체가 2개 이상일 경우에 대한 우선순위 선정과 종합평가의 기준이 되는 기술능력평가와 입찰가격평가의 비율을 정하여 공지하게 된다. 단, 가격제안서(입찰서)의 입찰가격이 예정가격을 초과하는 업체는 협상적격자에서 제외하며, 낙찰자 결정 및 가격협상 등 관련 세부사항은 「지방자치단체 입찰 시 낙찰자 결정 기준」(행정안전부 예규 제89호)에 의한다. 입찰참가업체가 1인이거나 협상적격자가 없는 경우 유찰된 것으로 처리하는 등 기준을 정한다. ④ 제안서 등 제출 구비서류는 입찰참가신청서, 가격제안서, 용역비 산출내역서, 제안서 등 기본서류와 제안서 및 제안요약서, 입찰참가신청서, 기업재무제표, 신용평가 등급, 조직진단 및 직무분석과 관련한 용역실적증명서, 기술인력 또는 사업 참여 인력 및 이력, 사업자 등록증 등의 서류를 제출하도록 공지한다. ⑤ 입찰보증금 납부 및 귀속에서는 입찰보증금은 지급각서 제출로 갈음하며, 낙찰자가 정당한 사유 없이 계약을 체결하지 않을 경우 등에 대한 제약 내용을 공지한다. ⑥ 입찰의 무효에서는 관련 법률에 따라 제안서와 가격입찰서를 동시에 제출하지 아니한 입찰은 무효처리 되며, ⑦ 청렴계약이행 준수 및 ⑧ 근로자 권리보호 이행서약서 제출하여야 하며, ⑨ 기타사항에서는 제안서의 제출 방법, 서류반환 유·무 등 요청사항과 입찰참가 및 계약 등의 유의 사항을 기관의 운영 현황에 맞는 내용을 공지하게 된다. 지방공기업 계약 담당자는 위의 내용을 작성하여 공고하여야 한다. 조직진단 및 직무분석 용역 "제안요청서"는 개요, 현황, 제안요청 내용, 참가자격, 제안서 작성안내, 용역업체 선정기준, 과업지시서, 기타유의사항 및 서식 등으로 구성하여 공지한다. 현황에서는 지방공기업의 조직과 정원, 정원 외 인력 등을 공지하고, 제안 요청 내용에서는 기관에서 요구하는 용역수행의 범위에 대해 상세히 기술하게 된다. 제안서 작성안내에서는 제안서 작성과 관련하여 제안서 작성지침, 구성 조건, 제출, 제안발표회 개최 일정 등에 대해 상세히 기술한다. 제안서 작성지침에서는 제안서 형식인 글씨체 및 크기 등 제안서 작성에 대한 세부 기준을 정하여 공지한다. 용역업체 선정기준에서는 업체선정 방법 및 근거, 참가자격, 선정방식, 평가 기준, 평가 세부 내용 등에 대해 상세히 기술하여 공지하게 된다. 또한, 제출 서류의 서식을 첨부하여 입찰에 참가하고자 하는 업체에서 사용할 수 있도록 한다. 첨부하는 서류는 입찰참가신청서, 가격제안서, 용역비 산출내역서, 업체 연혁 및 일반현황, 제안하는 회사의 경영

상태 현황(최근 2년), 용역실적증명서(조직진단 및 직무분석), 참여인력 명단 및 이력사항, 서약서 등이다.

3 공사·공단 조직변경

지방공기업 중 지방공사·공단 운영에 있어 공사는 공단으로 공단은 공사로 조직을 변경할 수 있다. 「지방공기업법」 제80조 제1항 '공사와 공단은 사업의 효율적 운영을 위하여 필요한 경우에는 청산절차를 거치지 아니하고 공사는 공단으로, 공단은 공사로 조직을 변경할 수 있다.'로 관련 조항을 2015년 12월에 신설하였다(시행일 2016.6.16.). 이를 근거로 지방공사와 공단은 사업운영 형태에 맞게 공사는 공단으로 공단은 공사로 변경할 수 있게 되었다. 단, 「지방공기업법」 제80조 제2항 '공사(단)의 사장(이사장)은 제1항에 따른 조직변경을 하려는 경우에는 조직변경에 관한 사항을 지방자치단체장의 승인을 거쳐 지방의회의 의결을 받아야 한다.'로 정의하고 있어 지방공사 및 공단의 사장(이사장)은 운영하고 있는 조직을 변경하기 위해서는 해당 지방자치단체의 장 및 해당 지방의회의 의결을 받아야 한다. 조직변경의 방법 및 절차에 대해서는 「지방공기업법 시행령」 제78조의2(조직변경의 방법 및 절차) 1항 '공사의 사장 또는 공단의 이사장은 법 제80조(공사와 공단의 조직변경) 제4항에 따라 채권자 등 이해관계자에게 조직변경 사실을 통보할 때에는 1개월 이상의 기간을 정하여 조직변경에 대하여 이의가 있으면 이를 제출할 것을 공고하고 알고 있는 채권자에 대해서는 따로따로 서면으로 통보하여야 한다. 이 경우 공고의 방식은 행정안전부장관이 정하는 바에 따라 인터넷 홈페이지 등에 게시하는 방법으로 한다.(개정 2017.7.26.)'로 정의하고 있다. 지방공사 및 지방공단의 조직을 변경하기 위해서는 위에서 설명한 바와 같으며, 이러한 법률의 신설은 지방자치단체별 지방공사·공단의 무분별한 설치를 예방하고 현 운영되는 지방공사·공단의 사업 확대 및 축소에 따른 조직변경을 추진할 수 있는 제도적 기반이 마련되었다는 데 의미가 있다고 할 수 있을 것이다. 전환사례로는 안양시설관리공단을 안양도시공사로 전환한 사례가 있으며, 안양시 도시주택과에서는 "안양도시공사 설립 적정성 연구용역" 수행 후 「안양도시공사 설립 및 운영 조례」 등을 제정하고 「안양도시공사 설립 및 운영 조례」 부칙에 따라 안양도시공사는 안양시시설관리공단에 속하는 모든 재산과 채권·채무, 고용관계, 그 밖의 권리·의무를 포괄 승계하도록 정하고 2019년 3월 8일 안양도시공사로 조직을 변경하여 출범하였다.

3. 인력 배치기준

1 임원

행정안전부에서는 지방공기업 임직원의 인력배치 기준을 임원과 직원으로 구분하여 그 기준을 정하고 있으며, 그 배치 기준은 다음과 같다. 사장을 포함한 상임이사의 경우 이사 정수의 50/100 미만으로 책정하며, 사장, 감사 및 이사(당연직 이사 제외)는 임원 공모 절차에 따라 임명하도록 정하고 있다. 사장(이사장)을 제외한 상임이사의 정수는 해당 지방공기업의 규정상(정관 기준) 정원을 기준으로 50명 이하일 경우에는 '0'명, 51~150명일 경우 1명, 151명부터 300명일 경우 2명, 301명~2,000명일 경우 3명, 2,001명 이상일 경우 4명으로 기준을 정하고 있다.

비상임이사의 경우에는 이사 정수의 50% 이상을 비상임이사로 임명하며, 비상임이사 중 당연직이사는 비상임이사의 1/3 이하로 운영하도록 정하고 있다(공무원 등 당연직 이사는 2명 이내로 제한). 상임감사의 경우 정원이 500명 이상 또는 최근 3년간 예산 및 연평균 매출액 1,000억 이상인 경우에 한해 설치할 수 있으며, 상임감사는 해당 지방공기업의 장이 임면하도록 정하고 있다. 비상임 감사는 외부 전문가로 임명하거나 지방자치단체 공무원(감사 부서의 장은 제외)이 겸임할 수 있으며, 지방공사(공단) 내 비상임 감사의 수는 1인으로 제한하고 있다. 이사회의 구성은 사장과 이사(상임, 비상임)로 구성하며, 이사회 의장은 당연직 비상임이사를 제외한 비상임이사 중에서 선임하되 전체 이사회 의결을 통해 선임하며, 의장의 신분과 관련된 사항은 감사가 소집하고 그 의장이 되도록 정하고 있다(「지방공기업 설립·운영기준」, 2016.12).

2 직원

부서 단위의 인력산정은 기본인력과 사업인력으로 합하여 산정하며, 부서운영을 위한 기본인력은 법정인력을 포함하여 최소 4명을 기준으로 하고 있다. "법정인력"이란 공공체육시설(종합체육시설) 운영에 필요한 전기, 기계, 고압가스 등 필수 자격증 소지자를 말한다. "사업인력"은 사업 운영에 필요한 최소인력을 말하며, 이러한 인력 운영에 있어 기관별 건전 경영 실현을 위한 최소인력 유지를 위해 지원부서 인력 비율은 정원의 30% 이내, 관리직의 비율은 성원의 20% 이내에서 관리되도록 정하고 있다. 관리직의 범위는 팀장 또는 과장급 이상 임직원을 말한다. 또한, 시설관리공단의 경우 관리·사무직과 현업직의 비율을 2:8 수준으로 관리하도록 정하고 있다. 현업직은 기술직, 기능직, 상용 인부 등을 말한다. 또한, 공사(공단)설립 시 또는 신규 사업 수탁에 의한 타당성 검토 등에서 제시된 인력보다 증원되지 않도록 하여야 한다.

4. 조직현황

1 지방 직영기업

「지방공기업법」에서는 지방 직영기업의 사업 운영 적용 범위를 일정 규모 이상의 수도 사업, 공업용 수도 사업, 궤도사업, 자동차운송사업, 지방 도로사업, 하수도사업, 주택사업, 토지개발사업 등으로 제한하고 있으며, 지방자치단체 중 서울특별시에서 운영하는 직영기업을 기준으로 조직현황을 살펴보면 아래와 같다. 서울특별시 상수도 사업본부의 경우 본부(本部) 및 산하사업소(傘下事業所)로 조직이 구성되어 있고 본부의 경우 상수도 사업 본부장과 부본부장으로 구성되어 있다. 본부 조직으로는 경영관리부, 요금관리부, 생산부, 급수부, 시설안전부 등 5개 "부"로 조직되어 있으며, 부의 업무는 다음과 같다. 경영관리부는 총무, 기획, 협력, 홍보, 행정운영, 인재육성과 등 6개 과로 운영되고 있고 요금관리부는 요금제도, 재무회계, 계측관리, 전산정보 등 4개 과로 운영되고 있다.

생산부는 생산관리, 수질, 기전설비, 기술진단과 등 4개 과, 급수부는 계획 설계, 배수, 급수운영, 급수설비과 등 4개 과, 시설안전부는 누수방지, 시설, 시설관리, 공간정보과 등 4개 과로 조직되어 상수도 사업본부의 본부 기능을 수행하고 있다. 또한, 부본부장 산하 안전총괄과를 별도로 운영하고 있으며, 본부는 산하 사업소의 유지관리에 필요한 지원기능의 업무를 담당하고 있다. 본부 아래 사업소는 서울물연구원과 수도사업소, 아리수정수센터 등의 조직을 구성하여 운영하고 있다. 서울물연구원 산하에는 수질분석부, 수도연구부, 미래전략 연구센터 등의 조직이 있으며, 수도사업소에는 중부·서부·동부·북부·강서·남부·강남·강동 등 8개소로 구분하고 있다. 아리수 정수센터는 광암·구의·뚝도·영등포·암사·강북 등 6개소를 운영하고 있으며, 서울특별시상수도는 2019년 말 기준 1본부(5부), 1연구원, 8사업소, 7센터(정수6, 자재1)로 조직이 구성되어 운영되고 있다. 시설안전부는 시설관리부로 부서명이 변경되어 운영되고 있다 (2020.9.30. 기준).

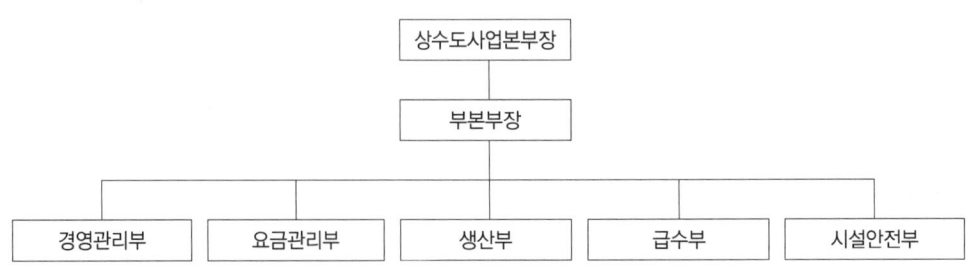

자료: 서울특별시 상수도사업본부(https://arisu.seoul.go.kr/)

〈그림 3-1-4〉 조직현황(상수도사업본부)

2 지방공사

서울특별시에서 관리·운영하고 있는 지방공사는 서울교통공사, 서울주택도시공사, 서울에너지공사, 서울시농수산식품공사 등 4개 기관이다. 4개 기관 중 기타공사로 구분되고 있는 서울시농수산식품공사의 설립조례는「서울특별시농수산식품공사 설립 및 운영에 관한 조례」로서 지난 1984년 4월에 설립하여 현재까지 운영되고 있다. 서울특별시농수산식품공사의 주요 기능 및 역할은 농수산물도매시장의 관리 및 운영, 친환경 학교급식 및 전자상거래, 식생활 교육 및 식문화보급 등에 관한 사업을 추진하고 있다. 서울특별시농수산식품공사의 조직현황을 보면 서울특별시 농수산식품공사 사장을 중심으로 2실, 4본부, 1지사, 1센터로 조직을 구성(2019.11.28. 개정)하여 운영하고 있으며, 본부 산하 조직은 1단, 27팀, 1소로 운영되고 있다. 별도의 조직으로는 감사 및 감사실이 있다.

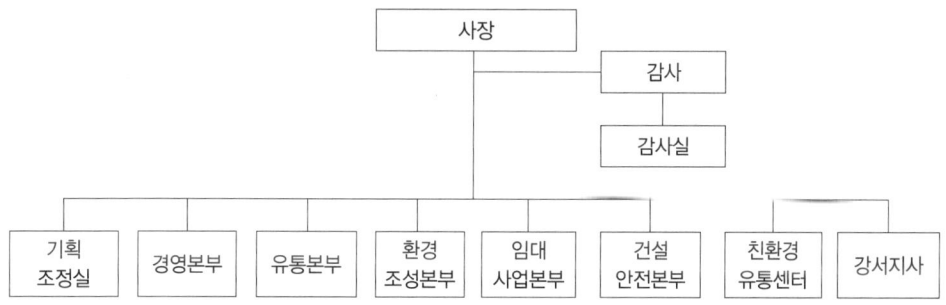

자료: 클린아이(http://www.cleaneye.go.kr)

〈그림 3-1-5〉 조직현황(서울특별시농수산식품공사)

3 지방공단

서울특별시에는 총 25개의 광역 및 기초 지방공단이 설립되어 운영되고 있으며, 서울특별시 산하 시설관리공단으로는 서울시설공단이 있다. 서울시설공단은 지난 1983년 9월에 창립되어 현재까지 운영되고 있으며, 서울시설공단의 운영근거는「서울특별시 서울시설공단 설립 및 운영에 관한 조례」이다. 주요기능 및 역할로는 서울시에 있는 지하도상가, 자동차전용도로관리 및 교통정보제공, 장애인콜택시, 청계천, 서울글로벌센터, 공공자전거, 도심지공사감독, 서울월드컵경기장, 장충체육관, 서남권 돔구장 등을 관리·운영하고 있다. 서울시설공단의 조직형태는 6본부 27처(실·원·장)로 구성되어 운영되고 있다(2020.1.1. 기준).

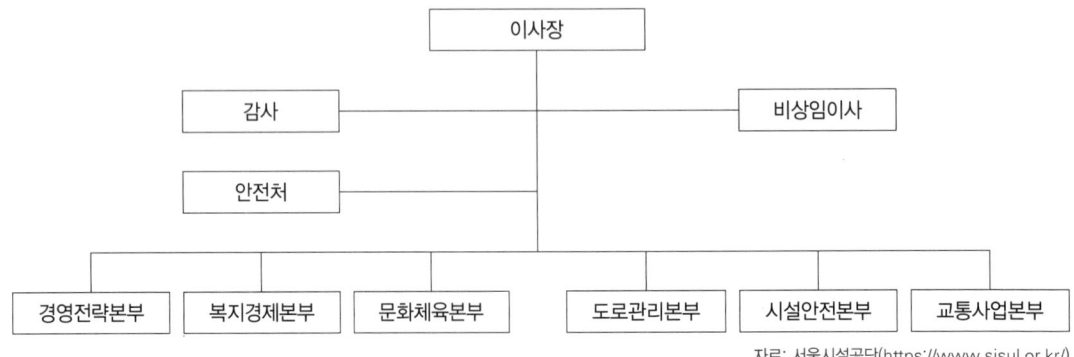

〈그림 3-1-6〉조직현황(서울시설공단)

 문화체육본부 산하 조직으로는 서울월드컵경기장운영처, 돔경기장운영처, 서울어린이대공원, 청계천관리처 등 3처 1공원으로 조직이 구성되어 있으며, 서울월드컵경기장운영처는 서울월드컵경기장 운영을 위한 운영팀, 시설팀, 조경팀 등 3개의 팀과 장충체육관 운영을 위한 장충체육관사업팀 등 4개의 팀을 구성하여 운영하고 있다.

5. 조직규정

 지방 직영기업, 지방공사, 지방공단 등 지방공기업은 해당 지방자치단체의 조례 등을 근거로 운영되고 있으며, 조례를 기준으로 정관 및 해당 기관의 운영규정을 제정하여 이를 근거로 사업을 수행하게 된다. 이러한 지방공기업들의 조직규정은 어떻게 구성되어 운영되고 있는지 서울특별시에 소재하고 있는 지방공기업을 대상으로 설명하고자 한다. 지방 직영기업은 서울특별시상수도사업본부, 지방공사는 서울특별시 농수산식품공사, 지방공단은 서울시설공단이다. 해당 기관들의 조직규정 구성 형태는 다음과 같다.

1 지방 직영기업

 지방 직영기업의 경우 해당 자치구의 설치조례를 기준으로 사업을 수행하고 있으며, 서울특별시 상수도사업본부는 「서울특별시 수도사업 설치조례」를 기준으로 사업을 수행한다. 해당 조례는 22개 조항으로 구성되어 있으며, 조례 내용 중 조직과 관련된 항목은 제4조와 제5조 조항으로서 제4조는 관리자 지정에 관한 내용이고 제5조는 조직관 관련된 내용으로 구성되어 있다. 제5조(관리자의 지정) 제1항에서는 '상수도

사업과 공업수용수도 사업경영을 위하여 관리자 1인을 둔다. 제2항에서는 관리자는 상수도사업본부장으로 한다.'로 정의하고 있어 서울특별시 상수도 사업본부장을 관리자로 정하는 것을 명문화하였다. 제5조(조직) 1항에서는 '하부조직에 관한 내용으로 관리자는 그 권한에 속하는 사항을 처리하기 위하여 정원의 범위 내에서 필요한 하부조직의 설치를 서울특별시장(이하, '시장'이라 한다)에게 건의할 수 있다.'로 정의하여 서울특별시 상수도사업본부의 하부 조직을 구성·운영할 수 있는 근거를 마련하였다.

2 지방공사

서울특별시 농수산식품공사(이하 '공사'라 한다)는 「서울특별시 농수산식품공사 설립 및 운영에 관한 조례」를 근거로 정관 및 내규를 정하여 운영되고 있다. 조례 제5조(정관) 제1항 제12호에서는 조직 및 정원에 관한사항은 공사의 정관에 기재하도록 규정하고 있다. 공사의 정관 제23조(조직 및 정원)에서는 '공사의 조직은 〔별표1〕, 정원은 〔별표2〕와 같으며, 조직 및 정원에 관한 세부적인 사항은 직제규정으로 정한다.'고 정하고 있다. 공사의 직제규정은 총칙, 구성원, 조직, 보칙 등 4개의 장으로 구성되어 있으며, 총 23개의 조항으로 구성되어 있다. 총칙은 제1조~제3조로 구성되어 있으며, 목적, 적용 범위, 직제의 개편으로, 제2장 구성원은 제4조~제11조로, 제3장은 조직은 제12조~제21조로, 제4장은 제22조~제23조로 구성되어 있다. 제2장 구성원의 주요 내용은 구성원, 별도 정원 및 직군, 사장, 이사, 비상임이사, 감사, 직무대행, 직원, 전문위원 등에 대한 내용으로 구성되어 있으며, 제3장 조직에서는 기구, 직위, 정원, 별도 정원 및 직군, 직무분장 등으로 구성하였다. 제4장 보칙은 위원회 등과 시행세칙으로 구성하였다. 직제규정 별표에는 기구표(제12소 관련), 정원표(제14조 관련), 직무 분장표(제15조 관련) 등으로 구성하고 있으며, 〔별표2〕 정원표(제14조 관련)에서 정하고 있는 공사의 정원은 사무직 273명, 기술직 88명, 임원 3명 등 총 364명이다(2019. 11. 28. 규정 제405호).

3 지방공단

서울특별시시설공단은 「서울특별시 서울시설공단 설립 및 운영에 관한 조례」를 근거로 해당 기관의 정관 및 규정을 명문화하여 운영하고 있다.

그중 조직운영과 관련된 직제규정은 다음과 같이 구성되어 운영되고 있다. 조직규정은 총칙(제1조~제3조), 구성원(제4조~제11조), 조직(제12조~제15조), 보칙(제16조~제17조) 등 전체 17개 조항으로 내용이 구성되어 있으며, 제1장 총칙은 목적, 적용 범위, 직제의 개편 등으로 구성되어 있다. 제2장 구성원은 구성원, 이사장, 이사 등, 감사, 직무대행, 직원, 고문, 전문위원 등으로 제3장 조직은 기구, 직위, 정원, 직무분장으로 구성하고 있다. 제4장 보칙은 위원회 및 위임규정에 관한 내용으로 구성되어 운영되고 있다. 직제 규정 제3조(직제의 개편)에서는 '공단의 기구설치 및 직제의 개편은 정관에서 정하는 범위 내에서 이사회 의결로 정한다.'고 규정하고 있으며, '다만, '처(실 · 원)' 산하 기구의 설치 및 직제의 개폐는 내규로 정한다.'고 정의하고 있다. 직제규정상 해당 공단의 구성원은 이사장, 이사, 감사, 직원 등으로 구성하여 운영되며(별표2), 정원표에 의한 임원 및 일반직의 정원은 총 3,757명이다. 이 중 임원은 6명이며, 직원은 일반직 3,751명으로 구성되어 있다(2020.4.2. 기준). 지방 직영기업은 해당지방자치단체에서 설치운영조례를 기준으로 운영되고 있으며, 지방공사 및 지방공단은 설치 조례를 근거로 지방공사 · 공단의 사업운영에 맞게 내규를 제정하여 사업을 수행하고 있다.

제2절 인사 운영기준

1. 총칙

「지방공기업법」에서는 지방공기업의 인사와 관련한 중요사항에 대하여 규정화하고 있다. 지방 직영기업의 경우 「지방공기업법」 제7조(관리자), 제8조(관리자의 권한), 제9조(관리자의 업무)에서는 지방 직영기업의 관리자 임기, 권한, 업무와 관련한 내용을, 제10조의2(기업직원)에서는 지방 직영기업 직원에 대한 내용을 명문화하였다. 지방공사 및 공단의 경우에는 법 제58조(임원의 임면 등), 제59조(임기 및 직무), 제60조(임원의 결격사유), 제63조(직원의 임면), 제63조의6(징계 요구 등) 등에서 임원 및 직원의 운영에 대한 내용을 규정화하였다. 또한, 행정안전부에서는 지방공기업에 대한 인사 운영기준을 마련하고 있으며, 「지방공기업 인사 운영기준」(행정안전부, 2019.6)[7]에서는 총칙, 임원의 인사, 직원의 인사 등 지방공기업 인사 운영에 필요한 기준을 크게 3가지로 구분하여 기준을 정하고 있으며, 세부내용은 다음과 같다. 첫째 항목은 "총칙(總則)"으로 지방공기업과 관련한 목적, 적용범위, 기본원칙 등으로 구성되어 있으며, 세부 내용은 다음과 같다. 목적에서는 지방공기업의 인사운영에 관한 기준을 정하여 공정한 인사관리를 위한 기준안을 마련했다고 설명하고 있으며, 적용범위에서는 「지방공기업법」 제49조 및 제76조 규정에 따라 설립된 지방공사(공단)에 대하여 적용함을 설명하고 있다. 지방 직영기업의 인사운영기준은 「지방공무원법」에서 정하는 기준을 따르도록 규정화되어 있다. 기본원칙에서는 지방공사·공단의 임원 및 직원의 임용과 관련된 사항으로 관련 법령, 지방공기업 인사 운영기준, 지방공기업 정관 및 자체 규정에서 정하는 바에 따라 운영한다고 설명하고 있으며, 지방공사·공단 임직원의 신규채용, 승진, 전보 및 사회적 약자에 대한 불이익 등 해소, 성과관리 체계를 통한 공정한 업무성과 평가, 자기계발 확대를 위한 예산 확보 등의 내용으로 구성되어 있다.

2. 임원의 인사

"임원(任員)의 인사"에서는 지방공사(공단)의 임원에 대한 인사 운영기준과 관련한 내용으로 구성되어 있으며, 세부 내용은 다음과 같다. 지방공사(공단)의 임원에 대한 임명근거, 직무 수행요건 및 자격요건 설정,

---

[7] 지방공기업 인사운영기준은 「지방공기업법」 제49조(설립) 및 제76조(설립운영) 규정에 따라 설립된 지방공사 및 지방공단의 인사운영에 관한 기준을 정하여 합리적이고 공정한 인사관리를 추진하기 위한 목적으로 제정(2011.1.31.)되었다.

임원추천위원회 설치·구성, 임원후보의 추천절차, 심사기준·방법 및 추천, 임원의 성과관리, 의원면직 제한 등 7가지 항목으로 기준안을 정하고 있다. 임원의 임명 근거에서는 「지방공기업법」 및 「지방공기업법시행령」의 규정을 따르도록 하고 있으며, 임원의 대상에 대하여 설명하고 있다. 직무 수행요건 및 자격요건 설정에서는 지방공기업의 사장(이사장)은 지방공기업 임원 직위에 대해 직위별 직무수행 요건을 해당 지방공기업의 정관 또는 자체규정으로 설정해야 함을 설명하고 있다.

또한, 임원의 직위별 자격요건을 설정하였다. 임원추천위원회 설치·구성에서는 임원의 채용 시 임원추천위원회의 설치 및 구성 시기, 구성인원 및 자격, 위원장 선출 및 위원 추천요청, 위원회 존속기간, 위원회 임무, 회의 및 의결, 추천위원회 간사, 대행 전문기관 등에 대한 내용을 설명하고 있다. 임원추천위원회는 「지방공기업법」 제58조(임원의 임면 등)와 「지방공기업법 시행령」 제56조의3(임원추천위원회의 구성과 운영)에서 설명한 바와 같이 지방공사·공단 임원의 채용 시 구성되어야 하는 위원회로서 지방자치단체의장 추천 2명, 지방의회 추천 3명, 지방공기업 이사회 추천 2명 등 총 7명으로 구성되어 임원의 채용 방법과 심사기준 등을 마련하여 정한다. 후보의 추천 절차에서는 공개모집 계획수립, 공개모집 원칙, 공고시기, 모집 및 공고기간, 공고매체, 공고내용, 재공고·변경공고, 응시원서 접수 및 제출서류 등에 대한 기준을 설명하고 있다. 심사기준·방법 및 추천에서는 임원채용 시 심사기준과 절차 방법에 관해 설명하고 있으며, 임원후보의 추천 시 결원 직위에 대하여 2배수 추천 및 지방공사·공단의 임원 중 연임에 관한 내용을 마련하였다. 또한, 임원의 임명과 관련하여 임원추천위원회에서 선정한 임원후보에 대하여 지방자치단체의 장에게 추천하고 지방자치단체의 장은 임원 추천위원회의 추천대상자 중에서 임명하는 내용으로 기준이 마련되었다. 임원의 성과관리에서는 지방공사·공단의 장은 상임이사별 그 직위의 특성을 반영하여 객관적으로 성과를 측정할 수 있는 체계를 구축·운영하여 책임경영체제가 정착될 수 있는 방안 및 지방공사·공단의 상임이사 성과관리에 대한 기준을 제시하고 있다. 의원면직의 내용은 비위공직자의 의원면직 처리제한에 관한 규정을 준용하여 임명권자는 비위와 관련하여 조사·수사 중인 지방공단·공단의 임원을 처분요구(당연 퇴직, 파면 또는 해임)하거나 의원면직을 제한하는 규정을 두어야 한다고 명시하고 있다.

3. 직원의 인사

1 직원의 신규채용

"직원의 인사기준"은 지방공사(공단)의 직원에 대한 인사 운영기준과 관련한 내용으로 구성되어 있으며, 직원의 신규채용, 채용계획수립, 채용시험의 공고, 시험의 방법, 교육훈련, 보직관리, 직원의 성과관리, 투명한 윤리경영, 공무직 등 근로자 관리, 비정규직 관리 등 10가지 항목으로 기준안을 정하고 있다. 10가지 항목의 세부내용은 다음과 같다. 지방공사(공단)의 직원에 대한 신규채용 시의 기준에 대하여 설명하고 있으며, 직원의 채용 시 공개경쟁, 경력경쟁, 채용요건·시험방법, 차별금지 등으로 구분하고 있으며, 공개경쟁시험에 의하여 충원이 곤란한 직위에 대해서는 다수인을 대상으로 하는 경력경쟁 시험으로 채용할 것에 대해 기준안을 마련하였다. 또한, 직원 채용 시 채용 요건·시험방법 등에 대하여 해당 공기업의 자체 인사규정으로 정하여야 한다고 정하였으며, 연령 등을 이유로 차별하지 못하도록 차별금지에 대해 기준을 마련하였다.

2 채용계획 수립

채용계획 수립에서는 채용계획 사전협의, 사전 통보 내용 등의 기준에 관하여 설명하고 있으며, 채용계획 사전협의에서는 채용 예정 기관의 기관장은 공고예정일 15일 전까지 채용계획을 자치단체장에게 통보하여야 한다고 기준을 정하고 있다. 다만, 법령에서 정한 의무인력의 채용, 기간의 정함이 있는 근로자(비정규직 근로자)의 채용 등 자치 단체의 사전동의가 있는 경우 15일 이후에도 통보가 가능하며, 해당 지방공사(공단)의 자치단체장은 통보된 채용계획의 적정성 등에 대하여 해당 기관장과 협의를 완료한 후 그 결과를 채용공고일 5일 전까지 해당 지방공사(공단)의 기관장에게 통보하여야 한다. 인력 수요의 변화 등으로 채용 계획이 변경된 경우에는 자치단체의 장과 협의하여야 한다. 자치단체장은 채용계획에 대하여 통합채용 등 의견을 제시할 수 있으며, 기관장은 자치단체장이 제시한 의견을 원칙적으로 반영하여야 한다고 기준을 정하고 있다. 채용 계획의 사전협의는 새로이 정립된 기준으로 지방공사(공단)의 설립 주체인 지방자치단체가 지방공사(공단)의 경영에 대한 과도한 간섭으로 비칠 수 있는 부분이기도 하다.

3 채용시험의 공고

채용시험의 공고에서는 직원 채용 시 공고시기, 공고매체, 공고내용 등의 기준을 마련하였으며, 채용시험의 공고에서는 사전공고 및 공지를 통해 많은 적격자가 채용에 응시할 수 있는 방안에 대한 기준을 마련하였다.

4 시험의 방법

시험의 방법에서는 시험의 방법, 시험위원의 임명, 시험위원의 외부전문가 참여, 시험위원의 제척·기피·회피, 시험 채점 및 시험위원의 비밀누설 금지, 채용과정 공개, 임직원 친인척 공개, 시험실시 기관, 심사기준 다양화, 채용자료 보관, 인사채용 비위에 관한 통제, 채용비리 피해자 구제 등의 기준안을 마련하여 지방공기업 직원의 채용 시 객관적인 채용이 될 수 있도록 노력하고 있다. 시험위원의 임명, 시험위원 외부전문가 참여와 관련하여 지방공사·공단에서는 자체규정으로 인사위원회를 구성·운영하고 있으며, 객관적 채용을 위해 외부 인사를 과반수 이상 확보할 수 있도록 기준을 마련하였다. 지방공사·공단의 직원 채용 시 채용과정에 대해 공개를 원칙으로 하고 채용자료에 대해서는 기간을 정해 보관토록 제한하고 있다. 채용비리 피해자 구제에서는 채용비리가 발생한 공사(공단)는 채용비리로 인한 피해자를 파악하여야 하며, 피해자가 있을 경우 이를 구제하는 방안(방법·절차) 등을 마련하도록 기준을 정하고 있다.

5 교육훈련

교육훈련에서는 임직원에게 필요한 교육훈련 기준을 마련하였으며, 교육훈련실시, 교육프로그램 운영, 교육예산확보, 교육훈련 실적반영 등의 기준에 대해 정의하고 있다. 임원과 직원에 대해 외부 전문 교육기관에서 운영하는 교육을 이수할 수 있도록 교육이수 시간을 정하였으며, 이에 따른 교육예산 확보를 위한 노력과 직원 개인별 교육훈련 실적을 승진·전보 등 인사고과에 반영할 것에 대해 기준안을 마련했다.

6 보직관리

보직관리에서는 보직관리의 원칙, 경력개발제도 도입·운영, 개방형 임용, 인사원칙의 사전공개 등의 기준을 정하고 있다. "보직"이란 채용된 직원을 지정된 직무에 종사케 함을 말하는 것으로서 지방공사·공단의 장은 보직 부여 시 해당 직원의 전공분야·훈련·근무경력·전문성·적성 등을 고려하도록 하였다.

소속직원의 전문성을 향상시키기 위해 경력개발 제도를 도입·운영할 수 있도록 하였으며, 해당 지방공기업의 인사원칙 기준을 해당 직원들에게 사전 공지하여 투명한 인사운영이 될 수 있도록 기준안을 마련하였다.

7 직원의 성과관리

직원의 성과관리에서는 직원들의 업무성과에 대한 관리를 객관적으로 측정하고 기관의 경영목표 등을 달성할 수 있도록 성과관리 체계를 구축·운영하여야 한다고 정의하고 있다. 직원의 성과관리에서는 성과관리 체계 구축·운영, 연봉제 도입, 성과평가 결과의 환류, 성과관리 보상체계 구축·운영 등의 기준을 정하고 있다. 이를 근거로 지방공기업에서는 성과관리 체계를 구축·운영하고 있으며, 대표적인 성과관리시스템으로는 BSC(Balanced Score Card) 등이 있다. 이러한 성과관리는 해당 지방공기업의 경영목표 등을 연계하여 설정하고 팀, 개인 등의 성과와 연계하여 운영하도록 추진하고 있으며, 객관적인 기준에 의한 성과관리평가 결과에 따른 보상 체계를 구축·운영하도록 기준안을 마련하였다.

8 투명한 윤리경영

투명한 윤리경영에서는 윤리경영, 의원면직 제한, 징계양정, 징계부가금, 승진제한, 표창제한 등의 기준을 정하고 있으며, 윤리경영에 반한 행위를 한 직원에 대한 제재 등에 대한 내용으로 평가급 미지급, 인사·보수 등 불이익 반영과 의원면직, 징계양정, 징계부가금, 표창제한 등의 기준을 마련하여 지방공기업으로서 추구해야 하는 윤리경영에 대한 내용을 설명하고 있다.

9 공무직 등 근로자 관리

공무직 등 근로자 관리에서는 기본원칙과 인사관리에 대한 기준을 정하고 있으며, 기본원칙에서는 연중 9개월 이상 계속되는 업무로서 향후 2년 이상 지속될 것으로 예상되는 업무에 종사하고 있는 근로자는 기간의 정함이 없는 근로자로 전환함을 원칙으로 하도록 정하고 있으며, 지방공사(공단)에서는 "공무직 등 근로자"는 부서·직종별로 구분하여 정관 또는 자체 규정 등에 따라 정원으로 관리하도록 기준을 정하고 있다.

10 비정규직 관리

비정규직 관리에서는 비정규직의 합리적 운영과 불합리한 차별 개선 등에 대하여 그 기준을 정하고 있다. 위에서 설명한 바와 같이 행정안전부에서는 지방공기업의 인사운영과 관련하여 관련 법을 준용한 기준안을 마련하였고 인사운영 기준을 근거로 지방공기업에서는 인사업무를 수행하고 있다. 이렇게 행정안전부에서 인사 운영기준을 정한 이유는 지방공기업의 인사업무 수행이 보다 합리적이고 공정하게 수행될 수 있도록 추진하기 위한 노력일 것이다.

제3절 보수 운영기준

1. 보수체계

지방공기업 직원의 보수와 관련된 사항은 「지방공기업법」(이하 "법"이라 한다)에 규정되어 있으며, 관련 내용은 아래와 같다. 지방공기업 중 지방 직영기업은 법 제23조(예산의 편성)와 제25조(예산의 내용)에서 정하고 있으며, 법 제23조(예산의 편성) 1항 '지방 직영기업은 합리적인 원가기준에 따라 경비를 산정하여 예산에 계상하여야 하며, 3항 지방자치단체의 장은 지방자치단체의 일반회계 및 다른 특별회계의 예산편성지침과 구분하여 지방 직영기업의 예산편성 기본지침을 행정안전부장관이 정하는 기준에 따라 매년 작성하여 전년도 7월 31일까지 지방 직영기업에 알려야 한다.'고 정의되어 있다. 지방공사는 법 제63조의3(임직원의 보수)에서 공사의 임직원의 보수기준은 공사의 경영성과가 반영될 수 있도록 하여야 한다고 규정하고 있으며, 제65조(예산) 1항, 공사의 사장은 매 사업연도의 사업계획 및 예산을 해당사업연도가 시작되기 전까지 편성하여야 한다. 2항, 제1항에 따라 편성된 예산은 이사회의 의결로 확정된다. 예산이 확정된 후에 생긴 불가피한 사유로 예산을 변경하는 경우에도 또한 같다. 3항, 공사의 사장은 제2항에 따라 예산이 성립하거나 변경되었을 때에는 지체 없이 지방자치단체의 장에게 보고하여야 한다. 지방공단은 법 제77조(비용부담) 공단은 지방자치단체의 장의 승인을 받아 해당 사업의 수익자로 하여금 사업에 필요한 비용을 부담할 수 있게 할 수 있다. 「지방공기업법」에서 정한 기준과 같이 지방공기업 직원의 보수기준은 행정안전부장관이 정하여 지방자치단체에 통보하게 된다. 행정안전부에서는 매년 지방공기업 직원들의 보수에 관한 기준인 「지방공기업 설립·운영기준」[8]과 「지방공기업 예산편성기준」을 수립하여 지방공기업에서 예산을 편성할 수 있도록 한다. 지방공기업에서의 보수체계는 관련 법에 근거하여 행정안전부장관이 정한 기준인 「지방공기업 설립·운영기준」과 「지방공기업 예산편성기준」에 의한다. 지방공기업에서는 위 기준을 근거로 지방공기업별 보수규정을 마련하여 예산을 편성·집행하게 되는데 주요 내용은 아래와 같다. 보수체계 주요 내용으로는 연봉제, 성과급(평가급) 등 기업형 보수체계로 운영하고 개별 지방공기업 실정에 부합하는 급여체계를 적용하되, 팀장(과장)급 이상의 경우 연봉제를 적용하며, 보수는 해당 지방공기업 예산의 범위 내에서 법령, 정관 또는 내부 규정 등에 명시된 지급 근거에 따라 집행한다. 특히, 지방공기업의 사장(이사장)의 경우 「지방공기업법」 제58조의2 1항 '지방자치단체의 장은 사장을 임명하는 경우 사장과 경영성과계약을 체결하여야 한다.'라고 정한 기준을 근거로 경영성과계약을 체결하고, 그 결과에 따라 연봉·성과급(평가급)

---

[8] 지방공기업 설립·운영 기준은 지방공기업의 무분별한 설립 및 방만 경영 등을 통제하기 위한 목적으로 제정(2008.11.19.)되었으며, 「지방공기업법 시행령」 제47조(설립타당성 검토 등)에 근거하여 마련된 기준이다.

을 지급하여야 한다. 사장(이사장) 경영성과계약은 지방공기업을 설립한 지방자치단체의 장과의 계약을 말하며, 경영성과계약의 주요 내용은 계약의 목적, 계약기간, 사장(이사장)의 권한과 책임 등의 총칙과 경영목표 및 경영성과 평가, 보수 및 복리후생 등의 내용에 대한 계약이다. 임원의 경우에는 경영성과계약제도에 준하여 사장(이사장)과 계약을 체결한다.

2. 연봉제

1 개요

연봉제의 정의는 개별 구성원의 능력·실적 및 조직 공헌도 등을 평가해 계약에 의해 연간 임금액을 결정하는 보수 체계를 말한다(행정학(行政學) 사전). 일정한 근속 기간에 따라 호봉이 자동으로 상승하는 호봉제와 달리 이 제도는 능력과 실적에 상응하는 보상을 제공하기 위한 제도라 설명할 수 있을 것이다. 정부에서는 1999년 1월 1일부터 3급 이상 고위직 공무원을 대상으로 기존의 호봉제를 폐지하고 연봉제를 실시하고 있으며, 지방공기업에서도 호봉제를 폐지하고 연봉제로 전환하고 있다. 상당수 지방공기업에서도 연봉제를 도입·운영하고 있다.

2 기준

「지방공기업 설립·운영기준」(행정자치부, 2016.12.)에서 설명하고 있는 연봉제 주요 내용은 다음과 같다. 연봉제 대상은 팀장(과장) 이상 간부급 임직원으로 제한하고 있으며, 간부급 임직원들의 능력과 실적에 따라 연간 임금을 결정토록 하고 있다. 지방공기업에 따라 일부 차이는 있을 수 있으나 지방공기업에서의 연봉제 도입은 보편화되어 있으며 대상 외 직원들까지도 확대 운영하고 있는 추세이다. 지방공기업 설립·운영기준에서는 연봉제 제도 운영에 있어 연봉 구성은 크게 3가지로 구성토록 제안하고 있다. 연봉구성의 3가지 요소는 기본연봉·성과연봉·부가급여 등이며, 세부 내용은 다음 표와 같다.

〈별표 3-3-1〉 연봉 구성요소

구분	내용
기본연봉	기준기본급+기본가산급
성과(평가)연봉	인센티브성과급
부가급여	직책급업무추진비, 자녀학비보조수당, 초과근무수당, 가족수당, 연차수당, 기술(자격)수당 등

3 기본연봉 책정(직급별)

연봉제에서의 기본연봉 책정 시 직책(직급)에 따라 다음과 같은 기준을 정하여 책정한다. 사장(이사장)의 경우 기준기본급+기본가산급이며, 기준기본급은 최초 기본 연봉을 의미한다. 업무의 난이도, 경력 등을 고려하여 결정하며, 지급되는 제 수당 및 금전적 복리후생비를 포함한다. 기본가산급은 기준기본급×경영성과계약에 의한 인상률을 말하며 인상률은 경영성과계약에 의한 평가 결과에 따라 조정된다. 상임이사·감사의 경우도 기준기본급과 기본가산급을 기준으로 정하며, 기준기본급의 경우 사장(이사장)의 기준기본급 책정 방식에 준하여 결정한다.

기본가산급의 경우 정책인상률 범위 내에서 해당 지방공기업의 전년도 경영평가 등급을 고려하여 지방자치단체장이 자율적으로 결정하여 통보하는데 지방자치단체에서 통보된 기준을 연봉에 반영한다. 팀(과)장급 이하의 경우 직급(위)별 기본연봉 한계액을 지방공기업별 자체적으로 설정하고 기준기본급을 책정할 경우에는 비속인적 급여를 흡수한 금액으로 정하도록 규정하고 있다. 단, 기준기본급 책정 시 대상자가 ① 호봉제 적용 기존 재직자를 연봉제로 전환하는 경우, ② 호봉제 적용 기존재직자가 승진 임용되어 연봉제로 전환하는 경우, ③ 연봉제 적용자를 신규로 채용하는 경우, ④ 연봉제 대상자가 승진하는 경우, ⑤ 연봉제 대상자가 호봉제로 강임되는 경우 등 그 대상자의 기준에 따라 기준기본급 책정(비속인적 급여를 흡수한 금액)에 있어 책정 기준을 달리하도록 규정하고 있다. 기본가산급의 가산방법은 기준기본급×근무성적 평가등급별 가율로 정하며 평가등급 및 배분은 지방공기업별 인사 규정상의 근무평정등급 및 인원 배분을 기준으로 배분토록 하고 있다. 이때 가율(加律)은 총 인건비 인상률 범위 내에서 사장(이사장)이 결정한다.

4 성과연봉

연봉제에서의 성과(평가)연봉은 인센티브성과급(평가급)을 말하며, 성과연봉 대상은 다음과 같이 구분하여 성과연봉 집행 방법을 달리하여 지급하도록 정하고 있다. 지급 대상의 구분은 ① 사장(이사장)인센티브성과급, ② 임원급(상임이사 및 감사) 인센티브성과급, ③ 직원 인센티브성과급으로 구분하여 지급된다. 사장(이사장)은 경영성과계약 및 업무평가에 따른 등급별 평가급 지급률(400~0%)을 기준으로 지급하며, 경영성과계약의 이행실적 평가에 있어 전문평가단을 구성·운영하여 평가의 객관성과 공정성이 확보되도록 규정하고 있다. 임원급(상임이사 및 감사)의 경우 경영평가 결과와 개인별 근무실적 평가를 통해 등급 지급률(300~0%)을 적용하며, 직원의 경우 지급기준은 연봉 월액이며, 연봉 월액은 기본 연봉총액/근무 월수이다. 개인별 근무성적·업무성과 등에 대하여 객관적으로 평가할 수 있는 방법을 각 지방공기업의 내규로 규정하여 시행토록 정하고 있다. 경영평가 결과 지급률은 300~0%이며, 근무성적에 따라 4개 등급 이상 차등화하여 개인별로 지급한다. 최고와 최저 등급 간 50% 이상 격차를 유지하도록 규정하고 있다. 이러한 인센티브 평가급은 지방공기업에 대한 경영평가 결과가 반영되며, 이는 「지방공기업법」 제78조(경영평가 및 지도) 1항 '행정안전부장관은 제3조에 따른 지방공기업의 경영 기본원칙을 고려하여 대통령령으로 정하는 바에 따라 지방공기업에 대한 경영평가를 하고, 그 결과에 따라 필요한 조치를 하여야 한다.'에 근거하여 실행되고 있다.

3. 호봉제

1 개요

"호봉제"란 일정한 근속 기간에 따라 자동으로 상승하는 보수체계를 말하며, 「지방공무원보수규정」 제3조(용어의 정의) 2호. '봉급'이라 함은 '직무의 곤란성 및 책임의 정도에 따라 직책별로 지급되는 기본급여 또는 직무의 곤란성 및 책임의 정도와 재직 기간 등에 따라 계급(직위를 포함한다. 이하 같다)별·호봉별로 지급되는 기본급여'를 말한다.'로 정의하고 있다. 지방공기업의 경우에도 공무원의 보수규정과 같이 연봉제와 호봉제로 이원화하여 운영하는 기관들이 있다.

2 대상

「지방공기업 설립·운영기준」(행정자치부, 2016.12.)에서의 호봉제 대상은 팀장(과장)급 미만 일반직원을 대상으로 규정하고 있다. 단, 전 직원 연봉제를 실시하고 있는 기관은 호봉제에서 제외하고 있다. 지방공기업별 보수규정 및 복리후생규정 등에 근거하여 봉급 및 제 수당, 복리후생비 등을 지급하게 되며, 지방공기업에서는 재정의 한계성, 효율적 예산운영 등을 이유로 점증적으로 호봉제에서 연봉제로의 전환을 추진하였다.

3 호봉제

지방자치단체 중 시(市)에서 운영하는 지방공단의 규정을 근거로 "호봉제"를 설명하고자 한다. 해당 기관의 인사규정 제12조(호봉) '직원을 신규 채용하는 경우에는 초임 호봉을 1호봉으로 확정하되, 타 기관에서 근무한 경력이 있는 직원에 대하여는 [별표2]의 경력 환산율표에 의한 경력을 가산하여 확정한다. 이 경우 초임 호봉확정에서 반영되지 아니한 잔여기간이 있을 때에는 그 기간을 다음 승급기간에 산입한다.'고 규정하고 있다. 또한, 동 규정[별표6]에서는 직종·직급별 호봉을 일반직 직원의 경우 2급부터 7급까지의 최저 호봉과 최고호봉을 정하고 있다. 해당 기관의 보수규정 제3조(용어의 정의) '2."기본급"이라 함은 직무의 곤란성 및 책임의 정도와 재직기간 등에 따라 직책별·계급별·호봉별로 지급되는 기본급여를 말한다.'고 정의하고 있으며, 동 규정 제13조(기본급) 1항에서는 '임원과 직원(일반직)의 월 기본급은 [별표1]의 해당 기본금 기준표에 명시된 금액으로 한다.'고 정의하고 있다. 공단의 보수규정에서 정하고 있는 임직원들의 기본급 기준표로서 2018년도를 기준으로 6급 1호봉에 해당하는 직원의 월 기본급은 1,450,700원이 된다. 6급과 7급 직원들은 1호봉부터 31호봉까지로 기본급이 구분되어 최고 한계액은 31호봉이 된다. 2급의 경우 1호봉부터 28호봉, 1급의 경우에는 1호봉부터 26호봉으로 2급 최고 한계액은 28호봉이며, 1급은 26호봉이 되는 것을 의미한다. 기본급 기준표는 다음과 같다.

〈별표 3-3-2〉 ○○공단 임직원 기본급 기준표

(단위 : 원)

호봉\직급	1급	2급	3/4/5급	6급	7급
1	2,791,300	2,483,600		1,450,700	1,321,200
2	2,893,100	2,580,900		1,514,800	1,379,700
3	3,001,400	2,684,300		1,584,600	1,445,900
4~24					
25	5,117,600	4,665,800		2,966,500	2,750,000
26	5,165,600	4,712,900		3,003,300	2,785,100
27		4,754,500		3,042,200	2,820,200
28		4,794,100		3,076,900	2,852,800
29				3,111,600	2,885,800
30				3,143,600	2,916,100
31				3,173,500	2,946,400

"기본급" 용어의 정의는 해당 공단의 「연봉제시행규정」에서 다음과 같이 정의하고 있다. '기본급이라 함은 최초 연봉책정 시는 보수규정 상의 기본급을 말하고 차회부터는 직전년도 기본급에 인상액을 더한 금액을 말한다. 인상액이란 직전년도 기본급에 가율을 곱한 금액을 말한다.'고 정의하고 있다. 행정표준용어에서는 "호봉(號俸)"을 급여 체계 안에서의 등급으로 정의하고 있으며, 직계, 연공(年功) 따위를 기초로 하여 정해진다고 정의하고 있다. 호봉제는 매년 정책인상률만큼 인상되는 급여체계로 직계, 또는 연공을 서열로 하여 통상적으로 1년 단위로 호봉을 책정하게 된다.

4. 퇴직제도

1 개요

"퇴직금"이란 근로자가 1년 이상의 기간 계속 근로를 제공하고 퇴직할 경우에, 사용자가 근로자의 근로제공에 대한 임금 일부를 지급하지 아니하고 축적하였다가 이를 기본적 재원으로 하여 근로자가 퇴직할 때 이를 일시금으로 지급하는 것으로서, 퇴직금은 본질적으로는 후불적 임금의 성질을 지닌다(「실무노동용어사전」, 2014.). 지방공기업에서도 근속년도에 따라 지방공기업별 연봉제 또는 보수 규정에 의하여 산정된 금액을 지급하고 있으며, 그 내용은 아래와 같다.

2 정년기준

「지방공기업 설립·운영기준」(행정자치부, 2016.12.)에서의 정년기준은 「지방공무원법」에 의한 지방공무원의 정년 범위 내에서 결정한다고 정의하고 있으며, 「지방공무원법」 제66조(정년) 1항에서는 공무원의 정년은 다른 법률에 특별한 규정이 있는 경우를 제외하고는 60세로 단일화하고 있다.

또한, 정년을 연장할 경우에는 보수체계 특성 및 인력 고령화에 대비한 임금피크제 등 임금과 생산성을 연계하는 임금 유연화 프로그램 도입에 대해 지방자치단체와 사전에 협의하도록 정하고 있다. 지방공기업에서는 「지방공무원법」 제66조(정년)에 근거하여 정년을 60세로 정하고 있으며, 이를 퇴직제도 운용에 반영하고 있다. 기존 운영하던 퇴직금 누진제 폐지를 종용하고 퇴직금 지급을 위한 근속기간 산정 시에는 「근로기준법」을 준수토록 하고 있다. 지방공기업에서는 퇴직금 운영과 관련하여 퇴직연금제도를 운영하고 있으며, 퇴직연금제도에는 확정급여형과 확정기여형 퇴직연금 등이 있어 직원들이 선택할 수 있도록 추진하고 있다. 또한, 근속기간이 일정 기간 이상인 직원들을 대상으로 명예퇴직, 조기퇴직 등의 제도도 운용하고 있다.

3 명예퇴직

「지방공기업 설립·운영기준」(행정자치부, 2016.12.)에서는 명예퇴직금에 대해 20년 이상 근속하고 정년이 1년 이상 남은 자 중 명예퇴직 실시계획에 따라 선정된 자에 대해 지방공무원 명예퇴직수당 등 지급 규정을 준용하여 지급하도록 정하고 있다. 정년 잔여기간에 따라 퇴직 당시 기본급으로 퇴직금을 산정하도록 하고 있으며, 근속연수는 재직 전 공무원 및 군 경력과 공기업 근무경력을 합산(규정에 명시된 경우에 한함) 가능. 재직 전 기관에서 명예퇴직 수당을 기 지급받은 경우는 근속연수 산정에서 제외한다. 이러한 기준을 근거로 지방공기업에서는 지방공기업 실정에 맞게 해당 기관의 규정을 제정 또는 개정하여 명예퇴직에 대한 근거를 마련하고 시행하고 있다. 「세종특별자치시시설관리공단 인사규정」 제31조의 명예퇴직에 관한 규정이다. 해당 규정 1항에서는 '공단 직원으로서 20년 이상 장기 근속한 사람이 정년 전 1년 이상을 남긴 상태에서 자진하여 퇴직하는 경우에는 예산의 범위 안에서 보수규정에 의한 명예퇴직수당을 지급할 수 있다.'고 정의하고 있어 명예퇴직에 대한 시행 근거를 마련하고 있으며, 2항에서는 '다음 각호의 어느 하나에 해당하는 사람은 명예퇴직 대상에서 제외한다.'고 정의하여 징계처분, 형사사건 기소, 감사원 등 수사 기간 조상 중인 사람 등에 관하여는 제외하여 부정당한 명예퇴직 대상자가 발생하지 않도록 제한 규정을 마련하고 있다. 3항에서는 '제1항의 명예퇴직수당의 지급 절차 및 기타 필요한 사항은 보수규정이 정하는 바에 의한다.'고 규정하고 있다.

4 조기퇴직

「지방공기업 설립·운영기준」(행정자치부, 2016.12.)에서는 조기퇴직금에 대해 20년 미만 근속자가 직제 및 정원의 개폐와 예산의 감소 등으로 인하여 위 사유 발생일로부터 1년 이내 퇴직하게 될 경우 퇴직 당시 기본급의 6개월분 이내에서 퇴직수당을 지급할 수 있도록 기준을 정하고 있으며, 조기퇴직금의 지급방법은 근속연수의 계산, 지급대상자의 선정 및 심사방법, 지급절차 등 세부적인 사항은 자체 규정으로 정하도록 정하고 있다. 조기퇴직금 6개월분 지급 시 평균임금, 월 봉급액 등의 기준으로 지급하는 것을 금지하고 있다. 조기퇴직금은 이처럼 해당 기관의 정원 또는 기관의 개폐 등 특이한 사유 발생에 의한 경우에만 적용될 수 있다. 이를 근거로 한 지방의 한 공단의 규정에서는 조기퇴직에 대해 다음과 같이 규정하고 있다. 공단 직원으로서 직제와 정원의 개폐 또는 예산의 감소 등에 의하여 폐직 또는 과원이 되었을 때 20년 미만 근속한 사람이 정년 전에 자진하여 퇴직하는 경우 예산의 범위 안에서 보수규정에 의한 조기퇴직수당을 지급할 수 있다. 다만, 「세종특별자치시시설관리공단 인사규정」 제32조 제2항의 규정에 해당하는 사람은 확정이 있기 전까지는 퇴직할 수 없다고 규정하고 있다. 제32조 2항은 앞서 말했듯 부정당한 명예퇴직 대상자를 말한다.

5. 기타수당 등 운영

「지방공기업 설립·운영기준」(행정자치부, 2016.12.)에서는 기타수당 등 운영 시 유급휴가제 및 연차수당 등의 적정운영, 사내 복지기금의 조성·사용기준 준수, 대학생 학자금 보조 금지 등 지방공기업의 과대한 기타수당 등 운영을 최소화하도록 기준을 정하고 있다. 유급휴가제 및 연차수당 등의 적정운영에서는 직원에 대해서「근로기준법」상의 유급휴가일 수를 준수하도록 하고 있으며, 연차수당의 경우 수당지급 기준은「근로기준법」상의 통상임금 지급기준으로 지급하도록 정하고 있다. 또한, 임원 및 2급 이상 고위직 관리직에 대해서는 초과근무수당 지급대상에서 제외하고 있다. 지방공기업에서 지급하는 기타수당은 각 기관별 보수규정 등에서 정하고 있으며, 기타 수당은 기관별 규정에 따라 차이가 있다. 기관별 지급하는 기타수당 또는 제 수당의 종류는 다음과 같다. 시간외근무수당, 휴일근무수당, 야간근무수당, 연차수당, 상여수당, 기술수당, 위험수당, 가족수당, 일·숙직수당, 특수직수당, 장기근속수당, 대우수당 등을 말할 수 있을 것이다. 시간외근무수당, 휴일근무수당, 야간근무수당 등은「근로기준법」또는 지방공기업별 취업규정(칙)에서 정하고 있는 기준에 따라 지급되는 수당이며, 기술수당은「국가기술자격법」및 관련 법령에 의한 기술자격 및 면허 취득자로 해당 기술을 활용할 수 있는 부서 근무자에게 지급한다. 지급대상은 각 기관별 규정에 따라 차이는 있으나 변호사, 공인회계사, 공인노무사, 세무사, 변리사, 기사 및 산업기사, 생활스포츠지도사 등이다. 위험수당은 전기관련 국가기술자격증을 소지하고 고압 3,300V 이상 전력을 취급하는 업무에 종사하는 직원과 유류 보일러 취급 직원, 수의사 면허를 소지하고 맹수, 가축 등 동물 진료 및 치료, 질병예방 관련 업무를 수행하는 직원 등에게 지급되는 수당을 말한다. 가족수당은 배우자 및 부양가족이 있는 직원에게 지급되는 수당이다. 특수직수당은 장례기사, 법정관리자, 종합시설관리사 등에 지급되는 수당으로 장례기사는 화장업무를 수행하는 직원을 말한다. 장기근속수당 지급은 입사일로부터 기산하되, 3년 이내의 군복무기간을 포함한다. 대우수당은 부장(部長)대우, 과장(課長)대우, 대리(代理)대우 등 규정에 의해 직급 대우로 임용된 자에게 지급하는 수당을 말한다.

제4절 예산 편성기준

1. 예산의 개념

1 의의

지방공기업은 지역주민의 복지증진과 쾌적한 삶을 위하여 경영되는 공익성 있는 공공기업으로서 주민 생활과 직결된 재화와 서비스를 제공하고 그 대가(代價)로 요금수입 및 운영사업수익 등을 통해 기업으로서의 경제활동을 지속하게 된다. 이러한 지방공기업의 예산은, 조세 수입과 교부세, 국고 보조 등을 주된 재원으로 하여 그것을 어떻게 효율적으로 사용하는가에 중점을 두게 되는 지방자치단체의 예산과는 다른 성격을 지니게 된다. 「행정표준용어」에서는 예산을 다음과 같이 정의하고 있다. "예산"은 국가나 단체에서 한 회계연도의 수입(세입)과 지출(세출)을 미리 셈하여 정한 계획이며, 수입과 지출을 미리 어림잡아 셈한 것을 적은 서류를 "예산서"로 정의하고 있다. 또한, "세입"은 한 회계 연도에서의 정부 또는 지방자치단체의 모든 수입으로 정의하고 있으며, "수입"은 개인이나 기업, 국가 등이 돈이나 물건 따위를 벌어들이거나 거두어들이는 일, 또는 그 돈이나 물건으로 정의하고 있다. 또한, 「국고금 관리법」 제2조(정의) 2호. '"수입"이란 조세 등 제1호 가목(법령 또는 계약 등에 따라 국가의 세입으로 납입되거나 기금에 납입된 모든 현금 및 현금과 같은 가치를 가지는 것으로서 대통령령으로 정하는 것)에 따른 국고금이 세입으로 납입되거나 기금에 납입되는 것을 말한다.'고 정의하고 있다. "세출"은 국가나 지방자치단체의 한 회계연도에서의 모든 지출로 설명하고 있으며, 지출은 어떤 목적을 위하여 돈이나 물건을 치러 줌. 이라고 정의하고 있으며「국고금 관리법」에서는 세출예산 및 「국가재정법」에 따른 기금운용계획의 집행에 따라 국고에서 현금 등이 지급되는 것으로 정의하고 있다.

2 분류

지방공기업의 예산은 본예산, 수정예산, 추가경정예산, 준예산 등으로 설명될 수 있으며, 그 내용은 아래와 같다. "본예산"이란 예산을 편성하여 예산 의결기관에 제출되는 예산을 말하며, "수정예산"은 의결기관에 제출된 예산안에 수정을 가하는 예산을 말한다. "추가경정예산"은 예산 성립 후 부득이 한 사유로 성립된 예산에 변경을 가하는 예산이며, "준예산"은 부득이한 사유로 회계연도 개시 전까지 예산안이 의결되지 못한 경우 편성하는 예산으로 정의되고 있다. 추가경정예산에 대한 정의는 「지방공기업법」 제65조(예산) 2

항 '예산이 확정된 후에 생긴 불가피한 사유로 예산을 변경하는 경우에도 또한 같다.'고 정의하고 있다. "준예산"에 대해서는 같은 법 제65조의2(예산 불성립 시의 예산집행) 1항에서는 '공사(공단)는 부득이한 사유로 회계연도가 시작되기 전까지 예산이 확정되지 못한 경우에는 전년도 예산에 준하여 예산을 집행하여야 한다.'고 정의하고 있으며, 2항에서는 제1항에 따라 집행된 예산은 해당 연도의 예산이 성립되면 그 성립된 예산에 따라 집행된 것으로 본다고 정의하고 있다.

위에서 설명한 "의결기관"이라 함은 「지방공기업법」 제65조(예산) 2항에서 '제1항에 따라 편성된 예산은 이사회의 의결로 확정된다.'로 정의하고 있어 지방공사(공단)의 예산 의결기관은 지방공사(공단)의 이사회가 되는 것이다. 하지만 대부분의 지방공사(공단)는 이사회의 의결과 지방자치단체 의회(議會)의 심의까지도 받는 경우가 대부분이다. 이사회 의결, 지방자치단체 보고, 지방의회 심의 및 의결 순으로 차기 연도에 대한 지방공사(공단) 예산이 확정된다.

〈별표 3-4-1〉 예산구분

구분	내용
본예산	예산을 처음 편성하여 예산의결 기관에 제출되는 예산
수정예산	의결기관에 제출된 예산안에 수정을 가하는 예산
추가경정예산	예산 성립 후 부득이한 사유로 기 성립된 예산에 변경을 가하는 예산
준예산	부득이한 사유로 회계연도 개시 전까지 예산안이 의결되지 못한 경우 편성하는 예산

3 특징

지방공기업의 예산의 특징은 계획중심주의, 양출제입(量出制入) 원칙, 발생주의 회계, 수입과 지출의 밀접성 등 크게 4가지로 구분하여 살펴볼 수 있을 것이다. 첫째, "계획중심주의"는 지방공기업의 경우 예산편성을 차기 연도 사업계획을 중심으로 예산을 편성하게 된다. 이는 조세수입과 교부세, 국고보조 등을 주된 재원으로 하여 그것을 어떻게 효율적으로 사용하는가에 중점을 두게 되는 지방자치단체의 예산편성과는 다른 성격을 지니는 것을 의미한다. 둘째, "양출제입(量出制入)" 원칙이다. 양출제입은 나가는 것을 헤아려 들어오는 것을 정한다(두산백과)는 뜻으로, 필요한 지출은 헤아려서 수입계획을 세운다는 뜻이다. 이렇듯 지방공기업 예산은 사업량(재화·서비스공급량)의 목표설정 후 세입을 결정하는 양출제입(量出制入) 원칙에서 편성을 계획하게 된다. 셋째, "발생주의 회계"는 기업회계원칙을 준수하여 회계 처리하는 것을 말하며, 수익은 실현주의 원칙에 따라 그 수익을 조사 결정한 날이 속하는 연도로 하여야 한다. 이에 의할 수 없는 경우에는 그 원인이 되는 사실이 속한 기간이 속하는 연도에 포함하며, 비용은 발생주의 원칙에 따라 지급을 수반하는 비용에 대하여는 채무가 확정된 날이 속하는 연도로 한다. 이를 "발생주의원칙"이라 한다.

넷째, "수입과 지출의 밀접성"은 지방공기업 예산의 경우 지출은 수익을 내기 위한 원가 또는 비용으로서 영업 수입과 영업비용, 영업외수익과 영업 외 비용 등의 예산과목(항)은 수입과 지출에 직접적인 연관성이 있다고 보는 것이다. 지방공기업 예산의 특징은 기업회계를 기준으로 지역주민들에게 부과하여 징수되는 수입과 지출의 규모를 적정히 조절하여 편성 및 운영하는 특징을 가지게 된다.

2. 예산 체계

1 구성

지방공기업 예산은 복식예산(자본예산)제도를 채택하고 있으며, 복식예산은 크게 "사업예산"과 "자본예산"으로 구성되어 있다. "사업예산"은 회기별 사업 연도 경영활동의 수익과 비용을 말하는 것이며, 이는 손익거래의 예정을 나타내는 수익적 수지 예산을 말하는 것이다. 기본적인 구조는 수익과 지출로 구분되며, 수익은 사업수익을 의미한다. 사업수익은 영업수익과 영업외수익, 특별이익 등으로 구분되어 편성하도록 구성되어 있다. 지출은 사업비용으로 구분되며, 사업비용은 영업비용, 영업외비용, 특별손실, 법인세, 예비비 등으로 구분하여 적용토록 하고 있다. "자본예산"은 공사채 수입 또는 타 회계 건설보조금수입과 건설계량비, 원금상환 등 자본 거래의 예정을 나타내는 자본적 수지예산을 의미한다. 자본예산은 수익과 지출로 구분되며, 수익은 자본적 수입, 지출은 자본적 지출로 구분된다. 자본적 수입은 투자자산처분, 유형자산처분, 기타 비유동자산 처분, 유동부채수입, 비유동부채수입, 자본금수입, 자본잉여금수입, 유보자금, 기타 자본적 수입 등으로 적용하며, 자본적 지출은 재고자산취득, 투자자산취득, 유형자산취득, 무형자산취득, 비가동설비 자산취득, 유동부채상환, 비유동부채상환, 기타 자본적 지출 등으로 구분하여 적용하고 있다 (2020년도 지방공기업 예산편성기준, 행정안전부[9]).

2 구조

지방공기업 예산편성기준(행정안전부, 2020.)에서는 지방공사(공단)의 예산서 구조를 다음과 같이 구분하고 있다. 예산서는 사업 운영계획, 예산총칙, 예산 총괄표, 자금운영계획 등 크게 4가지로 구분하고 있으

---

9) 지방공기업 예산편성기준은 지방공기업 재정의 건전한 운용과 지방공기업 간 재정운용의 균형 확보 등을 위해 예산에 공통적으로 적용할 기준을 행정안전부장관이 정한 기준을 말한다.

며, 사업운영계획과 예산총칙은 다음과 같이 설명하고 있다. 1) 사업운영계획은 도시철도공사, 도시개발공사, 시설관리공단 등 지방공기업 유형별 사업운영계획을 작성할 수 있도록 기준을 정하고 있다. 시설관리공단은 크게 5가지로 구분하여 사업운영 계획을 작성하도록 구분되어 있으며, 5가지는 ① 시설현황, ② 업무현황, ③ 건설계획, ④ 인력관리현황, ⑤ 자산평가액 등을 말한다. 시설현황은 공영주차장 수, 주차 빌딩 수, 상가관리, 공원관리, 견인차량 보유 대수, 수영장관리, 장묘관리, 가로등관리 등을 말하며, 업무현황은 1일 주차대수, 연간 주차요금수입, 연간 상가관리 수입, 연간 공원관리수입, 연간 주차위반 견인수입, 견인차량 1일 견인실적, 연간 수영장 관리수입, 연간 장묘관리수입, 연간 가로등 관리수입을 말한다. 건설계획은 주차장, 장묘장, 견인차량, 상가, 장묘시설 등을 말하며, 인력관리현황은 임원, 일반직, 기능직, 기타직, 무기계약근로자, 기간제근로자 등으로 당년도와 전년도의 증감에 대한 내용으로 작성하도록 구분되어 있다. 2) 예산총칙은 11개 조항으로 구성되어 있으며, 제1조는 총칙, 제2조는 업무의 예정량, 제3조는 수익적 수입 및 지출, 제4조는 자본적 수입 및 지출, 제5조는 계속비, 제6조는 채무부담행위, 제7조는 공사채 등, 제8조는 일시차입금, 제9조는 예산전용금지과목, 제10조는 대행사업 경비, 제11조 중요자산취득 및 처분 등으로 구성되어 있다.

제1조 총칙에서는 추정손익계산서, 추정재무상태표 및 추정현금흐름표(자금계획서) 등에 관한 내용이 포함되며, 제2조 업무의 예정량에는 각 지방공기업에서 운영하는 사업별 연간 총 생산량과 연간공급계획 등에 대한 내용으로 구성하고 있다. 제3조 수익적 수입 및 지출에서는 수익적 수입 및 지출의 예정액을 정하고 있으며, 수입에서는 사업수입은 영업수익, 영업외수익, 특별이익으로 구분하고 지출은 사업비용을 영업비용, 영업외비용, 특별손실, 법인세 등, 예비비 등으로 구분하여 정하고 있다. 제4조 자본적 수입 및 지출에서는 수입은 자본적 수입을 투자자산, 고정자산 매각, 고정부채 수입, 자본금, 자본잉여금 수입, 기타자본잉여금 수입으로 구분하고 있으며, 지출의 경우 자본적 지출은 투자자산, 유형자산, 무형자산, 유동부채상환금, 고정부채상환금, 기타 자본적 지출, 예비비 등으로 구분하고 있다. 제5조 계속비에서는 계속비의 총액과 연할액을 제6조 채무부담행위에서는 채무부담행위를 할 수 있는 사항과 기간 및 한도액에 대하여 기간 및 한도액을 작성하도록 구분하고 있다. 제7조 공사채 등에서는 외부자금의 차입계획 및 상환계획과 관련하여 작성하도록 구성되어 있으며, 제8조 일시차입금에서는 일시차입금의 한도액을 정하고 있다. 제9조 예산전용금지과목에서는 예산의 전용에 관한 내용 중 경비에 대해 이사회의 의결을 거치지 않고 전용할 수 없는 내용을 기술하고 있으며, 제10조에서는 대행사업 경비에 대한 내용을 기술하고 있다. 제11조 중요자산 취득 및 처분에서는 취득자산과 처분자산의 종류, 명칭, 수량, 금액 등에 대하여 작성할 수 있도록 정하고 있다.

<별표 3-4-2> 예산 구조

사업예산 구조				
구분	사업예산			
	관	항	세항	적용
수익	600 사업수익	610 영업수익	611-619 621-629 631-639	직영기업 주요사업수익 공사(공단) 주요사업수익 도시철도·자동차운송 주요사업수익
		670 영업외수익	671-679	공통 항목 기재
		680 특별이익	681-689	공통 항목 기재
지출	700 사업비용	710 영업비용	711-719 721-729 731-739	직영기업 주요사업비용 공사(공단) 주요사업비용 도시철도·자동차 운송 주요사업수익
		770 영업외비용	771-779	공통 항목 기재
		780 특별손실	781-789	공통 항목 기재
		790 법인세	791-799	공통 항목 기재
		800 예비비	801-809	예비비

자본예산 구조				
구분	사업예산			
	관	항	세항	적용
수익	100 자본적 수입	110 투자자산처분 120 유형자산처분 130 기타비유동자산처분 140 유동부채수입 150 비유동부채수입 160 자본금수입 170 자본잉여금수입 180 유보자금	111-119 121-129 131-139 141-149 151-159 161-169 171-179 181-189	공통항목기재 〃 〃 〃 〃 〃 〃 〃
		190 기타자본적 수입	191-199	(공통)기타 자본적수입
지출	200 자본적 지출	210 재고자산취득	211-219	공통항목기재
		220 투자자산취득 230 유형자산취득 250 무형자산취득 260 비가동설비자산취득 270 유동부채상환 280 비유동부채상환	221-229 231-249 251-259 261-269 271-279 281-289	〃 〃 〃 〃 〃 〃
		290 기타자본직지출	291-299	(공통)기타자 본적지출
		800 예비비	801-809	예비비

자료: 2020년도 지방공기업 예산 편성기준(행정안전부)

3. 예산 편성근거

1 지방 직영기업

지방공기업의 예산 편성근거는 「지방공기업법」이다. 지방 직영기업은 「지방공기업법」 제23조(예산의 편성)에 근거하여 예산을 편성하며 내용은 다음과 같다. '① 지방 직영기업은 합리적인 원가기준에 따라 경비를 산정하여 예산에 계상(計上)하여야 한다. ② 예산의 수입과 지출은 연도 중의 기업의 재정집행 상황에 비추어 합리적으로 계상되어야 한다. ③ 지방자치단체의 장은 지방자치단체의 일반회계 및 다른 특별회계의 예산편성 지침과 구분하여 지방 직영기업의 예산편성 기본지침을 행정안전부장관이 정하는 기준에 따라 매년 작성하여 전년도 7월 31일까지 지방 직영기업에 알려야 한다.'로 정의하고 있다. 제25조에서는 '예산의 내용에 대해 정의하고 있으며, 지방 직영기업의 예산은 예산총칙과 해당 지방 직영기업의 사업운영계획에 따라 작성한 다음 각호의 사항을 내용으로 한다.'고 정의하고 있다. 다음 각호의 내용은 다음과 같다. 1. 해당 사업연도의 수익 · 비용에 관한 수익적(收益的) 수입과 지출에 관한 예정. 2. 해당 사업연도의 자산 · 부채 · 자본의 신규 증감액에 관한 자본적 수입과 지출에 관한 예정. 3. 사업예산 및 자본예산과 관련된 자금의 운영계획 등 사업예산, 자본예산, 자금운영계획 등을 말한다.

2 지방공사 · 공단

지방공사(공단)의 예산편성 근거는 「지방공기업법」 제65조 및 제66조의2에 의한다. 제65조(예산) ①항에서는 '지방공사(공단)의 사장(이사장)은 매 사업연도의 사업계획 및 예산을 해당 사업연도가 시작되기 전까지 편성하여야 한다.'고 규정하고 있다. 또한, 법 제66조의2(예산 · 결산에 관한 공통기준)에서는 '행정안전부장관은 공사(공단)의 예산 및 결산에 공통적으로 적용하여야 할 사항에 관한 기준(지방공기업 예산편성 기준)을 작성하여 통보할 수 있다.'고 정의하고 있어 행정안전부에서는 지방공기업이 공통적으로 사용할 수 있는 예산편성기준을 작성하여 지방공기업에 통보하도록 규정하고 있다. 이 조항을 근거로 행정안전부에서는 지방공사 및 공단에 예산편성기준을 작성하여 통보하며, 통보된 예산편성기준을 근거로 지방공사 및 공단은 예산을 편성하게 된다. 법 제65조 및 66조의2는 다음과 같다.

제65조(예산)	① 공사의 사장은 매 사업연도의 사업계획 및 예산을 해당 사업연도가 시작되기 전까지 편성하여야 한다.
제66조의2 (예산·결산에 관한 공통기준)	① 행정안전부장관은 공사(공단)의 예산 및 결산에 공통적으로 적용하여야 할 사항에 관한 기준을 작성하여 통보할 수 있다. ② 공사의 예산 및 결산의 제출 및 운영에 필요한 사항은 제1항의 공통기준의 범위에서 지방자치단체의 장이 정한다.

지방공사 및 지방공단이 국가 및 지방자치단체에 사업 운영에 필요한 비용을 부담할 수 있도록 할 수 있는 근거는 「지방공기업법」에 규정되어 있다. 법 제71조(대행사업의 비용 부담) '① 공사(공단)는 국가 또는 지방자치단체의 사업을 대행할 수 있으며, 이 경우에 필요한 비용은 국가 또는 지방자치단체가 부담한다.'이다. 이를 근거로 지방공사 및 공단은 사업 운영에 필요한 예산을 편성하여 국가 및 지방자치단체에 요구하게 된다.

4. 예산 편성원칙

지방공기업 중 지방공사·공단에 대하여 행정안전부장관은 「지방공기업법시행령」 제60조(예산에 관한 공통기준) ①항과 ②항에 근거하여 공통기준(지방공기업 예산편성기준)을 수립 후 지방공기업별 예산 편성지침을 전년도 6월 30일까지 지방자치단체의 장에게 통보하고 지방자치단체의 장은 법 제66조의2, ②항의 규정에 의거 해당 지방공기업에 예산편성지침을 작성하여 통보한다. 행정안전부장관은 지방공기업 예산편성기준 수립 시 지방공기업별 경영책임성, 경영효율성, 재무건전성이 반영될 수 있도록 예산편성기준을 수립하여 통보한다. "2020년도 지방공기업 예산편성기준(행정안전부)"에서 정하고 있는 예산 편성원칙은 재정건전성 강화, 독립채산의 원칙, 발생주의 원칙, 이익잉여금 처분, 지방공사·공단의 여유금 운용 및 타법인 출자, 에너지 절약 용역사업, 지방채 및 사채발행, 등 크게 7가지로 정의하고 있으며, 그 내용은 다음과 같다.

1 재정건전성 강화

지방공기업의 재정건전성 확보를 위한 원칙이며, 재정건전성 강화의 주 내용은 예산편성의 효율성 강화 및 예산집행의 투명성 강화, 부채관리의 적정성 확보, 중장기 경영(재무)관리 계획수립, 지방공사 사업 경영의 책임성 확보를 위한 사전심사 검증 강화 등이다. 세부 내용으로는 ① 지출예산의 최소편성, 수입예산 적정편성 등을 통한 예산편성의 효율성 강화. ② 업무추진비 집행 시 집행사유 기재, 원자재 가격 하락에 따른 사업비 감소 시 예산 감액조정, 수의계약 축소를 통한 경쟁 확대, 외부회계감사, 개별 통합경영공시 공개 등 강화를 통한 예산집행의 투명성 강화. ③ 부채중점관리기관 선정 및 부채감축 목표관리제 시행 및 지방공사채 발행·운영기준에 따라 발행 한도를 연도별 부채 목표비율과 연계하여 공사채 발행 및 사후관리를 통한 부채관리의 적정성 확보. ④ 지방 직영기업(상하수도), 지방공사는 해당 연도를 포함한 5회계 연도 이상의 중장기 경영(재무)관리계획을 수립하며, 중장기 경영관리계획에는 다음의 내용이 포함되도록 권고하고 있다. 첫째, 5회계 연도 이상의 중장기 경영목표 포함. 둘째, 사업계획 및 재정 운용방안. 셋째, 경영적자의 증감에 대한 전망과 그 근거 및 개선계획 등이 포함된 경영관리계획. 넷째, 전년도 중장기경영관리계획 대비 변동사항, 변동요인 및 관리계획 등에 대한 분석·평가. 다섯째, 그 밖에 지방 직영기업의 경영과 관련된 사항으로서 대통령령으로 정하는 사항 등이다. ⑤ 신규 투자사업 및 타 법인에 대한 출자 시 타당성 검토 및 자치단체장보고 및 지방의회 의결 등 지방공사의 사업 경영의 책임성 확보를 위한 사전심사 검증강화 등이 재정건전성 강화의 주 내용이다. 지방공기업은 이러한 기준을 근거로 예산을 편성하도록 정하고 있다.

2 독립채산의 원칙

"독립채산(獨立採算)"이란 산하기관의 재정을 모 기관의 재정으로부터 분리하여 운영하는 것을 말하며, 지방공기업의 재정이 지방자치단체의 재정에서 분리하여 독자적으로 경영되는 것을 의미한다. 「지방공기업법」 제14조(독립채산) 1항에서는 '지방 직영기업의 특별회계에서 해당 기업의 경비는 해당 기업의 수입으로 충당하여야 한다.'로 정의되어 있다. 지방 직영기업은 「지방공기업법」 제14조와 관련하여 독립채산제로 운영되어야 한다. 하지만, 지방 직영기업의 경우 당해 수입으로 비용을 충당하기 어려운 부분이 있으며, 당해 수입으로 비용을 맞추기 위해서는 원가에 맞게 공공요금 및 시설이용료의 인상이 필요하다. 이용료의 인상 없이 이러한 부분을 해결하기 위해 법 제14조(독립채산)에서는 예외 규정도 마련하고 있다. 법 제14조 1호 및 2호에서 정하고 있으며, 그 내용은 다음과 같다. 첫째, 경비의 성질상 지방 직영기업의 수입으로 충당하는 것이 적당하지 아니한 경비. 둘째, 지방 직영기업의 성질상 그 경영으로 생기는 수입만으로 충당하는 것이 객관적으로 곤란하다고 인정되는 경비 등이 그것이다. 이러한 경비는 해당 지방자치단체의 일반회계나 다른 특별회계가 부담금이나 그 밖의 방법으로 부담할 수 있는 근거를 마련하고 있다. 이러한 독립채산을 추진하기 위해 ① 수지 균형에 의한 재정적 자주성 확보, ② 일반회계 등의 경비부담(지방 직영기업), ③ 대행사업 등에 따른 비용부담(지방공사 · 공단) 등의 원칙을 정립하였다. 세부내용으로는 수지균형에 의한 재정적 자주성 확보의 주요내용으로는 일반 행정과 구별하여 지방 직영기업의 사업은 독립채산으로 계리되기 위해 별도의 특별회계로 설치 운영할 수 있으며, 지방공기업에서 제공되는 서비스는 개인별 혜택의 귀속 여부에 따라 수익자 부담원칙을 적용한다. 또한, 거액의 건설비가 충당되어야 하는 경우 지방 직영기업은 지방채(地方債)를, 지방공사 · 공단은 공단채(公團債)를 발행하여 수요자의 부담을 여러 해에 나누어 분산시킬 수 있도록 정하고 있다. 지방공사 · 공단의 경우 국가 또는 지방자치단체의 사업을 대행할 수 있으며, 이 경우에 필요한 비용은 국가 또는, 지방자치단체가 부담하여야 한다고 정하고 있다.

3 발생주의 원칙

"발생주의(發生主義)"란 기업 회계의 기본 원칙의 하나이며 기업에서 운영 · 관리하는 자산 · 부채 · 자본의 증감이나 수익과 비용의 기록을 그 발생 사실에 따라서 행하는 행위를 말한다. 수익과 비용은 발생한 연도에 할당되도록 처리하는 회계 방식을 말하며, 지방공기업에서는 이러한 발생주의를 적용하고 있다. 지방공기업의 발생주의 회계처리의 근거는 「지방공기업법」에 명시되어 있다. 「지방공기업법」 제16조(회계처리의 원칙) 1항에는 '지방 직영기업의 특별회계는 경영성과 및 재무 상태를 명확하게 하기 위해 재산의 증감 및 변동(이하 "회계거래"라 한다)을 발생 사실에 따라 회계처리 한다.'로 규정하고 있다. 지방 직영기업은 발생주의 원칙을 적용하고 있으며, 지방공사 및 공단은 「지방공기업법」 제64조의2(회계처리의 원칙 등) ① 공사는 경영성과 및 재무 상태를 명확히 하기 위하여 회계거래를 발생 사실에 따라 기업회계 기준에 따라 회계처리한다. 이를 근거로 지방공기업에서는 수익은 실현주의 원칙에 따라 그 수익을 조사 결정한 날이 속하는 연도로 하며, 비용은 발생주의 원칙에 따라 지급을 수반하는 비용에 대하여는 채무가 확정된 날이 속하는 연도로 한다. 발생주의에 따른 예산편성 시 수입예산은 재화 및 서비스 공급의 공급량과 요율·공급가격 조정계획을 감안 요금수입 등 사업수익을 적정하게 계상하며, 지출예산은 예산편성 단계부터 사업계획 등을 면밀히 검토하여 불용액 과다 발생 등 재원이 사장(死藏)되는 사례가 없도록 편성하는 것을 원칙으로 하고 있다.

4 이익잉여금 처분

"이익잉여금(利益剩餘金)"이란 기업의 영업활동에서 생긴 순이익이며, 지방공기업에서는 결산 결과 이익이 생긴 경우 이익준비금 적립 등 관련 절차에 따라 처분하여야 한다. 지방공기업 중 지방 직영기업과 지방공사가 해당하며 관련 근거로는 「지방공기업법」 제17조(출자 등), 제37조(이익의 처리), 제67조(손익금의 처리) 등이다. 제17조와 제37조는 지방 직영기업과 관련한 법적 근거로 제17조(출자 등) ①항과 ②항에서는 지방자치단체 및 지방 직영기업의 출자에 대한 근거를 마련하고 있고 제37조(이익의 처리)에서는 이익금 발생 시 처리에 대한 법적 근거를 확보하였다. 이에 근거하여 지방 직영기업은 이익잉여금을 처리하도록 하고 있다. 제67조(손익금의 처리)는 지방공사의 이익잉여금 처분의 법적 근거로 제67조(손익금의 처리) '① 공사는 결산 결과 이익이 생긴 경우에는 그 이익금을 다음 각호의 순서에 따라 처리한다.'고 정의하고 있다. 각호는 첫째, 전 사업 연도로부터 이월된 결손금이 있으면 결손금을 보전하여야 하며, 둘째, 대통령령으로 정하는 바에 따라 이익준비금으로 적립한다. 셋째, 대통령령으로 정하는 바에 따라 감채적립금으로 적립하고, 넷째, 이익을 배당하거나 정관으로 정하는 바에 따라 적립한다. 위의 순서를 기준으로 지방공사에서는 손익금을 처리하게 된다.

5 여유금 운용 및 타법인 출자

"여유금"이란 통상적인 기업 활동을 위해 필요한 기본적인 자금을 제외한 모든 자금을 통칭하는 것이며, 이익잉여금과 투자 사업비 등도 포함한다. 이러한 여유금에 대한 운용 및 타 법인 출자에 대한 법적 근거는 「지방공기업법」 제54조, 제69조, 제76조이다. 법 제54조(다른 법인에 대한 출자)는 지방공사·공단의 타법인 출자에 대한 내용으로 해당 공사의 관할 지방자치단체장의 승인 후 타 법인에 출자할 수 있는 법령이며,

법 제69조(여유금의 운용)에서는 지방공사의 여유금운용에 대한 내용으로 국채, 또는 지방채의 취득과 한국은행 또는 그 밖의 금융회사에의 예입 외 여유금 운용 제한에 대한 근거이다. 지방공사 및 공단의 여유금 운용 및 타 법인 출자 시에는 관계 법령의 기준을 따라야 하며, 관계 법령 및 예산편성 원칙의 근본취지는 지방공사 및 공단은 공공복리증진을 위하여 특정사업 수행을 목적으로 설립되어 그 성격상 수익성만을 추구할 수 없으며 공공복리증진을 위한 국민의 기관으로 주식이나 사채의 투자는 지방공기업 설립 취지에 위배되므로 이를 금지하여 지방공기업 나아가 출자자인 지방자치단체의 재정손실을 사전에 예방하기 위한 것으로 해석된다.

6 에너지 절약 용역사업

지방공기업에서 관리·운영하는 사업을 효율적으로 운영하기 위한 예산편성 원칙으로서 에너지 절약 전문기업을 활용하여 에너지 사용을 최소화하기 위한 기준이다. 에스코사업(기업)은 정부로부터 정책자금 및 기술을 제공받아 태양광 설비, 열 병합 발전기, 절전형 전구 등 에너지 절약시설을 설치해 준 뒤 여기서 발생하는 에너지 절감액으로 투자비와 이윤을 회수하는 사업(기업)을 가리킨다. 에너지 사용자는 별도의 투자비를 들이지 않고 고효율의 에너지 절약시설을 설치하고 설치한 시설에서 절감되는 에너지 절약분에 대해 설치비와 이윤을 설치기업에 제공하는 방식을 "에스코사업"이라 한다. 에너지 절약 용역사업의 법적 근거는 기획재정부의 에너지절약전문기업(ESCO) 활성화방안, 산업통상자원부의 에너지 개발 및 대체에너지 보급 및 융자계획, 환경부의 「자연환경보전법시행령 및 시행규칙」이다. 에너지 사용 절감을 위한 범정부적 시책이다. 이러한 에너지 절약 용역사업 참여를 위해 지방공기업에서는 「국가를 당사자로 하는 계약에 관한 법률 시행령」 제69조(장기계속 계약 및 계속비 계약) 규정을 준용하여 계약하고 공공운영비 및 동력비에 예산을 계상한 후 에너지절약전문기업과의 성과배분계약에 따른 설비투자 상환금은 공공요금의 절약액 범위 내에서 예산을 집행한다. 지방공기업에서 운영하는 체육시설에 주로 사용되는 에스코사업은 폐열을 이용하여 가스 사용량을 절감하는 폐열회수기와 대체육관 및 수영장 등 층고가 높은 곳에 설치되어 있는 전등을 LED(전등)로 교체하는 사업 등이다.

7 지방채 및 사채발행

"지방채(地方債)"는 지방자치단체가 지방재정의 건전한 운영과 공공의 목적을 위해 재정상의 필요에 따라 발행하는 공채(公債)를 말한다. 지방채의 발행기관은 특별시·광역시·도 등 광역자치단체와 시·군·구 등 기초자치 단체이며, 지방채의 법적 근거는 「지방재정법」에 규정되어 있다. 「지방공기업법」에서는 「지방재정법」을 근거로 지방 직영기업과 지방공사에 대한 지방채와 공사채(공단채)를 발행할 수 있는 근거를 마련하였고 이를 근거로 예산편성원칙을 시행하고 있다. 「지방공기업법」 제19조(지방채 등)에서는 지방 직영기업에 대한 지방채 발행에 관한 내용을 정하고 있으며, 주요 내용은 다음과 같다. 1항 '지방자치단체는 다음 각호의 어느 하나에 해당하는 경우 해당 지방 직영기업의 특별회계 부담으로 지방채를 발행할 수 있다.'로 규정하고 경상적(經常的)인 운전자금, 회전기금(回轉基金), 건설비 또는 개량비에 충당하거나 유사 사업의 매수 자금으로 필요한 경우에 지방채를 발행할 수 있다고 정의하고 있다. "2020년도 지방공기업 예산편성기준(행정안전부)"에서 지방자치단체가 지방채 발행을 승인할 수 있는 경우를 3가지로 규정하고 있으며, 그 내용은 다음과 같다. 첫째, 경상적인 운전자금에 충당하는 데 필요한 경우. 둘째, 회전기금의 재원에 충당하기 위하여 필요한 경우. 셋째, 건설비 또는 개량비에 충당하거나 유사 사업의 매수자금으로 필요한 경우 등이다. 「지방공기업법시행령」에서는 발행하고자 하는 지방채가 일정기준을 초과할 때는 사전 행정안전부장관의 승인을 받아야 한다고 정하고 있으며, 지방채를 발행하기 위해서는 기관별 중기재정계획에 반영하고 투·융자심사를 거친 사업에 한하여 발행승인 신청을 하도록 정하고 있다. 「지방공기업법」 제68조(사채 발행 및 차관)에서는 지방공사의 사채 발행에 관해 규정하고 있으며, 주요 내용은 다음과 같다. 제68조 1항에서는 '지방공사는 지방자치단체장의 승인을 받아 사채를 발행하거나 외국 차관을 할 수 있다.' 고 명시하고 있다. 사채 발행의 한도에 대하여는 대통령령으로 정한다고 규정되어 있다. 지방공사채 및 공단채(차입포함)는 지방자치단체장의 승인을 얻은 범위 내에서 발행할 수 있다. "지방공사채 발행·운영기준(행정안전부, 2018)"에 따라 발행 및 관리를 하며, 공사채 발행 시 신청서에는 다음과 같은 내용이 포함되어야 한다.

신청서 기재사항(공사채)	① 사채의 발행목적, ② 사채의 발행 시기, ③ 발행총액(사채의 권면액을 수종으로 하여 발행하는 경우에는 각 권 종별 발행총액), ④ 이율, ⑤ 원금의 상환방법 및 기한, ⑥ 이자의 지급방법 및 기한, ⑦ 모집 및 인수방법

행정안전부에서는 지방공기업의 부분별한 지방공사채 등의 발행을 예방하기 위해 지방공사채 발행에 대한 운영기준을 마련하여 시행하고 있다. 「지방공기업법」상 증권발행의 방법에 의한 채무행위에 대하여 지방공사의 경우는 "사채", 지방공단은 "공단채"로 명시한다. 실무적으로는 사채+차입금을 "공사채"로 보며, 지방공사·공단이 그 재정상의 필요 또는 관계 법령이 정하는 바에 따라 금융기관 등에서 차입하는 모든 유형의 사본과 토지재권을 통칭한다. 지방공사채 발행대상 단체는 「지방공기업법」에 의한 지방공사 및 공단이며, 지방 직영기업의 경우 지방자치단체가 특별회계 부담으로 지방채를 발행한다.

"2018년도 지방공사채 발행·운영기준(행정안전부)[10]"에서는 지방공사채 발행 대상사업을 다음과 같이 정하고 있다. 먼저 「지방공기업법」 제2조(적용범위)에서 정하고 있는 각호의 사업과 당해 지방자치단체의 조례, 공사·공단의 정관에서 규정하고 있는 사업인 궤도사업, 자동차운송사업, 지방도로사업(유료도로사업), 주택사업, 토지개발사업 등을 말한다. 또한, 정부 시책의 원활한 추진을 위해 필요한 사업(임대 APT 건립 등), 「공유재산 및 물품 관리법」에 의한 자치단체의 위탁개발사업, 사업성 검토 결과 사업 전망이 양호한 사업, 사업물량의 증가에 따라 추가 재원이 필요한 사업, 기(旣) 발행한 공사채의 차환, 천재지변(天災地變)으로 인한 재해 등 예측할 수 없는 수입결함의 보전 등의 사업을 말한다. 행정안전부에서는 지방공사채 발행 대상 사업과 함께 배제사업에 대해서도 그 기준을 정하고 있으며, 배제사업은 사업 전망이 불투명한 사업으로 당해 연도에 사업발주가 어렵거나 부동산 경기침체 등으로 사업추진 시기가 적정치 못한 사업과 공사채 발행조건이 적정치 못한 사업으로 상환조건이 장기간임에도 이자부담이 큰 공모 또는 사모 사채로 발행하는 사업을 지방공사채 발행 배제사업으로 정하고 있다. 또한, 중장기 사업계획 미반영, 이사회 의결을 거치지 않은 사업, 전액을 공사채 발행으로 충당하는 사업, 도시철도 운영손실 보전 및 운영에 필요한 시설투자목적 사업을 배제사업으로 정하고 있다. 사채 발생 시 행정안부장관의 사전 승인 대상 사업을 다음과 같이 정하고 있다. 「지방공기업법」 제68조(사채발행 및 차관) 3항에서는 '지방자치단체의 장은 제1항에 따라 발행되는 사채가 대통령령으로 정하는 기준을 초과하는 경우에는 제1항에 따른 승인 전 미리 행정안전부장관의 승인을 받아야 한다. 이 경우 대통령령으로 정하는 기준은 공사의 부채비율, 경영성과 등을 고려하여야 한다.'고 규정하고 있으며, 「지방공기업법」 시행령 제62조(사채발행) 4항에서는 법 제68조 제3항 전단에서 대통령령이 정하는 기준을 초과하는 경우라 함은 3가지로 정하고 있다. 첫째, 사채발행 승인 신청 당시 사채발행예정액을 합산한 부채비율이 100분의 200 이상인 경우. 둘째, 최근 3년 이상 계속하여 당기순손실이 발생한 경우. 셋째, 사채발행 예정액이 300억 원 이상인 경우이다.

---

10) 지방공사채 발행·운영기준의 대상기관은 「지방공기업법」(이하 '법')에 의한 지방공사 및 지방공단이며, 지방직영기업의 경우 지방자치단체가 특별회계 부담으로 지방채를 발행할 수 있도록 규정하고 있다(법 제19조). 지방공사채는 지방공사·공단이 그 재정상의 필요 또는 관계법령이 정하는 바에 따라 금융기관 등에서 차입하는 모든 유형의 자본과 토지채권을 통칭한다.

5. 예산 편성절차

1 법적 근거

　지방 직영기업의 예산 편성 근거는 「지방공기업법」 제23조(예산의 편성)이며, ①항에서는 '지방 직영기업은 합리적인 원가 기준에 따라 경비를 산정하여 예산에 계상하여야 한다.'로 정의하고 있다. ③항에서는 '지방자치단체의 장은 지방자치단체의 일반회계 및 다른 특별회계의 예산 편성지침과 구분하여 지방 직영기업의 예산 편성 기본지침을 행정안전부장관이 정하는 기준에 따라 매년 작성하여 전년도 7월 31일까지 지방 직영기업에 알려야 한다.'로 정하고 있다. 지방 직영기업은 위 근거를 바탕으로 예산을 편성하게 되는 것이다.

　지방공사 및 공단은 같은 법 제65조(예산) 1항 '공사의 사장은 매 사업연도의 사업계획 및 예산을 해당 사업연도가 시작되기 전까지 편성하여야 한다.'로 정의하고 있으며, 2항에서는 제1항에 따라 편성된 예산은 지방공사 및 공단의 이사회 의결로 확정되며, 예산이 확정된 후에 생긴 불가피한 사유로 예산을 변경하는 경우에도 이사회 의결을 받도록 하고 있다. 「지방공기업법」 제26조(예산안의 제출) 1항에서는 '지방자치단체의 장은 지방 직영기업의 관리자가 작성한 예산안을 조정하여 사업연도가 시작되기 전 의회에 제출하여 의결을 받아야 한다.'로 규정하고 있어, 지방 직영기업의 예산은 지방의회의 의결로 확정되는 것을 알 수 있다. 지방공사(공단)는 같은 법 제65조(예산) 제2항에서 기준을 정하고 있으며, 그 기준은 '제1항에 따라 편성된 예산은 이사회의 의결로 확정된다.'로 정의하고 있다. 지방공사(공단)의 이사회 의결에 의해 차기 연도의 예산이 확정되어야 하나 일부기관에서는 지방공사(공단)의 사장(이사장)이 지방의회에 참석하여 지방자치단체의 예산심의 및 의결 절차에 준하여 해당 기관의 예산을 지방의회의 심의를 받는 경우도 있다. 이는 해당 지방자치단체의 조례 또는 의회의 업무에 포함되거나 관례상 이행되는 경우에 해당할 것이다. 같은 법 제66조의2(예산 결산에 관한 공통기준) 1항에서는 '행정안전부장관은 공사의 예산 및 결산에 공통적으로 적용하여야 할 사항에 관한 기준을 작성하여 통보할 수 있다.'로 규정하고 있어 이를 근거로 매년 "지방공기업 예산 편성기준"이라는 공통기준을 마련하여 지방자치단체 및 지방공기업에 통보하고 있다. 지방공기업에서는 이를 근거로 차기년도에 대한 예산을 편성·운영하며 예산편성 절차는 아래와 같다.

2 예산편성 및 확정절차

　지방 직영기업의 경우 관리자가 예산안을 작성 및 제출하고 지방자치단체의 장은 제출된 예산안에 대하여 검토 및 조정을 하게 된다. 예산 검토 후 조정이 필요할 경우 행정안전부장관이 작성한 "지방공기업 예산편성기준(행정안전부, 2020)"에서는 지방자치단체장은 지방 직영기업 관리자의 의견을 들어야 한다고 기준을 설명하고 있다. 지방 직영기업과 해당 지방자치단체의 예산안 조정이 완료되면 지방자치단체의 장은 해당 직영기업의 예산안을 해당 지방의회에 제출하게 된다. 시·도에서 운영하는 지방 직영기업의 경우에는 회계연도 개시 50일 전, 시·군에서 운영하는 지방 직영기업의 경우에는 회계연도 40일 전까지 지방의회에 예산안을 제출하게 된다. 제출된 예산안은 지방의회에서 심의 및 의결을 통해 예산을 확정하게 되며, 지방의회에서 예산이 확정되게 되면 지방자치단체의 장은 지방의회에서 승인된 예산에 대해 고시하게 된다. 고시는 지방의회에서 이송된 후 즉시 시행해야 하며 이송은 지방의회 의결 후 3일 이내 완료하여야 한다. 지방 직영기업의 경우 위에서 설명한 바와 같은 절차를 통해 차기년도의 예산이 최종 확정이 되며, 확정된 예산으로 직영기업을 운영할 수 있으며, 직영기업에서는 예산안 제출 시 해당 직영기업의 사업운영계획, 사업예산 및 자본예산의 사항별 설명서, 급여비명세서, 계속비에 관한 조서, 채무부담행위에 관한 조서, 예정재무상태표 및 예정손익계산서 등의 부속서류를 제출하여 예산에 대한 심의를 받는다.

지방공사 및 공단의 예산편성 및 확정절차는 지방공사(공단)의 사장(이사장)은 해당 기관의 예산안을 작성하고 작성된 예산안을 해당 기관의 이사에게 이사회 개최 30일 전 예산안을 송부한다. 해당 기관의 이사회 이사들은 송부된 예산안을 검토하고 이사회 개최 시 예산안에 대한 의결을 통해 예산을 확정하게 된다. 이사회에서 의결된 예산에 대해 지방공사의 사장(이사장)은 해당 지방자치단체의 장에게 보고한다. 지방자치단체의 장은 보고된 해당 지방공사(공단)의 예산안이 법령에 위반되거나 공통기준에 위배된다고 인정되는 경우 시정명령을 명할 수 있다. 공통기준 위반사례는 지방자치단체의 승인을 받지 않은 인력의 증가, 또는 급여의 인상, 수당 항목 신설 등이며, 시정 명령을 받은 지방공사(공단)의 사장(이사장)은 특별한 사유가 없는 한 지체 없이 예산을 수정하고 이사회의 재의결을 받아야 한다.

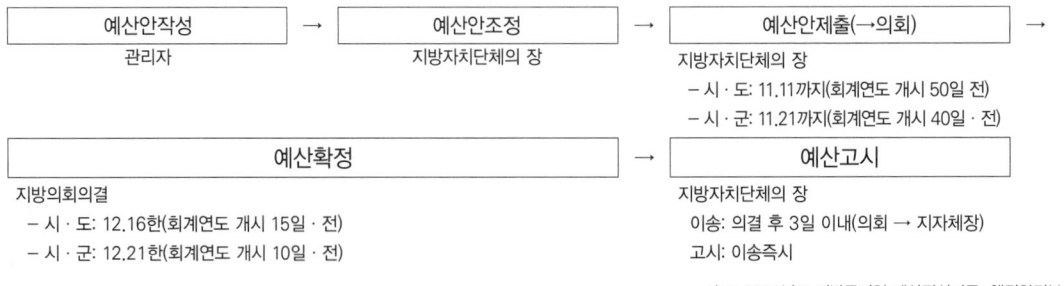

〈그림 3-4-1〉 예산 편성 및 확정절차(지방 직영기업)

예산안작성	→	사업계획 및 예산안 송부	→	예산확정	→	보고
공사·공단의 장		- 공사·공단의 장 → 각 이사 - 이사회 개최 30일 전까지 (추경 시는 7일 전까지)		이사회의결		공사·공단의 장 → 자치단체장

자료: 2020년도 지방공기업 예산편성기준, 행정안전부

〈그림 3-4-2〉 예산 편성 및 확정절차(지방공사·공단)

3 예산편성 결과보고

「지방공기업법」 제73조(감독 등) 제2항에서는 '행정안전부장관은 공사(공단)의 업무, 회계 및 재산에 관한 사항을 검사할 수 있으며, 공사(공단)에 필요한 보고를 명할 수 있다.'로 규정하고 있다. 이때 보고사항으로는 예산규모(수입, 지출), 주요경비(인건비, 업무추진비, 복리후생비, 관서업무비 등) 편성현황, 예정 손익규모, 외부자금 차입 및 상환계획 등이다. 보고 기한은 회계연도 개시 후 1월 이내이며, 보고 절차는 공기업에서 설립 지방자치단체, 설립 지방자치단체에서는 시·도, 시·도에서는 행정안전부로 보고하게 된다.

6. 예산 운영기준

1 예산의 이용

지방공기업의 예산은 관, 항, 세항, 목으로 구분되어 편성된다. 이러한 예산을 이용하기 위해서 예산의 이용에 대한 지침·기준을 마련하여 시행하고 있다. 예산의 이용 관련 규정은 「지방재정법」 제47조(예산의 목적 외 사용금지와 예산 이체) 1항이다. 1항 조문은 '지방자치단체의 장은 세출예산에서 정한 목적 외의 용도로 경비를 사용하거나 세출예산에서 정한 각 정책사업 간에 서로 이용할 수 없다. 다만, 예산 집행에 필요하여 미리 예산으로서 지방의회의 의결을 얻었을 때에는 이용할 수 있다.'로 정의하고 있다. 예산의 이용은 "항(사업별 예산체계에서는 "정책사업"에 해당)" 간에 예산을 상호 융통하여 사용하는 것을 말하며, 관, 항, 세항, 목 중 "항"은 입법과목에 해당한다. 따라서 항에 해당하는 예산을 집행하기 위해서는 집행부의 재량사항이 아니므로 지방의회(이사회)의 승인을 얻어야 사용할 수 있도록 정하고 있다. 지방공기업의 장은 지출예산에 정한 목적 외에 경비를 사용하거나 지출예산이 정한 각 "항" 간에 상호 이용할 수 없다. 다만, 예산집행상 필요에 의하여 미리 예산으로서 지방의회(이사회)의 의결을 얻었을 때에는 이용이 가능하다 (2020년도 지방공기업 예산편성기준, 행정안전부).

2 예산의 전용

"예산의 전용"이라 함은 확정된 예산에서 같은 항에 속하는 목의 금액을 서로 융통하여 사용하는 것을 말하며, 「지방공기업법」 제29조(예산의 전용)에서는 '관리자는 예산집행에 필요한 경우 예산총칙에서 정하는 과목(科目)을 제외하고는 세출예산의 각 세항(細項) 및 목(目) 경비를 전용할 수 있다.'고 정의하고 있다. 이러한 예산 집행에 있어서 전용이란 동일한 "항" 내의 "세항(사업별 예산체계에서는 "단위사업"에 해당)" 및 동일 "세항" 내 "목" 간 예산을 변경하여 사용하는 것을 의미하며, 관리자 또는 사장(이사장)은 각 "항" 내의 예산 범위 안에서 "세항" 간 금액의 전용을 할 수 있는 것이다. 전용범위는 "항" 내 "세항" 간 예산의 전용이나 동일 "세항" 내 "목" 간 전용할 수 있는 범위이다. 하지만 원칙적으로 예산은 편성 시에 사업의 계획이나 전망 등을 면밀히 분석하고 예측하여 당초 예산이 정한 목적과 내용대로 집행하게 하는 것이 가장 바람직하나, 예산은 어디까지나 예정적인 계획이므로 예산의 집행 과정에서 부분적인 계획의 변동이나 여건의 변동 등이 있을 수 있게 된다. 이때 원만한 사업운영을 위해 필요한 것이 예산 전용이다. 하지만 이러한 예산 전용에서도 제한되는 예산이 있는데 다른 목으로 전용할 수 없는 경우는 인건비관련 비목, 차입금원금상환, 차입금이자상환, 기타유동부채상환, 기타비유동부채상환 등은 전용이 제한되는 목이다. 다른 목에서 전용 받을 수 없는 경우는 업무추진비로서 업무추진비는 다른 목에서 전용하여 확대 집행할 수 없도록 규정되고 있다(2020년도 지방공기업 예산편성기준, 행정안전부).

3 예산의 조정

"예산의 조정"은 동일 "목" 내 "세목" 간 예산을 관리자(부서의 장) 책임하에 상호 융통하여 사용하는 것을 조정이라 한다. 이때 관리자(부서의 장)의 기준은 지방 직영기업의 경우 기초 자치단체는 관리자, 광역자치단체는 부서의 장, 지방공사·공단의 경우는 부서장으로 하되 부서장의 범위는 각 기관별 내부규정으로 정하도록 하고 있다. 사업담당자는 예산조정 내역서를 작성, 관리자(부서의 장)가 결정하여 조정 사용할 수 있다. 이러한 예산의 조정절차, 조정제한, 조정범위는 다음과 같다. 먼저 예산의 "조정절차"는 "예산의전용" 절차와 동일하며, 다만 조정의 승인권자는 지방 직영기업의 경우 관리자, 지방공사·공단의 경우는 부서장으로 하되 부서장의 범위는 각 기관별 내부규정으로 정하여 운영한다. "조정제한"은 조정된 예산에 대해 재조정하는 것은 불가하며, 예산의 전용에 따른 범위와 제한요건을 준용하여야 한다. "예산의 조정범위"는 동일한 "목" 내 "세목" 간 조정하도록 기준을 정하고 있다(2020년도 지방공기업 예산편성기준, 행정안전부).

4 예산의 이체

「지방재정법」 제47조(예산의 목적 외 사용금지와 예산 이체) 제2항에서는 예산의 이체와 관련하여 '지방자치단체의 기구·직제 또는 정원에 관한 법령이나 조례의 제정·개정 또는 폐지로 인하여 관계 기관 사이에 직무 권한이나 그 밖의 사항이 변동되었을 때에는 그 예산을 상호 이체(移替)할 수 있다.'로 정의하고 있다. 이체(移替)는 서로 바꾼다는 의미로서 '예산을 서로 바꾼다.'의 의미이다. 예산의 이체는 회계 연도 중 예산편성 시 고려하지 못한 기구·직제·정원에 관한 법령이나 조례, 내부규정의 제정, 또는 개폐 등으로 인하여 관계기관 사이에 직무권한, 기타의 변동이 발생했을 경우, 그 예산을 이체하여 사용할 수 있는 경우를 말한다. 이러한 이체는 사업의 목적·내용이 변경되는 사항이 아니고 직무권한의 변동이 있는 사항으로 지방의회(이사회) 심의 대상은 아니다. 이체의 방법은 조직의 명칭만 변경되었을 경우에는 기존의 "항·세항"은 그대로 사용하므로 이체의 대상은 아니며, 하나의 조직이 2개 이상으로 분할된 경우, 한 부서에서는 기존의 "항·세항"을 사용하고 다른 부서는 새로운 "항·세항"을 신설한다(신규 사업으로 처리). 2개 이상의 부서가 하나의 부서로 통합되는 경우, 각각의 부서의 "항·세항"을 통합부서에서 그대로 사용하면 된다. 이러한 예산의 이체절차로는 사업부서에서 기구 및 정원 등 조직의 개편으로 인하여 이체사유가 발생하면 사업부서는 당해 연도 발생한 모든 새정 운영내역을 새로운 조직에 맞게 재편성하여 지출예산이체요구서를 작성하여 예산부서에 요구한다. 이체요구가 들어오면 예산부서에서는 해당 건에 대한 심사를 진행하고 해당기업의 관리자·사장(이사장)의 결정에 따라 결정된 내용을 관계부서(예산부서)로 통지하면 예산의 이체가 확정된다(2020년도 지방공기업 예산편성기준, 행정안전부).

5 예산 불성립 시 예산집행

「지방자치법」 제127조에서는 예산의 편성 및 의결과 관련한 내용을 정의하고 있다. 1항에서는 지방자치단체의 장은 회계연도마다 예산안을 편성하여 시·도는 회계연도 시작 50일 전까지, 시·군 및 자치구는 회계연도 시작 40일 전까지 지방의회에 제출하도록 하고 있으며, 이렇게 제출된 예산안에 대해 2항에서는 '제1항의 예산안을 시·도의회에서는 회계연도 시작 15일 전까지, 시·군 및 자치구의회에서는 회계연도 시작 10일 전까지 의결하여야 한다.'로 정의하고 있다. 지방의회에서는 지방자치단체에서 편성하여 제출한 예산에 대해 회계연도 시작 전까지 의결하여야 하나, 예산이 의결되지 않을 경우「지방자치법」제131조(예산이 성립하지 아니할 때의 예산집행)에 의거 예산을 집행할 수 있다. '지방의회에서 새로운 회계연도가 시작될 때까지 예산안이 의결되지 못하면 지방자치단체의 장은 지방의회에서 예산안이 의결될 때까지 다음의 목적을 위한 경비는 전년도 예산에 준하여 집행할 수 있다.'는 근거를 제시하고 있다. 집행할 수 있는 내용은 다음과 같다. 첫째, 법령이나 조례에 따라 설치된 기관이나 시설의 유지·운영. 둘째, 법령상 또는 조례상 지출의무의 이행. 셋째, 이미 예산으로 승인된 사업의 계속에 필요한 예산이다. 「지방재정법」에서도 예산 불성립 시의 예산 집행에 대한 내용을 설명하고 있다. 법 제46조(예산 불성립 시의 예산 집행) 2항에서는 '제1항에 따라 집행된 예산은 해당 회계연도의 예산이 성립되면 그 성립된 예산에 의하여 집행된 것으로 본다.'로 정의하고 있다. 이러한 예산 불성립 시 예산집행 기준의 집행 시기는 지방의회(이사회)에서 예산이 의결될 때까지이며, 집행규모는 전년도 예산에 준해 집행하도록 기준이 정해져 있다. 대상경비는 시설의 유지·운영 경비 및 지출의무가 있는 경비, 계속비, 사업비 등으로 시설의 현상유지와 경상적 운영을 위한 경비 및 일정한 시기에 지출의 의무가 있는 경비이다. 세부적인 대상경비의 항목은 다음과 같다. 인건비, 일반운영비, 여비, 업무추진비, 직무수행경비, 연금부담금 등, 계속비, 기타 사무 처리에 필요한 기본경비 및 기관·시설의 유지 운영에 소요되는 기본경비 및 지출의무가 있는 경비 등이다. 예산불성립 시 예산집행 절차는 경비의 집행에 대한 계획을 수립하고 경비를 집행하게 된다. 경비의 집행계획 수립은 대상경비에 대해 당해 연도 「지방공기업법」 예산편성 관련 규정에서 정한 예산과목 구분과 설정에 따라 집행계획을 수립·시행하며, 당해 연도 예산안 전년도 예산안, 당해 연도 준예산액이 상호 비교될 수 있도록 작성하고 당해 연도 예산안, 당해 연도 준예산액은 그 산출근거를 표시하도록 기준을 정하고 있다. 지방공기업에서는 법정 경비의 집행계획은 지방의회(이사회)에 제출 후 집행하고, 집행기한에 대한 별도제한이 없으므로 법정경비에 대하여 분기별, 월별 예산배정 및 자금배정을 통하여 집행하는 등 적절한 조치를 취하여야 한다(2020년도 지방공기업 예산편성기준, 행정안전부).

6 예산의 이월제도

「지방공기업법」 제30조에서는 예산의 이월에 대한 내용을 규정하고 있으며, 예산의 이월은 세출(지출)예산에 대한 내용이다. 제30조(예산의 이월) 1항에서는 '매 사업연도의 세출예산은 다음 연도로 이월하여 사용할 수 없다. 다만, 세출예산 중 다음 각호의 어느 하나에 해당하는 경비의 금액은 다음 회계연도로 이월하여 사용할 수 있다.'로 정의하고 있다. 이러한 예산의 이월 종류에는 건설개량이월, 사고이월, 계속비이월 등이 있으며, "건설개량이월"은 「지방공기업법」 제30조 제1항 제1호에서 규정한 '지방 직영기업의 시설을 건설 또는 개량하는 데에 필요한 경비로서 해당 연도에 지출원인행위를 하지 아니한 것 중 지방자치단체의 장의 승인을 받은 경비'이다. "사고이월"은 「지방공기업법」 제30조 제1항 제2호에서 규정한 '해당 연도에 지출원인행위를 하고도 부득이한 사유로 그 연도에 집행하지 못한 경비와 지출 원인행위를 하지 아니한 그 부대경비를 말한다.' 지방공기업에서의 사고이월예산은 사업연도 말(12.31.기준)까지 물품검수, 준공검사 등 채무가 확정되지 않은 경비에 대해 사고이월 하는 것을 말한다. "계속비이월"은 「지방공기업법」 제30

조 제4항에서 '관리자는 계속비의 연도별 소요경비 중 해당 연도에 지출하지 못한 금액은 사업 완성연도까지 차례로 이월하여 사용할 수 있다.'로 규정하고 있다. 계속비이월은 수 년도에 걸쳐 시행하는 사업의 경비에 대하여 일괄하여 지방의회(이사회)의 의결을 얻은 예산으로 계속비는 매 사업연도(5년 이내)의 연간부담액 중 당해 사업연도 내에 지출원인행위를 하지 아니하였거나 지급의무가 생기지 않았을 때에는 이것을 불용액으로 처리하지 않고 관리자(사장·이사장)가 그 금액을 계속비에 해당되는 사업의 완성연도까지 재차 이월하여 사용할 수 있다. 이러한 이월예산에 대하여는 다음연도의 예산에 계상하지 않고, 이월예산으로 배정된 것으로 보며 예산현액으로 관리하고, 이월예산의 구분관리는 예산부서에서 세목까지 확정하고 내부적으로 관리함을 원칙으로 한다.

7 당기순손익 처리

"당기순손익"이란 기업이 정해진 회계기간 동안 기업 활동을 통해 발생한 총수익에서 총비용을 제외한 순액을 말하는 것으로서 순액이 플러스일 경우 당기순이익, 마이너스일 경우에는 "당기순손실"이라 한다. 지방 직영기업의 경우 해당 사업 연도에 이익이 생긴 경우 전 사업 연도로부터 이월된 결손금이 있으면 그 이익금으로 결손금을 보전한다. 결손금을 보전하고도 이익금이 남을 경우 이익금에 대해서는 「지방공기업법 시행령」 제37조(이익의 처분)에서 규정하고 있는 '지방 직영기업은 매 사업연도에 생긴 이익으로 법 제37조 제1항의 규정에 의하여 전 사업 연도로부터 이월한 결손금을 보전한 후 잔액이 있는 때에는 그 잔액의 10분의 1 이상의 금액을 자본금의 2분의 1에 달할 때까지 이익적립금으로 적립하여야 한다.'는 기준에 의해 처리되어야 한다. 지방공사는 결산 결과 이익이 생겼을 경우 그 이익금을 다음 각호의 순서에 따라 처리한다.

처리순서
1. 전 사업 년도로부터 이월된 결손금이 있으면 결손금 보전
2. 대통령령으로 정하는 바에 따라 이익준비금으로 적립
3. 대통령령으로 정하는 바에 따라 감채적립금으로 적립
4. 이익을 배당하거나 정관으로 정하는 바에 따라 적립

8 현금지출을 수반하지 않는 경비의 계상

「지방공기업법」 제32조(현금을 수반하지 아니하는 경비 지출의 특례) 1항에서는 '관리자는 제23조 제1항에도 불구하고 현금 지출을 수반하지 아니하는 경비에 관하여는 예산 없이 그 발생된 경비를 계상할 수 있다.'로 규정되어 있다. 예산 없이 그 발생된 경비를 계상할 수 있다는 것의 의미는 해당 항목이 현금지출 항목과는 달리 계산상 어려움이 크고 특수한 항목은 발생자체를 예상하지 못할 수도 있으므로(재해에 따른

자산 소멸 등) 이를 감안하여 예산편성 시 정확한 금액이 반영되지 않더라도 결산에 이를 반영할 수 있도록 허용한 것이다. 이러한 현금지출을 수반하지 아니하는 경비의 범위는 「지방공기업법 시행령」 제25조에 규정화되어 있으며, 그 범위는 다음과 같다.

경비의 범위	감가상각비, 자산감모비, 제품·상품의 매출원가, 자산의 정리 또는 변동에 수반하는 장부가액의 삭제금액, 발생품 등을 사용하는 경우 발생품 장부가액, 부채성 충당금계정으로의 편입액, 기타 발생주의의 회계기준에 의하여 대응 계상되는 손비 등

이러한 경비 중 대표적인 경비로는 감가상각비, 용지 및 주택매출 원가, 퇴직급여 등이다.

9 보전재원의 처리

지방공기업에서의 보전재원은 공기업 내부에 유보되어 있는 자금으로 자본적 수입만으로 자본적 지출에 부족할 때 사용 가능한(충당해 주는) 유보재원을 의미한다. 감가상각비 등 현금지출이 수반되지 않는 비용에 의한 당해 연도 손익계정 유보자금과 이월이익잉여금 및 당년도 이익잉여금(당기순이익)이 이에 해당한다. 이러한 보전재원은 당기 발생된 보전재원으로 당기의 자본예산 지출 및 당기 순손실을 충당하지 못할 경우에는 자본예산 차손이 발생하며, 이 경우 전기에서 이월된 보전재원에서 충당하고 당해 연도 예정 이익잉여금 처분액은 당해 연도 말에 이익잉여금으로 발생할 것이 확실한 금액 중 예정 처분할 것으로 이에 상당하는 자금은 공기업 내에 유보자금으로 남아 있어야 한다. 예정 처분이므로 보전재원으로 충당할 때에는 반드시 「지방공기업법」 제37조(이익의 처리)의 규정에 따라 처분한다. 당해 연도에 현금화할 수 있는 것이 불확실한 미수금, 예산이월의 재원에 필요한 자금, 상시 일정량의 보유를 필요로 하는 저장품 등은 공제하여 보전재원을 산출한다.

7. 과목구조 및 과목해소

1 기본구조

지방공기업의 예산 기본구조는 "사업예산"과 "자본예산"으로 구분되며, 사업예산과 자본예산은 "수익"과 "지출"로 구분된다. 사업예산과 자본예산은 기본적으로 관, 항, 세항으로 구분하며, 사업예산에서의 수익은 사업수익으로 구분하여, 영업수익, 영업외수익, 특별이익으로 구분한다. 자본예산의 수익은 자본적 수입으로 구분하여 투자자산처분, 유형자산처분, 기타 비유동자산처분, 유동부채수입, 비유동부채수입, 자본금수입, 자본 잉여금수입, 유보자금, 기타 자본적 수입으로 구분한다. 사업 예산 중 지출예산의 경우에는 사업비용으로 구분하며, 사업비용은 영업비용, 영업외비용, 특별손실, 법인세, 예비비 등으로 구분한다. 자본예산 중 지출예산은 자본적지출로 구분하며, 자본적 지출은 재고자산취득, 투자자산취득, 유형자산취득, 무형자산취득, 비가동설비자산취득, 유동부채상환, 비유동부채상환, 기타 자본적 지출, 예비비 등으로 구분한다. 지방공기업의 예산기본구조는 다음 표와 같다.

〈별표 3-4-3〉 수익예산 기본구조

구분	사업예산			자본예산		
	관	항	세항	관	항	세항
수익	600 사업수익	610 영업수익	611~619	100 자본적수입	110 투자자산처분	111~119
			621~629		120 유형자산처분	121~129
			631~639		130 기타비유동자산처분	131~139
			641~649		140 유동부채수입	141~149
			651~659		150 비유동부채수입	151~159
			661~669		160 자본금수입	161~169
					170 자본잉여금수입	171~179
					180 유보자금	181~189
		670 영업외수익	671~679		190 기타자본적수입	191~199
		680 특별이익	681~689			

〈별표 3-4-4〉 지출예산 기본구조

구분	사업예산			자본예산		
	관	항	세항	관	항	세항
지출	700 사업비용	710 영업비용	711~719	200 자본적지출	210 재고자산취득	211~219
			721~729		220 투자자산취득	221~229
			731~739		230 유형자산취득	231~249
			741~749		250 무형자산취득	251~259
			751~759		260 비가동설비자산취득	261~269
			761~769		270 유동부채상환	271~279
					280 비유동부채상환	
		770 영업외비용	771~779		290 기타자본적지출	291~299
		780 특별손실	781~789			
		790 법인세	791~799			
		800 예비비	801~809		800 예비비	801~809

자료: 2020년도 지방공기업 예산 편성기준(행정안전부)

2 수입·지출 예산 과목 구분과 설정(관·항·세항·목)

지방공기업의 수입·지출예산 과목은 사업예산의 경우 관, 항, 세항, 목으로 구분하며, 관은 사업수익, 항은 사업수익 중 세부사항으로 구분, 세항은 항의 세부내역으로 목은 세항의 세부 내용을 기재한다.

이는 사업예산과 자본예산의 공통적인 사항이며, 기본 구조는 다음과 같다.

〈별표 3-4-5〉 수입 · 지출예산과목(작성 예시)

사업예산				자본예산			
관	항	세항	목	관	항	세항	목
600 사업수익	610 영업수익	611 사용료수익	611-01 가정용	100 자본적수입	110 투자자산처분		
			611-02 공공용			112 대여금회수수입	112-01 대여금회수수입

자료: 2020년도 지방공기업 예산편성기준, 행정안전부

위 표에서의 사업예산은 지방공기업을 예로 들어 작성하였으며, 세부 내역은 사업수익 중 영업수익에 대한 내용으로 가정용과 공공용의 사용료 수익에 관한 수익을 말하는 것이다. 자본예산의 경우에는 자본적수입 중 투자자산에 대한 처분으로서 대여금 회수 수입에 대한 수입을 말하는 것이다. 지방공기업별 위의 관, 항, 세항, 목에 맞게 당해 연도의 사업수익과 자본적 수입 예산을 편성하면 된다.

3 지출 예산 과목 구분과 설정(목 · 세목)

지출예산 과목은 "목"과 "세목"으로 구분되어 있으며, "목"에서는 지출대상 내용을 명기하고 있다. "목" 100번 대는 인건비관련, 200번 대는 물건비, 300번 대는 경상이전, 400번 대는 자본지출, 500번 대는 융자금 및 출자, 600번 대는 보전재원, 700번 대는 내부거래, 800번 대는 예비비 및 기타로 구분되어 지출예산을 편성하게 된다. 지출예산의 기본구조는 다음과 같다.

〈별표 3-4-6〉 지출예산 과목

자치단체				지방공기업			
그룹	목	세목	비고	그룹	목	세목	비고
100 인건비	101 인건비	01~03		100 인건비	101 인건비	01~04	
					106 직무수행경비	01~03	
					107 퇴직급여		
					108 퇴직연금 부담금		
200 물건비	201 일반운영비	01~03		200 물건비	201 일반운영비	01~02	
	202 여비	01~05			202 여비	01~08	

자료: 2020년도 지방공기업 예산편성기준, 행정안전부

4 수입·지출 예산 과목 및 과목해소(관·항·세항·목)

수입예산은 크게 사업예산과 자본예산으로 구분되며, 사업예산의 예산과목 구조로는 "관", "항", "세항", "목"으로 분류한다. 사업예산 중 "관"에 해당하는 것이 사업수익이며, "항"에 해당하는 항목은 영업수익, 영업외수익, 특별이익 등이다. 영업수익에 해당하는 "세항"으로는 사용료 수익, 급·배수공사 수익, 빗물처리 부담금, 융자금이자수익, 상품 등 판매수익, 관리사업 수익, 대행사업 수익, 입장료수익, 경주·경기사업 수익, 운수사업수익, 용지 및 주택판매수익, 임대사업수익, 기타 영업 수익 등이 있다. 영업외수익으로는 이자수익, 타 회계 전입금수익, 정부보조금 수익, 유형자산 처분이익, 외화환산이익, 전기오류 수정 이익, 채무면제 이익, 투자자산처분이익, 기타영업외수익 등이 있으며, 특별이익으로는 전기손익수정이익, 채무면제이익, 기타특별이익 등이 있다. 이러한 수입예산 중 사업예산의 항목 중 지방공기업 운영성격에 맞게 해당 지방공기업에서는 예산을 편성하면 된다.

〈별표 3-4-7〉 사업예산 중 사업수익의 구조 및 과목해소

구분	관	항	세항	목	과목해소	비고
사업예산						
	600 사업수익					
		610 영업수익				
			623 대행사업수익			공사/공단
				623-01 직접관리비 수익	〈지방공사·공단〉 1. 정부 또는 지방자치단체 등에서 위·수탁한 사업에 직접 소요되는 관리비수입 * 직접관리비와 간접관리비 구분이 곤란한 경우에는 직접관리비로 계상	공사/공단
				623-02 간집관리비 수익	〈지방공사·공단〉 1. 정부 또는 지방자치단체 등에서 위·수탁한 사업수행에 따른 공통경비 등 간접관리비 수입	공사/공단

자료: 2020년도 지방공기업 예산편성기준, 행정안전부

수입예산 중 자본예산은 사업예산과 동일하게 "관", "항", "세항", "목"으로 구분되며, 자본예산의 "관"에 해당하는 것이 자본적수입이며, 자본적 수입의 "항"에 해당하는 항목은 투자자산처분, 유형자산처분, 기타 비유동자산처분, 유동부채수입, 비유동부채수입, 자본금수입, 자본 잉여금수입, 유보자금, 기타 자본적 수입 등으로 구분되어 있다. 부사사산처분의 '세항'은 대여금 회수 수입과 투자유가증권 처분수입, 기타 투자자산처분수입 등으로 구분되어 있다.

사업예산 중 지출예산 과목은 "관", "항", "세항", "목"으로 구분되어 있으며, 지출예산과목의 "관"은 사업비용이다. 사업비용의 "항"은 영업비용, 영업외 비용, 특별손실, 법인세 등, 예비비로 구성되어 있다.

영업비용의 "세항"은 원수 및 취수비, 정수비, 배·급수비, 관거비, 펌프장비, 처리장비, 급·배수공사비, 제품제조비, 대행사업비, 입장료 원가, 경주 경기사업원가, 도매시장관리원가, 상품매입비, 기타매출원가, 운수사업원가, 용지 및 주택매출원가, 임대사업원가, 일반관리비, 정수 및 수용가관리비, 판매비와 관리비 등으로 구성되어 있다. 이 세항 중 지방공사(공단)은 대행 사업비를 기준으로 세출예산을 편성하게 된다. 대행 사업비의 과목해소는 정부 또는 지방자치단체 등으로부터 수탁 또는 보조를 받는 대행사업, 민간경상 보조사업, 출연금사업의 순수 사업비 등에 대한 내용이다.

〈별표 3-4-8〉 사업예산 중 사업비용의 구조 및 과목해소

구분	관	항	세항	목	과목해소	비고
	700 사업비용					
		710 영업비용				
			722 대행사업비		〈지방공사·공단〉 1. 정부 또는 지방자치단체 등으로부터 보조를 받는 대행사업, 민간경상 보조사업, 출연금사업의 순수 사업비	공사/공단
				101(인건비 등)	1. 구성 항목을 성질별 분류체계에 따라 편성	공사/공단

자료: 2020년도 지방공기업 예산편성기준, 행정안전부

지출예산 중 자본예산은 관, 항, 세항, 목으로 구분되어 있으며, "관"은 자본적 지출이며, "항"은 재고자산취득, 투자자산취득, 유형자산취득, 무형자산 및 기타 비유동자산취득, 비가동설비자산취득, 유동부채상환, 비유동부채상환, 기타 자본적 지출, 예비비 등으로 구분되어 있다. 재고자산취득에 해당하는 세항으로는 용지조성사업비, 미완성 토지, 분양주택건설비, 미완성주택, 저장품, 재고자산건설자금이자 등으로 구성되어 있다. 투자자산취득의 세항으로는 대여금, 투자자산 증권, 기타투자자산 등으로 구성되어 있다.

〈별표 3-4-9〉 지출예산 중 자본예산의 구조 및 과목해소

구분	관	항	세항	목	과목해소	비고
자본예산						
	200 자본적지출					
		230 유형자산취득				
			245 수탁자산			
				413 수탁자산 취득비	1. 지방자치단체 소유의 자산취득과 관련된 자본적 지출에 소요되는 금액	공사/공단

자료: 2020년도 지방공기업 예산편성기준, 행정안전부

5 지출 예산과목 성질별 분류 및 과목해소(목·세목)

지출예산은 "목", "세목"으로 분류하여 작성되며, 인건비, 직무수행경비, 퇴직급여, 퇴직연금 부담금, 일반운영비, 업무추진비, 재료비, 연구개발비, 복리후생비, 교육훈련비, 수선유지교체비, 동력비, 관서업무비,

평과급 및 성과금 등, 감가상각비, 위탁관리비, 신설공사비, 개조공사비, 상품매입비, 관리 사업원가, 택지매출원가, 공단용지매출원가, 주택매출원가, 기타용지 등 매출원가, 승자투표권 환급권, 경주 경기사업제세, 개발대행 사업비, 일반보상비, 이주 및 재해보상금, 포상금, 연금부담금 등, 배상금, 출연금, 민간이전, 자치단체 등 이전, 전출금, 국외이전, 차입금이자상환, 공기관 등 경상적 대행사업비, 공기업 특별회계 간 부담금, 기부금, 지방공기업 최고경영자 협의체부담금, 시설비 및 부대비, 민간자본이전, 자치단체 등 자본이전, 자산 취득비, 기타자본이전, 정보화시스템 취득비, 수탁자산 취득비, 장기대여금, 매도가능증권 등, 보증금, 퇴직연금적립금, 기타투자자산, 기타 비유동자산, 차입금원금 상환, 선수금상환, 기타유동부채상환, 기타 비유동부채상환, 이익정산금, 반환금, 배당금, 임시손실, 유형자산 처분손실, 자산손상차손, 외화환산손실, 전기오류수정 손실, 전기손익수정 손실, 투자자산처분손실, 기타영업외비용, 기타특별손실, 법인세 등, 기타 자본적 지출, 예비비 등으로 구분하여 편성된다. 과목해소에는 지방공기업 중 대상기관과 해당 과목별 예산의 편성방법 등이 설명되며, 해당 지방공기업별 과목해소를 참조하여 기관의 성격과 운영형태에 따라 참고하여 예산을 작성 및 편성하면 된다.

〈별표 3-4-10〉 지출예산 과목성질별 분류 및 과목해소

목	세목	과목해소	비고
301 일반보상금			공통
	11 예술단원·운동부 보상금	1. 지방공기업이 운영하는 예술단원에 대한 인건비 및 운영비 2. 지방공기업이 운영하는 운동부에 대한 인건비 및 운영비 ※ 770 영업외 비용 항에 한하여 편성	공통

	12 기타보상금	1. 법령 또는 조례에 민간인에게 반대 급부적 경비를 지급하도록 규정되어 있는 경우의 보상금
		2. 법령·조례(지방공사·공단은 정관, 규정) 등에 따라 민간인의 포상에 따른 시상금품
		3. 지방공기업이 주관하는 각종 행사나 시책사업을 추진하는 과정에서 민간인이 상해를 입었을 경우 상해치료비
		4. 체육시설 운영사업 등에서 발생하는 강사료
		5. 경륜선수상금 및 보상금(유사사업은 아래 항목과 유사한 것)
		  가. 경륜선수상금, 특별경륜시상금, 경륜선수 포상금 및 상품구입비
		  나. 경륜선수 자전거 수리 및 헬멧, 보상금 등
		  다. 경륜선수 상해보험한도 초과분에 대한 사고처리비 등
		6. 공익신고자 보호법에 따라 국민권익위원회로 납부하여 공익신고자에게 지급되는 보상금
			공통

자료: 2020년도 지방공기업 예산편성기준, 행정안전부

지방공기업에서 운영하는 체육관련 시설에서 소요되는 경비로서 301(일반보상비) 11.2.지방공기업이 운영하는 운동부에 대한 인건비 및 운영비 예산은 해당 세목에 편성하여야 한다. 또한, 지방공기업에서 운영하는 종합 체육시설 또는 단일 종목 체육시설에서 지역주민을 위한 프로그램을 운영할 경우 외부강사에 대한 강사료는 301(일반보상비) 12. 기타보상금 4. 체육시설 운영사업 등에서 발생하는 강사료 세목에 예산을 편성하게 된다.

8. 예산서 작성

1 사업운영계획

　　지방공기업에서 차기년도에 대한 예산(안)을 편성할 시 지방공기업 예산 편성 기준에서는 사업운영계획, 예산총칙, 사업예산, 자본예산, 자금 운영계획 등이 반영되어 예산안을 편성하도록 하고 있다. 사업운영계획은 지방공기업별 유형 및 운영형태에 맞게 작성토록 하고 있으며, 지방 직영기업 중 상수도 사업의 경우 총괄, 주요투자사업, 생산 및 급수계획, 요금조정계획, 지방채 발행계획 순으로 사업운영 계획을 작성토록 하고 있다. 상수도사업의 사업운영계획 중 총괄부분에는 보급계획, 시설계획, 생산 및 수급계획, 인력관리계획, 자산평가액 등으로 작성하며, 주요투자사업의 경우에는 사업명, 사업내역, 사업비를 생산 및 급수계획에는 정수장별, 시설용량, 연간총생산, 1일 평균생산, 가동률 등을 요금 조정계획에서는 상수도의 업종별로 당년도 및 전년도의 사용량, 수입액, ㎥당 단가에 대한 인상율과 인상시기 등을 작성한다.

〈별표 3-4-11〉 사업운영계획(총괄)

구분		단위	당년도	전년도	증감	비고
1. 시설현황	1) 공영주차장 수 2) 주차빌딩 수 ~ 6) 수영장 관리	면/개소 〃 ㎡				
2. 업무현황	1) 1일 주차 대수 ~ 7) 년간 수영장 관리수입	대/일 ~ 백만 원				
3. 건설계획	1) 주차장 신설·확장 2) 장묘장 신설·확장 ~ 6) 수영장 신설·확장	면/개소 ㎡/개소 ~ ㎡/개소				
4. 인력 관리계획	계 1) 임원 ~ 6) 기간제 근로자 등	명 〃 〃 〃				
5. 자산평가액		억원				

자료: 2020년도 지방공기업 예산편성기준, 행정안전부

2 총칙

　　예산 총칙에는 제1조 총칙, 제2조 업무의 예정량, 제3조, 수익적 수입 및 지출, 제4조 자본적 수입 및 지출, 제5조 계속비, 제6조 채무부담행위, 제7조 공사채 등, 제8조 일시차입금, 제9조 예산 전용금지과목, 제10

조 대행사업 경비, 제11조 중요한 자산의 취득 및 처분 등으로 구성되어 있다. 세부 주요 내용은 다음과 같다.

제2조 업무의 예정량에서는 당해 연도 해당 지방공기업에서 관리·운영하는 사업의 총 생산량 또는 연간 공급계획 등에 대한 예정사항을 계획하고 기술한다. 제3조와 4조에서는 당해 연도의 수익적 수입과 지출, 자본적 수입 및 지출에 대한 세부 사항을 정한다. 제5조 계속비에서는 계속비의 총액과 연할액에 대하여 설명하며, 제6조에서는 채무부담행위를 할 수 있는 사항과 기간 및 한도액에 대하여 정한다. 제10조 대행사업 경비에서는 '○○○사업을 위하여 ○○시·도 ○○회계로부터 공사(공단)에 보조하는 금액은 ○○○천 원이며, ○○시·도 ○○특별회계로부터 공사(공단)에 보조하는 금액은 ○○○천 원이다.' 등으로 구성한다.

3 총괄표

예산 총괄표에는 사업예산, 자본예산, 예산총계 등에 대해 수입계 및 지출계 등을 구분하여 당해 연도의 예산의 총액을 기술한다. 예산 총괄표에는 사업예산 총괄표와 자본예산 총괄표를 수익의부와 비용의 부로 구분하여 사업예산 총괄표에는 수익의 부계정과목에는 영업수익, 영업외수익, 특별이익으로 구분하고 비용의 부계정과목에는 영업비용, 영업외 비용, 특별손실, 법인세 등, 예비비 등으로 구분하여 당해 연도 사업예산을 기술하게 된다. 자본예산에서는 수익의 부계정과목에는 투자자산처분, 유형자산처분, 기타 비유동자산 처분, 유동부채 수입, 비유동부채수입, 자본금수입, 자본잉여금수입, 유보자금, 기타 자본적 수입으로 구분하여 작성하며, 비용의 부계정과목에는 재고자산취득, 투자자산취득, 유형자산취득, 무형자산취득, 비가동설비 자산취득, 비유동부채상환, 유동부채상환, 기타 자본적 지출, 예비비 등의 순으로 구분하여 예산액에 대해 기술한다.

4 자금운영계획

자금운영계획은 수입자금과 지출자금으로 구분하여 작성하게 되며, 수입자금은 계정과목, 당년도 예정액(A), 전년도 예산상 계상액(B), 증감(A-B)으로 작성한다. 계정과목은 수입자금으로 구분하며, 수입자금에는 영업수익, 영업외수익, 특별이익, 투자자산처분, 유형자산처분, 기타 비유동자산처분, 유동부채수입, 자본금 수입, 자본잉여금 수입, 유보자금, 기타 자본적 수입, 전년도 이월금으로 구분한다. 지출자금은 당년도 예정액(A), 전년도 예산상 계상액(B), 증감(A-B)으로 작성한다.

지출자금은 영업비용, 영업외비용, 특별손실, 법인세 등, 재고자산취득, 투자자산취득, 유형자산취득, 무형자산취득, 비가동설비자산취득, 비유동부채상환, 유동부채상환, 기타 자본적 지출, 전년도 이월예산 등으로 구분하여 작성하게 된다.

5 작성방법

```
0000년도 지방공사·공단 예산서


지방공사(공단)명
```

표지
↳ 표지에는 예산편성의 연도와 해당 지방공기업 명칭을 포함하여 작성한다.

```
             목 차
1. 사업운영계획
2. 예산 총칙
3. 예산 총괄표
4. 사업예산
   - 사업예산 총괄표
   - 수익적 수입
   - 수익적 지출
5. 자본예산
   - 자본예산 총괄표
6. 자금운영계획
   - 수입자금
   - 지출자금
〈별첨〉
1. 계속비조서
2. 건설개량이월조서
3. 재무부담 행위조서
4. 공사채 등 외부자금 차입 및 상환조서
5. 중요자산 취득 및 처분조서
```

목차
↳ 목차에서는 사업운영계획, 예산총칙, 예산 총괄표, 사업예산, 자본예산, 자금운영계획 등을 구분하여 작성한다.

1. 사업운영계획

가. ○○○공사

구 분		단위	당년도	전년도	증감	비고
1. 시설 현황	1) 시설연장	km				
	2) 정차장	개소				
	3) 노선수	개				
	4) 전동차량 보유수	량				
	5) 건설기간	~				
	6) 건설투자비	억원				
	7) 차량기지	개소				
2. 업무 현황	1) 영업구간	km				
	2) 열차편성	량/회				
	3) 운영시격 평시 R·H	분 분				
	4) 운행회수	회/일				
	5) 열차주행거리	km				
	6) 연 수송인원	백만명				
	7) 1일 수송인원	천명				
	8) 1일 운수수입	천원				
	9) 도시철도 채권발행액	백만원				
	10) 도시철도 수송분담율	%				
3. 건설	1) 건설연장	km				
	2) 건설기간장	~				
	3) 건설투자비	억원				
	4) 정차장설치<신설>	개소				
	5) 전동차구입	량				
	6) 차량기지신설	개소				
4. 인력 관리 계획	계	명				
	1) 일반직	〃				
	2) 별정직	〃				
	3) 기능직	〃				
	4) 기타직	〃				
	5) 무기계약근로자	〃				
	6) 기간제근로자 등	〃				
5. 자산평가액		억원				

자료: 2020년도 지방공기업 예산편성기준, 행정안전부

사업운영계획
↳ 사업운영계획에서는 해당 지방 공기업의 시설현황, 업무현황, 건설, 인력관리계획, 자산평가액 등을 구분하여 작성한다.

2. 예산 총칙

제1조(총칙) 2020년도 ○○공사·공단의 추정손익계산서, 추정재무상태표 및 추정현금흐름표는 다음과 같다.

가. 추정손익계산서

차 변		대 변	
비용	순이익	수익	순손실
천원	천원	천원	천원

나. 추정재무상태표

차 변		대 변	
자산	순손실	부채	자본
천원	천원	천원	천원

다. 추정현금흐름표(자금계획서)

과 목	금 액
Ⅰ. 영업활동으로 인한 현금흐름	천원
Ⅱ. 투자활동으로 인한 현금흐름	천원
Ⅲ. 재무활동으로 인한 현금흐름	천원
Ⅳ. 현금의 증감(Ⅰ+Ⅱ+Ⅲ)	천원
Ⅴ. 기초의 현금	천원
Ⅵ. 기말의 현금	천원

제2조(업무의 예정량) 업무의 예정량은 다음과 같다.

가. 연간 총 생산량

예산총칙
↳ 예산총칙에서는 총칙, 업무의 예정량, 수익적 수입 및 지출, 자본적 수입 및 지출, 계속비, 건설개량 이월사업, 채무부담행위, 공사채 등, 일시차입금, 예산전용금지 과목, 대행사업 경비, 중요자산취득 및 처분 등 지방공기업별 운영 형태에 따라 세부 내용을 작성한다.

자료: 2020년도 지방공기업 예산편성기준, 행정안전부

3. 예산 총괄표

(단위: 천원)

사업예산		자본예산		예산총계	
수입계 (A)		수입계 (A′)		수입계 (A″)	
영업수익 영업외수익 특별이익		투자자산처분 유형자산처분 기타비유동자산처분 유동부채수입 비유동부채수입 자본금수입 자본잉여금수입 유보자금 기타자본적수입		영업수익 영업외수익 특별이익 투자자산처분 유형자산처분 기타비유동자산처분 유동부채수입 비유동부채수입 자본금수입 자본잉여금수입 유보자금 기타자본적수입	
지출계 (B)		지출계 (B′)		지출계 (B″)	
영업비용 영업외비용 특별손실 법인세		재고자산취득 투자자산취득 유형자산취득 무형자산취득 비가동설비자산취득 유동부채상환금 비유동부채상환금 기타자본적지출 예비비		영업비용 영업외비용 특별손실 법인세 재고자산취득 투자자산취득 유형자산취득 무형자산취득 비가동설비자산취득 유동부채상환금 비유동부채상환금 기타자본적지출 예비비	
차인(A-B)		차인(A′-B′)		차인(A″-B″)	

자료: 2020년도 지방공기업 예산편성기준, 행정안전부

예산총괄표
↳ 예산총괄표에서는 사업예산, 자본예산, 자금운영 또는 사업예산, 자본예산, 예산총계 형식으로 구분하여 작성한다. 사업예산에는 영업수익, 영업외수익, 특별이익으로 자본예산에는 투자자산, 고정자산 매각수입, 고정부채수입, 자본금, 자본 잉여금수입, 기타 자본적 수입 등을 운영형태에 맞게 작성한다.

4. 사업예산 총괄표

(단위: 천원)

수익의 부(A)			비용의 부(B)		
계정과목		예산액	계정과목		예산액
영업수익	계	○○○	영업비용	계	○○○
영업외수익	계	○○○	영업외비용	계	○○○
특별이익	계	○○○	특별손실	계	○○○
			법인세 등	계	○○○
			예비비	계	○○○
합계		○○○	합계		○○○
차액 (A-B) = ○○○					

자료: 2020년도 지방공기업 예산편성기준, 행정안전부

사업예산 총괄표
↳ 사업예산 총괄표에서는 수익의 부(A)와 비용의 부(B)로 구분하며, 수익의 부에서는 영업수익, 영업외수익, 특별이익으로, 비용의 부는 영업비용, 영업외 비용, 특별손실, 법인세 등, 예비비로 구분하여 운영형태에 맞게 작성한다.

5. 자본예산 총괄표

(단위 : 천원)

수익의 부 (A)			비용의 부 (B)		
계정과목		예산액	계정과목		예산액
투자자산처분	계	○○○	재고자산취득	계	○○○
유형자산처분	계	○○○	투자자산취득	계	○○○
기타비유동자산 처분	계	○○○	유형자산취득	계	○○○
유동부채수입	계	○○○	무형자산취득	계	○○○
비유동부채수입	계	○○○	비가동설비 자산취득	계	○○○
자본금수입	계	○○○	비유동부채상환	계	○○○
자본잉여금수입	계	○○○	유동부채상환	계	○○○
유보자금	계	○○○	기타자본적지출	계	○○○
기타자본적수입	계	○○○	예비비	계	○○○
합계		○○○	합계		○○○
차액 (A-B) = ○○○					

자료: 2020년도 지방공기업 예산편성기준, 행정안전부

자본예산 총괄표
↳ 자본예산 총괄표에서는 수익의 부(A)와 비용의 부(B)로 구분하며, 수익의 부에서는 투자자산 수입, 고정자산 매각수입, 고정부채 수입, 자본금, 기타 자본적 수입으로, 비용의 부는 투자자산, 유형자산, 무형자산, 재고자산, 고정부채 상환, 유동부채상환, 기타 자본적 지출, 예비비로 구분하여 운영형태에 맞게 작성한다.

6. 자금운영계획
○ 수입자금

(단위 : 천원)

계정과목		당년도 예정액(A)	전년도 예산상 계상액(B)	증감(A-B)
수입자금 (A)	계			
영업수익	계			
영업외수익	계			
특별이익	계			
투자자산처분	계			
유형자산처분	계			
기타비유동자산 처분	계			
유동부채수입	계			
비유동부채수입	계			
자본금수입	계			
자본잉여금수입	계			
유보자금	계			
기타자본적수입	계			
전년도이월금	계속비이월금			
	건설개량이월금			
	사고이월금			
	미지급이월금			

자료: 2020년도 지방공기업 예산편성기준, 행정안전부

자금운영계획(수입자금)
↳ 자금운영계획(수입자금)에서는 영업 수익, 영업외수익, 특별이익, 투자 자산수입, 고정사산 매각수입, 고정 부채수입, 자본잉여금 수입, 자본금, 기타 자본적 수입, 전년도 이월금 등으로 구분하여 운영형태에 맞게 작성한다.

O 지출자금

(단위 : 천원)

구 분		당년도 예정액(A)	전년도 예산상 계상액(B)	증 감(A-B)
지출자금 (A)				
영업비용	계			
영업외비용	계			
특별손실	계			
법인세 등	계			
재고자산취득	계			
투자자산취득	계			
유형자산취득	계			
무형자산취득	계			
비가동설비 자산취득	계			
비유동부채 상환	계			
유동부채상환	계			
기 타 자본적지출	계			
	계			
전년도 이월예산	계속비이월금			
	건설개량이월금			
	사고이월금			
	미지급금·비용			

자료: 2020년도 지방공기업 예산편성기준, 행정안전부

자금운영계획(지출자금)
↳ 자금운영계획(지출자금)에서는 영업비용, 영업외 비용, 특별손실, 법인세 등, 투자자산, 유형자산, 무형자산, 재고자산, 고정부채상환, 유동부채상환, 기타 자본적 지출, 전년도 이월액 등으로 구분하여 운영형태에 맞게 작성한다.

제4장

지방공기업 경영평가

제4장 목차

제1절 경영평가   153
1. 개요
2. 등급부여
3. 편람구성
4. 평가기준

제2절 경영평가 지표 이해   168
1. 개요
2. 지속가능경영(공사 · 공단 공통 기준)
3. 경영성과(공사 · 공단 공통 기준)
4. 사회적 가치(공사 · 공단 공통 기준)

제3절 경영평가 결과 및 활용   181
1. 평가결과
2. 결과활용

제1절 경영평가

1. 개요

1 정의

지방공기업은 전년도 경영실적에 대해 매년 평가를 받게 되는데 이를 지방공기업에 대한 "경영평가"라 한다. 경영평가는 지방공기업 경영에 대한 효율성과 적법성에 대한 평가로 '지방공기업 경영평가는 법률적 근거를 기준으로 지방공기업이 달성한 해당 연도 경영실적에 대해 행정안전부가 마련한 객관적 평가 기준을 근거로 지방공기업을 유형별로 구분하여 각 기관별 실적을 계량화하는 평가행위'로 정의할 수 있을 것이다.

2 목적

지방공기업 경영평가의 주요 목적은 지방공기업이 달성해야 할 목표나 나아가야 할 방향을 미리 지표로 설정해 주고, 이 기준과 실적을 비교·분석·평가하여 보상을 실시하거나 책임을 추궁하는 등 사후관리를 강화함으로써 지방공기업의 경영개선을 도모하고 궁극적으로 지방자치(地方自治)의 발전과 주민의 복리증진을 제고하는 데 그 목적이 있다고 할 수 있을 것이다.

3 평가 대상 및 체계

지방공기업 경영평가 대상은 「지방공기업법」에서 정의하고 있는 지방 직영기업, 지방공사 및 공단이 해당하며, 경영평가에서 제외되는 기관은 첫째, 신설 공기업으로서 경영실적이 없는 지방공기업, 둘째, 경영진단 결과 청산 명령을 받은 지방공기업, 셋째, 상·하수도를 제외한 직영기업(상·하수도는 격년제 평가실시) 등 3가지의 대상이 평가 제외 기관이다. 지방공기업에 대한 경영평가 평가체계는 행정안전부와 도(道)로 이원화되어 평가체계가 운영되고 있으며, 행정안전부에서 모든 공사·공단 및 광역 하수도(상·하수도 격년제 평가)를 평가하며, 도(道)는 기초 하수도(상·하수도 격년제 평가)에 대하여 평가를 수행하게 된다.

4 평가시기 및 평가내용

지방공기업에 대한 평가시기는 「지방공기업법시행령」 제68조 3항에서 규정하고 있다. 제3항 '지방공기업에 대한 경영평가는 법 제35조 제3항 및 법 제66조 제2항의 규정에 의한 공인회계사의 회계감사가 종료된 때부터 실시한다. 이 경우 공사·공단에 대한 경영평가는 회계감사 종료 후 4월 이내에 완료하여야 한다.'고 정의하고 있다.

이를 근거로 지방공기업에 대한 경영평가를 시행하게 되며, 평가내용으로는 「지방공기업법」 제78조에서 규정한 바와 같이 지방공기업의 경제성과 공공복리 증진 등 지방공기업의 경영원칙과 경영목표달성도, 업무의 능률성, 공익성 및 고객서비스 등이 포함되어 평가된다. 지방공기업을 평가하는 평가지표인 편람구성, 지표체계, 세부지표 등 평가내용은 고정된 것은 아니며, 수시로 변동이 가능한 것이다. 이러한 경영평가의 기준이 되는 평가지표는 정부의 국정 운영목표 또는 시대의 필요성 등에 따라 수시로 변동이 가능하며, 중요한 것은 평가지표 등 평가방법 등이 변화되는 것은 지방공기업이 더욱더 효율적이고 합리적으로 관리 및 운영될 수 있도록 변화된다는 것이다.

5 법률적 근거

경영평가의 법률적 근거로는 「지방공기업법」 제78조 및 같은 법 시행령 제68조이다. 「지방공기업법」 제78조(경영평가 및 지도)에서는 지방공기업에 대한 경영평가와 관련한 내용을 규정하고 있다. 제78조 1항에서는 '행정안전부장관은 제3조에 따른 지방공기업의 경영 기본원칙을 고려하여 대통령령으로 정하는 바에 따라 지방공기업에 대해 경영평가를 하고, 그 결과에 따라 필요한 조치를 하여야 한다. 다만, 행정안전부장관이 필요하다고 인정하는 경우에는 지방자치단체의 장으로 하여금 경영평가를 하게 할 수 있다.'로 정의하고 있으며, 같은 법 시행령 제68조(경영평가)에서는 경영평가의 실시 시기, 평가기관, 세부기준 등에 대한 내용을 규정화하고 있다. 시행령 제68조(경영평가)의 내용은 다음과 같다. 1항에는 '법 제78조 제1항의 규정에 의한 지방공기업에 대한 경영평가는 매년 실시하여야 한다.'로 규정하고 있으며, '다만, 지방 직영기업의 경영평가에 관하여는 행정안전부장관이 따로 정할 수 있다.'로 정의했다. 2항에서는 경영평가를 수행할 수 있는 평가기관에 대한 내용을 규정하였으며, 평가를 수행할 수 있는 기관은 법 제78조의4에 따른 지방공기업평가원, 경영평가 전문기관, 회계법인, 기타 행정안전부장관이 인정하는 기관 등 4개 기관으로 정하고 있다. 행정안전부에서는 이러한 법률적 근거를 기준으로 매년 경영평가를 수행할 기관을 선정하고 있으며, 선정된 기관은 행정안전부에서 시행하는 경영평가를 실시하게 된다. 같은 법 시행령 제68조 3항은 '경영평가 기간에 대한 내용으로 회계감사가 종료된 때부터 실시하여 4월 이내에 완료하도록 규정하고 있다.

4항에서는 경영평가에 관한 세부적인 기준을 행정안전부장관이 정한다.'로 정의하고 있으며, 이를 근거로 행정안전부에서는 매년 경영평가에 대한 편람인 "지방공기업 경영평가 편람"을 만들어 지방자치단체 및 지방공기업에 시달하고 있다. 이와 같은 법률적 근거로 행정안전부에서는 지방공기업에 대한 경영평가를 매년 실시하고 있으며, 평가 후 그 결과를 공표하고 있다.

6 평가단 구성·운영

지방공기업에 대한 경영평가 평가기관은 「지방공기업법」에 따라 설립된 기관에서 수행하게 된다. 지방공사·공단의 경우 최근에는 지방공기업평가원에서 평가를 수행하고 있다. 지방공기업평가원에서는 경영평가단의 구성 및 운영을 다음과 같은 기준을 근거로 시행하고 있다. 경영평가단의 자격요건은 대학교수(평가지표별 전공자), 현장경험 전문가, 공인회계사, 노무사, 전문연구기관 연구위원 등이며, 세부 자격요건으로는 지방공기업 경영 및 관련분야에 전문지식이 있는 대학 조교수 이상, 5년 이상 실무 경험이 있는 공인회계사, 노무사, 지방공기업 경영평가에 관한 전문지식과 경험이 풍부한 자 등을 자격요건으로 정하고 있다. 대학교수(지표별 전공자)는 지방공기업 특성에 맞게 행정학 또는 경영학 교수 등으로 구성되며, 회계사의 경우 재무 및 결산 관련 분야, 노무사의 경우 인사(노무)관련 업무에 대한 평가를 담당하게 된다. 또한 안전관련 지표에 대해서는 안전관련 전문기관의 전문가가 참여하여 평가를 수행하고 있다. 경영평가단 운영에서는 사업특성상 평가유형을 세분화하여 평가유형별 책임연구원 1인을 두어 책임평가를 수행하되, 경영평가를 총괄하는 총괄 책임연구원 1인을 두어 경영평가 업무를 총괄 지휘하고 감독할 수 있게 하고 있다. 경영평가단의 구성 절차는 공모를 통해 후보자를 구성하여 적격여부를 심사 후 경영평가단을 구성한다. 평가유형별 약 6~12명 범위 내에서 구성한다. 평가단이 구성되게 되면 해당 평가위원을 대상으로 교육을 실시하게 되며, 교육은 청렴교육 및 청렴계약서 작성, 경영평가 편람에 대한 교육 등을 실시한다. 이러한 교육을 통해 경영평가의 방향과 방법을 숙지하며, 전문성을 제고하게 된다.

2. 등급부여

1 등급부여 기준

경영평가 결과에 따른 등급부여 기준은 크게 5단계로 구분하며, 5단계는 가, 나, 다, 라, 마 등급으로 구성하고 있다. '가' 등급의 경우 90점 이상이며, 평가유형별 10% 이내로 제한하고 '나' 등급은 85점 이상이며, 평가

유형별 30% 이내로 한다. '다' 등급의 경우 80점 이상으로 평가유형별 40%, '라' 등급의 경우 75점 이상으로 평가유형별 15%, '마' 등급의 경우 75점 미만이며, 평가유형별 5% 범위 내에서 선정하게 된다. 광역평가는 절대 점수 기준을 원칙으로 하되, 경영평가유형별 상대적 격차 및 등급별 평점 분포 등을 고려하여 상위등급 비율을 과다하게 초과할 경우 "지방공기업 정책위원회"[11]에서 심의를 받아 등급을 조정할 수 있다.

2 기타 고려사항

경영평가 등급 부여 시 비리 등 도덕성 문제로 사회적으로 문제가 된 지방공기업은 등급부여 시 행정안전부에서는 별도로 고려할 수 있다. 또한, 경영평가와 관련하여 금품·향응 제공 등 공정한 평가를 저해한 기관은 원칙적으로 '마' 등급을 부여한다. 부정의 정도를 고려하여 "지방공기업 정책위원회" 심의를 거쳐 조정할 수 있다. 허위·오류자료 발견 시에는 별도의 기준에 따라 처리하고 필요 시 지방공기업 정책위원회 심의를 거쳐 평가등급을 '마' 등급으로 부여하거나 평가급 지급을 제외할 수 있다. 별도의 기준은 다음과 같다.

〈별표 4-1-1〉 별도 기준

고의성여부	중대성정도	결과처리
허위 발견 시	중대한 사안	해당지표 0점 처리 / 등급 "마" 부여
	경미한 사안	해당지표 0점 처리 / 등급 1단계 하향조정
오류 발견 시	중대한 사안	해당지표 0점 처리
	경미한 사안	해당지표 점수보정

중대·경미의 판단기준은 허위·오류의 정도가 해당지표의 실제 받아야 할 점수에 50% 이상 영향을 끼친 경우로 판단한다.

3. 편람구성

1 편람구성 체계

행정안전부에서는 매년 지방공기업에 대한 경영평가를 실시하기 위해 평가편람을 작성하여 지방자치단

---

[11] 지방공기업정책위원회는 「지방공기업법」 제78조5(지방공기업정책위원회)를 근거로 운영되는 위원회이며, 지방공기업에 대한 경영평가, 경영진단 선진화 추진, 경영컨설팅과 관련된 사항, 기타 지방공기업 주요정책 관련 행정안전부장관이 필요하다고 인정하는 사항(지방공기업정책위원회 운영규정 제2조(기능), 2020.1.15. 개정 기준) 등을 심의한다.

체 및 지방공기업에 시달하게 된다. 지방자치단체 및 지방공기업에서는 해당 연도 평가편람을 기준으로 사업실적에 대한 실적보고서를 작성하게 된다. 이렇게 지방공기업에서 경영평가 수검을 위해 작성하는 경영실적보고서의 기준이 되는 것이 "경영평가 편람"이며, 경영평가 편람은 수시로 수정 및 보완된다. 수정 및 보완되는 사유는 정부정책의 변경, 법령 개정, 또는 평가편람의 오류 등 다양할 것이다. 아래의 표는 2019년과 2020년 평가 지표체계 변경에 대한 내용으로 2019년 대분류는 5개 지표로 구성되어 있으나 2020년 대분류는 3개로 변경되어 전년대비 2개 지표가 감소한 것을 알 수 있으며, 중분류 지표에 있어서도 2019년 10개에서 2020년 7개로 3개의 지표가 감소하였다. 이렇듯 지방공기업에 대한 경영평가 편람은 수시로 변경되며, 변경되는 가장 큰 이유는 지방공기업의 경영개선이라 할 수 있을 것이다.

〈별표 4-1-2〉 경영평가 지표체계 변경(2020.1 기준)

공사 · 공단 기준							
2019년 지표체계				2020년 지표체계			
대분류	중분류	배점		대분류	중분류	배점	
Ⅰ. 리더십/전략	리더십	4	⇨	Ⅰ. 지속가능경영	리더십	25	
	전략				경영시스템		
Ⅱ. 경영시스템	경영효율화	9		Ⅱ. 경영성과	주요사업	40	
Ⅲ. 경영성과	주요사업	45			경영효율성과		
	경영효율성과				고객만족도		
	고객만족성과			Ⅲ. 사회적 가치	일자리확대	35	
Ⅳ. 사회적 가치	일자리확대	36			사회적책임		
	사회적책임						
	혁신성과						
Ⅴ. 정책준수	정책준수	6					

경영평가를 추진하는 가장 큰 목적은 지방공기업의 경영개선을 위함일 것이다. 이러한 목적달성을 위해 경영평가 편람은 해당 기관별 추신실석에 대해 성과를 측정하게 되며, 객관성 있는 성과측정을 위해 실적을 계량화하고 있다. 이렇게 계량화된 실적은 평가편람을 통해 완성되며, 지방공기업은 평가편람을 기준으로 평가를 수검하게 된다. 이러한 평가는 단일 사업에 대한 평가가 아니며, 지방공기업 기관 전체에 대한 성과에 대해 평가하게 된다. 지방공기업에 대한 경영평가에 대한 내용은 행정안전부에서 2019년 5월에 작성한 "2020년도 지방공기업 경영평가 편람(행정안전부, 2019.5.)[12]"을 기준으로 설명하고자 한다. 경영평가 편람은 해당연도 경영평가에 대한 개요, 기관별 경영평가 지표 등 크게 두 가지로 편람이 구분되어

---

[12] 지방공기업 경영평가 편람은 「지방공기업법」 제78조(경영평가 및 지도), 같은 법 시행령 제68조(경영평가)에 의해 추진되는 지방 직영기업과 지방공사 · 공단의 경영에 대한 평가 수행 시 필요한 기준을 정한 편람으로 행정안전부가 그 기준을 정한다.

있다. 첫째 경영평가 개요에서는 경영평가 개요, 평가편람 보완사항, 경영평가 기준, 평정방법, 평가단 구성·운영 가이드, 평가결과활용, 실적보고서 작성요령 등으로 구성되어 있다. 둘째, 기관별 경영평가 지표에서는 총괄요약표와 지표정의서에 대해 설명하고 있다. 총괄요약표는 당해 지방공기업의 전체 경영평가자료(가중치 및 평가방법 포함)를 요약하여 나타낸 표이다. 지표정의서는 각 세부지표에 대해서 가중치, 지표성격, 평가방법, 지표정의, 세부 평가내용, 평가내용 정의, 세부 평가방법 등을 설명한 표이다.

2 세부지표 관리번호 부여체계

지방공기업에 대한 경영평가는 전국에 있는 지방공기업에 대한 평가이며, 지방공기업에 대한 평가를 효율적으로 관리하기 위해 유형별로 평가군을 구분하여 평가한다. 또한, 평가지표에 대한 체계적인 관리를 위해 관리번호를 부여하고 있으며, 이러한 관리번호 체계를 관리번호 부여체계에서는 다음과 같이 설명하고 있다. 관리번호 형식은 총 5개이며, A-B-C-D-E의 형태로 구성되어 있다. 각 관리번호가 의미하는 세부 내용은 다음과 같다.

'A'에 해당하는 관리번호는 경영평가유형(평가군)에 대한 분류코드 번호이며, 'B'는 대분류지표를 나타내는 코드, 'C'는 중분류지표를 나타내는 코드, 'D'는 세부지표를 나타내는 코드번호, 'E'는 세부지표별 유형분류 코드이다. 세부지표 관리번호는 다음과 같다. 먼저, 'A' 경영평가유형(평가군)에 대한 분류코드는 지방공기업별 유형에 따라 코드번호가 달라지는데 그 내용은 다음과 같다.

〈별표 4-1-3〉 평가유형코드

평가유형코드			
경영평가유형	코드	경영평가유형	코드
공사·공단(공통)	0	특정 공사·공단 관광공사(공통)	3
도시철도공사	1	시설관리공단	4
도시개발공사	2	환경시설관리공단 (환경시설관리형공사·공단)	5

'0'은 공사·공단의 모든 기관에 공통적으로 적용되는 공통지표로서 리더십, 전략, 경영 효율화, 고객만족 성과, 일자리확대, 사회적 가치, 정책준수 등의 지표가 포함된다. 시설관리형 공사는 시설공단 평가유형에 포함되며, 환경시설관리형 공사·공단은 환경시설관리공단 평가유형에 포함된다. 'A' 경영평가유형 및 분류코드 중 특정 공사·공단, 관광공사는 특성지표를 위해 기관별 코드를 부여하며 기관별 코드는 아래 표와 같다.

〈별표 4-1-4〉 기관코드

기관코드					
1. 특정 공사·공단(광역)		2. 특정공사(기초)		3. 관광공사	
기관	코드	기관	코드	기관	코드
농수산물공사(서울·구리)	3.1.1	양평공사	3.2.1	김대중컨벤션센터	3.3.1
경기평택항만	3.1.2	당진항만관광공사	3.2.2	경기관광공사	3.3.2
제주특별자치도개발공사	3.1.3	청도공영사업공사	3.2.3	제주관광공사	3.3.3
제주에너지공사	3.1.4	영양고추유통공사	3.2.4	대전마케팅공사	3.3.4
서울에너지공사	3.1.5	청송사과유통공사	3.2.5	부산관광공사	3.3.5
세종도시교통공사	3.1.6	통영관광개발공사	3.2.6	경상북도문화관광공사	3.3.6
경륜공단	3.1.7	장수한우지방공사	3.2.7	인천관광공사	3.3.7
		평택·김포도시공사	3.2.8		
		하남도시공사	3.2.9		

자료: 2020년도 지방공기업 경영평가 편람(행정안전부)

기관코드는 총 3개 유형으로 구분하고 있으며, 특정 공사·공단(광역), 특정 공사(기초), 관광공사로 구분하여 기관코드를 부여하고 있다. B, C, D에 대한 분류코드는 대분류지표, 중분류지표와 세부지표이며, 관리번호 코드는 다음과 같다.

〈별표 4-1-5〉 지표별 코드 분류표

대분류지표	중분류지표	세부지표	코드
Ⅰ. 지속가능경영	리더십	경영층의 리더십	1-1-1
		전략경영	1-1-2
		혁신성과	1-1-3
	경영시스템	조직·인사관리	1-2-1
		재무관리	1-2-3
Ⅱ. 경영성과	주요사업	사업유형 및 기관별 상이	2-1-(유형별순서)
	경영효율성과		2-2-(유형별순서)
	고객만족도	고객만족도	2-3-1
Ⅲ. 사회적 가치	일자리확대	일자리창출 및 일·가정 양립	3-1-1
	사회적 책임	소통 및 참여	3-2-1
		윤리경영	3-2-2
		인권경영	3-2-3
		재난·안전관리	3-2-4
		지역상생발전	3-2-5

자료: 2020년도 지방공기업 경영평가 편람(행정안전부)

대분류지표는 총 3개 과제로 구분하고 있으며, 지속가능경영의 중분류는 리더십과 경영시스템이다. 리더십의 세부지표는 경영층의 리더십, 전략경영, 혁신성과 등이며, 경영시스템의 세부지표는 조직·인사관리와 재무관리가 포함된다. 경영성과의 중분류지표는 3개의 지표로 구분하고 있으며, 주요사업, 경영효율성과, 고객만족도 등이 있다. 주요사업과 경영효율성과의 세부지표는 사업유형 및 지방공기업별 상이한 내용으로 구성되어 있다. 사회적 가치의 중분류 지표는 2개로 구분되며, 일자리확대와 사회적 책임이다. 사회적 책임은 5개의 세부지표로 구분되며, 소통 및 참여, 윤리경영, 인권경영, 재난·안전관리, 지역상생발전 등으로 구분하여 지표가 구성되어 있다. 마지막 "E" 세부지표별 유형분류코드는 세부지표 내에서 순서에 따라 1부터 부여하게 된다. 「시설관리공단」 유형의 지방공기업 대분류지표가 지속가능경영이며, 중분류지표는 주요사업, 세부지표가 시설유지관리이다. 세부지표가 한 가지일 경우 지표 평가편람 관리번호는 4-2-1-1-0이 된다.

4. 평가기준

1 평가유형

(1) 평가주체 및 유형

지방공기업에 대한 경영평가를 시행함에 있어 경영평가를 추진하는 평가주체는 현재 이원화되어 운영되고 있다. 지방공기업을 총괄하는 정부 부처는 행정안전부로서 지방공기업에 대한 경영평가도 행정안전부에서 주관하여 진행되고 있으나, 기초 하수도(상·하수도 격년제 평가 실시)에 대한 경영평가는 각 도(道)에서 실시하도록 하고 있다. 각 도(道)에서 실시하는 기초 하수도를 제외한 전국에 있는 모든 공사·공단 및 광역 하수도(상·하수도 격년제 평가 실시)는 행정안전부에서 경영평가를 추진하고 있다.

행정안전부에서 담당하는 대상 지방공기업은 2019년 기준 총 159개 기관이며, 세부적으로는 지방공사가 62개 기관, 지방공단이 89개 기관, 광역상수도(상·하수도 격년제 평가) 8개 기관이다. 도(道)에서 담당하는 기초 상수도는 경기도 31개 기관, 강원도 5개 기관, 충청북도 8개 기관, 충청남도 14개 기관, 전라북도 9개 기관, 전라남도 8개 기관, 경상북도 14개 기관, 경상남도 12개 기관 등 총 111개 기관이다. 2019년 기준 경영평가 대상 기관은 직영기업(격년제 미평가 기관제외) 포함 총 270개 기관이다.

(2) 평가유형 구분

2020년도 지방공기업 경영평가 편람(행정안전부)에서는 지방공기업의 경영평가유형을 상수도, 하수도, 도시철도공사, 도시개발공사, 특정 공사·공단, 관광공사, 시설관리공단, 환경시설공사·공단 등 크게 8개로 구분하고 있다. 평가유형 구분기준은 다음과 같다. 상수도 평가유형 구분기준은 지방 직영기업 중 수도사업 또는 공업용수도 사업을 경영하는 공기업을 말하며, 하수도 평가유형의 구분기준은 지방 직영기업 중 하수도사업을 경영하는 공기업을 말한다. 도시철도공사 유형의 구분기준은 지방공사 중 궤도사업을 경영하는 공기업을 말하며, 도시개발공사 유형의 구분기준은 지방공사 중 주택건설, 토지개발을 주된 사업으로 경영하는 공기입을 말한다. 특징 공사·공단 유형의 구분기준은 도시철도·도시개발공사를 제외한 농수산물공사·에너지공사 등의 지방공사, 지방공단 중 경륜을 주된 사업으로 경영하는 공기업을 말한다. 관광공사의 구분기준은 광역자치단체가 설립한 지방공사 중 관광 진흥, 관광마케팅, 컨벤션센터를 주된 사업으로 경영하는 공기업을 말하며, 시설관리공단 유형의 구분기준은 지방공단 중 주차장, 체육시설물 등 지방자치단체의 공공시설물 관리·운영을 주된 사업으로 경영하는 지방공기업과 시설관리형공사를 말한다. 환경시설공사·공단의 유형 구분기준은 지방공사·공단 중 하수처리를 주된 사업으로 경영하는 공기업을 말하며, 경영평가는 운영형태가 유사한 기관으로 구분하여 실시한다.

(3) 유형별 지방공기업 현황

경영평가 대상 지방공기업은 크게 광역 지방공기업과 기초 지방공기업으로 구분하여, 경영평가를 시행하고 있으며, "2020년도 지방공기업 경영평가편람(행정안전부)" 기준 2020년도 경영평가 대상 지방공기업은 지방공사·공단과 지방 직영기업을 포함하여 총 253개 기관이 평가대상이다. 이 중 광역 지방공기업은 하수도, 도시철도공사, 도시개발공사, 특정 공사·공단, 관광공사, 시설관리공단, 시설환경공단 등으로 구분하며, 총 57개 기관이 평가 대상이다. 기초 지방공기업은 하수도, 특정 공사·공단, 시설관리공단, 환경공단 등으로 구분하며 총 196개 기관이 평가 대상이다. 광역지방공기업 57개 기관의 세부 유형은 다음과 같다. 하수도는 부산 및 대구광역시 등 9개 기관, 도시철도공사는 서울특별시 및 인천광역시 등 6개 기관, 도시개발공사는 광주광역시 및 대전광역시 등 15개 기관, 특정 공사·공단은 농수산불공사(서울, 구리), 경기평택항만공사 등 9개 기관, 관광공사는 경기관광공사, 제주관광공사 등 7개 기관, 시설관리공단은 서울특별시 및 부산광역시 등 6개 기관, 시설환경공단은 인천광역시 및 광주광역시 등 5개 기관 등이다.

기초지방공기업 196개 기관의 세부 유형은 다음과 같다. 하수도는 하남시 및 연천군 등 93개 기관, 특정 공사·공단은 당진항만공사, 청도공영사업공사 등 10개 기관, 시설관리공단은 서울시 자치구 및 지방 시·군 등 85개 기관, 환경공단은 환경시설관리형 공사·공단으로 구미, 김해, 경기광주, 밀양, 보령, 안동, 창녕, 함안 등 8개 기관 등이다. 지방공기업으로 운영되는 기관 중 경영평가에서 제외되는 대상은 다음과 같다. 신설 지방공기업으로 경영실적이 없는 지방공기업과 상·하수도를 제외한 직영기업, 경영진단 결과 청산명령을 받은 지방공기업 등은 경영평가에서 제외된다.

2 지표체계

"2020년도 지방공기업 경영평가 편람(행정안전부)"에서는 경영평가를 위한 평가지표를 크게 대분류지표, 중분류지표, 세부지표 등 3단계의 지표로 구성되어 있다. 이는 평가대상 지방공기업의 성과를 쉽게 파악할 수 있도록 「계획-집행-성과도출」이라는 업무과정을 반영하여 「지속가능경영-경영성과-사회적 가치」라는 3개의 대분류 지표로 구성되어 있다. 대분류 지표 중 첫 번째 지표인 "지속가능경영지표"의 주요 평가내용으로는 기관장의 책임경영 및 지속가능한 경영시스템 체계의 적정성이며, 두 번째 지표인 "경영성과"의 주요 평가내용은 해당 지방공기업의 주요사업성과와 공공성(公共性)과 효율성의 조화, 고객만족도 등 경영활동 성과의 적정성 등이다. 세 번째 지표인 "사회적 가치"의 주요 평가내용은 지방공기업으로서 사회적 책임 노력의 적정성에 대한 평가로서 일자리 확대를 위한 노력, 안전관리, 윤리·인권 등에 대한 지방공기업별 추진 실적에 대해 평가하게 된다. 3개의 대분류 지표에는 각각의 중분류지표와 세부지표로 구성되어 있으며, 지속가능경영의 중분류지표는 리더십과 경영시스템 등 2개의 지표와 경영층의 리더십, 전략경영, 혁신성과, 조직·인사관리, 재무관리 등 5개의 세부지표로 구성되어 있다.

(1) 지속가능경영

경영평가 평가지표의 배점은 지방공기업 유형에 따라 구분되며, 표에서 보는 바와 같이 경영평가 지표체계는 대분류지표-중분류지표-세부지표로 구성되어 있다. 평가지표 중 세부지표와 지방공기업 유형에 따라 배점이 정해져 있으며, 지표별 배점은 다음과 같다. "지속가능경영"의 경우 중분류지표는 리더십과 경영시스템으로 구분되어 있으며, 리더십의 세부지표인 경영층의 리더십과 전략경영은 5점, 혁신성과의 배점은 4점으로 정하고 있다. 경영시스템의 세부지표인 조직·인사관리의 배점은 5점, 재무관리의 배점은 6점으로 구성하고 있다. 지속가능경영은 총 5개의 세부지표로 구성되어 있으며, 배점 합계는 25점이다.

〈별표 4-1-6〉 지속가능경영 배점

대분류	중분류	세부지표	배점						
			도시철도	도시개발	광역특정	기초특정	관광공사	시설공단	환경공단
지속가능경영	리더십	경영층의 리더십	5	5	5	5	5	5	5
		전략경영	5	5	5	5	5	5	5
		혁신성과	4	4	4	4	4	4	4
	경영시스템	조직·인사관리	5	5	5	5	5	5	5
		재무관리	6	6	6	6	6	6	6
		합계	25	25	25	25	25	25	25

(2) 경영성과

"경영성과"의 경우 중분류지표는 주요사업, 경영효율성과, 고객만족성과로 구분되어 있다. 주요사업의 세부지표인 주요사업은 도시철도 유형은 12점, 도시개발 유형은 10점, 광역·기초·관광공사 유형은 15점, 시설공단 유형은 17점, 환경공단 유형은 20점으로 구성되어 있다. 경영효율성과의 배점은 도시철도 유형은 18점, 도시개발 유형은 20점, 광역·기초·관광공사 유형은 15점, 시설공단 유형은 13점, 환경공단 유형은 10점으로 구성되어 있다. 고객만족성과의 세부지표는 고객만족도이며, 고객만족도의 배점은 평가유형별 동일하게 10점으로 구성되어 있다. 주요사업과 경영효율성과의 세부지표 배점은 평가유형별 차이를 보이고 있으며, 기관유형별 성격에 맞게 강화되어야 하는 분야의 배점이 높게 형성되어 있다. 경영성과는 총 3개의 세부지표로 구성되어 있으며, 배점 합계는 40점으로 구성되어 있다.

〈별표 4-1-7〉 경영성과 배점

대분류	중분류	세부지표	배점						
			도시철도	도시개발	광역특정	기초특정	관광공사	시설공단	환경공단
경영성과	주요사업	주요사업	12	10	15	15	15	17	20
	경영효율성과	경영수지관련지표	18	20	15	15	15	13	10
	고객만족성과	고객만족도	10	10	10	10	10	10	10
	합계		40	40	40	40	40	40	40

(3) 사회적 가치

"사회적 가치"의 경우 중분류지표는 일자리확대, 사회적 책임으로 구분되어 있다. 일자리확대의 세부지표인 일자리 창출 및 일·가정 양립은 8점으로 구성되어 있으며, 사회적 책임의 세부지표인 소통 및 참여는 5점, 윤리경영과 인권경영은 2점, 재난·안전관리는 10점, 지역상생발전은 8점으로 모든 유형이 동일한 배점으로 구성되어 있다. 사회적 가치는 총 6개의 세부지표로 구성되어 있으며, 배점 합계는 35점으로 구성되어 있다.

〈별표 4-1-8〉 사회적 가치 배점

대분류	중분류	세부지표	배점						
			도시철도	도시개발	광역특정	기초특정	관광공사	시설공단	환경공단
사회적 가치	일자리확대	일자리창출 및 일·가정 양립	8	8	8	8	8	8	8
	사회적 책임	소통 및 참여	5	5	5	5	5	5	5
		윤리경영	2	2	2	2	2	2	2
		인권경영	2	2	2	2	2	2	2
		재난·안전관리	10	10	10	10	10	10	10
		지역상생발전	8	8	8	8	8	8	8
	합계		35	35	35	35	35	35	35

3 평정방법

행정안전부에서 실시하는 경영평가의 지표구성은 크게 정성지표와 정량지표로 구성되어 있다.

정성평가의 평가방법은 평가지표별 제시된 평가내용 및 평가방법을 참고하여 절대평가 방식으로 평가된다. 정성지표는 9단계의 절대평가의 방법으로 평가하며, 평가대상 기관의 조직·인력 규모 등 경영여건을 고려하여 평점을 부여한다. 세부 평가내용 각 항목에 가중치가 부여되어 있는 경우에는 세부 평가내용 각 항목에 대하여 개별적으로 절대평가의 방법을 적용하여 득점을 구한 후 항목별 득점을 합산하여 평가지표의 총 득점을 계산하며, 그렇지 않은 경우에는 세부 평가내용 각 항목에 대하여 개별적으로 평가하지 아니하고 세부 평가내용 전체를 대상으로 절대 평가를 적용한다. 평가등급은 1등급부터 9등급까지로 구분되며, 1등급은 평점이 100~90점, 2등급은 90점 미만~80점, 3등급은 80점 미만~70점, 최하 등급인 9등급은 20점 미만~0점으로 구분하여 평가한다. 절대 평가의 평가방법은 다음과 같다.

〈별표 4-1-9〉 정성평가 평가등급 및 배점

구분	1등급	2등급	3등급	4등급	5등급	6등급	7등급	8등급	9등급
평점	100점~90점	90점 미만~80점	80점 미만~70점	70점 미만~60점	60점 미만~50점	50점 미만~40점	40점 미만~30점	30점 미만~20점	20점 미만~0점

평가기준은 각 지표별 추진실적이 등급별 평가기준을 어느 정도 충족하는가를 토대로 평가하며, 등급 부여방법은 아래와 같다.

〈별표 4-1-10〉 등급 부여기준

구분		등급 부여기준
1등급	90점 이상~100점	평가지표에서 요구하는 평가내용을 충분히 만족하는 경우 특별한 경영개선 노력의 결과로 과거 실적을 훨씬 상회하는 경우 주어진 경영여건에서 최선을 다한 것으로 판단되고 해당부서 직원들의 업무연찬(業務硏鑽)[13] 노력 정도가 객관적 자료에 의하여 현저하게 인정되는 경우
2등급	80점~90점 미만	1등급에서 요구하는 기준을 대부분 충족하나 1등급 수준에는 다소 못 미친다고 인정되는 경우
3등급	70점~80점 미만	평가지표에서 요구하는 평가내용을 대체로 만족하는 경우 전기평가 지적사항 및 비효율적인 부문을 개선하는 등 상당한 노력이 인정되는 경우 창의력을 발휘하여 자의적인 업무수행을 하였으나 개선의 여지가 일부 있는 경우
4등급	60점~70점 미만	3등급에서 요구하는 기준을 대부분 충족하나 3등급 수준에는 다소 못 미친다고 인정되는 경우
5등급	50점~60점 미만	평가지표에서 요구하는 평가내용을 다소 만족하는 경우 과거에 비해 실적이 양호하거나 주어진 여건 하에서 당연히 기대되는 실적을 달성한 경우

---

13) 업무연찬은 업무와 관련된 학문 따위를 깊이 연구하는 것을 말한다.

6등급	40점~50점 미만	평가지표에서 요구하는 사항에 미흡한 경우 사업실적 미달, 예산낭비 요소 등이 발견되며 부진사업에 대한 분석 및 개선노력이 미흡한 경우 해당부서 직원들의 노력의 정도가 미흡하여 과거수준의 실적에 다소 미달하는 경우
7등급	30점~40점 미만	6등급에서 요구하는 기준에 해당하나 6등급 수준에는 다소 못 미친다고 인정되는 경우
8등급	20점~30점 미만	평가지표에서 요구하는 사항을 결여한 경우 사업실적이 지극히 불량하거나 집행 상 중대한 결점이 있는 경우
9등급	0점~20점 미만	8등급 기준에 미달할 뿐 아니라, 문제점·결점에 대한 인식이 약하고 대책강구 등 개선 검토 의지가 없다고 인정되는 경우

자료: 2020년도 지방공기업 경영평가 편람(행정안전부)

정량지표의 평가방법은 지방공기업별 과거실적, 추세 등을 고려하여 기준 목표에 따른 달성도를 평가하는 것으로, 1) 목표 대 실적, 2) 목표부여(A), 3) 목표부여(B), 4) 목표부여(편차), 5) 단계별 평가 등 크게 5개의 평가방법을 사용하고 있다. 정량지표 항목 평가 시 5개의 평가방법 중 해당 지표성격에 가장 부합한 다고 판단되는 하나의 방법을 선택하여 평가하게 되며, 정량지표 평가에 있어 기관 간 평가의 형평성을 고려하여 평가 군별 동일한 지표에 대해서는 특별한 사유(신설법인 등)가 없는 한 동일한 평가방법을 적용하는 것을 원칙으로 하고 있다. 이러한 기준을 근거로 시행하는 정량지표 평가방법은 다음과 같다.

1) 목표 대 실적 평가방법은 정해진 목표에 대한 이행실적을 평가하는 지표로서 지표정의서에서 별도의 평가방법을 제시하지 아니한 경우에는 해당 지방공기업이 제시한 목표를 근거로 하여 계산한다.

$$\text{목표달성도의 계산방법은,} \quad \text{목표달성도}(y) = \frac{\text{실적}}{\text{목표}}$$

평점계산의 경우 목표 달성도가 높을수록 경영성적이 좋은 상향지표와 낮을수록 경영성적이 좋은 하향지표로 구분하며, 계산방법은 다음과 같다.

$$\text{상향지표} \quad \text{평점} = \text{목표달성도}(y) \times 100$$
$$\text{하향지표} \quad \text{평점} = \frac{1}{\text{목표달성도}(y)} \times 100$$

도시개발공사 및 특정 공사·공단 평가지표 중 임대주택 공급 실적 지표 평가방법이 목표 대 실적 평가 시표이며, 해당지표의 평가 방식은 목표달성도 70%와 목표의 적정성 30%를 함께 평정함으로써 기관이 제시한 목표치의 적정성을 검증할 수 있다. 임대주택 공급 실적의 세부 평가내용은 두 가지로 구분하고 있으며, 다음과 같다.

$$①기존주택\ 매입\ 실적(\%) = \frac{매입\ 실적}{매입목표물량} \times 100(배점\ 0.5)$$

$$②기존주택\ 전세공급\ 실적(\%) = \frac{공급\ 실적}{공급목표물량} \times 100(배점\ 0.5)$$

위 지표는 정부의 주택매입·전세임대사업을 통한 취약계층의 주거안정 정책에 대한 이행실적을 평가하기 위한 지표로 배점은 각 0.5점이며 만점인 0.5점을 초과할 수 없다.

2) 목표부여(A) 평가방법은 정량지표 평가방법 중 가장 많은 평가방법 중 하나이다. 상향지표의 경우 최고목표는 기준치×110%, 최저목표는 기준치×50%를 부여하고, 하향지표의 경우 최고목표는 기준치×90%, 최저목표는 기준치×150%를 부여한다. 목표달성도 계산 산식은

$$목표달성도(y) = \frac{실적-최저목표}{최고목표-최저목표}$$

이며, 이를 근거로 한 평점계산 방식은 평점 = 목표달성도(y) × 100점이다.

시설관리공단의 평가지표 중 사업수입 지표가 이 목표부여(A)에 해당하는 지표이며, 해당 지표의 정의는 공기업의 사업수입을 증대시켜 궁극적으로 수익성을 제고하기 위한 것으로 수입금액의 향상된 실적을 평가한다고 정의하고 있다. 이를 근거로 해당 지표에서는 최고목표는 전년도실적×110%, 최저목표는 전년도실적×50%이다. 전년도 실적이 10억일 경우 최고목표는 11억이며, 최저목표는 5억이다. 이를 기준으로 해당 연도 사업실적의 평점을 구하면 해당 기관의 평점과 부여된 가중치의 점수를 확인하고 평가하게 된다.

3) 목표부여(B) 평가방법은 가중치의 60%는 목표달성도를 평가하고, 가중치의 40%는 개선도를 평가하는 방식이다. 단, 지표 특성에 따라 가중치를 달리할 수 있다. 개선도 평가는 기준치 실적에 일정비율을 곱한 값을 목표로 부여한 후 목표부여(A)의 방법으로 평가한다. 평점 계산은 다음 산식에 따라 평점을 계산하되, 목표달성도 평점과 개선도 평점은 각각 100점을 초과할 수 없다.

$$평점 = 목표달성도\ 평점 \times 0.6 + 개선도\ 평점 \times 0.4$$

$$목표달성도\ 평점 = \frac{실적 - 최저목표}{최고목표 - 최저목표} \times 100점$$

$$개선도\ 평점 = \frac{실적 - 기준치실적 \times 50\%}{기준치실적 \times 110\% - 기준치실적 \times 50\%} \times 100점$$

목표부여(B)의 대표적인 지표는 고객만족도에 대한 평가이며, 고객만족도에 대한 지표정의는 '고객만족

도조사에 의한 고객평가 결과와 전년대비 개선도를 평가한다.'고 정의하고 있다. 고객만족도의 당해 연도 평가결과를 60% 반영하고, 전년대비 개선실적을 40% 반영한다. 당해 연도 고객만족도 결과가 80점일 경우 80점에 대한 가중치는 60%이므로 48점을 획득하게 된다. 또한, 전년도 대비 개선도 평점은 위의 기준을 적용하여 계산하고, 당해 연도 평점과 개선도 평점을 합하여, 최종 평점 및 가중치를 평가한다.

4) 목표부여(편차) 평가방법은 목표달성도 및 평점계산은 목표부여(A)의 방법을 따른다. 최고·최저목표는 지표성격 등을 고려하여 기준치에 일정 배수의 표준편차를 명시한다. 목표부여(편차)의 산출방식은 다음 표와 같다.

〈별표 4-1-11〉 등급 부여기준(정성평가)

구분	상향지표	하향지표
최고목표	기준치 + 1 × 표준편차(과거 5년)	기준치 - 1 × 표준편차(과거 5년)
최저목표	기준치 - 2 × 표준편차(과거 5년)	기준치 + 2 × 표준편차(과거 5년)

목표부여(편차)의 대표적인 지표는 도시철도공사의 평가지표인 승객 수송인원 지표가 이에 해당하는 지표이다. 해당 지표의 정의는 '도시철도공사가 평가대상 기간 중에 수송한 총 승객인원을 평가한다.'고 정의하고 있으며, 평가내용은 승객 수송인원은 평가 대상년도 중의 총 수송인원을 말하며, 승객 수송인원은 무임승차 인원을 포함하는 것으로 정의하고 있다.

5) 단계별 평가의 평가방법은 평가내용을 수치화·객관화함으로써 평가점수를 명확히 산정할 수 있는 경우 및 "정부정책 준수" 등과 같이 그 시행여부를 기준으로 평가점수를 명확히 부여할 수 있는 경우의 지표에 적용한다. 특정 공사·공단(기초) 중 청도공영사업공사의 평가지표인 경기시행의 안선성 향상성과 시표가 이에 해당하는 지표이다. 해당지표의 정의는 '경기 운영 실적은 소싸움 경기와 관련된 조교사 안전사고, 전산장애·방송오류·경기오판정, 부정소싸움 등을 평가한다.'고 정의하고 있으며, 세부 평가내용으로는 조교사 안전사고 발생건수(2.0점), 전산장애(0.5점), 방송오류(0.5점), 경기판정(1.0점), 부정소싸움(1.0점) 등이며 가중치는 총 5점이다.

제2절 경영평가 지표 이해

1. 개요

행정안전부에서 지방공기업을 대상으로 실시하는 경영평가에서의 평가지표는 평가대상 지방공기업의 성과를 쉽게 파악할 수 있도록 「계획(Plan)-집행(Do)-성과도출(See)」이라는 업무과정을 반영하고 있으며, 공공기관이 지속가능한 경영활동을 통해 사회적 책임 경영기반을 구축할 수 있도록 「지속가능경영-경영성과-사회적 가치」라는 3개의 대분류 지표를 구성하고 이를 기본원칙으로 하여 지방공기업에 대한 평가를 수행하게 된다. 이러한 경영평가를 위한 지표(指標)는 지방공기업의 효율적 경영활동을 평가하기 위한 기준으로서 경영평가를 위한 방향, 또는 목적을 나타내는 것으로 정의할 수 있을 것이다. 행정안전부에서는 "2020년도 지방공기업 경영평가 편람(행정안전부)"에서 경영평가 지표에 대하여 다음과 같이 기준을 정하고 있다. 평가지표는 대분류지표, 중분류지표, 세부지표 등으로 구분되어 있으며, 대분류 지표를 기준으로 중분류 지표가 구분되고 중분류 지표를 기준으로 세부지표가 구분된다. 이는 대분류 지표를 달성하기 위한 세부 평가기준이 중분류 지표와 세부지표라 말할 수 있을 것이다. 대분류 지표인 지속가능경영, 경영성과, 사회적 가치 등 총 3개의 지표 중 "지속가능경영" 지표의 중분류 지표는 리더십과 경영시스템 등 2개의 지표로 구성되어 있으며, 중분류 지표 중 리더십의 세부지표는 경영층의 리더십, 전략경영, 혁신성과 등 3개의 지표로 구성되어 있다. 경영시스템의 세부지표는 조직·인사관리, 재무관리 등 3개의 세부지표로 구성되어 있다. "경영성과" 지표의 중분류 지표는 주요사업, 경영효율성과, 고객만족성과 등 3개의 지표로 구성되어 있으며, 중분류 지표 각각의 세부지표는 주요사업 활동 및 성과, 경영효율성과, 고객만족성과 등 3개의 세부지표로 구성되어 있다. "사회적 가치" 지표의 중분류 지표는 일자리 확대, 사회적 책임 등 2개의 지표로 구성되어 있으며, 일자리 확대의 세부지표는 일자리창출 및 일·가정 양립이고 사회적 책임의 세부지표는 소통 및 참여, 윤리경영, 인권경영, 재난·안전관리, 지역상생발전 등 5개의 세부지표로 구성되어 있다.

〈별표 4-2-1〉 경영평가 지표

대분류	중분류	세부지표
지속 가능경영	리더십	경영층의 리더십, 전략경영, 혁신성과
	경영시스템	조직·인사관리, 재무관리
경영성과	주요사업	주요사업 활동 및 성과
	경영효율성과	경영효율성과
	고객만족성과	고객만족성과
사회적 가치	일자리확대	일자리창출 및 일·가정 양립
	사회적 책임	소통 및 참여, 윤리경영, 인권경영, 재난·안전관리, 지역상생발전

자료: 2020년도 지방공기업 경영평가 편람(행정안전부)

2. 지속가능경영(공사·공단 공통 기준)

1 개요

지방공기업에 대한 경영평가는 지방공기업의 운영형태, 또는 사업형태에 따라 평가유형을 정하여 평가하고 있다. 평가유형별 운영사업이 상이하여 평가지표도 이에 따라 일부 차이가 있다. 지방공기업 중 지방공사·공단을 평가유형으로 하는 지표를 대상으로 설명하고자 한다. 지방공사·공단 유형의 평가 지표에 대한 총괄 요약표는 아래 표와 같다.

〈별표 4-2-2〉 총괄 요약표(공사 · 공단 공통)

대분류	중분류	세부지표	배점 정성	배점 정량
Ⅰ. 지속가능경영 (25점)	리더십 (14점)	1. 경영층의 리더십	5	
		2. 전략경영	3	2
		3. 혁신성과	4	
	경영시스템 (11점)	1. 조직·인사관리	5	
		2. 재무관리	3	3
Ⅱ. 경영성과(40점)	주요사업	사업유형 및 기관별 상이(30)		
	경영효율성과			
	고객만족성과	1. 고객만족도		10
Ⅲ. 사회적가치 (35점)	일자리확대(8점)	1. 일자리창출 및 일·가정 양립	4	4
	사회적책임 (27점)	1. 소통 및 참여	1	1
		2. 윤리경영	2	
		3. 인권경영	2	
		4. 재난·안전관리	5	5
		5. 지역상생발전	3	5
합계			45	55

자료: 2020년도 지방공기업 경영평가 편람(행정안전부)

첫 번째 대분류 지표인 "지속가능경영" 지표는 리더십과 경영시스템 2개의 중분류 지표가 있다. 리더십 지표는 경영층의 리더십과 전략경영, 혁신성과 등 3개의 세부지표로 구성되어 있으며, 경영시스템 지표는 조직·인사관리, 재무관리 등 2개 지표로 구성되어 있다. 지속가능경영 지표의 배점은 총 25점으로 구성되어 있으며, 리더십 지표의 배점은 14점, 경영시스템 지표의 배점은 11점으로 구성되어 있다. 리더십 지표 중 경영층의 리더십 지표와 전략경영 지표의 배점은 각 5점이며, 경영층의 리더십 지표는 정성평가이고 전략경영 지표는 정성평가 3점, 정량평가 2점으로 구성되어 있다.

경영시스템 지표 중 조직·인사관리 지표는 정성평가로서 배점은 5점이며, 재무관리 지표의 배점은 6점으로 정성지표 3점, 정량지표 3점으로 구성되어 있다.

2 경영층의 리더십

100점 만점 중 경영층의 리더십 가중치는 5점(정성평가)으로 구성되어 있으며, 해당 평가 지표는 경영층이 경영개선과 경영목표의 달성을 위해 어떻게 리더십을 발휘하였는지를 평가하는 지표이다.

평가내용은 크게 3개 항목으로 구분하고 있으며, 항목별 평가내용은 다음과 같다. ① 조직체의 사명과 사회적 역할을 잘 파악하고 경영목표를 달성하기 위한 경영층의 리더십은 적절한가? 항목에서는 기관의 경영상 발생하는 제반 문제 해결을 위한 경영층의 노력과 성과, 인권 윤리경영 등 사회적 가치 실현을 위한 기관장의 노력과 성과, 기관장 경영성과계약(과제선정, 목표수준 적정성 등)의 적정성과 이행성과 등을 평가하며, ② 조직 구성원의 동기부여를 위한 기관장의 노력과 성과 항목에서는 기관 핵심가치 공유, 업무혁신, 적극행정 등 직원 동기부여 및 내부소통 강화 노력과 성과, 임원(CEO 포함)의 교육 실적(연 21시간 이상) 등을 평가하게 된다. ③ 자치단체, 지방의회, 지역주민 등 대내·외 이해관계자와의 협력증진 및 지역문제 해결을 위한 노력과 성과에서는 지방자치단체와 의회와의 협력관계, 지원(예산, 사업 확보 등) 정도, 지역주민, 시민단체, 이해관계자 집단과 협력, 유대관계 및 지역 문제 해결 추진실적 등으로 구분하여 평가한다.

3 전략경영

100점 만점 중 전략경영의 가중치는 5점(정성평가)으로 구성되어 있으며, 전략경영 지표는 조직의 설립목적 구현과 바람직한 미래상 달성을 위해 기울인 노력과 성과를 평가하고, 전기평가 지적사항, 경영개선명령, 감사원 지적사항 이행, 재정균형집행, 개인정보보호 등 국정과제 이행의 적정성 등을 평가하는 지표이다. 평가내용은 크게 2개 항목으로 구분하고 있으며, 항목별 평가내용은 다음과 같다. ① 중장기 경영계획 및 실행체계는 적절한가? 항목에서는 미션·비전 및 전략 경영계획의 적정성과 추진체계의 실현 가능성과 윤리 인권 친환경 등 사회적 책임을 포함한 경영계획 수립 등을 평가하며, ② 지시·지적사항 및 주요정책 등 이행실적(정량, 2점) 평가에서는 전기평가 지적사항 이행실적(-1.0), 경영개선명령 이행여부(-1.0), 감사원 지적사항 이행여부(-1.0), 재정신속 및 균형집행(1.0), 개인정보보호 수준체계 및 대응대책 수립실행(1.0) 등으로 구분하여 평가한다.

4 혁신성과

100점 만점 중 혁신성과의 가중치는 4점(정성평가)으로 구성되어 있으며, 평가방법은 절대평가이다. 혁신성과는 공감대 형성을 위해 지역사회와의 협력체계 구축 및 과제 발굴 등 자율적인 혁신성과 노력과 수요 창출, 혁신기술 융합, 혁신성장 인프라 구축 등을 위한 혁신성장 노력을 평가하는 지표이다. 평가내용은 크게 3개 항목으로 구분하고 있으며, 항목별 평가내용은 다음과 같다. ① 혁신 추진체계 및 계획의 적정성 항목에서는 혁신 총괄부서(담당자) 지정 등, 혁신 전략 수립 시 주민 및 내부 직원 참여 정도, 혁신 과제 추진계획(적극행정 실행계획 포함)의 적정성, 실현 가능성, 창의성 등을 평가하며, ② 혁신 집행 성과 환류 활동의 적정성 항목에서는 혁신 과제 집행의 연계·협력성, 노력도, 추진일정의 충실성 등, 혁신 과제 추진 성과의 효과성, 확산 가능성, 혁신 과제의 성과점검 및 환류활동의 적정성 등을 평가한다. ③ 혁신성장 노력과 성과(가점 1점) 항목에서는 혁신성장 수요 창출을 위한 노력과 성과, 공공서비스 혁신기술 융합 활성화를 위한 노력과 성과, 기관이 보유한 데이터 공유 개방 노력과 성과, 혁신성장 인프라 구축을 위한 노력과 성과 등으로 구분하여 평가한다.

5 조직·인사관리

100점 만점 중 조직·인사관리의 가중치는 5점(정성평가)으로 구성되어 있으며, 평가방법은 절대5, 단계별(감점) −2 평가이다. 감점지표는 채용비리 방지의 적정성 항목이며, 채용비리 발생여부 −1점, 채용비리 전수조사 지적사항 이행여부 −1점, 임직원 징계 등 자체 인사규정 정비 이행여부 −1점의 감점을 말한다. 양성평등을 위한 노력과 성과는 적정한가? 의 항목에서는 1점의 가산점이 있는 지표로서, 지속가능한 발전을 도모할 수 있는 조직·인사관리의 적정성에 대해 평가하는 지표이다. 평가내용은 크게 5개 항목으로 구분하고 있으며, 항목별 평가내용은 다음과 같다. ① 경영전략과 연계된 조직구조의 적정성 평가 항목에서는 내·외부 환경변화에 대응한 조직구조의 적정성 및 운영의 효율성, 설립운영기준 준수여부(관리직 비율, 지원부서 비율 등), 협업을 통한 일하는 방식 및 업무프로세스 개선 등 조직혁신 노력 등을 평가 등을 평가하며, ② 인사관리의 합리성·공정성을 확보하기 위한 노력과 성과 항목에서는 채용비리 방지의 적정성(정량, −3점), 중장기 인력운용계획 수립 및 운영의 적정성, 인사위원회 구성·운영, 인사규정(유급휴가 등), 임원선임 및 직원채용의 적정성, 승진 및 보직관리 등, 내부직원 만족도조사 및 결과활용 등을 평가한다. ③ 직원역량 제고를 위한 노력과 성과 항목에서는 교육훈련종합계획 등 역량강화계획 수립의 적정성 및 노력과 성과, 인사평정에 교육성과 활용의 적정성 및 교육시간 및 예산 등을 평가하고 ④ 성과관리 및 보상체계의 구축의 적정성 항목에서는 기관 경영목표와 연계된 성과관리체계의 구축 운영과 결과 활용 등을 평가한다. 마지막

항목인 ⑤ 양성평등을 위한 노력과 성과는 적절한가?(1.0점) 항목에서는 여성 관리자 확대 등을 평가한다.

6 재무관리(시설관리공단, 환경시설공단, 경륜공단 기준)

100점 만점 중 재무관리의 가중치는 6점(정성·정량평가)으로 구성되어 있으며, 평가방법은 절대평가(3점)와 단계별 평가(3점)로 구분되어 있다. 건전한 재무구조를 유지하고 경영계획에 따른 경영목표 달성을 위한 사업계획을 재무적으로 뒷받침하기 위한 재무적 운영노력을 평가하는 지표이다. 평가내용은 크게 4개 항목으로 구분하고 있으며, 항목별 평가내용은 다음과 같다. ① 수익구조 개선을 위한 노력 및 성과 항목에서는 새로운 수익원 창출 및 기존사업에 대한 수익/비용 분석 등을 통한 문제점 파악과 사전 대처방안 수립 노력 및 성과, 지속적인 사업비 절감노력 및 성과, 신규 사업 진출 시 사업타당성 분석 실시 및 예상되는 문제점에 대한 사전 대처방안 수립 등을 평가한다. ② 예산 회계 관리 운영의 적정성 항목에서는 예산과 경영계획과의 연계성 및 지방공기업 예산 편성기준의 준수여부, 예산전용 이월 및 예비비 사용의 적정성, 예산 및 회계 관리의 전산화 및 결산서, 감사보고서, 원가계산서 등의 회계규정과의 부합 여부, 회계 관리의 전문성과 투명성 제고를 위한 전담요원 확보 및 내부통제 노력과 교육 훈련실적 등을 평가한다. ③ 자산관리 적정성 항목에서는 자산대장의 전산화 및 고정자산 건별 장부기록의 증감기록 상태, 재물조사 절차 및 내용, 조사결과 등의 적정성, 자본적 지출과 수익적 지출의 구분관리를 통한 정확한 원가반영 등을 평가하고 ④ 예산집행의 적정성(정량 3.0점) 항목에서는 인건비 인상률 준수(2.0점), 평가급제도 운영의 적정성(1.0점) 등을 평가한다.

3. 경영성과(공사·공단 공통 기준)

1 개요

두 번째 대분류 지표인 "경영성과" 지표는 주요사업, 경영효율성과, 고객만족성과 등 3개의 중분류 지표가 있다. 이 중 주요사업과 경영효율성과 지표는 지방공기업별 사업유형과 경영효율성과가 상이하여 평가유형별로 구분하여 지표를 설정하고 이 기준을 근거로 평가를 수행하고 있다. 평가유형 구분은 도시철도공사, 도시개발공사, 특정 공사·공단·관광공사(공통), 특정 공사·공단(광역개별), 특정 공사·공단(기초개별), 관광공사, 시설관리공단, 환경시설관리공단 등으로 구분하고 있다. 유사한 사업군으로 구분하여 평가

지표를 운영사업에 맞게 구축·평가하고 있다. 특정공사·공단·관광공사(공통)에 포함되는 기관은 경륜공단, 양평공사, 통영관광공사, 평택, 김포, 하남도시공사 등이 포함된다. 특정 공사·공단(광역개별)에는 농수산물공사(서울·구리), 경기평택항만공사, 제주특별자치도개발공사, 서울과 제주에너지공사, 세종도시교통공사, 경륜공단(부산스포원·창원경륜) 등이 포함되어 있다. 경영성과의 주요사업과 경영효율성과는 공공체육시설을 주 사업으로 운영하고 있는 시설관리공단 유형을 기준으로 설명하고자 한다. 시설관리공단 유형의 경영성과 배점은 100점 만점 중 40점으로 구성되어 있으며, 중분류 지표는 주요사업, 경영효율성과, 고객만족성과 등 3개 지표로 구성되어 있다. 경영성과 첫 번째 중분류 지표인 '주요사업'의 배점은 17점이며, 주요사업의 세부지표는 시설유지관리, 사업수입, 1인당시설관리 등 3개 지표로 구성되어 있다. 시설유지관리는 정성평가로서 배점은 5점이며, 사업수입은 정량지표로 배점은 7점이다. 1인당시설관리는 정량지표로 배점은 5점으로 구분하고 있다. 두 번째, 경영효율성과 지표의 배점은 13점이며, 세부지표는 대행사업비 절감률, 노동생산성 등 2개의 지표로 구성되어 있다. 대행사업비 절감률 지표는 정량평가로서 배점은 8점이며, 노동생산성 지표는 정량지표로 배점은 5점이다. 세 번째, 고객만족성과 지표의 배점은 10점이며, 세부지표는 고객만족도 1개 지표로 구성되어 있다. 고객만족도 지표는 정량지표이다.

2 시설유지관리

100점 만점 중 시설유지관리의 가중치는 5점(정성평가)으로 구성되어 있으며, 평가방법은 절대평가로 구분되어 있다. 시설물 이용자의 편의와 안전을 확보하고 효율적으로 시설물을 유지 관리하기 위한 기관의 유지관리 노력을 평가하는 지표이다. 평가내용은 크게 3개 항목으로 구분하고 있으며, 항목별 평가내용은 다음과 같다. ① 효율적 유지관리를 위한 시설물 유지관리체계는 적절한가? 항목에서는 성능평가 중심의 시설물 연간 관리계획 및 중기 관리계획 수립의 적정성, 시설물 유지관리 조직 구성과 활용계획의 적정성, 유지관리 예산 확보 노력의 적정성 등을 평가하며, ② 구축된 유지관리체계가 원활히 운영될 수 있도록 하는 기관의 유지 관리역량강화 노력은 적절한가? 항목에서는 시설물 유지관리 관련 직무교육 계획 및 실행의 적정성, 전담 인력의 전문성 향상 노력의 적정성, 유지관리 전문기술 확보 노력의 적정성 등을 평가한다. ③ 효율적 유지관리를 위한 시설물 유지관리 활동은 적절한가? 항목에서는 예방적 유지관리 활동의 적정성, 시설물 관리 정보 구축 및 활용의 적정성, 시설물 성능평가 기반 유지관리 활동의 적정성, 관련 안전법규에 따른 시설물 안전점검 수행과 이에 따른 개선이행의 적정성 등을 평가한다.

3 사업수입

100점 만점 중 사업수입의 가중치는 7점(정량평가)으로 구성되어 있으며, 평가방법은 절대평가로 구분되어 있다. 지방공기업의 사업수입을 증대시켜 궁극적으로 수익성을 제고하기 위한 것으로 수입금액의 향상된 실적을 평가하는 지표이다. 세부 평가내용은 1개 항목으로 구분하고 있으며, 세부 평가내용은 해당 지방공기업의 사업수입이다. 사업수입의 평가 정의 및 방법은 다음과 같다. 사업수입은 평가대상 연도에 공기업이 직접 관리 운영하는 시설에서 발생한 운영 수입으로, 자치단체에 납부한 금액을 의미하며, 전년도에 비해 사업기간이나 사업규모가 변경된 사업은 동일한 기간과 규모로 차감 조정하여 평가한다. 쓰레기 종량제봉투 판매수입은 제외하며, 복지 관련 사업(노인복지회관, 복지택시, 장애인콜택시, 청소년 공부방 등과 유사한 사업), 재활용 선별장, 장사시설, 환경관리 시설(하수처리, 위생, 음식물처리, 소각장, 쓰레기 소각 잔재 매립장 등) 수입도 제외하여 평가한다. 평가방법은 최고목표는 전년도 실적×110%이며, 최저목표는 전년도 실적×50%이다.

4 1인당 시설관리실적

100점 만점 중 1인당 시설관리실적의 가중치는 5점(정량평가/상향지표)으로 구성되어 있으며, 평가방법은 목표부여(A)로 구분되어 있다. 지표정의는 관리 인력의 노동생산성 및 시설물의 활용도를 제고하기 위한 것으로 각 시설물 관리 사업에 종사하고 있는 직원들의 1인당 관리실적을 평가하는 지표이다.

"관리실적"이란 지방공기업 시설의 이용차량 수·유료 이용인원수 등 사업을 통하여 실제로 제공한 실적을 의미하며, "관리인력"이란 연간 인건비(결산서 기준)를 기준으로 하며, 간접지원부서(예: 임원 총무 기획 예산 회계 인사 경영분석 등 담당부서) 인력·예산 및 정부시책에 따른 행정인턴, 임시고용인력 등은 제외하되, 사업과 연관성이 있는 인력은 모두 포함하는 것을 의미한다. 1인당 시설관리실적 평가 산식 및 방법은 다음과 같다.

평가 산식	평가방법
1인당 시설관리실적 = $\dfrac{\text{관리실적}}{\text{관리인력}}$	최고목표: 전년도 실적 × 110% 최저목표: 전년도 실적 × 50%

5 대행사업비 절감률

100점 만점 중 대행사업비 절감률의 가중치는 8점(정량평가/하향지표)으로 구성되어 있으며, 평가방법은 목표부여(A)로 구분되어 있다. 지표정의는 지방공기업의 관리비용이 지속해서 증가하는 것을 최소화하여 궁극적으로 시설관리 대행업무의 효율성을 높이고자 하는 것으로 연도별 단위사업장에 소요되는 비용의 절감 실적을 평가하는 지표이다. "대행사업비"란 공기업이 해당 사업의 운영을 위해서 자치단체로부터 받은 금액 중 자본예산을 제외한 금액(손익계산서상의 영업비용)을 말한다. 대행사업비 절감률의 평가 정의 및 방법은 다음과 같다. 대행사업비란 공기업이 해당 사업의 운영을 위해서 자치단체로부터 받은 금액 중 자본 예산을 제외한 금액(손익계산서상의 영업비용)으로 전년도보다 사업기간 사업규모가 변경된 사업은 동일한 기간 규모로 차감 조정하며, 물가상승률 조정은 당해 연도 대행사업비에서 물가상승률 해당을 조정한다. 수선유지비, 감가상각비, 성과급, 교육훈련비는 대행사업비에서 차감하며, 손익계산서상의 영업비용(자본예산 제외) 외 대행사업의 운영을 위해 자치단체로부터 받은 각종 운영비 및 물품이 있는 경우, 해당 금액도 대행 사업비에 포함한다. 통상임금소송 확정판결에 따른 인건비 발생액은 해당연도에 귀속하여 계산한다.

6 노동생산성

100점 만점 중 노동생산성의 가중치는 5점(정량평가/상향지표)으로 구성되어 있으며, 평가방법은 목표부여(A)로 구분되어 있다. 지표정의는 임직원 1인당 부가가치가 전년도보다 얼마나 개선되었는지를 평가하는 지표이다. 부가가치는 사업수지, 인건비, 순금융비용, 임차료, 세금과 공과, 감가상각비 등의 합으로 구성되며, "순금융비용"이란 손익계산서상의 이자비용(사채이자 포함)에서 수입이자와 할인료(유가증권이자 포함)를 차감한 금액을 말한다. "임차료"는 동산, 부동산, 임차료 및 특허권 등 각종 권리 사용료이며, 세금과공과는 법인세비용을 제외한 자동차세, 재산세 등 제세금과 공과금을 말한다.

감가상각비는 유형 및 무형자산의 상각비를 말한다. 평가 산식 및 방법은 다음과 같다.

평가 산식	평가방법
1인당 부가가치(천원/인) = $\dfrac{\text{부가가치}}{\text{임직원 수}}$	최고목표: 전년도 실적 × 110% 최저목표: 전년도 실적 × 50%

7 고객만족도

100점 만점 중 고객만족도의 가중치는 10점(정량평가/상향지표)으로 구성되어 있으며, 평가방법은 목표부여(B)로 구분되어 있다. 지표정의는 고객만족도조사에 의한 고객평가 결과와 전년대비 개선도를 평가하는 지표이다. 고객만족도의 세부평가내용(측정산식)은 해당 지방공기업의 시설을 이용하는 고객에 대한 고객만족도 조사점수에 의해 평가하게 된다. 고객만족도의 평가 정의는 고객만족도조사 점수는 행정안전부에서 일괄적으로 실시하는 지방공기업 고객만족도 조사의 점수를 의미한다. 평가방법은 당해연도평가(60점 만점)와 전년대비개선도 평가(40점 만점)로 구분한 후 총 평점(100점 만점)을 구한다. 당해연도평가는 최고목표는 100점이며, 최저목표는 0점으로 하고 전년대비 개선도 평가에서는 최고목표는 전년도 실적+(100점-전년도 실적)×10%, 최저목표는 0점이며, 당해연도 고객만족도 점수가 90점 이상일 경우, 개선도 부분은 만점으로 한다. 총 평점은 다음과 같이 구한다.

$$평점 = \frac{실적}{100점} \times 60점 + \frac{실적}{전년도실적 + (100점 - 전년도실적) \times 10\%} \times 40점$$

4. 사회적 가치(공사·공단 공통 기준)

1 개요

세 번째, 대분류 지표인 "사회적 가치" 지표는 일자리확대와 사회적 책임 등 2개의 중분류 지표가 있다. 일자리확대 지표는 일자리 창출 및 일 가정 양립의 세부지표로 구성되어 있으며, 사회적 책임 지표는 소통 및 참여, 윤리경영, 인권경영, 재난·안전관리, 지역상생발전 등 5개의 세부지표로 구성되어 있다. 사회적 가치의 배점은 총 35점으로 구성되어 있으며, 일자리 확대 8점, 사회적 책임 27점으로 구성되어 있다. 일자리확대 지표의 세부지표인 일자리 창출 및 일·가정 양립지표의 배점은 8점이며, 이 중 정성평가와 정량평가가 각각 4점으로 구성되어 있다. 사회적 책임 지표의 배점은 27점이며, 사회적 책임 세부지표인 소통 및 참여지표 배점은 5점이며, 정성평가 4점과 정량평가 1점으로 구성되어 있다. 윤리경영 지표 및 인권경영 지표의 배점은 각 2점(정성평가)으로 구성되어 있으며, 재난·안전관리지표의 배점은 10점으로 정성평가와 정량지표가 각각 5점으로 구성되어 있다. 지역상생발전 지표의 배점은 8점으로 정성평가 3점, 정량평가 5점으로 구성되어 있다.

2 일자리 창출 및 일·가정 양립

100점 만점 중 일자리 창출 및 일·가정양립의 가중치는 8점(정성평가 4점·정량평가 4점)으로 구성되어 있으며, 평가방법은 절대평가(4점)와 목표 대 실적 평가(4점)로 구분되어 있다. 지표정의는 지방공기업의 신규 일자리 창출 및 일 가정 양립(일자리 질 개선 포함)을 위한 노력 및 실적을 평가하는 지표이다. 평가내용은 크게 4개 항목으로 구분하고 있으며, 항목별 평가내용은 다음과 같다. ① 청년 의무고용비율 달성도(정량, 3점) 평가는 다음과 같은 산식을 기준으로 평가하게 된다. 평가 산식은 다음과 같다.

$$\text{산식} = 3\text{점} \times \frac{\text{청년고용비율}}{\text{청년의무고용비율}} \quad \text{※ 단, 만점인 3점을 초과할 수 없다.}$$

② 일자리 창출을 위한 노력과 성과 항목은 일자리 창출을 위한 자체 인력운용계획 수립(중장기 인력운용계획의 포함여부), 신규 채용 인원의 연도별 증감추세, 신규채용 시 정규직 채용여부, 결원 대비 신규채용비율 등을 평가하며, ③ 일 가정 양립 및 일자리 질 개선을 위한 노력 항목은 일 가정 양립 노력과 성과, 기존 근로자의 일자리 질 개선 및 전환근로자에 대한 처우개선 노력과 성과, 근로기준법(근로시간 단축) 준수(정량, −1점) 등을 평가한다. ④ 파견용역 근로자 정규직 전환 추진실적(1점)은 정량실적으로 전환실적에 대해 평가하는 지표이다.

3 소통 및 참여

100점 만점 중 소통 및 참여의 가중치는 5점(정성평가 4점·정량평가 1점)으로 구성되어 있으며, 평가방법은 절대평가(4점)와 단계평가(1점)로 구분되어 있다. 지표정의는 내·외부고객(고객, 주민, 노사 등)에게 경영정보를 제공함으로써 소통과 경영에 참여시켜 만족도 제고 및 노사상생 발전을 위한 공기업의 노력 및 성과를 평가하는 지표이다. 평가내용은 크게 4개 항목으로 구분하고 있으며, 항목별 평가내용은 다음과 같다. ① 고객 및 주민의 경영참여 등 의견을 적극적으로 수렴하고 공기업 경영에 적극적으로 반영하는가? 항목은 고객 및 주민의견의 경영계획 반영 실적, 고객 및 주민참여를 통한 제도 개선 및 기관개선 실적, 고객 및 주민 만족도 평가와 환류체계 구축 등에 대해 평가하며, ② 상생과 협력의 공공노사관계를 구축 및 유지노력은 적절한가? 항목은 노사상생과 협력 관계를 구축하기 위한 합리적 전략과 목표설정 및 실천노력과 성과, 노사갈등 사전예방 및 사후해결 시스템 구축 운영 노력과 성과(노동쟁의 및 쟁의 행위 발생 시 신속한 해결과 파급효과 최소화 노력과 성과포함) 등에 대해 평가한다. ③ 단체협약 내용의 합리성과 단체교섭 및 노사협의회 운영의 적절성 및 단체협약 개선을 위한 노력 또는 성과는 적절한가? 항목은 단체교섭과 노사협의회를 실질적 효율적으로 운영하기 위한 노력과 성과, 단체협약 중 불합리한 내용을 개선하기 위한 노력과 성과, 노사협의회를 통한 상생과 협력의 노사관계 증진 노력과 성과, 과도한 복리후생 정상화 노력 등을 평가한다. ④ 지방공기업 통합경영공시 업무매뉴얼 등을 준수하고 충실한가?(정량, 1점) 항목은 공시항목 및 자료입력 기간 준수 여부 및 입력 자료의 충실성(0.6점), 클린아이 잡 플러스 채용정보 입력 준수 및 입력 자료의 충실성(0.2점), 사전정보공표 항목 및 내용의 충실성 등(0.2점)에 대해 평가한다.

4 윤리경영

100점 만점 중 윤리경영의 가중치는 2점(정성평가)으로 구성되어 있으며, 평가방법은 절대평가로 구분되어 있다. 지표정의는 각종 불공정 행위나 부정·부패행위 근절 등 공정사회를 구현하기 위한 노력과 성과를 평가하게 된다. 평가내용은 크게 2개 항목으로 구분하고 있으며, 항목별 평가내용은 다음과 같다. ① 윤리경영체제 구축 운영 및 노력과 성과는 적절한가? 항목은 관련 내부규정 제도화(임직원 업무관련 범죄 고발규정, 비리(불공정) 행위자 처벌 규정 등) 및 내부통제시스템 구축의 적절성, 윤리경영 및 부패방지 교육 등 예방노력, 성범죄 등 비윤리 행위 방지 노력 및 사후조치 적절성, 도덕적 해이나 관리소홀 등으로 언론 및 지역사회 여론 등에 물의를 야기한 바는 없는지 등을 평가하며, ② 기관의 투명성과 경영 책임성을 높이기 위한 기록관리 개선 노력과 성과는 적절한가? 항목은 기록관리 정책, 전략을 수립하고 그 전략에 따라 기록관리 체계 구축 및 운영 등을 위한 기관의 노력과 성과, 기록물관리 전담인력 지정 여부를 평가하는 지표이다.

5 인권경영

100점 만점 중 인권경영의 가중치는 2점(정성평가)으로 구성되어 있으며, 평가방법은 절대평가로 구분되어 있다. 지표정의는 임직원, 고객, 이해관계자, 지역주민 등 기관 내·외부에서 인간의 존엄과 가치를 향상하고 사람을 먼저 생각하는 인권경영을 구현하기 위한 노력과 성과를 평가하게 된다. 평가내용은 크게 3개 항목으로 구분하고 있으며, 항목별 평가내용은 다음과 같다. ① 인권경영 체계 구축의 노력과 성과는? 항목은 인권경영 추진 시스템 구축, 인권경영 선언 및 공표 여부, 기관(공기업) 내외(부서, 고객, 이해관계자, 지역주민 등) 확산 노력과 성과, 기관운영 및 주요사업에 대한 인권영향평가 실시여부(계획, 교육, 평가, 공개 등)를 평가하며, ② 인권경영(사업)의 실행 공개 노력과 성과 및 구제절차 제도화의 타당성 항목은 인권경영(사업)의 실행 및 인권경영 전 과정의 공개, 구제절차의 수립 및 시행, 시행에 대한 평가와 개선 성과 등을 평가한다. ③ 공정사회 구현을 위한 노력과 성과는 적절한가? 항목은 불공정 거래 개선 등 공정거래 환경 조성 노력과 성과, 고객 피해구제 방법 강화 등 고객 권익증진 노력과 성과, 기회균등과 공정경쟁 조성의 노력과 성과, 갑질 근절방안(공기업정책과-1805, '18.6.1.) 등 시행여부 등에 대해 평가하고 주요 평가 항목은 납품단가 후려치기, 불리한 계약조건 강요, 금품·향응 요구, 성폭력·인격모욕, 승진 누락, 불필요한 업무부여 등을 말한다.

6 재난·안전관리

100점 만점 중 재난·안전관리의 가중치는 10점(정성·정량평가)으로 구성되어 있으며, 평가방법은 절대평가 5점, 목표 대 실적 5점 등으로 구분되어 있다. 지표정의는 재난 및 안전관리 활동의 체계적이고 효과적인 수행을 통해 근로자와 국민의 안전과 건강을 보장하기 위한 노력과 성과를 평가하게 된다. 평가내용은 크게 4개 항목으로 구분하고 있으며, 항목별 평가내용은 다음과 같다. ① 근로자와 국민의 안전과 건강을 보장하기 위해 구축된 재난·안전관리 체계는 적절한가? 항목은 산업재해 안전관리 및 재난관리체계 수립의 적정성, 재난·안전관리 전담조직의 구성과 인력 투입계획 및 활용의 적정성, 안전 관련 예산 확보 노력의 적정성 등을 평가하며, ② 구축된 재난·안전관리체계가 원활히 운영될 수 있도록 하는 기관의 재난·안전관리 역량 강화 노력은 적절한가? 항목은 전담 인력의 전문성 및 사고 대응력 향상 노력의 적정성, 안전관리 전담 인력 안전교육 이수 여부를 평가한다. ③ 재난·안전관리체계 운영은 적절한가? 항목은 재난 안전사고 사전예방, 대응, 사후처리 및 복구활동의 적정성, 근로자와 국민에 대한 안전교육(산업재해 예방교육 포함) 및 홍보, 안전관련 법령·가이드라인 준수 및 지적사항 개선 이행의 적정성(안전관리 중점기관 과제 미이행 추가 감점)을 평가하며, ④ 재난·안전사고(정량, 5점) 평가 항목은 지방공기업 유형에 따라 평가 지표가 상이하다. 지방공기업 유형별 평가지표는 다음과 같다. 도시철도 공사는 안전사고 발생건수, 도시개발공사는 사망만인율(死亡萬人率)(재해율), 관광공사는 안전사고 발생건수(또는, 산업재해율), 시설관리공단은 안전사고 발생건수, 특정공사는 안전사고 발생건수(또는, 산업재해율), 환경공단은 산업재해율을 지표로 설정하여 평가한다. 재난·안전관리지표의 가중치 중 배점이 5점인 정량지표는 세부 평가유형에서 설명한 바와 같이 평가 지표가 평가유형별로 상이하여 유형별 지표가 별도로 구분되어 있다. 이 중 시설관리공단 유형의 재난·안전관리 지표를 기준으로 살펴보면 지표성격은 정량(하향)지표, 평가방법은 목표부여(A)를 기준으로 평가하고 있다. 지표의 정의는 안전사고는 내·외부 고객과 고객 재산을 안전하게 관리하고 있는가를 평가하게 된다. 평가내용은 안전사고 발생 건수가 5건 이하 기관은 3점 부여 후 나머지 2점으로 평가하고, 10건 이하 기관은 2점 부여 후 나머지 3점으로 평가한다. 이렇게 평가하는 지표의 정의는 다음과 같다. "안전사고"란 대인 대물사고(공단 차량 사고, 직원 안전사고 포함)를 모두 의미하며 공기업(지방자치단체 포함)이 보험처리를 완료한 건수로 측정(소송 및 재판이 진행 중인 사고는 제외)하고, 전년도

(前年度)보다 사업기간·사업규모가 변경된 사업은 동일한 기간 규모로 차감 조정하게 된다. 1건의 안전사고를 통해 피해(대인 또는 대물)가 복수로 발생한 경우에는 각각의 피해에 대해 별도로 평가하여 복수의 안전사고로 평가하고 보험에 가입된 시설물임에도 보험으로 처리하지 않고 공기업(지방자치단체 포함)이 보상비 등 직접 비용지급 처리한 경우 금액과 관계없이 안전사고 발생건수에 포함하여 평가한다.

제3절 경영평가 결과 및 활용

1. 평가결과

1 개요

(1) 서론

행정안전부에서는 매년 관련 법률에서 정하고 있는 기준을 근거로 지방공기업에 대한 경영평가를 시행하며, 경영평가 수검 및 현장평가, 고객만족도 조사 등 기관별 경영평가 수검이 완료되면 다음과 같이 경영평가 결과에 대한 업무를 진행하게 된다. 경영평가 결과에 따른 추진업무는 크게 3개 영역으로 구분하는데 3개 영역은 첫째, 행정안전부는 지방공기업정책위원회 심의를 거쳐 경영평가 최종 등급을 부여하게 되며, 확정된 등급을 지방자치단체 및 지방공기업에 통보하게 된다. 둘째, 평가등급을 통보받은 지방자치단체 및 지방공기업에서는 평가등급에 따라 인센티브 평가급을 지급하게 되며, 셋째, "라" 등급 또는 "마" 등급을 받은 부실 지방공기업을 대상으로 행정안전부에서는 경영진단 및 경영개선 명령을 시달하게 된다. 이렇게 진행된 2019년도(2018년 사업연도 평가) 지방공기업 경영평가 결과에 대한 주요 내용은 다음과 같다. 2018년도(2017년 사업연도 평가) 평가 대상 기관 중 공사·공단은 146개 기관, 지방 직영기업인 하수도 사업유형은 95개 기관 등 총 241개 기관에 대해 평가를 진행하였으며, 2019년도(2018년 사업연도 평가) 지방공기업 경영평가대상 기관은 공사·공단 151개 기관, 상수도 127개 기관 등 총 270개 기관으로 전년대비 29개 기관이 증가하였다. 이는 격년제로 시행되는 상수도와 하수도 등 지방 직영기업 평가유형의 변경에 따라 광역 1개 기관 및 기초 23개 기관 등 24개 기관이 증가하였으며, 지방공사·공단은 5개 기관이 증가하였다. 경영평가는 지방공기업 특성에 맞게 행정안전부 주관평가와 시·도 주관 평가로 구분하여 경영평가를 진행하고 있으며, 2019년도(2018년 사업연도 평가) 기준 행정안전부 주관 평가 기관은 지방 직영기업인 광역 상수도 8개 기관과 지방공사 62개, 지방공단 89개 등 총 159개 기관이 대상이며, 시·도 주관 평가 대상은 시·군에 속해 있는 기초 상수도 111개 기관이 대상이다. 행정안전부 평가 대상인 159개 기관은 지방공사 62개 기관, 지방공단 89개 기관, 광역 상수도 8개 기관이며, 이 중 지방공사·공단 유형은 도시철도공사, 도시개발공사, 특정 공사·공단, 관광공사, 시설관리공단, 환경시설 공사·공단 등 6개 유형으로 구분한다. 6개 유형은 다시 지역에 따라 구분되는데 도시철도, 도시개발, 관광공사 등 3개 유형은 광역을 기준으로 설립된 기관들이며, 특정 공사·공단과 환경시설 공사·공단은 광역과 기초 등 2개 지역으로 구분하고 시설관리공단은 광역, 시·군, 자치구 등 3개 지역으로 구분한다. 행정안전부 주관평가는 지방공기업평가원에서 수행하였으며, 시·도 주관 평가는 지방자치단체 연구원 등 8개 기관에서 수행했다. "2019년도(2018 사업연도 평가)" 경영평가 수검 및 결과를 기준으로 지표분류 및 지표별 배점기준을 알아보고 지방공기업 유형 중 체육시설물, 주차장 등 지방자치단체의 공공시설물 관리운영을 주된 사업으로 경영하는 시설관리공단과 시설관리형 공사가 속해 있는 시설관리공단 유형의 경영평가 결과에 대해 알아보고자 한다.

(2) 지표분류 및 평가내용

2019년도(2018 사업연도 평가) 경영평가의 지표분류는 대분류 및 중분류, 세부지표 등으로 구분하고 있으며, 대분류는 리더십/전략, 경영시스템, 경영성과, 사회적 가치, 정책준수 등 5개 지표로 구성되어 있다. 각 지표별 주요 평가내용은 다음과 같다.

〈별표 4-3-1〉 대분류 지표 평가내용

대분류지표	주요 평가내용
리더십/전략	비전, 목표, 전략, 리더십 등 조직을 이끄는 동인(動因)이 적절하게 설정되고 실행되는지 여부
경영시스템	사업 추진활동의 효율성 및 조직자원의 효율적 활용체계를 갖추고 있는지 여부
경영성과	주요사업성과, 생산성, 고객만족도 등 경영활동 성과를 제대로 창출하고 있는지 여부
사회적 가치	일자리 확대, 주민참여·윤리경영·노동권·재난안전·지역사회 공헌 등의 사회적 책임을 통해 공동체 발전에 기여하고 있는지 여부
정책준수	인건비 인상률 준수 등 범정부적으로 추진하고 있는 국가정책사업 및 지방공기업 경영정책 등을 제대로 준수하고 있는지 여부

자료: 2019년도 지방공기업 경영평가 종합보고서, 행정안전부[14]

2019년도(2018 사업연도 평가) 평가에 반영된 지표는 다음과 같다.

〈별표 4-3-2〉 평가지표

대분류지표	중분류지표	세부지표
리더십/전략	리더십	경영층의 리더십
	전략	미션·비전 및 경영계획
경영시스템	경영효율화	조직관리, 인사관리, 재무관리
경영성과	주요사업	주요사업 활동 및 성과
	경영효율성과	경영효율성과
	고객만족성과	고객만족성과
사회적 가치	일자리확대	일자리창출, 일자리 질 개선
	사회적 책임	고객 및 주민참여, 윤리경영, 노사상생, 재난·안전관리, 지역사회 공헌활동, 사회적 약자 배려, 친환경 경영
	혁신성과	혁신역량, 공통혁신, 자율혁신
정책준수	정책준수	공기업정책준수

자료: 2019년도 지방공기업 경영평가 종합보고서, 행정안전부

---

14) 지방공기업 경영평가 종합보고서는 「지방공기업법」 제78조 및 같은 법 시행령 제68조에 의해 추진된 지방공기업에 대한 경영평가 결과에 대해 경영평가 개요 및 결과를 설명하는 보고서이다. 지방공기업 유형별 평가결과와 우수사례 등이 수록된다.

위 지표를 기준으로 지방공기업은 경영평가를 수검 받게 된다.

(3) 지표별 배점기준(유형별)

경영평가 지표별 배점 기준은 평가유형에 따라 다소의 차이는 있으며, 지표별 배점 기준은 다음과 같다.

〈별표 4-3-3〉 지표별 배점기준

대분류지표	중분류지표	세부지표	배점							
			상수도	도시철도	광역개발	광역특정	기초특정	관광공사	시설공단	환경공단
리더십/전략	리더십	경영층의 리더십	2	2	2	2	2	2	2	2
	전략	미션·비전 및 경영계획	2	2	2	2	2	2	2	2
	리더십/전략 합계		4	4	4	4	4	4	4	4
경영시스템	경영효율화	조직관리	2	3	3	3	3	3	3	3
		인사관리	3	3	3	3	3	3	4	4
		재무관리	4	3	3	3	3	3	2	2
	주요사업활동	주요사업활동	15	–	–	–	–	–	–	–
	경영시스템 합계		24	9	9	9	9	9	9	9
경영성과	주요사업	주요사업	16	17	11	17	17	17	18	22
	경영효율성과	경영수지 관련지표	18	18	24	18	18	18	17	13
	고객만족성과	고객만족도	15	10	10	10	10	10	10	10
	경영성과 합계		49	45	45	45	45	45	45	45
사회적 가치	일자리확대	일자리 창출	–	5	5	5	5	5	5	5
		일자리 질 개선	–	5	5	5	5	5	5	5
	사회적 책임	고객 및 주민참여	4	3	3	3	3	3	3	3
		윤리경영	4	3	3	3	3	3	3	3
		노사상생	–	3	3	3	3	3	3	3
		재난·안전관리	5	5	5	5	5	5	5	5
		지역사회 공헌활동	5	4	4	4	4	4	4	4
		사회적 약자 배려	–	3	3	3	3	3	3	3
		친환경 경영	–	2	2	2	2	2	2	2
	혁신성과		–	3	3	3	3	3	3	3
	사회적 가치 합계		18	18	36	36	36	36	36	36
정책준수	공기업 정책준수		5	6	6	6	6	6	6	6
총합계			100	100	100	100	100	100	100	100

자료: 2019년도 지방공기업 경영평가 종합보고서, 행정안전부

지방공기업의 유형에 따라 지표별 배점이 정해져 있으며, 경영평가 수검 시 위 지표에서 정해진 기준에 의해 평가를 받게 된다. 또한, 세부지표의 경우 평가유형에 따라 세부지표의 내용이 달라질 수 있으며, 이런 경우 평가유형별 세부지표 기준을 별도로 정하여 공지하게 된다. 이는 평가유형별 운영사업이 상이하여 운영사업에 맞는 세부지표를 정하기 때문이다.

2 시설관리공단

시설관리공단의 경우 지방공단 중 주차장, 체육시설 등 지방자치단체의 공공시설물 관리·운영을 주된 사업으로 경영하는 지방공기업과 시설관리형 공사를 주된 사업으로 경영하는 지방공기업을 평가유형으로 구분하여 평가를 시행하고 있다. 시설관리공단은 특·광역, 시·군, 자치구 등 3개 유형으로 구분하여 평가를 시행하고 있으며, 2019년도(2018 사업연도 평가) 경영평가에서는 총 91개 기관을 대상으로 경영평가를 실시했다. 이 중 특·광역에 속하는 시설관리공단은 서울, 부산, 대구, 인천, 울산, 세종 등 6개 기관이며, 시·군에 속하는 기관은 안양시, 의정부, 안성시, 과천시 등 47개 기관이다. 자치구에 속하는 기관은 서울, 대구, 부산, 인천, 울산 등 특별 및 광역시에 속해 있는 종로구, 성북구, 영등포구, 기장군, 달성군, 연수구, 강화군, 울주군, 울산남구 등 38개 기관이다. 시설관리공단 유형의 평가지표 중 경영성과의 중분류지표인 주요사업과 경영효율성과의 세부지표는 다음과 같다.

〈별표 4-3-4〉 평가지표

대분류지표	중분류지표	세부지표	배점	평가방법
경영성과	주요사업 (18점)	1. 사업수입	9	목표부여(A)
		2. 1인당 시설관리실적	5	목표부여(A)
		3. 안전사고 발생건수	4	목표부여(A)
	경영효율성과 (17점)	1. 대행사업비 절감률	12	목표부여(A)
		2. 사업수지비율	5	목표부여(A)

자료: 2019년도 지방공기업 경영평가 종합보고서, 행정안전부

시설관리공단 유형 중 특·광역에 속해 있는 서울, 부산, 대구, 인천, 울산, 세종 등 6개 기관의 2019년도(2018 사업연도 평가) 경영평가 대분류지표의 배점은 리더십/전략 4점, 경영시스템 9점, 경영성과 45점, 사회적 가치 36점, 정책준수 6점 등 총 100점 만점으로 정하고 있으며, 100점 만점 중 정량지표는 64점, 정성지표는 36점으로 구성하고 있다. 6개 기관 평가결과 정량지표 평균 평점은 88.75점이며, 정성지표의 평균 평점은 83.88점으로 전체 기관의 평균 평점은 86.99점을 획득했다. 6개 기관 중 서울시설공단은 종합 평점 91.16점(정량 92.13점/정성 89.44점)으로 전체 1위로 평가되어 '가' 등급을 획득했다. 서울시설공단은 1983년에 설립된 기관으로 2018년 말 공사의 정원은 3,703명이다. 시설관리공단 유형 중 시·군에 속해 있는 안양시, 의정부, 안성시, 과천시 등 47개 기관의 2019년도(2018 사업연도 평가) 경영평가 대분류지표의 배점은 리더십/전략 4점, 경영시스템 9점, 경영성과 45점, 사회적 가치 36점, 정책준수 6점 등 총 100점 만점으로 정하고 있으며, 100점 만점 중 정량지표는 64점, 정성지표는 36점으로 구성하고 있다. 47개 기관 평가결과 정량지표 평균 평점은 84.65점이며, 정성지표의 평균 평점은 84.70점으로 전체 기관의 평균 평점은 84.68점을 획득했다. 47개 기관 중 고양도시관리공사, 아산시시설관리공단, 오산시시설관리

공단, 시흥시시설관리공단, 양주시시설관리공단 등 5개 기관이 평균 평점 90점 이상을 획득하여 '가' 등급을 획득했다.

고양도시관리공단은 종합평점 91.42점(정량 90.94점/정성 92.18점)으로 전체 1위로 평가되었다. 고양도시관리공단은 2011년에 설립된 기관으로 2018년 말 공단의 정원은 484명이다. 2017년 설립된 경주시시설관리공단과 사천시 시설관리공단, 여수시 도시관리공단이 시·군에 포함되었으며, 용인과 화성도시공사는 기초개발공사 유형에서 시·군 시설관리공단 유형으로 분류되어 포함됐다. 시설관리공단 유형 중 자치구에 속해 있는 서울, 대구, 부산, 인천, 울산 등 특별 및 광역시에 속해 있는 종로구, 성북구, 영등포구, 기장군, 달성군, 연수구, 강화군, 울주군, 울산남구 등 38개 기관의 2019년도(2018 사업연도 평가) 경영평가 대분류지표의 배점은 리더십/전략 4점, 경영시스템 9점, 경영성과 45점, 사회적 가치 36점, 정책준수 6점 등 총 100점 만점으로 정하고 있으며, 100점 만점 중 정량지표는 64점, 정성지표는 36점으로 구성하고 있다. 38개 기관 평가결과 정량지표 평균 평점은 87.62점이며, 정성지표의 평균 평점은 84.80점으로 전체 기관의 평균 평점은 86.58점을 획득했다. 38개 기관 중 서울 자치구 소속 금천구, 성동구, 강동구, 동작구 등 4개 기관이 평균 평점 90점 이상을 획득하여 '가' 등급을 획득했다. 금천구시설관리공단은 종합평점 92.36점(정량 94.96점/정성 87.84점)으로 전체 1위로 평가되었다. 금천구시설관리공단은 2004년에 설립된 기관으로 2018년 말 공단의 정원은 110명이다. 인천연수구 시설안전관리공단은 2017년 설립된 기관으로 자치구 시설관리공단 유형으로 분류되어 신규 포함됐다. 지방공기업 중 행정안전부 평가 대상 기관 159개 기관 중 시설관리공단 유형의 기관은 91개 기관으로 91개 기관 중 시·군에 포함되어 있는 기관은 47개 기관이며, 자치구에 속해 있는 기관은 38개 기관이다. 시·군과 자치구에 속해 있는 기관은 총 85개 기관으로 전체 159개 기관 중 약 53.5%를 차지하고 있다. 경영평가에서는 동일 유형 군이 가장 많아 타 기관과 경쟁을 해야 함에도 불구하고 경영평가의 평균 평점은 타 유형의 지방공기업에 비해 높게 나타나고 있다. 특히, 시설관리공단 중 자치구 유형의 38개 기관은 단 1개의 기관도 80점 이하의 평균 평점을 받은 기관이 없다. 경영평가는 같은 유형에 포함된 기관과 어쩔 수 없는 선의의 경쟁을 펼쳐야 한다. 시설관리공단 유형의 기관들은 경쟁이 심해서 더욱더 노력할 수밖에 없을 것이며, 그 결과는 평가 결과에 나타나고 있다.

3 광역 유형("가" 등급 획득 기관)

'2019년도(2018년 사업 연도) 지방공기업 경영평가'에서 시설관리공단(광역) 유형 중 가장 높은 득점을 획득한 기관은 서울시설공단이다. "2019년도 지방공기업 경영평가 종합보고서(행정안전부, 지방공기업평가원, 2019.11.)"와 "2019년도 서울시설공단 경영평가보고서(행정안전부, 지방공기업평가원, 2019.8.)"의

결과를 기준으로 대분류지표의 평점과 득점, 각 세부지표별 득점 및 실적 등을 설명하고자 한다. 먼저, 공단의 대분류 지표별 평점 및 득점 결과는 다음과 같다.

〈별표 4-3-5〉 평가결과(대분류 지표)

	합계	리더십/전략(4)	경영시스템(9)	경영성과(45)	사회적가치(36)	정책준수(6)	정량: 64 정성: 36
평점	91.16	85.50	90.22	91.38	91.75	91.17	정량: 92.13 정성: 89.44
득점		3.42	8.12	41.12	33.03	5.47	정량: 58.96 정성: 32.20

자료: 2019년도 서울시설공단 경영평가보고서(행정안전부, 지방공기업평가원, 2019.8)

공단의 종합점수는 100점 만점 중 91.16점을 획득하여 '가' 등급을 획득하였다. 100점 만점 중 정량지표의 가중치는 64점이며, 정성지표의 가중치는 36점이다. 정량지표에서 획득한 점수는 58.96점으로 92.13점의 평점을 받았으며, 정성지표에서 획득한 점수는 32.20점으로 89.44점의 평점을 받았다. 정량지표와 정성지표의 배분이 64:36으로 지방공기업 유형 중 정량지표의 비중이 타 지방공기업 유형에 비해 높게 설정되어 있으며, 서울시설공단은 평가결과 정량지표가 정성지표보다 실적이 다소 높은 것으로 분석되고 있다. 리더십/전략을 제외한 4개의 대분류지표가 평점 90점 이상을 획득하여 이상적인 지표관리를 실시하는 기관으로 평가되고 있는 서울시설공단의 평가결과를 리더십/전략, 경영시스템, 경영성과, 사회적 가치, 정책준수 등 대분류지표의 순서로 세부지표의 결과에 관해 설명하고자 한다. 대분류 지표별 가중치는 리더십/전략 4점, 경영시스템 9점, 경영성과 45점, 사회적 가치 36점, 정책준수 6점 등으로 구성되어 있다. 시설관리공단의 경영성과 중 주요사업과 경영효율성과는 기관의 유형에 맞게 타 유형과는 차별화되어 지표가 구성되어 있으며, 지표의 세부 내용은 다음과 같다. 경영성과의 중분류지표인 주요사업의 배점은 18점이며, 세부지표는 사업수입, 1인당 시설관리실적, 안전사고 발생건수 등 3개 지표로 구성되어 있다. 경영효율성과의 배점은 17점이며, 세부지표는 대행사업비절감율, 사업수지비율 등 2개 지표로 구성되어 있다. 각 지표별 서울시설공단의 평가 결과는 다음과 같다.

(1) 리더십/전략

경영층의 리더십은 가중치 2점의 지표이며, 평점 88.50점을 받아 2점 중 1.77점을 획득했다. 평점 88.50점은 해당 지표의 관리 수준이 2등급 수준임을 의미한다.

⟨별표 4-3-6⟩ 경영층의 리더십

리더십	세부평가내용	가중치	평점	득점
경영층의 리더십	① 조직체의 사명과 사회적 역할을 잘 파악하고 경영목표를 달성하기 위한 노력과 성과는 적절한가?	1.00	88.00	0.88
	② 자치단체, 지방의회, 지역주민 등 대내·외 이해관계자와의 협력 증진 및 갈등관리를 위한 노력과 성과는 적절한가?	1.00	89.00	0.89
	평가점수	2.00	88.50	1.77

주요 추진실적은 경영환경의 체계적인 분석(ex. PEST 분석 등)을 통해 조직의 방향성을 도출하였고 비전 등 목표를 달성하기 위해 H/W(제도, 조직, 기능 등)활동과 S/W(문화, 역량 및 교육 등)활동을 전개하는 등 실적을 평가받았다. 또한, '창의적 사업' 추진(좋은 일자리 창출, 미세먼지 저감(低減)의 새로운 공공 솔루션 시행 등 도출)은 우수사례로 평가되었다.

전략의 세부지표인 2) 미션·비전 및 경영계획은 가중치 2점의 지표이며, 평점 82.50점을 받아 2점 중 1.65점을 획득했다. 주요 추진실적으로는 미션·비전·전략을 수립하기 위해 다차원적 환경 분석(특히 브랜드 전략분석을 통해 시민과 직원의 시각을 반영) 실시 등의 실적이 있으며, 특히, 외부전문가 및 시민평가단의 참여를 통해 경영성과에 대한 평가를 시행한 점 등은 우수한 활동으로 평가되었다.

⟨별표 4-3-7⟩ 미션·비전 및 경영계획

리더십	세부평가내용	가중치	평점	득점
미션·비전 및 경영계획	① 당해 공기업의 바람직한 미래상을 정립하기 위한 미션·비전·전략이 적정성을 확보하고 있는가?	1.00	85.00	0.85
	② 경영계획은 적정하게 수립하여 추진하고 있는가?	1.00	80.00	0.80
	평가점수	2.00	82.50	1.65

(2) 경영시스템

경영시스템의 중분류지표는 경영효율화이며, 경영효율화의 세부지표는 1) 조직관리, 2) 인사관리, 3) 재무관리 등 3개 지표로 구성되어 있다. 조직(組織)관리는 가중치 3점의 지표이며, 평점 93.67점을 받아 3점 중 2.81점을 획득했다. 평점 93.67점은 해당 지표의 관리 수준이 최고 수준인 1등급 수준임을 의미한다. 평가방법은 절대평가와 단계별 평가로 구성되어 있으며, 3점에 대한 가중치는 ②번 항목 1.00, ①번 항목 0.80, ③번 항목과 ④번 항목은 각각 0.60점의 가중치가 배정되어 있다. 환경 분석(체계적이고 통합적인)을 통한 조직 운영방향 도출, 권한위임 확대(전년대비 권한위임 하향화 2.8% 확대), 연도별 여성 관리직 확대 목표 수립 등의 실적이 있으며, ② 조직특성·업무 등을 고려한 관리조직과 하부조직이 효율적으로 구성되어 있는가? 항목은 계량지표로 평가하며, 지원부서 인력비율, 관리직비율, 상임이사 수, 복수 본부설치 등을 기준에 맞게 적합하게 운영하여 기준에 부합하다는 평가를 받아 평점 100.00점을 받아 1점을 획득했다.

〈별표 4-3-8〉 조직관리

경영시스템	세부평가내용	가중치	평점	득점
조직관리	① 기관의 전략 및 핵심기능과 연계하여 기관 내 단위 조직의 역할 · 책임 및 인력을 적정하게 구성 · 배분하고 있는가?	0.80	92.00	0.74
	② 조직특성 · 업무 등을 고려한 관리조직과 하부조직이 효율적으로 구성되어 있는가?	1.00	100.00	1.00
	③ 조직혁신(조직개편, 권한위임 등)과 업무프로세스, 일하는 방식 등을 어떻게 개선하고 있는가?	0.60	90.00	0.54
	④ 여성 관리자 확대 등 양성평등을 위한 노력과 성과는 적절한가?	0.60	88.00	0.53
	평가점수	3.00	93.67	2.81

인사관리는 가중치 4점의 지표로 평점 89.00점을 받아 4점 중 3.56점을 획득했으며, 평점 89.00점은 해당 지표의 관리 수준이 2등급 수준임을 의미한다. 평가방법은 절대평가로 구성되어 있으며, 4점에 대한 가중치는 세부평가 항목별 1점씩 배정되어 있다. 주요 추진실적으로는 사회적 약자 및 청년의 채용 확대를 위해 가산점 부여 전형 및 대상을 확대 시행, 희망보직시스템과 순환보직 적극적 활용, 교육대상별 차별화된 프로그램 제공, 교육이력관리 체계적 관리, 직원만족도 향상(중점 추진과제 추진), 업무성과 반영 보상체계 확립 등을 실적으로 평가했다.

〈별표 4-3-9〉 인사관리

경영시스템	세부평가내용	가중치	평점	득점
인사관리	① 인사관리의 합리성 · 공정성을 확보하기 위한 노력과 성과는 적절한가?	1.00	88.00	0.88
	② 신규 및 보수교육 등 구성원의 역량 강화를 위한 노력과 성과는 적정한가?	1.00	90.00	0.90
	③ 내부직원을 대상으로 한 만족도조사 및 결과의 활용은 적정한가?	1.00	88.00	0.88
	④ 성과관리 및 보상체계의 구축은 적정한가?	1.00	90.00	0.90
	평가점수	4.00	89.00	3.56

재무관리는 가중치 2점의 지표로 평점 87.50점을 받아 2점 중 1.75점을 획득했다. 평점 87.50점은 해당 지표의 관리 수준이 2등급 수준임을 의미한다. 평가방법은 절대평가로 구성되어 있으며, 2점에 대한 가중치는 각 항목별 0.50점으로 구성되어 있다. 주요 추진실적으로는 중기재정계획 수립, ERP시스템 운영(회계장부 통합관리), 운용자금 관리 계획 수립 및 운영, RFID ERP 시스템 신규 도입(효율적인 자산 및 물품관리) 자본적지출 및 수익적지출 구분기준 마련 및 교육 실시 등을 실적으로 평가했다.

〈별표 4-3-10〉 재무관리

경영시스템	세부평가내용	가중치	평점	득점
재무관리	① 예산·회계관리는 합리적이고 투명하게 운영되는가?	0.50	90.00	0.45
	② 자금 및 채무관리는 합리적으로 운영되는가?	0.50	80.00	0.40
	③ 자산관리는 적정하게 이루어지고 있는가?	0.50	90.00	0.45
	④ 자본적 지출과 수익적 지출의 구분관리를 통한 정확한 원가 반영이 이루어지고 있는가?	0.50	90.00	0.45
	평가점수	2.00	87.50	1.75

(3) 경영성과

경영성과 중분류지표는 주요사업, 경영효율성과, 고객만족성과 등 3개 지표이며, 주요사업의 세부지표는 시설관리공단 유형의 기관에 맞는 사업을 대상으로 하고 있다. 주요사업의 세부지표는 1) 사업수입, 2) 1인당 시설관리시설, 3) 안전사고발생건수 등 3개 지표로 구성되어 있으며, 경영효율성과는 1) 대행사업비절감률, 2) 사업수지비율 등 2개 지표로 구성되어 있다. 고객만족성과의 세부지표는 1) 고객만족도 평가로 고객만족도 평가는 해당 시설 이용자의 만족도를 조사하여 평가하게 된다. 주요사업의 평가결과는 다음과 같다.

사업수입은 가중치 9점의 지표로 평점 100.00점을 받아 9점 중 9.00점을 획득했으며, 평점 100.00점은 지표의 관리 수준이 최고 등급인 1등급 수준임을 의미한다. 평가방법은 절대평가이며, 평점은 다음과 같이 구한다.

$$평점 = \frac{평가년도\ 실적 - 최저목표}{최고목표 - 최저목표} \times 100점$$

최고목표는 전년도 실적×110%이며, 최저목표는 전년도 실적×50%이다. 공단 운영사업 중 지하도상가, 월드컵경기장, 장충체육관, 공영주차장, 공영차고지, 돔 경기장, 공공자전거 사업 등이 전년대비 수입이 증가하여 사업수입 목표를 달성했다.

〈별표 4-3-11〉 사업수입

경영성과	지표성격	가중치	평점	득점
사업수입	정량지표 (상향지표)	9.00	100.00	9.00

1인당 시설관리 실적은 가중치 5점의 지표로 평점 91.88점을 받아 5점 중 4.59점을 획득했으며, 평점 91.88점은 지표의 관리 수준이 최고 등급인 1등급 수준임을 의미한다. 평가방법은 목표부여(A)이며, 평점은 다음과 같이 구한다.

$$평점 = \frac{평가년도\ 실적 - 최저목표}{최고목표 - 최저목표} \times 100점$$

최고목표는 전년도 실적×110%이며, 최저목표는 전년도 실적×50%이다. 공단 운영사업 중 어린이대공원, 돔 경기장, 추모시설, 공공자전거 등이 실적이 개선된 사업장이며, 추모시설은 전년대비 인력이 감소했고 공공자전거는 관리 인력은 증가했으나 관리 실적이 약 2배 정도 증가하여 실적이 개선되었다.

〈별표 4-3-12〉 1인당 시설관리실적

경영성과	지표성격	가중치	평점	득점
1인당 시설관리실적	정량지표(상향지표)	5.00	91.88	4.59

안전사고 발생건수는 가중치 4점의 지표로 평점 85.28점을 받아 4점 중 3.41점을 획득했으며, 평점 85.28점은 2등급 수준임을 의미한다. 평가방법은 목표부여(A)이며, 평가내용은 안전사고 발생건수로 평가하며, 안전사고 5건 이하 기관은 기본점수 3점 부여 후 나머지 1점으로 평가하고 10건 이하 기관은 2점 부여 후 나머지 2점으로 평가한다. 전년대비 안전사고 건수는 감소하였으나 목표에는 다소 미치지 못하였고 장애인콜택시사업이 안전사고가 가장 자주 발생하는 사업장으로 구분된다.

〈별표 4-3-13〉 안전사고 발생건수

경영성과	지표성격	가중치	평점	득점
안전사고 발생건수	정량지표(하향지표)	4.00	85.28	3.41

경영성과의 중분류 지표인 경영효율성과는 1) 대행사업비절감률, 2) 사업수지비율 등 2개의 세부지표로 구성되어 있으며, 평가결과는 다음과 같다. 대행사업비절감률은 가중치 12점의 지표로 평점 81.18점을 받아 12점 중 9.74점을 획득했으며, 평점 81.18점은 지표의 관리 수준이 2등급 수준임을 의미한다. 평가방법은 목표부여(A)이며, 평점은 다음과 같이 구한다.

$$평점 = \frac{평가년도\ 실적 - 최저목표}{최고목표 - 최저목표} \times 100점$$

최고목표는 전년도 실적×90%이며, 최저목표는 전년도 실적×150%이다. 대행사업비가 증가한 사업은 어린이대공원, 도로시설, 장애인콜택시, 공사감독, 혼잡통행료, 수도검침 및 교체 등이며, 대행사업비가 감소한 사업은 본부, 공영주차장, 추모시설, 돔 경기장, 공공자전거, 주차장상가 등이다.

〈별표 4-3-14〉 대행사업비절감률

경영성과	지표성격	가중치	평점	득점
대행사업비절감률	정량지표(하향지표)	12.00	81.18	9.74

사업수지비율은 가중치 5점의 지표로 평점 100.00점을 받아 5점 중 5.00점을 획득했으며, 평점 100.00점은 지표의 관리 수준이 최고 수준인 1등급을 의미한다. 평가방법은 목표부여(A)이며, 사업수입과 사업비용이 목표를 달성하여 최고 평점을 받았다. 공단에서 사업수입 비중이 큰 사업은 지하도상가, 공영주차장, 월드컵경기장, 돔 경기장 등이며, 해당 사업에서는 수지율 100%를 초과하여 운영되고 있다.

〈별표 4-3-15〉 사업수지비율

경영성과	지표성격	가중치	평점	득점
사업수지비율	정량지표(상향지표)	5.00	100.00	5.00

고객만족도는 가중치 10점의 지표로 평점 93.84점을 받아 10점 중 9.38점을 획득했으며, 평점 93.84점은 공단의 고객만족도는 1등급 최고 수준임을 의미하는 것이다. 가중치는 평가연도의 목표달성도 6점, 전년대비 개선도 4점으로 구분하여 정하고 있다. 당해 연도의 고객만족도 점수가 90점 이상일 경우 개선도 부분은 만점으로 평가받는다. 공단의 고객만족도 조사결과 종합만족도는 2018년 88.39점, 2019년 89.75점으로 전년대비 개선도 평점은 만점을 받았다.

〈별표 4-3-16〉 고객만족도

경영성과	지표성격	가중치	평점	득점
고객만속도	정량지표	10.00	93.84	9.38

(4) 사회적 가치

사회적 가치의 중분류지표는 일자리확대, 사회적 책임, 혁신성과 등 3개의 중분류지표로 구성되어 있으며, 일자리확대는 1) 일자리창출, 2) 일자리 질 개선 등 2개 세부지표로 구성되어 있다. 사회적 책임은 1) 고객 및 주민참여, 2) 윤리경영, 3) 노사상생, 4) 재난·안전관리, 5) 지역사회 공헌활동, 6) 사회적 약자 배려, 7) 친환경 경영 등 7개 세부지표로 구성되어 있으며, 혁신성과는 1) 혁신역량, 2) 공통혁신, 3) 자율혁신 등 3개의 세부지표로 구성되어 있다. 일자리확대의 세부지표인 1) 일자리창출, 2) 일자리 질 개선 등의 평가결과는 다음과 같다. 일자리창출은 가중치 5점의 지표로 평점 97.40점을 받아 5점 중 4.87점을 획득했으며, 평점 97.40점은 해당 지표의 관리 수준이 최고 수준인 1등급 수준임을 의미한다. 평가방법은 목표대실적과 절대평가로 구성되어 있으며, ①번 항목의 가중치는 3점으로 청년 의무고용 비율 실적인 3% 기준을 초과 달성하여 평점 100.00점을 획득하여 3.00점을 획득했다. 기타 실적으로는 일·가정 균형 '3·3 실천 강령'

선포, Go-Stop-Change(일하는 방식 혁신 캠페인), 안전 분야 외주업무 직영화와 어르신 공공일자리, 푸드 트럭 지원, 중소기업 판로 지원 등 일자리 창출을 통한 사회적 가치 실현 등이 실적으로 평가받았다.

〈별표 4-3-17〉 일자리창출

사회적 가치	세부평가내용	가중치	평점	득점
일자리창출	① 청년 의무고용비율 달성도	3.00	100.00	3.00
	② 일·가정 양립을 위한 노력	1.00	92.00	0.92
	③ 일자리 창출을 위한 노력	1.00	95.00	0.95
	평가점수	5.00	97.40	4.87

일자리 질 개선은 가중치 5점의 지표로 평점 95.20점을 받아 5점 중 4.76점을 획득했으며, 평점 95.20점은 해당 지표의 관리 수준이 1등급 수준임을 의미한다. 평가방법은 절대평가와 단계별평가로 구성되어 있으며, 가중치는 ①번 항목 3.00점, ②번 항목 1.00점, ③번 항목 0.70점, ④번 항목 0.30점, ⑤번 항목은 감점 지표로 -0.50점 감점이다. ②번 항목은 기간제 근로자에 대한 정규직 전환 시기는 기한 내 완료하였으며, ③번 항목과 ④번 항목은 파견 용역 근로자가 없어 1점을 획득했다.

〈별표 4-3-18〉 일자리 질 개선

사회적 가치	세부평가내용	가중치	평점	득점
일자리 질 개선	① 비정규직의 정규직 전환 및 처우개선을 위한 노력	3.00	92.00	2.76
	② 기간제근로자 정규직 전환 완료	1.00	100.00	1.00
	③ 파견용역 근로자 정규직 전환 추진실적(노사 및 전문가 협의체 조기 구성)	0.70	100.00	0.70
	④ 파견용역 근로자 정규직 전환 추진실적(정규직 전환 조기 결정)	0.30	100.00	0.30
	⑤ 정규직 전환 대상 결정 절차의 적정성	-0.50	100.00	0.00
	평가점수	5.00	95.20	4.76

사회적 책임 세부지표인 1) 고객 및 주민참여, 2) 윤리경영, 3) 노사상생, 4) 재난·안전관리, 5) 지역사회 공헌활동, 6) 사회적 약자 배려, 7) 친환경 경영 등 7개 지표로 구성되어 있으며 평가결과는 다음과 같다.

고객 및 주민참여는 가중치 3점의 지표로 평점 88.33점을 받아 3점 중 2.65점을 획득했으며, 평점 88.33점은 해당 지표의 관리 수준이 2등급 수준임을 의미한다. 평가방법은 절대평가로 구성되어 있으며, 주요 추진실적으로는 다양한 기준 만족도 조사 실시(시민접점, 전문가 서비스, 안전, 전화응대, 협력업체, 사업장별 모니터링 등), 전화친절도 2회 실시(상·하반기), 정보제공을 위해 대중매체(신문, 방송, 라디오) 외에 오프라인(소식지, 백서, 캠페인, 홍보전시회, 견학, 체험)과 온라인(SNS, 웹 콘텐츠, 홈페이지, 행정정보공개 등) 등을 다양하게 활용했다.

〈별표 4-3-19〉 고객 및 주민참여

사회적 가치	세부평가내용	가중치	평점	득점
고객 및 주민참여	① 고객·주민의 경영 참여 및 만족도 제고를 위한 경영체제를 적절하게 구축·운영하고 있는가?	1.00	89.00	0.89
	② 고객 및 주민의 의견을 적극적으로 수렴하기 위해 노력하는가?	1.00	92.00	0.92
	③ 고객 및 주민의 의견을 공기업 경영에 적극적으로 반영하는가?	1.00	84.00	0.84
	평가점수	3.00	88.33	2.65

윤리경영은 가중치 3점의 지표로 평점 90.67점을 받아 3점 중 2.72점을 획득했다. 평점 90.67점은 해당 지표의 관리 수준이 1등급 최고 수준임을 의미하며, 평가방법은 절대평가로 구성되어 있다. 주요 추진실적으로는 징계기준(원 스트라이크 아웃, 명예형, 마음학교, 입찰-징계강화, 성폭력-징계강화, 징계부가금) 차등화 운영, '신 청렴아카데미' 운영, 체험형 청렴교육 실시, 인권경영위원회 구성, 갑질 피해 사고 지원센터 신설 등의 실적을 평가받았다.

〈별표 4-3-20〉 윤리경영

사회적 가치	세부평가내용	가중치	평점	득점
윤리경영	① 윤리경영을 위한 노력과 성과는 적절한가?	1.00	89.00	0.89
	② 인권경영을 위한 노력과 성과는 적절한가?	1.00	89.00	0.89
	③ 공정사회 구현을 위한 노력과 성과는 적절한가?	0.50	92.00	0.46
	④ 기관의 투명성과 경영 책임성을 높이기 위한 기록관리 개선 노력과 성과는 적절한가?	0.50	95.00	0.48
	평가점수	3.00	90.67	2.72

노사상생은 가중치 3점의 지표로 평점 91.00점을 받아 3점 중 2.73점을 획득했으며, 평점 91.00점은 해당 지표의 관리 수준이 1등급 수준임을 의미한다. 평가방법은 절대평가로 구성되어 있으며, 주요 추진 실적으로는 힐링 프로그램 실시(직무스트레스 조사 결과 상위부서와 감정노동자 대상), 노사협의회 근로자 참관인 제도운용, 소수노조 대상 상·하반기 간담회 실시 등의 실적이 있다.

〈별표 4-3-21〉 노사상생

사회적 가치	세부평가내용	가중치	평점	득점
노사상생	① 협력적이고 상생적인 노사관계 구축을 위한 노력과 성과는 적절한가?	1.00	90.00	0.90
	② 노사갈등 또는 노사문제(파업)을 최소화하기 위한 노력과 결과, 노사분쟁 또는 파업 등으로 인한 지역사회의 피해나 물의를 축소하기 위한 노력과 결과는 적절한가?	1.00	90.00	0.90
	③ 단체협약 및 노사협의회 내용의 합리성, 단체 교섭 시 단협 개선을 위한 노력과 성과는 적절한가?	0.50	90.00	0.45
	④ 기간제 근로자 및 용역근로자 처우개선 노력과 성과는 적절한가?	0.50	95.00	0.48
	평가점수	3.00	91.00	2.73

시설/안전관리는 가중치 5점의 지표로 평점 92.20점을 받아 5점 중 4.61점을 획득했으며, 평점 92.20점은 해당 지표의 관리 수준이 최고 수준인 1등급 수준임을 의미한다. 평가방법은 절대평가이며, 시설·안전관리의 시스템, 관리역량, 관리활동 등으로 구분하여 세부 평가 내용이 구성되어 있다. 주요 추진 실적으로는 족집게 서브노트(시설안전관리 노하우/e-book), 24개 전사업장 BCMS 인증, 자전거 안전관리 기준 수립, 엘리베이터 액정 화면 재난상황(화재, 테러 등) 대처 자막상영(국문 및 영문) 등의 실적이 있다.

〈별표 4-3-22〉 시설/안전관리

사회적 가치	세부평가내용	가중치	평점	득점
시설/ 안전관리	① 시설·안전 관리시스템	1.00	91.00	0.91
	② 시설·안전 관리역량	2.00	93.00	1.86
	③ 시설·안전 관리활동	2.00	92.00	1.84
	평가점수	5.00	92.20	4.61

지역사회 공헌활동은 가중치 4점의 지표로 평점 88.75점을 받아 4점 중 3.55점을 획득했으며, 평점 88.75점은 해당 지표의 관리 수준이 2등급 수준임을 의미한다. 평가방법은 절대평가 및 목표대실적 평가로 구성되어 있으며, 주요 실적은 다음과 같다. 2018년 숙원사업 및 시책 사업 과제 선정, 대외협력팀 신설 통한 홍보역량 제고, 공단인지도 조사를 통한 홍보전략 수립, 경영혁신단 TF를 통한 제도혁신 도출(8건) 등의 실적을 평가받았으며, 사회적기업 및 사회적 협동조합 생산품 구매실적이 목표치를 달성하여 1점을 획득했다.

〈별표 4-3-23〉 지역사회 공헌활동

사회적 가치	세부평가내용	가중치	평점	득점
지역사회 공헌활동	① 지역의 사회·문화·환경·경제 등 발전을 위한 공익사업 사업 추진	3.00	85.00	2.55
	② 타 기관에 대한 자발적인 전파홍보노력(자료제공, 상담, 방문, 지도실적 등)			
	③ 각종 법규, 제도 등 자치단체, 정부 등에 대한 개선 제안으로 공기업 또는 자치단체의 발전을 가져온 사안			
	⑤ 사회적 지원 네트워크 운영 노력과 성과			
	④ 사회적기업 생산품 및 사회적 협동조합 생산품 구매 실적	1.00	100.00	1.00
	평가점수	4.00	88.75	3.55

사회적 약자 배려는 가중치 3점의 지표로 평점 95.00점을 받아 3점 중 2.85점을 획득했으며, 평점 95.00점은 해당 지표의 관리 수준이 최고 수준인 1등급 수준임을 의미한다. 평가방법은 절대평가와 목표대실적 평가로 구성되어 있다. ①번 항목과 ②번 항목의 주요 실적으로는 장애우 활동 및 체험 지원, 발달장애인 적응훈련 보조 등 프로그램의 지속 운영 등의 실적이 있으며, 다문화가정 및 차상위계층, 한부모가족 등 사회적 약자에 대한 채용실적 등이 있다. ③번 항목부터 ⑤번 항목까지는 계량지표로 구성된 지표로 해당 지표별 설정 목표를 초과 달성하여 각 지표별 100.00점의 평점을 받아 최대 가중치인 2점을 획득했다.

〈별표 4-3-24〉 사회적 약자 배려

사회적 가치	세부평가내용	가중치	평점	득점
사회적 약자 배려	① 사회적 약자 관리시스템	1.00	85.00	0.85
	② 사회적 약자 고용을 위한 노력과 실적			
	③ 장애인 의무고용	1.00	100.00	1.00
	④ 중소기업제품 우선 구매	0.50	100.00	0.50
	⑤ 중증장애인생산품 우선 구매	0.50	100.00	0.50
	평가점수	3.00	95.00	2.85

친환경 경영은 가중치 2점의 지표로 평점 89.00점을 받아 2점 중 1.78점을 획득했으며, 평점 89.00점은 해당 지표의 관리 수준이 2등급 수준임을 의미한다. 주요 추진실적으로는 친환경에너지 이용도 고도화, 청계아띠 활동(시민과 소통하는 환경 개선 노력), 청계천 업사이클 페스티벌 "流" 개최(자원 재활용 시민참여 프로그램), 2019년 LED 교체 완료 목표 예산반영 등 실적이 있으며, 계량지표인 온실가스 감축 목표달성률에서는 목표치 달성률이 다소 부족하여 최고 득점을 획득하지 못했다.

〈별표 4-3-25〉 친환경 경영

사회적 가치	세부평가내용	가중치	평점	득점
친환경 경영	① 친환경 경영 추진 노력	1.00	92.00	0.92
	② 친환경·녹색제품(서비스 포함) 활용 및 구매 등의 노력			
	③ 녹색제품 우선구매 실적	0.50	100.00	0.50
	④ 온실가스 감축 목표달성률	0.50	71.04	0.36
	평가점수	2.00	89.00	1.78

사회적가치의 3번째 중분류 지표인 혁신성과 지표는 다음과 같다. 혁신성과는 가중치 3점의 지표로 평점 83.71점을 받아 3점 중 2.51점을 획득했으며, 평점 83.71점은 해당 지표의 관리 수준이 2등급 수준임을 의미한다. 평가방법은 단계별 평가로 구성되어 있으며, 혁신역량(혁신 추진체계, 혁신 운영 지원, 혁신 문화 확산), 자율혁신 과제(자율혁신 과제 추진계획, 자율혁신 과제 집행, 자율혁신 과제 추진성과) 등을 평가하는 지표이다. 주요 추진실적으로는 시민참여 해커톤 대회를 2회 개최(도시문제 해결), 혁신전문가 TF 운영(외부위원 5인, 내부위원 4인으로 구성), 경영혁신단 운영(기관장 직속 임시기구), 가점을 통한 인사반영, 포상금 등 기관장 포상, 국내외 연수, 지식마일리지 인센티브, 특별휴가, 내부경영평가 등의 다양한 유형의 인센티브 체계를 마련, 디지털에반젤리스트 운영(디지털 혁신문화의 확산 및 신기술 활용) 등을 추진하였다.

〈별표 4-3-26〉 혁신성과

사회적 가치	지표성격	가중치	평점	득점
혁신성과	정량지표(상향지표)	3.00	83.71	2.51

(5) 정책준수

정책준수 지표의 가중치는 6점이며, 14개의 평가항목으로 구성된 지표이다. 평가방법은 단계별 평가이고 정량지표로 구성되어 있으며, 정책준수 지표는 범정부적으로 추진하고 있는 국가정책사업 및 지방공기업 경영정책 등의 이행실태에 대해 평가하는 지표이다. 14개 평가항목은 1) 인건비인상률 준수, 2) 복리후생제도 정상화, 3) 추가사업 타당성 검토, 4) 경영개선명령 이행여부, 5) 감사원 감사결과 지적사항 이행여부, 6) 평가급제도 운영의 적정성, 7) 업무추진비 집행의 적정성, 8) 통합경영공시 운영의 적정성, 9) 재정집행, 10) 개인정보보호 수준체계 및 대응 대책, 11) 임금피크제 운영의 적정성, 12) 블라인드 채용 도입 여부, 13) 채용비리 방지의 적정성, 14) 성과공유제 도입·시행 등 14개 평가항목으로 구성되어 있다. 14개 항목 중 인건비 인상률 준수, 통합경영공시 운영의 적정성, 재정집행, 개인정보보호 수준체계 및 대응 대책, 성과공유제 도입·시행 등 5개 지표는 배점이 정해져 있으며, 나머지 지표는 미이행 시 감점하는 지표이다. 인건비인상률준수는 가중치 2점의 지표로 평점 100.00점을 받아 2점 중 2점을 획득했으며, 세부평가 항목은 3년 동안의 총 인건비 가이드라인 준수 여부로 당해 연도는 1.0점으로 평가하며, 직전 연도 2년은 각각 0.5점으로 평가한다.

〈별표 4-3-27〉 인건비인상률 준수

정책준수	지표성격	가중치	평점	득점
인건비인상률준수	정량지표(상향지표)	2.00	100.00	2.00

복리후생제도 정상화는 가중치 −1점의 지표로 평점 100.00점을 받아 감점 없이 0점을 획득했다.(2018년 말 현재 미이행된 복리후생제도 없음) 복리후생제도란 일차적으로 총 12개 항목에 대하여 지방공무원의 복리후생 수준을 기준으로 판단하는 지표이다.

〈별표 4-3-28〉 복리후생제도 정상화

정책준수	지표성격	가중치	평점	득점
복리후생제도 정상화	정량지표(상향지표)	−1.00	100.00	0.00

추가사업 타당성 검토는 가중치 −1점의 지표로 평점 100.00점을 받아 감점 없이 0점을 획득했으며, 평가기준은 설립 후 기존사업과 내용적으로 상이하거나, 정원의 증가가 요구되는 사업을 추진할 경우 설립 시에 준하는 타당성 검토를 실시해야 하며, 공단은 추가사업 타당성 검토 대상사업 없음과 정원 증원 사례 없음으로 평가되었다.

<별표 4-3-29> 추가사업 타당성 검토

정책준수	세부평가내용	가중치	평점	득점
추가사업 타당성 검토	① 추가사업 타당성 검토 실시 여부	-0.50	100.00	0.00
	② 인력증원의 적정성	-0.50	100.00	0.00
	평가점수	-1.00	100.00	0.00

경영개선명령 이행여부는 가중치 -2점의 지표로 평점 88.00점을 받아 -0.24점의 감점을 받았다. 감점지표는 전기평가 지적사항 이행실적 개선지표로 전년도 지적사항 32건 중 이행완료 건수는 30건으로 이행률은 93.75%이다. 부분이행을 감안하여 0.24점을 감점받았다.

<별표 4-3-30> 경영개선명령 이행여부

정책준수	세부평가내용	가중치	평점	득점
경영개선명령 이행여부	① 행정안전부 경영진단결과 경영개선명령 및 개선권고 사항 이행 실적	-1.00	100.00	0.00
	② 전기평가 지적사항 이행실적	-1.00	76.00	-0.24
	평가점수	-2.00	88.00	-0.24

감사원 감사결과 지적사항 이행여부는 가중치 -1점의 지표로 평점 100.00점을 받아 0점의 감점을 받았다. 평가방법은 감사결과 지적사항 미이행 건수와 감사결과 지적사항 이행의 적정성 등 2개 항목으로 평가하며, 항목당 0점에서 -0.5점의 가중치가 부여된 지표이다. 공단은 2018년 말 현재 미이행 건은 0건이며, 2016년 신규 감사원 지적사항 1건(지하도상가 임대관리부적정)을 2018년 5월에 이행 완료하여 기한 내 이행한 것으로 평가되었다.

<별표 4-3-31> 감사원 감사결과 지적사항 이행여부

정책준수	지표성격	가중치	평점	득점
감사원 감사결과 지적사항 이행여부	정량지표(상향지표)	-1.00	100.00	0.00

평가급제도 운영의 적정성은 가중치 -0.5점의 지표로 평점 100.00점을 받아 감점 없이 0점을 획득했으며, 적용대상은 정관상 정원에 포함된 정규직원이다. 공단에서 지급한 평가급은 등급별 인원비율과 지급률에 대해 정부 기준을 준수하여 이행한 것으로 평가되었다.

<별표 4-3-32> 평가급제도 운영의 적정성

정책준수	지표성격	가중치	평점	득점
평가급제도 운영의 적정성	정량지표(상향지표)	-0.50	100.00	0.00

업무추진비 집행의 적정성은 가중치 -0.5점의 지표로 평점 100.00점을 받아 0점을 획득했다. 업무추진비 집행기준은 「조세특례제한법」 제136조(「법인세법」 규정의 100분의 70)에 의해 편성 및 운영되며, 공단은 정부기준에 의해 산출된 업무추진비 한도액의 범위 내에서 집행하여 정부기준을 준수한 것으로 평가되었다.

〈별표 4-3-33〉 업무추진비 집행의 적정성

정책준수	지표성격	가중치	평점	득점
업무추진비 집행의 적정성	정량지표(상향지표)	-0.50	100.00	0.00

통합경영공시 운영의 적정성은 가중치 1점의 지표로 평점 90.00점을 받아 0.90점을 획득했다. 지방공기업은 회계 연도 실적에 따른 경영공시 항목을 공시해야 하며, 공시항목은 정기공시와 수시공시로 구분하여 정해진 기한을 지켜 이행하도록 하고 있다. 공단은 자료입력기한 준수 여부에서는 문제가 없어 감점을 받지 않았으나 공시항목 준수 및 입력 자료의 충실성에서는 미공시 위반건수 1건이 있어 0.60점 중 0.10점이 감점되어 0.50점을 획득했다.

〈별표 4-3-34〉 통합경영공시 운영의 적정성

정책준수	세부평가내용	가중치	평점	득점
통합경영공시 운영의 적정성	① 자료입력기한 준수 여부	0.40	100.00	0.40
	② 공시항목 준수 및 입력 자료의 충실성	0.60	83.33	0.50
	평가점수	1.00	90.00	0.90

재정집행은 가중치 1점의 지표로 평점 100.00점을 받아 1점 중 1.00점을 획득했으며, 재정집행은 일자리 창출 및 지역경제 활성화 제고를 위해 추진하는 사업으로 지방공기업에서는 정해진 목표액(예산)을 기한 내 집행하여 정해진 목표를 달성해야 하는 지표이다.

〈별표 4-3-35〉 재정집행

정책준수	지표성격	가중치	평점	득점
재정집행	정량지표(상향지표)	1.00	100.00	1.00

개인정보보호 수준체계 및 대응 대책은 가중치 1.00점의 지표로 평점 95.00점을 받아 0.95점을 획득했다. 개인정보보호 수준체계 및 대응 대책은 '2018년도 공공기관 개인정보 관리수준진단' 결과(100점 만점)를 1.0점으로 환산하여 각 지방공기업별 반영하는 지표이다. 공단은 94.64점을 획득하여 0.95점을 획득했다.

〈별표 4-3-36〉 개인정보보호 수준체계 및 대응 대책

정책준수	지표성격	가중치	평점	득점
개인정보보호 수준체계 및 대응 대책	정량지표(상향지표)	1.00	95.00	0.95

임금피크제 운영의 적정성은 가중치 -1.00점의 지표로 평점 100.00점을 받아 감점 없이 0점을 획득했다.

임금피크제 미도입 기관은 -1.0점 처리하며, 임금피크제 대상 및 신규 채용 없음으로 감점 없이 0점을 획득했다.

〈별표 4-3-37〉 임금피크제 운영의 적정성

정책준수	지표성격	가중치	평점	득점
임금피크제 운영의 적정성	정량지표(상향지표)	-1.00	100.00	0.00

블라인드 채용 도입 여부는 가중치 -1.00점의 지표로 평점 100.00점을 받아 감점 없이 0점을 획득했으며, 입사지원서 인적사항 요구, 여부(-0.5점), 블라인드 면접 실시 여부(-0.5점), 면접관 사전 교육여부 등을 평가하는 지표이다.

〈별표 4-3-38〉 블라인드 채용 도입 여부

정책준수	지표성격	가중치	평점	득점
블라인드 채용 도입 여부	정량지표(상향지표)	-1.00	100.00	0.00

채용비리 방지의 적정성은 가중치 -1.50점의 지표로 평점 98.67점을 받아 -0.02점의 감점을 받았으며, 감점은 ①번 항목인 채용비리 발생여부에서 외부기관의 지적건수가 1.4건이 있어 0.14점의 감점을 받았다. 1.4건은 주의/경고, 개선/기타의 지적 건수이다.

〈별표 4-3-39〉 채용비리 방지의 적정성

정책준수	세부평가내용	가중치	평점	득점
채용비리 방지의 적정성	① 채용비리 발생 여부	-0.50	72.00	-0.14
	② 채용비리 특별점검 지적사항 이행여부	-0.50	100.00	0.00
	③ 임·직원 징계 등 자체 인사규정 정비 이행여부	-0.50	100.00	0.00
	평가점수	-1.50	90.67	-0.14

성과공유제 도입시행은 가중치 1.00점의 지표로 평점 100.00점을 받아 1.00점을 획득했다. 평가기준은

성과공유제 확산 추진본부로부터 발급받은 성과공유제 등록기업 확인서가 유효해야 인정받을 수 있으며, 평가연도 과제등록을 신청하여 승인받은 건수가 기준을 충족해야 득점할 수 있는 지표이다. 공단은 성과공유제 등록기업 확인서 발급 및 성과공유제 과제 등록실적 2건이 있어 1점을 득점했다.

〈별표 4-3-40〉 성과공유제 도입 · 시행

정책준수	세부평가내용	가중치	평점	득점
성과공유제 도입시행	① 성과공유제 도입 여부	0.50	100.00	0.50
	② 성과공유제 과제 등록 실적	0.50	100.00	0.50
	평가점수	1.00	100.00	1.00

4 결과

"2019년도(2018년 사업 연도) 지방공기업 경영평가"에서 유형별 최고 득점을 획득한 기관은 총 7개 기관이며, 최우수기관으로 선정된 기관의 대분류 지표별 평점은 다음 표와 같다.

〈별표 4-3-41〉 '가' 등급 기관 대분류 평점 비교(지방 직영기업 포함)

구분	평점	리더십/전략 (4)	경영시스템 (9)	경영성과 (45)	사회적가치 (36)	정책준수 (6)	정량: 59 정성: 41
인천 교통공사	90.22	91.00	89.78	91.93	88.61	87.17	정량: 92.20 정성: 87.37
경기 도시공사	89.83	91.00	92.78	91.53	87.67	84.83	정량: 90.29 정성: 89.17
서울시 농수산 식품공사	87.21	89.75	90.22	85.38	89.72	79.67	정량: 86.02 정성: 88.96
대전 마케팅공사	90.05	85.00	87.89	93.93	90.22	66.50	정량: 91.05 정성: 88.61
서울 시설공단	91.16	85.50	90.22	91.38	91.75	91.17	정량: 92.13 정성: 89.44
부산 환경공단	91.11	88.25	87.22	91.89	91.39	91.33	정량: 93.68 정성: 87.41
부산광역시 상수도	91.70	92.50	95.00	92.86	90.83	67.00	정량: 91.13 정성: 92.55
합계	90.18	89.00	90.44	91.27	90.03	81.10	

※ 해당 연도 최우수 기관으로 선정됐으나 유형 별 광역을 기준으로 분석하여 조사에서 빠진 4개 지방공기업(특정 공사공단의 기초유형(평택), 환경시설공단 기초유형(김해도시), 시설관리공단 시군 유형(고양), 자치구 유형(금천))은 제외하였다.

자료: 2019년도 지방공기업 경영평가 종합보고서, 행정안전부

7개 유형의 평균 평점은 90.18점이며, 경영시스템, 경영성과, 사회적 가치 등의 지표 평균 평점은 90점 이상을 획득하였으나, 리더십/전략과 정책준수 지표는 평균 평점 80점대로 타 지표에 비해 낮게 평가됐다.

그중 정책준수의 평균 평점은 81.10점으로 타 지표보다 아주 낮은 평점을 기록했으며, 3개 기관의 평점이 80점대 아래인 79.67점, 67.00점, 66.50점을 획득했다. 정책준수의 평점이 90점 이상인 기관은 서울시설공단과 부산환경공단 등 2개 기관밖에 없다. 대분류 지표 중 가장 평점이 높은 지표는 경영성과 지표이며, 평균 평점은 91.27점을 획득했다. 부산광역시 상수도의 대분류 지표별 배점은 리더십/전략을 제외하면 타 유형과는 차별화되어 있으며, 각 지표별 배점은 경영시스템 24점, 경영성과 49점, 사회적 가치 18점, 정책준수 5점 등으로 정해져 있다. 7개 유형의 지방공기업 중 지방 직영기업을 제외한 6개 유형의 지표별 평점을 살펴보면 다음과 같다.

〈별표 4-3-42〉 "가" 등급 기관 대분류 평점 비교(지방 직영기업 제외)

구분	평점	리더십/전략 (4)	경영시스템 (9)	경영성과 (45)	사회적가치 (36)	정책준수 (6)	정량: 59 정성: 41
인천 교통공사	90.22	91.00	89.78	91.93	88.61	87.17	정량: 92.20 정성: 87.37
경기 도시공사	89.83	91.00	92.78	91.53	87.67	84.83	정량: 90.29 정성: 89.17
서울시 농수산 식품공사	87.21	89.75	90.22	85.38	89.72	79.67	정량: 86.02 정성: 88.96
대전 마케팅공사	90.05	85.00	87.89	93.93	90.22	66.50	정량: 91.05 정성: 88.01
서울 시설공단	91.16	85.50	90.22	91.38	91.75	91.17	정량: 92.13 정성: 89.44
부산 환경공단	91.11	88.25	87.22	91.89	91.39	91.33	정량: 93.68 정성: 87.41
합계	89.93	88.42	89.69	91.01	89.89	83.45	

자료: 2019년도 지방공기업 경영평가 종합보고서, 행정안전부

리더십/전략(가중치 4점)의 평균 평점은 88.42점, 경영시스템(가중치 9점)의 평균 평점은 89.69점, 경영성과(가중치 45점)의 평균 평점은 91.01점, 사회적 가치(가중치 36점)의 평균 평점은 89.89점, 정책준수(가중치 6점)의 평균 평점은 83.45점으로 분석되었다. 90점 이상 평점 평균은 1개 지표이며, 4개 지표는 80점대의 평균 평점을 획득했다. 직영기업인 부산광역시 상수도를 제외한 지방공사·공단의 대분류 지표별 평균 평점 중 최고 높은 평균 평점은 가중치 45점의 경영성과이다. 1개 기관을 제외한 5개 기관의 평점이 90점을 넘어 타 지표와는 확연한 차이를 느낄 수 있다. 각 지표별 평점 90점 이상 획득한 기관 수는 다음과 같다. 리더십/전략 2개 기관, 경영시스템 3개 기관, 경영성과 5개 기관, 사회적 가치 3개 기관, 정책준수 2개 기관 등이다. 가장 평균 평점이 낮은 지표는 정책준수이며, 정책준수의 평균 평점은 83.45점인 것으로 분석되어 최고 평균 평점 지표인 경영성과 지표 대비 −7.56점 낮은 것으로 분석됐다. 경영성과의 경우 100점 만점 중 배점이 45점으로 가장 가중치가 높은 지표이며, 정책준수는 리더십/전략 다음으로 가중치가 낮

은 지표이다. 경영성과는 주요사업, 경영수지, 고객만족도 등 3개의 세부지표로 구성되어 평가되는 지표로 정성지표의 비중보다 정량지표의 비중이 월등히 높은 지표이기도 하다. 지방공기업에서는 이렇게 가중치가 높은 지표에 대해 관리를 해야만 할 것이며, 그러한 결과가 평가 결과로 나타났다 할 수 있을 것이다. 배점의 가중치가 가장 높은 평가 지표의 점수가 높다는 것은 대부분의 지방공기업이 관심을 많이 가지고 관리하는 결과라 할 수 있을 것이다. 정책준수의 가중치는 6점이지만 14개 평가 지표 중 9개 지표가 미이행 시 감점되는 감점지표로 구성되어 있으며, 감점은 −9.5점으로 구성되어 있다. 또한, 가중치 6점은 정부의 정책, 지방공기업의 책무 등과 연계된 지표로 구성되어 있어 철저히 준비되고 이행하지 않으면 득점하기 어려운 구조로 구성된 지표이다. 6개 유형 중 총점이 최고 높은 2개 기관인 서울시설공단과 부산환경공단의 특성은 계량지표 위주의 지표인 경영성과지표와 정책준수지표에서도 평점을 90점 이상 획득한 것이라 할 수 있을 것이다.

이러한 기관들은 계량지표에 대한 이해와 관리에 대한 기준을 명확히 확립하고 있어 단기간의 문제발생에도(사업수입과 지출, 수지비율 등) 크게 흔들리지 않을 정도로 경영평가 지표관리를 철저히 이행한다고 볼 수 있을 것이다. 부산환경공단은 2017(2016)년부터 2019(2018)년까지 3년 연속 '가' 등급을 획득하였으며, 이러한 결과는 해당 기관을 전국 최고의 지방공기업으로 인정해도 될 만한 결과일 것이다. 결국 지방공기업에서는 경영평가의 효율적 관리를 위해 경영성과 지표와 정책준수 지표를 잘 관리하지 않으면 지방공기업의 비전과 미션인 '가' 등급 획득과 최우수지방공기업으로의 도전은 어려울 것이다. 경영평가의 계량지표는 굉장히 단순한 구조로 구성되어 평가기준으로 운영된다. 정량(계량)지표를 목표대실적, 목표부여(A), 목표부여(B), 목표부여(편차), 단계별 평가 등 다양한 기준을 정하여 평가하고 있으나 가장 흔한 계량지표의 평가 기준인 '목표부여(A)' 방법을 예로 들어 설명하면 당해 연도 실적이 전년대비 10% 증가되거나 또는 10% 감소시켜야 하는 구조로 평가 기준을 정하여 운영되어 있다. 다시 말해 상향지표(10% 증가)는 최고목표: 기준치×110%, 하향지표(10% 감소)는 최고목표: 기준치×90%를 말한다. 동일한 목표에 대해 10% 증가 및 감소를 몇 년 동안 동일하게 유지하여 최고 등급을 획득한다는 것은 엄청난 노력이 필요하고 엄청난 노력의 결과로 얻는 성과물일 것이다. 예를 들어 평가 지표 중 안전사고 발생건수와 대행사업비 절감률의 경우 평가 기준은 전년대비 10% 감소(감액)해야 최고 등급을 획득할 수 있는 지표이다. 물론 안전사고 발생건수의 평가 기준이 단순히 전년대비 10% 감소는 아니지만(발생건수에 따른 기본 평점 부여 방식) 경영평가를 수행해야 하는 기관에서는 매년 안전사고 발생건수와 대행사업비(세출, 지출)를 10% 이상 줄이기 위해 노력할 것이다. 기관에서는 최고득점을 획득하기 위해 안전사고 예방을 위한 캠페인, 홍보, 시설점검 또는 예산절감을 위한 다양한 노력을 기울일 수밖에 없기 때문이다. 반대로 사업수입의 경우 매년 수입을 10% 이상 증가시켜야 최고 등급을 획득할 수 있는 지표이다. 지방공기업에서 운영하는 거의 모든 사업은 사용료 등이 지방자치조례 또는 법령에 의해 정해져 있다. 다시 말해 이용요금이나 사용료를 기관에서 스스로 정해 인상할 수 없는 구조로 똑같은 시설, 똑같은 사업에서 전년보다 10%의 수입을 추가로 매년 올려야 한다는 것은 결코 쉬운 일이 아닐 것이며, 사업수입을 10% 높이기 위해 각 기관에서는 엄청난 노력을 기울일 것이다. 이렇게 쉽지 않은 경영평가 지표관리를 지속해서 성실히 수행하고 있다는 것은 해당 기관 직원들이 지방공기업 직원으로 해야 할 도리를 성실히 수행한다는 것일 것이다.

2. 결과활용

1 평가등급 부여

지방공기업을 대상으로 경영평가를 실시하게 되면, 평가유형별 기관을 대상으로 평가결과에 대한 평가등급을 부여하게 된다. 평가 군별 경영수준에 따라 5단계 등급을 부여하게 되는데 '가' 등급부터 '마' 등급으로 구분하여 평가결과에 따라 지방공기업별 등급을 부여한다. '가' 등급은 90점 이상 득점 기관이 대상이며, 평가 군별 상위 10%에 해당하는 기관들을 대상으로 등급을 부여하게 된다. 다음은 '나' 등급으로서 85점 이상 득점 기관이 대상이며, 평가 군별 '가' 등급을 제외하고 상위 30%에 해당하는 기관들을 대상으로 등급을 부여하게 된다. '다' 등급의 경우 '가', '나' 등급을 제외하고 80점 이상 득점 기관이 대상이며, 40% 범위 내의 기관을 대상으로 등급을 부여하게 된다. '라' 등급의 경우 75점 이상 득점 기관이 대상이며, 평가 군별 15%에 해당하는 기관이다. '마' 등급의 경우 75점 미만의 득점 기관이 대상이며, 전체 하위 5% 기관을 대상으로 평가등급을 부여하게 된다. 절대점수 원칙을 기준으로 하지만 평가 군별 상대적 격차 및 평점 분포에 따라 "지방공기업정책위원회" 심의 후 등급 조정은 가능하며, 평가 군별 '나' 등급 이상의 비중을 40% 이내로 조정하여 등급을 부여한다. 경영평가 미실시 기관은 '마' 등급으로 간주, 평가급 지급을 제외한다.

2 평가급 차등지급

지방공기업에 대한 경영평가 결과에 따라 행정안전부에서는 5단계 범위에서 등급('가'~'마' 등급)을 부여하고, 부여된 경영평가 등급별 평가급 지급률 범위 내에서 지방자치단체에서는 자체 지급기준에 따라 최종 지급률을 결정하여 해당 지방공기업에 통보한다. 지방자치단체에서 통보된 평가급 지급률을 기준으로 지방공기업 임직원은 경영평가 결과에 따라 인센티브 평가급을 지급받게 된다. 인센티브 평가급은 사장(이사장), 임원, 직원으로 구분하여 지급률이 정해져 있다. 지급률은 평가등급에 따라 정해지며, 사장(이사장)의 경우 최대 400%이며, 임원 및 직원의 경우 최대 300%이다.

(평가급 = 연봉(보수)월액 × 지급률)

〈별표 4-3-43〉 인센티브 평가급 지급기준(2019년 기준)

평가등급	평가급지급률			사장(이사장) 및 임원 익년도 연봉조정
	CEO	임원	직원	
가	301~400%	201~300%	180~200%	
나	201~300%	151~200%	130~150%	
다	100~200%	100~150%	80~100%	
라	0%	0%	30~50%	익년도 연봉 동결
마	0%	0%	0%	익년도 연봉 5~10% 삭감

자료: 2020년도 지방공기업 예산편성기준, 행정안전부

경영평가 등급이 '가' 등급일 경우 사장(이사장)은 301~400%, 임원의 경우 201~300%, 직원의 경우 180~200%를 지급받게 된다. 직원 평가급 지급에 있어 100%는 해당 지방공기업에서 최종 지급률을 결정하여 지급할 수 있다. 직원의 평가급 지급률 결정에 있어 지방자치단체에서는 100%를 제외하고 지급률을 결정하여 통보한다.

지방자치단체에서는 행정안전부에서 경영평가 등급이 확정되어 통보되면 위 표에서 정해진 평가급 지급률 범위 내에서 지급률을 정해 해당 지방공기업에 통보하면, 해당 지방공기업에서는 대상별 지급률을 정해 평가급을 지급하게 된다. 단, 평가급 지급 시 직원들에 대해 성과에 따른 고과에 따라 등급을 정하여 최종 지급률을 지급하도록 정하고 있다. 이는 나눠 먹기식 인센티브 평가급이 아닌 실적 또는 성과에 따른 평가급이 지급되도록 하기 위함이다. 경영평가 결과가 '라' 또는 '마' 등급을 받을 경우 CEO 및 임원은 평가급 지급에서 제외되며, 익년도 연봉이 동결되거나 연봉이 5~10% 삭감될 수 있다. 지방공기업 경영평가 후 그 결과에 따라 지급되는 평가급은 고정된 급여도 아니며, 지속적으로 반복되어 동일하게 지급되는 평가급은 더더욱 아닐 것이다. 경영평가의 평가기준과 평가급에 대한 지급범위는 정부의 정책에 의해 수시로 변화되며, 정부 정책에 의해 정해지는 경영평가의 평가기준은 성실히 노력하지 않으면 결코 쉽게 달성할 수 있는 목표는 아닐 것이다. 그런데도 지방공기업 중 최우수 지방공기업이 된다는 것은 모든 지방공기업의 목표일 것이다.

3 경영진단 및 경영개선 명령시달

경영평가 결과 부진 기관에 대하여는 행정안전부에서는 경영진단 및 경영개선 명령을 내릴 수 있으며, 대상 기관은 다음과 같다. 3개 사업 연도 이상 계속하여 당시 순손실이 발생한 지방공기업, 특별한 사유 없이 전년도보다 영업수입이 현저하게 감소한 지방공기업, 경영 여건상 사업 규모의 축소, 법인의 청산 또는 민영화 등 경영구조 개편이 필요하다고 인정되는 지방공기업, 그 밖에 대통령령으로 정하는 지방공기업 등이 대상 공기업이다. 이는 「지방공기업법」 제78조의2(경영진단 및 경영 개선 명령)에 의하며, ②항에서는 '행정안전부장관은 제78조 제1항 본문에 따라 경영평가를 하거나 제1항에 따른 서류 등을 분석한 결과 특별한 대책이 필요하다고 인정되는 지방공기업으로서 다음 각호의 어느 하나에 해당하는 지방공기업에 대하여는 대통령령으로 정하는 바에 따라 따로 경영진단을 실시하고, 그 결과를 공개할 수 있다.'고 정의하고 있기 때문이다. 또한, 「지방공기업법」 제78조의2(경영진단 및 경영 개선 명령) ②항 4호에서 정하고 있는 '그 밖에 대통령령으로 정하는 지방공기업'은 경영목표 설정이 비합리적인 지방공기업, 인력 및 조직관리가 비효율적인 지방공기업, 재무구조가 불건전한 지방공기업, 기타 행정안전부장관이 경영진단이 필요하다고 인정하는 지방공기업 등이다. 위에서 설명한 바와 같이 3개 사업 연도 당기순손실 발생, 영업 수입 감소, 규모축소, 비합리적인 경영목표 설정 등의 지방공기업에 대해서는 경영진단을 실시하고 행정안전부장관은 해당 지방공기업의 설립 지방자치단체의 장, 공사(공단)의 사장(이사장)에게 해당 지방공기업의 임원해임, 조직의 개편 등 경영개선을 위하여 필요한 조치를 명할 수 있으며, 해당 기관은 특별한 사유가 없으면 지체 없이 이에 따라야 한다고 「지방공기업법」 제78조의2(경영진단 및 경영개선 명령)에 규정되어 있다.

「지방공기업법」 제1조(목적)

"이 법은 지방자치단체가 직접 설치·경영하거나,
법인을 설립하여 경영하는 기업의 운영에 필요한 사항을 정하여
그 경영을 합리화함으로써
지방자치의 발전과 주민복리의 증진에 이바지함을 목적으로 한다."

[전문개정 2011. 8. 4.]

제 5 장

공공체육시설
관련 법령

제5장 목차

제1절 지방공기업 관련 법령   **209**
1. 지방공기업법
2. 지방자치조례

제2절 체육 관련 법령   **220**
1. 국민체육진흥법
2. 체육시설의 설치·이용에 관한 법률
3. 문화체육관광부 소관 법령
4. 체육유관 법령

제1절 지방공기업 관련 법령

1. 지방공기업법

■1 지방공기업법

(1) 제정

「지방공기업법」은 1969년 1월 29일 제정되었으며, 제정 이유는 지방자치단체가 경영하는 기업의 조직, 재무 및 경영의 기준을 정하여 그 경영을 합리화함으로써 지방자치의 발전에 기여하기 위해 제정되었다. 최초 제정 시 총 5장 49개의 조항으로 제정되었으며, 각 장 및 조항은 다음과 같이 구성되었다. 제1장은 총칙으로 목적, 적용범위, 경영의 기본원칙, 지방공기업의 설치, 「지방공기업법」에 관한 법령 등의 제정 및 시행, 「지방자치법」 등의 적용에 대한 내용으로 구성되었다. 제1조(목적)에서는 「지방공기업법」의 목적에 대해 정의하고 있으며, 그 내용은 다음과 같다. '이 법은 지방자치단체가 직접 설치·경영하거나, 법인을 설립하여 경영하는 기업의 운영에 필요한 사항을 정하여 그 경영을 합리화함으로써 지방자치의 발전과 주민복리의 증진에 이바지함을 목적으로 한다.'고 「지방공기업법」의 목적을 설명하고 있다. 「지방공기업법」은 지방자치단체가 직접 설치·경영하는 법인(法人)인 "지방공기업" 운영에 필요한 사항을 법으로 규정하여 주민복리 증진에 이바지하는 것을 목적으로 제정된 것이다. 최초의 「지방공기업법」의 적용범위(사업)는 수도 사업, 공업용수도 사업, 궤도사업, 자동차운송사업, 가스사업 등 5개 분야이며, 이 외 대통령령이 정하는 바에 의해 지방자치단체가 경영하는 기업까지도 사업범위에 포함하고 있다. 제2장(조직)은 지방자치단체는 지방공기업의 업무를 관리·집행하기 위해 관리자를 둘 수 있다고 정의하고 있으며, 관리자의 신분 및 권한, 주요업무 등에 관한 사항 등을 규정하고 있다. 해당 조항은 관리자의 권한, 관리자의 업무, 관리자와 지방자치단체의 장과의 관계, 기업 관리규정, 권한의 위임 등으로 구성되어 있다. 제2장 제7조(관리자) 1항에서는 '지방자치단체는 지방공기업의 업무를 관리·집행하게 하기 위해 사업마다 관리자를 둔다.' 2항에서는 '관리자는 당해 지방자치단체의 일반직공무원 중 지방자치단체의 장이 임명한다.'고 정의하고 있다. 당시 법령에서는 지방공기업외 관리자는 지방자치단체장이 임명하는 일반직 공무원이었음을 알 수 있다. 3장은 「지방공기업법」에서 정의하고 있는 사업의 운영에 필요한 재무(예산)와 관련한 내용으로 특별회계, 녹립채산, 사업연도, 계리의 원칙, 출자, 장기대부, 지방채, 일시차입금, 원가계산, 요금, 예산의 편성, 예산의 구분, 예산의 내용, 예산안의 제출, 수입금마련 지출, 예산의 집행, 예산의 유용, 예산의 이월, 예비비, 현금을 수반하지 아니하는 경비지출의 특례, 출납 및 현금의 보관, 회계의 통할, 결산, 계리상황의 보고, 잉여금, 결손의 처리, 회전기금, 기업자산의 취득·관리 및 처분, 기업 자산관리, 계약, 대통령령에의 위임 등 총 31개의 조항으로 구성되어 있다. 제4장 및 제5장은 6개의 조항으로 구성하고 있으며, 이 중 제4장은 조합설치의 특례, 조직에 관한 특례 등 지방자치단체의 조합에 관한 특례에 관한 조항으로 구성하고 있다. 제5장은 보칙으로 업무상황 공표, 사업조정, 변상책임, 시행령에 관한 4개의 조항으로 구성되어 있다.

(2) 주요 개정 사항

「지방공기업법」은 1969년 제정 후 약 26번의 개정이 있었다(법률 제14917호, 2017.10.24. 일부개정 기준). 1980년 1월 4일, 일부개정은 「지방공기업법」 제정 후 처음 개정된 개정문으로 주요 개정 사항은 최초 제정 시 없었던 사업에 대해 추가로 「지방공기업법」 적용대상으로 지방 도로사업, 하수도사업, 청소위생사업, 주택사업, 의료사업과 매장 및 묘지사업을 추가하였으며, 지방공사와 지방공단을 설립·운영할 수 있는 근거를 두고, 지방공단의 설치운영에 관하여는 지방공사에 관한 규정을 준용하도록 하였다. 또한, 지방공사는 도와 인구 50만 이상의 시에 설치할 수 있도록 한 것이 주요 개정 내용이었다. 1992년 12월 8일, 일부개정 시(시행 1993.4.1.) 주요 개정 내용은 다음과 같다. 지방자치제 시행에 따른 여건변화를 수용하고 그간의 지방공기업의 운영 실태에 비추어 법적 미비점을 보완하며 나아가 효율적인 경영기반을 조성하는 등 지방공기업의 확대·발전을 위한 제도적 기반을 보강하려는 것으로서 지방공기업의 대상사업을 추가하고 지방공사 및 지방공단을 설립할 수 있는 지방자치단체의 범위를 시·도 및 인구 50만 이상의 시에서 모든 지방자치단체로 확대하게 되었다. 또한, 지방공기업의 효율적 경영을 위하여 지방자치단체장이 경영평가를 실시하도록 한 것이 주요 개정내용이었다. 특히, 모든 지방자치단체로 지방공기업을 설립할 수 있는 범위를 확대한 것은 이후 지방공기업의 급속한 설립의 계기 및 원인이 될 수 있었다. 2002년 3월 25일, 일부개정 시(시행 2002.6.1.) 주요 개정 내용은 다음과 같다. 지방공기업의 계약질서를 확립하기 위하여 입찰참가 자격제한 제도를 도입하는 한편, 지방공사 및 지방공단 외의 출자법인의 경영부실에 대비하기 위하여 출자법인의 채무에 대한 보증한도를 지방자치단체의 출자지분을 초과할 수 없도록 정하고, 지방공기업에 대한 경영평가의 객관성과 신뢰성을 확보하기 위하여 기존 지방자치단체의 장에서 경영평가의 주체를 행정자치부장관으로 변경하는 등 현행 제도의 운용상 나타난 일부 미비점을 개선·보완하기 위해 개정되었다. 2004년 12월 30일, 일부개정 시(시행 2005.3.31.) 주요 개정 내용은 다음과 같다. 개정된 주요 내용은 크게 4가지로 설명할 수 있으며 첫째, 지방공기업의 사업영역 확대. 둘째, 지역개발 채권의 매입대상 등의 명시. 셋째, 지방 직영기업의 예산편성지침 작성권의 지방이양. 넷째, 지방공사의 출자범위 확대 등이다. 이 중 사업 영역확대에서는 주40시간 근무제 도입에 따라 관광·레저 수요가 늘어나고 있어 지방공기업에서 체육시설업 및 관광 사업을 담당할 수 있도록 개정된 것은 큰 변화라 할 수 있을 것이다. 또한, 지방 직영기업 운영에 필요한 예산편성을 기존 행정자치부장관이 주무부장관과 협의하여 작성하던 것을 행정자치부장관이 정한 공통기준에 따라 지방자치단체의 장이 정하도록 한 것도 큰 변화로 볼 수 있을 것이다. 2006년 10월 4일, 일부개정 시(시행 2006.10.4.) 주요 개정 내용은 다음과 같다. 「지방공기업법」에는 지방공기업의 경영평가에 관한 규정만 있고, 지방공사의 사장 개인의 능력과 실적을 제대로 평가·반영하는 제도적 장치가 미흡하여 지방공사의 사장을 임명하는 경우 해당 지방자치단체의 장은 사장과의 경영성과계약을 체결하도록 조항을 신설하였다. 지방공사 사장의 경영성과계약에는 재임 동안 수행하여야 할 경영목표와 권한, 성과에 따른 보상 및 책임이 포함되어야 함을 규정화하였고, 경영성과에 따라 지방공사의 사장을 임기 중 해임하거나 연임시킬 수 있도록 했다.

2009년 4월 1일, 일부개정 시(시행 2009.10.2.) 주요 개정 내용은 다음과 같다. 개정된 주요 내용은 크게 4가지로 설명할 수 있으며 첫째, 지방공기업 설립절차 개선. 둘째, 지방자치단체의 공사에 대한 출자 또는 출연 비율 산정 방식 개선. 셋째, 지방공기업 임원의 인사제도 개선. 넷째, 지방공기업정책위원회 통합 등이다. 지방공기업 설립 절차의 개선은 지방자치단체별 무분별한 지방공기업 설립이 최소화될 수 있도록 설립 시 해당 광역지방자치단체장과 사전협의를 거쳐 지방공기업 설립에 대한 타당성 검토를 시행하도록 조항을 신설했다. 임원의 인사제도 개선은 지방공사의 경우 임원은 사장 및 이사(상임이사 및 비상임이사), 감사로 구분할 수 있다. 기존 사장에 대해시민 시행하면 시장추천위원회를 임원추천위원회로 확대·개편하고 임원에 대해서도 임원추천위원회를 추천절차를 거치도록 하는 등 임원의 인사제도에 대해 개선하였다. 2015년 12월 15일, 일부개정 시(시행 2015.12.15.) 주요 개정 내용은 다음과 같다. 자산·부채 등 일정 요건을 충족하는 지방 직영기업은 "중장기경영관리계획"을 수립하여 지방자치단체의 장과 의회에 제출하도록 조항이 신설되었으며, 지방공사 사장이 경영개선명령을 미이행하는 경우 임기 중에 해임할 수 있도록 하는 법적 근거를 마련하였다. 또한, 지방공기업의 인사운영에 있어 행정자치부장관이 지방공기업의 공통된 인사운영기준을 마련하여 지방공기업에 통보할 수 있는 법적 근거를 마련한 것은 지방공기업의 인사운영에 있어 큰 변화로 볼 수 있는 개정이었다. 2015년 12월 29일, 일부개정 시(시행 2016.3.30.) 주요 개정 내용은 다음과 같다. 지방공기업 설립 및 사업 타당성 검토 강화, 사업실명제의 도입, 부실지방공기업 해산 요건 및 절차 마련, 지방공기업평가원의 설립·운영, 주민 의견 청취 등의 절차 마련 등이다. 지방공기업의 타당성 검토 강화는 관련 법에 의해 지방공기업을 설립하거나 일정규모 이상의 사업 추진 시 타당성 검토를 거쳐야 하는데 지방자치단체 및 지방공기업에서 선정한 타당성 검토 수행은 공정성 문제가 발생 및 발생의 소지가 있어 이를 개선하기 위해 대통령령에서 정하는 요건을 갖춘 기관으로써 행정자치부장관이 지정·고시하는 기관에서 실시하도록 개정하였으며, 지방공기업 등의 경영평가, 정책연구 및 임직원 교육 등을 전문적으로 지원하기 위하여 "지방공기업평가원"을 설립하고 기존의 경영지도법인의 재산 및 권리·의무를 포괄 승계하도록 하는 조항이 신설된 것이 주요 개정사항이었다.

(3) 현행 법령의 구성

「지방공기업법」은 (법률 제14917호, 2017.10.24., 일부개정 및 2017.10.24. 시행 기준) 행정안전부(공기업과) 소관 법령으로 총 6장 83개의 조항 및 부칙으로 구성되어 있다. 각 장 및 조항은 다음과 같다. 제1장은 「지방공기업법」의 목적, 적용범위, 경영의 기본원칙, 지방공기업에 관한 법령 등의 제정 및 시행 등 총 4개의 조항으로 구성되어 있다. 지방공기업법의 목적은 최초 제정 시와 동일하며, 사업의 적용범위에서는 최초 제정 시 「수도 사업, 공업용수도사업, 궤도사업, 자동차운송사업, 가스사업」 등 5개 분야 5개 사업이었으나 현재는 8개 사업으로 사업의 범위가 확대되었다. 확대된 사업은 지방 도로사업(유료도로사업만 해당한다), 하수도사업, 주택사업, 토지개발사업 등이다.

제2장에서는 지방 직영기업에 관한 조항으로서 제1절에서는 통칙(지방 직영기업의 설치, 「지방자치법」 등의 적용), 제2절에서는 조직(관리자 및 관리자의 권한·업무, 지방 직영기업의 중장기경영관리계획의 수립, 관리자와 지방자치단체의 장과의 관계, 기업 직원, 기업 관리규정, 권한의 위임 등), 제3절에서는 재무(특별회계, 독립채산, 사업연도, 회계처리의 원칙, 출자 및 예산과 관련한 예산의 편성·구분·내용·제출·집행·전용 등), 제4절과 제5절에서는 지방자치단체의 조합에 관한 특례 및 보칙으로 구성되어 있다. 제3장에서는 지방공사에 대한 조항으로 제1절에서는 설립, 제2절에서는 임원 및 직원, 제3절에서는 재무회계, 제4절과 제5절에서는 감독 및 보칙으로 구성되어 있다. 제3장에서는 지방공사에 관한 조항으로 제1절에서는 설립(설립, 공동설립, 법인격, 사무소, 출자, 다른 법인에 대한 출자, 지방자치단체의 주주권 행사, 정관, 등기, 해산), 제2절에서는 임원 및 직원(임원의 임면 등, 사장과의 경영성과계약, 임기 및 직무, 임원의 결격사유, 임직원의 겸직 제한, 이사회, 직원의 임면, 임직원에 대한 교육훈련, 임직원의 보수, 권리행사와 대리인의 선임, 인사운영에 관한 공통기준, 징계 요구 등), 제3절에서는 재무회계(사업연도, 회계처리의 원칙 등, 중장기재무관리계획의 수립 등, 예산, 예산 불성립 시의 예산집행, 신규 투자사업의 타당성 검토, 사업의 실명 관리 및 공개, 채무보증 계약 등의 제한, 결산, 예산·결산에 관한 공통기준, 손익금의 처리, 사채 발행 및 차관, 여유금의 운용, 대행사업의 비용 부담, 재정 지원, 물품 구매 및 공사계약의 위탁, 물품관리, 선수금), 제4절과 제5절은 감독 및 보칙으로 구성되어 있다. 법 제73조(감독 등) 1항에서는 지방공기업을 설립한 지방자치단체의 장은 공사의 설립·운영 등 해당 공사에 대한 업무를 관리·감독해야 할 조항으로 규정되어 있고 2항에서는 '지방공기업을 총괄하는 행정안전부장관은 공사의 업무, 회계 및 재산에 관한 사항을 검사할 수 있으며, 공사에 필요한 보고를 명할 수 있다.'로 규정하고 있어 지방공사에 대해 감독할 수 있는 법적 근거를 마련하고 있다. 제5절에서는 「상법」의 준용, 업무 상황의 공표 등, 공무원의 파견·겸임, 권한의 위탁, 민영화된 공사의 주식회사로의 등기, 공사와 공공기관의 합병과 관련한 조항으로 구성되어 있다. 제4장(지방공단)에서는 지방공단의 설립·운영, 비용 부담, 해산 등에 대한 조항으로 제76조(설

립·운영) 1항에서는 지방공단의 설립 및 운영에 관한 법적 근거를 규정하고 있으며, 2항에서는 지방공사와 관련된 조항에 대해 준용할 수 있다는 근거를 규정화하고 있어 지방공기업 중 지방공사·공단은 동일한 법 조항으로 운영됨을 알 수 있다. 제5장(보칙)에서는 지방공기업에 대한 경영평가, 경영진단 및 경영 개선 명령, 부실지방공기업에 대한 해산 요구 등의 조항과 지방공기업평가원의 설립·운영, 지방공기업 정책위원회 운영, 국회보고 등과 관련한 조항으로 구성되어 있다. 제6장(벌칙)에서는 벌칙, 과태료, 벌칙 적용 시의 공무원 의제로 구성되어 있으며, 제82조(과태료)에서는 '지방공기업이 정당한 이유 없이 제73조(감독 등) 제2항과 관련한 행정안전부장관의 검사를 거부, 방해 또는 기피할 경우 200만 원 이하의 과태료를 부과한다.'고 규정하고 있다.

2 지방공기업법 시행령

(1) 제정

「지방공기업법 시행령」은 1969년 1월 29일 제정되었으며, 「지방공기업법」의 시행에 관하여 필요한 사항을 규정함을 목적으로 제정되었다. 최초 제정 시에는 총 43개 조항으로 제정되었으며, 제2조(법의 적용범위) 1항에서는 「지방공기업법」 적용을 받는 사업에 대해 종사하는 직원 수 또는 사업규모에 대한 기준을 정하고 있다. 2항에서는 법에서 정한 사업 외 병원, 주택, 시장, 도축장, 공익전당포, 택지조성 사업 등의 사업을 차기년도부터 운영할 수 있도록 법적 근거를 제시하였으며, 제15조(예산) 1항에서는 예상수입 및 예정 지출의 전액, 계속비, 채무부담행위, 지방채, 등 예산에 기입해야 할 기재사항을 위한 조항으로 구분하였다. 제16조(예산안의 제출)에서는 편성한 예산안과 함께 국회에 제출할 서류에 대해 규정화하였고, 제43조(시행규칙)에서는 「지방공기업법 시행령」의 시행에 관하여 필요한 사항은 내무부령(시행규칙)으로 정한다.'고 정의하고 있다.

(2) 현행 법령의 구성

「지방공기업법 시행령」은 (대통령령 제28586호, 2018.1.16., 타법개정 및 2018.1.18. 시행 기준) 총 5장 79개의 조항 및 부칙, 별표로 구성되어 있다. 각 장 및 조항은 다음과 같다. 제1장은 「지방공기업법 시행령」의 목적, 지방 직영기업의 범위, 요금에 관한 규정의 준용 등 2개 조항으로 구성되어 있으며, 제2조(지방 직영기업의 범위)에서는 「지방공기업법」에서 대통령령으로 정하는 기준 이상의 사업(총 8개 사업)에 대한 세부 기준에 대해 기준을 정하고 있다. 제2장은 지방 직영기업과 관련한 조항으로 지방 직영기업 운영에 필요한 관리자의 임기, 회계기준, 예산기준, 자산, 공시, 사무인계 등에 대한 세부 기준으로 구성하고 있다. 제3장은 지방공사·지방공단과 관련한 조항으로 지방공사·지방공단의 설립에 필요한 타당성 검토, 다른 법인에 대한 출자타당성 검토, 공사의 조직 및 정원에 관한 정관기재사항, 설립등기, 지사의 설치등기, 각종 등기 관련 사항과 임원 및 사장과 관련한 사항, 회계 및 입찰 등과 관련된 사항 및 중장기 재무관리계획 수립, 공사·공단 운영에 필요한 사업계획 및 예산, 신규 투자사업의 타당성 검토, 대행사업의 비용 부담 등, 지방공사의 경영공시 등, 공단의 설립운영 및 비용의 부담 등에 대한 세부 이행 기준 등으로 구성되어 있다. 제4장은 지방공기업을 대상으로 하는 경영평가 및 경영진단과 관련된 조항으로 경영평가, 제출서류, 경영진단대상 등, 지방공기업 경영진단반, 부실 지방공기업에 대한 해산 요구 요건, 지방공기업정책위원회의 구성, 위원의 해임 및 해촉, 정책위원회의 운영, 수당 등, 경영진단에 따른 경영개선명령 등에 대하여 규정하고 있으며, 제68조(경영평가)는 경영평가 실시 및 평가기관에 관한 내용이다. 경영평가 실시 후 문제가 되는 기관을 경영진단을 통해 부실 지방공기업에 대해 해산을 요구할 수 있는 요건들에 관해 규정하고 있다. 제5장은 보칙으로 지방공기업평가원에 대한 출연, 주민 등의 의견청취, 보고 등, 조직변경의 방법 및 절차, 고유 식별 정보의 처리, 과태료의 부과기준 등과 관련된 조항으로 구성되어 있다.

「지방공기업법 시행령」 제76조(지방공기업평가원에 대한 출연)에서는 지방공기업평가원에 대한 출연에 관해 규정하고 있다. 지방공기업평가원의 설립목적은 같은 법 제78조의 41항에서 정의하고 있으며, 그 내용은 다음과 같다. '지방공기업에 대한 경영평가, 관련 정책의 연구, 임직원에 대한 교육 등을 전문적으로 지원하기 위하여 지방공기업평가원(이하 "평가원"이라 한다)을 설립한다.' 이렇듯 지방공기업평가원은 행정안전부 소관 지방공기업에 대한 지원을 위해 설립되어 운영 중이며, 이로 인해 지방공기업평가원에 대한 출연금에 대해 매년 행정안전부장관과 협의하여 출연금 규모를 결정하고 있다. 〔별표〕는 〔별표1〕과 〔별표2〕로 구성되어 있으며, 〔별표1〕은 시행령 제57조의5(국제입찰 대상 도시철도공사의 조달계약의 범위) 국제입찰의 방법으로 조달계약을 해야 하는 공사와 관련하여 대상 지방공기업에 대해 구분하고 있으며, 해당 지방공기업은 서울메트로, 서울특별시 도시철도공사, 인천 교통공사(도시철도분야로 한정한다), 부산교통공사, 대구도시철도공사, 대전광역시도시철도공사, 광주도시철도공사 등 7개 지방공기업이 해당한다. 〔별표2〕 과태료의 부과기준은 「지방공기업법」 제82조 1항 '정당한 이유 없이 제73조 제2항에 따른 검사를 거부, 방해 또는 기피한 자에게는 200만 원 이하의 과태료를 부과한다.' 제82조 2항 '제1항에 따른 과태료는 대통령령으로 정하는 바에 따라 행정안전부장관이 부과·징수한다.'에 따라 과태료의 부과기준을 일반기준과 개별기준으로 구분하여 규정화하였다.

3 지방공기업법 시행규칙

(1) 제정

「지방공기업법 시행규칙」은 같은 법 시행령 제43조에 근거하여 내무부령 제82호로 1970년 6월 26일 제정 및 시행되었다. 최초 제정 시에는 총 23개 조항과 부칙 및 별표로 구성되어 있으며, [별표1]~[별표39]까지 총 39개의 별표로 구성되어 있다. 시행규칙 제1조(목적)에서는 「지방공기업법」 및 같은 법 시행령의 시행에 관한 세부사항을 규정함을 목적으로 한다.'고 정의하고 있으며, 주요 조항은 예산 및 자산운용에 필요한 세부사항, 장부 및 서식 등에 대하여 세부 기준을 규정하고 있다. [별표]에서는 지방공기업 운영사업의 계정과목 유형자산 및 무형자산의 내용연수, 재고증가·감소분개장 및 집계표, 건물대장, 토지 대장, 지출결의서 등 예산 및 회계 자산과 관련한 세부이행에 필요한 양식 및 기준에 대해 정의하고 있다.

(2) 현행 법령의 구성

「지방공기업법 시행규칙」은 (행정안전부령 제1호, 2017.7.26., 타법개정 및 2017.7.26. 시행 기준) 총 24개의 조항 및 부칙, 별표로 구성되어 있으며, 각 조항의 주요 내용은 다음과 같다. 제1조 및 제2조에서는 「지방공기업법 시행규칙」의 목적 및 용어에 대한 정의에 관해 설명하고 있다.

지방공기업의 업종분류와 계정과목구분, 기금의 운용기준, 기능별 원가분류의 원칙, 비배부 원가 등의 처리, 급부단위, 재고자산의 평가기준, 재고자산의 출납, 비유동자산의 평가기준, 비유동자산의 재평가, 비유동자산의 잔존가액, 토지 등의 원가계산, 감가상각의 방법, 감가상각 등의 기준, 감가상각액의 회계처리, 장부 및 서식, 장부 및 문서의 전산처리, 경영성과계약의 방법 및 절차 등, 준용규정, 국제입찰에 의한 계약 등으로 구성되어 있다. 이는 지방공기업운영에 있어 필요한 예산 및 회계, 자산관련 사항들에 대하여 기준을 정하고 있다. [별표]는 [별표]와 [별지]로 구분되어 있으며, [별표]는 [별표1]~[별표5]로 구성되어 있고, [별지1]은 [별지1]~[별지11]까지로 구성되어 있다. [별표1] 지방공기업 업종분류표에서는 수도 사업, 공업용수도 사업, 궤도사업, 자동차운송사업, 지방도로 사업, 하수도사업은 용역서비스업으로 구분하고 있으며, 주택사업과 토지개발 사업은 건설판매업으로 업종을 분류하고 있다. [별표]에서는 지방공기업에서 관리운영하고 있는 건축물, 업종별, 무형자산의 내용연수와 감가상각에 대한 상각률에 대해 기준을 정하고 있으며, [별지]에서는 수입·지출·자금·자산·차입금 등 운영에 필요한 각종 서식들의 기준을 정하고 있다.

2. 지방자치조례

1 개요

지방자치단체는 지방자치에 필요한 조례를 정하여 운영하게 되며, 이는 「지방자치법」에서 정하고 있는 규정을 근거로 한다. 「지방자치법」 제1조(목적)에서는 '이 법은 지방자치단체의 종류와 조직 및 운영에 관한 사항을 정하고, 국가와 지방자치단체 사이의 기본적인 관계를 정함으로써 지방자치행정을 민주적이고 능률적으로 수행하고, 지방을 균형 있게 발전시키며, 대한민국을 민주적으로 발전시키려는 것을 목적으로 한다.'고 정의하고 있다. 같은 법 제9조(지방자치단체의 사무범위) 2항 1호 나.에서는 '조례·규칙의 제정·개정·폐지 및 그 운영·관리도 사무범위'에 포함하고 있으며, 2항 5호에서는 교육·체육·문화·예술의 진흥에 관한 사무도 포함되어 있다. 2항 5호 나.에서는 도서관·운동장·광장·체육관·박물관·공연장·미술관·음악당 등 공공교육·체육·문화시설의 설치 및 관리에 대한 사무도 지방자치단체의 사무범위로 규정하고 있다. 같은 법 제22조(조례)에서는 '지방자치단체는 법령의 범위 안에서 그 사무에 관하여 조례를 제정할 수 있다.'고 정의하고 있으며, 이를 근거로 지방자치단체에서는 해당 지방자치단체에 필요한 조례를 제정하여 관리·운영하게 된다. 지방공기업에서 운영하는 공공체육시설은 해당 지방자치단체 조례 제정을 근거로 설립된 공공체육시설을 위탁받아 운영하게 되는 것이다. 지방공기업에서 관리 운영하는 공공체육시설에 필요한 주요 법령은 「지방공기업법」, 「국민체육진흥법」, 「체육시설의 설치·이용에 관한 법률」일 것이다. 이러한 법령과 연계되는 지방자치단체의 조례를 살펴보면 다음과 같다.

2 지방자치조례(지방공기업법 관련)

(1) 조례제정

「지방공기업법」 제3장(지방공사) 제49조(설립) 제1항은 '지방자치단체는 제2조에 따른 사업을 효율적으로 수행하기 위하여 필요한 경우에는 지방공사를 설립할 수 있다.'이다. 이를 근거로 지방자치단체에서는 지방공기업을 설립할 수 있는 것이다. 지방자치단체에서는 필요한 지방공기업을 설립하기 위해서는 위에서 설명한 「지방공기업법」을 근거로 지방공기업 설립을 위한 지방자치조례를 제정하게 된다. 서울특별시를 기준으로 서울특별시 법무행정서비스(http://legal.seoul.go.kr)[15]를 통해 서울특별시에서 제정한 조례 및 규칙

---

15) 서울특별시 법무행정서비스는 서울특별시가 시민권익증진을 위한 행정서비스 구현을 위해 조례·규칙·훈령·예규 등 법무행정을 온라인으로 서비스하는 시스템을 말한다.

을 검색할 수 있으며, 지방공기업에 대한 조례·규칙을 검색하면 지방공기업 설립 또는 운영을 위해 제정된 다양한 조례가 검색된다. 지방공기업 설립 및 운영과 관련한 조례로는「서울시설공단 설립 및 운영에 관한 조례」,「서울주택도시공사 설립 및 운영에 관한 조례」,「서울에너지공사 설립 및 운영에 관한 조례」,「서울특별시 상·하수도 사업 설치조례」,「농수산식품공사 설립 및 운영에 관한 조례」,「서울교통공사 설립 및 운영에 관한 조례」 등이 있으며, 지방공기업 운영에 필요한 조례 및 규칙으로는「서울특별시 지역개발기금 설치조례」,「서울특별시 재정운영 조례」, 하수도사업 회계규칙, 재무회계 규칙 등이 있다. 위 조례 중 지방 직영기업과 관련한 조례로는 수도 사업 및 하수도 사업과 관련한 조례이며,「서울특별시 수도 사업 설치조례」 제1조(목적)에서는 '이 조례는 주민에게 생활용수 그 밖의 정수를 공급하기 위하여「지방공기업법」 제5조에 따라 서울특별시에 수도 사업을 설치하고 그 운영 및 조직에 관한 기본사항을 규정함을 목적으로 한다.'로 정의하고 있다.「지방공기업법」 제5조(지방 직영기업의 설치)는 '지방자치단체는 지방 직영기업을 설치·경영하려는 경우에는 그 설치·운영의 기본사항을 조례로 정하여야 한다.'로 정의하고 있기 때문이다. 간접경영형태인 지방공사 설립·운영과 관련한 조례는「서울주택도시공사 설립 및 운영에 관한 조례」로 조례 제1조(목적)에서는 '이 조례는 택지의 개발과 공급, 주택의 건설·개량·공급 및 관리 등을 통하여 시민의 주거생활안정과 복지향상을 위하여「지방공기업법」 제49조에 따라 서울주택도시공사를 설립하고, 공사의 업무 및 운영에 관한 사항을 규정함을 목적으로 한다.'고 정의하고 있다. 지방공단 설립 및 운영과 관련한 조례로는「서울시설공단 설립 및 운영에 관한 조례」로서 제1조(목적)에서는 '이 조례는「지방공기업법」 제76조에 따라 서울시설공단을 설립하고, 공단의 업무 및 운영에 필요한 사항을 규정함을 목적으로 한다.'로 정의하고 있다.「지방공기업법」 제4장(지방공단)제76조(설립·운영) 1항은 '지방자치단체는 제2조의 사업을 효율적으로 수행하기 위하여 필요한 경우에는 지방공단을 설립할 수 있다.'이다. 지방공기업과 관련한 내용은 이렇듯 우리 주변에서 쉽게 접할 수 있는 내용으로서 지방공기업 운영과 관련된 지방자치단체 조례에 관해 설명하고자 한다. 서울특별시에서 설립한 서울시설공단 홈페이지에는 서울시설공단을 '「지방공기업법」 제76조 1항과「서울특별시 서울시설공단 설립 및 운영에 관한 조례」에 따라 '서울특별시장이 지정하는 시설물의 효율적 관리운영을 통하여 시민의 복리 증진에 기여함'을 목적으로, 1983년 9월 1일 우리나라 최초의 지방공단으로 설립되었습니다.'라고 소개하고 있다.

「지방공기업법」 제76조(설립·운영) 제1항에서는 '지방자치단체는 제2조의 사업을 효율적으로 수행하기 위하여 필요한 경우에는 지방공단을 설립할 수 있다.'고 정의하고 있으며, 서울시설공단은 해당 법령을 근거로 지난 1983년에 설립되었음을 소개하고 있다. 서울시설공단이 설립할 수 있었던 법률적 근거는「지방공기업법」이며, 서울시설공단의 업무 및 운영에 필요한 사항은「서울특별시 서울시설공단 설립 및 운영에 관한 조례」를 근거로 하고 있다.「서울특별시 서울시설공단 설립 및 운영에 관한 조례」의 제정 및 구성은 다음과 같다. 해당 조례는 1983년 최초 제정되었으며, 이를 근거로 서울시설공단은 설립 및 운영되고 있다. 최초 제정 시 해당 조례의 구성 및 주요 내용은 다음과 같다. 「서울특별시 서울시설공단 설립 및 운영에 관한 조례」는 서울특별시 조례 제1794호, 1983년 8월 17일 제정 및 1983년 8월 17일 시행 기준으로 총 6장 26개의 조항 및 부칙으로 구성되어 있다. 제1장은 목적, 법인격, 사무소, 자본금, 정관, 등기 등 총칙으로 구성되어 있으며, 제4조(자본금)에서는 서울시설공단의 자본금은 10억으로 하고 서울특별시가 전액 출자하는 것으로 규정되어 있다. 제2장은 임원, 이사장, 이사, 감사, 임직원의 겸직제한, 이사회, 직원의 임면 등 임원과 직원에 관한 사항을 정하고 있다. 조례 제정 당시 서울시설공단의 이사장은 국무총리의 승인을 얻어 시장이 임면하고, 그 임기는 3년으로 하되 연임할 수 있다고 정하고 있다. 제3장에서는 서울시설공단의 운영사업과 대행사업과 관련한 조항으로 구성되어 있으며, 조례 제정 당시 서울시설공단의 운영사업은 지하철2호선 을지로구간 지하도 및 지하상가의 관리운영, 국무총리의 사전승인을 받은 서울시 관할 시설물 및 지하상가 관리, 제1호 및 제2호에 해당하는 시설의 청소 및 부대사업 등 서울시 지하상가와 이에 따른 시설의 청소 및 부대사업 대행 관리 운영 등이다. 제4장에서는 사업 연도, 사업계획 및 예산, 결산, 계리의 원칙, 잉여금의 처리, 결손의 처리 등 재무회계와 관련된 조항으로 구성되어 있다. 제17조(사업계획 및 예산)에서는 '공단은 매 사업 연도 사업계획서 및 수지예산서를 작성하여 당해 사업 연도 개시 2개월 전까지 시장에게 제출하여 승인을 얻어야 한다. 이를 변경하고자 할 때에도 또한 같다.'로 정의하고 있다. 서울시설공단은 이 조항을 근거로 매년 10월 내에 차기 년도 사업계획 및 예산서를 서울시에 제출하여 승인을 받도록 규정되어 있다. 제5장 및 제6장에서는 감독 및 보칙과 관련한 내용으로 구성되어 있다. 제5조(감독)에서는 서울시설공단에 대한 감독 및 보고와 관련된 조항으로 제22조(감독)2항에서는 '공단은 다음 각호의 사항에 대하여 시장의 승인을 얻어야 한다.'로 정의하고 있으며 그 내용은 다음과 같다. 1. 기구 및 정원에 관한 사항, 2. 임원 및 직원의 급여, 퇴직수당 지급기준에 관한 사항, 3. 기타 시장이 필요하다고 인정하는 사항'에 대하여 서울시장의 승인을 얻도록 규정되어 있다. 제6장(보칙)에서는 시유재산(市有財産)의 유상사용과 비용부담에 관한 조항으로 서울시에서는 시의 재산을 서울시설공단이 사용할 경우 유상으로 사용함을 원칙으로 하였으나 동 조례 3장에 규정된 업무 수행에 필요한 경우에는 시장의 승인을 얻어 무상으로 사용할 수 있는 근거를 마련하였다. 서울시설공단의 사업의 수익자가 사업에 필요한 비용을 부담하게 하는 조항을 제25조(비용부담)로 정하여 규정하고 있다.

「서울특별시 서울시설공단 설립 및 운영에 관한 조례」 제정 당시 해당 조례는 공포한 날로부터 시행되었으며, 서울시설공단의 사업은 설립 당시에는 지하철2호선 을지로 지하도 및 지하상가의 관리운영이었고 사업 확장 시에는 국무총리의 승인을 얻어 시장이 정하는 사업을 수탁받을 수 있는 것으로 보칙에서 정하고 있다.

(2) 현행 조례

「서울특별시 서울시설공단 설립 및 운영에 관한 조례」는 서울특별시 조례 제6770호, 2018년 1월 4일, 일부개정 및 2018년 1월 4일 시행 기준으로 총 6장 33개의 조항 및 부칙으로 구성되어 있다. 최초 조례 제정 이후 타법개정 포함 약 23번의 개정이 있었으며, 현행 조례의 각 장 및 조항은 다음과 같다. 제1장에서는 목적, 법인격, 사무소, 자본금, 정관, 설립등기 등 총칙으로 구성되어 있다. 최초 조례 제정 시 자본금은 10억이었으나 현 서울시설공단의 수권자본금은 300억으로 약 290억의 자본금이 증액되었다. 300억의 수권자본금은 서울시가 전액 현금 또는 현물로 출자하고 있다. 제2장에서는 임원, 이사장, 이사, 감사, 임원추천위원회, 임직원의 겸업금지, 이사회, 임원의 대표권 제한, 비밀누설 금지 등, 이사회의 참여제한, 직원의 임면 등 11개 조항으로 구성되어 있다. 서울시설공단의 이사장은 공단을 대표하며, 공단의 업무를 총괄한다. 최초 제정 시 공단 이사장의 임면은 국무총리였으나 현재는 임원추천위원회에서 추천한 자 중에서 서울시장이 임명하는 것으로 규정되어 있다. 제3장에서는 사업에 대한 조항으로 구성되어 있다. 제18조(자체사업)에서는 자체사업을 수행하기 위해서는 공단은 시장의 승인을 얻어 자본금의 범위 내에서 자체사업을 할 수 있도록 규정하고 있으며, 제19조(대행사업)에서는 서울시설공단은 시장의 승인을 얻어 국가, 지방자치단체 또는 그 밖의 위탁자의 사업을 대행할 수 있으며, 이 경우 위탁 계약에 의한다고 정의하고 있다. 서울시장은 국가, 지방자치단체 또는 그 밖의 위탁자의 사업을 대행하기 위해서는 서울특별시의회의 의결을 받도록 규정되어 있다. 서울시설공단은 대행 사업을 수행하기 위해서는 신규 사업에 대한 운영계획 수립 후 서울시장에 보고하고 서울시장은 신규 대행 사업에 대해 서울시 의회의 의결을 받은 후 대행 사업에 대해 수탁받을 수 있다. 제4장에서는 사업연도, 회계처리의 원칙, 사업계획 및 예산, 결산, 손익금의 처리, 대행사업의 비용부담, 자금의 차입 등 재무회계와 관련된 7개 조항으로 구성되어 있다. 최초 제정 시 사업계획 및 예산은 차기 사업 연도 2개월 전까지 서울시장에게 제출해야 했으나 현행 조례에서는 40일 전까지 편성해야 하는 것으로 개정되었으며, 결산의 경우에도 제정 시 6개월이었으나 현행 조례에서는 2개월 이내에 완료하는 것으로 개정되었다. 제5장 및 제6장에서는 감독 및 보칙과 관련한 내용으로 감독, 보고 및 검사 등, 공무원의 파견·겸임, 파견공무원의 인사평정, 업무상황 공표, 과태료 등으로 조항이 구성되어 있다. 제29조(공무원의 파견·겸임)에서는 서울시설공단의 정원 100분의 5의 범위 안에서 한시적으로 공무원을 파견하거나 겸임할 수 있는 근거를 마련하고 있는 것이 특징이다.

제2절 체육 관련 법령

1. 국민체육진흥법

1 국민체육진흥법

(1) 제정

「국민체육진흥법」은 1962년 9월 17일 제정됐다. 문화체육관광부 소관 법령으로서, 최초 제정 시 총 2장 17조로 제정되었으며, 제1장은 총칙으로서 목적, 정의 시책과 권장, 계획의 책정, 체육심의회, 협조 등 6개 조항으로 구성하고 있으며, 2장은 체육진흥을 위한 조치로써 체육의 날과 체육주간, 지방체육진흥, 학교 및 직장체육진흥, 지도자양성, 시설의 정비, 국립종합경기장의 설치, 기존시설의 이용, 선수의 보호, 지방자치단체에 대한 국고보조, 체육단체에 대한 보조, 시행령 등 11개 조항으로 구성하고 있다. 제1조(목적)에서는 「국민체육진흥법」의 제정 이유인 '본 법은 국민체육을 진흥하여 국민의 체력을 증진하고 건전한 정신을 함양하여 명랑한 국민생활을 영위하게 함을 목적으로 한다.'고 정의하고 있다.

(2) 주요 개정사항

2010년에는 체육진흥투표권의 발행사업과 구매 제한 등에 관한 사항의 개정을 통하여 체육진흥투표권의 발행 대상에 각종 국내외 운동경기대회를 추가하고, 체육진흥투표권의 연간 발행 회차(回次)는 국민체육진흥공단과 수탁사업자가 협의하여 정하되, 문화체육관광부장관의 승인을 얻도록 하며, 체육진흥투표권의 구매 제한 대상을 미성년자에서 청소년으로 조정하였다. 2011년에는 체육지도자 자격제도의 개정을 통하여 스포츠지도사, 건강운동관리사, 장애인스포츠지도사, 유소년스포츠지도사, 노인 스포츠지도사 등으로 대상별·기능별로 세분화하였다. 자격검정을 거친 후 현장중심의 연수과정을 이수한 자에게 체육지도자 자격을 부여하고, 학교체육교사 및 선수(프로선수 포함) 등 대통령령으로 정하는 자에게 자격검정이나 연수과정의 일부를 면제해 주도록 조정하였으며, 체육지도자의 자격검정기관 및 연수기관의 지정 및 지정취소 등의 근거 마련, 체육지도자의 결격사유 신설 및 자격취소 요건을 보완하였다. 그리고 국민체육진흥기금으로 저소득층의 체육활동 지원 사업에 사용할 수 있도록 신설하였다. 또한, 불법적인 스포츠 도박 관련 금지행위 구체화 및 관련 벌칙을 신설하였고, 체육진흥투표권 구매와 발행 등에 관한 사항의 개정을 통하여 체육진흥투표권 구매 제한 대상자에 대한 환급금 지급 금지를 명확히 하였고, 체육진흥투표권 발행 관련 유사행위를 한 자 등의 신고·고발한 자에 대한 포상금 지급 근거마련과 체육진흥투표권 발행 대상의 공정성을 해친 경우 등에 대한 벌칙 강화와 징역, 벌금의 병과 규정을 신설하였다. 2012년에는 체육지도자 양성에서 학교체육교사 및 선수는 자격검정이나 연수과정 일부를 면제할 수 있도록 하고, 자격검정기관 및 연수기관의 지정, 지정기관에 대한 평가 규정, 지정기관의 정지 또는 취소할 수 있는 조항을 신설하였다. 또한, 기금의 사용항목 중 저소득층 체육활동 지원과 체육진흥투표권 발행사업의 유사행위 및 운동경기의 부정행위 금지에 대한 구체적인 조항을 신설하고 벌칙도 강화하였다.

2013년에는 국가 성장동력의 양대 핵심축인 과학기술과 정보통신기술을 창조경제의 원천으로 활용하여 경제부흥을 뒷받침할 수 있도록 정부 조직체계를 재설계하고, 국민생활전반에 영향을 미치는 안전 관련 업무기능을 강화하여 국민의 안전을 최우선으로 하는 정부를 구현하는 한편, 각 행정기관 고유의 전문성을 강화하여 행정환경의 변화에 능동적으로 대처할 수 있도록 하는 등 창조적이고 유능한 정부를 구현할 수 있도록 정부 기능을 재배치하였다. 2014년에는 경기단체의 범위에 대한체육회나 대한장애인체육회에 가맹되지 아니한 프로스포츠단체를 포함하도록 하고, 체육진흥투표권발행 대상 프로스포츠 운동경기 외에도 전문체육 운동경기 전반에 대하여 승부조작 등의 부정행위를 금지하도록 하여 운동선수·감독·코치·심판 및 경기단체 임직원 등의 공정한 체육활동을 도모하였다. 한편, 선수 또는 지도자가 국가대표 또는 그 지도자로 소집되어 국제경기·훈련 중 또는 이를 위한 지도(指導) 중에 사망하거나 상이(傷痍)에 이른 경우에는 대한민국체육유공자로 지정하고 국가유공자에 따르는 보상을 하도록 함으로써 그들의 생활안정 및 복지향상에 기여하고, 국가를 위한 희생과 공헌에 합당한 예우와 보상으로 보답하였다(2016 체육백서). 2015년에는 전문체육과 생활체육의 활성화를 도모하기 위하여 대한체육회와 국민생활체육회를 통합체육회로 통합하여 선진국형 체육시스템을 확립하고자 하였다. 통합체육회는 가맹된 경기단체와 생활체육종목단체 등의 사업과 활동에 대한 지도와 지원 사업, 체육대회의 개최와 국제교류, 선수양성과 경기력 향상 등 전문체육 진흥을 위한 사업, 체육인의 복지향상, 국가대표 은퇴선수 지원 사업, 그 밖에 체육 진흥을 위하여 필요한 사업을 진행하였다. 또한, 현행법의 아마추어 선수의 도핑검사 의무조항이 명시적으로 없는 입법적 불비를 보완하고, 프로선수에 대한 역차별을 방지하기 위하여 경기단체에 등록한 선수는 도핑방지위원회 도핑검사를 받도록 의무화하고, 도핑검사의 대상자 선정기준 및 선정방법은 도핑방지위원회가 정하도록 하였다. 한편, 대한체육회 및 대한장애인체육회의 회장을 선출하기 위한 선거관리를 정관으로 정하는 바에 따라 중앙선거관리위원회에 위탁하여 중립적이고 객관적인 선거관리가 이루어지도록 하였다. 2016년에는 지방자치단체가 대한체육회, 대한장애인체육회 및 국민생활체육회의 지부·지회에 예산의 범위에서 운영비를 보조할 수 있도록 근거를 마련하고, 대한체육회와 국민생활체육회를 통합체육회로 통합하여 선진국형 체육시스템을 확립함으로써 전문체육과 생활체육활성화를 도모하였다. 또한, 스포츠산업진흥을 위한 지원 사업 등에 국민체육진흥기금을 사용하도록 하고, 스포츠산업투자조합에 출자할 수 있는 근거를 마련하여 그 수익금을 기금으로 조성하는 등 스포츠산업 진흥 지원을 강화하였다. 장애인의 체육활동을 육성·지원하기 위하여 국가와 지방자치단체는 장애인이 체육시설을 우선적으로 이용할 수 있도록 필요한 조치를 할 수 있도록 하고, 선수 및 체육지도자의 신고 및 상담업무에 종사하거나 하였던 사람이 직무상 알게 된 비밀을 누설하는 경우 이를 처벌하도록 하여 피해 운동선수의 정보유출 걱정 없이 신고와 상담을 적극적으로 활용할 수 있는 환경을 조성하도록 하였다(체육백서, 2016, 130p.).

(3) 현행 법령의 구성

「국민체육진흥법」은 2019년 1월 15일 기준 문화체육관광부 소관 법령으로 총 6장 55개의 조항으로 구성되어 있다. 각 장은 다음과 같다. 제1장은 「국민체육진흥법」의 목적, 정의, 체육진흥시책과 권장, 기본시책의 수립, 지역체육진흥협의회, 협조 등 총 6개의 조항으로 구성되어 있다. 제2조(정의)에서는 체육, 전문체육, 생활체육, 체육지도자, 체육단체 등에 대한 정의를 통해 국민체육진흥에 필요한 주요 내용(단어)들에 대한 용어의 정의를 하고 있으며, 정부와 지방자치단체의 국민체육진흥에 대한 육성 및 시책 수립 등에 관한 내용을 명문화하고 있다. 제2장은 체육진흥을 위한 조치로써 체육의 날과 체육주간, 지방·학교·직장체육의 진흥, 체육지도자의 양성 및 체육지도자에 대한 자격검정기관 및 연수기관, 체육용구의 생산 장려 등 12개의 조항으로 구성되어 있다. 주요 조항은 다음과 같다. 11조(체육지도자의 양성)에서는 체육지도자의 양성을 위한 자격 검정 등에 관한 사항을 규정하고 있으며, 이에 따른 자격검정기관 및 연수기관의 지정 등에 대한 규정은 11조의2에서 규정하고 있다. 이에 따라 정부에서는 매년 체육지도자의 양성을 위한 검정 및 연수를 시행하고 있다. 13조(체육시설의 설치 등) 1항에서는 '국가와 지방자치단체는 국민의 체육 활동에 필요한 시설의 적정한 확보와 이용에 필요한 시책을 마련하여야 한다.'로 정의하고 2항에서는 '장애인 체육활동, 3항에서는 직장, 4항에서는 민간의 체육시설 설치 권장 등으로 구성하고 5항에서는 1항부터 4항까지의 규정에 따른 체육시설의 설치·이용 등에 필요한 사항은 따로 법률로 정한다.'고 정의하고 있다. 여기에서 말하는 법률이 바로 「체육시설의 설치·이용에 관한 법률」이다. 제3장은 국민체육진흥기금과 관련하여 기금의 설치, 조성, 올림픽 휘장사업, 기금의 사용, 자료제공의 요청 및 전산망의 이용, 부가금의 징수 5개의 조항으로 구성되어 있다. 주요 조항은 다음과 같다. 기금의 설치는 체육진흥, 체육인의 복지, 체육단체 육성 등 체육진흥을 위해 필요한 경비를 지원하기 위한 근거를 규정화하고 있으며, 이에 대한 재원은 정부와 정부 외의 출연금, 문화체육관광부장관이 승인하는 광고 사업의 수익금, 국민체육진흥계정의 운용으로 생기는 수익금, 「복권 및 복권 기금법」에 따라 배분되는 복권수입금, 또는 올림픽휘장 사용 승인에 따른 사용료 등의 사용에 대한 내용을 명문화하고 있다. 이 중 복권수입금은 「복권 및 복권기금법」 제23조 1항에서 '매년 복권수익금 가운데 100분의 35는 다음 각호의 기금 등에 배분하되 그 배분 비율은 대통령령으로 정한다. 다만 복권위원회는 다음 각호의 기금 등의 자금소요 및 제22조 제3항에 따른 평가 결과 등을 고려하여 각 기금 등의 배분비율에 대하여 100분의 20 범위 안에서 대통령령으로 정하는 바에 따라 가감 조정할 수 있다.'고 정의하고 그 배분 대상은 「국민체육진흥법」, 「과학기술기본법」 등 9개의 관련 법에 의한 대상 사업 및 지방자치단체이다. 제4장은 체육진흥투표권과 관련으로 체육진흥투표권의 발행사업 등, 체육진흥투표권 발행 사업의 위탁 등, 유사행위의 금지 등, 환급금, 위탁 운영비, 수익금의 사용, 체육진흥투표권의 구매 제한 등, 사업 계획의 승인과 감독 등, 체육진흥투표권 발매의 무효 등 9개의 조항으로 구성되어 있다.

주요 내용은 다음과 같다. 국민의 여가 체육 육성 및 체육 진흥 등에 필요한 재원 조성을 위한 체육진흥투표권의 발행 사업 및 사업의 위탁과 체육진흥투표권과 유사한 행위에 대한 제한, 사업운영에 대한 위탁 운영비, 수익금의 사용, 구매제한, 해당사업의 사업계획에 대한 승인과 감독 등을 규정화하고 있다. 체육진흥투표권은 "고정환급률식" 체육진흥투표권과 "고정배당률식" 체육진흥투표권(국민체육진흥법 시행령 제33조 참조)으로 구분된다. 제5장은 체육단체의 육성과 관련한 사항으로 통합체육회, 대한장애인체육회, 한국도핑방지위원회의 설립, 선수의 도핑검사, 서울올림픽기념국민체육진흥공단, 임원 등 11개의 조항으로 구성되어 있다. 주요 내용은 다음과 같다. 통합체육회 및 장애인체육회, 한국도핑방지위원회, 서울올림픽기념국민체육진흥공단 설립과 관련한 내용 및 서울올림픽기념국민체육진흥공단의 임원에 관련한 사항과 체육회, 장애인체육회, 도핑방지위원회, 진흥공단 등에 대한 회계감독, 자금 차입 등, 조세감면 등에 관련한 사항 등에 대하여 규정화하고 있다. 제6장은 보칙으로서 「국민체육진흥법」의 적용을 받는 각 단체에 대한 보고·검사와 청문, 포상금 지급 및 권한의 위임·위탁 등에 내한 내용을 규정하고 있다. 또한, 부당행위에 대한 제한으로 부정행위에 대한 벌칙 및 벌금 등에 대한 내용을 규정화하고 있다.

2 지방자치조례(국민체육진흥법 관련)

(1) 제정

서울특별시의 법무 행정서비스를 통해 「국민체육진흥법」과 관련된 조례 검색 시 「서울특별시 체육복지 진흥조례」를 찾을 수 있다. 「국민체육진흥법」과 관련된 서울특별시의 「서울특별시 체육복지 진흥조례」의 제정 이유는 사회의 관심부족, 개인의 경제적인 문제 등으로 공동체 활동에 참여하지 못하는 체육 소외계층에게 육체적 건강과 정신적 활력을 회복하고 공동체 사회의 구성원으로 거듭날 수 있는 환경을 조성하고자 제정되었다. 「서울특별시 체육복지 진흥조례」는 서울특별시 조례 제6294호, 2016년 7월 14일 제정 및 2016년 7월 14일 시행 기준으로 총 10개의 조항 및 부칙으로 구성되었으며, 최초 제정 시 조례의 주요 내용은 다음과 같다.

가. "체육복지"를 체육 소외계층인 저소득 노인·아동·청소년·여성 및 장애인 등이 체육을 통하여 건강하고 행복한 삶을 누릴 수 있도록 하기 위한 활동으로 정의함(안 제2조)
나. 시장은 체육복지 활동을 권장하고 보호·육성하여야 함(안 제4조)
다. 체육복지진흥종합계획의 수립·시행할 것을 규정함(안 제5조)
라. 체육복지 진흥을 위해 체육복지 행사 추진, 관련 단체 육성 등 수행하여야 할 사업에 대하여 규정함(안 제6조)
마. 체육복지 사업을 수행하는 관련 법인 또는 단체 등에 예산 지원을 할 수 있도록 규정함(안 제7조)

「서울특별시 체육복지 진흥조례」 제1조(목적)에서는 "이 조례는 「국민체육진흥법」에 따라 서울특별시 체육복지 진흥에 필요한 사항을 규정함으로써 체육 소외계층의 건강증진에 기여함을 목적으로 한다."로 정의하고 있으며, 제2조에서는 "체육복지"의 정의에 관해 설명하고 있다.

"체육복지"란 체육 소외계층인 저소득 노인·아동·청소년·여성 및 장애인 등이 체육을 통하여 건강하고 행복한 삶을 누릴 수 있도록 하기 위한 활동으로 정의하고 있다. 제4조에서는 서울특별시장의 체육소외계층에 대한 책무에 관해 설명하고 있으며, 제5조에서는 체육복지 진흥을 위한 종합계획의 수립에 관해 규정하고 있다. 제6조(체육복지 진흥사업)에서는 체육복지 진흥을 위해 수행할 수 있는 사업에 대해 정의하고 있는데 그 내용은 다음과 같다.

1. 체육복지 행사 추진 및 국내외 교류
2. 체육복지 진흥을 위한 조사연구와 프로그램 개발 및 보급
3. 체육복지 관련 단체의 육성 및 지원
4. 체육복지 관련 교육 및 홍보사업
5. 그 밖에 체육복지 진흥을 위하여 시장이 필요하다고 인정하는 사업

체육진흥을 위해 수행할 수 있는 사업은 「국민체육진흥법」에 따라 설립된 서울특별시체육회나 서울특별시장애인체육회에서 위탁 운영할 수 있는 근거도 마련하고 있다. 또한, 제6조(체육복지 진흥사업)의 사업을 수행하는 체육복지 관련 법인 또는 단체 등에 대하여 예산의 범위에서 예산을 지원할 수 있는 규정에 대하여 정하고 있다.

(2) 현행 조례

현 「서울특별시 체육복지 진흥조례」는 서울특별시 조례 제 6506호, 2017년 5월 18일 일부개정 및 2017년 5월 18 시행 기준으로 총 10개 조항 및 부칙으로 구성되었으며, 제정 후 한차례 조례가 개정되었다. 개정이유는 저소득 노인·아동·청소년·여성 및 장애인 등 체육소외계층을 대상으로 하는 체육복지 진흥사업을 추진함에 있어 체육관련 경력자 및 전문 인력을 활용하여 체육복지에 대한 만족도를 제고하고 일자리 창출에 기여하기 위하여 개정하였으며, 주요내용은 시장은 체육복지 진흥사업을 수행하기 위하여 체육 관

련 경력자 및 전문 인력의 활용을 장려하도록 하는 내용으로 제6조(체육복지 진흥사업) 제3항을 신설하였다. 3항 '시장은 제1항 각호의 사업을 수행하기 위하여 체육 관련 경력자 및 전문 인력의 활용을 장려하여야 한다.'이다.

2. 체육시설의 설치·이용에 관한 법률

1 체육시설의 설치 · 이용에 관한 법률

(1) 제정

「체육시설의 설치 · 이용에 관한 법률」은 문화체육관광부 소관 법령으로서 1989년 3월 31일 제정되었으며, 제정 이유는 소관부처가 분산되어 있거나 관계법령이 미비된 체육시설에 관한 업무를 체육부 소관으로 일원화하고, 체육시설업을 건전하게 발전 · 육성시켜 국민의 건강증진과 여가선용에 도움이 되기 위해 제정되었다.

「체육시설의 설치 · 이용에 관한 법률」은 제정 시 총 24개의 조항으로 제정되었으며, 제1조 목적부터 제24조 과태료의 조항으로 구성되었다. 제정 시 「체육시설의 설치 · 이용에 관한 법률」에서는 체육시설업의 건전한 육성을 위하여 국가 및 지방자치단체의 지원, 체육시설업의 구분, 체육시설업의 시설기준, 체육지도자의 배치, 체육지도자의 교육, 이용료 등에 대한 내용과 위반 시 과태료에 대한 항목으로 구성되었다. 제1조(목적)에서는 「체육시설의 설치 · 이용에 관한 법률」의 제정 이유인 '체육시설의 설치 · 이용을 장려하고 체육시설업을 건전하게 발전시켜 국민의 건강증진과 여가선용에 이바지하게 함을 목적으로 한다.'고 정의하고 있다.

(2) 주요 개정사항

「체육시설의 설치 · 이용에 관한 법률」은 1989년 제정 후 약 35번의 개정이 있었다. 1994년 1월 7일 전부개정 시 주요 개정 내용은 다음과 같다. 국민이 일상생활에서 쉽게 이용할 수 있는 체육시설의 효율적인 확충을 위하여 국민체육진흥법에서 정하던 공공체육시설 등의 설치 · 이용에 관한 사항을 이 법에서 정하고, 체육시설업의 시설설치 등에 관한 인 · 허가절차를 간소화하여 민원인의 편의를 도모하며, 골프장업 등 체육시설업에 대한 적정한 사업계획의 승인 및 그 시설 설치공사로 인한 재해예방 등에 필요한 제도를 마련하는 한편, 체육시설의 건전한 이용 풍토조성을 위하여 체육시설업의 적정한 회원모집·회원권리 보호 및 이용질서 확립에 필요한 사항을 정하는 등 현행 규정의 운영상 나타난 미비점을 개선·보완하기 위해 전부 개정하였으며, 그동안「국민체육진흥법」에서 규정하던 공공체육시설 및 직장체육시설의 설치·이용에 관한 사항을 이 법에서 규정한 것이 가장 큰 변화로 볼 수 있다.

1999년 1월 18일 일부개정 시 주요 개정 내용은 다음과 같다. 신고대상인 체육시설업의 일부를 자유업으로 전환하고, 체육시설 이용료 게시의무 및 이용료에 대한 문화관광부장관의 조정제도를 폐지하며, 회원을 모집할 수 있는 체육시설업자의 범위제한을 폐지하는 등 체육시설업에 대한 각종 규제를 완화하고, 기타 현행제도의 운용상 나타난 일부 미비점을 개선·보완하기 위해 개정되었다. 2006년 3월 24일 일부개정 시 주요 개정 내용은 다음과 같다. 체육시설의 설치·이용과 관련한 사회 환경 변화에 능동적으로 대처하는 동시에 체육시설업의 건전한 육성·발전을 위하여 체육시설업의 회원모집을 자율화하였으며, 신고체육시설업의 일부를 자유업으로 전환하는 등 규제를 완화하였다. 골프장을 비롯한 등록체육시설업의 장기간 공사 중단 또는 지연으로 인한 토사유출 등 환경훼손을 방지하기 위하여 시설설치기간을 의무화하고, 회원의 권리 보호를 위한 장치를 보완하는 등 현행 제도의 운영과정에서 나타난 미비점을 개선·보완하기 위해 개정하였다. 개정 내용 중 '신고체육시설업의 일부를 자유업으로 전환'하는 종목은 당시 신고 체육시설업 17개 업종 중 볼링장업·테니스장업·에어로빅장업 등 3개 종목에 대해 자유 업종으로 전환하여 규제를 완화하였다. 2012년 1월 17일 일부개정 시 개정이유 및 주요 개정내용은 다음과 같다. 현재 체육시설 사용료는 각 지방자치단체의 조례로 규율되고 있는바, 지방지치단체가 전문체육시설 및 생활체육시설의 사용을 촉진하기 위하여 그 사용료를 감면할 수 있는 근거를 마련함으로써 체육시설 사용에 있어서 형평성을 제고하기 위해 개정하였다. 그 주요 개정 내용은 다음과 같다. '체육시설의 사용을 촉진하기 위하여 지방자치단체는「공유재산 및 물품 관리법」그 밖의 다른 법률의 규정에도 불구하고 그 사용료의 전부나 일부를 대통령령으로 정하는 바에 따라 감면할 수 있다.' 2015년 2월 3일 일부개정 시 개정이유 및 주요 개정내용은 다음과 같다. 현행 체육시설은 공공체육시설과 민간체육시설로 나누어 행정관청의 지도 및 감독을 받도록 하고 있으나, 대부분의 체육시설에 대한 안전점검 등 관리감독이 제대로 이루어지지 않고 있어 안전사고 발생의 우려가 있다. 이에 국가와 지방자치단체에게 체육시설의 안전을 위하여 필요한 제도적 장치를 마련하고 필요한 재원을 확보하도록 노력하는 것을 의무로 부여하고, 체육시설에 대한 안전점검 및 체육시설정보관리종합시스템의 법률적 근거를 마련하며, 체육시설 안전관리 업무를 재난관리책임기관에 위탁할 수 있도록 하는 등 체육시설 관리감독 체계를 종합적으로 정비하여 체육시설의 안전사고를 예방하려 했다. 또한,「도로교통법」에서 정하고 있는 어린이통학버스 운영자의 어린이통학버스에 보호자를 동승시킬 의무를 위반하여 영·유아 인명사고가 발생하는 경우 체육시설업자에게 등록취소 처분 등을 하여 영·유아의 안전한 체육활동 등을 보장하려고 개정하였으며, 주요 개정내용으로는 '국가와 지방자치단체의 장에게 체육시설 안전을 위한 제도적 장치 마련과 이에 필요한 재원 확보 노력을 하도록 하고, 체육시설 설치·운영자 및 위탁운영·관리자에게는 기능 및 안전성 유지관리 의무를 부여하였다. 문화체육관광부장관으로 하여금 5년마다 체육시설 안전관리에 관한 기본계획을 수립·시행하고, 이에 근거하여 매년 연도별 계획을 수립·시행'하도록 규정하였다. 현행법에 따르면 문화체육관광부장관은 체육시설의 안전점검 결과를 체육시설의 소유자와 체육시설업자, 시·도지사 등에게 통보하도록 하고, 안전점검 결과를 통보받은 체육시설업자와 체육시설의 소유자가 시설물의 보수·보강 등의 필요한 조치를 하지 아니하면 이에 대하여 이행 및 시정명령을 하였으나, 최근 체육시설 내 안전사고가 빈번히 발생하여 체육시설을 이용하는 국민들의 불안감이 가중되고 있어, 체육시설이 더욱 안전하게 운영될 수 있도록 체육시설의 안전점검 횟수나 결과 등을 국민들에게 공개하여야 한다는 지적이 제기되었다. 또한, 현행법은 시·도지사가 등록 체육시설업의 사업계획을 승인한 경우 「농지법」, 「산지관리법」 등 15개 법률에 따른 인·허가 등이 의제된 것으로 보아 절차의 간소화를 통한 신속한 사업 추진을 도모하고 있다. 그런데 등록 체육시설업에 대한 사업은 「공간정보의 구축 및 관리 등에 관한 법률」 제86조 제1항에 따른 토지 개발 사업에 해당하여 사업의 착수·변경 사실을 지적소관청에 신고하도록 되어 있으나, 이는 현행법의 의제 대상에 포함되지 않아 신속한 사업 추진에 어려움이 있었다. 끝으로 행정법규 중 상당수는 그 법규 내에 규정되어 있는 각종 의무의 이행을 확보하고 행정행위의 실효성을 유지하기 위한 수단의 하나로 행정형벌을 규정하고 있다. 그러나 유사한 위반행위에 대하여 각 법률이 규정하는 법정형 중에는 다른 법률들과 비교할 때에 그 처벌 정도가 과도하거나 과소하여 합리적으로 설명할 수 없는 편차가 존재하고 있다. 이에 문화체육관광부장관은 체육시설의 안전점검 결과를 의무적으로 공개하도록 함으로써 국민들이 보다 안전한 환경에서 체육시설을 이용할 수 있도록 하고, 현행법에 따른 인·허가 등 의제의 대상에 「공간정보의 구축 및 관리 등에 관한 법률」 제86조 제1항에 따른 사업의 착수 및 변경 사실의 신고를 추가했다.

법 위반행위에 대한 형사처벌(刑事處罰)이 불법성에 상응하는 처벌이 되도록 사업계획의 승인을 받지 아니하고 등록 체육시설업의 시설을 설치한 자 등에 대하여 현행 3년 이하의 징역 또는 1천만 원 이하의 벌금을 3년 이하의 징역 또는 3천만 원 이하의 벌금으로, 안전·위생 기준을 위반한 자 등에 대하여 현행 1년 이하의 징역 또는 300만 원 이하의 벌금을 1년 이하의 징역 또는 1천만 원 이하의 벌금에 처하도록 법정형의 편차를 각각 조정하려는 것이었다. 2018년 9월 18일 일부개정 시 개정이유 및 주요 개정내용은 다음과 같다. 현행법은 체육시설의 정의를 체육 활동에 지속해서 이용되는 시설과 그 부대시설로 규정하고 있으나 최근 IT기술의 획기적인 발전에 따라 체육 활동에 컴퓨터 가상환경을 이용하는 시설에 대하여는 체육시설로 분류되지 않아 관리가 어렵고 안전규정 또한 명확하지 않았다. 특히, 현재 성행하고 있는 스크린 골프장의 경우 골프연습장업으로 신고하도록 하고 있으나 스크린골프 게임이나 오락은 허용되지 않고 1인 연습장 용으로만 활용되도록 하고 있어 대부분의 스크린 골프장이 불법시설로 운영되고 있었다. 이에 체육 활동에 이용되는 정보처리 기술이나 기계장치를 이용한 가상의 운동경기 환경에서 실제 운동경기를 하는 것처럼 체험하는 시설도 체육시설에 포함시켜 체계적인 관리를 할 수 있도록 하는 한편, 신고 체육시설업의 범위에 야구장업, 가상체험 체육시설업을 추가하기 위해 개정하였다. 개정내용은 법 제2조 제1호와 제10조 제1항 제2호로써 "'시설과'를 "시설과(정보처리 기술이나 기계장치를 이용한 가상의 운동경기 환경에서 실제 운동경기를 하는 것처럼 체험하는 시설을 포함한다. 다만, 「게임산업진흥에 관한 법률」 제2조 제1호에 따른 게임물은 제외한다)"로 한다.'와 "'무도장업'을 "무도장업, 야구장업, 가상체험 체육시설업"으로 한다.'이다.

(3) 현행 법령의 구성

「체육시설의 설치·이용에 관한 법률」은 (2019.1.17. 시행 기준) 문화체육관광부 스포츠산업과 소관 법령으로 총 5장 40개의 조항 및 부칙으로 구성되어 있다. 각 장 및 조항은 다음과 같다. 제1장은 「체육시설의 설치·이용에 관한 법률」의 목적, 정의, 체육시설의 종류, 국가와 지방자치단체 등의 의무 등 총 4개의 조항과 체육시설의 안전점검과 관련한 4조의2~4조의6까지로 구성되어 있다. 제2장에서는 공공체육시설에 대한 내용이며 국가와 지방자치단체 또는 직장의 장이 설치·운영해야 하는 전문체육시설, 생활체육시설, 직장체육시설의 설치와 체육시설의 개방과 이용, 체육시설의 위탁 운영 등 공공체육시설의 이용 및 운영과 관련하여 총 5개의 조항으로 구성되어 있다. 제3장에서는 체육시설업에 관한 조항으로 체육시설업의 구분·종류, 시설기준, 사업계획의 승인, 사업계획 승인의 제한, 대중골프장의 병설, 대중골프장 조성비의 관리 및 사용, 등록 체육시설업의 시설 설치 기간, 회원 모집, 회원의 보호, 체육시설업의 등록, 체육시설업의 신고, 체육시설의 이용 질서, 체육시설업자의 준수 사항, 체육지도자의 배치, 안전·위생 기준, 보험 가입, 체육시설업 등의 승계, 다른 법률과의 관계, 휴업 또는 폐업 통보 등, 시정명령, 사업계획 승인의 취소, 등록취소 등, 어린이통학버스 등의 사고 정보의 공개, 행정제재처분 효과의 승계, 청문, 체육시설업 협회의 설립 등 총 24개 조항으로 구성되어 있다.

체육시설업의 기준 정립을 통해 체육시설업의 운영관련 내용에 대해 규정화하고 있다. 제4장과 제5장에서는 보칙 및 벌칙에 관한 내용으로 제4장 보칙은 국가나 지방자치단체가 설치비용 일부를 보조할 수 있는 시설에 대하여 규정하고 있으며, 시·도지사·시장·군수 또는 구청장의 체육시설의 설치·이용에 관한 사항 중 보고사항과 체육시설업에 대한 사업계획의 승인·변경 또는 변경등록, 변경신고 등에 필요한 수수료에 대하여 규정하고 있다.

2 지방자치조례(체육시설의 설치·이용에 관한 법률 관련)

(1) 제정

「서울특별시립 체육시설 설치 및 운영에 관한 조례」는 서울특별시 체육청소년과 소관 법령으로서 제정 이유는 서울특별시립체육시설의 효율적인 운영을 위하여 「서울특별시립 종합 체육시설 설치 및 운영에 관한 조례」와 「서울특별시립 체육시설에 대한 사용료 징수조례」의 운영상 나타난 일부 미비사항을 정비·보완하여 이를 통합·일원화하고, 동 시설의 운영 위탁에 관한 사항을 정비·보완하기 위해 조례를 제정하였으며, 주요 내용은 조례통합, 운영의 위탁에 관한 사항 정비·보완, 수탁자 선정기준 마련 등이다. 「서울특별시립 체육시설설치 및 운영에 관한 조례」는 서울특별시 조례 제3579호, 1999년 3월 20일 제정 및 1999년 3월 20일 시행 기준 총 4장 25개의 조항 및 부칙, 별표로 구성되었으며, 최초 제정 시 조례의 주요내용은 다음과 같다. 제1장은 총칙으로 목적, 설치, 관리운영의 일반원칙, 체육시설의 개방 및 이용 등 4개 조항으로 구성되어 있다. 「서울특별시립 체육시설 설치 및 운영에 관한 조례」 제1조 목적에서는 해당 조례의 목적을 다음과 같이 정의했다. '이 조례는 「체육시설의 설치·이용에 관한 법률」 제5조 및 제6조의 규정에 의하여 서울특별시립체육시설을 설치·운영하는 데 필요한 사항을 규정함으로써 서울특별시민의 건강증진과 여가선용에 이바지함을 그 목적으로 한다.' 제2장은 사용허가, 사용시간 등, 사용료의 부과·징수, 관람권, 입장권, 사용료의 감면, 사용료의 반환, 사용허가의 취소 등, 관람 또는 입장의 제한, 사용자 책임, 사용자의 설비 등 체육시설의 운영과 관련된 사용허가 및 사용료 등으로 구성하고 있다. 제7조 사용료의 부과·징수에서는 체육시설을 사용하고자 하는 자는 〔별표〕에서 정하는 전용사용료, 연습사용료, 중계방송사용료 및 부속시설 사용료 등으로 구분하여 사용료를 부과할 수 있는 근거를 마련하고 있다. 제3장은 운영의 위탁, 수탁자 선정기준, 운영지원, 사용료 등, 시설물 등의 설치 등, 감독, 위탁의 취소 등 서울시에서 관리하는 체육시설 운영의 위탁과 관련된 조항으로 구성되어 있다. 제16조(운영의 위탁)에서는 '시장은 필요하다고 인정할 때에는 체육시설의 운영과 관련되는 사무(제23조 제1항의 각호의 사무를 말한다) 중 그 일부 또는 전부를 생활체육의 활성화에 이바지할 수 있는 법인·단체 또는 개인에게 위탁할 수 있다.'고 정의하고 있으며, 이러한 체육시설은 다음과 같다.

> 잠실종합운동장 중 잠실수영장, 잠실탁구장, 잠실야구장, 동대문운동장 중 장충체육관, 목동운동장 중 목동실내빙상장, 뚝섬체육공원 등이다.

이런 체육시설에 대한 위탁 운영 기간은 3년을 원칙으로 하고 있으며, 조례 제정 당시에는 3년을 단위로 그 기간을 연장할 수 있도록 규정화하였다. 제4장은 보칙으로 사무의 위임, 수수료, 시행규칙과 관련된 조항이며, 〔별표〕에서는 서울특별시에서 관리하는 체육시설에 대한 사항과 해당 체육시설의 이용에 필요한 체육시설별 전용사용료, 체육시설별 개인연습사용료, 중계방송료, 상업사용료, 부속시설사용료, 올림픽기념국민생활관, 구민체육센터 및 골프장 등 사용료 등에 대해 기준을 정하고 있다. 1999년 해당 조례 제정 당시 조례기준 올림픽기념국민생활관의 수영 1시간 기준 주3회 성인 이용료는 31,500원이며, 청소년은 21,400원, 어린이는 16,300원이었다.

(2) 현행 조례

「서울특별시립 체육시설 설치 및 운영에 관한 조례」는 (2017.9.21. 시행 기준) 총 4장 25개의 조항 및 부칙, 별표로 구성되어 있다. 최초 조례 제정이 후 타법개정 포함 약 18번의 개정이 있었으며, 현행 조례의 각 장 및 조항은 다음과 같다. 제1장에서는 목적, 정의, 설치, 관리·운영의 일반원칙, 체육시설의 개방 및 이용, 안전한 환경의 유지·관리 등 4개 조항으로 구성되어 있다. 제1조의2(정의)와 제4조의2(안전한 환경의 유지·관리 등)는 제정 당시에는 없었으나 2004년과 2017년 본조 신설되었다. 제1조의2(정의)에서는 '전용사용'에 대해 정의하고 있으며, '전용사용'은 서울특별시립체육시설 및 부대시설의 전체 또는 일부를 일정기간 동안 배타적으로 사용하는 것이라고 정의하고 있다. 제2장에서는 사용허가, 사용시간 등, 사용료, 관람권 수입에 따른 사용료, 사용료의 대체납부, 입장료, 사용료의 감면, 사용료의 반환, 입장료의 반환, 사용허가의 취소 등, 입장 또는 사용의 제한, 사용자 책임, 사용자의 설비 등 사용허가 및 사용료 등에 관한 조항으로 구성되어 있다. 제10조(사용료의 감면)와 제11조(사용료의 반환)는 제정 당시 조항과 큰 차이를 보이고 있다. 최초 제정 당시 사용료의 감면은 크게 국가 또는 서울특별시가 주최하는 행사·경기, 국위선양과 체육진흥을 위한 행사 또는 경기, 민속제나 고유민속의 보급발전을 위한 행사 등에 국한되었으나 현행 조례에서는 개인연습사용료, 생활체육프로그램 수강, 전용사용료 등에 대해 「장애인복지법」, 「국가유공자 등 예우 및 지원에 관한 법률」, 「국민기초생활 보장법」, 「5·18민주유공자 예우에 관한 법률」 등에 해당하는 대상자들에 대해 사용료의 일부에 대해 감면을 실시하고 있다. 제3장에서는 운영의 위탁, 수탁자 선정 기준, 운영지원, 입장료, 사용료 등의 징수, 시설물 등의 설치 등, 감독, 위탁의 취소 등 체육시설의 운영의 위탁에 관한 조항으로 구성되어 있다. 제16조는 운영의 위탁에 관한 조항으로 2항에서는 위탁·운영할 수 있는 체육시설에 대해 정의하고 있다. 최초 조례 제정 시 위탁 운영할 수 있는 체육시설은 1. 잠실종합운동장 중 잠실수영장, 잠실탁구장, 잠실야구장, 2. 동대문운동장 중 장충체육관, 3. 목동운동장 중 목동실내빙상장, 4. 뚝섬체육공원 등이었으나, 현행 조례에서는 서울월드컵경기장, 효창운동장(노외주차장 포함), 구의야구공원, 신월야구공원, 서남권 돔구장 등이 추가되었다.

제16조(운영의 위탁) 6항에서는 '서울월드컵경기장은 서울시설공단에 위탁·운영한다.'로 규정하고 있다. 이를 근거로 서울시에서는 서울시설공단과 위·수탁 협약을 체결하고 서울시설공단에서는 해당 시설물에

대해 관리운영하고 있다. 서울시설공단에서는 문화체육본부 소관 운영사업으로 서울월드컵경기장 및 돔 경기장 운영을 담당하는 부서인 서울월드컵경기장 운영처 및 돔 경기장 운영처를 직제에 편성하여 해당 체육시설에 대해 관리·운영하고 있다. 제4장은 보칙으로 사무의 위임, 시행규칙과 관련된 조항이며, [별표]에서는 서울특별시에서 관리하는 체육시설에 대한 사항과 해당 체육시설의 이용에 필요한 체육시설별 개인, 전용사용료, 중계방송사용료, 상업사용료, 부속시설사용료 등에 대해 기준을 정하고 있다.

「서울특별시립 체육시설 설치 및 운영에 관한 조례 시행규칙」은 서울특별시 규칙 제 4198호, 2018년 1월 18일 타법개정 및 2018년 1월 18일 시행 기준 총 4장 19개의 조항 및 부칙, 별표로 구성되어 있다. 현행 조례의 각 장 및 조항은 다음과 같다. 제1장에서는 『서울특별시립체육시설의 설치 및 운영에 관한 조례』에서 위임한 사항과 그 시행에 관하여 필요한 사항을 규정함을 목적으로 한다.'는 시행규칙의 목적에 대해 설명하고 있으며, 제2장에서는 사용허가, 사용료 및 사용료 감면, 회원권 발급에 대한 사용료, 사용료의 부과·징수, 관람권의 발행, 관람권의 검인, 입장료 등, 입장권 등, 입장의 제한, 사무대행자 신고 등 사용허가 및 사용료 등에 대한 세부 조항으로 구성되어 있다. 제3장에서는 운영의 위탁, 위원회 구성·운영, 수탁자 선정 방법의 결정, 관리·운영 위탁공고, 운영 위탁신청 등, 관리·운영계약 등, 수탁관리·운영기간의 연장신청 등, 지도·감독, 위탁의 취소 등 운영의 위탁에 관한 내용으로 구성되고 있으며, 제4장은 보칙으로 사무의 위임과 보고 등에 관한 조항이며, [별표]는 사용료 관련, [별지]는 체육시설 이용 및 운영과 관련한 각종 양식 및 서식으로 구성되어 있다. [별지 제1호 서식]~[별지 제12호 서식]의 양식 및 서식은 체육시설사용허가 신청서, 체육시설사용허가서, 체육시설사용변경허가신청서, 체육시설사용변경허가서, 수입금 납입명세서, 서울특별시립 체육시설 사용 확인서, 중계방송료 납입통지서/납입통지서/영수증서, 임시판매 사용신청서, 연습사용권, 입장권(관광 등), 출입증, 사무대행자지정신고, 체육시설의 관리운영위탁신청서, 체육시설의 관리운영기간연장신청서 등이다.

3. 문화체육관광부 소관 법령

1 스포츠산업진흥법

「스포츠산업진흥법」은 2007년 4월 6일 제정된 법으로 '스포츠산업의 진흥에 필요한 사항을 규정함으로써 스포츠산업의 기반조성 및 경쟁력 강화를 도모하고, 스포츠를 통한 국민의 여가선용 기회 확대와 국민경제의 건전한 발전에 이바지함'을 목적으로 하고 있다. 전체 19개 조항으로 구성되어 있으며, 국가로 하여금 기본계획 수립, 전문 인력 양성, 스포츠산업진흥시설 지정 등의 사업을 수행토록 정하고 있다. 2010년에는 공공체육시설의 사용·수익 기간이 3년 이내로 한정되어 있어 어쩔 수 없이 프로구단과 지방자치단체는 3년 이내로 사용기간을 정하였으나 이러한 불편함을 개선하고 관객유치와 서비스향상 등을 위해 지방자치단체의 공공체육시설을 25년 기간 내에서 사용·수익할 수 있는 법적 근거 마련을 위한 개정을 추진하였다. 2016년에는 2007년에 제정된 현행법이 스포츠산업진흥을 위한 최소한의 일반적인 사항만을 규정하고 있어 스포츠산업 발전을 도모하기 위한 실체적 규정이 미비하여 스포츠산업을 체계적으로 육성하기 위해 필요한 행정적·재정적 지원의 근거를 정비하였다. 스포츠이용자의 이용편익과 유통의 활성화를 위한 제도적 장치를 마련하는 등 급변하는 스포츠산업 환경에 유연하게 대응할 수 있도록 규정하여 스포츠산업의 국제경쟁력 강화와 국민경제의 발전에 이바지하기 위한 개정이 이루어졌다.

2 경륜·경정법

「경륜·경정법」은 1991년 12월 31일 제정된 법으로서 '경륜 및 경정의 공정한 시행과 원활한 보급을 통하여 국민의 여가선용과 청소년의 건전육성 및 국민체육의 진흥을 도모하고, 지방재정 확충을 위한 재원을 마련하며, 자전거 및 모터보트 경기수준의 향상에 이바지함'을 목적으로 하며, 경륜·경정의 시행, 수익금의 사용 등을 규정하고 있다. 2010년에는 소멸시효가 완성되어 발생하는 미환급 수익금을 「국민체육진흥법」에 따른 국민체육진흥기금에 귀속되도록 하여 각종 체육사업에 사용할 수 있도록 하였으며, 2011년에는 「개별소비세법」 개정 내용을 반영하여 입장료 징수 범위를 경주장에서 경주장 및 장외매장으로 수정하였다. 경륜·경정을 통한 수익금은 체육 관련 산업육성을 위한 기금 등에 사용하도록 하고 있으나, 경륜·경정의 저변 확대를 위해 가장 중요한 선수육성 지원에 대한 법적 근거가 없어 2014년 경륜·경정을 통한 수익금에서 출연한 국민체육진흥기금에의 출연금은 자전거 및 모터보트 선수육성을 위한 용도로 우선 사용하도록 하였다. 2016년에는 자전거 및 모터보트 경주에 대한 승자투표 방법의 탄력적인 운영을 위하여 승자투표 방법 중 특별승식의 경우 그 종류와 종류별 승자의 결정방법을 문화체육관광부령으로 정할 수 있도록 하는 등 현행 제도의 운용상 나타난 일부 미비점을 개선·보완하였다. 「경륜·경정법」과 관련된 지방공기업은 부산지방공단 스포원과 창원경륜공단이 대표적이며, 해당 기관에서는 경륜과 경정 사업을 수행하고 있다.

3 전통무예진흥법

「전통무예진흥법」은 2008년 3월 28일 제정된 법으로서 '문화적 가치가 있는 전통무예를 진흥하여 국민의 건강증진과 문화생활 향상 및 문화국가 지향에 기여함'을 목적으로 하고 있다. 전체 6개 조항으로 구성되어 있으며, 국가로 하여금 기본계획수립, 전통무예단체 육성, 전통무예지도자의 육성 등의 사업들을 수행하도록 하고 있다.

4 기타 문화체육관광부 소관 법령

이 밖에 문화체육관광부 소관 체육관련 법령은「2011 대구 세계육상선수권대회」,「2013 충주 세계조정선수권대회」,「2014 인천하계아시아경기대회 및 2014 인천 장애인아시아경기대회」,「2015 광주 하계유니버시아드경기대회 지원법」,「태권도진흥 및 태권도공원 조성 등에 관한 법률」,「씨름진흥법」,「2018 평창 동계올림픽대회 및 장애인동계올림픽대회 지원 등에 관한 특별법」,「국제경기대회지원법」,「학교체육진흥법」,「포뮬러원 국제자동차경주대회 지원법」,「2013 평창 동계스페셜올림픽 세계대회 지원법」,「2015 경북문경 세계군인체육대회 지원법」,「생활체육진흥법」등이 있다.

4. 체육유관 법령

1 수상레저안전법

「수상레저안전법」은 1999년 2월 8일 제정(해양수산부 소관)되었으며, 제정 이유는 다음과 같다. 국민소득수준의 향상과 수상레저 활동의 다양화로 수상레저 인구가 급속히 증대됨에 따라 수상레저기구 조종자에 대한 면허제도, 수상레저 활동자의 안전 준수의무, 수상레저사업자의 등록제도 등을 도입함으로써 수상레저 활동의 안전과 질서를 확보하고 수상레저사업의 건전한 발전을 도모하기 위해 제정되었다(국가법령정보센터).「수상레저안전법」의 목적은 제1조에서 정의하고 있으며, '이 법은 수상 레저 활동의 안전과 질서를 확보하고 수상레저사업의 건전한 발전을 도모함을 목적으로 한다.'고 정의하고 있다.「수상레저안전법」은 총8장 59개 조항으로 구성되고 있으며, 시행령은 총8장 40개 조항, 시행규칙은 제6장 46개 조항으로 구성되어 있다.「수상레저안전법」은 지방공기업 운영 체육시설 중 수영장 등 수상안전과 관련된 사업을 수행하는 경우 수상안전과 관련된 인명구조 요원의 채용 및 운영 시 필요하며, 이러한 인명구조요원의 교육기관 지정기준을「수상레저안전법」에서 정하고 있다.

2 자전거 이용 활성화에 관한 법률

「자전거 이용 활성화에 관한 법률」은 1995년 1월 5일 제정(행정안전부 소관)되었으며, 그 제정 이유는 심각한 교통 및 환경문제에 대처하고 국민의 건강증진과 근검절약하는 사회적 분위기를 조성하기 위하여 자전거도로 등 자전거이용시설의 정비 및 자전거이용방법 등 자전거이용의 활성화에 관하여 필요한 사항을 규정하기 위해 제정되었다(국가법령정보센터). 「자전거 이용 활성화에 관한 법률」의 목적은 제1조에서 정의하고 있으며, '이 법은 자전거 이용자의 안전과 편의를 도모하고 자전거 이용의 활성화에 이바지함을 목적으로 한다.'고 정의하고 있다. 「자전거 이용 활성화에 관한 법률」은 총 4장 25개 조항, 시행령은 13개 조항, 시행규칙은 9개 조항으로 구성되어 있다. 「자전거 이용 활성화에 관한 법률」은 지방공기업 운영 사업 중 자전거 운영과 관련된 사업을 수행하는 기관과 관련한 법률로 서울특별시 조례 중 「서울특별시 자전거이용 활성화에 관한 조례」 제1조(목적)에서는 '이 조례는 「자전거 이용 활성화에 관한 법률」 및 같은 법 시행령에서 위임된 사항과 그 시행에 관하여 필요한 사항을 규정함으로써 자전거이용의 활성화에 기여함을 목적으로 한다.'고 정의하고 있으며, 제12조의2(공공자전거 및 공공자전거대여소 등의 설치·운영)를 근거로 공공자전거사업을 서울시설공단에 위탁하여 서울시설공단에서는 공공자전거 사업인 서울자전거 "따릉이" 사업을 수행하고 있다. 또한, 서울시설공단에서는 「자전거관리직직원관리규정」을 지난 2019년 4월 제정하여 운영하고 있다.

3 사격 및 사격장 안전관리에 관한 법률

「사격 및 사격장 안전관리에 관한 법률」은 「사격 및 사격장 단속법」으로 1961년 12월 30일 제정(경찰청 소관)되어 2011년 8월 4일에 「사격 및 사격장 안전관리에 관한 법률」로 개정되었다. 최초의 법 제정 이유는 사격과 사격장을 단속하여 보안상 위해를 미연에 방지하기 위함이었으며, 법령 개정 이유는 사격장의 안전관리를 강화하고, 사격이 제한되는 장애인의 범위를 합리적으로 조정하며, 사격장 관련 행정처분 사유를 구체화하는 등 현행 제도의 운영과정에서 나타난 일부 미비점을 개선·보완하는 한편, 법 문장을 원칙적으로 한글로 적고, 어려운 용어를 쉬운 용어로 바꾸며, 길고 복잡한 문장은 체계 등을 정비하여 간결하게 하는 등 국민이 법 문장을 이해하기 쉽게 정비하기 위해 개정되었다(국가법령정보센터). 「사격 및 사격장 안전관리에 관한 법률」의 약칭은 「사격장 안전법」이며, 해당 법률의 제정 목적은 '사격과 사격장으로 인한 위험과 재해를 미리 방지하여 공공의 안전을 확보하는 것을 목적으로 한다.'고 정의하고 있다. 「사격 및 사격장 안전관리에 관한 법률」은 총 25개 조항, 시행령은 13개 조항, 시행규칙은 9개 조항으로 구성되어 있다. 「사격 및 사격장 안전관리에 관한 법률」에 적용되는 사업은 대구시설공단에서 운영 중인 대구국제사격장이 해당된다. 대구시설공단에서는 지난 2010년 4월에 대구국제사격장을 수탁 받아 현재 운영 중이며, 국제 및 국내대회 개최는 물론 클레이사격, 권총사격, 공기소총사격, 전투체험사격, 스크린사격 등을 일반인 및 관광객이 체험할 수 있도록 프로그램을 운영하고 있다.

4 말 산업 육성법

「말 산업 육성법」은 2007년 4월 10일 제정(농림축산식품부 소관)되었다. 제정 이유는 '말의 특수한 생산·육성·유통체계와 소비 형태를 고려하여 고부가가치 산업으로서 말 산업을 육성 및 지원하기 위한 정책의 수립 및 추진체계 등을 제도화하여 말 산업 발전의 기반을 조성하고 경쟁력을 강화하여 이를 통한 농촌 경제의 활성화와 국민의 삶의 질 향상에 이바지하기 위해 제정(국가법령정보센터)'되었으며, 「말 산업육성법」의 목적은 '말산업의 육성과 지원에 관한 사항을 정함으로써 말산업의 발전 기반을 조성하고 경쟁력을 강화하여 농어촌의 경제 활성화와 국민의 삶의 질 향상에 이바지함을 목적으로 한다.'고 정의하고 있다. 지방공기업 중 대전광역시시설관리공단에서는 유성구에 소재하고 있는 복용승마장을 운영하고 있으며, 해당 사업의 운영근거는 「대전광역시시설관리공단 복용승마장 운영 내규」로 지난 2004년 4월에 제정되었다. 복용승마장은 실외마장과 실내마장이 있으며, 해당 지방공단에서는 일반인들을 위해 승마체험장 등을 운영하고 있다.

5 마리나 항만의 조성 및 관리 등에 관한 법률

「마리나 항만의 조성 및 관리 등에 관한 법률」은 2009년 6월 9일 제정(해양수산부 소관)되었으며, 제정 이유는 마리나 항만의 합리적인 개발과 이용을 위하여 국가 차원에서 석성수준의 마리나 항반에 관한 개발계획을 수립하고, 마리나 항만의 개발·이용 및 이와 관련된 산업의 육성과 지원에 필요한 사항을 정함으로써 해양스포츠의 보급 및 진흥을 촉진하고 국민의 삶의 질 향상에 이바지할 수 있는 법적 근거를 마련하기 위해 제정되었다(국가법령정보센터). 「마리나 항만의 조성 및 관리 등에 관한 법률」의 목적은 '마리나 항만 및 관련시설의 개발·이용과 마리나 관련 산업의 육성에 관한 사항을 규정함으로써 해양스포츠의 보급 및 진흥을 촉진하고, 국민의 삶의 질 향상에 이바지함을 목적으로 한다.'고 정의하고 있다. 「마리나 항만의 조성 및 관리 등에 관한 법률」은 총 6장 41개 조항, 시행령은 6장 36개 조항, 시행규칙은 36개 조항으로 구성되어 있다. 「마리나 항만의 조성 및 관리 등에 관한 법률」과 관련된 사업을 수행하는 지방공기업은 창원시설공단으로 설명할 수 있을 것이다. 「마리나 항만의 조성 및 관리 등에 관한 법률」 제2조(정의) 3호에서는 '마리나 선박이란 유람, 스포츠 또는 여가용으로 제공 및 이용하는 선박(보트 및 요트를 포함한다)으로서 대통령령으로 정하는 것을 말한다.'고 정의하고 있다. 창원시설공단에서는 진해해양레포츠센터와 마산해양레포츠센터를 관리운영하고 있으며, 해당 시설에서는 요트보관 및 체험 등을 할 수 있으며, 동력장비(요트, 구조정, 수상오토바이)와 무동력장비(딩기요트, 윈드서핑, 카약, 레프팅 보트, 바나나보트 등) 등의 수상레저기구를 보유하고 있다.

6 산림문화 · 휴양에 관한 법률

「산림문화 · 휴양에 관한 법률」은 2005년 8월 4일 제정(산림청 소관)되었으며, 제정 이유는 주5일 근무제 실시로 급증할 산림휴양수요에 적극적으로 대처하고 국민의 삶의 질 향상에 기여하며, 산림을 청소년의 정서순화 및 자연학습공간으로 활용하기 위해 제정되었다(2004년도 산림청 입법계획, 2004.01, 산림청). 「산림문화 · 휴양에 관한 법률」의 목적은 '산림문화와 산림휴양자원의 보전 · 이용 및 관리에 관한 사항을 규정하여 국민에게 쾌적하고 안전한 산림문화 · 휴양서비스를 제공함으로써 국민의 삶의 질 향상에 이바지함을 목적으로 한다.'고 정의하고 있다. 「산림문화 · 휴양에 관한 법률」은 총 8장(총칙, 산림문화 · 휴양기본계획 등, 자연휴양림 및 산림욕장 등의 조성 등, 숲길 등, 산림문화자산의 지정 · 관리, 보칙 및 벌칙) 38개 조항, 시행령은 8장 16개 조항, 시행규칙은 제6장 30개 조항으로 구성되어 있다. 「산림문화 · 휴양에 관한 법률」 제2조(정의)에서는 자연휴양림, 삼림욕장, 숲속야영장, 산림레포츠 등과 관련한 사업에 관해 설명하고 있다. 해당 법령과 관련한 사업을 수행하고 있는 지방공기업은 단양관광관리공단이 대표적일 것이다. 단양관광관리공단에서 운영하는 사업 중 소선암 자연휴양림, 소선암오토캠핑장, 대강오토캠핑장, 천동오토캠핑장, 다리안관광지 내 캠핑장 등이 해당 법령과 관련된 사업이다. 달성군시설관리공단에서는 비슬산 휴양림, 비슬산 치유의 숲, 화원유양지 등을 관리 운영하고 있다.

제 6 장

공공체육시설의 이해

제6장 목차

제1절 체육정책의 변천   239

1. 체육시설의 변천
2. 체육조직의 변천(중앙정부)
3. 국민생활체육진흥 5개년 계획

제2절 공공체육시설의 이해 및 운영   247

1. 개요
2. 체육시설의 구분

제1절 체육정책의 변천

정책의 의미는 다양하게 정의 및 표현될 수 있을 것이며, 행정학 사전에서는 공공정책을 '정부 또는 공공기관이 공적 목표(公的目標)[공익]를 달성하기 위하여 마련한 장기적인 행동지침'이라고 정의하고 있다. 이러한 관점에서 체육정책의 변천을 정의한다면 정부 또는 공공기관이 공적목표를 달성하기 위해 마련한 체육(體育)에 대한 장기적인 행동지침으로 정의할 수 있을 것이다. 공적목표는 해당 시기의 정부 또는 공공기관의 운영목적에 따라 달라질 수 있을 것이며, 이러한 체육의 공적목표 변화를 설명하는 것이 체육정책의 변천이라고 이해할 수 있을 것이다. 정부 및 공공기관에서는 해당 시기에 국민들에게 가장 우선적으로 필요한 정책을 개발하여 추진할 것이기 때문일 것이다. 체육시설의 변천과 체육조직의 변천(중앙정부)으로 구분하여 설명하고자 한다.

1. 체육시설의 변천

체육시설의 변천은 우리나라 체육의 현대적 개화는 19c 말부터 시작되었으며 스포츠시설의 변천은 스포츠 활동과 함께 발전한다고 보았다. 1984년 학교 설치령과 함께 학원에서 체조과목을 실시한 것을 시작으로 20c 초 황성중앙기독교 청년회의 간사로 있던 미국인 질레트가 야구와 농구를 마르텔은 축구를 전하였다고 하였다. 따라서 근대적인 스포츠의 시발(始發)은 1904년 YMCA를 중심으로 토착화(土着化)하기 시작하였고 이때의 스포츠 시설은 대부분 학교시설과 학교 운동장 정도였다고 하였다. 1925년 5월에 착공하여 1926년 3월에 준공된 동대문운동장은 한국 초유의 종합경기장이었고 86 아시안 게임 이전까지 거의 유일한 종합경기장이었다고 보았다. 해방 이후부터 6·25전쟁을 겪는 동안 스포츠 시설 면에서는 별다른 진전이 없었으나 1960년대에 들어와서 정부의 적극적인 지원을 얻어 중앙과 지방을 막론하고 스포츠시설은 괄목할 만큼 발전하였다. 이를 계기로 건립된 시설은 다음과 같다. 우리나라 최초의 국제규격 잔디경기장인 효창구장의 개장, 태릉선수촌, 전국체전 지방개최 계기가 되어 설립된 8개 종합경기장과 10개의 실내체육관 등이 대표적인 시설들이다. 이 이후는 각 시·군 소재지마다 종합경기장이 건설되었으나 이는 대도시 중심이었으며, 중소 도시나 농촌에서는 여전히 학교 체육시설에 의존하고 있는 실정이었다고 설명하였다. 이는 스포츠시설 건립자의 재정사정에 따라 체육시설은 만들어지기 때문이라고 하였다(김사엽, 스포츠시설 관리운영론, 2004). 우리나라 체육시설은 1986년 아시안 게임과 1988년 올림픽 유치를 통해 대회 개최를 위한 전문적인 종목별 체육시설이 건립되었으며, 지방자치제의 시행에 따라 지방자치단체별 주민들의 운동참여가 가능한 지역주민을 위한 체육시설이 급격히 증가하였다는 것은 누구도 부정할 수 없는 현실일 것이다.

2. 체육조직의 변천(중앙정부)

1 개요

문화체육관광부에서 발간한 「2018 체육백서」[16]에서는 중앙정부 체육조직의 변천을 크게 3개의 시대 변천을 기준으로 설명하고 있다. 3개의 시대변천은 태동기, 형성기, 발전기이다. 첫째, 체육조직의 태동기는 1980년 이전의 체육조직으로 구분하고 있으며, 둘째, 체육조직의 형성기는 1990년대의 체육조직, 2000년~2007년의 체육조직으로 구분하여 형성기는 1990년대부터 2007년까지로 구분하였다. 셋째, 발전기는 2008년 이후부터 2017년 이후의 체육조직으로 구분하여 설명하고 있으며, 발전기의 구분은 해당 시기 정부에서 추진한 체육조직에 관해 설명하고 있다.

2 1980년 이전의 체육조직

우리나라의 체육행정 조직의 태동은 1945년 8.15광복과 함께 시작된 미군정기에 이루어졌으며, 미군정기를 지나 우리나라 정부의 체육조직이 변화된 것은 1961년 10월 2일 문화국에 속해 있던 체육과가 체육국으로 승격된 시점으로 설명할 수 있을 것이다. 1980년 이전의 우리나라 중앙정부 체육조직의 주요변화는 다음과 같이 설명하고 있다.

〈별표 6-1-1〉 1980년도 이전의 체육조직

1980년 이전의 체육조직	
1946년 03월 29일	문교부 교화국 내 체육과에서 체육업무를 담당(미군정)
1946년 07월 10일	교화국의 명칭과 조직을 문화국으로 개편
1948년 07월 17일	「정부조직법」 법률 제1호 제정 및 시행(문교부장관은 교육·과학·기술·예술·체육 기타 문화 각 반에 관한 사무를 장리한다.)
1948년 11월 04일	중앙행정조직 개편(체육과 문화국 소속, 체육업무 담당)
1961년 08월 12일	법률 제681호로 「중학교, 고등학교, 대학의 입학에 관한 임시조치법」 제정
1961년 10월 02일	문화국에 속해 있던 체육과 체육국 승격
1963년 12월 14일	문예체육국 체육과로 환원(헌법 개정, 정부형태 내각책임제에서 대통령중심제로 변경)
1968년 07월 24일	「정부조직법」이 개정(문교부의 문예체육국을 사회교육국으로 변경)
1973년 03월 09일	체육국 내 학교급식과 추가
1979년 03월 19일	문교부 직제 개정(체육국 업무 조정 체육과, 학교보건과, 체육교류과로 변경)

---

16) 체육백서는 체육정책의 현황과 성과, 생활체육, 학교체육, 전문체육, 국제체육, 스포츠윤리 등 정부에서 추진한 체육정책을 국민이 쉽게 이해할 수 있도록 지난 2002년부터 문화체육관광부와 국민체육진흥공단 등이 참여하여 해마다 발행되고 있다.

3 1980년대의 체육조직

1980년대를 기점으로 우리나라 체육정책은 크게 변화되었으며, 이렇게 변화될 수 있었던 계기는 큰 국제대회를 유치하게 되면서 부터라 할 수 있을 것이다. 1981년 9월 30일 독일 바덴바덴에서 「1988 서울하계올림픽경기대회」의 서울 개최가 확정되었고, 그해 11월 「1986 서울하계아시아경기대회」를 유치하게 되었다. 정부에서는 성공적인 대회 개최를 위해 중앙정부의 체육 조직 개편을 포함한 다양한 노력을 추진하였다.

〈별표 6-1-2〉 1980년대의 체육조직

1980년대의 체육조직	
1981년 11월 02일	대통령령 제10535호로 체육업무 체육국과 사회체육국 통합. 체육국제국으로 명칭 변경
1982년 03월 20일	「정부조직법」 개정('체육부' 신설)
1988년 06월 18일	체육부 내 청소년국(청소년정책과, 청소년지도과, 청소년교류과, 청소년시설과, 청소년심의관) 신설

1982년 「정부조직법」의 개정하여 "체육부"가 신설되고 변화된 것은 「국민체육진흥법」을 전면 개정하여 우리나라 실정에 맞도록 보완한 것이라 할 수 있을 것이며, 「86아시안게임」과 「88서울올림픽 개최」 등 증가하는 국제대회에 대한 전담부서의 설치였을 것이다. 「정부조직법」 개정 후 체육부 조직 중 국제체육국은 지원총괄과, 국제경기과, 해외협력담당관 등으로 구성되어 국제대회를 대비한 조직으로 구성하였다.

4 1990년대~2000년대의 체육조직

1990년대는 우리나라 체육조직의 형성기에는 학교체육, 생활체육, 전문체육의 기관들이 비로소 만들어지는 시기로 설명할 수 있을 것이며, 올림픽 이후 올림픽 관련 체육시설의 활용과 체육에 대한 국민들의 높은 관심으로 보는 체육활동에서 즐기는 체육활동으로 변하게 되는 시점이었다.

〈별표 6-1-3〉 1990년대~2000년대의 체육조직

1990년대~2000년대의 체육조직	
1990년 02월 12일	체육진흥국 내에서 사회체육과가 생활체육과로 개칭(학교체육과가 폐지 사업관리과 신설)
1990년 09월 10일	청소년국 1실 2관 6과의 청소년정책조정실로 확대·개편
1990년 12월 27일	「정부조직법」의 일부개정(체육부가 체육청소년부로 명칭을 변경)
1993년 03월 06일	대통령령 제13869호에 의해 문화부와 체육청소년부는 문화체육부로 통합
1994년 05월 04일	대통령령 제14249호에 의해 해외협력과를 체육교류과로 개칭
1994년 12월 23일	문화체육부내 관광업무 이관(체육정책국과 국제체육국으로 축소)
1998년 02월 28일	문화체육부를 문화관광부로 개칭(체육정책국과 국제체육국을 체육국으로 통합)
1999년 05월 24일	체육정책과와 체육교류과 유지, 체육지원과와 생활체육과 체육진흥과로 통합

2005년 12월	보건복지부로부터 장애인체육 이관(장애인체육과 신설)
2008년 12월 31일	생활체육과가 체육진흥과로, 장애인체육과가 장애인문화체육과로 개편
2009년 05월 04일	체육진흥과와 스포츠산업과를 체육진흥과로 통합
2014년 08월 27일	(대통령령 제25567호) 일부개정, "동계올림픽특구기획단(2017년 8월 19일)" 신설
2014년 10월 23일	문화예술정책실, 관광체육레저정책실 신설(국정기조 실현, 관광·체육·관광레저 분야 총괄·조정 기능 강화)
2015년	관광체육레저정책실 체육관광정책실로 개칭, "체육협력관"과 "평창올림픽지원과" 신설

2000년대 체육조직은 2002 월드컵유치, 2018 평창동계올림픽대회 및 동계패럴림픽대회 유치와 개최 등 큰 국제대회의 성공적 개최를 위한 조직개편, 장애인체육의 이관 등에 따른 중앙정부의 조직 변화는 있었으나 「문화체육관광부와 그 소속기관 직제」 개정에서 볼 수 있듯이 2000년대 문화체육관광부는 각종 박물관, 각종 도서관, 국립어학원, 예술관련 각종학교 등 소속기관의 확대와 방송 콘텐츠 등의 기능이 확대되었을 뿐이다.

5 현 중앙정부 체육조직

「문화체육관광부와 그 소속기관 직제」[시행 2020.6.9.] [대통령령 제30766호, 2020.6.9. 일부개정] 기준 문화체육관광부장관의 관장사무를 지원하기 위한 조직을 제외한 문화체육관광부의 조직은 다음과 같다. 제3조(직무)에서는 문화체육관광부의 직무범위에 대해 정의하고 있으며, 직무범위는 '문화체육관광부는 문화·예술·영상·광고·출판·간행물·체육·관광, 국정에 대한 홍보 및 정부발표에 관한 사무를 관장한다.'고 규정하고 있다. 제4조(하부조직) 2항에서는 '문화체육관광부에 운영지원과·문화예술정책실·종무실·국민소통실·콘텐츠정책국·저작권국·미디어정책국·체육국 및 관광정책국을 둔다.'고 규정하고 있으며, 제5조(복수차관의 운영) 1항에서는 '문화체육관광부에 제1차관 및 제2차관을 두며, 장관이 부득이한 사유로 그 직무를 수행할 수 없을 때는 제1차관, 제2차관 순으로 그 직무를 대행한다.'고 규정하고 있다. 3항에서는 '제2차관이 체육국의 소관업무를 관장하여 장관을 보조한다.'고 정하고 있다. 체육정책을 수립하는 체육국은 문화체육관광부 제2차관 산하에서 업무를 수행한다. 체육국은 체육협력관과 6개의 과로 구분하여 조직이 구성되어 있으며, 6개의 과는 스포츠유산과, 장애인체육과, 국제체육과, 스포츠산업과, 체육진흥과, 체육정책과 등이다. 이 중 체육협력관은 스포츠유산과, 장애인체육과, 국제체육과의 사무를 분장한다.

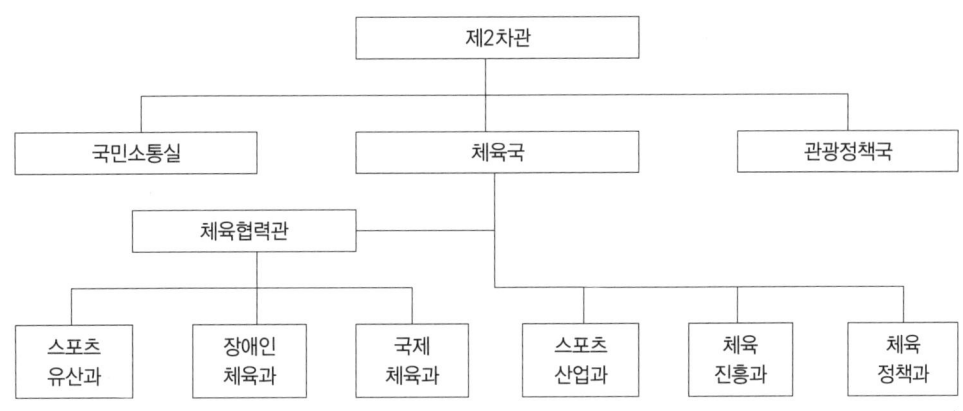

자료: 문화체육관광부(https://www.mcst.go.kr)

〈그림 6-1-1〉 체육국 조직도

「문화체육관광부와 그 소속기관 직제」에서 정하고 있는 체육국의 사무는 다음과 같다. 제17조(체육국) 3항에서는 '국장은 다음 사항을 분장한다.'고 규정하고 있으며, 분장된 사무는 1. 생활체육, 전문체육 및 스포츠산업의 진흥을 위한 장기·단기 종합계획의 수립, 2. 체육과학의 진흥 및 체육과학 연구기관의 육성·지원, 3. 체육지도자의 양성·배치, 4. 선수 및 운동경기부의 육성·지원, 5. 청소년 및 학생의 체육활동 육성·지원, 6. 국민체육진흥기금의 조성·운용, 7. 체육진흥투표권 및 경륜·경정사업, 8. 체육주간 및 체육의 날 행사, 우수체육인 포상 및 체육유공자의 보호·육성, 9. 직장 및 지역생활체육 진흥, 스포츠 클럽의 육성·지원, 10. 전통무예, 전통 민속경기 및 프로운동경기의 진흥, 11. 스포츠산업 진흥을 위한 조사·연구 및 전문 인력 양성, 관련 업체 및 단체의 육성·지원, 12. 공공체육시설 확충계획의 수립·추진 및 민간체육시설 설치·이용의 활성화, 13. 국제체육교류 및 장애인 체육의 진흥을 위한 장기·단기 종합계획의 수립, 14. 국내대회 개최, 국제대회 유치·개최 및 참가지원, 15. 국가 간·국제기구와의 체육교류 및 국제체육회의 등에 관한 사항, 16. 태권도 진흥 정책의 수립·추진, 17. 장애인 생활체육 활동 프로그램의 개발·보급, 18. 전국장애인체육대회, 종목별 경기대회, 장애인 체육교류 및 전문 인력 양성, 19. 스포츠유산(遺産)에 관한 사항 등이다(국가법령정보센터).

3. 국민생활체육진흥 5개년 계획

체육정책의 변화 중 "국민생활체육진흥종합계획"은 국민들에게 체육과 관련한 큰 변화를 안겨준 정책이라고 해도 과언이 아닐 것이다. 국민생활체육진흥종합계획이 시행되고 정부에서는 체육정책의 시행으로 국민들의 삶의 질 향상과 체육활동을 통한 화합된 모습을 통해 더욱 확대된 정책이 필요하다 생각했을 것이다. 국민생활체육진흥종합계획이 시행된 3개년(1990년부터 1992년) 계획이 성공적으로 추진되어 사회 및 경제 등 전반적인 분야에서 나타난 긍정적인 반응은 체육정책의 필요성을 더욱 강하게 느끼는 계기가 되었다. 이에 정부는 국민체육진흥 5개년 계획을 수립하게 되었으며, 제1차 국민체육진흥 5개년 계획(1993~1997), 제2차 국민체육진흥 5개년 계획(1998~2002), 제3차 국민체육진흥 5개년 계획(2003~2007) 등 총 3차례에 걸쳐 1993년부터 2007년까지 15년간 단계적으로 추진되게 되었다. 제1차 국민체육진흥 5개년 계획은 모든 국민의 체육활동을 안정적으로 지원하기 위해 지역적으로 균형 있는 체육시설의 공급을 목표로 지방체육시설의 확충과 공간 확보를 위해 노력을 기울였으며, 특히 부족한 동계 체육시설에 대한 투자와 공급을 확대하는 정책을 수립하여 추진하였다. 부족한 동계 체육시설에 대한 투자는 1997년 동계 유니버시아드 경기대회 유치를 위해 추진된 사업으로 무주와 전주지역의 동계체육시설을 정비하는 계기가 되었다. 추진된 동계체육시설은 실내빙상장, 실외빙상장, 스키점프대, 크로스컨트리코스 등을 건립 및 설치하였다. 제2차 국민체육진흥 5개년 계획은 그동안 중심이 되었던 특별시, 광역시·도와 같은 광역 단위의 대 도시 위주가 아닌 시·군·구와 같은 중소도시 위주의 체육시설 확충에 중점을 두고 추진되었다. 중소도시의 특성에 맞게 부족한 체육시설과 체육공간의 조성에 힘썼으며, 확충된 체육시설에 대한 효율적 관리 운영에 관해서도 정책적으로 관심을 가지고 병행하였다. 제3차 참여정부 국민체육진흥 5개년 계획(이하 "5개년 계획"이라 한다)은 참여정부의 정책방향을 토대로 2003년에 수립되었으며, 참여정부의 5개년 계획 주요 내용은 다음과 같다. 5개년 계획의 사업기간은 2003년부터 2007년까지 5개년도이며, 5개년 계획은 제1부와 2부, 부록 등으로 구성되어 있다. 제1부에서는 수립목적과 체육정책 환경의 변화와 수요전망 등 2개의 장으로 구분되어 있으며, 제1장 수립목적에서는 수립배경과 체육의 가치로 구분하여 설명하고 있다. 수립배경은 '체육 분야의 지속적인 발전을 위해서는 국민, 체육단체, 지방자치단체가 자율적으로 결정하고 집행할 수 있도록 권한을 배분하는 혁신적 정책 체제의 마련이 필요하다.'고 하였으며, 체육의 가치는 국민건강 증진 및 삶의 질 향상을 위한 비만 등 성인병 질환 예방, 국가이미지 제고와 국가 경쟁력 제고, 스포츠는 지역의 문화, 관광산업과 연계되어 지역균형 발전의 새로운 수단으로 부각, 스포츠산업을 통해 국가경제 발전 및 일자리 창출, 청소년기의 체육활동은 체력증진 및 공동체의식 함양에 기여, 규칙적·지속적 체육활동은 근로자의 노동생산성 향상에 기여 등으로 구분하여 설명했다.

제2장 체육정책 환경의 변화와 수요전망에서는 1) 국민소득의 증가, 주 5일 근무제로 인한 여가시간의 증가와 삶의 질을 추구하는 적극적 여가관 형성으로 체육활동 직접 참여 인구가 증가할 것으로 전망됨, 2) 고령화 사회의 도래로 노인층의 보건·의료·복지 문제가 중요한 과제로 등장하고 있으며, 노인층의 건강하고 활력 있는 노후생활을 위한 생활체육 활성화가 요구됨, 3) 생활양식의 변화에 따른 만성 질병의 증가는 노동생산성 하락, 작업시간 손실 등 사회·경제적 비용을 증대시킴으로 국민의 삶의 질 향상과 국가재정의 효율화를 위해 체육 활동의 활성화가 필요, 4) 지식정보사회의 진전에 따라 인터넷 등 정보기술이 국민생활양식의 변화 초래, 이에 따라 체육정보의 접근성과 활용성 증대, 인터넷을 통한 체육서비스의 제공이 필수적인 과제로 등장, 5) 지방분권이 확대됨에 따라 지방자치단체는 지역 주민의 특성을 반영한 복지 시책을 추진함으로써, 체육환경을 대폭 확충할 것으로 예상됨, 6) 시민사회의 성장과 정책 참여 욕구의 증대 등 6개로 구분하여 변화와 수요전망에 대해 설명하고 있다. 제2부는 생활체육부문, 전문체육부문, 스포츠산업부문, 국제체육교류부문, 체육과학 및 정보화부문, 체육행정·재정부문 등 6개의 장으로 구분하여 해당 분야에 대해 추진계획을 설명하고 있으며, 생활체육부문에서의 추진방향은 다음과 같이 설명하고 있다.

1) 국민 누구나 손쉽게 참여할 수 있는 수요자 중심 생활체육환경 조성하기 위해 신규 체육 시설의 지속적으로 확충하고, 기존시설의 이용율 제고와 공간효율성 증진, 시설 고급화 및 관리수준의 향상성 제고를 통하여 참여율 향상을 위한 물적 토대를 형성한다.

2) 국민의 건강증진을 위한 과학적 체력관리시스템 구축하여 안전하며 효과적인 운동수행의 보장을 위해 체력측정과 운동처방 및 운동지도 서비스의 체계화와 과학화를 도모하며, 유형별 운동프로그램의 개발과 보급을 적극 지원한다.

3) 노인층, 장애인 등 소외계층의 생활체육 참여기회 획기적 증대하고 선진국형 스포츠클럽 육성을 통해 생활체육참여의 조직화를 대폭 신장토록 함, 지역 단위 스포츠지원센터를 설치하여 지역 생활체육 중심조직으로 육성하여 풀뿌리 생활체육을 활성화한다.

이러한 추진방향을 달성하기 위해 주민친화형 생활체육공간 확충, 스포츠클럽의 체계적 육성, 체육활동 참여 확대를 위한 다양한 프로그램 운영, 과학적 국민체력 관리시스템 구축, 레저스포츠 발전방안 마련, 생활체육지도인력의 양성 및 활용, 생활체육 인식제고 및 추진체제 강화 등 7개의 세부 추진계획을 수립했다.

주민친화형 생활체육공간 확충사업의 주요 세부추진계획은 국민체육센터 건립, 농어민문화체육센터 건립, 다목적 생활체육공원 조성, 잔디·우레탄 체육시설설치지원 사업, 게이트볼 경기장 건설, 마을단위 생활체육 시설 확충, 학교운동장의 적극 개방을 위한 생활체육시설 설치지원 등이다. 국민체육센터 건립은 5개년 동안 53개소 설치를 목표로 하였으며, 수영장, 체력측정실, 체력단련장, 다목적회의실로 정하고 있으며, 농어민문화체육센터 건립은 5개년 동안 28개소 설치를 목적으로 하고 있으며, 주요시설은 다목적체육관, 체력단련장, 공연시설, 독서실 등으로 정하였다. 국민생활체육진흥종합계획과 국민체육진흥 5개년 계획이 시행된 1990년부터 2007년까지 시행된 체육정책으로 체육현장에는 많은 변화가 있었으며, 그중 가장 큰 변화는 체육시설의 확대에 따른 참여하는 스포츠로의 변화일 것이다. 주변에서 쉽게 접할 수 있는 체육시설들은 체육활동에 대한 욕구를 증대시키며, 다양한 체육활동으로의 이어지게 되어 국민들이 조금 더 건강한 삶을 살 수 있는 데 기여하는 계기가 되었다. 이러한 정책은 지속적으로 확대되어 추진되어야 할 것이다.

제2절 공공체육시설의 이해 및 운영

1. 개요

1 정의

 체육시설의 정의는 법률적 정의와 학문적 정의로 구분하여 설명할 수 있을 것이다. 법률적 정의와 학문적 정의에 대해 살펴보면 다음과 같다. 먼저 체육시설(體育施設)의 법률적 정의는 「체육시설의 설치 이용에 관한 법률」과 「국민체육진흥법」에 다음과 같이 규정되어 있다. '체육활동에 지속적으로 이용되는 시설과 그 부대시설을 말한다.'와 '건전한 신체·정신 함양과 여가 선용을 목적으로 운동경기·야외 운동 등의 신체활동에 지속적으로 이용되는 시설과 그 부대시설'이라 하였다. 이러한 체육시설이 공공체육시설(公共體育施設)로 분류되어 용어가 법령에 공식적으로 사용되기 시작한 것은 「체육시설의 설치·이용에 관한 법률」이 제정되고 「국민체육진흥법」에서 정하던 공공체육시설 등의 설치·이용에 관한 사항을 「체육시설의 설치·이용에 관한 법률」에서 정하면서 공공체육시설이라는 용어가 사용된 것으로 알려지고 있다(국가법령정보센터, 체육시설설치·이용에 관한 법률 전체 제정·개정이유). 공공체육시설의 법률적 정의는 「체육시설의 설치·이용에 관한 법률」에 명문화되어 있으며, 그 내용은 다음과 같다. 법 제2조(정의) 제1호에서 "체육시설"에 대한 용어의 정의로 '체육활동에 지속적으로 이용되는 시설(정보처리 기술이나 기계장치를 이용한 가상의 운동경기 환경에서 실제 운동경기를 하는 것처럼 체험하는 시설을 포함한다. 다만 「게임 산업 진흥에 관한 법률」 제2조 제1호에 따른 게임물은 제외한다.)과 그 부대시설을 말한다.'로 체육시설에 대한 정의를 하였으며, 같은 법 제5조에서 제7조까지 3개 조항에서 정하고 있는 3개 유형의 체육시설을 공공체육시설로 분류하였다. 3개 유형의 공공체육시설은 전문체육시설, 생활체육시설, 직장체육시설을 말하며 세부 내용은 다음과 같다. 제5조(전문체육시설) 1항에서 '전문체육시설은 국가와 지방자치단체는 국내·외 경기대회의 개최와 선수 훈련 등에 필요한 운동장이나 체육관 등 체육시설을 대통령령으로 정하는 바에 따라 설치·운영하여야 한다.'로 정의하고 있다. 다시 말해 공공체육시설 중 전문체육 시설은 국가나 지방자치단체에서 국내·외 경기 개최를 위해 설치·운영하는 운동장이나 체육관 등을 전문체육시설로 정의하고 있다. 같은 법 시행령 제3조(전문체육시설의 설치·운영) 1항에서는 법 제5조 1항에 따라 국가와 지방자치단체가 설치·운영해야 하는 전문체육시설은 국제경기대회 및 전국규모의 종합경기대회를 개최할 수 있는 체육시설과 시·군 규모의 종합경기대회를 개최할 수 있는 체육시설 등으로 구분하여 규정화하고 있다. 제6조(생활체육시설) 1항에서는 '국가와 지방자치단체는 국민이 거주지와 가까운 곳에서 쉽게 이용할 수 있는 생활체육시설을 대통령령으로 정하는 바에 따라 설치·운영하여야 한다.'로 정의하고 있다. 다시 말해 공공체육시설 중 생활체육시설은 국민이 이용하기 편하게 설치·운영할 수 있도록 규정하였으며, 같은 법 시행령 제4조(생활체육시설의 설치·운영) 1항에서는 법 제6조에 따라 국가와 지방자치단체가 설치·운영하여야 하는 생활체육시설을 정의하였다. 1호에서는 시·군·구 지역주민이 고루 이용할 수 있는 실내·외 체육시설을 2호에서는 읍·면·동 지역주민이 고루 이용할 수 있는 실외 체육시설로 정의하여 국가와 지방자치단체가 설치·운영하여야 하는 생활체육시설에 대해 규정화하였다. 제7조(직장체육시설) 제1항에서는 '직장의 장은 직장인의 체육활동에 필요한 체육시설을 설치·운영하여야 한다.'로 정의하고 있으며, 제2항에서는 '제1항에 따른 직장의 범위와 체육시설의 설치기준은 대통령령으로 정한다.'로 규정하고 있다. 같은 법 시행령 제5조(직장체육시설의 설치·운영)에서는 '직장체육시설을 설치·운영하여야 하는 직장은 상시 근무 직장인이 500명 이상인 직장으로 한다.'로 규정화하고 있지만, '문화체육관광부령으로 정하는 직장은 직장 체육시설의 전부 또는 일부를 설치·운영하지 아니할 수 있다.'로 정의하고 있다. 같은 법 시행규칙에서 문화체육관광부령으로 정하는 직장은 「초, 중등교육법 및 고등교육법」에 따른 학교와 체육시설을 설치·운영을 주된 업무로 하는 직장, 인구과밀 지역인 도심지에 위치하여 직장체육시설의 부지를 확보하기 어려운 직장, 가까운 직장 체육시설이나 그 밖의 체육시설을 항상 사용할 수 있는 직장, 그 밖에 시·도지사가 직장 체육시설을 설치할 수 없는 부득이한 사유가 있다고 인정하는 직장 등에 대해 직장 체육시설의 전부 또는 일부를 설치·운영하지 않아도 되는 규정을 명문화하고 있어 직장체육 활성화에 기인하지 못하고 있는 실정이다.

체육시설에 대한 학문적 정의도 매우 다양하다. 체육학대사전에서는 '체육시설은 체육의 수단 또는 내용으로서의 운동을 하는 장소를 총칭하여 체육시설이라 한다.'고 정의하고 있으며, 김사엽(2004)은 체육시설은 체육활동 참가자가 적극적이고 건전한 체육활동을 즐기기 위한 필수적인 환경으로 체육활동 활성화를 도모하기 위한 선결 요건이라 하였으며, 포괄적으로는 '운동에 필요한 전문적인 여러 가지 조건을 인공적으로 정비한 시설과 사용기구 및 용품을 포함한 조형물'까지로 그 의미를 확장하는 반면, '협의의 개념으로는 운동학습을 위한 각종의 장소로 규정함으로써 체육시설의 공간적 개념을 좀 더 부각시키고 있다.'고 정의했다(김사엽, 2004). 그러나 체육시설은 '효과적이며, 더욱 쾌활하고 적합하며, 안전한 운동 활동을 전제로 설치·관리되는 일정한 공간적 범위를 가지는 물적 환경'으로 정의하는 것이 보다 보편적으로 보는 시각도 있다(한국스포츠개발원, 2015). 문화체육관광부에서 발간한 2016 체육백서에서는 '체육시설을 쾌적하고 효과적인 운동 활동을 안전하게 할 수 있도록 일정한 공간적 범위에서 설치·관리되는 물적 환경'으로 규정하고 이를 광의적 개념과 협의의 개념으로 구분하였다. 광의적 개념은 운동에 필요한 여러 가지 물적 조건을 인공적으로 정비한 시설과 기구 및 용품을 포함한 조형물이며, 협의적 개념은 운동학습을 위한 각종의 장소라고 정의한 바 있다(2016 체육백서). 공공체육시설의 정의는 앞에서 살펴본 바와 같이 법률적 근거와 학문적 근거를 통해 다양한 내용으로 정의된다는 것을 알 수 있다. 체육시설은 체육활동에 참가하기 위한 참가자가 체육활동을 즐기기 위해 필요한 필수적인 환경으로 체육(운동, 경기)을 할 수 있는 물리적·공간적 범위로 말할 수 있을 것이다. 이러한 체육시설은 건강과 행복한 삶을 추구하고자 하는 인간의 기본적 욕구로 현대사회에서 그 중요성이 점차 증가하고 있으며, 국가나 지방자치단체에서 설립·운영하는 공공체육시설의 중요성은 더욱 크게 부각되고 있다. 왕흥희(2009)는 그의 논문에서 공공체육시설의 역할과 기능을 다음과 같이 설명하고 있다. 우리나라의 경우 공공체육시설은 본래의 목적과 기능과는 달리 다수의 국민보다는 소수의 엘리트 선수들을 위한 시설로 활용되고 있는 경우가 많았다. 시설 이용에 차별이나 제약이 있으면 공공체육시설 본연의 기능과 목적에 위배되므로 공공체육시설로서의 역할과 기능을 발휘하기 위해선 모든 국민이 골고루 이용할 수 있는 공간이어야 할 것이다. 이러한 관점에서의 공공체육시설은 전문체육시설과 직장체육시설보다는 생활체육시설을 말하는 것으로 앞으로 공공체육시설은 국민과 지역주민이 언제나 이용할 수 있는 체육시설로의 변화는 당연한 시대적 사명일 것이다. 법률에서 정하고 있는 공공체육시설 중 생활체육시설에 대한 정의는 다음과 같이 설명할 수 있을 것이다.

공공(생활)체육시설이란 정부, 또는 지방자치단체, 공공기관 등이 국민과 지역주민들의 체육활동을 위해 법률·조례 등을 근거로 투자·설립·운영하는 모든 체육시설을 말할 수 있을 것이다. 또한, 공공(생활)체육시설 설립 후 그 운영에 있어서도 관련 근거(법률 등)에 의해 이용요금이 책정되며, 사회적 복지대상자에 대한 의무적 할인혜택이 주어지고 국가나 지방자치단체의 예산을 통해 운영하는 시설로서 공공행정에 의한 관리 감독이 되는 체육시설을 "공공(생활)체육시설"이라 정의할 수 있을 것이다.

2 특징

지방공기업에서 운영하는 공공체육시설 중 지역주민을 위해 운영하는 생활체육시설은 종합체육시설, 축구장, 야구장, 테니스장, 배드민턴장, 클라이밍장 등이 있으며, 이러한 공공생활체육시설은 일반 체육시설과는 다른 특징이 있을 것이다. 지방공기업에서 운영하는 공공체육시설의 운영기준인 지방자치조례를 기준으로 공공체육시설의 특징을 살펴보면 설립주체는 국가 또는 지방자치단체이며, 공공체육시설 운영에 있어 지방자치조례 등 법률에서 정하는 기준을 근거로 운영되는 시설이다. 또한, 특정 지역에 설립되지만, 누구나 이용할 수 있는 시설이며, 사용료가 비교적 저렴하고, 감면대상이 다양하다는 것을 특징으로 설명할 수 있을 것이다. 공공체육시설의 4가지 특징은 다음과 같다. 첫째, 설립주체가 국가 또는 지방자치단체이다. 둘째, 지방자치조례 등 법률에서 정하는 기준을 근거로 운영되는 시설이다. 지방공기업에서 운영하는 체육시설의 소유주는 국가 또는 지방자치단체로서 국가 또는 지방자치단체에서 예산을 투입하여 설립되는 시설이다. 해당 체육시설의 운영에 필요한 사용료의 징수 등이 조례 등에 규정되어 있어 지방공기업 임의대로 사용료를 변경하여 징수하지 못하며, 조례 등에 명시된 사용료는 제8조(사용료의 징수) '○○○은 체육시설을 이용하는 사람에 대하여 〔별표2〕에서 정한 범위에서 사용료를 받을 수 있으며, 이에 관한 세부사항은 규칙으로 정한다. 그 밖의 체육시설 사용료는 〔별표3〕과 같다.' 등으로 조례에 규정되어 있다. '셋째, 특정 지역에 설립되나 누구나 이용할 수 있다.'는 제1조(목적) 이 조례는「체육시설의 설치·이용에 관한 법률」제5조 및 제6조에 따라 '○○○○(시·군·구) 체육시설의 설치 및 운영에 필요한 사항을 규정하여 시민(구민)의 심신단련 및 건전한 시민(구민)의식 함양에 이바지함을 목적으로 한다.' 등으로 일정 지역에 설치하는 것과 일정 지역 주민들의 건강을 위한 시설임을 명시하고 있다. '넷째, 사용료가 비교적 저렴하며, 감면대상이 다양하다.'는 제9조(사용료의 감면) '○○○은 다음 각호의 어느 하나에 해당하는 경우에는 사용료를 감면할 수 있다.'로 규정하고 있다. 조문에서 말하는 '어느 하나에 해당하는 경우'는 다양한 감면 대상을 말하는 것이며, 대표적인 감면 대상은「국가유공자 등 예우 및 지원에 관한 법률」,「장애인복지법」,「노인복지법」에서 정하고 있는 감면 대상자 등이다. 그 외 다둥이 행복카드 소지자 및 대상자, 수영장 이용자 중 특정 연령대 여성, 초등학생 이하 어린이 등 지방자치단체 특성에 맞게 감면대상을 구분하여 다양하게 감면제도를 시행하고 있다.

3 역할과 필요성

지방공기업에서 운영하는 공공체육시설을 기준으로 공공체육시설의 역할은 다양할 것이다. 특히, 지방공기업에서 운영하는 종합체육시설(구민체육센터, 군민체육센터 등)을 기준으로 살펴보면, 해당 지역주민(상근자 포함)들의 체육활동 및 문화 활동의 장으로서의 역할과 지역주민들의 커뮤니티 공간으로서의 역할을 수행한다. 또한, 체육시설 고유의 역할인 지역주민들의 건강증진 및 생활체육저변확대의 역할이 있을 수 있을 것이다. 전윤애(2009)는 공공체육시설의 역할을 크게 2가지로 구분하여 설명하였다. 첫째는 사회적 가치로서의 역할이며, 둘째는 도시 기능적 가치로서의 역할이다. 사회적 가치로서의 역할 측면에서는 적극적 사회복지 시설, 지역공동체 공간으로서의 시설, 문화 및 사회교육공간으로서의 역할 등을 말하며, 도시 기능적 가치로서의 역할에서는 여가활동의 공간으로의 역할을 설명했다. 천성선(2011)은 적극적 사회복지시설로서의 공공시설(적극적 사회복지 시설), 지역공동체 세대 공감의 공간(지역공동체 공간으로서의 시설), 문화 활동의 공간(문화 및 사회교육 공간), 사회교육의 장, 국민건강증진과 생활체육저변확대(여가활동의 공간) 등 5개의 역할로 구분하여 설명한 바 있으며, 공공체육시설의 설치 및 운영은 국가 및 지방자치단체의 국민과 주민을 위한 적극적 사회복지정책의 일환으로 보았다. 해당 시설 소재 주민들의 자발적 활동

공간으로서 역할을 수행하여 지역주민의 거점 공간이 되어 지역공동체 활동이 활성화된다고 보았으며, 문화 활동 공간으로서의 역할에 대해서는 대도시 지역의 공공체육시설은 체육활동 위주의 시설로서 문화 활동 공간으로의 역할은 미약하다고 보았다. 농어촌지역의 경우 체육시설과 문화시설이 독립적으로 존재하기 어렵고 그로 인해 체육시설과 문화시설의 기능을 가진 복합기능으로서의 기능을 가진 공공체육시설을 통해 체육활동과 문화 활동이 이뤄진다고 설명했다.

생활체육의 장으로서의 공공체육시설 이용자가 유아에서 노인층까지 전 연령층으로 다양하며, 공공체육시설에서 운영하는 체육프로그램 참여를 통해 다양한 사회규범 및 규칙을 배우게 되어 사회교육의 장으로서의 역할을 담당한다고 보았다. 이는 생활체육은 평생교육의 역할까지도 수행함을 의미한다고 볼 수 있다. 마지막으로 공공체육시설은 국민건강과 생활체육 저변확대를 수행하는 역할을 한다고 보았다. 공공체육시설에서 운영하는 다양한 생활체육 프로그램의 참여는 국민들의 건강증진에 크게 기여함은 누구도 부정할 수 없을 것이며, 이러한 프로그램 참여는 생활체육 저변확대에도 크게 기여할 수 있을 것이다. 공공체육시설의 필요성을 한마디로 설명하기는 쉽지 않을 것이다. 다양한 필요성 중 공공체육시설의 필요성이 가장 우선되어야 할 이유는 체육활동에 참여하기 위함이라 설명할 수 있을 것이며, 체육활동의 참여는 직접체험과 간접체험으로 구분하여 설명할 수 있을 것이다. 직접체험은 체육시설을 이용하여 체육활동에 직접적으로 참여하는 것을 말하며, 체육활동에 참여하여 건강하고 행복한 삶을 추구하는 것으로 설명할 수 있을 것이다. 간접체험은 체육시설을 활용한 국내체육대회 또는 국제체육대회 등을 통해 엘리트선수들의 선전하는 모습을 보며, 희열을 느끼고 다양한 운동 기술을 간접적으로 체험하는 것이라 말할 수 있을 것이다.

4 기능

지방공기업에서 운영하는 공공생활체육시설은 지역주민들의 체육활동의 중심이 되는 시설로서 지역주민들의 다양한 요구를 반영하여 운영되고 있다. 지역주민의 체육활동을 위한 공공체육시설의 기능을 체육시설로서의 기능과 공공재로서의 기능으로 구분하여 설명하고자 한다. 먼저 체육시설로서의 기능으로는 체육활동 참여기회 제공, 체육활동 참여욕구 충족, 체육활동 참여를 통한 운동기능 습득 및 향상, 체육활동 참여를 통한 스트레스 해소 등 4기지로 구분하여 설명할 수 있을 것이다. 체육활동 참여기회 제공과 체육활동 참여욕구 충족은 인간으로서의 기본적인 욕구를 충족시켜 이를 통해 스트레스 해소 등 순기능적인 측면이 순환될 수 있을 것이다. 지역사회 공공재로서 기능으로는 지역사회 주민들의 건전한 여가생활 영위를 위한 활동의 장으로서의 기능과 체육프로그램 참여활동을 통한 지역주민들 간의 관계 형성 및 유대 강화의 기능 등으로 설명할 수 있을 것이다. 이는 공공체육시설에서 운영하는 프로그램 참여를 통해 지역주민들과의 인간관계를 향상시키는 사교 공간으로의 기능을 말하는 것이다. 또한, 공공체육시설이 건립 및 운영이 될 경우 해당 지역은 개발이 되며, 이는 인간의 삶의 질을 높일 수 있는 중요한 요소로서의 기능이라 할 수 있을 것이다. 쾌적한 환경과 주거복지시설의 유입은 지역개발 및 지역주민들의 삶의 질 향상에 크게 기여된다고 볼 수 있을 것이다.

이외에도 체육활동을 통한 즐거움과 질병에 대한 예방체육으로서의 기능인 건강 증진도 공공체육시설의 기능에 포함될 수 있을 것이다. 생활수준의 향상과 여가시간의 증대로 인하여 체육활동 참여 욕구가 한층 증대되고 있는 오늘날 공공체육시설은 단순히 참가자의 욕구 충족을 위한 수단으로서의 물리적 기능에만 국한되는 것이 아니라 복지시설로서의 의미와 가치를 지니고 있는 것이다.

〈별표 6-2-1〉 공공체육시설의 기능

구분	체육시설	공공재
기능	체육활동 참여기회 제공 체육활동 참여욕구 충족 체육활동 참여를 통한 운동기능 습득 및 향상 체육활동 참여를 통한 스트레스 해소	지역주민들의 건전한 여가생활 영위의 장 지역주민 간의 관계 형성 및 유대 강화 지역개발에 따른 삶의 질 향상

2. 체육시설의 구분

1 체육시설(민간체육시설)의 구분

체육시설의 설치 및 운영에 있어 민간체육시설과 공공체육시설을 구분하기 위해 「체육시설의 설치·이용에 관한 법률」(2018.9.18. 일부개정 기준)을 근거로 설명할 수 있을 것이다. 민간체육시설의 법률적 구분은 「체육시설의 설치·이용에 관한 법률」에서 정하고 있으며, '체육시설'은 체육활동에 지속적으로 이용되는 시설과 그 부대시설로 정의하고 있다. 동법 제2조(정의) 2호에서는 "체육시설업"이란 '영리를(營利) 목적으로 체육시설을 설치·경영하는 업(業)을 말한다.'로 정의하고 있으며, "체육시설업자"는 영리를 목적으로 체육시설을 설치·경영하는 업을 하고 있는 것을 의미한다. 같은 법 제2조(정의) "체육시설업자"란 '제19조(체육시설업의 등록) 제1항·제2항 또는 제20조(체육시설업의 신고)에 따라 체육시설업을 등록하거나 신고한 자를 말한다.'고 정의하고 있어, 민간체육시설(업)은 관련 법에 의거 영리를 목적으로 체육시설업을 등록하거나 신고한 체육시설업자가 운영하는 체육시설로 정의할 수 있을 것이다. 체육시설의 운영주체 기준으로는 민간체육시설의 경우 체육단체·사회복지단체·종교단체·민간단체 또는 그 기관의 고유목적을 달성하기 위하여 설치 및 운영하는 모든 비영리 체육시설과 개인·영리단체 또는 기업에서 영리를 목적으로 설치 및 운영하는 영리(상업용) 체육시설로 분류할 수 있다.

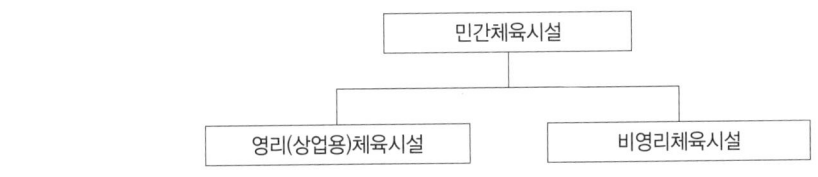

〈그림 6-2-1〉 민간체육시설의 구분

「체육시설의 설치·이용에 관한 법률」에서 정하고 있는 체육시설의 분류 및 설치기준은 다음과 같다. 「체육시설의 설치·이용에 관한 법률」 제2조(정의) 2호의 기준에 따라 영리(營利)를 목적으로 체육시설을 설치·경영하는 업(業)을 체육시설(민간체육시설)로 구분하여 체육시설의 분류 및 기준을 살펴보면 다음과 같다. 같은 법 제3조(체육시설의 종류)에서는 '체육시설의 종류는 운동종목과 시설형태에 따라 대통령령으로 정한다.'로 정의하고 있으며, 같은 법 시행령 제2조(체육시설의 종류)에서는 그 세부기준을 다음과 같이 정하고 있다.

〈별표 6-2-2〉 체육시설의 종류(제2조 관련)

구분	체육시설의 종류
운동종목	골프장, 골프연습장, 궁도장, 게이트볼장, 농구장, 당구장, 라켓볼장, 럭비풋볼장, 롤러스케이트장, 배구장, 배드민턴장, 벨로드롬, 볼링장, 봅슬레이장, 빙상장, 사격장, 세팍타크로장, 수상스키장, 수영장, 무도학원, 무도장, 스쿼시장, 스키장, 승마장, 썰매장, 씨름장, 아이스하키장, 야구장, 양궁장, 역도장, 에어로빅장, 요트장, 육상장, 자동차경주장, 조정장, 체력단련장, 체육도장, 체조장, 축구장, 카누장, 탁구장, 테니스장, 펜싱장, 하키장, 핸드볼장, 그 밖에 국내 또는 국제적으로 치러지는 운동종목의 시설로서 문화체육관광부장관이 정하는 것
시설형태	운동장, 체육관, 종합 체육시설, 가상체험 체육시설

자료: 국가법령정보센터(http://www.law.go.kr/), 「체육시설의 설치·이용에 관한 법률 시행령」

같은 법 시행령〔별표2〕 체육시설업의 종류별 범위(제6조 관련)에서는 업종은 크게 스키장업, 썰매장업, 요트장업, 빙상장업, 종합체육시설업, 체육도장업, 무도학원업, 무도장업, 가상체험 체육시설업 등 9가지로 기준을 정하고 있다. 종합체육시설업은 법 제10조 제1항 제2호에 따른 신고 체육시설업의 시설 중 실내수영장을 포함한 두 종류 이상의 체육시설을 같은 사람이 한 장소에 설치하여 하나의 단위 체육시설로 경영하는 업으로 정의하고 있다. 같은 법 제10조(체육시설업의 구분·종류)에서는 체육시설업을 등록체육시설업과 신고체육시설업으로 구분하고 있으며, 등록체육시설업과 신고체육시설업은 다음과 같다.

〈별표 6-2-3〉 체육시설업의 구분 · 종류(제10조 관련)

구분	체육시설업의 구분
등록체육시설업	골프장업, 스키장업, 자동차경주장업
신고체육시설업	요트장업, 조정장업, 카누장업, 빙상장업, 승마장업, 종합체육시설업, 수영장업, 체육도장업, 골프연습장업, 체력단련장업, 당구장업, 썰매장업, 무도학원업, 무도장업, 야구장업, 가상체험 체육시설업

자료: 국가법령정보센터(http://www.law.go.kr), 「체육시설의 설치 · 이용에 관한 법률」

시설 기준은 같은 법 제11조(시설 기준 등) 1항에 '체육시설업자는 체육시설업의 종류에 따라 문화체육관광부령으로 정하는 시설 기준에 맞는 시설을 설치하고 유지 · 관리하여야 한다.'로 정의하고 있다. 같은 법 시행규칙 (별표 4)에서는 체육시설업의 시설기준을 공통기준과 체육시설업의 종류별 기준으로 정의하고 있으며, 공통기준에서는 필수시설, 임의시설로 구분하며, 필수시설에는 편의시설, 안전시설, 관리시설의 시설 기준을 정하고 있다. 임의시설에서는 편의시설, 운동시설 등의 기준에 대하여 정하고 있다.

체육시설업의 종류별 기준에서는 골프장업, 스키장업, 요트장업, 조정장업 및 카누장업, 빙상장업, 자동차경주장업, 승마장업, 종합체육시설업, 수영장업, 체육도장업, 골프연습장업, 체력단련장업, 당구장업, 썰매장업, 무도학원 및 무도장업 등에 대한 운동시설과 안전시설 등에 대하여 정하고 있다.

2 공공체육시설의 구분(법률적 구분)

"공공체육시설"이라는 용어는 1994년 「체육시설의 설치 · 이용에 관한 법률」이 개정되면서 법령에 공식적으로 사용되기 시작했다. 해당 법률에서는 설치나 운영주체에 의해 공공체육시설을 전문체육시설, 생활체육시설, 직장체육시설 등으로 분류하고 있다. 단, 직장체육시설의 경우 '공공체육시설은 국가 · 지방자치단체 또는 공공단체가 국민의 스포츠 활동에 제공하기 위하여 설치 운영되는 시설을 말한다.'라고 정하고 있는 공공체육시설의 정의와는 다른 의미일 수도 있다. 「체육시설의 설치 · 이용에 관한 법률」 제2장 공공체육시설에서는 제5조(전문체육시설), 제6조(생활체육시설), 제7조(직장체육시설) 등으로 공공체육시설을 정하고 있다.

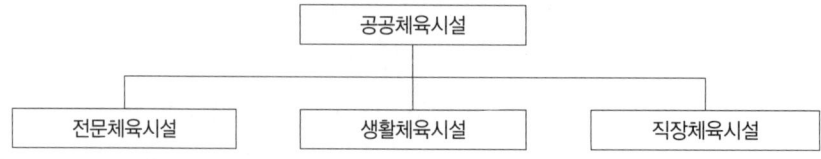

자료: 국가법령정보센터, http://www.law.go.kr/

〈그림 6-2-2〉 공공체육시설의 구분

(1) 전문체육시설

전문체육시설의 경우 「체육시설의 설치·이용에 관한 법률」 제5조(전문체육시설) 1항에 '국가와 지방자치단체는 국내·외 경기대회의 개최와 선수 훈련 등에 필요한 운동장이나 체육관 등 체육시설을 대통령령으로 정하는 바에 따라 설치·운영하여야 한다.'로 정의하고 있으며, 같은 법 시행령 제3조(전문체육시설의 설치·운영) 1항에 국가와 지방자치단체가 설치·운영하여야 하는 전문체육시설을 다음과 같이 정의하고 있다.

〈별표 6-2-4〉 특별시·광역시·도 및 특별자치도 설치기준

시설종류	설치기준
종합운동장	대한육상경기연맹의 시설관계공인규정에 따른 1종 공인경기장
체육관	바닥 면적이 1,056제곱미터(길이 44미터, 폭 24미터) 이상이고, 바닥에서 천장까지의 높이가 12.5미터 이상인 관람석을 갖춘 체육관
수영장	대한수영연맹의 시설관계공인규정에 따른 1급 공인수영장
그 밖에 전국 규모의 종합경기대회 개최 종목시설	해당 종목별 경기단체의 시설규정에 따른 시설

자료: 국가법령정보센터, http://www.law.go.kr/

시·도의 경우에는 국제경기대회 및 전국 규모의 종합경기대회를 개최할 수 있는 체육시설을 설치하고, 시·군에서는 시·군 규모의 종합경기대회를 개최할 수 있는 체육시설을 설치·운영하도록 규정하고 있으며, 같은 법 시행규칙 제2조(전문체육시설의 설치기준)에서는 전문체육시설의 설치기준을 특별시·광역시·도 및 특별자치도와 시·군으로 구분하여 설치기준에 대해 규정하고 있다.

〈별표 6-2-5〉 시·군 설치기준

시설종류	구분	설치기준		
		혼합형	소도시형	중도시형
	적용기준	군 지역 또는 인구 10만 명 미만인 시(市)	인구 10~15만 명인 시(市)	인구 15만 명 이상인 시(市)
운동장	경기장 규격	공인 제2종	공인 제2종	공인 제2종
체육관	경기장 규격	24m×46m×12.4m	24m×46m×12.4m	24m×46m×13.5m
수영장	경기장 규격	3급 공인	3급 공인	2급 공인

자료: 국가법령정보센터, http://www.law.go.kr/

(2) 생활체육시설

생활체육시설의 경우 「체육시설의 설치·이용에 관한 법률」 제6조(생활체육시설) 1항 '국가와 지방자치단체는 국민이 거주지와 가까운 곳에서 쉽게 이용할 수 있는 체육시설을 대통령으로 정하는 바에 따라 설치·운영하여야 한다.'로 정의하고 있으며 같은 법 시행령 제4조(생활체육시설의 설치·운영) 1항에 국가와

지방자치단체가 설치·운영하여야 하는 생활체육 시설은 다음과 같이 정의하고 있다. 시·군·구의 경우에는 지역주민이 고루 이용할 수 있는 실내·외 체육시설, 읍·면·동에서는 지역주민이 고루 이용할 수 있는 실외 체육시설을 설치·운영하도록 규정하고 있다. 같은 법 시행규칙에서는 생활체육시설의 설치기준을 다음과 같이 정의하고 있다.

1. 특별자치시·특별자치도·시·군·구
   체육관, 수영장, 볼링장, 체력단련장, 테니스장, 에어로빅장, 탁구장, 골프연습장, 게이트볼장 등의 실내·외 체육시설 중 지역 주민의 선호도와 입지 여건 등을 고려하여 설치
2. 읍·면·동
   테니스장, 배드민턴장, 운동장, 골프연습장, 게이트볼장, 롤러스케이트장, 체력단련장 등의 실외체육시설 중 지역 주민의 선호도와 입지 여건 등을 고려하여 설치

(3) 직장체육시설

직장체육시설의 경우 「체육시설의 설치·이용에 관한 법률」 제7조(직장체육시설) 1항 '직장의 장은 직장인의 체육활동에 필요한 체육시설을 설치·운영하여야 한다.'로 정의하고 있다.

같은 법 시행령 제5조(직장체육시설의 설치·운영) 1항에서는 '직장체육시설을 설치·운영하여야 하는 직장은 상시 근무하는 직장인이 500명 이상인 직장으로 한다. 다만, 문화체육관광부령으로 정하는 직장은 직장체육시설의 전부 또는 일부를 설치·운영하지 아니할 수 있다.'로 정의하고 있으며, 문화체육관광부령으로 정하고 있는 직장은 다음과 같다.

문화체육관광부령으로 정하는 직장
1. 「초·중등 교육법」 및 「고등교육법」에 따른 학교
2. 체육시설의 설치·운영을 주된 업무로 하는 직장
3. 다음 각 목의 어느 하나에 해당하는 직장
   가. 인구과밀 지역인 도심지에 위치하여 직장체육시설의 부지를 확보하기 어려운 직장
   나. 가까운 직장체육시설이나 그 밖의 체육시설을 항상 사용할 수 있는 직장
   다. 그 밖에 시·도지사가 직장체육시설을 설치할 수 없는 부득이한 사유가 있다고 인정하는 직장 등을 말한다.

「체육시설의 설치·이용에 관한 법률 시행규칙」〔별표3〕 직장체육시설의 설치기준은 직원이 500명 이상인 직장으로 「체육시설의 설치·이용에 관한 법률 시행령」〔별표1〕에서 정하고 있는 체육시설의 종류 중 두 종류 이상의 체육시설을 설치기준으로 정하고 있다.

3 운영주체

(1) 위탁근거(법률적 근거)

정부나 지방자치단체는「국민체육진흥법」과「체육시설의 설치·이용에 관한 법률」에 근거하여 공공체육시설을 설치·운영하게 된다.「국민체육진흥법」제13조(체육시설의 설치 등) 1항 '국가와 지방자치단체는 국민의 체육활동에 필요한 시설의 적정한 확보와 이용에 필요한 시책을 마련하여야 한다.'와「체육시설의 설치·이용에 관한 법률」제4조(국가와 지방자치단체의 의무) '국가와 지방자치단체는 국민의 체육활동에 필요한 체육시설의 적정한 설치·운영과 체육시설업의 건전한 육성을 위하여 필요한 시설을 강구하고 적절한 지도와 지원을 하여야 한다.'로 정의하고 있다. 위의 법률적 근거를 기준으로 정부나 지방자치단체가 공공체육시설을 설립할 경우 설립 후 해당 시설물에 대한 운영 주체를 결정하게 된다. 운영주체 결정과 관련한 법률적 근거는「체육시설의 설치·이용에 관한 법률」이며, 법 제9조(체육시설의 위탁운영) '국가나 지방자치단체는 제5조(전문체육시설) 제1항 및 제6조(생활체육시설)에 따른 체육시설과 제7조(직장체육시설) 제1항에 따른 직장체육시설 중 국가나 지방자치단체가 설치한 체육시설의 전문적 관리와 이용을 촉진하기 위하여 필요하면 그 체육시설의 운영과 관리를 개인이나 단체에 위탁할 수 있다.'고 규정하고 있다.

위의 법률을 기준으로 해당 지방자치단체에서는 체육시설의 설치 및 운영에 관한 조례를 제정하여 체육시설의 설치 및 운영에 대한 기준을 마련하고 지방자치단체별 특성에 맞게 체육시설을 관리·운영하게 된다. 지방자치단체 중 서울특별시에서 제정하여 운영하고 있는「서울특별시립체육시설의 설치 및 운영에 관한 조례」를 살펴보면 다음과 같다. 동 조례 제3장 제16조(운영의 위탁) 1항 '시장은 필요하다고 인정할 때에는 체육시설의 운영과 관련되는 사무 중 그 일부 또는 전부를 체육진흥에 이바지할 수 있는 법인·단체 또는 개인에게 위탁할 수 있다.'로 규정하고 있으며, 동 조례 제16조(운영의 위탁)에서 정하고 있는 위탁대상시설은 아래 표와 같다.

〈별표 6-2-6〉 위탁대상시설(제16조 관련)

대상시설
1. 잠실종합운동장 중 제1수영장, 제2수영장, 야구장, 풋살구장, 2. 장충체육관, 3. 목동운동장 등 야구장, 실내빙상장, 다목적구장, 4. 뚝섬승마훈련원, 5. 서울월드컵경기장, 6. 삭제, 7. 효창운동장(노외주차장 포함), 8. 구의야구공원, 9. 신월야구공원, 10. 서남권 돔구장

또한, 공공체육시설운영 수탁자 선정에 대한 세부 기준도 조례에서 그 기준을 정하고 있으며, 이러한 법률적 근거를 기준으로 지방자치단체에서는 해당 자치단체에서 설립한 공공체육시설 운영을 직접운영 또는 간접운영 형식으로 정하여 공공체육시설을 운영 및 관리하게 된다.「서울특별시립체육시설의 설치 및 운영

에 관한 조례」 제23조(사무의 위임) 1항 '이 조례 중 다음 각호의 사무를 서울특별시 체육시설 관리사업소장에게 위임한다. 다만, 제3장에 따라 법인·단체·개인 등에 위탁하는 체육시설과 제2항에 따라 구청장이 관리·운영하는 체육시설에 대한 사무는 그러하지 아니하다.'이다. 정부 및 지방자치단체에서는 위의 법률적 근거를 기준으로 공공체육시설에 대한 설치 및 위탁운영에 대한 기준을 정하고 있으며, 이를 근거로 공공체육시설은 직접운영형식과 간접운영형식으로 운영될 수 있는 것이다.

(2) 직접운영 형태

"직접운영방식"이라 함은 행정기관인 지방자치단체가 본청에 행정부서를 구성하고 별도의 사업소를 설치하여 공공체육시설을 직접 관리·운영하는 것을 의미할 것이다. 직접운영 방식의 장점은 지역주민의 복리증진을 최우선으로 고려하여 저렴한 비용의 체육서비스를 안정적, 지속적으로 공급할 수 있다는 것이며, 시설 운영과정에서 책임성을 확보할 수 있고, 신규시설이나 노후시설 교체 등에 필요한 투자재원 조달이 용이하다는 데 있을 것이다. 또한, 지방자치단체의 정책과 시설운영을 연계시킬 수 도 있을 것이다. 직접운영방식의 단점은 합법성이 중요한 행위 기준인 공공조직의 특성상, 시설운영을 통해 사업성과를 높이려는 동기부여가 제약될 수 있다는 점일 것이다. 독점 운영체제로 경쟁성이 없으며, 직원들(공무원)의 빈번한 인사이동(순환보직 등)과 체육행정 또는 체육시설과 관련한 전문성 확보도 직접운영방식의 단점이라 할 수 있을 것이다(최웅선, 2017).

공공체육시설의 직접 운영사례는 지방자치단체 중 경기도에 소재하고 있는 평택시에서 확인할 수 있다. 평택시에는 소사벌레포츠타운, 이충문화체육센터, 서평택국민체육센터 등 수영장을 포함한 종합체육시설 3개소를 설립하여 운영하고 있다. 평택시 공공체육시설은 평택시 체육진흥과 체육시설운영팀에서 관리하고 있으며, 해당과의 분장 사무는 다음과 같다. 먼저, 생활체육진흥 사업의 추진, 체육회 및 생활체육협의회 육성지원, 체육진흥기금 조성관리, 체육시설업 등록에 관한 사항 및 관리, 시민의 날 체육행사 추진, 각종 체육대회 개최, 직장 운동경기부 운영, 공공체육시설 조성, 공공 및 동네 체육시설 유지 관리, 체육시설업(신고, 변경, 승계, 휴·폐업)관리 등이다. 분장된 사무 중 공공체육시설과 관련된 분장 사무는 공공체육시설 조성과 공공 및 동네체육시설 유지관리 업무 등일 것이다. 평택시 체육진흥과 체육시설운영팀의 담당자별 업무분장 중 소사벌레포츠타운시설물 관리, 수영강습 및 안전관리 업무 등이 업무내용으로 공지되고 있다. 이는 평택시 체육진흥과에서 해당 업무를 수행하고 있다는 의미이다. 평택시청 홈페이지 시험·채용공지사이트를 살펴보면 체육시설 운영에 필요한 채용시험에 대한 공고는 공무직근로자 채용시험과 지방임기제공무원 채용시험 등 2가지로 구분되어 공고되고 있다. 공무직근로자는 평택시 공무직근로자 정원관리 규정을 근거로 직원을 채용하게 되며, 평택시 체육진흥과에 포함된 공무직근로자 정원은 총 11명으로 정하고 있다. 공무직은 크게 기술사무원과 행정사무원으로 구분되며, 11명 정원 중 기술사무원은 3명이며, 행정사무원은 8명이다. 기술사무원은 시설물·장비의 유지 및 관리, 강습지도 등에 종사하는 인력과 현장작업·현업인부 등에 종사하는 인력을 말하며, 행정사무원은 현장 조사 및 감시, 계도, 단순노무 등에 종사하는 인력과 비서, 단순 잡역조무에 종사하는 인력으로 구분하고 있다. 「평택시 공무직 근로자 정원관리 규정」 제2조(정의) 1호에서는 "공무직근로자(이하 "공무직"이라 한다)"란 『평택시 행정기구 및 정원 조례』에서 정한 정원 이외의 인력으로 평택시에 채용되었거나, 「공공부문 비정규직대책」에 따라 기간의 정함이 없는 근로계약이 체결되어 본청, 의회사무국, 직속기관, 사업소, 출장소 및 읍면동 행정복지센터에 근무하는 사람을 말한다.'로 정의하고 있다. 지방임기제공무원은 「지방공무원법」을 근거로 운영되고 있으며, 「지방공무원법」 제25조의5(근무기간을 정하여 임용하는 공무원) 1항에서는 '지방자치단체의 장은 전문지식·기술이 요구되거나 임용관리에 특수성이 요구되는 업무를 담당하게 하기 위하여 경력직 공무원을 임용할 때에 일정기간을 정하여 근무하는 공무원을 임용할 수 있다.'로 정하고 있다. 2항에서는 임기제공무원의 임용조건, 임용절차, 근무상한 연령 및 그 밖에 필요한 사항은 대통령령으로 정한다고 정하고 있다. 「지방공무원임용령」에서는 임기제공무원의 종류, 임용절차 등, 임기제공무원의 근무기간, 근무실적평가 등 임기제공무원의 운영에 대한 내용으로 규정화하고 있다. 「지방공무원임용령」 제3조의2(임기제공무원의 종류)에서는 임기제공무원을 일반임기제공무원, 전문임기제공무원, 시간선택제 임기제공무원, 한시임기제공무원 등 4종류로 분류하고 있다. 평택시에서는 임기제공무원의 종류 중 공공체육시설 운영에 필요한 인력을 시간선택제 임기제공무원으로 채용하여 운영하고 있다.

「지방공무원 임용령」에서 정하고 있는 "시간선택제임기제공무원"의 정의는 예산의 범위에서 법 제25조의3에 따라 통상적인 근무시간보다 짧은 시간(주당 15시간 이상 35시간 이하의 범위에서 임용권자가 정한 시간을 말한다. 이하 이 조에서 같다)을 근무하는 공무원으로 임용되는 임기제공무원으로 정의하고 있다. 체육시설운영에 필요한 평택시 채용공고 내용은 다음과 같다. 첫 번째 평택시 공고 제2018-620호 「2018년 제1회 평택시 공무직근로자 채용시험 시행계획 공고」에서 체육시설 운영에 필요한 공무직근로자 채용시험 공고 중 공무직근로자의 근무예정부서는 평택시 체육진흥과이며, 채용분야는 소사벌레포츠타운과 이충문화체육센터의 수영장관리원이다. 담당업무는 수영장 탈의실 및 체육시설 관리 등의 업무를 수행할 직원을 채용하고 있다. 두 번째는 평택시 인사위원회 공고 제2019-1147호이며, 「2019년도 제4회 평택시 지방임기제공무원 채용시험 시행계획 공고」이다. 지방임기제공무원 채용시험 시행계획 공고에서는 선발예정 분야는 수영지도 및 안전관리이며, 근무부서는 평택수영장, 이충수영장, 서평택수영장 등이다. 채용예정 직급은 시간선택제 임기제 '라'급이며, 담당업무는 수영강습 및 수영장 안전관리 업무이다. 해당 업무 채용 자격기준은 ① 수영지도자와 인명구조요원 관련 자격증을 모두 소지한 자이며, ② 고등학교를 졸업한 후 1년 이상 관련분야 실무경력이 있는 사람, ③ 2년 이상 관련분야 실무경력이 있는 사람, ④ 9급 또는 9급 상당 이상의 공무원으로 1년 이상 관련분야 실무경력이 있는 사람 등이다. 관련분야 실무경력은 정부, 지방자치단체, 공공기관 및 민간법인에서 수영지도 강습 및 수상안전요원 등 안전요원으로 근무한 경력을 말한다. '시간선택제 임기제 '라' 급의 근무시간은 주35시간이며, 기본연봉은 32,931천 원이다(2019년 기준). 기본연봉 외 제 수당은 「지방공무원 수당」 등에 관한 규정에 의하여 별도 지급하며, 제 수당은 개인에 따라 차이가 있을 수 있다. 복리후생으로 복지 포인트는 별도 지급된다. 시간선택제 임기제공무원의 근무기간은 「지방공무원임용령」 제21조의4(임기제공무원의 근무기간) 1항에서 '임기제공무원의 근무기간은 5년의 범위에서 해당 사업을 수행하는 데 필요한 기간으로 한다.'고 정의하고 있다. 다만 2항 '지방자치단체의 장은 일반임기제공무원, 전문임기제공무원 또는 시간선택제 임기제공무원을 임용하게 된 해당 사업이 계속되거나, 부득이한 사유로 근무기간 내에 사업이 종료되지 아니하여 근무기간을 연장할 필요가 있다고 인정할 때에는 해당 인사위원회의 의결을 거쳐 총 근무기간이 5년(정책결정 보좌를 위한 전문임기제공무원은 제1항 단서의 기간을 말한다)을 넘지 아니하는 범위에서 제62조 제2항에 따른 공고 절차를 거치지 아니하고 근무기간을 연장할 수 있다.'고 정의하고 있어 해당사업이 계속되는 경우 해당 인사위원회의 의결을 거쳐 5년을 넘지 않는 범위에서 근무기간을 연장할 수 있어 최장 10년 동안 근무할 수 있다. 단, 해당 업무담당자의 근무실적이 탁월한 경우일 것이다. 평택시의 경우 평택시 또는 정부에서 설립한 공공체육시설의 운영에 있어 지방자치단체가 직접 운영하는 형태로 운영하고 있는 사례이다. 「지방공무원법」 제4조(일반직공무원의 계급 구분 등)에서 정하고 있는 일반직공무원(1급부터 9급)은 아니나 같은 법 제25조의5(근무기간을 정하여 임용하는 공무원)에 해당하는 시간선택제 임기제공무원 신분으로 업무를 수행하는 것이다.

(3) 간접운영 형태

"간접운영방식"이라 함은 공공체육시설을 설립(설치)한 정부 또는 지방자치단체에서 직접 운영하지 않고 개인이나 단체에 위탁하여 운영하는 것으로 설명할 수 있을 것이다. 최웅선(2017)은 정부 또는 지방자치단체가 공공체육시설을 운영하기 위해 선택할 수 있는 방식을 직접운영과 간접운영 등 두 가지 형태로 구분하였다. 위탁 운영방식인 간접운영방식에 대해서는 위탁운영대상자에 따라 위탁운영방식을 구분하고 있으며, 위탁방법은 크게 4가지로 구분했다. 4가지 간접운영 방식은 1) 지방공기업 위탁, 2) 체육단체 위탁, 3) 재단법인 위탁, 4) 민간기업 위탁 등이며, 공기업 위탁 방식을 제외한 위탁 운영 형태의 주요 내용은 다음과 같이 설명했다. 첫째, 체육단체 위탁방식은 지방자치단체가 체육시설의 운영 업무를 체육관련 민간단체에 위탁하는 것을 의미하며, 체육시설의 소유권은 지방자치단체에 있지만, 위탁받은 체육시설의 운영에 있어 체육단체는 자기명의와 책임하에 시설을 운영하게 된다고 설명하고 있다. 둘째, 재단법인 위탁운영 방식은 「민법」 제32조에 근거하여 설립되는 비영리법인에 체육시설 운영을 위탁하는 것으로 체육시설 관리·

운영을 위한 재단법인으로는 춘천시 체육진흥재단과 수원월드컵경기장관리재단이 대표적이라고 설명하고 있다. 지방자치단체에서 재단법인에 위탁할 경우 재단법인의 시설운영비는 지방자치단체의 지원금과 자체 수입으로 충당되는 형태로 운영되는 방식이라 설명하고 있다. 셋째, 민간기업 위탁운영 방식은 공공체육시설 관리·운영 사무를 민간 기업에 맡겨 그 책임 하에 운영하도록 하는 것을 의미한다. 민간기업 위탁운영 방식은 민간기업과 계약을 통해 이루어지고, 민간업체는 자체수입과 지방자치단체로부터의 위탁 비용으로 시설운영비를 충당하는 방식으로 설명하고 있다(최웅선, 2017, 충남 공공체육시설의 적정 운영방안). 지방공기업 위탁운영방식은 위탁할 수 있는 범위를 관련 법률에서 정하고 있다. 「지방공기업법」 제2조(적용 범위) 2항에서는 '지방자치단체는 다음 각호의 어느 하나에 해당하는 사업 중 경상경비의 50퍼센트 이상을 경상수입으로 충당할 수 있는 사업을 지방 직영기업, 지방공사 또는 지방공단이 경영하는 경우에는 조례로 정하는 바에 따라 이 법을 적용할 수 있다.'고 규정하고 있으며, 다음 각호의 어느 하나 중 3호에서는 「체육시설의 설치·이용에 관한 법률」에 따른 체육시설업으로 정하고 있다. 관련 법에서 정하고 있는 체육시설업 중 경상경비의 50% 이상을 경상수입으로 충당할 수 있는 체육시설업은 해당 지방자치단체의 조례로 정하는 바에 따라 지방 직영기업, 지방공사 또는 지방공단에서 운영할 수 있는 사업의 적용범위로 보고 있는 것이다. 지방공사·공단이 설립되어 있는 지방자치단체에서는 이러한 법률적 근거를 기준으로 해당지방자치단체 조례로 정하여 해당 지방자치단체에 설립되어 있는 지방공사 또는 시설공단에 공공체육시설을 위탁하여 운영할 수 있도록 하고 있다.

(4) 운영주체 선정

지방자치단체에서 공공체육시설의 설립 타당성에 대한 검토 시 준공 후 시설물의 운영 및 관리에 대한 부분, 즉 위탁에 대한 부분도 연구용역의 범위에 포함하여 타당성 검토를 수행하게 된다. 전주시에서 추진한 전주실내체육관 건립 사업 타당성 조사 및 기본구상(계획) 수립용역(전주시, 2018.5.)을 살펴보면 전주실내체육관의 건립 계획 배경은 다음과 같다. 전주 실내체육관은 지난 1973년에 준공되어 노후화에 따른 유지관리비용이 지속적으로 발생하고 있으며, 시설의 규모도 협소한 편이다. 또한, 2016년 시행된 구조안전정밀진단 결과 C등급 판정을 받았으며, 안전성의 문제, 보수 유지관리비의 과다로 인해 부분적인 보수방식에서 벗어나 개축 및 증축에 대한 필요가 지속적으로 대두되어 왔으며, 전주시에서는 2017년에 전주 실내체육관 증·개축 사업 타당성 조사 및 기본계획구상 보고서를 작성하였다. 그러나 기존시설의 한계로 인해 관람석 확충의 어려움과 방문객을 위한 편의시설 및 주차장 부족, 기존부지의 협소 등의 어려움으로 인하여 증개축보다는 신축 건립이 이점이 많은 것으로 판단되어졌으며, 덕진구 장동 운동장 일대 부지에 대한 활용이 대두되어 전주실내체육관 건립 사업 타당성 조사 및 기본구상(계획) 수립용역을 수행하게 되었다. 연구용역에서는 실내체육관 건립의 필요성, 규모 및 사업비, 타당성, 파급효과 등을 검토하며, 이는 「건설기술진흥법」에 따라 총 공사비 500억 원 이상의 공공용 건물 신축 시에는 타당성 조사를 실시해야 하는 행정적 이유와도 연관 있음을 보고서에서는 말하고 있다. 실내체육관 건립사업 타당성 조사 및 기본구상(계획) 수립용역은 계획의 개요, 전주시 현황 및 대상지 여건 분석, 관련계획 및 사례 검토, 타당성 분석, 건축계획, 정책적 제언 등 총 6장으로 구성되어 조사되었다. 타당성 분석에서는 타당성 조사방법, 실내체육관 건립 필요성, 입지 및 규모의 적정성, 사업비 검토, 경제적 타당성 검토, 파급효과 분석 검토 등으로 구분하여 조사되었다. 정책적 제언에서는 실내체육관 활성화 방안에서 실내체육관의 위탁에 대해「스포츠산업 진흥법」제17조(프로스포츠의 육성)에서는 '지방자치단체는 공공체육의 효율적 활용과 프로스포츠의 활성화를 위하여 필요하다고 인정하는 경우에는「공유재산 및 물품 관리법」제21조 제1항 및 제27조 제1항에도 불구하고 공유재산을 25년 이내 기간을 정하여 그 목적 또는 용도에 장애가 되지 아니하는 범위에서 사용수익을 허가하거나 관리를 위탁할 수 있다.'라고 명시하고 있는 것을 근거로 전주시의 필요성과 프로농구단의 요구 등 여건이 맞는다면, 실내체육관을 위탁하는 방안도 검토할 필요성도 있다고 결정하였다. 해당 실내체육관의 건립이 확정되고 준공되면 해당지방자치단체에서는 시설 위탁에 대한 부분 결정 시 실내체육관 건립 사업 타당성 조사 및 기본구상(계획) 수립용역을 근거로 위탁기관 선정을 추진하게 될 것이다. 지방자치단체에서는 필요에 의해 설립 및 준공한 공공체육시설의 관리 및 운영을 위해 운영주체를 선정하게 되며, 운영주체의 선정은 공공체육시설의 건립에 대한 타당성에서부터 논의되고 진행되게 된다. 공공체육시설의 종류 및 형태에 따라 또는 지역여건에 따라 운영주체는 달라질 수 있는 것이다.

제 7 장

공공체육시설 경영

제7장 목차

제1절 경영　　　　　　　　　265
1. 경영과 행정의 이해
2. 체육경영

제2절 위·수탁 협약 및 사업(운영)계획　　　270
1. 위·수탁 협약
2. 사업(운영)계획

제3절 공공체육시설 관리운영　　　289
1. 예산편성
2. 예산집행
3. 조직운영
4. 프로그램 운영
5. 사용료
6. 회원(고객)관리
7. 시설 및 안전관리

제1절 경영

1. 경영과 행정의 이해

1 경영

　수영장을 포함하여 두 종목 이상 운동할 수 있는 종합체육시설은 공공체육시설과 민간체육시설로 크게 구분할 수 있을 것이다. 종합체육시설은 규모 면에서 단일종목 체육시설과는 차이가 있으며, 이러한 종합체육시설을 관리·운영하기 위해서는 인력 및 조직, 예산, 프로그램, 시설관리 등 다양한 분야의 전문성이 필요할 것이다. 체육시설을 운영하기 위해 필요한 경영·행정·관리에 대한 정의와 각각의 연관성에 대해 알아보고자 한다. 경영(經營, Management)에 대한 정의는 다양하다. 국어사전에서는 경영을 기업이나 사업 따위를 관리하고 운영함으로 정의하고 있으며, 한국민족문화대백과에서는 일정한 목적을 달성하기 위하여 인적·물적 자원을 결합한 조직, 또는 그 활동으로 정의하고 있다. 또한, "경영"이라는 단어 자체에는 여러 가지 뜻이 있어서 사람에 따라 견해가 다양하며, 경영을 '상점이나 공장·농장과 가정을 경영한다.'와 같이, 어떤 일을 계획적 또는 체계적으로 운용, 관리한다는 뜻에서의 행동 내지 활동하다의 뜻으로 해석할 수도 있다. 또는, 어떤 목적을 달성하기 위하여 필요한 사람과 물자, 그리고 경비를 결합한 독립된 조직단위로 보는 생산조직체·서비스조직체 등을 뜻하는 경우도 있다. 이것을 넓은 뜻으로 "경영"이라고 한다(한국민족문화대백과, 한국학중앙연구원).

2 행정

　하동석, 유종해(2010)는 행정(行政, administration)의 어원을 다음과 같다고 설명하고 있다. "행정"을 영어로는 administration이라 하는데, 이는 라틴어의 àd(~으로, ~에)와 mi istratio(봉사)라는 두 단어가 하나로 결합된 말이다. 그리고 그 동사인 "행정하다"는 영어로 administer, 프랑스어로는 administrer라 하는데, 이에는 '관리하다', '집행하다'의 뜻이 내포되어 있고, 또 '작은 봉사행위'라는 뜻도 있다. 한편 독일어에서 '행정하다(verwalten)'라는 말은 특히 집행권(執行權)이라는 의미를 지닌 라틴어의 'Valere(강력한 지배·통치)'에서 유래된 것으로 설명하고 있다. 행정(行政, administration)에 대한 정의는 매우 다양하게 나타나고 있으며, 사전적 의미에서의 행정과 행정학자 또는 행정법학에 의한 행정의 정의로 크게 구분되어 정의되고 있다. 행정에 대한 정의는 다음과 같다. 행정학 용어사전에서는 일반적으로 행정이라 하면, 법 아래에서 법의 규제를 받으면서 국가 목적 또는 공익을 실현하기 위해 행하는 능동적이고 적극적인 국가 작용을 말한다. 그러나 이러한 정의는 정부의 행정, 즉 공(公)행정(public administration)(→공공행정)에만 국한된 개념이라고 정의하고 있으며, 이러한 행정의 개념에는 공행정(公行政)뿐만 아니라 넓게는 민간기업의 경영, 즉 사(私)행정(business administration)까지 포함되기 때문에 행정의 개념을 한마디로 정의하기란 사실상 어려운 일이다. 사행정(私行政)까지 포함된 행정의 개념을 넓은 의미의 행정 또는 일반 행정(general administration)이라고 부른다고 정의하고 있다(이해하기 쉽게 쓴 행정학용어사전, 2010).

행정법개론에서의 행정에 대한 관점은 다음과 같다. 행정법(行政法)은 행정에 관한 법으로 행정법을 연구하려면 그 규율 대상인 행정이 무엇인가를 밝혀야 하며, 행정의 관념을 명백히 함으로써 행정법의 지배영역을 규정할 수 있다고 설명하고 있다. 또한, "행정"이란 원래 국가작용의 한 부문으로서 입법·사법과 함께 역사적·제도적으로 성립되고 발전된 관념으로 설명한다(김향기, 2005). 이병익(1994)은 「행정」이란 무엇인가에 관하여 행정법학에서는 '국가작용 중 입법 작용과 사법작용을 제외한 잔여작용으로서의 국가목적을 구체적으로 실현하는 작용'이라고 보고 있다고 정의하였으며, 공공행정(公共行政)에 대해서는 "공공목적"을 달성하기 위한 2인 이상의 합리적 협동행위라고 할 수 있다. 여기서 공공목적이란 질서유지·복리증진 등 구체적으로 다양할 것이나 궁극적으로는 공익으로 귀결된다. 행정에 대한 학자들의 정의는 다음과 같다.

〈별표 7-1-1〉 행정의 정의

학자명	정의
White(1926) Willougby(1927)	"행정은 국가 목적을 실현하기 위한 사람과 물자를 기술적으로 관리하는 것이다."
Dimo(1937)	"정치와 구별될 수 없고 상호 보완적인 통치과정의 일부이다."
Waldo(1955)	"공동의 목표를 합리적으로 달성하려는 협동적인 집단의 형태이다."
Esman(1966) Weidner(1970)	"사회를 보호하고 안정시키는 기능 이외에 사회변동을 추진하고 사회개발을 위한 계획을 수립하며, 국가사회를 바람직한 방향으로 유도하는 기능을 담당해야 한다."
Kreitner & Kinicki(1995)	"조직의 목적을 달성하기 위하여 다른 사람을 통하거나 함께 일하는 과정이다."

3 경영관리

경영관리(經營管理)의 정의는 매우 다양하게 설명되고 있으며, 대표적인 경영관리의 정의는 다음과 같다. 경영관리(business administration, 經營管理)는 '경영에서 업무수행을 효과적으로 행할 수 있게 경영조직을 체계적으로 운영하는 것'으로 요약하였으며, 경영상에서의 각종 업무수행이 경영목적을 위하여 가장 효과적으로 행해질 수 있도록 여러 가지 시책을 체계적으로 연구하고 경영조직체를 만들어 이를 운영하는 일을 의미한다고 정의했다(두산백과). 경영관리(經營管理)는 '경영에서 업무수행을 효과적으로 행할 수 있게 경영조직을 체계적으로 운영하는 것으로 경영상에서의 각종 업무수행이 경영목적을 위하여 가장 효과적으로 행해질 수 있도록 여러 가지 시책을 체계적으로 연구하고 경영조직체를 만들어 이를 운영하는 것을 의미한다(위키백과).'고 정의하였으며, 경영관리(經營管理)를 '경영체, 특히 기업체를 관리·운영하는 일. 기업경영에서 최대 이윤을 얻기 위하여 경영의 조직, 작업, 재무, 인사 따위를 과학적으로 다룬다(표준국어대사전).'고 정의했다. 이상효(2001)는 경영관리를 '조직의 목표를 효과적·경제적·능률적으로 달성하기 위해 스포츠경영체가 활용하는 제 자원(인적 및 물적 자원·자본·기술·경영기법 등)을 기획·조직·지휘·조정·통제하는 과정이라고 할 수 있다.'고 정의하였다.

크레이트너와 키니키(Kreitner & Kinicki, 1995)는 경영관리를 '조직의 목표를 효과적으로 달성하기 위하여 다른 사람과 함께 일하는 과정으로 정의할 수 있다.'라고 하였다. 이러한 경영관리(經營管理)의 의미는 개인이나 조직 또는 국가가 각종 업무를 수행함에 있어서 본래의 목적이 가장 효과적으로 달성될 수 있도록 여러 가지의 대책을 체계적으로 강구하는 일로 볼 수 있을 것이다. 인간은 사회생활을 하면서 보다 나은 환경과 혜택을 누리려는 본능과 욕구를 성취하기 위하여 체계적이며, 논리적인 방법을 연구하게 된다. 이러한 제반활동이 "경영관리"라고 할 수 있다. 경영과 관리의 개념이 통합된 경영관리의 개념에는 2가지 의미가 내포되어 있으며, 2가지 의미는 첫째, "경영 조직체의 관리"라는 의미와 둘째, "경영과 관리"를 말한다. 경영조직체의 관리에서 "경영조직체"란 통일된 생각에서 일정한 시설을 기반으로 다수의 인간이 협동하는 시스템을 말하며, 가정이나 기업 및 국가 등은 모두 경영조직체라고 설명할 수 있을 것이다. 이러한 "경영조직체"를 잘 운영하기 위한 모든 정책을 관리하는 것을 "경영조직체의 관리"로 설명할 수 있다. 따라서 경영조직체의 관리는 넓은 뜻의 관리이며, 영어에서 말하는 매니지먼트(management)가 이에 해당된다고 볼 수 있을 것이다. 그리고 경영과 관리는 이와 같은 넓은 의미의 관리 내지 매니지먼트를 계층적인 기능을 분화하여 파악하는 방법으로 영어에서도 경영을 administrative management, 관리를 operative management라고 한다. 요약하면 경영은 관리보다 상위 개념으로 조직 운영 목표의 설정, 장기적인 조직계획의 수립 및 운영, 방침의 결정 등을 비롯하여 외부의 압력단체와 이해관계 조정 등 전략적이고 정책적인 결정이 주로 포함된다. 관리는 경영의 하위 개념으로 경영계획이나 운영, 방침을 효율적으로 수행하기 위하여 여러 자원을 적절히 활용하는 재무관리, 인사관리, 생산관리 등 조직 내의 특정 기능들을 의미한다. 따라서 경영관리란 집단 속에서 함께 일하는 개인들이 정해진 목표를 효율적으로 달성할 수 있도록 환경을 조성하고 유지해 나가는 과정이다. 모든 조직체는 그 설립취지에 따라 추구하는 목적과 목표가 다르지만 기본적으로 사용되는 경영관리의 원리는 다를 바 없다. 주어진 목표를 달성하기 위하여 조직 구성원들이 의지를 가지고 계획, 조직, 지도, 통제 등의 경영기능과 효율적인 성과를 이루기 위한 각종 자원을 투입하여 최대의 이윤이나 효율성을 지향하게 된다. 이러한 경영관리는 조직의 목적을 효율적으로 달성하기 위한 목표 지향적 측면, 조직이나 기업의 제반활동 수행에 있어서 자원의 조정적 측면, 그리고 목표 지향적 측면과 조정적 측면 수행 시에 최소의 경비로 최대의 성과 지향적 측면을 가지고 있다(정동열, 2008).

2. 체육경영

1 체육시설 경영

"체육시설 경영" 또는 "스포츠시설 경영"에 대한 정의는 다양할 것이다. 정상원(1994)은 '스포츠시설이 단순히 운동을 위한 물리적인 장으로서의 기능뿐만 아니라 스포츠시설별 독자적인 스포츠사업을 경영하는 체육·스포츠 경영체의 역할을 하는 시설이 많다.'고 설명했다. 이처럼 다양한 시설의 분류나 종류를 넘어 체육시설을 스포츠 경영의 주체로 인식하고 그 경영을 스포츠시설의 경영개념으로 설명했다(정상원, 1994). Mullin(1980)은 스포츠경영은 스포츠와 경영이라는 두 개의 기본요소로 이루어져 있으며, 기획하고, 조직하고, 지도하고, 평가하는 기능이 스포츠와 관련된 활동이나 스포츠 제품의 생산 혹은 스포츠서비스를 제공하는 조직에서 이루어질 때 이러한 활동을 스포츠경영으로 정의하였다(Mullin, 1980). Zeigler & Bowie(1983)는 스포츠경영(Sports Management)이란 인적·물적 재원을 역동적이면서 상당히 보수적인 스포츠 단위 조직에 효율적으로 투자하여 스포츠를 통한 각종 서비스를 받고자 하는 사람들을 만족시키려는 목표를 달성하기 위해 스포츠산업 분야에 종사하는 사람들이 질 높은 수준의 도덕성과 왕성한 책임의식을 갖고 서비스에 종사하는 과정으로 설명했다. 체육시설의 관리·운영을 위한 행위를 경영으로 이해할 수 있을 것이다. 현대의 체육시설은 체육종목에 대한 참여를 위한 전문적 강습 또는 체육종목 참여를 위한 전문시설 이용 등을 위해 큰 자본이 투입되어 시설을 설립하고 마케팅 등을 통해 수익을 내어 운영되고 있기 때문이다. 하지만 지방공기업에서 운영되고 있는 공공체육시설의 경우 지역주민의 건강과 행복한 삶 영위를 우선으로 운영되는 시설로서 체육시설 운영을 경영으로 보기에는 무리가 있을 것이다. 지방자치단체에서 설립하고 그 운영에 대한 대행 업무를 수행하는 것은 공적행위로서 공공체육시설 운영을 위한 모든 행위는 "행정"으로 보는 것이 타당할 것이다.

2 체육시설 관리

김사엽(2004)은 스포츠시설의 관리운영 개념을 다음과 같이 설명했다. "스포츠시설관리"란 스포츠시설의 운영목표를 달성하는 데 보조적인 역할을 하며, 스포츠시설과 관련된 제반문제를 처리하는 데 있어서 수단적은 측면을 총칭한다고 하였다. 즉 스포츠 시설의 관리는 신체활동을 위한 제반문제를 효과적으로 수행하기 위해 필요한 기초적인 시책운영의 통제활동을 의미한다고 하였다. 법 집행과 그 정신의 실천을 법은 "제도"이며, 관리는 법을 구체적으로 실천하는 과정으로 설명했다. 또한, 체육시설의 관리운영에 대한 기본원칙을 다음과 같이 5가지로 구분하여 설명하고 있으며, 5가지는 첫째, 행정가와 시설관리자의 긴밀한 이해관계. 둘째, 능력 있는 관리인 확보. 셋째, 시설의 적절한 활용. 넷째, 비사용기간 중 관리 철저. 다섯째, 관리기술 향상에 대한 지속적 노력 등을 말한다(김사엽, 2004). 체육시설의 경영에 대한 정의와 체육시설의 관리에 대한 내용을 기준으로 지방공기업에서 운영하는 공공체육시설의 경영관리는 다음과 같이 설명할 수 있을 것이다. 지방자치단체에서 설립하고 지방공기업에서 운영하는 공공체육시설의 경영은 지방공기업의 설립 및 목적이 지역주민을 위한 공공복리증진을 위한 것이라면 이를 달성하기 위한 목표는 "경영"이 될 것이며, 이 목표를 달성하기 위해 체육시설을 지속적으로 관리하는 수단을 "관리"로 볼 수 있을 것이다.

제2절 위·수탁 협약 및 사업(운영)계획

1. 위·수탁 협약

1 법률적(제도적)근거

(1) 개요

지방자치단체는 설립한 체육시설을 지방공사·공단에 위탁하기 위해서는 관련 법에서 정하는 기준 및 절차를 이행하여야 하며, 지방공사·공단에서는 필요시 신규 사업에 대한 사업의 적정성, 수지분석, 조직 및 인력수요 판단, 주민복지 및 지역경제와 지방재정에 미치는 영향 등에 대한 수탁 타당성 검토를 시행한다. 타당성 검토 결과를 기준으로 지방공기업 규정 중 제·개정이 필요한 사항에 대하여는 규정 제·개정(改定)을 통해 신규 사업 수탁 업무를 수행해야 한다. 또한, 지방공사·공단에서는 타당성 검토 결과를 반영하여 수탁받는 체육시설 운영에 필요한 수탁 및 운영(사업)계획을 수립하고 수립된 계획을 근거로 위·수탁 업무를 수행하게 된다. 지방자치단체에서는 해당 시설물에 대한 위·수탁협약서를 작성하게 되며, 지방자치단체장과 지방공사·공단의 장은 협약을 체결하게 된다. 이러한 위·수탁을 위한 근거는 「지방자치법」, 「행정권한의 위임 및 위탁에 관한 규정」, 「지방공기업법」 및 지방자치조례 등에서 찾아볼 수 있다.

(2) 지방자치법, 행정권한의 위임 및 위탁에 관한 규정

지방공기업이 정부나 지방자치단체의 사무에 대해 위임받을 수 있는 근거는 「지방자치법」과 「행정권한의 위임 및 위탁에 관한 규정」에 근거한다고 볼 수 있다. 「지방자치법」 제104조(사무의 위임 등) 제2항에서는 '지방자치단체의 장은 조례나 규칙으로 정하는 바에 따라 그 권한에 속하는 사무의 일부를 관할 지방자치단체나 공공단체 또는 그 기관(사업소·출장소를 포함한다)에 위임하거나 위탁할 수 있다.'고 정하고 있다. 지방자치단체와 지방공기업 간의 위·수탁 협약은 지방자치단체의 조례나 규칙에서 정하고 있는 기준을 근거로 수행하게 된다. 「행정권한의 위임 및 위탁에 관한 규정」 제2조(정의) 제2호에서는 "위탁"에 대해 '법률에 규정된 행정기관의 장의 권한 중 일부를 다른 행정기관의 장에게 맡겨 그의 권한과 책임 아래 행사하도록 하는 것을 말한다.'고 정의하고 있으며, 제3호에서는 "민간위탁"에 대해 '법률에 규정된 행정기관의 사무 중 일부를 지방자치단체가 아닌 법인·단체 또는 그 기관이나 개인에게 맡겨 그의 명의로 그의 책임 아래 행사하도록 하는 것을 말한다.'고 정의하고 있다. 제3장 민간위탁 제13조(계약의 체결 등) 제1항에서는 '행정기관은 민간수탁기관이 선정되면 민간수탁기관과 위탁에 관한 계약을 체결하여야 한다.' 제2항에서는 '행정기관은 민간수탁기관과 위탁에 관한 계약을 체결할 때에는 계약 내용에 민간위탁의 목적, 위탁 수수료 또는 비용, 위탁기간, 민간수탁기관의 의무, 계약 위반 시의 책임과 그 밖에 필요한 사항을 포함하여야 한다.'고 정의하고 있다. 제13조 제1항은 계약체결에 대한 근거이며, 제2항은 계약 내용에 포함되어야 할 내용에 대한 근거 조항이다.

(3) 지방공기업법

지방공기업과 지방자치단체의 사업 대행에 대한 법적 근거는 「지방공기업법」 및 지방자치조례 등에서 찾아볼 수 있다. 「지방공기업법」 제71조(대행사업의 비용 부담)제1항에서는 공사(공단)는 국가 또는 지방자치단체의 사업을 대행할 수 있으며, 이 경우 필요한 비용은 국가 또는 지방자치단체가 부담한다고 정의하고 있다. 「지방공기업법 시행령」 제63조(대행업무의 비용부담 등) 제1항에서는 공사(공단)가 법 제71조 제1항의 규정에 의하여 국가 또는 지방자치단체의 사업을 대행하고자 하는 때에는 "위탁계약"에 의한다고 정의하고 있다. 제2항에서는 지방자치단체가 지방공사(공단)에 부담해야 할 경비의 범위에 대해 5가지로 구분하여 정의하고 있다. 첫째, 사업실시에 따른 사업계획의 수립, 사전조사, 용역 등에 소요되는 경비. 둘째, 사업의 집행에 소요되는 시설비·인건비 및 부대경비. 셋째, 사업의 종료 후 결산이전 또는 시설물 등의 인계 이전까지의 사이에 시설물 등을 관리하는 데 소요되는 경비. 넷째, 사업의 대행에 따른 대행수수료. 다섯째, 기타 사업 집행상 필수적으로 소요되는 경비 등이다. 「지방공기업법」에서는 지방자치단체가 지방공기업을 설립하고 운영할 수 있는 법적 근거를 마련하고 있으며, 지방자치단체와 지방공기업과의 대행 사업에 필요한 세부적인 기준은 지방자치조례로 정하도록 규정하고 있다. 지방공기업의 설립과 관련한 근거는 「지방공기업법」 제49조(설립) 제2항으로 '지방자치단체는 공사(공단)를 설립하는 경우 그 설립, 업무 및 운영에 관한 기본적인 사항을 조례로 정하여야 한다.'고 정의하고 있다. 지방자치단체와 지방공기업의 업무 및 운영에 대한 세부적인 사항은 해당 자치단체의 공사(공단) 설립 또는 설치조례에서 기준을 정하고 있다.

(4) 지방공사·공단 설치조례

지방공기업 중 지방공사(공단)의 자치조례인 지방공기업 설립 및 운영조례를 통해 대행사업의 위·수탁과 관련한 내용을 살펴보면 다음과 같다. 경기도 소재 「의왕도시공사 설립 및 운영조례」 제22조(대행사업의 비용부담 및 수입금의 처리) 제1항에서는 '공사는 국가, 지방자치단체 또는 그 밖에 위탁자의 사업을 시장의 승인을 얻어 대행할 수 있으며, 이 경우에는 위·수탁계약을 체결하여야 한다.'고 규정하고 있다. 「서울특별시 강남구도시관리공단 설립 및 운영조례」 제18조(대행사업) 제1항에서는 '공단은 구청장의 승인을 얻어 국가, 지방자치단체 또는 그 밖의 위탁자의 사업을 대행할 수 있으며, 이 경우 위탁계약에 의한다.'고 정의하고 있다. 「서울특별시 영등포구시설관리공단 설치 조례」 제25조(대행사업의 비용부담 등) 1항에서는

'공단이 국가, 지방자치단체 또는 그 밖의 위탁자의 사업을 구청장의 승인을 받아 대행할 수 있으며, 이 경우 상호 위탁계약에 의한다.'고 정의하고 있다. 의왕도시공사, 강남구도시관리공단, 영등포시설관리공단의 설립 및 운영 조례에서는 해당 지방공기업이 국가 및 지방자치단체가 지정하는 사업을 수탁 받아 운영할 시 시설물에 대한 위·수탁 계약을 체결하여야 한다고 정의하고 있다.

(5) 체육시설 설치·운영조례

지방자치단체의 조례 중 체육시설의 설치 및 운영에 관한 조례에서는 체육시설의 위탁과 관련된 내용은 다음과 같이 정의되고 있다. 「서울특별시 강남구 체육시설 설치 및 운영에 관한 조례」제14조(체육시설의 운영위탁) 제1항에서는 '구청장은 필요할 때에는 체육시설의 관리·운영을 서울특별시 강남구도시관리공단 또는 지역 사회체육의 활성화에 이바지할 수 있는 비영리법인·단체 및 개인에게 위탁할 수 있다.' 제2항에서는 '제1항에 따라 체육시설의 운영을 위탁하는 경우에 그 위탁기간은 3년을 원칙으로 하되, 필요할 경우에는 1년을 단위로 그 기간을 연장할 수 있다.'고 규정되어 있다. 「서울특별시 영등포구 체육시설 설치 및 운영에 관한 조례」제16조(체육시설의 관리·운영의 위탁)에서는 '구청장은 체육시설의 운영을 영등포구시설관리공단에 위탁·운영할 수 있다. 영등포구시설관리공단을 수탁자로 선정할 경우에는 위탁선정 절차를 생략한다.'고 정하고 있으며, 경기도 소재 의왕시의 「의왕시 공공체육시설 관리 운영 조례」제17조(위탁운영 및 관리 등) 제1항에서는 '시장은 시설물의 효율적인 관리와 활용을 위하여 「체육시설의 설치·이용에 관한 법률」제9조 및 「의왕시 사무의 민간위탁 촉진 및 관리 조례」제6조에 따라 단체 및 법인 또는 개인에게 위탁하여 관리 및 사용료를 징수하게 할 수 있다.' 제6항에서는 '제1항에 따라 시가 설립한 공공법인에 위탁할 경우 위탁기간은 5년으로 하되, 수행실적 및 관리능력 등을 평가한 후 그 기간을 두 번 이상 갱신할 수 있으며, 그 외의 법인 및 단체 또는 개인에게 위탁할 경우의 위탁기간은 3년으로 하고, 수행실적 및 관리능력 등을 평가한 후 그 계약기간을 한 차례 연장할 수 있다.'고 규정하고 있다. 지방자치단체별 체육시설의 설치 및 운영에 관한 조례에서는 지방공기업이 해당 지방자치단체에서 설립한 체육시설을 수탁받을 수 있는 근거와 기간이 명시되어 있다. 「서울특별시 영등포구 체육시설 설치 및 운영에 관한 조례」에서는 시설관리공단에서 체육시설을 수탁받을 경우 위탁 선정 절차를 생략할 수 있는 조항도 마련되어 있다. 지방자치조례 중 지방공기업 설립 조례에서는 지방공기업에서 지방자치단체에서 설립한 체육시설을 운영할 경우 위·수탁 계약에 의한다고 규정하고 있으며, 체육시설 설치 및 운영에 관한 조례에서는 위탁기관 및 위탁기간 등에 대한 내용으로 조항이 구성되어 있다.

2 위·수탁 협약

(1) 개요

「지방공기업법」 제2조에서는 지방공기업이 운영할 수 있는 사업에 대해 규정하고 있다. 제2항 제3호에서는 「체육시설의 설치·이용에 관한 법률」에 따른 체육시설업(體育施設業) 중 경상경비의 50% 이상을 경상수입으로 충당할 수 있는 사업을 지방직영기업·지방공사·지방공단이 경영하는 경우에는 조례로 정하는 바에 따라 「지방공기업법」을 적용할 수 있다고 규정하고 있다. 지방공기업은 「지방공기업법」 및 조례 등에서 정하고 있는 범위에서 정부 및 지방자치단체가 지정하는 사업을 수탁할 수 있는데 사업을 수탁하기 위해서는 지방자치단체와 지방공기업간 해당 사업 운영에 대한 계약이 있어야 한다.

지방자치단체와 지방공기업 간 특정시설에 대한 위탁과 수탁에 대한 계약을 "위·수탁 협약"으로 이해할 수 있을 것이다. 다시 말해 위·수탁 협약은 지방자치단체(또는 정부)와 지방공기업 간 특정시설(지방자치단체 또는 정부에서 투자 및 설립한 시설)의 관리·운영에 대한 계약인 것이다. 지방자치단체에서 설립한 지방공사 또는 지방공단이 공공체육시설을 관리·운영할 경우 지방자치단체에서 지방공사·공단에 맡기는 것은 "위탁(委託)"에 대한 부분이며, 지방공사·공단에서는 "수탁(受託)"에 대한 부분일 것이다.

(2) 위·수탁 협약 절차 및 방법

신규투자사업(체육시설)의 위탁 및 수탁과 관련하여 지방자치단체와 지방공기업의 업무 추진 절차는 다음과 같다. 지방자치단체에서는 신규투자사업(체육시설) 사용 승인(준공) 전 해당 시설에 대한 위탁 및 운영계획을 수립하게 된다. 위탁 및 운영계획에는 해당 시설물 운영 전반에 대한 계획이 포함되어지며, 관련근거·운영방향·위탁계획·운영계획·향후(행정)계획 등으로 구성되어 지방자치단체장의 승인을 받을 것이다. 위탁계획에서는 시설물에 대한 기본개요와 시설현황 등에 대해 설명하고 지방자치단체 조례와 위탁타당성 검토 등을 참고하여 해당 지방자치단체의 지방공사·공단을 수탁기관으로 선정하는 내용으로 구성될 것이다. 운영계획에서는 해당시설물의 휴무일, 개관시간, 프로그램운영 및 사용료(이용료), 인력운영 등 운영개요에 대한 내용 등을 조례와 비교하여 세부계획을 수립할 것이다. 이를 근거로 시설물에 대한 수탁 예정기관(공사·공단)과의 개관 및 위·수탁협약에 대한 업무를 추진하게 될 것이다. 정상적 시설 개관을 위해 지방자치단체와 지방공기업은 개관 전까지 추진해야 될 업무를 구분하여 업무를 추진하게 된다. 지방자치단체에서는 시설완공(준공)을 위한 체육장비, 사무기기, 사물함, 간판, 안내표지판 등 설치 및 구매 등의 업무를 추진하게 되며, 지방공기업에서는 운영에 필요한 분야별 직원 채용 및 직원교육, 홈페이지 및 회원관리프로그램 등의 구축, 시설운영을 위한 프로그램 운영계획 수립 등의 업무를 추진하게 된다. 또한, 지방자치단체에서는 위·수탁 협약서를 작성하여 수탁 예정기관과 세부 업무에 대해 협의를 진행할 것이다. 세부 업무에 대해 지방자치단체와 지방공기업 간 협의가 끝나고 지방자치단체장과 지방공기업사장(이사장)이 협약서를 승인하게 되면 협약일로부터 해당 시설의 관리·운영에 대한 부분은 수탁기관으로 이관되며, 협약의 내용에 의해 지방자치단체에서는 시설유지 및 위탁사무에 대해 점검 등을 수행하게 된다. 지방공기업에서는 신규투자사업(체육시설)의 수탁과 관련하여 시설물의 수탁에 대한 검토 의견서를 지방자치단체의 요청에 의해 제출하게 된다. 검토 의견에는 신규투자사업(체육시설)의 운영가능 여부 및 수탁운영에 필요한 협의사항 등을 검토하여 통보하게 되며, 필요시 수탁에 대한 타당성 검토 등을 지방자치단체와 협의하여 진행하게 된다. 지방공기업에서는 해당 시설의 신규수탁 운영에 필요한 예산 및 인력 등을 검토하게 되고 자체 규정의 제·개정이 필요한 부분에 대해서는 제·개정을 위한 준비 및 제·개정을 추진하여야 한다. 종합체육시설을 신규 수탁할 경우 지방공기업별 규정의 차이는 있을 수 있으나, 종합체육시설을 단일 사업으로 운영하는 지방공기업을 기준으로 공단의 정관 및 직제, 인사규정 등에 대하여 개정(改定)을 추진하여야 한다.

이러한 행정적 절차가 마무리되면 지방공기업에서는 신규투자사업(체육시설)운영에 필요한 인력 및 예산 확보 후 신규 운영 체육시설의 개관을 추진하게 된다. 준공검사 및 개관일정이 정해지면 해당 지방자치단체와 신규투자사업(체육시설) 운영에 관한 위·수탁협약을 체결하게 된다.

"ㅇㅇㅇ체육센터(스포츠센터) 시설 운영관리
위·수탁 협약서"

(3) 위·수탁 협약서

위·수탁 협약서의 내용은 지방자치단체별 상이할 수 있다. 「지방자치단체의 사무의 민간위탁 촉진 및 관리 조례」를 참고하면 위·수탁 협약서에 포함되어야 할 내용은 다음과 같이 규정되어 있다. 「서울특별시 영등포구 사무의 민간위탁 촉진 및 관리 조례」 제10조(협약체결 등) 제1항에서는 '구청장은 수탁기관이 선정되면 수탁기관과 다음 각호의 내용이 포함된 위탁협약을 체결하여야 하며, 협약내용은 공증을 하도록 해야 한다.'고 정의하고 있다. 다음 각호는 1) 수탁기관의 성명 및 주소, 2) 위탁기간, 3) 위탁대상 사무 및 그 내용, 4) 수탁기관의 의무 및 준수사항, 5) 시설의 안전관리 등 5가지로 구분되어 있다(〈개정 2013.12.12〉).

이를 기준으로 위탁해야 할 시설에 대한 위탁협약서를 작성하게 된다. 신규투자사업(체육시설) 의 위탁협약서에 들어가야 할 내용은 지방자치단체별 차이가 있을 수 있으나 표지에는 위탁하는 대상 시설물의 명칭을 포함한 위·수탁 협약서의 제목과 위·수탁 일자, 해당자치구 명칭 등이 표지에 들어가게 된다. 조문에는 해당 자치구(광역/시·군·구)와 지방공기업(공사·공단) 간의 협약체결에 대한 내용을 서두로 협약의 목적, 위탁대상, 위탁기간, 위탁범위, 지원, 대행사업에 필요한 비용지급, 수입금관리 등, 운영계획수립, 수탁자의 의무, 지도·감독, 업무협의, 제3자 재위탁, 양도·양여 금지, 관리·운영 책임, 협약 해지, 관련 법규 준용, 협약서 보관 및 계약의 효력 등을 협약 내용으로 포함할 수 있을 것이다. 마지막 장에는 협약체결 일자와 위탁자인 지방자치단체장과 수탁자인 지방공기업사장(이사장)의 관인을 기명날인 한다. 위탁하는 시설 외 자산 등의 재산에 대하여는 [붙임]으로 첨부하여 해당 자산에 대한 부분도 표기할 수 있다. 이를 근거로 작성되는 위·수탁 협약서는 다음과 같다. 위·수탁 협약서 표지는 대상 시설물의 명칭, 협약 체결일시, 위탁기관(지방자치단체)명 등으로 구성된다.

○○○체육센터(스포츠센터)시설 운영관리 위·수탁 협약서

○○○○년 ○월
○○○시(자치구)

〈그림 7-2-1〉 표지

초안에서는 관련근거에 의거 체육센터(구민체육센터) 및 체육센터 부대시설 등의 위탁 운영에 대하여 지방자치단체와 지방공기업간의 협약을 체결한다는 내용으로 작성된다.

○○체육센터(스포츠센터)시설 운영관리
위·수탁 협약

○○○시 ○○○조례(이하 "조례"라 칭한다)에 의기 ○○체육센터(구민체육센터/국민체육센터) 및 부대시설의 관리·운영을 위하여 위탁자인 ○○○시를 "시"라고 칭하고 수탁자인 ○○○공사(공단)를 "공사(공단)"라 칭하며 다음과 같이 협약을 체결한다.

〈그림 7-2-2〉 본문1

본문은 협약체결 세부내용으로 구성되며, 협약기관의 특수한 사항에 의해 협약내용은 추가 또는 변경될 수 있다. 협약 내용에 부수적으로 추가해야 될 사항들은 [별첨] 또는 [붙임] 등의 양식을 추가하여 체결할 수 있다.

제1조(목적)	이 협약은 체육센터~~~ "시"가 "공사(공단)"에게 ~~ 규정함을 목적으로 한다.
제2조(위탁대상)	"공사(공단)"가 관리·운영~~~~대상은 체육센터이며, 위치·규모~~
제3조(위탁기간)	위탁기간은 ○○○○년 ○월 ○일부터~○○○○년 ○월 ○일까지로 한다.
제4조(위탁범위)	"시"는 "공사(공단)"에게~~~
제5조(지원)	"시"는 "공사(공단)"에게 위탁사무 수행에 필요한 인력·장비~~ 등을 지원할 수 있다.
제6조(비용지급)	"공사(공단)"는 수탁사무 수행~ "시"에 요구할 수 있다.
제7조(수입금 관리 등)	"공사(공단)"는 ~~
제8조(운영계획수립)	"공사(공단)"는 ~~ 사업계획을~~~제출하여야 한다.
제9조(수탁자의 의무)	"공사(공단)"는 ~~~
제10조(지도·감독)	"시"는 "공사(공단)"에게 ~~다음 각호에 대해 지도·감독할 수 있다.
제11조(업무협의)	"공사(공단)"는 다음 각호에~~~ "시"와 협의하여 승인을 얻어야 한다.
제12조(제3자 재위탁 등)	① "공사(공단)"는 수탁시설물의 일부를 ~~ ② "공사(공단)"는 ~~ 위탁기간은 ~~ ③ 위탁료는 "공사(공단)"가 관계 ~
제13조(양도·양여금지)	"공사(공단)"는 수탁시설을 "시"의 승인 없이~
제14조(관리·운영책임)	"공사(공단)"는 수탁사무~~
제15조(협약의 해지 등)	"시"는 다음 각호의 1에 해당하는~~ 협약을 해지할 수 있다.
제16조(관계법규 적용 등)	"공사(공단)"는 ~~
제17조(협약서의 보관)	이 협약의 체결을 증명하기 위해~~
제18조(계약의 효력)	위 협약의 효력은 "시"와 "공사(공단)"가 서명한 날로부터 효력이 발생한다.

〈그림 7-2-3〉 본문2(협약 내용)

마지막으로는 협약 체결일자와 협약체결 기관장들의 서명 날인으로 위·수탁 협약은 체결되고 협약기간 동안 지방공기업에서는 대상 시설물을 관리·운영하게 되는 것이다.

○○○○년 ○월 ○일

위탁자: ○○○시(자치구)
시장(구청장) ○○○ (인)
수탁자: ○○○시 공사(공단)
사장(이사장) ○○○ (인)

〈그림 7-2-4〉 본문3(서명날인)

지방자치단체와 지방공기업간의 위·수탁협약서는 지방자치단체별 조례에서 정하는 기준을 근거로 하고 있다. 위탁시설물에 대한 위탁 기간은 통상 3년으로 하며, 3년이 경과하게 되면 지방자치 조례 또는 위·수탁협약서에서 정한 기준을 근거로 재연장 또는 계약해지 될 수 있다.

2. 사업(운영)계획

1 사업계획의 이해

(1) 학문적 근거

"사업계획서(business plan, 事業計劃書)"란 사업의 내용을 정리하거나 계획을 나타낸 문서를 말한다고 정의하고 있다. 사업계획서는 주로 기업의 현황과 구조, 경영 전략, 마케팅, 창업 멤버, 재정 등을 기입하며, 사업계획서의 기간을 얼마로 두는지에 따라 내용의 구성이 크게 달라질 수 있고 사업계획서는 주로 사업의 인가/허가, 사업 자금의 지원을 받아내는 것을 목표로 작성된다고 설명하고 있다(위키백과). 이상석, 고인곤(2004)은 그의 저서「기업가 정신과 창업」에서 경영에 있어서 "사업계획"은 기업의 장래를 예측하고 미래 기업의 모습을 부각시키는 모든 의사결정을 의미하며, 합리적 경영계획을 위해 신뢰성·일관성·이해 가능성·독창성·낙관성 등 5원칙이 반드시 필요하다고 설명했다. '신뢰성은 객관적 자료에 근거하여 전문가적인 분석과정을 거쳐야 하며, 일관성은 각 부문 계획 간 논리적 일관성이 확보되어야 한다. 이해가능성은 투자자, 금융기관 등 이해관계자가 이해할 수 있어야 하며, 독창성은 기존사업, 타 경쟁업체와 구별되는 특징을 부가해야 한다. 낙관성은 적당한 수준의 대·내외 여건에 대한 낙관은 오히려 설득력이 있다.'고 정의했다. 고인곤, 이상석, 김대호(2007)의「사업계획 구성요소에 관한 탐색적 연구」에서는 사업계획의 구성요소를 다음과 같이 설명했다. 구성요소는 기업현황, 제품, 서비스, 계획사업 개요, 마케팅 관련 항목, 생산 관련 항목, 재무 관련 항목, 기타 중요사항·사업계획 수립 시 가정조건 등 8가지로 구분했다.

〈별표 7-2-1〉 사업계획의 구성요소

구분	구성 내용
기업현황	기업명, 설립일, 소재지, 자본금, 대표자, 연혁, 경영진·기술진 현황, 기업의 목적(비전·미션 등)
제품/서비스	특허권, 기존제품과의 차이 및 특징
계획사업 개요	표적시장, 기업환경, 원자재 수급, 법적요건, 보험, 추진스케줄, 예상소재지
마케팅 관련 항목	환경 분석, 가격구조, 경쟁우위, 위치선정, 유통채널, 제반촉진계획, 향후 매출계획
생산관련항목	기술성, 설비, 인원, 생산능력, 생산계획, 제품단위당 원가, 품질관리, 생산 공정도
재무관련 항목	소요자금 및 조달계획, 자금수지 예상표, 추정 재무제표, 수익성
기타중요사항/ 사업계획 수립 시 가정조건	차입금 현황 및 상환계획, 담보제공·보증현황, 중요계약 내용, 진행 중인 소송 등, 원자재비 상승률, 임금 상승률, 시장상승률, 물가상승률, 판매 단가 상승률 등

자료: 고인곤 ; 이상석 ; 김대호(2007), 사업계획의 구성요소에 관한 탐색적 연구, 대한경영학회

기업현황은 기업명, 설립일, 소재지, 자본금, 대표자, 연혁, 경영진/기술진 현황, 기업의 목적(비전·미션 등)을 말하며, 제품과 서비스는 특허권, 기존제품과의 차이 및 특징을 말한다. 계획사업 개요는 표적시장,

기업환경, 원자재 수급, 법적요건, 보험, 추진스케줄, 예상소재지 등을 말하며, 마케팅 관련 항목은 환경 분석, 가격구조, 경쟁우위, 위치선정, 유통채널, 제반촉진계획, 향후 매출계획을 말한다. 생산 관련 항목은 기술성, 설비, 인원, 생산능력, 생산계획, 제품단위당 원가, 품질관리, 생산 공정도 등을 말한다. 재무 관련 항목은 소요자금 및 조달계획, 자금수지 예상표, 추정 재무제표, 수익성 등을 말한다.

　기타 중요사항은 차입금 현황 및 상환계획, 담보제공·보증현황, 중요계약 내용, 진행 중인 소송 등을 말하며, 사업계획 수립 시 가정조건은 원자재비 상승률, 임금 상승률, 시장상승률, 물가상승률, 판매 단가 상승률 등으로 구성하여 반영되어야 한다고 설명했다. 안정균은 그의 논문「사업계획서의 주요 구성과 성과요인에 관한 연구」에서 "사업계획서"를 내부목적(內部目的) 사업계획서와 외부제출용(外部提出用) 사업계획서로 구분하였다. 내부목적 사업계획서에 대해서는 "매년 대부분의 사회에서 작성되며, 여기에는 각 사업년도의 경영목표 및 사업계획, 자금계획 및 추정 재무재표가 포함된다. 그러나 내부목적 사업계획서는 객관적이고 체계적인 사업 타당성 분석을 거치지 않으며, 대부분 직전 년도 경영실적의 시계열적 변동에 주관적인 경영목표를 통용하여 구성되므로 대외적인 설득력에는 한계가 있다."고 정의하고 있다. 외부제출용 사업계획서는 사업권확보를 위해 작성된다. 이러한 사업계획서는 외부 전문가들에 의하여 사업계획 내용의 실현가능성 및 목적 적합성 등을 평가받는 동시에 사업계획서 작성의 완전성 및 논리성·타당성을 근거로 하여 수행 능력을 평가받게 된다. 따라서 외부제출용 사업계획서는 내부목적 사업계획서에 비해 상대적으로 기술적 정확성 및 객관성의 요구 수준이 높다고 설명했다. 지방공기업에서의 사업계획서는 위 논문을 근거로 하면 대부분 내부목적의 사업계획서로 보는 것이 타당할 것이다. 특히, 지방공단에서 운영하는 사업의 대부분은 지방자치단체의 업무를 대행하여 추진하는 사업으로 신규 사업이 아닌 기존 운영사업의 경우 내부목적의 사업계획서로 볼 수 있을 것이다. 단, 지방공사에서 신규 대규모 투자 사업을 위해 지방자치단체 및 지방의회의 승인을 받을 경우 외부제출용 사업계획에 일부 포함될 수도 있으나 내부목적과 외부제출용 사업계획서의 중간적 범주에 있다고 보는 것이 타당할 것이다. 이렇듯 지방공사·공단에서는 기존운영사업과 신규 사업 추진에 필요한 사업계획 등 사업의 형태 또는 사업의 수행시기에 따라 내·외부 형태 2가지 사업계획을 병행 수립하여 업무를 수행하게 된다. 기존 사업운영에 필요한 예산 및 업무계획은 당해연도 주요업무계획 또는 사업계획으로 업무계획을 수립하여 추진하게 된다. 지방공기업에서는 이러한 사업계획을 다음과 같은 법률적 근거를 기준으로 추진하게 된다.

(2) 법률적 근거

　지방자치단체와 지방공기업이 체육시설에 대한 위·수탁 계약(협약)을 체결하게 되면,「지방공기업법」, 지방자치조례, 지방공기업 정관, 위·수탁 협약 등에서 정하고 있는 기준을 근거로 해당 사업의 운영을 위한 사업계획을 수립하여야 한다.「지방공기업법」제65조(예산) 1항에서는 '공사(공단)의 사장(이사장)은 매

사업연도의 사업계획 및 예산을 해당 사업연도가 시작되기 전까지 편성하여야 한다.'로 규정하고 있다. 이는 「지방공기업예산편성지침」에서 정하고 있는 차기년도 예산편성 시 필요한 사업운영 계획과 관련된 내용으로 지방 직영기업, 도시철도공사, 도시개발공사, 시설관리공단 등 4개의 사업형태별로 구분하고 있다. 지방공사·공단 유형인 도시철도공사, 도시개발공사, 시설관리공단은 사업형태별 사업운영계획을 구분하여 수립하고 있으며, 이 중 시설관리공단 유형은 시설현황, 업무현황, 건설계획, 인력관리 현황, 자산평가액 등 5가지로 구분하고 있다.

시설현황은 공영주차장 수, 주차 빌딩 수, 상가관리, 공원관리, 견인차량 보유대수, 수영장관리, 장묘관리, 가로등관리 등이며, 업무현황은 1일 주차대수, 연간 주차요금, 연간 상가관리, 연간 공원관리, 연간 주차위반 견인 수입, 견인차량 1일 견인실적, 연간 수영장 관리 수입, 연간 장묘관리 수입, 연간 가로등 관리 수입이며, 건설계획은 주차장 신설·확장, 장묘장 신설·확장, 견인차량 구입·보강, 상가시설 확장, 장묘시설확장이며, 인력관리현황은 임원, 일반직, 기능직, 기타직, 무기계약근로자, 기간제 근로자 등의 세부 사업형태별 당해 연도와 전년도 사업형태 및 수입, 인력의 증가 등에 대한 사업운영계획을 예산서 작성 시 작성하도록 정하고 있다. 사업계획과 관련된 지방자치조례는 자치구 "지방공단 설치 조례"와 "체육시설설치운영조례"를 통해 확인할 수 있다. 서울시 자치구 지방공단 중 강남구, 광진구, 성북구, 영등포구 등을 대상으로 자치구별 조례를 살펴보면 다음과 같다. 먼저 강남구의 경우 「서울특별시 강남구도시관리공단 설립 및 운영 조례」 제21조(사업계획 및 예산) 제1항에서 '이사장은 매 사업연도의 사업계획 및 예산을 「지방공기업법」 제66조의2 제2항에 따라서 구청장이 정한 예산편성지침에 따라 사업연도 개시 40일 전까지 편성하여야 한다.'고 규정하고 있다. 「서울특별시 광진구 시설관리공단 설립 및 운영에 관한 조례」 제25조(사업계획 및 예산) 제1항에서는 '이사장은 매 사업 년도의 사업계획 및 예산을 법 제66조의2 제2항의 규정에 의하여 구청장이 정한 예산편성지침에 따라 사업 년도 개시 40일 전까지 편성하여야 한다.'고 규정하고 있다. 「서울특별시 성북구도시관리공단 설립 및 운영에 관한 조례」 제21조(사업계획 및 예산) 제1항에서는 '이사장은 매 사업연도의 사업계획 및 예산을 법 제66조의2 제2항에 의거 구청장이 정한 예산편성지침에 따라 사업연도 개시 40일 전까지 편성하여 이사회 의결로 확정한다. 예산이 확정된 후 불가피한 사유로 예산을 변경하는 경우에도 또한 같다.'고 규정하고 있다. 「서울특별시 영등포구 시설관리공단 설치 조례」 제28조(사업계획 및 예산) 제1항에서는 '공단의 이사장은 매 사업연도의 사업계획 및 예산을 구청장이 정한 예산편성지침에 따라 사업연도 개시 40일 전까지 편성하여 이사회의 의결로 확정한다. 예산이 확정된 후에 생긴 불가피한 사유로 인하여 예산을 변경하는 경우에도 또한 같다.'로 정하고 있어 사업계획과 관련한 4개 자치구의 조례는 거의 동일하게 구성되어 있다. 「서울특별시 영등포구 시설관리공단 설치 조례 시행규칙」 제20조(사업계획서)에서는 '공단은 매 사업 년도 개시 3월 전까지 다음 각호의 사업계획서를 작성하여 구청장에게 제출하여야 한다.'고 정의하고 있으며, 각호는 다음과 같다. 첫째, 사업운영계획, 둘째, 세부사업집행계획, 셋째, 해당사업연도의 예상 대차대조표와 전 사업연도의 예정손익계산서 및 예정 대차대조표 등을 제출하여야 한다고 규정하고 있다. 사업계획과 관련된 지방자치조례 중 체육시설의 설치 및 운영에 관한 조례 중 「서울특별시 광진구 체육시설의 설치 및 운영에 관한 조례 시행규칙」 제14조(운영계약) 제1항에서는 '제13조 제2항에 따라 체육시설의 수탁운영자로 선정되었다는 통지를 받은 사람은 그 통지를 받은 날부터 10일 안에 체육시설의 운영에 관한 세부 시행 계획서를 작성하여 구청장과 체육시설 위·수탁 관리·운영계약(이하 "계약"이라 한다)을 체결하여야 한다.'

또한, 제16조(사업계획서 작성) 제1항에서는 '조례 제15조에 따라 수탁자는 회계연도 개시 120일 전까지 사업계획서를 작성하여 구청장에게 제출하여야 한다.'고 규정하고 있으며, 제2항에서는 '제1항에 따른 사업계획서에는 다음 각호의 사항이 포함되어야 한다.'고 정의하고 있다. 각호는 다음과 같다. 첫째, 체육시설의 관리·운영 기본 방향, 둘째, 체육시설의 관리·운영에 필요한 예산 편성안, 셋째, 전년도 사용료 세입금의 징수 현황과 이에 대한 해당 사업 연도의 징수 계획, 넷째, 프로그램 운영에 관한 사항, 다섯째, 각종 시설물 등의 설치·보수에 관한 사항, 여섯째, 그 밖에 체육시설의 관리·운영에 관한 사항 등을 포함하여야 한다고 규정하고 있다. 「서울특별시 영등포구 체육시설 설치 및 운영에 관한 조례 시행규칙」 제2조(사업계획서 작성 등)에서는 체육시설의 장 또는 「서울특별시 영등포구 체육시설 설치 및 운영에 관한 조례」 제16조에 따라 관리·운영을 위탁받은 자는 매년 체육시설의 운영에 관한 사업계획서를 작성하여 사업연도 개시 40일 전까지 서울특별시 영등포구청장(이하 "구청장"이라 한다)에게 보고하여야 한다고 규정하고 있다. 지방공기업별 정관에서도 사업계획서와 관련된 내용을 규정하고 있다. 서울시설공단, 의왕도시공사, 강남구도시공단, 성북구도시관리공단 등 지방공기업별 정관에서 설명하고 있는 사업계획서의 내용은 다음과 같다. 서울시설공단 정관 제8조(사업계획서)에서는 '공단은 매 사업 년도의 사업계획서를 작성하여 당해 사업 연도 개시 전까지 이사회의 의결을 거쳐 이를 시장에게 보고하여야 한다.'로 규정하고 있으며', 의왕도시공사 정관 제7조(사업계획서)에서는 '공사는 매 사업 년도의 사업계획서를 작성하여 해당 사업 연도 개시 전까지 이사회의 의결을 얻어 이를 시장에게 보고하여야 하며, 이를 변경하는 경우에도 또한 같다.'고 정의하고 있다. 강남구도시공단 정관 제32조(사업계획 및 예산) 제1항에서는 '공단은 매 사업연도의 사업계획 및 예산을 해당 사업 년도 개시 전까지 작성 및 편성하되, 이사회 개최 30일 전까지 각 이사에게 송부하여야 한다. 다만, 「지방공기업법」 제65조 제2항에 따라 예산을 변경하는 경우에는 이사회 개최 7일 전까지 송부하여야 한다.'로 규정하고 있으며, 성북구도시관리공단 정관 제29조(사업계획) 제1항에서는 '공단은 매 사업 년도의 사업계획서를 당해 사업 연도 개시 40일 전까지 적성하여 이사회 의결로 확정한다. 계획을 변경하는 경우에도 또한 같다.' 제2항에서는 '공단의 이사장은 사업계획서를 이사회 개최 20일 전까지 이사들에게 송부하여야 한다.' 제3항에서는 '공단은 사업계획이 성립 또는 변경된 때에는 지체 없이 구청장에게 보고하여야 하며, 보고된 사업계획이 법령에 위반되거나 현저하게 부당하다고 구청장이 시정을 명하는 경우 이사장은 특별한 사유가 없는 한 지체 없이 이를 수정하여 이사회의 의결을 받아야 한다.'고 규정하고 있어 대부분 지방공기업의 경우 정관에서는 사업계획과 관련하여 해당 지방공기업 이사회의 의결과 지방자치단체의 장에게 보고하도록 규정화하고 있다. 관련 법 및 지방자치단체 조례에서 정하고 있는 사업계획에 포함되어야 할 내용은 예산과 관련된 운영사업의 유형별 범위에 대한 현황과 「광진구 체육시설의 설치 및 운영에 관한 조례 시행규칙」 제16조(사업계획서 작성)에서 정하고 있는 사업계획서에 포함되어야 할 6개 사항으로 설명할 수 있을 것이다. 6개 사항은 체육시설의 관리·운영 기본 방향, 체육시설의 관리·운영에 필요한 예산편성안(案), 전년도 사용료 세입금의 징수 현황과 이에 대한 해당 사업 연도의 징수 계획, 프로그램 운영에 관한 사항, 각종 시설물 등의 설치·보수에 관한 사항, 그 밖에 체육시설의 관리·운영에 관한 사항 등을 말한다. 지방공기업에서는 예산서에 포함되는 사업운영계획 외에 사업계획서에 해당하는 계획을 수립하여 해당 수탁업무를 수행하게 되는데 지방공기업별 약간의 차이는 있을 수 있으나 해당 지방공기업의 경영전략 등을 근거로 단기 및 중·장기 업무추진계획을 수립한다. 단기 업무추진계획은 년도(주요)업무계획이며, 중·장기 추진계획은 중장기 발전(전략, 추진)계획 등으로 설명할 수 있다. 또한, 정부나 지방자치단체로부터 신규 사업을 수탁받거나 자체 신규 사업을 추진할 경우 신규사업수탁 및 추진을 위해 신규사업추진계획을 수립하여 업무를 추진하게 된다.

2 년도 업무계획

(1) 개요

지방공기업 회계기준은 「지방공기업법」 제64조(사업연도) 공사(공단)의 사업연도는 지방지치단체의 일반회계의 회계연도에 따른다고 정의하고 있으며, 「지방재정법」 제6조(회계연도) 1항에서는 '지방자치단체의 회계연도는 매년 1월 1일에 시작하여 12월 31일에 끝난다.'로 규정하고 있다. 이를 기준으로 지방공기업의 사업연도는 매월 1월 1일부터 12월 31일까지로 정하여 운영되고 있다. 지방공기업에서는 위에서 정한 사업연도를 기준으로 매년 년도 업무계획 또는 주요업무계획 등을 수립하게 된다. 지방공기업에서의 "년도(주요)업무계획"이라 함은 '지방공사(공단)의 경영목표를 기준으로 지방공사(공단)의 각 실·처·부 또는 팀 단위에서 내 회계연도별 세부추진 업무계획을 수립하고 통합하여, 지방공사(공단)의 당해 연도 업무추진지침이 되는 계획이라 말할 수 있을 것이다.' 이러한 년도(주요)업무계획은 해당 지방공기업의 일반현황, 전년도 실적, 차기년도 업무(경영)계획 등으로 크게 구분하여 작성되며, 작성된 년도(주요)업무계획은 지방의회 및 지방자치단체 업무보고의 기준이 될 수 있다.

(2) 작성방법

지방공사(공단)에서는 해당 기관의 설치 조례 및 정관에서 정하고 있는 사업계획을 수립하여야 한다. 지방공사(공단) 설치조례(시행규칙)에서는 매 사업연도 개시 전 사업계획(세부집행계획 등)을 지방자치단체장에게 제출하도록 규정하고 있으며, 해당 지방공사(공단)의 정관에 이를 명문화하고 있다. 이를 근거로 지방공사(공단)에서는 사업계획(세부집행 계획 등)을 수립하여 당해 연도 업무를 추진하게 되며, 년도(주요)업무계획은 지방공사(공단)에서는 기획업무를 담당하는 부서에서 주로 추진하는 업무로서 년도(주요)업무계획의 목차는 각 지방공사(공단)별 상이할 수 있으나, 크게 3개 Part로 구분하여 구성되고 있다.

첫째는 지방공사(공단) 현황에 대한 구분이며, 둘째는 전년도 실적에 대한 구분이다. 셋째는 당해 연도에 대한 계획 부분으로 구분되어 년도(주요)업무계획이 수립된다. 첫째, 지방공사(공단) 현황에서는 해당 지방공사(공단)의 설립개요, 연혁, 조직현황, 인력현황, 사업현황, 예산현황 등으로 구분하여 해당 내용에 대해 작성하게 된다. 둘째, 전년도 실적부분에서는 년도(주요)업무계획 작성 일을 기준으로 경영수지와 전년도 업무계획의 이행에 대한 내용으로 작성하게 되는데 이는 관련근거에 의해 차기연도 시작 전 작성되어야 하는 관계로 예상치 및 예상 달성률을 기준으로 작성하게 된다. 이는 향후 회계연도 종료 후 회계결산 및 결산자료를 기준으로 새로이 변경된 변경(안)으로 정정되어 재구성될 것이다. 년도(주요)업무계획은 부서별 주요사업 추진계획으로 구성되어 있으며, 이러한 주요업무는 해당 지방공사(공단)의 전략목표 및 성과목표를 기준으로 주요사업을 세부적으로 구성하게 된다. 전략목표 또는 성과목표는 각 지방공사(공단)별 비전 및 미션을 기준으로 수립하여 해당 기관별 전략목표 및 성과목표는 일부 차이가 있을 수 있다. 셋째, 당해 연도에 대한 계획 부분은 당해 연도 지방공사(공단)의 경영계획(전략목표 및 경영목표)에 맞추어 부서별 (주요)업무계획을 수립하게 되며, 이것이 당해 연도 해당 지방공사(공단)의 사업계획(주요추진업무)이 되는 것이다. 지방공사(공단)는 해당 기관의 년도(주요)업무계획 수립 시 다양한 환경들을 분석하여 반영하여야 하며, 주요 반영사항은 다음과 같다. 첫째, 정부 또는 지방자치단체의 추진 정책과 연계된 사업, 둘째, 지방공사(공단) 사장(이사장)의 경영이념이 반영된 사업. 셋째, 당해 연도 예산 편성 중 주요 편성 예산에 대한 사업. 등에 대해 우선 추진 사업으로 반영해야 한다. 지방공사(공단)는 공공기관이며, 해당 지역주민들을 위한 행정업무를 수행하게 된다. 다시 말해 공공기관으로써 지방공기업의 사회적 책무는 정부의 정책을 업무에 반영하고 해당 지방자치단체와의 소통을 통해 정책을 일원화하여 추진해야 되는 것이다. 이러한 업무추진은 지역 주민들에게 일원화된 행정을 통해 혼선 방지 및 업무의 효율성을 높일 수 있기 때문일 것이다. 지방공사(공단)에서 정부 및 지방자치단체의 정책과 지방공사(공단) 사장(이사장)의 경영이념을 반영하여 년도(주요)업무계획을 수립하는 것은 당연할 것이다.

(3) 내용 및 형식

지방공사(공단)에서는 다양한 형식으로 년도(주요)업무계획을 수립한다. 신규수탁사업에 대한 사업계획은 제외하고 기존 운영사업에 대한 년도(주요)업무계획을 위주로 내용 및 형식에 대해 설명하고자 한다. 지방공기업은 공공기관으로서 해당 기관에서 수탁, 또는 별도사업으로 추진하고 있는 사업의 효율적 관리·운영을 위하여 매 회계연도별 년도(주요)업무계획을 수립하고 업무를 추진하게 된다. 이러한 년도(주요)업무계획의 근간이 되는 것은 해당 기관의 존재의 이유(목적)인 미션이 될 것이다. 지방공기업에서는 해당 지방공기업의 설립목적과 바람직한 미래상을 제시하기 위하여 기본적으로 미션과 비전을 구축하고 이를 달성하기 위한 체계를 구축하게 되며, 이를 "경영전략 체계" 또는 "전략체계"로 구분하여 운영하고 있다. 서울시 자치구 공단의 경우 3~6단계로 경영전략 체계도(體系圖)를 구축하여 운영하고 있으며, 가장 보편적으로 사용하는 전략체계인 5단계 체계의 형태는 다음과 같다.

〈별표 7-2-2〉 전략체계 형태(5단계)

① 미션 ⇒ ② 비전 ⇒ ③ (핵심)가치 ⇒ ④ 전략(경영)목표 ⇒ ⑤ 전략체계(경영전략)

첫째, 미션과 둘째, 비전은 해당 기관의 존재의 이유(목적)에 대한 내용이며, 셋째, (핵심)가치는 존재의 이유를 달성하기 위한 가치로서 넷째 전략(경영)목표를 달성하기 위한 근거가 된다. 넷째, 전략(경영)목표는 셋째 (핵심)가치를 달성하기 위해 수치로 계량화한 업무이다. 다섯째, 전략체계(경영전략)는 셋째, (핵심)가치와 넷째, 전략(경영)목표를 달성하기 위한 년도(주요)업무계획의 세부적인 사업계획으로 설명할 수 있을 것이다. 년도(주요)업무계획과 직접적인 관련이 있는 단계는 전략(경영)목표와 전략체계(경영전략)가 될 것이다. 이 중 전략(경영)목표는 해당 지방공기업에서 추구하고자 하는 추진업무 중 계량화할 수 있는 추진과제를 선정하는 것을 말한다. 예를 들면 연간 시방공기업의 총 수입목표의 최고 기준이 100억일 경우 이 100억은 전략(경영)목표 중 하나인 "수입목표 달성 100억"이 되는 것이다.

〈별표 7-2-3〉 경영전략 체계도(예시)

구분		경영전략 체계도
○○ 공단		미션 ⇒ 비전 ⇒ 가치 ⇒ 전략목표 ⇒ 전략체계
	미션	"구민생활의 편익과 복지승신에 기여"
	비전	"자치구정의 생산성 향상에 기여"
	가치	신뢰경영, 혁신경영, 안전경영, 나눔경영
	목표	고객만족도 90, 청렴도 90점, 사업수입 130억, 사업비용 10% 절감, 안전사고 zero, 나눔 10,000시간
	체계	고객만족 노력 강화 / 부패예방 및 청렴실천 / 핵심사업 강화노력 / 업무개선을 통한 예산절감 / 안전관리 체계 강화 / 무재해 사업장 목표달성 / 나눔과 상생의 사회적 가치창출

미션과 비전은「서울특별시 강남구도시관리공단 설립 및 운영 조례」제1조(목적)에서 정하고 있는 조항을 참고하였다. 미션은 해당 지방공기업의 존재의 이유로서 지방공기업 설치조례 중 설치목적을 근거로 설정하는 것이 가장 타당성 있는 이유일 것이다. 또한, 비전의 경우 지방공기업의 사장(이사장)은「지방공기업법」에 의거 최초 임용 시 3년을 해당 지방자치단체의 장과 계약을 하게 된다. 이 계약기간 동안 수행하고자 하는 사장(이사장)의 경영이념을 비전으로 설정하고 재임기간 동안 목표를 달성하기 위해 노력하는 것은 충분히 설득력 있는 목표일 것이다. (핵심)가치는 미션과 비전을 달성하기 위해 우선 추진해야하는 목표이며, (핵심)가치는 지방공사(공단)의 우선 추진 또는 해당 기관의 핵심추진 업무를 선정하는 것이 타당할 것이다. 전략(경영)목표에서 정하고 있는 계량화된 수치의 추진업무는 지방공기업에 대한 평가인 경영평가, 또는 해당 기관이 달성해야 하는 목표 등을 정하고 있다. 전략체계(경영전략)에서는 전략(경영)목표를 달성하기 위한 세분화된 업무추진계획을 정하여 업무를 추진하게 된다. 이러한 경영전략을 지방공기업에서 수립할 경우 전 직원이 참여하여 정하는 것이 반드시 필요할 것이다. 지방공사(공단)의 경영전략은 반드시 추구해야 하는 목표로서 이러한 목표달성은 업무관련 담당자와 최고경영자의 힘으로만 달성할 수는 없기 때문일 것이다.

이것이 전 직원이 함께해야 하는 이유이다. 년도(주요)업무계획의 형식은 앞에서 설명한 바와 같이 지방공사(공단)의 일반현황, 전년도 실적, 당해 연도에 대한 계획으로 구분하여 작성하며, 작성 시 제목과 목차를 포함하여 작성하게 된다. 제목은 ○○○○년도 지방공사(공단) 년도(주요)업무계획으로 작성하고 목차는 일반현황, 전년도 실적, 당해 연도에 대한 계획 순으로 구성하게 된다.

〈별표 7-2-4〉 년도(주요)업무계획 구성내용

제목		○○○○년도 지방공사(공단) 년도(주요)업무계획
목차	일반현황	설립개요, 연혁, 조직현황, 인력현황, 사업현황, 예산현황
	전년도 경영실적	경영수지, 실·처·부 또는 팀에서 수행한 년도(주요)업무계획에 대한 결과분석
	업무계획	경영목표(전략)에 따른 세부추진 계획 / 실·처·부 또는 팀의 세부추진 업무계획

전년도 경영실적은 전년도 예산 편성내용을 기준으로 수입(세입)실적과 지출(세출)에 대한 분석을 실시하고 그에 따른 수익(손익)을 분석한다. 실적분석은 세부 운영사업별(주차관련, 체육시설관련, 독서실, 도서관, 배드민턴장 등)로 세분화하여 추진하며, 이를 근거로 해당 지방공사(공단)의 세입·세출에 따른 수익을 분석하게 된다. 또한, 실·처·부 또는 팀의 업무계획에 대한 이행 여부에 대해 분석을 실시하게 되며, 예를 들어 ○○처에서 전략(경영)목표와 전략체계를 기준으로 10개의 세부이행 추진과제를 선정했다면 10개의 세부추진과제에 대해 1년 동안 추진한 각 과제별 이행여부 또는 달성여부를 분석하고 그 결과를 이행률(履行率) 또는 달성률(達成率)로 결과를 도출하는 것이다. 이것이 전년도 실적에 대한 분석이 된다.

당해 연도에 대한 업무계획 부분은 지방공사(공단)의 직제에 맞게 실·처·부 또는 팀의 당해 연도에 대한 업무계획을 작성하고 실·처·부 또는 팀에서 작성한 내용을 전체적으로 통합하면 해당 기관의 당해 연도 업무계획이 되는 것이다. 이렇게 지방공사(공단)에서는 년도(주요)업무계획을 수립하기 위해 기획관련 업무를 주관하는 부서에서 전체적인 일정을 계획·검토하고 년도(주요)업무계획의 주요업무인 실적 및 계획에 대해 어떻게 편집할 것인지, 기본형식은 어떻게 구성할 것인지 등을 정하여 업무를 추진하게 된다. 지방공사(공단)에 따라서 전년도 실적을 기준으로 해당 기관의 우수업무추진사례, 또는 획기적 업무추진 성과 등에 대해 추가하여 작성하는 경우도 있다.

3 중장기 업무계획

(1) 개요

지방공기업에서는 중장기 업무계획을 수립한다. 중장기 업무계획을 수립하는 이유는 대·내외 환경변화와 기관의 핵심기능 및 주요사업 분석을 통해 해당 지방공기업의 미래에 대한 발전방향을 수립하고 기관의 경쟁력을 확보하여 한 단계 더 성장하기 위해 수립할 것이다. 이러한 중장기 발전계획 수립의 근거는 「지방공기업법」 제64조의3(중장기재무관리계획의 수립 등)과 「지방공기업법시행령」 제57조의7(중장기재무관리계획의 수립)에서 찾아볼 수 있다. 하지만 해당 법률은 부채규모 및 부채비율이 일정 수준 이상인 지방공사에 대한 통제 수단이라 중장기 업무계획의 본연의 취지와는 상이하게 적용되어 있다.

통제 이유는 지방공사의 재정 건선성 확보 및 강화를 위한 것일 것이다. 「지방공기업법」 제64조의3(중장기재무관리계획의 수립 등)에서 재무관리에 대한 중장기계획을 수립해야 한다고 규정하고 있으며, 제1항에서는 '자산·부채규모 등을 고려하여 대통령령으로 정하는 기준에 해당하는 공사의 사장은 매년 해당 연도를 포함한 5회계연도 이상의 중장기재무관리계획을 수립하고, 이사회의 의결을 거쳐 확정한 후 대통령령으로 정하는 기한까지 지방자치단체의 장과 의회에 제출하여야 한다.'고 정의하고 있다. 제1항에서 중장기계획은 5회계 연도를 기준으로 수립하도록 정의하고 있으며, 제2항 중장기재무관리계획에는 다음 각호의 사항이 포함되어야 한다고 정의하고 있다. 그 내용은 첫째, 5회계 연도 이상의 중장기 경영목표, 둘째, 사업계획 및 투자방향, 셋째, 재무 전망과 그 근거 및 관리계획, 넷째, 부채의 증감에 대한 전망과 그 근거 및 관리계획 등이 포함된 부채관리계획, 다섯째, 진년도 중장기재무관리계획 대비 변동사항, 변동요인 및 관리계획 등에 대한 평가·분석 등이 포함되도록 정의하고 있다. 「지방공기업법시행령」 제57조의7(중장기재무관리 계획의 수립)에서는 다음 각호의 어느 하나에 해당하는 공사의 사장은 법 제64조의3 제1항에 따라 "중장기재무관리계획"을 매년 9월 30일까지 지방자치단체의 장과 의회에 제출하여야 한다고 정의하고 있다. 첫째, 직전 회계연도 말일을 기준으로 부채규모가 3천억 이상인 공사. 둘째, 직전 회계연도 말일을 기준으로 부채비율이 100분의 200 이상인 공사. 셋째, 직전 회계연도 말일을 기준으로 부채가 자산보다 큰 공사 등에 대해 중장기 업무계획을 수립하여 지방의회 및 지방자치단체의 장에게 제출하도록 정의하고 있다. 대부분의 지방공사(공단)에서는 법적 근거 및 사업운영의 효율적 관리를 위해 중장기 업무계획을 수립하여 운영하고 있다. 중장기의 기준은 5회계연도를 주로 기준으로 활용하고 있으나, 3회계연도 또는 10회계연도를 기준으로 중장기 업무계획을 수립하는 기관도 있으며, 중장기계획의 추진목적에 따라 중장기 업무계획, 중장기재무관리계획, 중장기 발전계획, 중장기 경영전략계획 등 다양한 목적으로 지방공사(공단)의 중장기업무계획을 수립하여 업무를 추진하고 있다.

(2) 작성방법 및 형식

지방공사(공단)에서는 기획업무를 담당하는 부서에서 주로 추진하는 업무로서 법률적 근거를 이유로 추진하는 중장기재무관리계획에 해당하지 않고 지방공기업의 미래에 대한 발전방향을 수립하기 위해 기관에서 수행하고 있는 중장기 업무계획을 기준으로 설명하고자 한다. 중장기 업무계획 추진은 자체 추진사업과 외부용역 추진사업 등 크게 2가지 유형으로 진행되고 있다. 첫째, 자체 추진사업은 지방공기업이 자체적으로 추진하여 해당 기관의 중장기 업무계획을 수립하는 것을 의미한다. 둘째, 외부용역 추진사업은 전문적이며, 객관적인 결과를 얻기 위한 방안으로 외부 전문기관에 용역 업무를 위탁하는 방식으로 추진되는 사업이라 할 수 있을 것이다. 자체 추진사업은 해당 기관에 특별한 사항이 없을 경우 추진하며, 외부 용역 추진사업의 경우 객관적인 분석을 통해 해당 지방공사(공단)의 미래지향적 전략 방향 설정과 지속가능한 발전방향을 모색하기 위해 추진하게 된다. 중장기 업무계획의 목차는 각 지방공사(공단)의 추진목적과 용역 수행업체별 차이에 의해 상이할 수 있다.

하지만 연구개요, 내·외부 환경 분석, 경영전략, 중장기 발전계획과 신규사업(신성장) 확대방안 등 크게 4개 Part로 구분하여 구성되고 있다. 각 Part별 세부 내용은 다음과 같다. 첫째, 연구개요에서는 연구의 배경, 목적, 일반현황 등으로 구성되어 있으며, 연구의 배경과 목적은 해당 지방공사(공단)에서 정하는 기준을 근거로 설정되는 것이 특징이다. 국가 또는 지방자치단체의 정책 변화 등에 맞춰 해당 기관이 추구하여야 하는 목적에 대해 설명하게 되며, 연구의 배경에서는 공간적·시간적·내용적 범위를 설정하게 된다. 공간적 범위는 해당 지방공사(공단)에서 운영 및 관리하고 있는 수탁사업으로 정하며, 시간적 범위는 분석 기준년도와 계획 목표년도로 정하고 있다. 분석 기준년도는 연구용역의 최종 완료 시점이며, 계획 목표년도는 중장기 계획의 기준이 되는 5년을 기준으로 하게 된다. 내용적 범위에서는 해당 지방공사(공단)에서 정하고 있는 과업의 범위를 말한다. 일반현황에서는 해당 지방공사(공단)의 연혁, 미션 및 비전, 조직 및 인력현황, 예산현황, 사업현황 등에 대해 설명하게 된다. 둘째, 내·외부 환경에 대한 분석 중 내부 환경 분석은 해당 지방공사(공단)의 내부적 환경에 대한 분석으로 조직 및 인력, 기능, 사업, 예산, 핵심역량 등에 대한 분석을 말하며, 외부 환경 분석은 거시적인 환경 분석으로 해당 지방공사(공단)와 관련된 정책 환경, 경제 환경, 사회 환경, 기술 환경 등에 대한 분석을 말한다. 정책 환경은 국가정책과 지방자치단체의 정책에 대한 분석으로 이는 국정운영방향, 정부부처 정책방향, 지방자치단체의 정책방향에 대한 분석이며, 해당 지방공기업 운영과 관련된 법률 및 조례 등에 대한 분석도 포함될 수 있을 것이다. 경제 환경은 대·내외 경제상황에 대한 분석으로 경제와 관련된 각종지표 및 주변국, 국내경기 전망에 대한 분석을 의미하며, 사회 환경은 인구변화, 해당자치구의 주요 사회적 이슈 등에 대한 분석 등을 의미한다. 기술 환경은 지방공사(공단) 운영사업과 관련된 기술 환경 측면의 변화에 대한 분석으로 건축, 도로, 모바일 등에 대한 분석을 말할 수 있을 것이다. 이러한 내·외부 환경에 대한 조사 및 분석을 통해 해당 지방공사(공단)의 문제점 도출을 통해 문제점에 대한 해결 또는 발전전략 방안을 도출할 수 있는 것이다. 셋째, 경영전략에 대한 체계정립은 해당 업무를 추진하는 지방공사(공단)의 경영여건 및 용역수행 기관의 용역추진방향에 따라 다소 차이는 있을 수 있으나 비전과 미션에 대한 재설정을 목표로 하는 지방공사(공단)의 기본형식은 비전과 미션의 분석 및 평가, 전략목표 도출, 전략체계 설정, 중장기 로드맵 설정 등의 형식으로 구성하고 있다. 비전과 미션의 분석 및 평가는 현존하고 있는 비전과 미션에 대해 객관적 평가항목을 설정하고 검토 및 평가하여, 적합여부를 결정하게 된다. 평가결과에서 경영전략에 대한 재정립 필요성이 결정되면 SWOT 분석 등을 통해 새로운 전략목표를 도출하고 전략체계를 설정하게 되며, 이를 통해 해당 지방공사(공단)의 경영전략체계에 대한 중장기 로드맵을 재확립하여 추진하게 된다. 넷째, 중장기 업무계획과 신규사업(신성장) 확대방안에서 중장기업무계획은 조직경쟁력 제고를 위한 조직 및 인사관리, 재무관리, 조직문화, 고객서비스 등에 대한 중장기 업무발전계획 수립과 기존운영사업에 대한 활성화 및 경쟁력 강화방안을 통한 수익성 제고방안에 대한 계획 등을 새로이 수립하게 되는 것을 말할 수 있을 것이다. 중장기 업무계획을 경영목표를 기준으로 세부추진 업무에 대한 중장기 업무계획을 수립할 수도 있는데 이는 중장기업무계획을 수립하고자 하는 지방공사(공단)의 업무추진 방향에 따라 변할 수 있다.

신규사업(신성장) 확대방안 또는 신규 사업 추진방안은 지방자치단체 운영 사업 및 신규추진 예정사업에 대해 관련 법률에 대한 검토 및 운영에 필요한 인력·조직, 예산 등에 대한 검토를 통해 해당 지방공사(공단)의 중장기 추진예정 사업에 대한 계획을 검토하게 된다.

(3) 목차형식

중장기 업무계획의 형식은 앞에서 설명한 바와 같이 지방공기업 중장기 업무계획의 연구개요, 내·외부

환경에 대한 분석, 경영전략에 대한 체계정립, 중장기 발전계획과 신규사업(신성장) 확대방안으로 구분 작성하며, 작성 시 제목과 목차를 포함하여 작성하게 된다.

〈별표 7-2-5〉 중장기 업무계획 형식(예시)

> ① 제목 ⇒ ② 연구개요 ⇒ ③ 내·외부 환경 분석 ⇒ ④ 경영전략 체계정립 ⇒ ⑤ 중장기 발전계획과 신규 사업 확대방안

제목은 ○○○지방공사(공단) 중장기 경영계획 수립 용역 보고서, 또는 중장기 발전 경영(재무)전략 수립 보고서, 2025 중장기 경영계획 등으로 구성하게 된다. 목차는 연구개요, 내·외부 환경 분석, 경영전략 체계정립, 중장기 발전계획과 신규 사업 확대방안 순으로 구성하게 되는데, 중장기 업무계획을 추진하는 지방공사(공단)별 내용은 상이할 수 있다. 최근 중장기 경영계획을 수립한 지방공사 및 지방공단의 사례는 다음과 같다.

〈별표 7-2-6〉 중장기계획(지방공사)

제목		○○도시공사 중장기계획 수립용역
목차	과업의 개요	과업의 배경 및 목적 / 과업의 범위 및 내용 / 과업 수행절차
	내·외부 환경분석	외부환경 분석 / 이해관계자 분석 / 경쟁기업분석 / 내부 경영현황 및 성과분석
	경영전략 체계정립	현 비전, 비전 평가 / 전략과제 도출 / 핵심가치 설정 / 중장기 로드맵
	중장기 공사 운영방향	중장기 사업 운영방향 / 지속가능경영전략

〈별표 7-2-7〉 중장기 경영계획(지방공단)

제목		2023 중장기 경영계획
목차	연구개요	연구배경 및 목적 / 연구의 범위와 방법
	환경 분석	외부 환경 분석 / 내부 환경 분석 / 재무 및 경영수지 현황 / ○○공단 내부수요조사 / 환경 분석 결과
	비전 및 전략체계 구축	비전 및 전략체계 구축 개요 / 미션 및 비전 설정을 위한 설문조사 / 미션 및 비전 재설정 / 전략체계 재설정
	성과관리체계 운영방향검토	성과관리 운영체계 및 방향 / 성과평가체계 및 성과지표 수정
	신(新)성장동력을 위한 신규사업검토	신규 사업 선정의 필요성과 방법론 / 신규 사업 검토 / 신규사업검토결과 / 지속적 신규 사업 검토 필요
	중장기 자원배분계획	중장기 재정계획 / 조직운영 방향 및 개편(안) / 인력관리
	전략이행 로드맵	비전·전략체계 및 경영단계별 로드맵 / 전략방향 로드맵 / 경영고도화 / 내·외부 공유 및 변화관리 방안

제3절 공공체육시설 관리운영

1. 예산편성

1 관련근거 및 기준

「지방공기업법」 제71조(대행사업의 비용 부담) 제1항에서는 공사(공단)는 국가 또는 지방자치단체의 사업을 대행할 수 있으며, 이 경우에 필요한 비용은 국가 또는 지방자치단체가 부담한다고 규정하고 있다. 제2항에서는 제1항에 따른 비용의 부담에 필요한 사항은 대통령령으로 정하는 사항을 제외하고는 조례로 정한다고 규정하고 있다. 이 법을 근거로 지방공기업에서는 지방자치단체로부터 위탁받은 수탁사업 운영에 소요되는 예산을 편성하여 사업을 수행하게 되며, 매 사업 년도 예산을 편성하여 운영하게 된다. 예산을 편성하기 위한 기준은 「지방공기업법 시행령」 제60조(예산에 관한 공통기준)에서 규정하고 있다. 「지방공기업법 시행령」 제60조(예산에 관한 공통기준) 제1항에서는 '행정안전부장관은 법 제66조의2 제1항의 규정에 의한 예산에 관한 공통기준을 전년도 6월 30일까지 지방자치단체의 장에게 통보하여야 한다.'고 규정하고 있다. 이 법을 근거로 행정안전부에서는 지방공기업이 공통기준을 정하여 예산을 수립할 수 있도록 예산의 공통기준을 마련하고 있는데 이것이 "지방공기업 예산편성기준"이다. 행정안전부에서는 관련 법에 근거하여 매년 6월 30일 전까지 지방공기업 예산편성기준을 수립하여 지방자치단체에 통보하고 통보된 예산편성기준을 근거로 지방자치단체와 지방공기업에서는 차기년도 예산을 수립하게 된다. 이는 전국에 있는 모든 지방공기업이 동일하게 예산을 편성할 수 있는 근거이기도 하다. 이러한 예산편성기준을 근거로 지방공기업에서는 예산을 편성하게 된다. "2020년도 지방공기업 예산편성기준(행정안전부)"의 목차는 지방공기업 재정운용 여건과 방향, 지방공기업 예산편성의 원칙(공통), 지방공기업 유형별 세부 예산편성기준, 지방공기업 주요경비별 예산 편성기준, 지방공기업 예산운영기준(공통), 예산과목 구조 및 과목해소, 예산서 작성 참고자료 등으로 구성되어 있다. 이를 기준으로 지방공기업에서는 수탁받은 사업별(주차·체육·문화·복지) 예산을 편성하게 된다. 서울시 자치구 지방공단에서 운영하는 공공체육시설의 예산편성을 기준으로 설명하고자 한다. 서울시에는 25개의 자치구가 있다. 이 중 서초구를 제외한 24개구에서 지방공기업을 설립·운영하고 있으며, 24개구 자치구 시설공단에서는 체육사업, 주차사업, 문화사업, 복지사업 등을 지방자치단체로부터 위탁받아 운영하고 있다. 체육사업으로 분류하여 위탁받아 관리·운영하고 있는 체육시설은 종합체육시설, 실내체육관, 축구장, 야구장, 실외골프장 등이다. 지방공단에서 위탁받은 체육시설을 운영하기 위해서는 운영에 필요한 자금(비용)이 필요하며, 지방공기업(지방공단)에서는 이를 "대행사업비"라 한다. 대행사업비는 세입예산과 세출예산으로 구성하여 편성하며, 여기에서 설명할 내용은 체육시설 운영에 소요되는 세출예산을 설명하고자 한다. "지방공기업예산편성지침"을 기준으로 체육시설 운영에 소요되는 예산을 편성하게 되며, 세출예산은 크게 인건비, 경비, 예비비로 구분한다. 인건비는 해당 체육시설을 운영하는 데 소요되는 인력에 대한 비용이며, 경비는 체육시설을 유지·관리하는 데 소요되는 비용을 말한다. 예비비는 세출예산 중 예측할 수 없는 예산 외의 지출 또는 예산초과 지출에 충당하기 위하여 편성되는 예산으로서 지방공단의 예비비에는 인력운영과 관련한 예비비와 일반예비비로 구분하여 편성하게 된다.

"2020년도 지방공기업 예산 편성기준(행정안전부)"에서는 지출예산의 기본구조(과목)를 관·항·세항·목 등으로 구분하고 있다.

〈별표 7-3-1〉 지출예산 기본구조(과목)

구분	관	항	세항	목
지출	700 사업비용	710 영업비용	722 대행사업비	101 인건비
자본적 지출	200 자본적지출	800 예비비	801 예비비	801 예비비

자료: 2020년도 지방공기업 예산 편성기준(행정안전부)

지출예산 기본구조를 기준으로 편성되는 예산은 다음과 같이 설명할 수 있을 것이다.

〈별표 7-3-2〉 지출예산 편성(예시)

과목				○○○○년도		예산액	전년도 예산액	증감(△)
관	항	세항	목	산출기초				
700 사업비용								
	710 영업비용							
		722 대행사업비						
			101 인건비			000,000	000,000	000
				01 보수 ○ 기본급(00명) 000,000×12월		000,000 000,000	000,000 000,000	000 000

자료: 2020년도 지방공기업 예산 편성기준(행정안전부)

과목에는 "관", "항", "세항", "목"의 순서로 표기하며, 관은 사업비용으로 700을 표기하며, 나머지 과목을 순서대로 표기해 주면 된다. 산출기초는 편성한 예산의 근거가 되는 기준으로 예산의 근거를 전년도와 당해 연도를 비교하여 예산의 증감을 표기하면 된다. "2020년도 지방공기업 예산 편성기준(행정안전부)"에서 정하고 있는 예산 주요 항목 및 작성 내용은 다음과 같다.

2 인건비 및 인건비 관련예산

(1) 인건비

지방공기업 중 지방공사·공단의 경우 총 인건비는 모든 인건비와 인건비 항목 외에 계정과목 및 명목여하에 불구하고, 임직원의「소득세법」상 근로소득에 해당하는 모든 항목을 포함한다. 차기년도 총 인건비 예산은 당해 연도 말(예산편성 년도) 정원을 기준으로 편성한다. 지방공기업 예산 편성기준에서는 인건비의 목은 101로 정하고 있으며, 인건비의 세목에는 보수(01), 기타 직 보수(02), 무기계약근로자보수(03), 기간제근로자등보수(04) 등 4개의 세목으로 구분하여 정하고 있다. 지방공사·공단의 경우 인건비 세목 중 보수(01)는 해당 지방공기업 보수규정에 의한 직급별 평균 임금산정과 결원률을 참고하여 계상하고, 연봉제 적용 대상자는 기본 연봉액을 총액으로 계상한다. 또한, 보수규정 등에 의한 상여수당 등 제 수당에 해당하는 예산을 포함하여 계상한다. 지방공사·공단의 경우 기타 직 보수(02)는 정관상 정원에 포함된 계약직근로자의 보수, 상여금, 법정수당에 대해 계상하고, 무기계약근로자보수(03)는 무기계약근로자에 대한 보수, 상여금 및 법정수당을 기간제근로자등보수(04)에서는 정원 외의 업무관련 계약직, 임시직 등 기간제근로자 보수, 상여금 및 법정수당 등에 대해 계상한다.

〈별표 7-3-3〉 인건비 예산 편성 예시(지방공사·공단)   (단위: 천원)

과목				○○○○년도		예산액	전년도 예산액	증감(△)
관	항	세항	목	\multicolumn{2}{c|}{산출기초}			
700 사업비용								
	710 영업비용							
		722 대행사업비						
			101 인건비			000,000	000,000	000
				01 보수		000,000	000,000	000
				○ 기본급(00명) 000,000×12월		000,000	000,000	000
				02 기타직보수		000,000	000,000	000
				○ 기본급(00명) 000,000×12월		000,000	000,000	000
				03 무기계약근로자보수		000,000	000,000	000
				○ 임금 최저임금×40시간×0명×52주		000,000	000,000	000
				04 기간제근로자 등 보수		000,000	000,000	000
				○ 임금 최저임금×40시간×0명×52주		000,000	000,000	000

(2) 퇴직급여 및 퇴직연금 부담금

지방공사·공단의 경우 퇴직급여(107)는 근로자 퇴직급여 충당금 전입액과 근로자의 퇴직보험료에 대한 예산을 계상하게 된다. 퇴직연금 부담금(108)은 근로자에 대하여 확정기여형(DC형) 퇴직연금 운영 시 연금 운용사에 납부할 사용자 부담금 예산을 계상한다.

3 경비

(1) 일반운영비

"일반운영비(201)"는 자치단체의 행정활동 및 지방공기업의 사업추진을 위해 기본적으로 필요한 경비이다. 일반운영비는 경상적·소모적 경비로 기관의 운영과 관련한 경비만을 편성하여야 하며, 일체의 자본적 지출항목은 편성할 수 없다. 자산을 형성하는 자본적 지출 항목은 자본적 지출 해당과목에 계상하여야 한다. 일반운영비는 크게 사무관리비와 공공운영비로 구분하고 있으며, 사무관리비는 일반수용비, 위원회 등 운영수당, 임차료, 회의비 등으로 구분한다. 공공운영비는 공공요금 및 제세, 연료비, 차량선박비, 공무원의료비 등으로 구분하여 예산을 계상하게 된다. 일반운영비는 관서운영에 소요되는 수용비, 필기구, 용지대 등 사무용 잡품비, 자료 및 보고서, 책자, 각종양식, 전당 등 업무수행에 따른 일체의 인쇄물 및 유인물의 제작비, 현수막 간판 등의 안내·홍보물 제작비 및 기관(관서)의 간판, 명패, 감사패, 상패 등 제작비, 재물조사대상이 아닌 물품으로 자산취득비에 계상하기는 부적합하다고 인정되는 소모성 물품구입비, 신문, 잡지, 관보, 팸플릿, 마이크로필름 등의 구입비, TV, 신문, 잡지 등에 의한 공고료, 차관물자 용역대 등과 관련한 예산을 편성한다. 위원회 등 운영수당에서는 위원회 참석수당, 심사수당, 일·숙직 수당, 이사회 참석수당에 필요한 예산을 계상한다. 임차료에는 임대차 계약에 의한 토지, 건물, 시설, 장비, 물품 등의 임차료와 장소, 건물 등의 일시 임차료 및 무상 임차시의 청소비, 물건보관을 위한 간단한 창고이용료, 버스, 승용차 등 차량임차료, 각종 시설 및 장비의 운용 리스료 등을 계상한다.

"회의비"는 지방공사·공단의 사업목적 수행을 위한 회의 시에 회의가 개최되는 장소에서 다과, 음식물 제공(회의직전·직후의 인근 음식점을 이용한 식사제공 포함) 등을 포함하여 회의 개최에 통상적으로 소요되는 비용과 지방공사·공단의 노사협의회 등과 관련하여 통상적으로 소요되는 비용 등에 대해 계상한다. 공공운영비 중 공공요금 및 제세에는 우편물 발송대, 전보료 및 전화료, 회선사용료, 철도요금으로 지불되는 물품 등의 운송대, 전기료, 가스료, 상·하수도료, 자동차세, 오물수거비 등 법령 및 조례에 의하여 지불하는 제세, 무선허가 신청료 및 검사료, 한국 상·하수도 협회비 등 법령 또는 협약에 의한 협회비 등의 부담금에 대해 계상하며, 연료비에서는 냉·난방시설의 유지경비와 연료대 및 연통구입비와 에너지 절약 성과배분계약에 따른 설비투자 상환금의 예산을 계상한다. 차량선박비에는 차량유류대, 차량정비 유지비 및 차량 소모품비와 선박유지비(기타 수상운반구 포함)등의 예산을 계상한다. 공무원의료비에서는 의무실·양호실 등 자체의료시설 의약품·소모성의료기구 구입비 및 공사치료비 등을 예산에 계상한다. 종합체육센터 운영에 필요한 일반운영비는 다음과 같다. 01 사무관리비에서는 일반사무에 필요한 사무관련 용품비와 체육시설별(수영, 체육관, 골프장, 헬스장) 등에서 소요되는 소모품비, 또는 체육센터를 이용하는 지역주민들을 위한 탈의실 및 회원 제공용 소모품, 체육시설 홍보에 필요한 현수막 및 프로그램 안내지, 기계·설비 등 시설 운영에 필요한 정기검사 및 법정검사비용, 신용카드 수수료, 위원회운영수당, 정수기 및 공기청정기 등 임차에 필요한 임차비용 등이 주로 편성된다. 02 공공운영비에서는 자동차관련 제세, 우편요금, 주민세, 자동차·직원·시설에 필요한 제 보험 등의 예산을 편성한다.

(2) 여비

"여비(202)"는 국내·외 출장 등 발생 시 출장에 필요한 예산을 편성하기 위한 목으로 지방공기업의 경우 국내여비(01), 월액정비(02), 국외업무여비(03) 등 3가지로 예산 세목이 정해져 있다. 국내여비, 월액여비, 국외업무여비 등은 해당 지방공사·공단별 여비규정이 정하고 있는 기준에 의해 예산을 편성 및 계상한다. 여비 예산 편성 관련해서는 서울시 자치구 공단별 약간의 상이성이 있을 수 있다. 해당 기관별 조직의 직무 범위의 차이에 의한 것으로 통상적으로 해당지방공기업의 직원 인사를 전담하는 부서에서 직원 여비에 대한 예산을 총괄 편성하는 경우도 있으며, 체육시설 운영부서에서 편성하는 경우도 있다. 여비 예산은 국내 및 국외로 구분하여 편성하는데 서울시 자치구 지방공단에서는 공단의 인사총괄을 담당하는 부서에서 편성하는 경우가 많고 근무지 내 출장비 등 일상적 업무에 소요되는 예산의 경우는 사업부서(체육센터 등)에서 편성하는 경우도 있다. 외환위기 및 금융위기 이후 서울시 자치구 지방공단에서는 여건을 고려하여 국외업무여비를 미편성하는 경우도 많은 실정이다.

(3) 업무추진비

"업무추진비(203)"는 지방공사·공단의 경우 「법인세법」 제25조 및 「조세특례제한법」 제136조에 따라 계산한 접대비 손금인정한도 내에서 지방공사·공단의 업무 수행을 위한 사업업무추진비(07)로서 제 경비에 대해 계상한다.

부서별 또는 업무단위별로 계상하되 개인에게 월정액 지급은 불가하다. 지방공단의 경우 「법인세법」 제52조 적용 시 지방자치단체 납부액을 매출액으로 간주한다.

(4) 재료비

"재료비(206)"는 지방공사·공단의 경우 일반재료비(01)와 약품비(02)로 구분한다. 일반재료비(01)는 제품 또는 생산에 소비되는 물적 재화에 관한 비용(재료소비에 의한 주요 재료비·보조 재료비·매입부품비·소모공기구 비품비로 구분), 종자 및 자재운송에 따른 조작비, 광물 및 기타 특수한 물건의 구입비, 동물, 식물 및 식물종자 구입비와 사료 구입비, 방역에 필요한 약품, 수영장 등 사업용 상·하수도 요금, 기타 일반재료비 등으로 말하며, 약품비(02)는 상수도 생산급수에 소요되는 직접생산비로서 정수처리에 필요한 모든 약품구입비 및 운송비, 하수정화처리에 필요한 약품구입비 및 운송비, 분뇨·침출수·음식물·슬러지 건조고화 등에 정화처리를 위하여 필요한 약품구입비 및 운송비, 수영장 정수에 소요되는 약품비 등을 계상한다. 재료비는 종합체육시설에서는 수도요금과 약품비에 대한 예산을 편성하게 된다. 약품비 예산은 대부분 수영장 운영에 필요한 예산이며, 수영장 담수를 위한 용수 및 시설 이용 후 샤워 등에 필요한 수도사용에 대한 예산이다.

〈별표 7-3-4〉 재료비 예산 편성 예시(지방공사·공단) (단위: 천원)

과목				○○○○년도 산출기초	예산액	전년도 예산액	증감(△)
관	항	세항	목				
700 사업비용							
	710 영업비용						
		722 대행사업비					
			206 재료비		000,000	000,000	000
				01 일반재료비	00,000	00,000	000
				○수도요금	00,000	00,000	000
				- 기본요금 기본요금×12월	00,000	00,000	000
				- 상수도료 단가×사용량×12월	00,000	00,000	000
				- 하수도료 단가×사용량×12월	00,000	00,000	000
				- 물이용부담금 단가×사용량×12월	00,000	00,000	000
				02 약품비	00,000	00,000	000
				○수영장 수질관리 약품비	00,000	00,000	000
				- 소금 단가×월사용량×12월	00,000	00,000	000
				- PH조절제 단가×월사용량×12월	00,000	00,000	000
				- 응집제 단가×월사용량×12월	00,000	00,000	000
				○보일러 약품비(청관제)	00,000	00,000	000
				- 청관제 단가×00개(통)	00,000	00,000	000

수영장 규모(규격)에 따라 수도요금은 차이가 있으며, 약품비는 수영장 용수의 안전하고 깨끗한 관리 운영을 위해 소요되는 예산으로 염소, 응집제, PH감소제 등의 사용에 필요한 예산이다. 2000년 이후 수영장 용수의 살균에 소요되는 염소는 소금을 전기분해하여 사용하는 전해차아수장치로 교체되어 인공염소 대신 소금을 구매하여 약품처리를 하고 있다.

(5) 연구개발비

"연구개발비(207)"는 지방공사·공단의 경우 자본적지출(자산형성)과 관련된 부대경비 성격의 기본조사 설계비·실시설계비는 유·무형자산의 분류에 포함하여 해당 목에 계상하여야 하며, 연구용역비(01), 전산개발비(02), 시험연구비(03) 등으로 구분한다. 연구용역비(01)는 계속적인 연구 등을 위촉받는 자의 조사·강연·연구 등 용역에 대한 반대 급부적 비용과 신규 사업에 대한 영향평가·사업타당성 검토용역 등에 필요한 예산을 계상한다. 전산개발비(02)는 정보화시스템 구축·운영을 위한 S/W 개발비에 대한 예산을 계상하고, 시험연구비(03)는 사업용 및 시험연구·실험·실습에 소요되는 경비로서 시험과 관련되는 시약 등 소모성 비용에 국한하여 예산에 계상한다. 연구개발비는 체육시설 운영부서에서는 잘 편성하지 않는 예산이며, 서울시 자치구 공단 기준 해당 예산은 조직의 직무분장에 따라 지방공단의 기획업무 및 신규 사업을 주관(담당)하는 부서에서 주로 편성하고 시행하게 된다.

(6) 복리후생비

"복리후생비(212)"는 지방공사·공단의 경우 사회보험부담금(01), 기타복리후생비(09) 등으로 구분하며, 사회보험부담금의 경우 근로자에 대한 국민연금부담금, 의료보험료, 산재·고용보험료 사용자 부담분 예산을 계상하며, 기타복리후생비의 경우 각 지방공사·공단의 복리후생규정에 의거 편성한다. 자체 지급기준이 정해진 경우 직책수행비 및 지급보조비를 계상하여 집행하며, 연봉대상자의 부가급여 중 복리후생비에 해당하는 경비이다. 선택적 근로자 복지제도 시행경비와 작업복·위생복·근무복 등 피복구입 또는 제조경비, 침구류 구입, 안전모·안전화·작업화 등 개인장비 구입비, 급량비, 「영유아보육법」 제14조에 의한 근로자 자녀보육비 지원, 사내 복지기금 출연금 등의 예산을 계상한다. 체육시설에서 복리후생비는 크게 2가지로 구분하여 예산을 편성하게 된다. 첫 번째는 사회보험부담금과 관련한 예산이며, 두 번째는 기타복리후생비에 관한 예산이다. 사회보험부담금은 해당 체육시설에서 근무하고 있는 정원 내 인력 및 무기, 기간제 등 직원의 산재보험·고용보험·건강보험·장기요양보험·국민연금 등에 소요되는 예산이며, 기타복리후생비는 해당 시설에서 근무하는 직원에게 지급되는 선택적 복지비 및 근무에 필요한 직원유니폼 등 피복비 등을 말한다. 전 직원을 대상으로 한 기타복리후생비는 인사 및 직원복지후생을 주관(담당)하는 부서에서 편성하게 되며, 직원휴양시설이용료·특수건강 검진료 등 지방공기업별 복리후생규정 등에 의해 차이가 있을 수 있다.

(7) 교육훈련비

"교육훈련비(213)"는 지방공사·공단의 경우 각종 교육훈련관련 경비(교육(전문)여비, 교육위탁비, 외래교육 강사수당 등) 및 직원의 공공의 교육기관 위탁교육비용 및 자체 규정에 따른 대학원 등 교육과정에 따른 비용에 대해 예산을 계상한다.

〈별표 7-3-5〉 교육훈련비 예산 편성 예시(지방공사·공단)

(단위: 천원)

과목				○○○○년도	예산액	전년도 예산액	증감(△)
관	항	세항	목	산출기초			
700 사업비용							
	710 영업비용						
		722 대행사업비					
			213 교육훈련비		000,000	000,000	000
				○ 직무교육 강사비 000,000×횟수	000,000	000,000	000
				○ 직무교육 000,000×인원	000,000	000,000	000
				○ 안전관리교육 000,000×인원	000,000	000,000	000
				○ 국내여비	000,000	000,000	000
				○수상안전교육	000,000	000,000	000
				- 교육비×인원×횟수	000,000	000,000	000

체육시설에서는 해당 시설 운영에 필요한 예산을 편성하게 되며, 체육시설에서는 수상안전요원교육 및 법적 근거에 의한 전기안전관리자, 도시가스법정교육, 위생교육 등에 대한 예산을 편성하게 된다. 전 직원을 대상으로 실시하는 교육은 직원인사 및 교육을 주관(담당)하는 부서에서 예산을 편성하며, 정부정책교육, 직원 친절 교육, 개인정보, 청렴 및 윤리교육 등을 시행하게 된다.

(8) 수선유지교체비

"수선유지교체비(214)"는 지방공사·공단의 경우 건물·전로설비·선로설비·철도차량·기계장치 및 각종장비 수선유지비(수선유지에 필요한 재료구입 등 포함), 하수 및 소각처리장에서 발생되는 폐기물처리비(운반비포함), 시설의 안전진단 및 정밀점검 정비(건축·도로·교량 등 시설물의 안전진단 및 정밀점검에 소요되는 최소한의 경비)등에 필요한 예산을 계상한다.

〈별표 7-3-6〉 수선유지교체비 예산 편성 예시(지방공사·공단)

(단위: 천원)

과목				○○○○년도	예산액	전년도 예산액	증감(△)
관	항	세항	목	산출기초			
700 사업비용							
	710 영업비용						
		722 대행사업비					
			214 수선유지교체비		000,000	000,000	000
				05 수선유지비	000,000	000,000	000
				○체육시설 시설안전계량비	000,000	000,000	000
				- 헬스장비 000,000×횟수	000,000	000,000	000
				○수영장 시설안전계량비	000,000	000,000	000
				- 자동크리너수선 000,000×횟수	000,000	000,000	0000

종합체육시설에서 주로 편성하는 수선유지교체비 예산은 자동크리너·트렌치커버 교체·수영장 천정 등

수영장의 유지·관리에 소요되는 예산과 헬스기구 및 체육관, 골프장 등 운동기구의 고장 수리 등에 필요한 예산, 기계·설비 등 시설의 관리운영에 필요한 예산 등을 편성하게 된다.

(9) 동력비

"동력비(215)"는 지방공사·공단의 경우 직접 영업에 사용되는 시설(철도차량 등)의 운영에 따른 전기·가스 등 연료대 비용 계상. 단, 사무실용 전기료는 공공운용비목(공공요금 및 제세)에 계상하며, 에너지절약전문기업과의 성과배분계약에 따른 설비투자 상환금은 절약시설투자에 따른 공공요금(전기료 등) 절약액 범위 내에서 집행 가능하고 에너지절약전문기업과의 성과배분계약에 따른 냉·난방 시설교체에 의한 설비투자 상환금은 시설교체에 따른 범위 내에서 집행 가능한 예산으로 필요한 예산을 계상한다. 체육시설에서 필요한 동력비는 전기요금과 가스요금이다. 전기요금과 가스요금은 계절적 영향에 의해 사용량 변화가 심하며, 이를 위해 하계·춘추·동계 등으로 구분하여 사용량을 분석하여 예산을 편성하게 된다. 가스요금은 수영장 용수 및 샤워용수의 온도를 높이기 위해 주로 사용되어 동절기 사용량이 많은 것이 특징이며, 전기의 경우 체육시설의 냉·난방을 위해 주로 사용되어 여름 사용량이 많은 것이 특징이다.

(10) 행사홍보비

"행사홍보비(216)"는 지방공사·공단의 경우 행사운영비(01), 행사관련시설비(02), 광고선전비(03), 판매촉진비(04) 등으로 구분한다.

〈별표 7-3-7〉 행사홍보비 예산 편성 예시(지방공사·공단) (단위: 천원)

과목				○○○○년도	예산액	전년도 예산액	증감(△)
관	항	세항	목	산출기초			
700 사업비용							
	710 영업비용						
		722 대행사업비					
			216 행사홍보비		000,000	000,000	000
				01 행사운영비	000,000	000,000	000
				○ 회원친선 경연대회	000,000	000,000	000
				- 무대설치비 000,000×횟수	000,000	000,000	000
				○ 유아체능단 행사	000,000	000,000	000
				- 운동회 000,000×횟수	000,000	000,000	000

행사운영비는 행사운영을 위한 일체의 일반운영비와 지방공기업이 추진하는 행사 중 전문성이 요구되고 내용이 복잡·다양한 행사의 경우 민간용역도 가능하다. 행사 관련 시설비는 행사장 각종시설 및 장치 등 행사 개최를 위해 설치하는 구조물 등으로 임시적·일회성 시설물 설치 및 구축에 소요되는 예산이다.

체육시설에서의 행사는 운영기관별 차이가 있으며, 주로 이용고객 또는 프로그램 운영에 필요한 예산을 편성하게 된다. 수영장 이용고객을 대상으로 한 수영대회, 에어로빅 및 댄스프로그램 이용 고객을 대상으로 한 회원친선 경연대회, 유아체능단(유아스포츠단 등) 단원들을 위한 행사. 또는, 체육시설 개관 기념행사 등에 소요되는 예산을 편성한다.

(11) 관서업무비

"관서업무비(217)"는 지방공사 · 공단의 경우 정원가산업무비(01)와 부서업무비(02)로 구분한다. 정원가산업무비는 법인의 활동과 직접적인 관련이 없는 동호인 취미클럽 · 체육대회격려 · 생일기념품 · 불우직원 지원 등 직원사기 진작을 위한 경비에 한하여 편성 및 집행하고 부서업무비는 통상적인 조직운영에 소요되는 부서운영업무추진 제잡비로 부서운영에 따른 공통 경비이므로 부서장의 활동경비로 절대 사용할 수 없으며, 전체 직원의 사기양양 경비 등으로 사용하기 위해 계상한다. 관서업무비 중 정원가산업무비는 지방공단의 인사 및 복지후생을 담당(주관)하는 부서에서 예산을 편성하고 부서업무비는 부서별 편성을 원칙으로 한다. 정원가산업무비는 전 직원의 사기진작을 위한 경비로 사용하게 된다. 체육시설부서에서는 부서업무비를 편성하게 되며, 부서원들의 격려 및 단합을 위한 경비로 집행하게 된다.

(12) 평가급 및 성과금 등

"평가급 및 성과금 등(218)"은 지방공사 · 공단의 경우 지방공기업에 대한 경영평가 결과, 근무성적 및 정부권장정책의 도입에 따른 평가급 및 성과금을 예산에 계상한다. 지방공기업에서 "평가급"이란 지방공기업에 대한 평가 후 경영평가 결과 경영수준에 따라 5단계 등급인 가~마 등급으로 평가등급을 부여하게 된다. 적용대상은 정관상 정원에 포함되어 있는 직원으로 정하고 있으며, 경영평가 등급결정은 지방공기업정책위원회 심의결과를 반영하여 행정안전부장관이 결정하게 된다. 지방공기업별 등급이 결정되면 행정안전부에서는 그 결과를 지방자치단체 및 지방공기업에 통보하게 되고 통보된 결과를 기준으로 해당 지방자치단체에서는 평가급 지급률을 결정하여 지방공기업에 통보한다. 통보된 지급률에 따라 지방공기업에서는 결정된 등급에 따라 해당 직원들에게 인센티브 평가급을 지급하게 된다. 이것이 "평가급"이다. 이러한 평가급은 가~마 등급까지 지급률이 차이가 있으며, 행정안전부에서는 지방공기업 직원을 기준으로는 '가' 등급은 180~200%이며, '나' 등급은 130~150%, '다' 등급은 80~100%, '라' 등급은 30~50%, '마' 등급은 0%로 정하고 있다. 이 외에 직원의 경우 자체평가급으로 100%를 지급할 수 있다. 예를 들어 'A' 지방공기업의 경영평가 결과가 '가' 등급일 경우 자체성과금 100%와 지급률 180~200% 중 200%로 결정될 경우 해당 지방공기업 직원의 경영평가 평가급 지급률은 300%가 되는 것이다. 평가급=연봉(보수)월액×300%가 되는 것이다. 'A' 지방공기업 'J'의 연봉월액이 400만 원일 경우 해당 직원의 평가급은 1,200만 원이 되는 것이다.

하지만 행정안전부에서는 직원들도 평가를 통해 등급을 정하여 지급하도록 정하고 있다. 이러한 평가급을 예산에 반영할 경우에는 지방공기업별 '다' 등급 또는 '나' 등급을 기준으로 반영하고 있으며, 예산편성지침에서는 '나' 등급을 기준으로 편성토록 하고 있다.

(13) 감가상각비

감가상각비는 「법인세법 시행령」 제26조와 「지방공기업법 시행규칙」 제19조에 근거하며, 고정자산은 일정기간이 경과하면 사용이 불가능해진다.

하지만 자산의 가치는 사용불능이 되었을 때 소멸되는 것이 아니라, 사용한 전 기간에 걸쳐 가치가 감가된다고 보며, 그 기간마다 일부 가치가 생산물에 이전된다는 개념에서 각 기간의 비용을 할당하며, 감가상각률은 정률법에 의해 5년(구매연도 45.1% 적용)간 적용한다. "감가상각비(219)"는 지방공사·공단의 경우 건물, 구축물, 기계장치 등 상각 대상 자산에 대한 감가상각비를 예산에 계상한다. 고정자산은 일정기간이 경과하면 사용이 불가능해진다. 고장 및 파손 등에 의해 교체가 필요할 경우를 대비해 편성하는 예산으로 정률법에 의해 5년간 적립한다. 체육시설에시의 감가상각비에 해당하는 품목은 대체육관의 농구골대, 탁구대, 음향기기, 헬스장의 헬스기구, 수영장의 수중 크리너, 업무수행에 필요한 사무용 PC, 책상, 업무용 차량, 냉·난방기구, 프로그램 및 회원관리를 위한 회원관리프로그램 등이 체육시설에서 예산을 편성하고 관리해야 하는 자산이다.

(14) 위탁관리비

"위탁관리비(220)"는 청소, 경비, 세탁 시설물관리, 제품운송 등 전문적이거나 단순 반복되는 지방공기업의 업무를 전문 업체에 위탁하여 업무를 수행하게 되며, 업무 수행 후 지출해야 되는 수수료를 말한다. 위탁관리비는 체육시설별 차이가 있을 수 있으며, 종합체육시설의 경우 위탁관리비 용역업무 중 가장 큰 용역 업무는 청소용역과 셔틀버스 용역업무일 것이다. 하지만 청소 및 셔틀버스 운영 업무를 해당 지방공사(공단)가 직원을 직접 채용하여 운영 중인 지방공사(공단)도 있으며, 이런 경우 해당 업무수행에 필요한 예산을 위탁 관리비 예산에 포함하지 않게 된다. 위탁관리비 예산 편성 시 체육시설의 규모에 따라 청소용역 인원 및 셔틀버스 운행 차량 수는 차이가 있을 수 있으며, 이럴 경우 위탁관리비는 지방공시(공단)별 차이가 있을 수 있다. 체육센터 위탁업무의 범위는 청소, 셔틀버스, 보일러세관, 정화조, 지열히트, 방역소독, 물탱크, 승강기, 무인경비, 폐기물 위탁, 운동복 지급 등 다양하다.

(15) 일반보상금

"일반보상금(301)" 예산 중 지방공사·공단에 적용되는 부분은 사회복무요원보상금(09), 행사실비보상금(10), 예술단원·운동부보상금(11), 기타보상금(12) 등이 포함된다. 사회복무요원보상금은 「병역법」에 근거한 공익근무요원의 보수와 중식비, 교통비 등이며, 행사실비보상금은 교육·세미나·공청회·회의·체육행사·문화재행사·국가단위행사에 참석을 위한 여비·산업시찰·견학 참여를 위한 실비 등에 지급하는 예산이다. 예술단원·운동부보상금은 지방공기업이 운영하는 예술단원과 운동부에 대한 인건비 및 운영비를 계상하며, 기타보상금은 법령 또는 조례에 민간인에게 반대 급부적 경비를 지급하도록 규정되어 있는 경우의 보상금과 민간인의 포상에 따른 시상금품, 민간인이 상해를 입었을 경우 상해치료비, 체육시설 운영사업 등에서 발생하는 강사료, 경륜선수 상금 및 보상금, 「공익신고자보호법」에 따라 국민권익위원회로 납부하여 공익신고자에게 지급되는 보상금 등에게 지급하기 위한 예산을 계상한다. 지방공사·공단에서 운영하는 종합체육시설에서는 체육시설 운영사업 등에서 발생하는 강사료가 이에 해당하는 예산이다. 종합체육시설에서 일반보상비는 전체 예산 중 큰 비중을 차지한다.

〈별표 7-3-8〉 일반보상금 예산 편성 예시(지방공사·공단)

(단위: 천원)

과목				○○○○년도		예산액	전년도 예산액	증감(△)
관	항	세항	목	산출기초				
700 사업비용								
	710 영업비용							
		722 대행사업비						
			301 일반보상금			000,000	000,000	000
				12 기타보상금		000,000	000,000	000
				○외부강사		000,000	000,000	000
				- 에어로빅	000,000×2명×12월	000,000	000,000	000
				- 탁 구	000,000×2명×12월	000,000	000,000	000
				- 스피닝	000,000×2명×12월	000,000	000,000	000
				- 주말체육	00,000×3시간×52주	000,000	000,000	000
				- 뮤직스페셜	00,000×2시간×50주	000,000	000,000	000
				- 5:5체육비율제	0,000,000/1.1×50%	000,000	000,000	000
				- 문화강좌	00,000,000×50%	000,000	000,000	000
				○시간강사		000,000	000,000	000
				- 수영(시간강사)	00,000×10명×12월	000,000	000,000	000
				- 인명구조원	00,000×4명×12월	000,000	000,000	000
				- 수영시간강사(대체)	00,000×2명×12월	000,000	000,000	000
				- 5:5 체육비율제 0,000,000 / 1.1×50% / - 문화강좌 00,000,000×50% * 체육은 부가세 대상이며, 문화강좌는 비과세로 예산 편성에 반영				

이는 체육시설에서 운영하는 프로그램 중 외부강사(프로그램 강사)의 강사료에 대한 예산을 편성하기 때문이다. 프로그램에 따라 비율제·시간제·정액제 등 다양한 계약에 의해 강좌를 운영하는 강사들은 정

원 내 인력 및 계약직 직원의 인원이 적게 운영되는 체육시설일수록 더 많은 예산 편성을 할 수밖에 없다. 운동장비 설치 시 큰 예산이 소요되는 프로그램 운영 시 지방공기업과 전문업체가 기관 대 기관으로 위탁 또는 수탁 받아 운영하는 경우가 증가하는 추세이며, 이런 경우 프로그램 수입배분 비율은 지방공기업 20%~30%, 업체 70%~80%로 계약하여 운영하게 된다.

(16) 포상금

"포상금(303)" 예산은 종업원(從業員)에 대한 포상금 및 포상품 구입비와 예산절감, 경영실적에 따라 지급하는 예산성과금을 예산에 계상한다. 포상금 예산은 인사 및 포상을 주관하는 부서에서 예산을 편성하게 된다. 포상은 해당 지방공기업의 규정 등에 근거하여 전 직원 및 특정분야 성과 우수 직원에 대하여 포상 및 시상을 하게 되며, 직무제안 포상의 경우 기획업무를 주관하는 부서에서 예산을 편성한다. 성과 우수 직원은 인사담당 부서 또는 사업부서별로 예산을 편성할 수 있다.

(17) 배상금

"배상금(305)" 예산은 손해보상금·국가배상금, 망실·도난·미회수금의 보전금, 법령에 의하여 증인·감정인·참고인·공술인에 대한 실비 변상금 등에 대한 예산이다. 지방공사·공단에서 운영하는 체육시설에서 필요한 예산은 망실·도난에 대한 예산이다. 체육시설에서는 배상금 중 망실·도난피해배상금 또는 손해배상보험 자기부담금에 대한 예산을 편성한다. 망실·도난 피해배상금의 경우 체육시설 이용 고객 중 시설 이용 중 중요 물품에 대한 망실 및 도난이 발생 할 경우 적합한 절차에 의해 시설의 책임이 일정부분 인정될 경우 이에 대한 변상을 위한 예산이다. 손해배상보험 자기부담금의 경우 체육시설 배상책임 보험가입 시 보험계약에 의해 편성하는 예산으로 피해 치료비가 일정액을 초과할 경우 부담해야 되는 배상책임에 대한 자기부담금이다.

(18) 출연금

"출연금(306)" 예산은 법령의 규정에 의거 지방공기업평가원에 출연하는 경비이다. 「지방공기업법시행령」 제76조(지방공기업평가원에 대한 출연)에서 정하고 있는 지방공기업평가원에 대한 출연금으로 지방공사·공단에서는 시·도 출연금 배분기준 및 배분금액을 기준으로 경영평가를 주관하는 부서(또는 팀)에 예산을 편성하게 된다.

<별표 7-3-9> 출연금 배분기준 및 배분금액

재정력지수			공기업 수		
구간	재정력지수	구간금액(백만 원)	구간	공기업수	구간금액(백만 원)
0.5 (2구간 - 40%)	세종, 제주	18	0.5 (2구간 - 40%)	세종, 제주	18
1 (2구간 - 20%)	0.5 이하~	24	1 (2구간 - 20%)	1~15	24
2 (기준구간)	0.5~0.7 이하	30	2 (기준구간)	16~25	30
3 (2구간 + 20%)	0.7~0.9 이하	36	3 (2구간 + 20%)	26~35	36
4 (2구간 + 40%)	0.9 초과~	42	4 (2구간 + 40%)	36~	42

자료: 2020년도 지방공기업 예산 편성기준(행정안전부)

출연금은 경영평가를 담당하는 부서에서 편성하는 예산으로 지방공기업평가원에서 정한 출연금 예산을 편성하고 편성된 예산에 대해 출연금 납부 요청 시 납부하게 된다.

(19) 지방공기업 최고경영자 협의체 부담금

"지방공기업 최고경영자 협의체 부담금(319)"은 지방공사·공단의 최고경영자 협의체 부담금으로 서울시 자치구의 경우 24개구 지방공단의 최고경영자 협의체인 "이사장연합회"가 운영되고 있어 해당 자치구 공단본부 주관부서에서는 예산을 계상하게 된다.

4 예비비 및 자산취득비

(1) 예비비

"예비비"는 사업예산과 자본예산으로 구분하여 사업예산의 경우 사업예산 중 현금지출을 수반하지 않은 경비를 제외한 금액 중 각 지방공기업의 형편을 감안하여 적정액을 확보하며, 자본예산은 자본예산 중 각 지방공기업의 형편을 감안하여 적정액을 확보하도록 규정하고 있다. 체육시설을 관리·운영하는 부서에서는 일반예비비 위주로 예산을 편성한다.

(2) 자산취득비

"자산취득비(405)"는 사업예산과 자본예산으로 구분하여 사업예산의 경우 사업예산 중 현금지출을 수반하지 않은 경비를 제외한 금액 중 각 지방공기업의 형편을 감안하여 적정액을 확보하며, 자본예산은 자본예산 중 각 지방공기업의 형편을 감안하여 적정액을 확보하도록 규정하고 있다. 체육시설 운영에서 필요하거나 내구연한(耐久年限)이 완료되어 신규자산을 취득해야 하는 자산에 대해 자산취득에 대한 예산을 반영해야 한다. 또한, 자산취득에 대한 예산 반영 시 대행사업비 세출예산 항목 중 감가상각비 예산도 확인 후 감가상각에 대한 예산을 반영해야 하며, 전산과 관련된 예산은 무형자산 및 기타비유동자산취득비 항목에 예산을 계상하면 된다.

〈별표 7-3-10〉 자산취득비 예산 편성 예시(지방공사 · 공단)　　　　　　　　　　　　　　　　(단위: 천원)

과목				○○○○년도	예산액	전년도예산액	증감 (△)
관	항	세항	목	산출기초			
200 사업비용							
	230 영업비용						
		236 대행사업비					
		237 공기구비품					
			405 자산취득비등		000,000	000,000	0
				01 자산취득비	000,000	000,000	0
				○ 스포츠센터	000,000	000,000	0
				－ 아쿠아로빅 앰프　0,000,000원×4대	000,000	000,000	0
				－ 체육관음향장비　0,000,000원×2대	000,000	000,000	0
				－ 골프장 스크린타석 00,000,000원×10대	000,000	000,000	0
				－ 체성분분석기　0,000,000원×1대	000,000	000,000	0
	250 무형자산 및 기타비유동자산취득비						
		253 소프트웨어					
			412 정보화시스템취득비		000,000	000,000	0
				○ DB 암호화 솔루션　000,000,000×1식	000,000	000,000	0
				○ 백업프로그램 구매　000,000×1회	000,000	000,000	0

2. 예산집행

1 예산집행기준

　　지방공기업은 다양한 사업을 관리 · 운영하고 있으며, 다양한 사업을 관리 · 운영하기 위해서는 사업 수행에 필요한 예산이 소요된다는 것을 의미한다. 사업운영에 필요한 예산은 편성, 배정, 집행 등의 절차를 통해 이루어지며, 이렇게 사업운영에 소요되는 예산을 편성하고 집행하는 기준을 정하는 것은 행정안전부의 몫일 것이다. 행정안전부에서는 지방공기업에서 편성하고 집행하는 예산의 편성 및 집행 기준을 매년 수립하여 통보하게 되는데 편성과 집행의 기준은 "지방공기업 예산편성기준"과 "지방자치단체 세출예산 집행기준[17]"

---

17) 지방자치단체 세출예산 집행기준(예규)은 「지방회계법 시행령」 제64조(회계 처리 등에 관한 사항)를 근거로 지방자치단체의 예산집행에 대한 기본원칙과 기준을 제시하여 재정지출의 효율성과 형평성을 도모하고, 자치단체 예산집행의 책임성을 제고하기 위해 정한 기준이다.

이다. 이렇게 행정안전부에서 예산의 편성과 집행에 대한 기준을 정하여 지방공기업에 통보할 수 있는 근거는 「지방공기업법」에서 정하고 있다. 「지방공기업법」 제66조의2(예산·결산에 관한 공통기준)에서는 '행정안전부장관은 공사(공단)의 예산 및 결산에 공통적으로 적용하여야 할 사항에 관한 기준을 작성하여 통보할 수 있다.'고 규정하고 있기 때문이다.

「지방공기업법」(〈개정 2019. 12. 3.〉)

제66조의2(예산·결산에 관한 공통기준)
① 행정안전부장관은 공사(공단)의 예산 및 결산에 공통적으로 적용하여야 할 사항에 관한 기준을 작성하여 통보할 수 있다.
② 공사(공단)의 예산 및 결산의 제출 및 운영에 필요한 사항은 제1항의 공통기준의 범위에서 지방자치단체의 장이 정한다.

「지방공기업법」 제66조의2(예산·결산에 관한 공통기준) 1항에서는 '행정안전부장관은 공사(공단)의 예산 및 결산에 공통적으로 적용하여야 할 사항에 관한 기준을 작성하여 통보할 수 있다.'고 규정하고 있으며, 2항에서는 '공사의 예산 및 결산의 제출 및 운영에 필요한 사항은 제1항의 공통기준의 범위에서 지방자치단체의 장이 정한다.'고 정하고 있다.

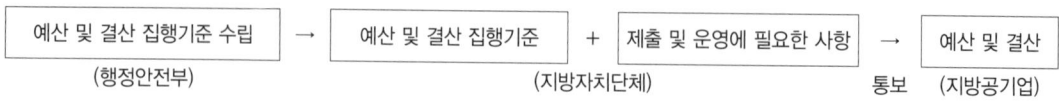

〈그림 7-3-1〉 예산 및 결산

다시 말해 예산 및 결산에 공통적으로 적용해야 할 기준은 행정안전부장관이 정하고 행정안전부장관이 정해준 기준을 근거로 예산과 결산의 운영 및 제출에 필요한 사항을 지방자치단체의 장이 더하여 지방공기업에 통보하게 되는 것이다. 지방공기업에서는 설립 지방자치단체의 장이 정하여 통보한 내용으로 예산 및 결산을 추진할 수 있는 것이다. 지방자치단체에서는 행정안전부에서 통보된 지방자치단체 세출예산 집행기준을 근거로 해당 지방자치단체 및 자치단체에서 설립한 지방공기업의 세출예산 집행기준을 수립하여 업무를 추진하게 된다. 행정안전부에서 마련한 "2020 지방자치단체 세출예산 집행기준(행정안전부)"의 세부 내역은 다음과 같다. 지방자치단체 세출예산 집행기준의 목적은 「지방회계법 시행령」 제64조(회계 처리 등에 관한 사항)에 근거, 지방자치단체 예산집행에 대한 기본원칙과 기준을 제시하여 재정지출의 효율성 및 형평성을 도모하고, 자치단체 예산집행의 책임성을 제고하는 데 있다.

집행기준의 목차는 제1장 지방자치단체 세출예산 집행 10대 원칙, 제2장 세출예산 운영을 위한 일반지침, 제3장 세출예산 성질별 분류에 의한 세부집행지침, 제4장 지방자치단체 구매카드 사용요령, 제5장 통합재정자금 운영요령 등으로 구성되어 있다. 제3장 세출예산 성질별 분류에 의한 세부집행 지침은 1) 인건비, 2) 물건비, 3) 경상이전, 4) 자본지출 등 4개 항목으로 구분하여 예산 항목별 세부지침 기준을 정하고 있으며, 1) 인건비는 인건비를 포함하며, 2) 물건비는 일반운영비, 여비, 업무추진비, 직무수행경비, 의회비, 연구개발비 등을 포함한다. 3) 경상이전에는 일반보상금, 포상금, 민간이전, 자치단체 등 이전을 말하며, 4) 자본지출은 시설비 및 부대비, 민간자본이전, 자치단체 등 자본이전, 자산취득비, 기타자본이전 등을 포함하고 있다. 세부집행지침의 세부 내용은 다음과 같다.

2 세출예산 성질별 분류에 의한 세부집행지침

"2020 지방자치단체 세출예산 집행기준(행정안전부)"에서는 세출예산 성질별 분류에 의한 세부집행지침을 (1) 인건비, (2) 일반운영비, (3) 여비, (4) 업무추진비, (5) 직무수행경비, (6) 의회비, (7) 연구개발비, (8) 일반보전금, (9) 포상금, (10) 민간이전, (11) 자치단체 등 이전, (12) 시설비 및 부대비, (13) 민간자본이전, (14) 자치단체 등 자본이전, (15) 자산취득비, (16) 기타자본이전 등 16개 성질별로 구분하여 집행 기준을 정하고 있다. 16개의 기준에서 정하지 않은 사항은 "지방자치단체 예산편성 운영기준(행정안전부 훈령)"에서 정한 기준에 따라 집행하도록 정하고 있으며, 각 성질별 집행기준은 다음과 같다.

(1) 인건비

인건비는 보수, 무기계약근로자보수, 기간제근로자 등 보수 등 근로형태로 구분하여 인건비에 대한 집행기준을 정하고 있으며, 세출예산 성질별 분류에 의한 세부집행지침 중 인건비에 포함되어 있는 인건비 목의 주요 집행기준은 다음과 같다. 보수는 지방공무원 보수규정에 의한 보수로 반드시 법령에 지급 근거가 있어야 하며, 지급대상, 지급액이 명시되어 있는 경우에 한하여 지급한다. 연가보상비의 경우 근무상황부에 기재된 사항을 부서장의 확인을 받아 지출 부서에 지급 의뢰하여야 한다. 무기계약근로자보수는 예산에 정해진 목적에 부합되게 집행되어야 하며, 행정안전부에서 정한 경비 외에 직무의 내용, 성격, 기술자격 등에 따라 다음 지정 통계기관이 최근 공표한 노임단가, 전년도 집행단가 및 해당 연도에 편성된 예산액 등을 고려하여 해당자치단체에서 정한 단가로 적용·집행하여야 하며, 예산을 절약하기 위하여 고용·산재보험의 경우 건설업(건설장비운영업은 제외한다) 및 임업 중 벌목업의 개산보험료를 전액 납부할 수 있고(「고용보험 및 산업재해보상보험의 보험료 징수 등에 관한 법률」제17조 제4항에 의거 5% 범위에서 경감) 이 경우 피보험자의 고용·산재보험료 부담금을 예산에서 일괄 납부한 후 매월 보수 지급 시 원천 공제한다. 지방자치단체의 장은 공공부문 비정규직 근로자 정규직 전환 가이드라인('17.7.20.)[18]에 따라 편성된 수당 등을 지급 하여야 하며, 청사관리요원은 고용직 또는 기능직의 정원으로 확보되어 있거나 시설장비 유지비 또는 위탁사업비로 외부업체와 용역계약을 체결한 기관은 원칙적으로 무기계약근로자보수 예산으로 전기, 전화, 기계, 보일러공 및 청소부를 고용할 수 없다.

임대청사 및 합동청사(청사를 관리하는 기관은 제외) 입주기관은 원칙적으로 전기, 기계, 보일러공 및 청소부를 기관별로 고용할 수 없다. 다만, 임대 청사 입주기관으로 임대차 계약상 청사관리를 별도로 하는 조건일 경우에는 그러하지 아니하다. 기간제근로자 등 보수는 사업계획량과 내용에 따라 기간제근로자 고용기준(자격, 근무시간, 업무량 등)을 마련하고 다음 지정 통계기관이 최근 공표한 노임단가, 예산액을 고려하여 당해 자치단체에서 결정·집행하여야 한다. 다만 최저임금 이하로 집행되지 않도록 유의하며, 기간제근로자 등 보수 집행상 불가피하게 발생하는 국민연금부담금, 퇴직금 등 법정부담금은 기간제근로자 등 보수 예산에서 충당한다. 기간제근로자 등 보수 예산에 계상되어 있으나 직제개편에 따라 정규직으로 전환되었거나 무기계약자로 전환되었을 경우 예산부서와 협의를 통하여 기간제근로자 등 보수(101-04)를 해당 인건비로 세목을 변경하여야 한다. 지방자치단체의 장은 공공부문 비정규직 근로자 정규직 전환 가이드라인('17.7.20.)에 따라 편성된 수당 등을 지급하여야 한다(행정안전부. 지방자치단체 세출예산 집행기준 2020).

(2) 일반운영비

일반운영비 목의 주요 집행기준은 다음과 같다. 일반운영비는 사무관리비, 공공운영비, 행사운영비, 맞춤형 복지제도 시행경비 등으로 구분하며, 사무관리비는 일반수용비, 위탁교육비, 운영수당, 피복비, 급량비, 임차료, 「공공감사에 관한 법률」 제28조 제2항 및 같은 법 시행령 제16조 제2항에 따라 사전 자료수집 등 자체 감사업무 수행에 드는 경비 등을 집행할 수 있다. 사무관리비 중 일반수용비의 집행기준은 재물조사 대상이 아닌 내용연수 1년 미만의 소모성물품 구입 시 집행하며, 자산취득비, 시설비, 연구 개발비, 업무추진비 등 다른 비목에 해당하는 경비를 일반수용비에서 집행하지 않도록 규정하고 있다. 무인경비, 전기안전관리대행, 냉온수기 소독료, 환경측정기기 정밀검사수수료, 방역수수료 등 소규모 용역(행사용역은 제외) 등에 대한 역무대가로 지급할 수 있으며, 학술행사, 세미나, 워크숍 등 행사 또는 교육에 참여할 경우 발생되는 등록비 또는 참가비 등을 집행할 수 있도록 정하고 있다. 위탁교육비는 민간기관에 위탁교육 시 1인당 교육단가를 산정하여 위탁교육 완료 시 교육 인원을 확인하고 집행하여야 한다. 다만, 필요한 경우 입교

---

[18] 공공부문 비정규직 근로자 정규직 전환 가이드라인(2017.7.20.)은 기간제근로자와 파견·용역 근로자 등에 대해 전환기준을 정하여 중앙정부, 지방자치단체, 공공기관, 지방공기업, 국공립 교육기관, 자치단체 출연·출자기관, 공공기관·지방공기업 자회사 등으로 확대하여 정규직으로 전환하도록 정한 가이드라인을 말한다.

시 집행할 수 있다. 위탁교육기관의 선정 및 교육실시는 「지방계약법」 동법 시행령, 동법 시행규칙 및 관련 법령을 적용하여 수탁기관을 선정하고 집행하여야 하며, 지방공무원의 국가기관, 다른 지방자치단체 등 공공의 교육기관 위탁교육 시에는 해당교육기관장이 요구한 금액을 집행하도록 집행기준을 정하고 있다. 운영수당은 위원회 참석수당, 심사수당, 일·숙직비, 시험관리비, 공무원교육 외래강사료 등의 사유 발생 시 집행하며, 집행 시 해당 업무별 관련 법률 및 근거에 의해 집행하여야 한다. 피복비의 집행기준은 피복의 경우 업무성격상 제복착용(작업복)이 불가피한 경우에 해당 업무를 직접 수행하는 자에게 지급하여야 하며, 소속 직원 외의 대상자에게는 해당 과목에서 집행할 수 없도록 정하고 있다. 급량비의 지급기준은 지방자치단체 예산편성 운영기준의 급량비 설정에 따르며, 공무원에게 지급하는 매식비 1인당 1식의 급식단가는 8,000원 이내에서 집행하도록 기준을 정하고 있다. 임차료는 시설 및 장비의 임차계약 및 임차 만료 시 집행하여야 하며, 관련 법령에 의한 계약을 통해 체결하도록 규정하고 있다.

사무관리비(201-01)에서는 일반수용비, 위탁교육비, 운영수당, 피복비, 급량비, 임차료, 감사업무 수행에 드는 경비 등 7개 항목으로 구분하여 집행기준을 설명하고 있다. 일반운영비 중 공공운영비는 공공요금 및 제세, 연료비, 시설장비유지비, 차량·선박비 등으로 구분하고 있으며, 공공요금 및 제세의 집행기준은 전화, 에너지절약, 공공요금, 우편요금 등에 대한 집행기준을 정하고 있다. 연료비는 에너지절약 전문기업과의 성과배분 계약에 따른 냉난방 시설교체에 의한 설비투자 상환금은 시설교체에 따른 절약금액 범위 내에서 집행할 수 있으며, 냉·난방용 연료는 연간단가계약에 의하여 공급하는 등 예산절감에 노력하도록 기준을 정하고 있다. 시설장비 유지비의 적용범위는 건물 및 건축설비(구축물, 기계장비), 공구, 기구, 비품, 기타 시설물의 유지관리비와 통신시설(민방위경보시설 포함) 및 기상관측장비, 원동기 등 동력장치, 중장비 및 항공기에 소요되는 유류비, 기타 육상운반구(차량 제외) 유지비, 시설장비 유지관리의 용역비로 하고 재료의 사용은 재활용 또는 실험재료 등 기존 비축 분을 최대한 활용하고, 잔여예산집행을 위한 새료비축은 지양하도록 정하고 있다. 청사관리 등을 외주(Outsourcing)할 경우 「지방계약법」 및 관계법령에 의하여 관리자를 선정하고, 용역근로자 근로 조건 보호지침을 준수하여야 하며, 장비, 시설, 시스템 등에 부속되어 일부를 이루는 부품(물품)을 수리 차원에서 교체하는 경우에는 본 과목에서 집행할 수 있도록 정하고 있다. 차량·선박비는 보일러 등 냉·난방시설의 연료비와 부대경비는 연료비에서 집행하고, 차량·선박 유류비와 이륜차의 유지비는 차량·선박비에서 집행한다. 각 기관에서 보유하고 있는 업무용 승용차량은 대중교통수단과 연계운행을 위한 경우를 제외하고는 직원 출·퇴근용으로 운행할 수 없으며, 차량용 유류를 구입할 경우 원칙적으로 "공공조달 유류구매카드[19]"를 활용하여 조달청에 등록된 주유소에서 구매하도록 기

---

19) 공공조달 유류구매카드는 공공기관에서 차량용 유류를 구입할 경우 원칙적으로 사용하여야 하는 카드를 말하며 구매카드를 활용하여 조달청에 등록된 주요소에서 유류를 구매하여야 한다. 현장할인 및 이용금액 중 일부가 포인트로 적립되어 환급되는 기능이 있다.

준을 정하고 있다. 행사운영비는 자치단체가 직접 주관하는 행사에 소요되는 일반운영비를 집행하며, 부서의 연찬회 경비로는 집행할 수 없도록 정하고 있다. 자치단체가 직접 주관하는 행사의 예산을 직접 집행함을 원칙으로 하며, 회의장 임차는 공공기관을 우선 활용하도록 기준을 정하고 있다. 맞춤형 복지제도 시행 경비는 맞춤형 복지예산의 집행에 관한 사항은 공무원 후생복지에 관한 규정(대통령령)에 의할 수 있으며, 자치법규(조례·규칙)가 제정되어 있는 경우에는 자치법규에 의하여 집행할 수 있도록 기준을 정하고 있다. 맞춤형복지예산의 집행 잔액은 맞춤형 복지 포인트로 재배정할 수 없다. "일반수용비"는 기계·기구·집기 및 기타 공작물의 소규모 수선비의 집행을 위한 경비로 설명하고 있으며, "시설장비 유지비"는 건물 및 건축설비(구축물, 기계장비), 공구, 기구, 비품, 기타 시설물의 유지관리비를 위한 경비로 설명하고 있다. "시설비"는 주로 자본 형성적 경비로서 도로·하천의 개보수, 청사의 대규모 도장 등 그 내용연수가 길고 비용 투입의 효과가 장기간에 걸쳐 나타나는 대규모 수리비의 집행 경비로 정의하고 있다(행정안전부, 지방자치단체 세출예산 집행기준 2020). 행사운영비 예산 중 지방자치단체가 직접 주관하는 행사를 기준으로 행사에 소요되는 일반운영비 성격의 예산을 집행할 수 있는 기준을 정하고 있으며, 그 기준은 다음과 같다.

〈별표 7-3-11〉 행사소요 예산집행 기준(행사운영비)

(1)	행사운영을 위한 초청장, 홍보유인물, 현수막, 상패제작 등
(2)	행사개최를 위한 시설·장비·물품의 임차료
(3)	행사지원을 위한 강사료
(4)	행사지원을 위해 참여한 공무원에게 지급하는 식비(식비 단가는 특별한 사유가 없는 한 특근매식비 단가를 적용한다)

자료: 2020 지방자치단체 세출예산 집행기준(행정안전부)

행사에 참여한 초청인사 등을 대상으로 하는 식비, 기념품, 기관선물의 구입 등은 행사운영비 과목에서 집행할 수 없으며, 사업 성격을 고려하여 행사실비보전금 또는 업무추진비로 집행하도록 기준을 정하고 있다.

(3) 여비

여비(旅費) 목의 주요 집행기준에서는 국내여비, 월액여비, 국외 업무여비 및 국제화여비, 공무원 교육여비 등 4개 항목으로 구분하여 집행기준을 설명하고 있다. 국내여비 집행지침에서는 출장 시 집행한 예산에 대한 증빙자료를 제출하여야 하며, 국내여비 중 증빙자료는 (1) 출장지에서 식사 등의 용도로 사용한 개인카드 사용내역서 사본, (2) 기관을 방문한 경우 방문기관등에서 제공한 자료·사진·기타 입증자료, (3) 위 내용의 구비가 곤란한 경우 출장복명서 등을 말한다. 제외대상으로는 다른 기관 공문요청에 의한 회의, 행사, 연찬회 등 출장 입증자료가 명백한 경우 별도자료의 구비는 불필요하도록 지침을 정하고 있다. 월액 여비는 지방자치단체 예산편성 운영기준을 따르도록 규정하고 있으며, 국외업무여비 및 국제화여비의 집행지침은 크게 3가지로 구분하고 있다. 첫째, 항공운임 조정지급, 둘째, 숙박비·식비·일비의 지급 결재, 셋째, 기타 기준 등이다. 항공운임 조정지급은 국외 항공권 구매 시 합리적으로 비용을 절감할 수 있어야 하고 거래여행사를 통해 항공권을 구매한 경우 적정하게 이루어졌는지 확인하여야 한다. 숙박비·식비·일비의 지급 결재에서는 숙박비는 「공무원여비규정」 제16조 제1항의 〔별표4〕에 따른 실비를 지급하며, 식비 및 일비는 정액으로 지급하도록 정하고 있다. 기타기준에서는 단체장과 부단체장을 제외하고 3급 이하 공무원은 특별한 경우 이외는 수행원을 동반할 수 없도록 기준을 정하고 있으며, 민간인과 지방의회의원의 해외여행 경비지원 시 국외여비가 아닌 민간인 국외여비와 의원국외여비에서 집행하도록 정하고 있다. 국외 출장명령을 받은 공무원에게는 준비금을 실비로 지급할 수 있으며, 지급대상항목은 비자발급비(비자발급 대행 수수료 포함), 예방접종비, 여행자보험가입비, 풍토병 예방약 구입비에 한하여 집행할 수 있도록 기준을 정하고 있다. 공무원 교육 여비는 「지방공무원 교육훈련법」에 의한 전문교육기관에 입교하는 위탁교육훈련 여비지급은 「지방공무원 교육훈련 운영지침」[20] 〔별표 8〕의 "공무원 교육훈련 여비 지급기준"을 따르도록 기준을 정하고 있다(행정안전부. 지방자치단체 세출예산 집행기준 2020).

(4) 업무추진비

업무추진비 목의 주요 집행기준에서는 기관운영업무추진비·시책추진업무추진비, 정원가산업무추진비, 부서운영업무추진비 등 3개 항목으로 구분하여 집행기준을 설명하고 있다. 기관운영업무추진비·시책추진업무추진비는 「지방회계법 시행령」에 의한 「지방자치단체 업무추진비 집행에 관한 규칙」에 따라 집행하도록 정하고 있으며, 규칙에서는 업무추진비 집행대상의 범위와 축의·부의금품의 집행범위 등도 정하고 있다. 정원가산업무추진비를 집행하기 위해서는 연간집행 계획을 수립하여야 하며, 동호인 취미클럽 지원은 취미클럽이나 동호회로부터 행사계획 등을 제출받아 형평성 있게 지원하도록 정하고 있다.

부서운영업무추진비는 과(課)운영비를 말하며, 자치단체 직제에 반영된 과·담당관실·팀·반 등 과(課) 형태를 유지하는 보조기관의 기본운영경비를 말한다. 부서운영업무추진비는 과(課) 운영을 위한 소규모 소요에 충당할 수 있도록 정액으로 지급할 수 있다.

(5) 직무수행경비

직무수행경비 목의 주요 집행기준에서는 직책급업무수행경비, 특정업무경비 등 2개 항목으로 구분하여 집행기준을 정하고 있으며, 지급대상 및 지급 기준액은 「지방자치단체 예산편성 운영기준」〔별표2〕를 따르

---

20) 지방공무원 교육훈련 운영지침은 지방공무원의 교육훈련시간, 장기교육훈련 운영방향, 국외훈련업무의 처리, 사이버 교육의 활성화 등 지방공무원의 교육훈련 등을 효율적으로 처리하기 위해 2008.6.30. 제정된 지침이다(행정안전부 예규 제167호).

도록 정하고 있다. 주요 세부집행기준은 다음과 같다. 일선기관의 6·7급 보조기관은 직제상 과장직책 보유자에 한하여 지급하며, 퇴직, 직책 신설 또는 해외연수, 교육, 파견, 병가, 휴직 등 기타 직책의 변동이 있는 경우에는 발령일을 기준으로 하여 그 월액을 일할 계산하여 지급한다. 「지방자치법」 제111조에 의한 권한대행, 직무대리와 직무대리규정에 의한 법정대리, 지정대리의 경우 대리하고 있는 해당 직위의 기준액을 지급할 수 있으며, 원직책자에게는 지급하지 않는다. 실제로 2개 이상의 겸임발령을 받고, 겸임업무를 수행(수평적인 겸임을 의미)하는 경우에는 각각 그 기관 또는 부서 단위별로 지급할 수 있으며, 지방자치단체장은 직책급업무수행경비 지급 시 개인의 보수 지급과 구분하여 지급하도록 정하고 있다. 특정업무경비의 지급대상 및 지급 기준액은 「지방자치단체 예산편성 운영기준」에 따르며, 특정업무경비 지급대상자인 시간선택제·한시임기제공무원은 월정액을 기준으로 하여 근무시간에 비례하여 지급하도록 정하고 있다. 특정업무경비 지급대상 업무에 1개월 이상 근무를 하지 않은 기간에 대하여는 발령(명령)일을 기준으로 일할 계산하여 지급하며, 특정업무경비는 개인의 보수 지급과 구분하여 지급하여야 한다. 직책급업무수행경비의 성격은 직위별 당해 직무수행 활동에 소요되는 경비이며, 특정업무경비는 특수 업무 담당분야에 근무하는 자에 대한 활동비로서 직책급업무수행경비와 특정업무경비는 월정액으로 지급한다. 특정업무경비는 지급 대상 범위에 해당되는 직무를 전담하는 부서(전담팀, 전담계 포함)의 담당 공무원에게 지급하는 경비이다(행정안전부, 지방자치단체 세출예산 집행기준 2020).

(6) 의회비(議會費)

의회비(議會費) 목의 주요 집행기준에서는 의원국내여비, 의원국외여비, 의정운영공통경비·의회운영업무추진비, 의원역량개발비(공공위탁, 자체교육), 의원역량개발비(민간위탁) 등 5개 항목으로 구분하여 집행기준을 설명하고 있으며, 지방의회(地方議會) 관련 경비는 「지방자치단체 예산편성 운영기준」에서 정하는 기준경비 〔별표1〕에 따르도록 기준을 정하고 있다. 의회비는 지방의회의원의 의정활동 등과 관련하여 편성하는 경비이므로 집행부 예산에서 지방의원과 관련된 경비(법정경비 제외)를 집행해서는 안 되도록 규정하고 있다. 의원 국내외 여비는 지방의회 의원의 출장 등에 필요한 예산으로 사유 발생 시 해당 과목에서 집행하도록 규정하고 있다. 국외여비의 경우 공무 국외출장심사위원회의 의결을 거쳐 집행하도록 규정하고 있으며, 공적 항공마일리지의 우선활용 가능 여부 점검 후 항공운임을 지급하도록 정하고 있다. 의정운영공통경비는 의회 또는 상임위원회 명의의 공적인 의정활동과 직접적 관련성이 있는 경우에 집행하며, 의원 개인 명의의 의정활동 홍보물 제작비 등은 집행할 수 없다.

또한, 의원 개인별 월간 또는 연간 집행 상한액을 정하여 월정액으로 집행할 수 없도록 정하고 있다. 의회운영 업무추진비에서는 축의·부의금의 집행 한도액은 1건당 5만 원을 초과할 수 없으며, 간담회 등 접대비는 1인 1회당 4만 원 이하에서 집행하고 업무추진비 집행 시 반드시 클린카드를 발급받아 등록 후 사용하도록 규정하고 있다. 의원역량개발비는 공공위탁과 자체교육, 민간위탁 등 지방의회의원의 역량강화를 위해 교육을 위탁하는 경우 위탁교육에 소요되는 교육비와 자체 교육 실시에 소요되는 외래강사 강사료 등을 집행할 수 있도록 기준을 정하고 있다(행정안전부. 지방자치단체 세출예산 집행기준 2020).

(7) 연구개발비

연구개발비 목의 주요 집행기준에서는 연구용역비, 전산개발비 등 2개 항목으로 구분하여 기준을 정하고 있으며, 연구용역비는 지방자치단체사업의 계속적인 연구 등을 위촉받는 자의 조사, 강연, 연구 등 용역에 대한 반대급부를 말한다. 주요 세부지침은 다음과 같다. 연구용역결과를 행정에 활용하지 아니하고 장기간 사장하거나 용역 결과가 지나치게 이상에 치우쳐 실제 활용이 곤란한 사례가 없도록 용역결과에 대한 사후관리를 철저히 하여야 하며, 분야별 용역은 다음 기준을 상한으로 집행하도록 정하고 있다. 기술용역의 경우 엔지니어링사업 대가 기준(산업통상자원부 고시) 또는 측량대가의 기준(국토지리정보원 고시), 전산용역은 SW사업 대가 산정 가이드(한국소프트웨어산업협회), 임상연구용역은 실 소요경비, 학술연구용역등은 「지방자치단체 입찰 및 계약 집행기준」(행정안전부 예규) 제2장 예정가격 작성요령 등이며, 계약 방법, 절차 등은 「지방계약법령」을 적용하도록 기준을 정하고 있다. 지방자치단체에서는 연구 용역업무 수행을 위해 ○○○용역과제심의위원회 설치 및 운영 조례 등을 제정하여 운영한다. 전산개발비는 정보화시스템 구축·운영을 위한 S/W개발비와 전산개발에 따른 감리비를 말하는데 정보화시스템 구축·운영을 위한 S/W개발비는 행정안전부장관이 고시한 「행정기관 및 공공기관 정보시스템 구축·운영 지침」을 적용하며, 전산개발에 따른 감리비는 「전자정부법」 제57조 제5항에 따라서 행정안전부장관이 고시한 「정보시스템 감리기준」을 적용하고 정보화사업의 낙찰차액은 원칙적으로 재사용할 수 없으나 해당사업의 정보시스템 감리비 또는 정보보호 강화, 법령 개정 등으로 인하여 불가피하게 SW사업 과업 확대에 따른 추가 과업 수행 등에서는 사용할 수 있도록 기준을 정하고 있다(행정안전부. 지방자치단체 세출예산 집행기준 2020).

(8) 일반보전금

일반보전금 목의 주요 집행기준에서는 통장·이장·반장 활동보상금, 민간인 국외여비, 외빈초청여비, 행사실비 지원금, 기타 보상금 등 5개 항목으로 구분하여 집행기준을 설명하고 있다. 통장·이장·반장 활동보상금은 읍면의 이장과 동의 통장, 읍·면·동의 반장에게 지급하는 활동비로 지방자치단체별 조례에서 정하고 있는 기준에 의해 지급하게 된다. 지방자치단체의 규정 또는 조례는 「○○구 통장 수당 지급규정」, 「○○구 통장자녀 장학금 지급 조례」 등으로 구분하여 운영된다.

민간인 국외 여비는 「공무원 여비 규정」 제30조의 규정에 의하여 지방자치단체장이 정한 기준 내에서 집행하도록 규정하고 있으며, 지방자치단체의 사업수행과 연관성이 없는 선심성 국외여행경비는 집행할 수 없도록 기준을 정하고 있다. 외빈초청경비는 당해 자치단체가 공식적으로 초청하는 국내·외 인사에 대한 항공료, 숙박비, 식비 및 지방시찰 여비, 버스 임차료 등에 한하여 집행할 수 있으나 연회비, 선물구입비, 환송·영 행사경비 등은 외빈초청여비로 집행할 수 없고 업무추진비로 집행하도록 기준을 정하고 있다. 행사실비 지원금 중 민간인에게 지급하는 급량비는 급식비 기준단가를 적용하여 계좌 입금하며, 교통비 및 숙박비를 지급하는 경우에는 「공무원 여비 규정」을 준용하여 지급한다. 이때 일비는 지급하지 않는다. 국가(지방)단위 행사참석 실비, 산업시찰, 견학 참여를 위한 실비는 본 과목에서 지급하되 국내에 한하여 지급할 수 있도록 기준을 정하고 있다. 기타 보상금 집행기준은 법령 또는 조례에 따라 민간인에게 반대 급부적 경비를 지급하도록 규정되어 있는 경우(보상금 또는 물품)에 집행하며, 신고보상금(신고포상금) 등의 경우 예산 낭비 등 부적절한 집행에 대해서는 운영개선 노력을 하도록 기준을 정하고 있다(행정안전부. 지방자치단체 세출예산 집행기준 2020).

(9) 포상금

포상금 목의 주요 집행기준은 지방자치단체 예산편성 운영기준에 따르도록 정하고 있으며, 포상금에 포함되는 내용은 모범공무원 산업시찰에 소요되는 숙박비, 식비 등과 예산성과금, 기관포상금 등이 대상이 된다. 예산성과금의 지급기준은 「지방재정법시행령」에서 정하고 있다. 예산성과금은 지출절약에 대한 예산성과금과 수입증대에 대한 예산성과금 등으로 구분하여 지급할 수 있는 기준을 정하고 있다. 지출절약에 대한 예산성과금 지급기준은 「지방재정법시행령」 제51조(예산성과금의 지급기준) 1항에서 정하고 있으며, 세부 기준은 다음과 같이 '1) 정원감축에 의하여 인건비를 절약한 경우에는 감축된 인원의 인건비 1년분, 2) 경상적 경비를 절약한 경우에는 절약된 경비의 50퍼센트, 3) 주요사업비를 절약한 경우에는 절약된 경비의 10퍼센트. 다만, 건당 1억 원을 초과할 수 없다.'로 정하고 지출절약에 기여한 자에게 지급하도록 규정하고 있다. 3항에서는 수입증대에 대한 예산성과금은 수입증대에 기여한 자에게 수입 증대액의 10퍼센트 범위 안에서 지급하되, 1인당 2천만 원을 초과할 수 없도록 규정하고 있다(행정안전부. 지방자치단체 세출예산 집행기준 2020).

(10) 민간이전

민간이전 목의 주요 집행기준에서는 민간경상 사업보조·민간단체 법정운영비보조·민간행사사업보조·사회복지시설 법정운영비 보조·사회복지사업보조와 민간위탁금, 민간위탁교육비 등 3개 항목으로 구분하여 집행기준을 설명하고 있으며, 민간경상사업보조는 민간이 행하는 사업에 대하여 자치단체가 이를 권장하기 위하여 교부하는 것으로 자본적 경비를 제외한 보조금을 말하고, 민간경상 사업보조를 받은 자는 보조금교부조건에 특별한 규정이 없는 한 제3자에게 재위탁이 불가하도록 정하고 있다(행정안전부. 지방자치단체 세출예산 집행기준 2020).

(11) 자치단체 등 이전

자치단체 등 이전 목의 주요 집행기준에서는 자치단체 간 부담금, 교육기관에 대한 보조, 공기관 등에 대한 경상적 위탁사업비 등 3개 항목으로 구분하여 집행기준을 설명하고 있다. 자치단체 간 부담금은 「지방재정법」 제12687호(2014.5.28. 개정) 부칙 제17조의 규정 등에 의해 시·군·구에서 시·도에 부담금으로 부담하는 경비로 자치단체 상호간 이익을 도모하기 위해 부담하는 경비를 말하며, 자치단체 간 부담금의 집행 및 정산은 민간경상 사업보조의 예와 같이 하도록 기준을 정하고 있다. "공기관"이란 「공공기관의 운영에 관한 법률」에 따라 기획재정부장관이 지정하는 기관과 「지방재정법」 제17조 제2항에 따른 공공기관이 포함된다(행정안전부. 지방자치단체 세출예산 집행기준 2020).

(12) 시설비 및 부대비

시설비 및 부대비 목의 주요 집행기준에서는 시설비, 시설부대비, 행사관련 시설비 등 3개 항목으로 구분하여 집행기준을 설명하고 있다. 시설비의 기본조사 설계비는 사업계획을 기초로 하여 기술적, 경제적 타당성 조사 및 교통, 환경영향평가에 소요되는 경비와 주요설계 시행지침, 예비설계, 기본설계 및 개략공사비 산정에 소요되는 경비를 말하며, 시설비 낙찰차액이 발생한 경우 원칙적으로 재사용할 수 없도록 기준을 정하고 있다. 시설부대비는 현장김독 공무원의 여비 및 체재비, 피복비 등으로 집행하며, 지급대상은 지방자치단체 입찰 및 계약 집행 기준에 따라 감독공무원으로 명을 받은 자에 한하도록 기준을 정하고 있으나 자치단체장의 명을 받아 일시적으로 현장감독 또는 점검에 참여하는 자와 기성·준공 검사자 및 입회자, 당해 시설 공사에 따른 재산취득담당자에게도 여비를 지급할 수 있도록 기준을 정하고 있다. 시설비가 별도로 계상되어 있지 않은 민간투자사업(BTO, BTL BOT사업 등)에 대한 시설부대비는 사무관리비에 예산을 편성하여 집행할 수 있도록 규정하고 있다. 행사 관련 시설비는 행사개최를 위해 설치하는 구조물 등으로 임시적이고 일회성인 시설물의 설치 및 구축에 소요되는 경비를 말한다(행정안전부. 지방자치단체 세출예산 집행기준 2020).

(13) 민간자본 이전

민간자본 이전 목의 주요 집행기준에서는 민간자본사업보조(자체재원), 민간자본사업보조(이전재원), 민간위탁사업비 등 2개 항목으로 구분하여 집행기준을 설명하고 있다. 민간자본사업보조(자체재원)는 민간의 자본형성을 위하여 민간이 추진하는 사업을 권장할 목적으로 민간에게 자치단체 자체 재원으로 직접 지급하는 보조금을 말하며, 민간자본사업보조(이전재원)는 민간의 자본형성을 위하여 민간이 추진하는 사업을 권장할 목적으로 민간에게 국비 또는 시·도비를 시·도 및 시·군·구에서 지급하는 보조금을 말한다. 민간자본사업보조(자체재원)와 민간자본사업보조(이전재원)의 집행기준은 보조금의 집행 및 정산은 민간경상사업보조금(307-02)의 예와 같이 하며, 보조사업자가 계약상대자 선정 시 다른 법령 등에 특별한 규정이 없는 한 지방계약법령을 준수하여야 하며, 청소 등 단순노무용역 외주 시 용역근로자 근로조건 보호지침(고용노동부 공공기관노사관계과-1779, 2019.9.11.)을 준수하도록 기준을 정하고 있다(행정안전부. 지방자치단체 세출예산 집행기준 2020).

(14) 자치단체 등 자본이전

자치단체 등 자본이전 목은 공기관 등에 대한 자본적 위탁사업비를 말하며, 사업비의 정산은 민간위탁금의 예와 같이 하도록 정하고 있다. 공기관 등에 대한 자본적 위탁사업비는 광역사업 등 당해 자치단체가 시행하여야 할 자본 형성적 사업을 공 기관에 위임 또는 위탁, 대행하여 시행할 경우 부담하는 제반경비와 지방자치단체조합(한국지역정보개발원 등)에 위탁하는 자본 형성적 사업에 소요되는 제반 경비 등을 말한다.

(15) 자산취득비

자산 및 물품취득비는 1) 건물 및 공작물(토지를 포함하여 취득하는 경우에 토지매입비가 구분되지 않는 경우는 이를 포함), 2) 대규모 설비, 선박, 항공기 및 입목·죽 등의 취득비, 3) 정수책정 대상물품으로서 물품정수(교체 포함)를 배정받은 물품구입경비, 4) 자산취득에 따른 부대경비(공고료, 수수료, 임차료 등), 5) 공관 및 관사운영 물품취득비, 비정수 물품구입비(201-01 사무관리비에 계상할 수 없는 물품), 6) 정보화시스템 구축운영을 위한 H/W구입비 등을 말하며, 입목·죽은 관상수, 산림목, 유실수, 죽(대 또는 대나무) 등을 말한다. 자산 및 물품 취득비는 일반운영비로 구입하여야 할지 구분이 불분명한 경우 물품의 내용연수, 취득예상가격 등을 종합적으로 고려하여 자치단체별 기준을 정하여 집행하도록 기준을 정하고 있다. 자동차, 컴퓨터, 전자복사기, 모사전송기, 책상, 의자 등 내용연수가 정해져 있는 물품은 불가피한 사유 이외에는 내용연수 경과 이전에 교체할 수 없으며, 내용연수가 남아 있고 사용이 가능한 자동차, 복사기, 프린터, 컴퓨터 등을 단순히 신형으로 교체하기 위하여 신규물품을 구입할 수 없도록 기준을 정하고 있다. 도서구입비는 도서관, 자료실 등에 자산(資産)적 가치를 형성하는 도서구입에 한하여 집행하여야 하며, 「출판문화산업 진흥법」제22조에 따라 도서구입 시 도서정가제 등으로 인해 경제상 이익으로 발생한 물품, 할인권, 마일리지, 상품권 등은 지방자치단체 구매부서(실·과)에 도서구입 시 발생한 할인권·마일리지·상품권 관리대장(별표 제3호 서식)을 비치하여 관리하고 다음 도서구입 시에 이를 할인 및 차감받아 구입하여야 한다. 물품의 경우 소모품은 행정용도로 사용하고, 비품은「공유재산 및 물품 관리법」에 따라 관리하도록 기준을 정하고 있다(행정안전부. 지방자치단체 세출예산 집행기준 2020).

(16) 기타 자본이전

기타 자본이전 목의 주요 집행기준에서는 무형고정자산 항목으로 구분하여 집행기준을 설명하고 있다. 무형고정자산은 법률상의 권리 취득비용과 법률상 권리가 아닌 장래의 수익을 예상한 경영상의 권리로서의 영업권 등을 말하며, 법률상의 권리 취득비용에는 특허권, 실용신안권, 의장권, 상표권, 전화가입권 등 기타 통신시설 가입권 등과 임대차 계약에 의한 청·관사 임차 보증금 및 전세금을 대상으로 한다. 기타 자본이전에서는 임대차 계약에 의한 청·관사 임차 보증금 및 임차료에 대한 집행 기준을 정하고 있다. 임차계약은 당해 연도 예산의 범위 내에서 체결하여야 하며, 임차료는 원칙적으로 임차가 만료된 때 지급하되 선금을 지급할 수 있도록 기준을 정하고 있다.

3 예산의 배정 및 변경

「지방자치단체 세출예산 집행기준」중 세출예산 성질별 분류에 의한 세부지침은 성질별 분류에 따라 관련 법령(근거)을 달리하고 있다. 인건비는「지방공무원 보수규정」과「지방공무원 수당 등에 관한 규정」, 여비는「공무원 여비 규정」, 교육 여비는「지방공무원 교육훈련법」및 동법 시행령, 업무추진비는「지방자치단체 업무추진비 집행에 관한 규칙」, 의회비는「지방자치법」및 동법 시행령, 지방보조금은「지방재정법」및 동법 시행령, 계약은「지방지치단체를 당사자로 하는 계약에 관한 법률」및 동법 시행령, 감리비는「건설기술 진흥법」,「엔지니어링산업 진흥법」,「건축사법」등이 기준이 된다. 편성된 세출예산을 집행하기 위해서는 편성된 세출예산에 대해 배정을 받아야 한다. "예산의 배정"은 일정기간(월별, 분기별)에 걸쳐 지출원인행위를 할 수 있는 세출 예산의 한도액을 통지하는 행위로서 최종예산 집행권자의 지출 원인행위를 허용하기 위한 통제수단이며, 최종예산 집행권자는 이 배정액을 한도로 하여 계약체결 등 집행절차를 취하게 되는 것이다. 이러한 예산배정의 수립절차는 다음과 같다.

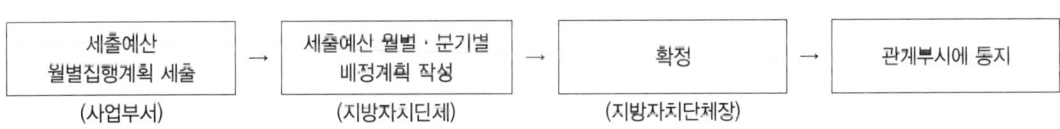

〈그림 7-3-2〉 예산배정 수립절차

〈별표 7-3-12〉 예산배정 수립방법

	예산배정 수립방법	
1.	계획요구 ↓	사업부서가 확정된 세출예산에 대하여 재원의 조달과 사업시기 등을 고려하여 통계목별로 세출예산 집행계획을 수립한 후 예산 부서에 제출
2.	계획 확정 ↓	사업부서로부터 제출된 세출예산집행계획에 대하여 예산 부서는 사업시기와 자금수급계획을 고려하여 배정계획을 조정 후 확정
3.	계획변경 ↓	추가경정예산 등 기타 사정의 변경으로 인하여 세출예산 월별 분기별 배정계획을 변경할 필요가 있을 경우에는 사업부서의 변경요구를 받아 변경수립 후 확정
4.	배정유보	세입예산에 비하여 실수입이 감소하였거나, 예산절감을 위하여 실행예산을 편성하였을 경우 실행예산만 배정계획을 수립하고 절감예산은 배정을 유보한다.

자료: 영등포구(2019년도 세출예산 집행지침, 영등포구, 2019.1.)

예산의 배정은 정기배정과 수시배정 등으로 구분할 수 있을 것이다. 정기배정은 배정계획에 의해 매 분기별 또는 월별 일괄 배정받는 것을 의미한다. 배정단위는 세부사업별·편성 목 단위로 예산을 배정하되 회계처리 등을 고려하여 통계 목까지 내부적 관리를 당하며, 수시배정의 운영절차는 다음과 같다.

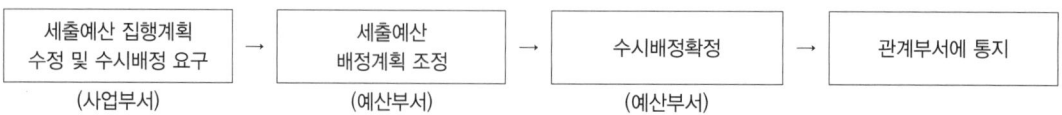

〈그림 7-3-3〉 예산배정 운영절차

예산 수시배정 방법은 예산부서는 편성 목까지 확정하나, 회계처리 등을 고려하여 통계 목까지를 내부적 관리의 범위로 구분한다.

배정요구는 세출예산 배정계획에 유보되었으나 사유가 해지되어 사업 추진이 가능하거나, 불가피한 사유로 긴급하게 집행할 사유가 발생할 경우, 사업부서는 통계 목 단위로 세출예산 수시배정요구서를 작성하고 세출예산집행계획을 수정하여 예산부서에 제출한다. 제출된 배정요구는 배정통보로 사업부서로부터 세출예산 수시배정요구서가 제출된 경우와 예산부서는 배정에 따른 결격사유가 없을 때에는 지체 없이 세출예산 배정계획을 수정하고 수시배정 확정 후 관련 부서에 통보한다. 예산의 재배정은 각 과에 배정된 예산범위 내에서 시·도의회사무처, 시·군·자치구, 제1관서의 재무관 및 지출원(분임지출원 포함)으로 하여금 집행을 위임하는 것을 말한다. 예산 재배정 절차는 다음과 같다.

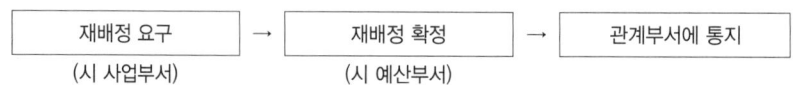

〈그림 7-3-4〉 예산 재배정 절차

<별표 7-3-13> 예산 재배정 방법

	예산 재배정 방법	
1.	재배정 계획수립 ↓	사업부서는 배정된 세출예산을 산하기관에 재배정 하고자 할 때에는 재배정 받을 기관과 협의하여 통 계목 단위로 재배정계획을 수립한 후 이를 예산, 자금, 집행부서에 통보하여야 함. 다만, 정기적인 재배정 사업의 경우에는 세출예산
2.	재배정요구 ↓	재배정계획에 의거 재배정하고자 할 경우에는 사업부서에서 통 목 단위로 받을 기관과 재배정액, 사유 등을 포함하여 세출예산 재배정요구서를 작성하여 예산부서에 제출
3.	재배정통보	사업부서로부터 세출예산 재배정요구서가 제출된 경우, 예산부서는 배정에 따른 결격사유가 없을 때에는 지체 없이 재배정 확정 후 관련부서에 통보

자료: 영등포구(2019년도 세출예산 집행지침. 영등포구, 2019.1.)

예산을 배정받고 집행하는 과정 중 예산의 변경(이용, 전용, 변경, 이체)이 필요할 수 있으며, 이럴 경우 예산의 이용, 전용, 변경, 이체 등을 수행하게 된다. 예산의 변경은 다음과 같은 내용으로 추진하게 된다. "예산의 이용"은 정책사업 간 예산을 상호 융통하여 사용하는 개념으로 정책(政策)사업은 입법(立法)과목에 해당하기 때문에 예산의 이용은 집행부의 재량사항이 아니고 지방의회의 승인을 얻어야 한다. 지방자치단체의 장은 세출예산에 정한 목적 외에 경비를 사용하거나 세출예산이 정한 각 정책사업 간에 상호 이용할 수 없음. 다만 예산집행상 필요에 의하여 미리 예산으로서 지방의회의 의결을 얻었을 때에는 이용이 가능하도록 한다.

<별표 7-3-14> 예산 이용방법

	예산 이용방법	
1.	이용방법	사업부서가 정책사업간 통계 목까지 이용을 요구하고 예산부서는 편성 목까지 확정
2.	이용요구 ↓	사업부서는 통계 목 단위로 세출예산 이용요구서를 작성하고 세출예산 집행계획을 수정하여 예산부서에 제출
3.	이용확정	사업부서로부터 세출예산이용요구서가 제출된 경우, 예산부서는 이용처리에 따른 결격사유가 없을 때에는 (지방의회 승인사항) 지체 없이 세출예산배정계획을 수정하고 이용 및 수시배정 확정 후 관련부서에 통보

자료: 영등포구(2019년도 세출예산 집행지침. 영등포구, 2019.1.)

"예산의 전용"은 정책사업 내 단위사업 간 예산을 변경하여 사용하는 것으로 지방자치단체의 장은 법령이 정하는 바에 의하여 각 정책사업 내의 예산범위 안에서 행정과목인 각 단위사업의 금액을 전용할 수 있는 것이나, 예산전용의 범위는 동일 정책사업 내의 단위사업간 편성 목의 금액을 동일 편성 목이나 다른 편성 목에 전용하여 사용할 수 있다. 예산의 전용 절차는 다음과 같다.

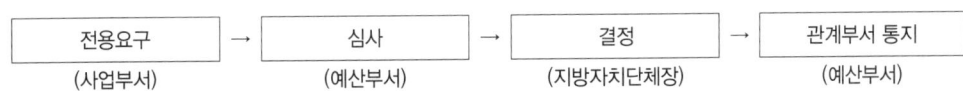

<그림 7-3-5> 예산전용 절차

예산의 전용요구는 동일한 정책 사업에 성과를 극대화하기 위하여 단위사업 간 세출예산의 전용이 필요할 경우, 사업부서는 통계목단위로 세출예산 전용요구서를 작성하고 세출예산 집행계획을 수정하여 예산부서에 제출한다. 전용 확정은 사업부서로부터 세출예산 전용요구서가 제출된 경우, 예산부서는 전용에 따른 결격사유가 없을 때에는 세출예산 배정계획을 수정하고 전용 및 수시배정 확정 후 관련부서에 통보하는 것을 의미한다. 예산의 전용은 모든 예산 항목이 가능한 것을 의미하지는 않으며, 예산 전용 후 재전용 또는 변경하여 사용할 수 없고 인건비(기준인건비 범위 포함), 시설비 및 부대비, 차입금원금상환, 차입금 이자상환, 예수금원리금상환은 다른 편성 목으로 전용할 수 없다. 또한, 업무추진비에 충당하기 위해 다른 편성 목에서의 전용을 할 수 없도록 제한되고 있다. "예산의 변경사용"은 동일 단위사업 내 세부사업 간 또는 동일 세부사업 내 편성 목(통 계목) 간 예산을 담당관·국장 책임 하에 상호 융통하여 사용하는 개념으로 변경사용범위는 단위사업 내 세부사업·편성 목간으로 정하고 있다. 예산의 변경 사용절차는 다음과 같다.

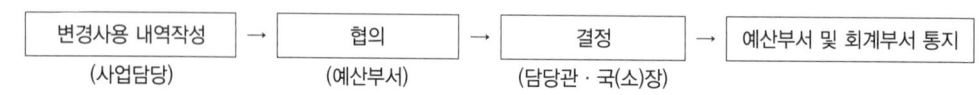

〈그림 7-3-6〉 예산변경 사용절차

변경사용 처리는 동일한 단위사업 내에서 세출예산의 변경사용이 필요할 경우, 사업담당자는 통계목단위로 세출예산 변경 내역서를 작성하고 세출예산 집행계획을 수정하여 담당관·국(소)장의 결재를 받아 처리하는 것을 의미하며, 변경사용제출은 사업부서가 변경사용을 처리했을 때에는 지체 없이 예산·자금·회계부서에 그 결과를 세출예산 변경내역서와 세출예산 집행계획서를 제출하며, 예산부서는 변경된 내용에 따라 세출예산 배정계획을 수정하며, 재변경사용 등은 불가하고, 전용제한 편성 목은 변경도 제한된다. "예산의 이체"는 회계연도 중에서 예산편성 시 고려하지 못한 지방자치단체의 기구·직제 또는 정원에 관한 법령이나 조례의 제정 또는 개폐로 인하여 관계기관 사이에 직무권한 기타의 변동이 있을 시 그 예산을 변동된 사항에 맞도록 이체(移替)하여 사용할 수 있는 경우를 말한다. 이러한 예산의 이체는 사업의 목적 또는 내용이 변경된 사항이 아니며, 직무권한의 변동이 있는 사항으로 의회의 심의 대상은 아니다. 예산의 이체의 범위는 이체 받은 조직이 다시 변경되는 경우 재이체가 가능하고, 이월 및 이·전용된 예산현액도 이체가 가능하며, 이체된 예산을 사업계획 변경 등으로 인한 전용, 변경사용도 가능하다. 이러한 예산의 이체절차는 다음과 같다.

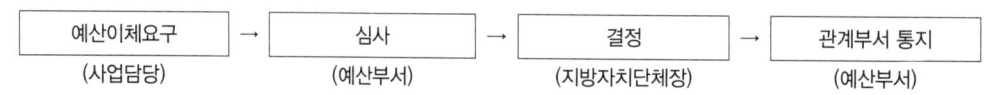

〈그림 7-3-7〉 예산이체 절차

예산의 이체요구는 지방자치단체의 기구 및 정원의 개편으로 인하여 이체사유가 발생되면, 사업부서는 당해 연도에 발생한 모든 재정운영 내역을 새로운 조직에 맞게 재편성하여 세출예산 이체요구서를 작성하여 예산부서에 요구한다. 이체요구 후 이체의 확정은 사업부서로부터 세출예산 이체요구서가 제출된 경우, 예산부서는 심의·조정 후 확정하여 관계부서에 통보하게 된다(2019년도 세출예산 집행지침, 영등포구, 2019.1.).

4 구매지출

지방자치단체에서는 행정안전부에서 정한 「지방자치단체 세출예산 집행기준」을 기준으로 해당 지방자치단체의 조례 등을 참고하여 지방자치단체의 실정에 맞게 집행기준을 수립하게 되며, 지방자치단체에서 설립한 지방공기업이 편성된 예산을 집행할 수 있도록 지방공기업 예산편성 지침, 지방공사·공단 설립조례, 지방공기업 운영규정 등을 근거로 하여 세출예산 집행지침을 수립하고 지방공기업에 통보하게 된다. 지방공기업은 세출예산 집행지침을 근거로 편성된 예산을 집행하게 되는데 지방공기업에서는 편성된 예산의 집행 시 지방자치단체에서 정한 기준과 해당 기관의 운영규정 중 회계(會計) 관련 규정을 준용하여 집행하게 된다. 필요시 세출예산 집행에 대한 내부 지침을 정하여 운영하게 되며, 내부 지침은 해당 기관의 운영규정 중 회계 관련 규정을 기준으로 예산의 집행 품의, 지출원인 행위, 집행(계약)방법, 구매지출 업무절차, 품의서 및 지출결의서 작성 지침, 구비서류 등의 기준을 정할 것이다. 지방공기업에서 편성된 예산을 집행하기 위해서는 구매와 지출이 이루어지며, 구매와 지출은 가장 기본적인 예산의 집행 절차라 할 수 있을 것이다. 편성된 예산을 집행하기 위해서는 예산의 집행에 대한 품의와 지출원인 행위 등으로 구분하여 설명할 수 있을 것이니, "예산집행에 대한 품의"는 세출예산에 편성된 예산의 목적을 달성하기 위해 집행의사를 결정하는 행위를 의미하나, 실질적으로 예산의 지출을 확정하는 행위는 아닌 것이다. 예산집행 품의를 진행하기 위해서는 사무위임에 대한 전결규정에서 정하고 있는 결재권자를 확인하고 진행하게 된다. 예산 집행에 대한 품의는 세출예산과 자본예산, 교부금 등의 예산에 대해 진행할 수 있으며, 세출예산에서의 품의의 종류는 물품의 매입·수리·제조, 공사, 용역 등을 말한다. 품의서의 작성요령은 제목에서는 집행목적에 대해 누가 봐도 이해될 수 있도록 작성하며, 내용에는 집행목적, 집행액(금액), 집행내역, 집행방법 등을 핵심위주로 표기한다. 이러한 품의서를 작성할 경우 집행의 내용이 예산편성의 목적과 부합한지, 예산은 배정되었는지, 예산의 범위 내에서 진행되는지, 관련 법령·지침 등에 위배됨이 없는지 등을 꼼꼼히 검토해야 한다.

"지출원인행위"의 대상은 세출예산과 자본예산이 될 것이며, 지출원인이 되는 계약 및 이미 법령 등에 의하여 발생되어 있는 채무에 대한 지출을 확정하는 행위로 지출원인 행위의 주종은 계약이라 할 수 있으나 인건비, 경상경비 지출 결정 등이 포함되기도 한다. 지출원인행위 시 검토사항은 예산의 집행 품의는 제대로 되었는지, 법령·조례·규칙·지침·예규 등에서 정하고 있는 기준을 충족하고 있는지, 예산의 목적 외 사용은 아닌지, 예산과목은 임의로 전용되지 않았는지 등에 대해 꼼꼼히 확인절차를 거쳐야 한다. 지출원인 행위는 크게 2가지로 구분할 수 있으며, 첫째는 계약에 의한 지출원인 행위이고 둘째는 계약에 의하지 않는 지출원인행위이다. 계약에 의한 지출원인행위는 공사·용역·물품 계약 등 계약대상자가 일정한 채무를 이행한 경우 그에 대한 대가를 지출하기 위한 채무확정행위를 말하며, 인건비지급·각종수당지급·보조금지급 등 주로 법적 또는 의무적 경비 등의 지급을 하는 경우를 말한다. 예산의 집행방법은 예산을 집행하기 위한 방법을 정하는 것으로 크게 일반구매, 수의계약, 조달구매, 전자입찰, 연간단가계약 등의 방법 중 가장 적정한 방법을 정하여 추진하면 된다. 일반구매(비계약)는 시장조사를 통해 적정한(최저단가) 업체를 선정하여 구매하는 방법이며, 수의계약은 지방자치단체를 당사자로 하는 계약에 관한 법률 시행령 제25조(수의계약에 의할 수 있는 경우)의 근거에 충족되는 계약의 경우 진행되며, 조달구매는 조달청에서 운영하는 국가종합전자조달시스템(나라장터)을 통해 조달 구매를 의뢰하는 것을 말한다. 전자입찰은 경쟁 입찰 방식을 통해 구매하는 방식이며, 금액에 제한 없이 집행이 가능한 방식을 말한다. 연가(단가)계약은 연가(단가)계약으로 계약을 체결하고 월 단위로 납품(용역)을 받는 방식을 의미하며, 최초 계약은 전자입찰 또는 수의계약을 통해 진행된다. 구매지출 업무절차는 기관에 따라 상이할 수 있으며, 업무절차에 따른 처리 지침, 집행 예정 금액에 따른 절차, 일반구매 또는 계약 업무절차, 결재선(사무위임규정에 따름) 등의 검토를 통해 진행되게 된다. 품의서 및 지출결의서 작성 지침은 기관의 문서관리규정 또는 회계 관리 규정에서 정하고 있는 문서 양식에 구매하고자 하는 내용을 제목, 소요예산, 집행방법 등을 기술하고 구매에 따른 지출 결의를 하게 된다. 지출결의는 기안발의, 세출과목, 집행금액, 청구 및 채주 등을 작성하게 된다. 구비서류는 지출 증빙에 대한 서류로 구매 또는 계약형태에 따라 달라질 수 있으며, 별도 양식을 제외하면 세금계산서, 매출전표, 현금영수증, 간이영수증, 고지서 등이 첨부되게 된다. 편성된 예산과 편성된 예산을 집행하는 형태는 각 기관별 차이는 있으나 해당 기관별 규정 또는 내규 및 지침 등을 통해 통일화되어 있어 업무를 추진하기에는 무리가 없을 것이다. 또한, 예산의 편성과 배정, 집행 등에 대해 정부 부처의 예산 관련 교육 및 각 기관별 내부교육 등을 통해 지속적인 직무능력 향상을 위한 교육을 이행하고 있다.

3. 조직운영

1 조직구성

　지방공기업에서 관리하는 공공체육시설의 가장 중요한 운영 목적은 체육진흥 및 체육활동을 통해 지역주민들의 건강증진과 여가선용의 기회를 제공하는 것일 것이다. 공공체육시설은 규모, 형태, 위치, 이용자 등 이용의 변수가 다양하기 때문에 이러한 시설을 관리·운영하기 위해서는 다양한 분야의 업무가 필요하게 된다. 체육시설의 관리·운영을 위해 관리 및 운영의 필수요소인 이용고객, 프로그램 및 대관, 시설 및 비품, 안전관리 등의 업무를 수행하게 되며, 이를 위해 조직을 구성하여 업무를 추진하게 되는 것이다. 공공체육시설의 관리·운영에 필요한 조직 구성 시 가장 우선시되어야 하는 것은 전문성일 것이며, 지방공기업에서는 이러한 기능을 참고하여 조직을 구성하고 운영하게 될 것이다. 하지만 모든 지방공기업에서 공공체육시설을 운영하는 것은 아닐 것이며, 기관의 운영목적, 형태 등에 따라 운영하는 사업 형태는 다를 것이다. 상·하수도 사업을 주 업무로 수행하는 직영기업을 제외하고 경영평가 평가유형별로 지방공기업을 구분하면 도시철도공사, 도시개발공사, 특정 공사·공단 중 광역에 속하는 기관, 특성 공사·공단 중 시조군에 속하는 기관, 특정 공사·공단 중 관광공사, 시설관리공단, 환경시설공단(환경시설관리형 공사·공단)으로 구분된다(2020년도 지방공기업 경영평가 편람기준, 행정안전부). 평가유형별로 지방공기업을 구분한 것은 지방공기업의 사업운영 형태가 다양하기 때문에 사업운영 분야가 유사한 업무 유형으로 구분하고 평가하는 것이 합리적이기 때문일 것이다. 이러한 평가유형은 다음과 같은 구분기준을 근거로 구분하게 된다. 도시철도공사유형은 지방공사 중 궤도사업을 경영하는 기관이며, 도시개발공사는 지방공사 중 주택건설, 토지개발을 주된 사업으로 경영하는 기관, 특정 공사·공단은 도시철도·도시개발공사를 제외한 농수산물공사·에너지공사 등의 지방공사와 경륜을 주된 사업으로 경영하는 기관을 말한다. 관광공사는 광역자치단체가 설립한 지방공사 중 관광 진흥, 관광마케팅, 컨벤션센터를 주된 사업으로 경영하는 기관을 말하며, 시설관리공단은 지방공단 중 주차장, 체육시설 등 지방자치단체의 공공시설물 관리·운영을 주된 사업으로 경영하는 기관을 말한다. 환경시설 공사·공단은 지방공사·공단 중 하수처리를 주된 사업으로 경영하는 기관을 말한다. 이렇게 다양한 지방공기업 유형들이 관리하는 체육시설과 체육 관련 업무에는 어떠한 것들이 있는지 또는 지방공기업의 유형에 따라 공공체육시설을 관리·운영하는 조직은 어떻게 구분되고 운영되는지 알아보고자 한다. 지방공기업 유형에 따라 운영되는 체육시설은 차이가 있을 것이며, 기관의 유형에 따라 체육시설의 운영형태도 달라질 것이다. 지방공기업의 유형 외에도 지방공사 및 지방공단 등 각 기관의 형태 및 규모에 따라서도 운영되는 체육시설과 체육 관련 조직은 다를 것이다. 이는 지방공사와 지방공단의 차이가 아닌 광역 시·도(道), 또는 기초 시·군·구 등 지방공기업 설립 지방자치단체가 어디에 속해 있느냐에 따라 지방공기업의 조직 형태가 다를 수 있을 것이다. 이는 지방자치단체 또한 다르지 않다. 지방자치단체도 「지방자치단체의 행정기구 및 정원기준 등에 관한 규정」에서 정하고 있는 지방자치단체별 기구 및 정원(定員)의 기준에서 차이가 있기 때문이다.

2 조직현황

(1) 도시개발공사

도시개발공사는 지방공사 중 주택사업 또는 토지개발을 주된 사업으로 운영하는 기관을 말하며, 도시개발공사의 유형 중 광역 시 단위에 속하는 지방공기업은 서울주택도시공사, 부산도시공사, 대구도시공사, 인천도시공사, 광주광역시도시공사, 대전도시공사, 울산광역시도시공사 등이 있다. 주택도시공사 또는 도시공사로 기관명을 정하고 있으며, 특별 및 광역시 등 규모에 맞는 정원을 정하고 있다. 도시개발유형의 지방공기업 중 서울주택도시공사의 경우 7본부 6실 2원 26처 1단 87부 14센터의 조직과 1,347명의 정원으로 운영되는 가장 규모가 큰 지방공기업이다. 광역 시 단위의 도시개발공사 조직은 1본부 이상 7본부까지로 구성하여 운영하고 있으며, 서울주택공사의 경우 육상선수단과 장애인조정팀 등 직장운동부를 운영하고 있으며, 대구도시공사는 종합체육시설인 유니버시아드 레포츠센터를 운영하고 있다. 또한, 인천도시공사는 핸드볼선수단을 운영하고 있으며, 광주광역시도시공사는 체육시설을 운영하는 공공체육팀을 직제에 편성하여 운영하고 있다.

〈별표 7-3-15〉 광역 시(市) 단위 도시개발공사

설립주체	기관명	조직현황	체육시설 및 부서	정원(명)
서울특별시	서울주택도시공사	7본부 6실 2원 26처 1단 87부 14센터	장애인조정팀, 육상선수단운영	1,347
부산광역시	부산도시공사	2본부 1사업본부 5실 8처 30 부		270
대구광역시	대구도시공사	2실 7처 2사업단 1센터	유니버시아드레포츠센터	164
인천광역시	인천도시공사	4본부 1센터 11처 3실 1사업단	핸드볼선수단운영	350
대전광역시	대전도시공사	2본부 5처 2실 1월드 22팀 1단 5사업소		312
광주광역시	광주광역시도시공사	2이사 1단 5처 22팀(실)	공공체육팀	260
울산광역시	울산광역시도시공사	1본부 8팀 1실 1센터		73

기준일: 2019.12.31

도시개발공사의 유형 중 도(道) 단위에 속하는 지방공기업은 경기주택도시공사, 강원도개발공사, 충북개발공사, 충청남도개발공사, 전북개발공사, 전남개발공사, 경상북도개발공사, 경남개발공사 등이 있다. 도시공사 또는 개발공사로 기관명을 정하고 있으며, 도(道) 규모에 맞게 해당 도(道)의 개발을 위한 정원을 정하고 있다. 도(道) 유형의 지방공기업 중 경기주택도시공사의 경우 6본부 4실 16처 4단 1소 68부의 조직과

633명의 정원으로 운영되는 가장 규모가 큰 지방공기업이다. 도(道)유형의 도시개발공사 조직은 1본부 이상 6본부까지로 구성하여 운영하고 있으며, 강원도개발공사의 경우 알펜시아사업단 내에 평창 동계올림픽 시설인 스키점프대 등의 시설을 관리하기 위해 올림픽시설팀을 직제에 편성하여 올림픽 경기 시 사용하던 시설들을 관리하고 있다. 알펜시아사업단은 올림픽 시설 위탁 운영 관리 총괄, 뮤직텐트 관리, 동계스포츠대회 및 선수훈련 지원, 동계올림픽 사후 처리 업무 등을 분장 사무로 담당하고 있다. 국내선수권대회 및 세계선수권대회 등의 시합에도 사용되고 있으며, 비수기에는 올림픽시설 투어상품을 구성하여 일반인들이 체험할 수 있도록 운영하고 있다. 전북개발공사는 여자육상부를 운영하고 있다.

〈별표 7-3-16〉 광역 도(道) 단위 도시개발공사

설립주체	기관명	조직현황	체육시설 및 부서	정원(명)
경기도	경기주택도시공사	6본부 4실 16처 4단 1소 68부		633
강원도	강원도개발공사	2본부 2단 11팀	알펜시아사업단 올림픽시설팀	112
충청북도	충북개발공사	1본부 2실 7부 1단		74
충청남도	충청남도개발공사	1본부 2실 10부		90
경상북도	경상북도개발공사	2본부 1실 5처 2단		135
경상남도	경남개발공사	1본부 2실 11팀 1PM		102
전라북도	전북개발공사	1본부 1실 3처 1부 1센터	여자육상부	92
전라남도	전남개발공사	1본부 3실 4처 1센터 1사업단		136

(2) 특정 공사 · 공단

특정 공사 · 공단은 도시철도 및 도시개발공사를 제외한 공사와 공단을 말한다. 특정 공사 · 공단의 광역시 · 도(道) 단위에 속하는 지방공기업은 서울특별시농수산식품공사, 구리농수산물공사, 서울에너지공사, 세종도시교통공사, 부산스포원, 창원경륜, 경기평택항만공사, 제주특별자치도개발공사, 제주에너지공사 등이 있다. 식품공사, 농수산물공사, 에너지공사, 교통공사, 스포원, 경륜, 항만공사, 개발공사 등 다양한 기관명을 정하고 있으며, 특정 공사 · 공단(광역) 규모에 맞게 다양한 사업을 수행하고 있다. 특정 공사 · 공단(광역) 유형의 지방공기업 중 제주특별자치도개발공사의 경우 2총괄 1공장장 1실 8본부 33팀의 조직으로 운영되며, 정원은 929명으로 운영되어 가장 규모가 큰 지방공기업이다. 특정 공사 · 공단(광역) 유형의 지방공기업의 조직은 1팀 이상 2총괄까지로 구성하여 운영하고 있으며, 부산스포원의 경우 공원사업팀을 운영하고 있다. 공원사업팀에서는 실내 시설인 체육센터, 수영장, 골프, 휘트니스, 탁구클럽, 실내체육관, 배드민턴 등과 실외시설인 테니스코트, 풋살장, 축구장 등의 체육시설을 운영하고 있다. 창원경륜공단은 싸이클 스포츠단을 운영하고 있다.

〈별표 7-3-17〉 특정 공사·공단 광역 시·도(道) 단위 지방공기업

설립주체	기관명	조직현황	체육시설 및 부서	정원(명)
서울·구리	서울특별시농수산식품공사	2실 5본부 1지사 1센터 1사업단		364
	구리농수산물공사	4처 1사업단		71
서울특별시	서울에너지공사	3본부 4실 4처 2지사 1센터 1연구소		280
세종특별자치시	세종도시교통공사	2본부 4처 15팀		530
부산·창원	부산스포원	1본부 10팀 2지점	공원사업팀	94
	창원경륜공단	9팀 1지점	스포츠단 운영	105
경기도	경기평택항만공사	1본부 6팀		28
제주도	제주특별자치도개발공사	2총괄 1공장장 1실 8본부 33팀		929
	제주에너지공사	1본부 2처 1센터 6부		57

특정 공사·공단의 기초에 속하는 지방공기업은 양평공사, 당진항만관광공사, 청도공영사업공사, 영양고추유통공사, 청송사과유통공사, 통영관광개발공사, 장수한우지방공사, 평택도시공사, 김포도시공사, 하남도시공사 등이 있다.

공사, 관광공사, 사업공사, 유통공사, 개발공사, 도시공사 등 다양한 기관명을 정하고 있으며, 특정 공사·공단(기초) 규모에 맞게 다양한 사업을 수행하고 있다. 특정 공사·공단(기초) 유형의 지방공기업 중 양평공사의 경우 2실 3본부 10팀의 조직으로 운영되며, 정원은 199명으로 운영되어 가장 규모가 큰 지방공기업이다. 특정 공사·공단(기초) 유형의 지방공기업 조직은 3팀 이상 2실 3본부까지로 구성하여 운영하고 있으며, 양평공사는 관광체육팀, 청도공영사업공사는 경기운영팀, 통영관광개발공사는 체육시설팀, 하남도시공사는 생활레저팀 등 다양하게 직제를 편성하여 체육시설을 관리운영하고 있다. 양평공사는 종합체육시설인 용문국민체육센터와 양서에코힐링센터, 물맑은양평종합운동장 등의 체육시설을 관리운영하고 있다. 용문국민체육센터는 수영장, 헬스장, 체육관, 스쿼시장 등의 시설로 구성되어 있으며, 양서에코힐링센터는 2020년 6월 준공한 시설로 수영장, 다목적체육관, 에어로빅장, 헬스장, 건강관리센터 등으로 구성되어 있다. 물맑은양평종합운동장은 육상주경기장과 보조경기장, 인라인스케이트장, 볼링장, 족구장, 축구장 등의 시설로 구성되어 있다. 양평공사 관광체육팀의 분장 사무는 체육센터 세부사업운영계획 수립, 프로그램 안내, 회원등록 및 수입금 관리, 체육시설 이용자 안전관리, 체육시설 및 부속시설 사용허가, 수영장, 헬스장, 체육관, 탈의실, 샤워실 및 개인사물함 관리, 생활체육강사 및 관리원 복무 관리, 관광체육팀 소관 업무 민원사무 처리, 외래강사 및 안전 관리원 위촉 및 해촉 실무, 사무실, 창고 등 임대시설관리, 각종 안전사고 예방, 사고자 후송 및 사후 처리업무 등이다. 청도공영사업공사의 경기운영팀에서 관리하는 체육시설은 청도소싸움경기장으로 대지면적은 58,559㎡이며, 건축규모는 2층 규모로 21,66 5.12㎡이다. 관람석은 9,726석은 일반석 9,166석, 모니터석 560석이다. 통영관광개발공사는 직제에 체육시설팀을 편제하고 통영산양스포츠파크, 평림생활체육공원, 용남생활체육공원, 수영장 등의 체육시설을 운영하고 있다.

통영산양스포츠파크는 천연 및 인조축구장, 풋살장, 테니스장, 농구장, 인공암벽장 등의 체육시설이 있으며, 평림생활체육공원은 축구장, 풋살장, 농구장 등의 체육시설이 있다. 용남생활체육공원은 인조축구장, 풋살장, 농구장, 배구장, 족구장 등의 시설이 있으며, 산양수영장과 통영실내수영장 등 수영장 2개소와 통영국민체육센터 등을 관리하고 있다. 통영관광개발공사의 체육시설팀의 정원은 40명이며, 이 중 7명은 체육과 관련된 전문직 '마'급 7명이 포함되어 있다. 하남도시공사는 하남종합운동장, 하남종합운동장 국민체육센터 등의 체육시설을 생활레저팀에서 운영한다.

〈별표 7-3-18〉 특정 공사·공단 기초 지방공기업

설립주체	기관명	조직현황	체육시설 및 부서	정원(명)
양평군	양평공사	2실 3본부 10팀	관광체육	199
당진시	당진항만관광공사	3팀		12
청도군	청도공영사업공사	3팀	경기운영팀	105
영양군	영양고추유통공사	4팀		
청송군	청송사과유통공사	2019년 8월 해산등기		
통영시	통영관광개발공사	1본부 5팀	체육시설팀	136
장수군	장수한우지방공사	1본부 5팀		23
평택시	평택도시공사	1실 1본부 7처 5팀		138
김포시	김포도시공사	1처 2실 8팀 1TF		41
하남시	하남도시공사	1본부 2실 1단 11팀	생활레저팀	85

(3) 시설관리공단

광역 시설관리공단의 유형에 속하는 지방공기업은 서울시설공단, 세종특별자치시시설관리공단, 인천시설공단, 부산시설공단, 대구시설공단, 대전광역시시설관리공단, 울산시설공단 등이 있다. 광역 시설관리공단 유형의 지방공기업 중 서울시설공단이 경우 6본부 27처(실·원·장)의 조직으로 정원은 3,757명으로 운영되어 가장 규모가 큰 광역 시설관리공단이다. 서울시설공단은 6본부 중 문화체육본부에서 체육시설과 문화시설을 관리하고 있다. 체육시설은 문화체육본부에 속해 있는 서울월드컵경기장운영처와 돔경기장운영처 등 2개 조직에서 운영하고 있으며, 서울월드컵경기장운영처에서는 장충체육관도 관리하고 있다. 서울시설공단은 서울의 대표적 체육시설인 장충체육관, 월드컵경기장, 돔 경기장 등 3개의 대형 체육시설을 직접 관리하고 있다. 세종특별자치시시설관리공단은 체육주차팀에서 체육시설을 담당하고 있으며, 인천시설공단은 4본부 중 체육생활본부에서 체육시설을 관리한다. 부산시설공단은 시설관리처, 대구시설공단은 체육시설운영처, 대전광역시시설관리공단은 한밭체육시설처와 월드컵체육시설처, 울산시설공단은 체육시설관리처 등에서 체육시설을 관리하고 있다. 광역 시설관리공단 유형의 지방공기업에서는 체육시설을 담당하는 부서의 직제를 '처' 또는 '본부'로 정하여 관리하고 있으며, 볼링, 우슈, 핸드볼, 사격 등의 운동부도 창단하여 운영하고 있다.

〈별표 7-3-19〉 광역 시설관리공단

설립주체	기관명	조직현황	체육시설 및 부서	정원(명)
서울특별시	서울시설공단	6본부 27처(실·원·장)	문화체육본부	3,757
세종특별자치시	세종시설공단	1본부 1실 6팀	체육주차팀	198
인천	인천시설공단	4본부 4실 10사업단 4관	체육생활본부	579
부산광역시	부산시설공단	3본부 3실 8처 2원	시설관리처	423
대구	대구시설공단	2본부 1실 7처	체육시설운영처	309
대전	대전광역시시설관리공단	2본부 6처 1실 24팀 1센터, 1생활관, 1복지관	한밭체육시설처, 월드컵체육시설처	255
울산	울산시설공단	1본부 3처 1실 20팀	체육시설관리처	421

3 조직체계 및 형태

(1) 도시개발공사

광주광역시도시공사는 2이사 1단·5처 22팀(실)로 직제가 조직되어 도시공사의 업무를 수행하며(클린아이, 개정 2020.03.20.), 2이사는 경영이사와 사업이사를 말한다. 사업이사에 속해 있는 도시재생단, 도시개발처, 주거복지처 등 1단 2처의 조직은 개발, 분양, 임대 등 지역개발과 관련한 업무만 수행한다. 이는 도시개발형태 공사의 특징이라고 할 수 있을 것이다. 경영이사 소관의 공공안전처는 공공체육팀, 안전시설팀, 영락공원팀 등 3개 팀으로 구성되어 있으며, 골프장·수영장·빙상장 등 체육시설관리 및 운영, 주차장, 지하도상가, 화물차고지 등의 사업을 수행한다. 3개 팀에서 수행하는 사업은 지방공단에서 운영하는 사업형태와 유사하며, 이는 1999년 도시개발공사와 시설관리공단이 통합하여 현재의 상태로 유지되었기 때문일 것이다. 공공체육팀의 정원은 111명이며, 해당 시설에서 근무하는 직원들은 시설관리 및 회원관리 등의 업무를 수행한다. 운영하는 체육시설은 빛고을 골프장, 상무골프연습장, 염주골프센터, 실내수영장, 실내빙상장 등이며, 시설별 관리책임자는 소장이다. 광주광역시도시공사의 체육시설관리운영규정 제23조(체육지도자의 배치)에서는 '사장은 체육시설의 운영을 위하여 체육시설의 설치·이용에 관한 법률 및 같은 법 시행규칙에 의거 체육지도자를 배치할 수 있다.'고 정하고 있다. 실내수영장 운영내규 제18조의2(체육지도자의 배치)에서는 실내수영장 소장은 수영장 운영을 위하여「체육시설의 설치·이용에 관한 법률」및 같은 법 시행규칙에 의거 체육지도자를 배치할 수 있으며, 지도자의 선발 시 다음의 순위에 의한다고 정하고 있다. 순위는 전문 스포츠지도사, 생활 스포츠지도사, 기타 사장이 필요하다고 인정하는 자 순이다.「실내 빙상장(氷上場) 운영내규」제26조(체육지도자의 배치)에서도 체육지도자의 배치에 대한 내용을 규정하고 있다.

〈그림 7-3-8〉 광주광역시도시공사 공공안전처 조직도

    대구광역시에 소재하고 있는 대구도시공사는 「지방공기업법」 및 「대구도시공사 설치 및 운영에 관한 조례」가 정하는 바에 의하여 용지조성 및 주택건설공급 등 도시개발 사업을 통하여 시민생활의 안정과 공공복리증진에 이바지함을 목적으로 설립된 지방공기업이다. 대구도시공사 정관 제4장 조직과 임무 제28조(하부조직 및 정원) 1항에서는 '전무이사는 사장을 보좌하며, 조직 및 정원에 관한 사항은 직제규정으로 정한다.'고 정하고 있다. 직제규정 제6조(조직) 2항에서는 공사의 조직을 2실, 7처, 2사업단, 1센터를 둔다(클린아이. 시행일 2020.01.01.). 5항에서는 '공사의 기구는 [별표1]과 같다.'고 정의하고 있으며, 대구도시공사의 기구표는 다음과 같다.

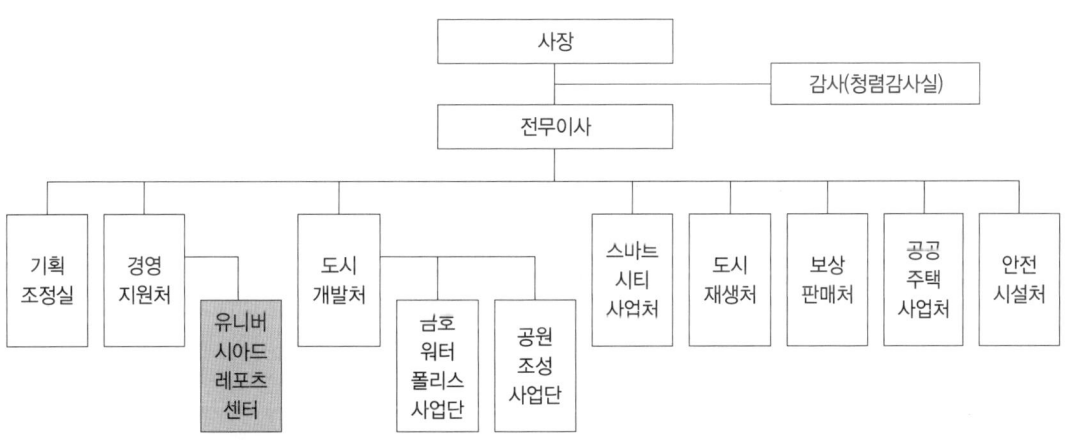

〈그림 7-3-9〉 대구도시공사 기구표

    2실은 기획조정실, 청렴감사실을 말하며, 7처는 경영지원처, 도시개발처, 스마트시티사업처, 도시재생처, 보상판매처, 공공주택사업처, 안전시설처 등이다. 2사업단은 금호워터폴리스사업단과 공원조성사업단으로 도시개발처 산하에 편제되어 있다. 1센터는 유니버시아드레포츠센터로 경영지원처 산하에 편제되어 운영되고 있다. 대구도시공사에서 운영하는 사업 중 공공체육시설은 유니버시아드레포츠센터가 유일하다. 유니버시아드레포츠센터는 경영지원처 산하의 사업이며, 직제규정 제11조(업무분장)에서 정하고 있는 [별표2]의 경영지원처 업무는 총무, 의전, 계약, 세무, 지출, 구매, 자산, 재물, 청사관리, 실업팀운영 등 회계

업무, 인사, 노무, 교육, 보수, 복리후생, 사내기금, 전산, 일자리 창출, 레포츠센터 지도·감독 등이다. 경영지원처에서는 실업팀운영과 유니버시아드레포츠센터의 지도 및 감독업무를 수행하고 있다. 대구도시공사 직제규정시행세칙 제6조의2(P/L 등) 6항에서는 '레포츠 센터장은 개방형직위로 하여 외부전문가를 공개경쟁 방식으로 채용하며 그 직급은 계약직 "1호 내지 3호" 급으로 보한다. 다만, 외부전문가를 채용하지 못하였거나 적임자가 없는 경우에는 내부직원 중에서 선발하되 그 직급은 업무·기술직 1급 내지 2급으로 보한다.'고 규정하고 있다. 직제규정시행세칙 제3조(정원)에서는 '공사의 세부 정원표는 [별표1-1]과 같다.'고 정하고 있다. [별표1-1]에서의 유니버시아드레포츠센터의 정원은 2명으로 업무직 또는 기술직 2급 1명, 3급 1명으로 정하고 있다. 유니버시아드레포츠센터의 조직도에서는 센터장 산하에 경영관리부와 운영부 등 2부제로 경영관리부에는 경영지원팀과 시설관리팀이 있으며, 운영부에서는 고객관리팀, 골프팀, 수영팀, 휘트니스팀 등 4개 팀으로 구성하고 있다. 유니버시아드레포츠센터는 1센터 2부 6팀으로 구성하여 운영되고 있다. 유니버시아드레포츠센터는 2003년 준공하여 개장한 공공체육시설로 지하 1층부터 지상 5층으로 구성된 종합체육시설이다. 체육시설은 휘트니스장, 골프연습장, 수영장 등이 있으며, 수영장은 25m 6레인 성인풀과 17m 2레인 어린이풀 등으로 조성되어 있다. 대구도시공사의 주 업무는 택지개발, 산업단지조성, 주거환경개선, 임대주택공급 등으로 공공체육시설 분야의 비중은 적은 기관이다. 이는 대구광역시에는 대구시설공단이 설립되어 대구시 산하의 시설물 관리운영을 주 업무로 수행하기 때문일 것이다.

(2) 특정 공사·공단

특정 공사·공단 형태의 지방공기업 중 부산스포원은 시민의 여가선용과 지방재정확충, 체육진흥 등에 기여하기 위하여 「지방공기업법」 및 「경륜·경정법」, 「부산지방공단 스포원 설치 조례」에 따라 설립된 부산지방공단으로 1본부 10팀 2지점으로 직제가 조직되어 업무를 수행한다. 부산스포원 사업의 범위는 정관 제27조(공단의 사업)에서 정하고 있으며, 동 조항 3호에서는 '금정체육공원 내 체육시설관리·운영사업을 수행한다.'고 규정하고 있다. 10개 팀 중에서 체육과 관련한 업무를 수행하는 팀은 총무팀, CS혁신팀, 공원사업팀 등 3개 팀이다. 총무팀에서는 사이클선수단 운영 및 관리에 대한 업무를 수행하며, 실업 사이클팀 우수선수 발굴 및 양성으로 부산시 및 스포원의 위상을 제고하기 위해 운영되고 있다. 선수단 규모는 총 13명이며, 남자팀과 여자팀으로 구분하여 감독, 코치, 선수로 구성하고 있다. CS혁신팀에서는 자전거박물관 운영, 경륜초보교실 운영 등의 업무를 수행하며, 공원사업팀에서는 실외 체육시설과 실내체육시설을 운영하고 있다. 실외체육시설은 테니스코트, 풋살장, 축구장 등이며, 테니스코트는 16면, 풋살장은 4면으로 조성되어 있다. 실내체육시설은 수영장, 실내체육관, 실내골프, 휘트니스 등의 시설이 있으며, 실내체육관에서는 농구, 배구, 배드민턴, 탁구, 핸드볼 등의 종목이 가능한 시설이다. 직제규정시행내규에서 정하고 있는 공원사업팀의 일반직 정원은 10명이며, 무기계약직 정원은 33명(관리요원 8명, 기타업무보조 5명, 특수

경력원 1명, 공무직 19명)이다. 일반직과 무기계약직을 제외하고 체육시설 운영에 필요한 인력은 「스포츠센터 및 공원사업의 지도사 등 관리내규」를 제정하여 운영하고 있다. 내규는 스포츠센터 및 공원사업의 지도사 등의 채용조건 및 임용절차에 필요한 사항을 규정하기 위해 총 10장 31조 및 부칙으로 구성하고 있으며, 제3조(용어의 정의)에서는 "'스포츠센터 및 공원사업의 지도사'라 함은 일반직원의 채용방법으로는 그 확보가 곤란한 전문적인 지식·기술 및 특수경력을 요하는 분야의 업무를 수행하기 위하여 근무하게 하는 직원을 말한다.'고 규정하고 있다. [별표2] 스포츠센터 및 공원 사업의 지도사 채용기준에서는 강사에 대한 기준을 수석, 중급, 초급으로 구분하여 해당분야 생활체육자격소지 및 근무경력, 해당분야의 4년제 대학 학과졸업 후 근무경력, 기타 이에 준하는 자격 및 능력이 있다고 인정되는 자 등으로 구분하여 채용자격 기준을 정하고 있다.

(3) 시설관리공단

대전광역시시설관리공단은 「지방공기업법」과 「대전광역시시설관리공단 조례」가 정하는 바에 의하여 대전광역시장 등이 지정 또는 위탁하는 공공 시설물을 효율적으로 관리 운영함으로써 시민복리증진에 기여함을 목적으로 운영되고 있는 지방공기업이다. 공단 정관 제7조(사업)에서 정하고 있는 수행 사업은 하수처리장 및 위생처리장, 장사시설, 지하상가, 지하공동구시설, 체육시설, 기성종합복지관, 무지개복지공장 및 식품제조 가공업, 문구용(위생용) 종이제품 가공업, 대전천(大田川) 유지용수 가압시설, 무인공공자전거 「타슈」 등의 관리·운영사업과 해당시설의 부대사업 등으로 규정하고 있다. 하수처리 및 위생처리 등 환경시설에 대한 사업운영은 공단의 특색이기도 하다.

〈그림 7-3-10〉 경영본부 기구표

공단의 기구는 2본부 6처 28팀(실·터·관)이며, 6처 중 한밭체육시설처와 월드컵체육시설처에서 체육관련 업무를 수행하고 있다. 한밭체육시설처의 직제규정상 업무분장은 한밭체육시설처에는 체육시설사업팀, 한밭운동장시설팀, 한밭수영장관리팀, 용운스포츠센터를 두고 한밭종합운동장, 용운국제수영장, 한마음생활체육관, 월평경기장, 사정인라인스케이트장, 전천후게이트볼장 등의 시설을 관리·운영하며, 직장운동부 육성·운영, 체육시설스포츠마케팅, 시·유관기관 직장운동경기부 선수숙소관리 등의 업무를 수행한다. 월드컵체육시설처(現 체육청소년시설처, 개정 2020.05.14.)는 월드컵경기장운영팀, 월드컵경기장시설팀, 국민생활관, 복용승마장운영팀을 두고 월드컵경기장 및 보조경기장, 인공암벽장 및 월드컵인라인롤러장, 올림픽기념국민생활관, 복용승마장, 장애인체육센터, 덕암축구센터, 송강체육관, 지수체육공원, 안영생활체육단지 등의 시설을 관리·운영한다. 2처 8팀(터·관)의 조직을 구성하여 체육시설을 관리하는 전문성과 체육시설의 관리규모는 전국최고 수준이라 해도 과언이 아닐 것이다. 체육시설사업팀은 한밭종합운동장(한밭수영장 제외), 사정인라인스케이트장, 월평경기장, 한마음생활체육관, 전천후게이트볼장 등을 관리·운영하며, 소관시설 관련 사용허가 및 계약업무를 수행한다. 또한, 소관시설 관련 경비, 주차관리 및 환경정비 업무, 사용료, 입장료 수납, 홍보, 민원업무, 공인 경기용품 관리, 공단 체육시설 스포츠마케팅 업무 총괄, 시·유관기관 직장 운동경기부 선수숙소 공유재산 사용·수익허가 업무, 기타 한밭체육시설처 내 타 팀에 속하지 아니하는 사항 등의 업무를 수행한다. 한밭운동장시설팀은 한밭종합운동장, 사정인라인스케이트장, 월평경기장, 한마음생활체육관, 전천후게이트볼장, 시·유관기관 직장 운동경기부 선수 숙소 시설보수, 유지관리, 전광판 조작 및 경기용구 유지관리, 부지내의 녹화 및 조경, 상·하수도, 급수시설 및 정화조 관련 업무, 경기·행사 지원, 한밭체육시설처 시설관리 총괄, 안전 및 재해·재난 관리업무, 공인 총괄 계획수립 및 시설물 유지관리 등의 업무를 수행한다. 2개 팀을 제외한 팀에서는 해당 팀에서 운영하는 시설물을 관리하는 업무를 수행한다. 공단의 정원은 임원 3명 포함 총 255명이다. 이 중 한밭체육시설처 및 월드컵체육시설처의 정원은 총 59명으로 체육 관련 업무를 수행하는 직원은 전체 정원의 약 23.1%를 차지하고 있다.

〈별표 7-3-20〉 한밭체육시설처 및 월드컵체육시설처 정원표

한밭체육시설처		월드컵체육시설처		합계
시설명	정원	시설명	정원	
체육시설 사업팀	8	월드컵경기장 운영팀	11	
한밭운동장 시설팀	13	월드컵경기장 시설팀	7	
한밭수영장 관리팀	5	국민생활관	4	
용운스포츠센터	4	복용승마장운영팀	7	
소계	30	소계	29	59

시설관리공단은 주차장과 체육시설 또는 지방자치단체에서 지정하는 공공시설물의 관리 및 운영을 주된 업무로 수행하는 기관이다. 도시철도 및 도시개발, 특정 공사·공단, 환경공단 등은 설립목적에 맞는 고유의 특수 업무를 수행하는 기관이다. 이러한 지방공기업보다는 지방자치단체의 공공시설물의 관리를 전문적으로 수행하는 시설관리공단 유형의 지방공기업에서 체육시설을 보다 많이 관리·운영하는 것은 당연할 것이다. 광역 시설관리공단 유형의 지방공기업들은 체육 관련 업무를 전문적으로 수행하는 조직을 구축하고 해당 업무 수행을 위한 인력도 정원에 확보하여 운영하고 있다. 지속적인 국토의 균형개발 등을 위해 개발사업이 진행되면 지방자치단체별 복지시설과 체육시설은 지속적으로 증가할 것이다.

4. 프로그램 운영

1 정의

　체육시설의 주요 수입원은 프로그램 운영에 있다. 지방공기업 중 서울시 자치구 지방공단에서 운영하는 체육시설의 종류는 종합체육시설, 실내체육관, 축구장, 골프장 등이 있다. 이 중 종합체육시설은 수영장·헬스장·골프장·에어로빅장·스쿼시장·대체육관 등으로 구성되어 있으며, 시설에 맞는 프로그램 선정은 체육센터 관리·운영 중 가장 중요한 요소일 것이다. 종합체육시설에서는 시설별 형태에 맞게 프로그램을 운영해야 하며, 프로그램 운영은 직접(자체)운영 프로그램, 간접(외부)운영 프로그램, 특별운영 프로그램 등 크게 3가지로 구분할 수 있을 것이다. 첫째, "직접(자체)운영 프로그램"이란 수영·헬스·골프·스쿼시 등 체육시설별 종목에 맞게 형태가 구축되어 있는 시설물에서 운영되는 프로그램으로 해당 지방공단 직원으로 채용된 인력이 운영하는 프로그램으로서 수영, 헬스, 골프, 스쿼시 등의 프로그램을 말할 수 있을 것이다. 둘째 "간접(외부)운영 프로그램"이란 대체육관 및 소체육관 등 시설을 활용하여 해당 프로그램의 전문가(전문기관)를 초빙하여 운영되는 프로그램으로 탁구, 배드민턴, 농구, 줄넘기, 댄스 등의 프로그램을 말할 수 있을 것이다. 해당 프로그램을 운영하는 전문가(전문기관)는 해당 지방공기업의 직원이 아닌 용역 또는 비율제 등으로 계약을 하여 프로그램을 운영하는 형식이다. 셋째 "특별운영 프로그램"이란 특정한 대상 또는 특정한 시기에 한정하여 운영되는 프로그램으로 초등학생 등의 수상안전을 위한 생존수영 등 학교와 연계하여 운영하는 프로그램, 또는, 여름·겨울방학 기간 중 초·중·고등학생들을 대상으로 운영하는 방학특강 등을 말할 수 있을 것이다. 이러한 특별운영 프로그램의 경우 직원 또는 전문가를 초빙하여 운영하게 된다. 지방공기업이 운영하는 공공 체육시설은 종합체육시설, 체육관, 골프장, 축구장, 야구장, 테니스장 등 다양하다. 하지만 이러한 공공체육시설 중 단일종목 체육시설의 경우 운영되는 프로그램은 한정되어 있다. 개인 및 단체를 대상으로 한 대관 또는 해당 종목에 대한 특정대상을 위한 강습이 운영하는 프로그램의 전부일 것이다.

　종합체육시설의 경우 수영장·헬스장·골프장·에어로빅장·스쿼시장·대체육관 등 수영장을 포함하여 2종목 이상의 시설로 구성되어 단일종목 체육시설에 비해 다양한 프로그램을 운영할 수 있을 것이다. 종합체육시설에는 다양한 종목의 프로그램이 운영되고 있다. 운영하는 프로그램은 크게 종목, 프로그램, 강좌 등으로 구분하여 프로그램에 대한 홍보 및 회원모집을 추진하고 있으나 지방공기업별 종목, 프로그램, 강좌에 대한 정의가 다르게 운영되고 있는 것이 현실이다. 이에 종목과 프로그램, 강좌에 대한 정의를 하고자 한다. 수영을 예로 들어보면, 수영이라는 운동종목을 대상별/시간대별로 구분하여 특정한 대상과 시간을 정하는 것을 프로그램으로 규정하고, 이 프로그램이 몇 시간 운영되는지를 설명하는 것이 강좌로 구분하는 것이 타당할 것이다.

〈별표 7-3-21〉 종목 · 프로그램 · 강좌의 구분

종목	프로그램		강좌(시간)	비고
수영	성인반	무궁화	10:00~10:50	2개 강좌
		태극기	11:00~11:50	
	유아반	아기곰	14:00~14:50	1개 강좌

2 직접(자체)운영 프로그램

(1) 인력운영

「서울특별시 영등포구 체육시설 설치 및 운영에 관한 조례」[별표2]는 영등포스포츠센터의 사용료(조례 제8조 제2항 관련)에 대한 기준을 정하고 있다. 개인사용료와 전용사용료로 구분하고 있으며, 개인사용료의 경우 스포츠센터의 시설 중 수영장, 골프연습장, 체력단련장, 체육관으로 구분하고 있다. 체육관에 대해서는 [별표2] 비고 1호에서 '체육관의 사용료는 수영장, 골프연습장, 체력단련장 등을 제외한 시설의 사용료로 한다.'고 정의하고 있다. 수영, 골프, 체력단련장은 정해진 시설이 별도로 구성되어 있음을 의미하며, 해당 시설은 상시 지속적으로 운영되고 있다고 볼 수 있을 것이다. 또한, 공단 인사규정[별표2] 지도직(指導織)직원의 채용자격기준에서 규정하고 있는 것처럼 수영, 헬스, 골프, 유아교사에 대해서는 공단의 정원에 포함되어 있어 해당 시설의 프로그램운영은 정원 내 인력이 운영하는 직접(자체)운영 프로그램으로 운영되고 있다는 것을 알 수 있다. 강남구도시관리공단에서 운영하고 있는 체육시설은 강남스포츠센터, 구립체육시설, 구민회관 등이 있다. 해당 기관에서는 이러한 시설물을 관리 · 운영하기 위해 조직을 구성한다. 강남구도시관리공단 규정 중 조직규정 제11조(기구)제2항에서는 경영기획부, 경영지원부, 안전감사실, 주차사업부, 주차관리부, 체육사업부 등으로 구분하고 있으며, 동 규정 제20조(체육사업부)에서는 강남스포츠문화센터와 구립체육시설, 구민회관 관리운영에 대한 업무에 대해 사무를 분장하고 있다. 직제규정[별표2] 정원표에서는 해당 공단정원에 대해 규정하고 있으며, 체육사업부 전임지도직 직원은 총 14명으로 규정하고 있다. 공단 인사규정[별표2]에서는 전임지도직 직원의 채용자격기준에 대해 규정하고 있으며, 자격기준은 다음과 같다.

〈별표 7-3-22〉 채용자격기준(강남구도시관리공단)

직급	채용자격기준(전임지도직)
'가' 급	1. 해당분야 지도경력 20년 이상인 사람 / 2. 국제대회 참석하여 3위 이내 입상자 / 3. 생활스포츠지도사 2급 이상 자격소지자로서 17년 이상 지도 경력자 / 4. 중요 무형문화재 및 기능, 예능 보유자 / 5. 해당분야 대학 강사경력 15년 이상인 사람 / 6. 그 밖에 위 각호의 상당하는 자격 또는 능력이 있다고 인정되는 사람
'나' 급	1. 해당분야 지도경력 15년 이상 20년 미만인 사람 / 2. 전국규모 국내대회 참석하여 1위로 입상자 / 3. 생활스포츠지도사 2급 이상 자격소지자로서 11년 이상 17년 미만 지도 경력자 / 4. 중요 무형문화재 및 기능, 예능 보유자 후보, 이수자, 전수생 / 5. 해당분야 대학 강사경력 10년 이상 15년 미만인 사람 / 6. 그 밖에 위 각호의 상당하는 자격 또는 능력이 있다고 인정되는 사람
'다' 급	1. 해당분야 지도경력 10년 이상 15년 미만인 사람 / 2. 전국규모 국내대회 참석하여 3위 이내 입상자 / 3. 생활스포츠지도사 2급 이상 자격소지자로서 7년 이상 11년 미만 지도 경력자 / 4. 해당분야 대학 강사경력 5년 이상 10년 미만인 사람 / 5. 그 밖에 위 각호의 상당하는 자격 또는 능력이 있다고 인정되는 사람
'라' 급	1. 해당분야 지도경력 5년 이상 10년 미만인 사람 / 2. 국제 또는 전국규모 국내대회 참석하여 5위 이내 입상자 / 3. 생활스포츠지도사 2급 이상 자격소지자로서 3년 이상 7/년 미만 지도 경력자 / 4. 해당분야 대학 강사경력 2년 이상 5년 미만인 사람 / 5. 그 밖에 위 각호의 상당하는 자격 또는 능력이 있다고 인정되는 사람
'마' 급	위 "가"급부터 "라"급까지의 자격 및 경력 기준(요건)에 미치지 못하나 상당한 자격, 기능, 기예 및 경력이 있는 사람

자료: 클린아이, 강남구도시관리공단 인사규정(개정 2020.06.08.)

강남구도시관리공단의 전임지도직 직원은 인사규정(별표2)에서 '가' 급부터 '마' 급까지로 직급을 구분하고 있다. '가' 급 과 '나' 급의 경우 생활스포츠지도사 종목별 자격 및 종목별 해당분야 지도경력, 국제, 국내 대회 입상, 무형문화재, 대학 강사 경력 등의 기준이 채용 자격기준이며, '다' 급 부터 '라' 급은 생활스포츠지도사 종목별 자격 및 종목별 해당분야 지도경력, 국제, 국내대회 입상, 대학 강사 경력 등의 기준이 채용 자격기준이다. '마' 급은 '가~라' 급 기준에 미치지 못하나 상당한 자격, 기능, 기예 및 경력이 있는 사람을 대상으로 하고 있다. 해당 공단 직제규정(별표2)에서는 부별 정원에 대해 규정하고 있으며, 전임지도직 직원은 총 20명으로 체육시설을 관리·운영하는 체육사업부 및 교육혁신부에 구성되어 있다. 해당 팀에서는 관련규정에서 정하고 있는 팀 정원을 기준으로 업무를 분장하고 해당 직원들은 분장된 업무를 수행한다.

〈별표 7-3-23〉 정원표(강남구도시관리공단)

구분		합계	임원	감사실	본부					
					경영지원부	경영기획부	주차사업부	주차관리부	체육사업부	교육혁신부
합계		328	2	5	21	13	145	55	56	31
전임지도직	소계	20							14	6
	가급	1							1	
	나급	3							2	1
	다급	4							3	1
	라급	7							5	2
	마급	5							3	2

자료: 클린아이, 강남구도시관리공단 직제규정(개정 2020.06.08.)

강서구시설관리공단 직제규정 제10조(기구) 제1항에서는 강서구시설관리공단의 기구에 대해 정하고 있으며, 공단 조직은 기획감사팀, 경영지원팀, 공영주차팀, 거주자주차팀, 강서체육팀, 마곡체육팀, 공공사업팀 등 7개 팀을 두며, 7개 팀 중 공공체육시설의 관리운영은 강서체육팀과 마곡체육팀에서 업무를 수행하고 있다. 제3항에서는 '공단의 기구 및 정원표에 대해 규정하고 있으며, 〔별표1, 2〕와 같다.'고 정의하고 있다. 체육시설의 관리·운영을 담당하고 있는 강서체육팀과 마곡체육팀의 정원은 일반직 10명, 전문직 19명, 기술직 12명, 기능직 1명으로 규정에서 정하고 있으며, 공무직 38명은 별도로 구성되어 있다.

〈별표 7-3-24〉 체육사업팀 정원표(강서구시설관리공단)

합계	일반직						전문직				
	소계	3급	4급	5급	6급	7급	소계	4급	5급	6급	7급
42	10		2	2	2	4	19	2	7	5	5
	기술직						기능직				
	소계	4급	5급	6급	7급		소계	4급	5급	6급	7급
	12	1	2	3	6		1				1

자료: 클린아이, 강남구도시관리공단 직제규정(개정 2020.04.13.)

직제규정 제13조의7(체육사업팀)에서는 체육사업팀의 분장사무에 대해 다음과 같이 정의하고 있다. 체육사업팀의 주요 분장 사무는 올림픽체육센터, 마곡레포츠센터, 공항동체육센터(수영장), 마곡실내배드민턴장, 가양레포츠센터 등의 관리운영이며, 해당 사업장의 연간 사업운영계획 및 사업목표 등을 수립하여 추진하는 것으로 정하고 있다. 인사규정 제4조(직종, 직급 및 직명)에서는 '직원의 직종은 일반직, 전문직, 기술직, 기능직, 무기전환직, 계약직으로 구분하되, 그 직종별 직급 및 직위는 〔별표1〕과 같다.'고 정의하고 있다. 일반직의 경우 3급~7급, 전문직·기술직·기능직은 4급~7급으로 직종에 따라 직급이 규정되어 있으며, 인사규정 제8조(채용자격기준)에서는 '직원의 직렬별 채용기준은 〔별표2〕, 〔별표2-1〕, 〔별표2-2〕와 같다.'고 정의하고 있다. 〔별표2〕에서는 채용기준에 대하여 규정하고 있으며, 직급은 일반직과 전문직, 기술직, 기능직으로 자격기준을 세분화하여 정하고 있다. 일반직과 전문직의 경우 공무원, 정부 또는 지방자치단체의 투자기관, 상장기업체, 코스닥 등록기업체, 일반기업체 등에서의 경력을 직급에 맞게 구분하고 있으며, 기술직의 경우 기계·전기·건축·토목·환경관리·가스·무대음향·무대기계 등 당해 업무분야의 산업기사 이상 자격소유자 및 해당분야에 능력이 있다고 인정되는 자로 자격기준을 정하고 있다. 해당 공단에서는 인사규정과 직제규정에서 정하는 바와 같이 전문직 직원 22명이 정원에 포함되어 있다. 전문직 직원 22명은 체육사업팀에서 관리·운영하는 올림픽체육센터, 마곡레포츠센터, 공항동체육센터(수영장), 마곡실내배드민턴장, 가양레포츠센터 등에서 프로그램 운영 등에 대한 업무를 수행하고 있다.

〈별표 7-3-25〉 채용자격기준(강서구시설관리공단)

직급		채용자격기준
일반직·전문직	3급~5급	"
	6급	1) 공무원 8급 이상으로 2년 이상 경력자 2) 정부 또는 지방자치단체의 투자기관이나 이와 상응하다고 인정되는 기관의 동일직급(공단기준)에서 2년 이상 경력소유자 3) 상장기업체 또는 코스닥 등록기업체 2년 이상 경력자 4) 일반기업체 2년 이상 경력자 5) 전문직은 해당자격 소지자 또는 생활스포츠지도사(2급 이상) 자격을 갖춘 자 [수영분야는 생활스포츠지도사(2급 이상) 및 수상인명구조원] 6) 기타 위 각호의 1에 상당하는 자격 또는 해당분야에 능력이 있다고 인정되는 자
	7급	1) 전문직은 해당자격 소지자 또는 생활스포츠지도사(2급 이상) 자격을 갖춘 자 [수영분야는 생활스포츠지도사(2급 이상) 및 수상인명구조원]

자료: 클린아이, 강남구도시관리공단 직제규정(개정 2020.04.13.)

광진구시설관리공단 직제규정 제8조(직의구분 및 계급구분) 제1항에는 공단의 직종은 사무직, 사서직, 지도직, 기술직으로 한다고 정하고 있다. 직제규정 제18조의2(구민체육팀), 제18조의3(중곡체육팀)에서 구민체육팀 및 중곡체육팀 등 체육시설운영과 관련해서는 2개의 팀으로 구성하여 해당 시설의 관리·운영에 대한 사무를 분장하고 있다.

〈별표 7-3-26〉 직종별 정원

합계	임원	사무직						사서직						기술직			지도직		
		3급	4급	5급	6급	7급	8급	3급	4급	5급	6급	7급	8급	6급	7급	8급	6급	7급	8급
124	2	2	4	7	10	15	9	1	1	3	5	6	13	5	13	14	3	6	5

자료: 클린아이, 광진구시설관리공단 직제규정(개정 2019.09.16.)

공단 직제규정[별표2]에서는 직종별 정원에 대해 규정하고 있으며, 해당 공단의 체육지도의 업무관련 직원은 총 14명으로 규정하고 있다. 인사규정 제9조(채용기준)에서는 직원의 직급 및 직급별 채용기준은 [별표2]와 같다고 정의하고 있다.

〈별표 7-3-27〉 채용자격기준(광진구시설관리공단)

직급	채용자격기준
6급	1) 4년제 이상 체육관련학과 출신으로 생활체육지도자 2급 이상 자격을 갖추고 해당분야 6년 이상 경력자(수영, 헬스, 에어로빅 등) 2) 4년제 이상 유아교육관련학과 및 체육관련학과 출신으로 유치원정교사 2급 이상 소지하고 해당분야 6년 이상 경력자 3) 기타 이에 준하는 자격 또는 해당 분야에 대한 특수한 경력이 있다고 인정되는 자
7급	1) 4년제 이상 체육관련학과 출신으로 생활체육지도자 3급 이상 자격을 갖추고 해당분야 3년 이상 경력자(수영, 헬스, 에어로빅 등) 2) 4년제 이상 유아교육관련학과 및 체육관련학과 출신으로 유치원정교사 2급 이상 소지하고 해당분야 3년 이상 경력자 3) 기타 전항과 동일한 자격이 있거나 임용예정부서의 해당 업무분야에 장기간 실무경력이 있다고 인정되는 자
8급	1) 생활체육지도자 3급 이상 자격을 갖춘 자 / 2) 유치원정교사 2급 이상 자격을 갖춘 자 / 3) 수영분야의 경우 수상인명구조자격요건 필수

자료: 클린아이, 광진구시설관리공단 직제규정(개정 2019.09.16.)

공단의 지도직 직원은 인사규정(별표2)에서 6급부터 8급까지로 직급을 구분하고 있으며, 6급부터 8급의 경우 생활체육지도자 자격 및 해당분야 경력, 또는 관련학과 졸업 및 해당분야 자격증 소지자, 기타 이에 준하는 자격 또는 해당분야의 경력이 있는 사람을 대상으로 직급별 자격기준을 정하고 있다. 광진구시설관리공단에서는 인사규정과 직제규정에서 정하는 바와 같이 지도직 직원 14명이 정원에 포함되어 있으며, 지도직 직원 14명은 구민체육팀과 중곡체육팀에서 관리·운영하는 체육시설에서 프로그램 운영에 대한 업무를 수행하고 있다. 또한, 채용자격기준에서 정하고 있는 생활체육지도자(수영, 헬스, 에어로빅 등) 및 유치원 정교사는 해당 분야 프로그램운영에 있어 정원 내 인력인 지도직 직원들이 해당 업무를 담당하고 있다고 설명할 수 있을 것이다. 성북구도시관리공단 직제규정(별표2)에서는 직제규정 제9조(직원) 및 제10조(기구 및 정원)와 관련하여 공단 정원에 대해 아래와 같이 규정하고 있다.

〈별표 7-3-28〉 정원표(성북구도시관리공단, 임원 미포함)

소속	계	2급	3급	4급	5급	6급	7급	8급
일반직	87	2	5	11	8	13	27	21
전문직	77	0	0	0	13	19	18	27
기술직	34	0	0	0	3	4	12	15

자료: 클린아이, 성북구도시관리공단 직제규정(개정 2019.10.22.)

공단 인사규정 제4조(직종, 직급 및 직명) 제2항에서는 '직종별 업무유형을 전문직은 전산, 체육지도, 의무, 유아교육 및 보육지도 등의 업무를 담당한다.'고 정의하고 있어 공단의 체육업무 담당자는 전문직으로 분류되어 있다.

〈별표 7-3-29〉 채용자격기준(성북구도시관리공단)

구분	채용자격기준
5급	1) 정부·지방공기업체 및 상장기업체의 해당직급 이상에 관련경력 5년 이상 유경력자 2) 국가 또는 지방공무원 7급 이상 또는 8급으로 8년 이상의 경력자 3) 5급 공개채용 시험(대졸 이상)에 합격한 자 4) 기타 전항 각호에 준하는 자격이 있다고 인정되는 자
6급	1) 정부·지방공기업체 및 상장기업체의 해당직급이상에 관련경력 1년 이상 유경력자 2) 국가 또는 지방공무원 8급 이상 또는 9급으로 5년 수준의 경력자 3) 6급 공개채용 시험(초대졸 수준)에 합격한자 4) 기타 전항 각호에 준하는 자격이 있다고 인정되는 자
7급	1) 정부·지방공기업체 및 상장기업체의 해당직급이상에 관련경력 1년 이상 유경력자 2) 국가 또는 지방공무원 9급으로 1년 이상 경력자 3) 7급 공개채용 시험(고졸 수준)에 합격한자 4) 기타 전항 각호에 준하는 자격이 있다고 인정되는 자
8급	1) 해당 분야의 자격증 소지자 및 해당경력 1년 이상 경력자 2) 국가 또는 지방공무원 기능직 10급 이상으로 1년 이상 경력자 3) 기타 전항 각호에 준하는 자격이 있거나 해당 분야에 특수한 경험이 있다고 인정되는 자

자료: 클린아이, 성북구도시관리공단 인사규정(개정 2019.10.22.)

인사규정 제11조(채용자격기준)와 관련하여 공단 전문직 직원은 5급부터 8급으로 구성되어 있다.

직원의 채용 자격은 해당 직급별 정부 또는 지방공기업체 및 상장기업체의 채용 직급이상 경력 및 국가 또는 지방공무원 직급 및 경력 등을 기준으로 하고 있다. 영등포구시설관리공단 직제규정(별표2)정원표에서는 전문직 직종 중 지도직 정원은 20명으로 규정되어 있다. 공단 인사규정(별표2)에서는 지도직 직원의 채용자격기준에 대해 규정하고 있으며, 직제규정시행내규(별표1)에서는 팀별 정원에 대해 규정하고 있다. 20명 지도직 직원은 체육시설을 관리·운영하는 제1스포츠센터팀 11명, 제2스포츠센터팀 9명으로 구성되어 있다. 해당 팀에서는 직제규정 시행내규에서 정하고 있는 팀 정원을 기준으로 인력에 대한 업무를 분장하고 직원들은 분장된 업무를 수행하게 된다. 공단의 지도직 직원은 인사규정(별표2)에서와 같이 생활스포츠지도사, 유치원정교사, 골프티칭프로 등의 자격을 취득하여야 하며, 세부기준은 다음 표와 같다.

〈별표 7-3-30〉 채용자격기준(영등포구시설관리공단)

직급	채용 자격기준
5급	1) 해당종목 생활스포츠지도자 1급 이상 자격소지자로서 관련분야 7년 이상 근무경력자 2) 유치원정교사 자격소지자로서 관련분야 7년 이상 근무경력자 3) 골프 티칭프로 이상 자격소지자로서 관련분야 7년 이상 근무경력자 4) 기타 전항 각호에 준하는 자격이 있다고 인정되는 자
6급	1) 해당종목 생활스포츠지도자 2급 이상 자격소지자로서 관련분야 3년 이상 근무경력자 2) 유치원정교사 자격소지자로서 관련분야 3년 이상 근무경력자 3) 골프 티칭프로 이상 자격소지자로서 관련분야 3년 이상 근무경력자 4) 기타 이와 동등한 자격이 있다고 인정되는 자
7급	1) 해당종목 생활스포츠지도자 2급 이상 자격소지자 2) 유치원정교사 자격소지자 3) 골프 티칭프로 이상 자격소지자 4) 기타 이와 동등한 자격이 있다고 인정되는 자

※ 공통사항: 자격기준 각호 1개 이상 해당자

자료: 클린아이, 영등포구시설관리공단 인사규정(개정 2020.08.18.)

〈별표 7-3-31〉 지도직 정원(영등포구시설관리공단)

구 분	합계	제1스포츠	제2스포츠
전문직(지도직)	20	11	9

자료: 클린아이, 영등포구시설관리공단 직제규정시행내규(개정 2020.08.27.)

서울시 자치구 5개 공단에서는 해당 자치구에서 운영하고 있는 공공체육시설 운영에 있어 직접(자체)운영 프로그램을 위한 인력을 정원에 포함하여 관리·운영하고 있다. 해당 지방공기업별 직제규정(조직규정) 또는 인사규정에서는 공공체육시설의 프로그램 운영에 필요한 인력을 전문직, 또는 지도직으로 구분하여 3급~7급(가~마급)의 직급을 기준으로 종목별 생활스포츠지도사(수영·헬스·에어로빅 등)의 자격 및 경력, 또는 골프티칭프로, 유아교사 등의 자격을 갖추고 있는 직원들을 채용하여 프로그램을 관리·운영하고 있다.

또한, 직제(조직)구성에서는 공공체육시설에 대한 일괄관리 운영체제로 운영하는 지방공기업과 체육사업별 개별관리 운영체제로 운영하는 방식 등 해당 지방공기업 형태에 맞도록 구성하여 운영하고 있다. 공공체육시설을 관리·운영하는 부서명칭은 체육사업부, 체육사업팀, 스포츠센터팀, 또는 해당 체육시설 명칭의 팀 등으로 직제(조직)를 구성하여 운영하고 있다.

(2) 프로그램

영등포구시설관리공단에서 운영하는 영등포제2스포츠센터에서는 수영, 헬스, 생활체육, 유아체능단, 문화강좌 등 5개 프로그램으로 구분하여 운영되고 있으며, 이 중 수영, 헬스, 유아 체능단 프로그램의 경우 공단직원이 직접(자체)운영하는 프로그램으로 관리되고 있다. 수영프로그램의 경우 성인 남·여 수영교실, 어린이수영교실, 토요어린이·성인수영교실, 평일 및 일요일 자유수영 등 요일별, 시간대별, 이용 대상별로 구분하여 총 4개 강좌를 운영하고 있으며, 성인 남·여 수영교실은 새벽수영, 조기수영, 아침수영, 오후수영, 저녁수영, 심야수영 등 운영 시간대별로 구분하여 단체강습 및 소수반으로 강습을 실시하고 있다. 강습시간은 평일 기준 06:00~15:50, 18:00~21:50으로 요일을 기준으로 매 시간별 프로그램을 운영하고 있다. 어린이수영교실 강습시간은 평일 기준 15:00~17:50까지로 요일을 기준으로 매 시간별 프로그램을 운영하고 있으며, 대상은 유아 및 초등학생으로 단체강습 및 소수반으로 구분하여 운영하고 있다. 토요어린이·성인수영교실은 토요일에만 운영되는 프로그램으로 어린이 및 성인을 대상으로 매주 토요일 12:00~17:50까지 매 시간별 운영되고 있다. 12:00~15:50까지는 어린이를 대상으로, 16:00~17:50까지는 성인을 대상으로 한 소수반 강습 형식으로 운영하고 있다. 평일 및 일요일 자유수영은 강습을 하지 않는 프로그램으로 평일은 12:00~12:50 성인 및 청소년을 대상으로 운영되는 프로그램으로 월(月) 자유수영과 일(日)일 자유수영으로 구분하여 운영되고 있다. 일요일은 1, 2, 3부로 구분하여 운영하고 있으며, 운영시간은 1부의 경우 10:00~11:50, 2부 13:00~14:50, 3부 16:00~17:50이다(참조: http://www.y-sisul.or.kr/). 헬스 프로그램의 경우 헬스, 청소년헬스, 오후헬스, 주말헬스, 개인레슨, 일일입장, 청소년방학헬스 등으로 구분하여 운영하고 있다. 헬스 프로그램 및 청소년 헬스의 경우 평일 06:00~21:50, 토요일 08:00~17:50, 일요일 10:00~17:50에 이용이 가능하며, 이용대상은 헬스프로그램은 성인이며, 청소년 헬스는 중·고생이 그 대상이다. 오후헬스는 평일의 경우 12:00~18:00, 토요일은 08:00~17:50, 일요일은 10:00~17:50까지 이용 가능하고 성인 및 중고생을 대상으로 운영하고 있다. 주말헬스는 평일에 이용 못 하는 대상을 위한 프로그램으로 토요일 08:00~17:50, 일요일 10:00~17:50 성인 및 중고생을 대상으로 운영한다. 개인레슨은 평일 기준 06:00~21:00 중 1회 50분, 총 10회를 기준으로 이용 가능한 프로그램이며, 헬스장 일일입장은 토요일과 일요일만 가능하고, 토요일은 08:00~17:50, 일요일은 10:00~17:50까지 이용가능하다. 청소년 방학 헬스 프로그램은 여름방학과 겨울방학에만 이용가능하며 대상은 청소년을 기준으로 한다.

유아체능단의 경우 5세, 6세, 7세를 대상으로 운영되는 프로그램으로서 운영시간은 09:00~15:00까지이다. 6개월 단위의 학기제로 운영되고 있으며, 정규수업 후 방과 후 수업이 별도로 진행되고, 15:00~15:50까지 운영되고 있다. 정규수업은 유아교육과 체육수업을 기본으로 운영하고 있으며, 방과 후 수업은 예능, 문화강좌, 체육관련 과목을 선택하여 운영되고 있다. 영등포구시설관리공단에서 운영하고 있는 영등포제2스포츠센터에서는 수영, 헬스, 유아체능단 프로그램을 운영함에 있어 해당 지방공기업 직원의 참여로 관리 운영되고 있다(참조: http://www.y-sisul.or.kr/). 서울시에 소재하고 있는 5개의 자치구 공단에서는 자체 운영프로그램을 종합체육시설의 시설구성형태를 기준으로 운영하고 있다. 시설 구성형태는 수영·헬스·골프·유아스포츠단(체능단)·스쿼시 등이며, 해당 체육시설의 직접(자체)운영 프로그램으로 운영하고 있다. 해당 자치구 시설공단에서는 시설의 관리 및 프로그램 운영을 위해 공단 인사규정 등을 통해 해당 업무 수행을 위한 인력을 정원 내 인력 또는 무기근로직원으로 구분하여 정원에 포함하고 있다. 이를 근거로 결원 및 채용사유 발생 시 해당 업무 담당자를 채용하여 시설 및 프로그램을 관리하고 있다. 이렇듯 직접(자체)운영 프로그램에 참여하고 있는 인력은 정원 내 인력 및 무기근로직원으로 구성하여 운영하고 있으며, 해당 분야(프로그램)의 전문 자격증을 취득한 직원이 상근하게 된다. 또한, 프로그램 및 회원지도업무를 실시하고 있다. 일부 프로그램에서는 회원지도를 위한 외부강사(비상근, 또는 단시간근로자)의 채용 및 관리 업무도 포함하여 업무를 수행하고 있다.

3 간접(외부)운영 프로그램

(1) 운영근거

"간접(외부)운영 프로그램"이란 공공체육시설 중 지방공기업이 운영하는 종합체육시설에서 대체육관 및 소체육관(다목적체육관), 문화·취미교실 등 시설을 활용하여 다양한 프로그램을 지역 주민에게 제공하기 위해 프로그램의 전문가 또는 전문기관(업체)을 초빙하여 운영되는 프로그램으로 정의할 수 있을 것이다. 간접(외부)운영 프로그램으로는 탁구, 배드민턴, 농구, 인라인스케이트, 레이저사격, 줄넘기, 댄스, 요가, 문화 및 취미교실 등으로 정의할 수 있을 것이다. 이러한 간접(외부)운영 프로그램을 지역주민들에게 제공하기 위해서는 해당 자치구 지방공기업 공공체육시설 프로그램 담당 직원은 프로그램 개발을 위해 적극적으로 노력할 것이다. 새로운 프로그램을 공공체육시설의 프로그램으로 만들기 위해서는 장소, 강사, 장비 등이 반드시 필요할 것이며, 3개의 조건이 완성된 후에는 해당 프로그램을 이용하는 회원(고객)이 추가로 필요할 것이다. 이는 신규 프로그램을 개설을 위한 4대 요소라 할 수 있을 것이다. 신규 프로그램을 개설하기 위해 우수한 강사와의 계약을 통해 프로그램을 개설할 수도 있겠지만 우수한 강사 외 새로운 장비가 필요한 프로그램이 지속적으로 생기고 있어 신규 프로그램 개설을 위해서는 강사와의 계약에 의한 프로그램 개설과 해당

분야의 전문 업체(장비수급 등)와의 계약을 통한 프로그램 개설 등 2가지로 이원화하여 운영되어야 할 것이다.

　이러한 신규프로그램의 개설은 전문 강사 또는 해당 프로그램을 운영하는 전문 업체(장비수급 등)가 용역 또는 위탁의 형식으로 프로그램 운영에 대해 해당 지방공기업과 계약을 하게 된다. 계약 시에는 "시간급" 또는 "비율제" 등으로 성과(수입)에 대한 배분을 추진하게 되며, 지방공기업에서 운영하는 공공체육시설 중 종합체육시설에서 가장 흔히 운영되는 방식이다. 이는 해당 프로그램(종목)에 대한 전문적인 지식과 기능을 가지고 해당 분야의 전문 자격증 취득 및 보유 강사를 초빙하여 해당 프로그램의 강습(강의)을 위탁하여 운영하게 하는 방식이다. 해당 프로그램 강사는 프로그램의 운영 가능한 요일, 시간, 준비물, 정원, 강의계획서 등을 프로그램 담당자와 협의 후 계약서(위탁)를 작성하고 일정한 프로그램 참여자가 확보되면 프로그램으로 개설된다. 프로그램 담당자는 해당 강사에 대해 관련 법에서 요구하는 범위 내에서 해당 강사의 동의 하에 성범죄 및 아동학대 관련 경력 등을 조회하여야 한다. 해당 강사와는 프로그램의 특성 및 해당 지방공기업에서 정하고 있는 근거를 기준으로 급여 및 성과(수익)에 대해 협의하게 되는데 시간급 또는 배분제 등으로 협의하게 된다. 프로그램의 개설을 위해 큰 비용 및 전문 강사의 고정적 수급이 필요한 경우에는 해당 분야의 전문 업체와 프로그램 운영에 대한 계약을 하게 된다. 서킷 핏, 필라테스, 레이저사격 등의 종목으로 향후 전문 업체에서 관리ㆍ운영될 수 있는 종목은 지속적으로 확대될 것으로 예상되며, 특히, IT기술의 스포츠 접목에 따라 전문적 체험을 원하는 계층이 크게 증가할 것으로 보인다. 이러한 프로그램 전문 업체 선정은 「공유재산 및 물품관리법」 등을 근거하여 선정공고를 통해 위탁운영 사업자를 선정하게 된다. 해당 지방공기업에서는 위탁대상(해당 공기업 운영 공공체육시설 중 프로그램 운영 예정 장소) 장소 및 규모에 대해 공고하고 운영방식 및 운영시간 등 운영형태와 프로그램 운영에 필요한 업무의 범위ㆍ위탁조건 등을 공지하고 게시하게 된다. 공고 후 해당 프로그램에 참여하고자 하는 업체에서는 해당 프로그램운영을 위한 제안서 및 사업계획서를 작성하여 접수하게 된다. 해당 지방공기업에서는 이러한 제안서 및 사업계획서를 공정하게 평가하기 위해 사업자 선정을 위한 심사위원을 선정하게 되는데 심사위원은 지방자치단체 체육관련 부서 및 지방공기업 체육 관련 업무 담당자들로 구성하여 제안서 및 사업계획에 대한 평가를 통해 사업자를 선정하게 된다. 선정위원회에서 업체 선정 결과에 대한 공고 후 해당 업체와 해당 지방공기업에서는 계약을 체결한다. 업체는 계약 완료 후 해당 시설물에 대해 운동장비 및 시설보수를 실시하며 홍보를 통해 해당 프로그램 참가자가 정해지면 프로그램을 운영하게 된다. 프로그램운영을 통해 일정 수입이 발생하게 되면 계약 조건에 따라 지방공기업과 전문 업체는 수익을 배분하게 되는데 해당공기업과 전문 업체와의 배분 비율은 투자비용 및 제안내용에 따라 정해지게 된다. 이를 통상적으로 '배분제 계약'이라 한다. 간접(외부)운영 프로그램의 운영 근거는 지방자치단체에서 정한 지방자치조례에서 정하고 있다. 지방자치조례에서는 시설에 따른 사용료와 시설에서 운영할 수 있는 프로그램 사용료 등을 징수할 수 있도록 규정하고 있으며, 지방공기업에서는 조례에서 정하고 있는 사용료 기준을 근거로 간접(외부) 프로그램을 신설 및 개설하여 지역주민에게 참여의 기회를 제공하게 된다.

〈별표 7-3-32〉 조례 사용료

강남구도시관리공단	「서울특별시 강남구 체육시설 설치 및 운영에 관한 조례」 제8조(사용료 등) 〔별표2〕강남구립 체육시설 사용료(수강료)
강서구시설관리공단	「서울특별시 강서구 체육시설의 설치 및 운영에 관한 조례」 제9조(사용료 등의 징수) 〔별표5〕비고 4.에서는 그 밖에 명시되지 않은 사용료는 공공유사시설 및 민간시설의 사용료에 준한다.
광진구시설관리공단	「광진구시설관리공단은 광진구체육시설조례」,〔별표1〕 체육시설 강좌 등 프로그램의 사용료 기준(제3조 관련). 〔별표1〕 2)에서는 상기 지정 외의 새로운 프로그램 편성 운영 시 이와 가장 유사한 프로그램의 가격 기준을 적용할 수 있다고 정하고 있다.
성북구도시관리공단	「서울특별시 성북구 체육시설 관리 운영 및 사용료 징수조례」 제9조(사용료) 제1항 〔별표2〕 비고 5.에서는 위 표에서 정하지 않은 체육시설의 사용료 및 강습프로그램사용료 등은 인근 공공시설 및 민간시설의 사용료 및 강습 프로그램 사용료 등을 감안하여 구청장이 결정고시할 수 있음.
영등포구시설관리공단	「서울특별시 영등포구 체육시설 설치 및 운영에 관한 조례 시행규칙」 제4조(사용료) 〔별표〕 4. 에서는 위 표에서 정하지 않은 사용료 등은 공공시설 및 민간시설의 사용료 등을 감안하여 구청장이 결정고시 하도록 정하고 있다.

간접(외부)운영 프로그램은 조례에서 정하고 있는 사용료 기준이 명확하지 않으나 공공유사시설, 또는 민간시설의 사용료 등을 감안하거나 준하는 사용료를 징수하도록 정하고 있다. 성북구와 영등포구의 체육시설 사용료 기준은 간접(외부)운영 프로그램의 경우 공공 및 민간시설의 사용료 등을 감안하여 구청장이 결정고시하여 사용료를 징수할 수 있도록 조례에서 정하고 있다. 영등포구시설관리공단에서는 「서울특별시 영등포구 체육시설 설치 및 운영에 관한 조례 시행규칙」 제1조(사용료)에서는 조례 제8조 제2항에 따른 사용료는 〔별표〕와 같다고 정의하고 있으며, 〔별표〕사용료(제4조 관련)에서는 수영장, 실내골프장, 헬스장의 사용료에 대해 정하고 있다. 〔별표〕4.에서는 위 표에서 정하지 않은 사용료 등은 공공시설 및 민간시설의 사용료 등을 감안하여 구청장이 결정 고시하도록 정하고 있다. 해당 지방공기업 체육시설 프로그램 담당자는 간접(외부)운영 프로그램 강좌를 개설하기 위해서는 간접(외부)운영 프로그램 강좌에 대한 운영 계획 수립 시 해당 강좌의 인근 공공체육시설 및 민간체육시설에서 징수하는 사용료 등을 조사 분석하여 해당 자치구에 맞는 이용료 선정 후 해당 자치구 주관부서에 사용료에 대한 결정고시를 의뢰하고 해당 자치구 주관부서에서는 사용료에 대한 분석 후 이에 대한 결정고시를 시행하게 된다. 결정고시 시행 후 해당 강좌의 사용료가 정해지는 것이다.

(2) 인력 운영 및 강사료

공공체육시설에서 운영하는 프로그램은 종목별 강사가 전문적 지식과 기능을 바탕으로 해당 종목의 운동 기능을 이용자에게 강습을 통해 전달하게 되며, 종목별 강사운영과 강사료는 각 자치구 지방공기업별 차이가 있을 수 있다. 인력운영은 해당 지방공기업의 취업규정 및 인사규정 등을 준용하여 운영하게 되며, 강사료는 취업규정, 임시직직원관리규정, 시간강사운영내규 등을 근거로 지급하게 된다. 강남구도시관리공단과 영등포시설관리공단의 외부 프로그램 운영 강사에 대한 내규 및 규정은 아래와 같다.

강남구도시관리공단의 경우 「단임지도직원 취업관리 내규」 제3조(용어의 정의)제1호에서 체육프로그램 운영직원에 대해 "단임지도직원"이란 '공단과 근로계약을 체결하고 체육시설 등 강습시설 내 편성강좌의 등록회원을 지도하는 비정규 직원을 총칭한다.'고 정의하고 있다. 제2호에서는 "배분제직원"이란 '사용계약을 체결하고 담임강좌를 전담하여 지도한 후 담임강좌의 총 수입금을 약정비율로 배분하여 그 몫을 사용 대가로 지급받는 단임지도직원을 말한다.' 제7호 "시간제직원"이란 '사용계약을 체결하고 담임강좌를 전담하여 지도한 후 기본급에 총 강습시간을 지급받는 단임지도직원을 말한다.'고 정의하고 있다. 영등포구시설관리공단에서는 「무기근로계약직원 및 임시직원 인사관리규정」 제3조(무기근로계약직원 및 임시직원의 종류) 제3항 '1주간 14시간 미만의 근무를 하는 파트타이머는 현업직(임시)으로 채용한다.'고 정의하고 있으며, 제4조(용어의 정의) 제5호에서는 '파트타이머라 함은 현업직 직원 중 1주 14시간 미만의 단시간 근로계약에 의하여 근로를 제공하는 자를 말한다.'고 정의하고 있다. 제13조(파트타이머 근로계약의 체결) 제2항에서는 '근로계약기간은 1년 범위 내에서 정한다.'고 정의하고 있으며, 제4항에서는 '파트타이머에 해당하지 않는 지도강사는 필요시 용역계약을 체결할 수 있다. 용역계약에 관한 사항은 이사장 방침으로 정한다.'고 규정하고 있으며, 지방공기업에서는 이러한 규정 및 내규를 근거로 프로그램 운영에 필요한 인력을 확보하고 운영할 수 있는 것이다. 이러한 프로그램 강사는 프로그램 운영을 하고 이를 근거로 강사료를 받게 되며, 강사료는 지방공기업별 또는 프로그램운영에 대한 계약 내용에 따라 차이가 있을 수 있다. 자치구 지방공기업 강사료에 대한 규정은 다음과 같다. 강남구도시관리공단에서는 체육시설의 외부운영프로그램을 운영하기 위해 프로그램 운영에 적합한 단임지도직원을 채용하여 배분제 및 시간제직원으로 근로계약을 체결하고 내규에서 정한 기준에 의해 강사료를 지급한다. 강남구도시관리공단 단임 지도직원 취업관리 내규(별표 4)단임 지도직원 시급 기본급(제37조 제1항)에서는 시간당 급여를 '가' 급부터 '마' 급으로 구분하여 기본급을 책정하고 있으며, 시간급의 최고액은 38,000원이며, 최저액은 26,000원이다.

〈별표 7-3-33〉 단임 지도직원 시급 기본급(제37조 제1항)

구분	'가' 급	'나' 급	'다' 급	'라' 급	'마' 급
기본급	38,000원	35,000원	32,000원	29,000원	26,000원

주) 특수강좌, 정원 50명 이상 강좌, 사회 일반적으로 보편화된 강좌를 담임하는 단임 지도직원의 기본급은 지역정서와 실정에 맞추어 이사장이 별도 책정 가능함
자료: 클린아이, 강남구도시관리공단 단임지도직원 취업관리 내규(개정 2020.01.01.)

취업관리 내규(별표5)는 단임 지도직원 급여 산정 기준이며, 시간제 급여와 배분제 급여의 산정기준을 정하고 있다. 시간제급여는 시급기본급(가급~마급)을 월 총 근무시간으로 곱하고 배분제 급여는 해당 강좌의 총 수입금을 계약비율에 맞게 곱하여 산정하도록 규정되어 있다.

〈별표 7-3-34〉 단임 지도직원 급여 산정기준

종류	산정기준
시간제급여	시급 기본급×월 총 근무(강습)시간
배분제급여	담임강좌 총 수입금×계약된 일정 비율 배분
유급휴가수당	통상 근로자의 휴가일수×(단시간근로자의 소정근로시간/통상근로자소정근로시간)×8시간×시급임금

주) 1. 단임 지도직원에 대하여는 시간제급여, 배분제급여, 유급휴가수당 이외 급여는 없으며 매월 말 기준 정산 및 모두 합산하여 지급함
2. 유급휴가는 공가, 보호휴가 경우에만 시간비율을 감안하여 인정함

자료: 클린아이, 강남구도시관리공단 단임지도직원 취업관리 내규(개정 2018.12.10.)

강서구시설관리공단 「임시직고용규정」 제3조(용어의 정의) 제2항에서는 '강사는 체육 및 문화프로그램에 종사하는 자로서 시간제강사와 배분제 강사로 구분한다. 다만, "시간제 강사"는 강의시간에 따라 책정된 시급에 따라 강사료를 지급하고, "배분제 강사"는 해당과목 수입에 대해 이사장이 정한 배분률 또는 배분액에 따라 강사료를 지급받는 자를 말한다.'고 정의하고 있다. 또한 동 규정 제9조(임금, 수당, 강사료) 제1항 중 '시간직 및 시간제 강사에게는 〔별표4〕에서 정한 단가를 준용하여 등급별로 강사료를 차등 지급하며, 배분제 강사는 강습료 수입의 배분률 또는 배분액에 따라 지급한다.'고 정의하고 있다. 체육시설 프로그램 강사 중 시간제 강사의 급여 단가표는 〔별표4〕에서 정하고 있다.

〈별표 7-3-35〉 시간직 등급별 급여단가표

시간제 강사		시간직	
등급	금액	등급	금액
4	3등급 + (1,000원~10,000원)	3	2등급 + 250원
3	2등급 + (1,000원~10,000원)	2	1등급 + 250원
2	1등급 + (1,000원~10,000원)	1	정부고시 시간당 최저임금액
1	시급 8,000원~15,000원		

자료: 클린아이, 강서구시설관리공단 임시직고용규정(개정 2015.12.31.)

시간제 강사는 총 4등급으로 구분하고 있다. 1등급의 경우 시급이 8,000원에서 최고 15,000원으로 급여단가표가 정해져 있으며, 1등급 오를 때마다 최소 1,000원에서 최대 10,000원까지 금액을 올라가도록 정하고 있다. 〔별지1-1〕 강사 위촉 계약서 제5조(강사료 지급방법)에서는 '가. 강사료는 시간제/배분제로 한다. 나. 강사료는 시간당 원/강습료×강습인원에 대한 금액을(공단 : 강사) 지급한다.'고 규정하고 있다. 강사 위촉 계약서의 계약내용에 따라 외부운영프로그램 강사는 강사료(급여)를 지급받게 된다. 광진구시설관

리공단 시간강사운영내규 제20조(임금 및 수당) 제1항에서는 '임금은 강사료 지급 기준표〔별표3〕에 따라 지급하며 당해 연도 편성된 예산에 따라 이사장이 조정할 수 있다.'고 정의하고 있다.

〈별표 7-3-36〉 시간제 강사 임금

대상업무		임금	임금산정방법	차등기준	시급
기간제 근로자	수영지도, 안전요원	근무시간 배정에 따른 시급	(근로일수 + 유급휴가) × 노임단가	경력 2년 미만	17,000원
				경력 2년 이상, 6개월 이상 근속	18,000원
	헬스지도			신규입사	10,290원
				6개월 이상 근속	11,320원
	골프지도			-	12,870원
	유아스포츠단지도			신규입사	10,290원
				1년 이상 근속	11,320원
	아쿠아로빅		근로일수 × 노임단가	1년 미만	40,000원
				경력 1년 이상, 6개월 이상 근속	45,000원
				경력 2년 이상, 1년 이상 근속	50,000원
"기타 필요한 업무(이사장이 지정한 업무)"			월정액으로 지급할 수 있음		

자료: 클린아이, 광진구시설관리공단 시간강사운영내규(개정 2020.09.07.)

「영등포구시설관리공단 체육시설운영규정시행내규」 제3조(직원의 구분) 제1항에서는 '스포츠센터 직원은 공단 「인사규정」에서 정하는 바에 의한다.'고 정의하고 있다.

제2항에서는 '그 외 스포츠센터 계약직원 및 용역강사는 공단 「무기근로계약직원 및 임시직원인사관리규정」에서 정하는 바에 의한다.'고 정의하고 있다. 「무기근로계약직원 및 임시직원인사관리규정」 제13조(파트타이머 근로계약의 체결) 제4항에서는 '파트타이머에 해당하지 않는 지도강사는 필요시 용역계약을 체결할 수 있다. 용역계약체결에 관한 사항은 이사장 방침으로 정한다.'고 정의하고 있으며, 〔별표3-1〕에서는 '파트타이머 임금 및 수당 지급 기준에서는 기본급(시간급)의 지급기준은 시간당 10,000원에서 30,000원까지로 정하고 있다. 종목별 파트타이머의 임금(단가)은 지급기준 범위 내에서 공단 이사장의 방침으로 결정한다.'고 정하고 있다.

〈별표 7-3-37〉 파트타이머 임금 및 수당 지급 기준

구분	지급기준	비고
기본급(시간급)	10,000원~30,000원	월 단위 지급

자료: 클린아이, 영등포구시설관리공단 무기근로계약직원 및 임시직원인사관리규정(신설 2015.12.24.)

(3) 프로그램

간접(외부)운영 프로그램은 각 기관별 조례 및 규정에 따라 운영방식에서는 일부 차이가 있을 수 있다. 서울시 자치구 5개 지방공기업에서 운영하는 간접(외부)운영 프로그램은 건강, 문화·취미, 댄스, 체육, 생활체육, 문화강좌 형식으로 구분되어 운영되고 있다. 세부 운영프로그램은 다음과 같다.

〈별표 7-3-38〉 서울시 자치구 공단 세부 운영프로그램

강남구도시관리공단	건강프로그램: 요가, 필라테스, 한국무용, 국선도, 배드민턴 등 문화취미: 중국어, 일본어, 성악교실, 서예, 바이올린 등(참조: http://life.gangnam.go.kr/).
강서구시설관리공단	댄스 프로그램: 줌바, 벨리, 댄스로빅, 에어로빅, 방송댄스 등 체육 프로그램: 발레, 필라테스, 인라인스케이트, 유도&주짓수, 배드민턴, 탁구 등 문화 프로그램: 발레, 필라테스, 요가 등(참조: http://www.gssi.or.kr/).
광진구시설관리공단	생활체육: 축구, 농구, 탁구, 배드민턴, 에어로빅, 스피닝 등 건강문화: 국선도, 댄스, 운동처방, 요가, 기구필라테스 등 문화강좌: 뮤직아이, 레고, 가베, 스페인어, 영어, 서예 등(참조: http://gumin.gwangjin.or.kr/).
성북구도시관리공단	스포츠교실: 태보다이어트, 요가&필라테스, 다이어트줌바댄스, S,N,P,E (바른자세), 등 취미교실: 가베, 바둑왕, 칼라믹스, 아동요리, 키즈업펀스토리텔링, 창의력 미술, 키디텍, 로봇제작, 과학으로 배우는 영어, 주산암산, 종이접기, 보드게임, 연극아 놀자 등 체육관: 검도, 어린이농구, 인라인스케이트, 파워 점핑 줄넘기 등 (참조: http://www.gongdan.go.kr/).
영등포구시설관리공단	생활체육: 배드민턴, 탁구, 농구, 인라인, 검도, 요가, 필라테스, 단전호흡, 에어로빅 등 문화강좌: 성인강좌, 악기교실, 어린이 학습강좌, 등(참조: http://www.y-sisul.or.kr/)

간접(외부)운영 프로그램은 수영장, 헬스장, 골프장, 스쿼시장 등의 시설을 제외한 체육관, 다목적 체육실, 문화강좌실, 취미교실 등을 활용하여 운영되는 프로그램을 말한다. 선상, 스포츠, 생활체육 등의 프로그램은 요가(단전호흡, S,N,P,E(바른자세), 구선도, 요가), 댄스(에어로빅, 줌바, 라인댄스, 방송댄스, 밸리댄스, 스피닝), 체육(축구, 농구, 인라인스케이트, 검도, 유도) 등 크게 3가지 유형으로 구분되어 운영되고 있으며, 취미·문화강좌는 어학(영어, 일어, 중국어), 미술(수채화, 데생, 연필인물화), 음악(통기타, 플룻, 우크렐라, 노래교실), 취미(요리, 바리스타, 바둑, 로봇제작, 보드게임) 등으로 구분하여 운영되고 있다.

4 특별운영 프로그램

(1) 방학특강

지방공기업에서 운영하고 있는 공공체육시설 중 종합체육시설은 수영장, 다목적체육관, 대체육관, 골프장, 헬스장 등의 시설을 구비하고 있으며, 연중 지역주민들을 위해 다양한 프로그램을 상시 지속적으로 운영하고 있다. 연중 상시 지속적으로 운영하는 프로그램은 해당 체육시설의 정규프로그램으로 인식할 수 있

을 것이다. 수영장, 골프장, 헬스장, 스쿼시장 등 특정 운동종목을 전문적으로 운동할 수 있도록 설치된 시설의 경우 체육시설의 개관시간에 맞춰 동일 종목에 대한 강습 및 이용이 가능할 것이다. 서울시 자치구 지방공단이 운영하고 있는 종합체육시설은 다소의 차이는 있겠으나 평일기준 운영시간은 06:00~22:00일 것이다. 초등학교, 중학교, 고등학교, 대학교에 재학 중인 학생들을 위해 지방공기업이 운영하고 있는 체육시설에서는 여름방학과 겨울방학 등 특정한 시기에 초·중·고·대학생들을 위한 프로그램을 운영하고 있다. 이를 "방학특강"으로 분류하고 있으며, 해당 체육시설에서는 가용 가능한 체육시설을 활용하여 프로그램을 운영하게 된다. 이러한 프로그램은 해당지역 학교들의 방학기간에 맞추어 운영하게 되는데 학생들에게는 학기 중 배우고 경험해보지 못한 다양한 활동을 경험하는 계기를 만들어 줄 수 있는 특징이 있다. 여름방학특강의 경우 서울 강서구민올림픽체육센터에서는 지난 2018년 7월 26일부터 8월 23일까지 수영, 탁구, 배드민턴 프로그램에 대해 "2018 여름방학 특별강습" 프로그램으로 운영했다. 수영은 초등학생을 대상으로 기초반부터 상급반까지 09:00~12:50까지 4시간 동안 운영하였으며, 방학 기간이 아니면 초등학생은 이용할 수 없는 시간대에 방학을 맞아 운영하였다. 탁구는 14:00~16:00까지 2시간 동안 초등학생과 청소년을 대상으로 방학특강을 진행하였으며, 배드민턴의 경우 13:00~13:50까지 1시간 동안 초등학생과 청소년을 대상으로 운영했다. 겨울방학특강은 2019년 1월 2일~1월 23일까지 수영, 탁구, 배드민턴프로그램에 대해 2018년 겨울방학 특별강습을 운영했다. 광진구민체육센터의 경우 지난 2018년 7월 26일부터 8월 22일까지 농구특강교실, 배드민턴, 줌바댄스, 필라테스, 필라테스+발레 등의 프로그램을 "2018년 여름방학특강" 프로그램으로 운영했다.

이용 대상은 어린이 및 청소년이었으며, 운영시간은 농구특강교실은 09:00~09:50, 17:00~17:50, 18:00~18:50 등 3시간이었다. 배드민턴은 09:00~09:50, 15:00~15:50, 16:00~16:50 등 3시간이었으며, 줌바 및 필라테스는 총 4개 강좌를 7시간 동안 운영하여 여름방학특강으로만 총 6개 강좌를 운영했다. 겨울방학특강은 2019년 1월 2일부터 1월 31일까지 농구, 배드민턴, 줌바, 필라테스 등의 프로그램을 어린이 및 청소년을 대상으로 진행했다(참조: http://www.gssi.or.kr/, http://gumin.gwangjin.or.kr/).

(2) 학교 연계 운영 프로그램

서울구로구시설관리공단에서 운영하는 신도림생활체육관에서는 초등학생들의 생존수영에 대한 지속적인 관심과 정부정책에 의해 신도림 초등학교와 연계하여 4학년 7개 반을 대상으로 2018년 9월 3일부터 11월 20일까지 각 반별 5회 수업(회당 80분)으로 해당 학생들을 대상으로 생존수영에 대한 위탁수업도 진행하는 등 공공체육시설을 이용한 지역사회 및 지역주민들을 위한 다양한 프로그램을 운영하고 있다(참조: https://www.gurosisul.or.kr/).

(3) 기타

공공체육시설에서 정규 및 특강 프로그램을 제외한 이벤트 프로그램으로는 강서구시설관리공단에서 운영하고 있는 마곡레포츠센터에서 지난 2018년 12월 1일부터 실시한 수험생 50% 할인 이벤트를 진행했다. 이용대상은 해당년도 대입 수험생으로 헬스·수영·인공암벽·요가·유도 등 5개 프로그램에 대해 수험표를 지참한 수험생을 기준으로 2018년 12월부터 2019년 2월 말일까지 3개월 동안 프로그램이용료의 50%를 감면하는 특별 이벤트 프로그램을 운영하였다. 서울구로구시설관리공단에서 운영하는 신도림생활체육관에서도 강서구시설관리공단과 동일한 기간에 수영·헬스·웰빙문화 프로그램과 토요 일일입장(수영·탁구·골프)에 대해 수험생들을 대상으로 이용료 50% 할인 이벤트를 실시했다.

5. 사용료

1 법적 근거

세외수입은 일반회계수입과 특별회계수입으로 구분하고 있으며, 일반회계 수입은(경상적 수입) 재산임대수입·사용료·수수료·징수교부금·이자수입 등과 임시적 수입인 재산매각수입·순 세계잉여금, 이월금·잡수입 등으로 구성할 수 있다. 이러한 경상적 세외 수입 중 사용료 수입은 공공시설의 이용이나 재산의 사용에 대한 반대급부로 이용자에게 부과·징수하는 수입으로 지방세입 예산과목 중 사용료 수입은 도로·하천·하수도·가축시장·도축장·운동장·공연장·복지회관·시민회관 등 공공시설에 대한 입장료 및 사용료가 있다. 이러한 입장료 및 이용료는 지방자치단체가 주민의 문화 창달과 체육진흥을 도모하기 위하여 각종 시설물을 설치 운영함에 있어 필요한 경비를 충당할 목적으로 사용자(이용자)에게 징수하는 입장 수입이며, 지방공기업에서 운영하는 공공체육시설의 이용료는 이러한 회계기준에 근거하여 징수하는 사용료 수입에 해당한다고 볼 수 있을 것이다. 지방공기업에서 운영하는 공공체육시설에서는 이러한 기준에 의해 년 도별 수입에 대한 목표를 정하여 목표를 달성하기 위해 노력하고 있으며, 공공체육시설 중 종합체육시설을 기준으로 수입목표 달성을 위한 프로그램별 사용료(이용료) 산출은 공공체육시설을 설치한 지방자치단체 조례에서 정한 기준에 따른다.「서울특별시 영등포구 체육시설의 설치 및 운영에 관한 조례」제1조(목적)에서는 '이 조례는「체육시설의 설치·이용에 관한 법률」제5조 및 제6조에 따라 서울특별시 영등포구 체육시설의 설치 및 운영에 필요한 사항을 규정하여 구민의 심신단련 및 건전한 구민의식 함양에 이바지함을 목적으로 한다.'고 정의하고 있다. 동 조례 제8조(사용료의 징수)도로·하천·하수도·가축시장·도축장·운동장·공연장·복지회관·시민회관 등2항은 '구청장은 스포츠센터를 이용하는 사람에 대하여 〔별표2〕에서 정한 범위에서 사용료를 받을 수 있으며, 이에 관한 세부사항은 규칙으로 정한다.'고 규정하고 있다. 〔별표2〕에서는 개인사용료와 전용사용료를 구분하여 사용료를 정하고 있으며, 개인사용료와 전용사용료는 다음과 같다.

〈별표 7-3-39〉 스포츠센터 개인사용료(제8조 2항 관련)

구분	대상	기본사용료 (1회)상한(단위:원)	월 사용료 (1시간 기준, 단위:원)					
			주1회	주2회	주3회	주4회	주5회	주6회
수영장	성 인	4,000	16,000	32,000	48,000	56,000	64,000	72,000
	청소년	3,000	12,000	24,000	36,000	42,000	48,000	56,000
	어린이	2,500	10,000	20,000	30,000	35,000	40,000	45,000
골프 연습장	성 인	6,000	월 120,000					
	청소년 (어린이)	5,000	월 100,000					
체력 단련장		2,000	월 40,000					
	성 인	2,500	월 50,000					
체육관	성 인	3,000						
	청소년	2,000						
	어린이	1,500						

비 고	1. 체육관의 사용료는 수영장, 골프연습장, 체력단련장 등을 제외한 시설의 사용료로 한다.
	2. 수영장, 골프연습장의 월 사용료는 강습프로그램사용료를 포함한 금액으로 한다.
	3. 토·일·공휴일 이용 경우 1회 사용료의 100분의 30 이내에서 가산할 수 있다.
	4. 2 이상의 프로그램을 수강하고자 하는 자에 대하여는 각 프로그램 사용료를 합한 금액의 100분의 30 이내에서 감면할 수 있다.
	5. 3개월 이상 사용료를 선납하는 경우에는 해당기간 사용료의 100분의 10 이내에서 감면할 수 있다.
	6. 다음 각목의 어느 하나에 해당하는 자에 대하여는 사용료를 감면할 수 있다.
	  가.「국가유공자 등 예우 및 지원에 관한 법률 시행령」제86조 제1항에서 정한 자 및 「5·18민주유공자예우에 관한 법률 시행령」제52조 제1항에서 정한 자에 대하여 100분의 50을 감면한다.
	  나.「장애인복지법」제2조에 따른 장애인에 대해서는 사용료의 100분의 50을 감면한다.(1~3급은 장애인과 동반하는 보호자 1인 포함)
	  다.「국민기초생활보장법」의 규정에 의한 수급자는 100분의 30을 감면한다.
	  라.「노인복지법」제9조의 규정에 의하여 경로우대를 받는 65세 이상 노인은 100분의 30을 감면한다.
	  마. 영등포구에 거주하는 다둥이 행복카드 소지자 중 만 18세 이하의 자녀 3명 이상을 둔 부모와 자녀는 100분의 30을 감면한다.
	7. 13세 이상 55세 이하 여성의 경우에는 수영장 월 이용료의 100분의 10을 감면할 수 있다.
	8. 사용료의 중복할인은 인정하지 아니한다.
	9. 상기 사용료는 부가가치세를 포함한 금액으로 한다.
	10. 이 표에서 정하지 않은 스포츠센터의 사용료 및 강습프로그램 사용료 등은 공공시설 및 민간시설의 사용료 및 강습프로그램 사용료 등을 감안하여 구청장이 결정고시 할 수 있다.							

자료: 서울특별시 영등포구 체육시설 설치 및 운영에 관한 조례(시행 2019.07.01.)

⟨별표 7-3-40⟩ 스포츠센터 전용사용료(제8조 2항 관련)

구분	대상	대관료(단위:원)	비고
체육관	체육경기	150,000	체육관은 기본인원 50명 초과 시 초과인원 1명당 1,500원을 추가하여 징수한다.
	기 타	300,000	
수영장	체육경기	280,000	수영장은 기본인원 70명 초과 시 초과인원 1명당 2,000원을 추가하여 징수한다. 동절기(11월~2월) 수영장의 사용료는 기본사용료의 100분의 50을 가산한다.
	기 타	560,000	

1. 다음에 해당하는 때에는 사용료를 가산한다.
   가. 토·일·공휴일은 1회 사용료의 100분의 30 이내에서 가산한다.
   나. 야간은 주간사용료의 100분의 30 이내에서 가산한다.
2. 기본 사용시간은 2시간을 기준으로 하며, 기준시간을 초과하여 사용할 경우에는 초과사용료는 1시간당 1회 기본료의 100분의 50을 가산하고, 1시간 미만은 1시간으로 본다.
3. 사용료 중 체육진흥을 위한 각종행사 개최 시 감면율은 다음과 같다.
   가. 영등포구 주관 및 구청장기 대회 등 행사 개최 시는 100분의 100을 감면한다.
   나. 영등포구체육회 소속 종목별 협회 주관행사 등의 개최 시는 100분의 80을 감면한다.(단, 협회별 연 1회로 한정한다)
4. 상기 사용료는 부가가치세를 포함한 금액으로 한다.

자료: 서울특별시 영등포구 체육시설 설치 및 운영에 관한 조례(시행 2019.07.01.)

해당 조례 제2조(정의) 4호 및 5호에서는 "'사용료'란 사용자가 체육시설을 이용하는 대가로 납부하는 요금을 말한다.'로 정의하고 있으며, "전용사용"이란 체육시설을 일정기간 전적으로 사용하는 것을 말한다. 또한, "'전용사용료'란 전적으로 사용할 때 납부하는 사용료를 말한다.'고 정의하고 있다.

이를 근거로 해당 지방공기업에서 운영하는 종합체육시설(구민체육센터)의 프로그램별 이용료를 산정하여 운영하게 된다. [별표2]사용료 중 개인사용료의 경우 수영장, 골프연습장, 체력단련장, 체육관 등 4개의 시설에 대한 기본 이용료의 상한액에 대해 성인, 청소년, 어린이 등 대상별 월 사용료를 1시간 기준으로 공시하고 있다. 수영장의 경우 성인 1회 이용 사용료는 상한액이 4,000원이며, 주3회 1시간 이용 시 월 48,000원의 이용요금이 상한액으로 정해지는 것을 의미하고 있다. 개인사용료[비고2]에서는 수영장과 골프연습장의 월 사용료는 강습프로그램사용료를 포함한 금액으로 한다고 규정하고 있다. 성인기준 주3회 1시간 기준 월 사용료는 강습료를 포함한다는 의미이다. [비고9]에서는 해당 사용료는 부가가치세를 포함한다고 규정하고 있다. 또한, [비고10]에서는 이 표에서 정하지 않은 체육센터의 사용료 및 강습프로그램 사용료 등은 공공시설 및 민간시설의 사용료 및 강습프로그램 사용료 등을 감안하여 구청장이 결정고시 할 수 있다고 정의하고 있다. [별표2]사용료 중 전용사용료는 체육관 및 수영장에 대한 대관료에 대한 내용으로 체육경기 및 기타행사에 대해 이원화하여 규정하고 있으며, 체육관의 경우 기본 2시간 기준 체육경기의 경우 150,000원, 기타의 경우 300,000원의 대관료를 징수하고 있다. 이때 참여인원은 50명까지이며, 50명 초과 시에는 초과인원 1명당 1,500원을 추가하여 징수하도록 규정되어 있다. 수영장의 경우 2시간 기준 체육경기 시 280,000원이며, 기타의 경우 560,000원의 대관료를 징수한다. 수영장은 기본인원 70명을 기준으로 하며, 70명 추가 시 1명당 2,000원을 추가하여 징수하도록 규정되어 있다. 동절기(11월~2월)에는 기본 사용료의 100분의 50을 가산하도록 규정하고 있다.

이는 평일을 기준으로 한 대관료이며, 토·일·공휴일은 1회 사용료의 100분의 30 이내에서 가산한다고 정의하고 있어 주말 및 휴일 대관 시에는 평일기준보다 30%를 추가하여 대관료를 징수한다.

2 책정기준

(1) 개인사용료

스포츠센터의 개인사용료는 해당 자치구 조례 제8조 제2항(별표2)을 근거로 하여 사용료를 책정하게 된다.

〈별표 7-3-41〉 수영장 개인사용료

구분	사용 대상	기본사용료 (1회)상한	월 사용료 (1시간 기준, 단위:원)					
			주1회	주2회	주3회	주4회	주5회	주6회
수영장	성인	4,000원	16,000	32,000	48,000	56,000	64,000	72,000
	청소년	3,000원	12,000	24,000	36,000	42,000	48,000	56,000
	어린이	2,500원	10,000	20,000	30,000	35,000	40,000	45,000

자료: 서울특별시 영등포구 체육시설 설치 및 운영에 관한 조례(시행 2019.07.01.)

수영장의 경우 사용료의 상한액은 성인 기본사용료 1회는 4,000원이며, 주3회 기준 월 사용료는 48,000원이다. 청소년은 기본사용료 1회는 3,000원이며 주3회 기준 월 사용료는 36,000원이다. 어린이 기본사용료 1회는 2,500원이며, 주3회 기준 월 사용료는 30,000원이 된다.

〈별표 7-3-42〉 골프연습장 및 체력단련장 개인사용료

구분	사용 대상	기본사용료(1회)상한	월 사용료 (1시간 기준, 단위:원)					
			주1회	주2회	주3회	주4회	주5회	주6회
골프 연습장	성 인	6,000원	월 120,000					
	청소년 (어린이)	5,000원	월 100,000					
체력 단련장		2,000원	월 40,000					
	성 인	2,500원	월 50,000					

자료: 서울특별시 영등포구 체육시설 설치 및 운영에 관한 조례(시행 2019.07.01.)

골프연습장의 경우 사용료의 상한액은 성인 기본사용료 1회는 6,000원이며, 주6회 기준 월 사용료는 120,000원이다. 청소년 및 어린이의 기본사용료 1회는 5,000원이며, 주6회 기준 월 사용료는 100,000원이 된다. 체력단련장(헬스장)의 경우 사용료의 상한액은 성인 기본사용료 1회는 2,500원이며, 주6회 기준 월 사용료는 50,000원이다. 청소년 및 어린이의 기본사용료 1회는 2,000원이며, 주6회 기준 월 사용료는 40,000원이 된다. 해당 자치단체 조례 제8조(사용료의 징수) ②항에서는 구청장은 스포츠센터를 이용하는 사람에 대하여 (별표2)에서 정한 범위에서 사용료를 받을 수 있으며, 이에 관한 세부사항은 '규칙'으로 정한

다고 규정하고 있다. 해당 조례 시행규칙 제4조(사용료)에서는 '조례 제8조 제2항에 따른 사용료는〔별표〕와 같다.'고 정의하고 있으며, 〔별표〕는 다음과 같다.

〈별표 7-3-43〉 사용료(제4조 관련)

구분		대상	기본 사용료	월 사용료(1시간기준, 단위:원)				
				주1회	주2회	주3회	주4회	주5회
수영장		성인	4,000원	15,000	31,000	47,000	56,000	66,000
		청소년	3,000원	11,000	21,000	32,000	42,000	46,000
		어린이	2,500원	9,000	16,000	25,000	33,000	40,000
실내 골프장		성인	4,000원	월 110,000원(주6회: 월~토) 월 66,000원(주3회)				
		청소년		월 50,000원(주3회)				
헬스장		성인	2,500원	월 44,000원				
		청소년	2,000원	월 39,000원				
체육관	개인 사용	성인	3,000원					
		청소년	2,000원					
		어린이	1,500원					

1. 체육관의 사용료는 수영장, 실내골프장, 체력단련장 등을 제외한 시설 사용료임.
2. 수영장, 골프연습장의 사용료는 강습프로그램 사용료 포함 금액임.
3. 골프연습장의 기본사용료는 1시간 기준임
4. 위 표에서 정하지 않은 사용료 등은 공공시설 및 민간시설의 사용료 등을 감안하여 구청장이 설정고시

자료: 서울특별시 영등포구 체육시설 설치 및 운영에 관한 조례 시행규칙(일부개정 2015.11.26.)

수영장의 경우 성인기준 기본사용료 1회는 상한액과 동일하며, 주3회 월 사용료는 47,000원으로 상한액보다 1,000원 적게 산정되어 있다. 청소년은 기본사용료 1회는 3,000원이며 주3회 기준 월 사용료는 32,000원으로 상한액보다 4,000원 적게 산정되어 있다. 어린이 기본사용료 1회는 2,500원으로 상한액과 동일하며, 주3회 기준 월 사용료는 25,000원으로 상한액보다 5,000원 적게 산정되어 있다.

(2) 전용사용료

스포츠센터의 전용사용료는 해당 자치구 조례 제8조 제2항〔별표2〕을 근거로 하여 사용료를 책정하게 된다. 〔별표2〕의 사용료는 상한액에 대한 근거이며 대관료는 다음과 같다.

〈별표 7-3-44〉 대관료

구분	사용료 대상	대관료	비고
체육관	체육경기	150,000원	체육관은 기본인원 50명 초과 시 초과인원 1명당 1,500원을 추가하여 징수한다. 수영장은 기본인원 70명 초과 시 초과인원 1명당 2,000원을 추가하여 징수한다. 동절기(11월~2월) 수영장의 사용료는 기본사용료의 100분의 50을 가산한다.
	기타	300,000원	
수영장	체육경기	280,000원	
	기타	560,000원	

자료: 서울특별시 영등포구 체육시설 설치 및 운영에 관한 조례(시행 2019.07.01.)

체육관의 경우 대관료의 상한액은 체육경기의 경우 150,000원이며, 기타의 경우 300,000원이다. 기본인원은 50명이며, 50명 초과 시 1,500원을 징수한다. 수영장의 경우 대관료의 상한액은 체육경기 280,000원이며, 기타의 경우 560,000원이다. 기본인원은 70명이며, 70명 초과 시 2,000원을 추가하여 징수한다. 해당 조례에 의한 스포츠센터 전용사용료 상한액은 위와 같으며, 해당 자치단체 조례 제8조(사용료의 징수) ②항에서는 '구청장은 스포츠센터를 이용하는 사람에 대하여 [별표 2]에서 정한 범위에서 사용료를 받을 수 있으며, 이에 관한 세부사항은 "규칙"으로 정한다.'고 규정하고 있다. 해당 조례 시행 규칙 제4조(사용료)에서는 '조례 제8조 제2항에 따른 사용료는 [별표]와 같다.'고 규정하고 있으며, 해당 지방공기업에서 운영하는 스포츠센터에서는 다음과 같이 사용료를 징수하고 있다.

〈별표 7-3-45〉 대관료

구분	대관료 대상	대관료	비고
체육관	체육경기	110,000원	체육관은 기본인원 50명 초과 시 초과인원 1인당 1,500원 추가하며, 체육 경기인 경우 주말에는 30%를 가산한다. 수영장은 기본인원 70명 초과 시 초과인원 1인당 2,000원 추가 2시간을 기본으로 하되 초과사용료는 1시간당 1회 기본료의 50%를 가산하며, 1시간 미만은 1시간으로 한다.
체육관	기 타	300,000원	
수영장	체육경기	280,000원	
수영장	기 타	560,000원	

자료: 서울특별시 영등포구 체육시설 설치 및 운영에 관한 조례 시행규칙(일부개정 2015.11.26.)

체육관 체육경기 대관료의 경우 110,000원으로 상한액보다 40,000원 적게 산정되어 있으며, 기타 대관료는 상한액과 동일하게 산정되어 있다. 체육경기의 경우 주말에는 30%를 가산하도록 규정하고 있으며, 수영장의 경우 체육경기 및 기타의 대관료가 상한액과 동일하게 산정되어 있다.

3 책정방법

「서울특별시 영등포구 체육시설 설치 및 운영에 관한 조례 시행 규칙」 제4조(사용료)에서는 '조례 제8조 제2항에 따른 사용료는 [별표]와 같다.'고 정의하고 있다. [별표]에서는 해당 자치구 설치 지방공기업에서 운영하는 스포츠센터에서 징수하는 실내골프장, 헬스장, 체육관 등에 대한 이용료를 규정하고 있다.

또한, [별표]의 [비고4]호에서는 '위 표에서 정하지 않은 사용료 등은 공공시설 및 민간시설의 사용료 등을 감안하여 구청장이 결정고시'하도록 규정되어 있다. 예를 들어 스피닝 프로그램의 경우 해당 조례 시행 규칙에서는 이용료에 관해 규정되어 있지 않다. 스피닝의 월 사용료에 대해서는 해당 조례 시행규칙 [비고4]에서 규정한 바와 같이 공공시설 및 민간시설의 사용료 등을 감안하여 구청장이 결정고시 할 수 있도록 해당 지방공기업 스포츠센터 프로그램 담당자는 공공 및 민간체육시설의 사용료 등을 검토하여 "스피닝 사용료 결정고시 요청"이라는 문서제목과 함께 공공, 민간 체육시설의 이용료 등을 검토 및 분석한 후 결정한 프로그램명, 강습시간, 강습인원, 강습요일 등을 정하여 해당 지방자치단체 해당 부서에 결정고시 요청하면 해당 부서에서 검토 후 결정고시 하여야 해당 프로그램의 사용료가 정해지게 되는 것이다. "고시(告示)"란 글로 써서 널리 알리는 행위로 주로 행정기관에서 일반 국민들을 대상으로 어떤 내용을 알리는 경우를 이른다. 다음은 프로그램 신설에 따른 지방자치단체의 프로그램 이용료 책정에 대한 "결정고시" 형식이다.

〈별표 7-3-46〉 프로그램 사용료 결정고시(예시)

서울특별시 ○○구 고시 제2000-00호

○○○스포츠센터 스피닝 프로그램 사용료 결정고시

『서울특별시 ○○구 체육시설 설치 및 운영에 관한 조례』 제8조 제2항[별표]비고란 제4호에 의거 ○○○스포츠센터 스피닝 프로그램 사용료를 아래와 같이 결정고시 합니다.

2000. 0. 0.

○○구청장

- 아　래 -

□ 제　목: ○○○스포츠센터 스피닝 강좌 사용료 결정고시
□ 시행일: 2000.0. 0 부터
□ 내　용: 구민 복리증진을 위하여 스포츠센터 운영 예정 프로그램(스피닝)의 사용료에 대한 결정고시
□ 현재 적용대상: 2개 프로그램

강좌명	이용시간	사용료	비고
스피닝1	월, 수, 금 10:00~10:50	55,000원	정원 ○○명
스피닝2	화, 목 10:00~10:50	44,000원	정원 ○○명

※ 강좌 수는 변경될 수 있음
□ 이용문의: ○○○스포츠센터(☎ ○○○○-○○○○)
□ 담당부서: ○○체육과(☎ ○○○○-○○○○)

4 할인감면

지방공기업에서 운영하는 공공체육시설은 지역주민을 위한 복지시설의 의미가 큰 시설로 관련 법령 및 조례에 의해 다양한 사용료 감면혜택이 주어지게 된다.

사용료 감면 혜택은 사회적 약자 또는 국가를 위해 희생하신 분들의 복지를 위해 규정되어지고 시행될 것이다. 지방공기업에서는 지방자치단체에서 정하고 있는 조례를 기준으로 감면혜택을 시행하게 되며, 지방공기업의 감면의 법률적 근거는 다음과 같다.

〈별표 7-3-47〉 할인감면 근거

강남구도시관리공단	「서울특별시 강남구 체육시설 설치 및 운영에 관한 조례」 제9조(사용료 등의 감면)
강서구시설관리공단	「서울특별시 강서구 체육시설의 설치 및 운영에 관한 조례」 제10조(사용료의 감면)
광진구시설관리공단	「서울특별시 광진구 체육시설의 설치 및 운영에 관한 조례 시행규칙」 제4조(사용의 감면)
성북구도시관리공단	「서울특별시 성북구 체육시설 관리 운영 및 사용료 징수조례」 제10조(사용료의 감면 등)
영등포구시설관리공단	「서울특별시 영등포구 체육시설 설치 및 운영에 관한 조례」 제9조(사용료의 감면)

지방공기업이 관련 조례에 의해 시행하고 있는 사용료(이용료)의 감면 혜택은 크게 3가지로 구분할 수 있을 것이다. 첫째, 법령에 의한 감면. 둘째, 지방자치단체 특성에 의한 감면. 셋째, 지방공기업 운영에 필요한 감면 등을 말한다. 첫째, 법령에 의한 감면 대상은 「국가유공자 등 예우 및 지원에 관한 법률」에 따른 국가유공자, 「5·18민주유공자예우에 관한 법률」에 따른 5·18 민주유공자, 「장애인복지법」에 따라 등록된 장애인, 「노인복지법」에 따른 경로우대자, 「국민기초생활 보장법」에 따른 수급권자, 「저출산·고령사회기본법」에 의한 다둥이 행복카드를 소지한 세 자녀 이상 가정의 부모와 자녀(다만, 막내자녀 기준 만 13세까지 적용) 등이 대상이 된다. 둘째 지방자치단체 특성에 의한 감면은 지방자치단체 조례를 제정한 지방자치단체의 필요에 의한 감면 사항으로 지방자치단체의 행사, 국가 또는 광역시 및 도(道)의 행사, 체육진흥에 필요하다고 지방자치단체의 장이 인정하는 행사, 지방자치단체 복지관련 시설 주관 체육행사, 지방자치단체 종목별 연합회 체육행사, 민속제나 고유 민속의 보급 발전을 위한 행사, 수영장 이용자 중 13세 이상 55세 이하 여성, 지방자치단체에서 운영하는 체육프로그램(어린이와 여성 대상 풋살 및 축구 등) 등 지방자치단체의 특성에 따라 감면 대상이 차이가 있을 수 있다. 셋째, 지방공기업 운영에 필요한 감면 혜택은 장기 등록자(6월 이상), 가족 회원(2촌 이내 2인 이상의 경우), 복합 프로그램등록자(공공 문화체육시설 포함), 지방공기업 발전에 기여한 공이 큰 사람 등이 대상이 되어 감면 혜택을 받게 된다. 지방자치단체에서 운영하는 공공체육시설 사용료(이용료) 감면 혜택은 민간체육시설과의 차이점일 수도 있을 것이다.

6. 회원(고객)관리

1 정의

지방공기업에서 운영하는 체육시설은 지역주민들의 참여로 운영되고 있으며, 지방공기업에서 운영하는 체육시설을 이용하는 지역주민을 체육센터 "이용회원" 또는 "이용고객" 등으로 보편적으로 호칭하고 있다.

지방공기업의 설립목적은 지역주민의 복리증진을 위함이다. 이러한 설립목적을 근거로 지방공기업에서는 지역주민들을 위한 최상의 서비스를 제공하고자 노력할 것이다. 지방공기업에서 규정하고 있는 "회원"의 용어에 대한 정의는 다음과 같다. 대구시설공단의 규정 중 체육시설 관리운영 내규 제3조(정의)3호에서는 "'회원'이라 함은 이 내규가 정하는 소정의 등록절차를 거쳐 일정기간 동안 체육시설에 대한 이용계약을 체결한 자를 말한다.'이며, 「서울특별시 영등포구 시설관리공단 체육시설운영규정시행내규」 제5조(정의) 2호에서는 회원을 다음과 같이 정의하고 있다. "'회원'이라 함은 공단이 규정하는 소정의 등록절차를 거쳐 일정 기간 동안 체육시설 및 서비스 이용계약을 공단과 체결한 자를 말한다.'이다. 서울특별시종로구시설관리공단 규정 중 회원관리규정 제3조(용어의 정의) 1호에서는 "회원"이라 함은 공단의 회원관리규정에 의하여 등록된 자를 말한다고 정의하고 있으며, 제4조(회원의 구분)에서는 회원을 "일반회원", "일일회원", "특별회원"으로 구분하고 있다. "'일반회원'은 1개월 또는 12개월 이내 기간 중 정당하게 체육시설 이용권을 부여받은 회원을 말하고 "일일회원"이란 일일 시설이용권을 부여받은 회원을 말한다. "특별회원"이란 공단 발전에 공로가 있는 회원이나 이사장이 특별히 인정한 자로 최장 12개월 이내의 지정 프로그램을 무료로 이용할 수 있다.'고 정의하고 있다. 지방공기업에서 운영하는 체육시설을 이용하기 위해 지방공기업과 이용 계약을 체결한 자를 회원(고객)이라 정의할 수 있다. "회원"은 위에서 설명한 바와 같이 해당 지방공기업과 체육시설 또는 기타 시설을 이용하기 위해 계약을 체결한 자를 의미한다. 지역주민을 위해 시설과 서비스를 제공해야 하는 특징을 가지고 있는 지방공기업에서는 회원(고객) 관리를 위해 큰 노력을 할 것이며, 이렇게 "이용회원" 또는 "이용고객"을 관리하는 업무행위를 회원(고객)관리로 볼 수 있을 것이다. 관리의 의미는 지방공기업이 운영하는 시설을 이용하는 회원에게 제공되는 서비스를 말하며, 회원관리를 위해 제공하는 서비스는 이용편의 제공을 위힌 노력, 불편시항 및 부조리 예방을 위한 노력, 깨끗한 환경조성을 위한 노력, 안전한 환경제공 노력 등 4가지로 구분하여 설명할 수 있을 것이다. 첫 번째, 이용편의 제공을 위한 노력은 홈페이지 운영을 통해 시설을 이용하고자 하는 지역주민에게 회원접수 및 시설이용 정보를 제공하고 회원접수는 온라인과 오프라인을 병행하여 시행한다. 사용료, 환불, 연기 등의 기준이 조례 등 법령에서 정하고 있어 시설이용자와 서비스 제공자와의 마찰이 최소화될 수 있으며, 경로, 장애인 등 사회적 약자의 이용편의 제공을 위해 사용료 감면제도를 운영한다. 두 번째, 불편사항 및 부조리 예방을 위한 노력은 모든 이용고객을 위해 고객서비스헌장 제정 및 운영, 고객서비스 이행실태 점검(고객 응대 자세, 환경 및 안전, 고객서비스 향상 노력 등), 시설별 고객서비스 이행 기준, 고객의 소리 운영 등 이용불편 사항 개선을 위해 노력하고 관리시설의 부조리 예방을 위해 클린신고센디, 갑질신고센터 등을 운영하여 청렴 및 윤리경영 실현을 위해 노력한다. 세 번째, 깨끗한 환경조성을 위한 노력으로는 정기적인 방역소독, 실내 공기질 관리, 시설 내 환경정비 업무담당자 배치, 고객만족센터 운영, 실시간 모니터링을 통한 현장점검 실시 등 쾌적하고 깨끗한 환경조성을 위해 노력한다. 네 번째, 안전한 환경제공 노력은 안전수칙 게첨 및 홍보, 이용고객을 위한 안전교육 시행(고객 대상 심폐소생술 교육 등), 정기 안전점검 및 수시 안전점검 시행, 시설관리담당자의 안전교육 실시, 심폐소생술 및 인명구조 교육 참여, 시설 및 이용고객을 위한 보험가입, 비상연락망 구축, 재난재해 예방을 위한 훈련 등 안전 환경을 위해 다양한 노력을 추진한다.

또한, 다양한 프로그램 도입을 위해 이용회원들을 대상으로 프로그램에 대한 의견을 듣거나 제안을 받는 고객 수요조사를 실시하여 프로그램 도입 여부를 결정하고 프로그램 도입 전 참여기회 제공 후 만족도를 조사하는 등 우수 프로그램 유치를 위해 노력한다. 이렇게 지방공기업에서 운영하는 공공체육시설에서는 시설 이용자들의 이용편의 향상을 위해 노력하고 다양한 지역사회공헌활동을 실천하며, 공공기관으로서의 역할을 성실히 수행하고 있다. 이러한 노력이 회원관리를 위한 업무로 볼 수 있을 것이다.

2 회원관리규정

지방공기업에서는 운영하고 있는 체육시설을 보다 합리적으로 운영하고 이를 통해 지역주민들이 편하게 체육시설을 이용할 수 있도록 많은 노력을 기울일 것이다. 이는 지방공기업의 설립근거인 「지방공기업법」 제1조(목적)에서 정하고 있는 '이 법은 지방자치단체가 직접 설치·경영하거나, 법인을 설립하여 경영하는 기업의 운영에 필요한 사항을 정하여 그 경영을 합리화함으로써 지방자치의 발전과 주민복리의 증진에 이바지함을 목적으로 한다.'에서 말하고 있는 주민복리 증진에 이바지하기 위함일 것이다. 지방공기업에서는 주민복리의 증진과 고객관리의 합리성을 위해 해당 기관의 규정에 "회원관리규정" 또는 "고객서비스헌장"등을 마련하고 이를 이행하여 체육시설을 이용하는 이용회원들이 최상의 서비스를 받을 수 있도록 노력하고 있다. 지방공기업이 체육시설 이용고객을 위해 제정하여 운영하는 규정은 "회원관리규정"으로 제정되어 운영되고 있다. 모든 지방공기업이 회원관리를 위한 규정을 제정하고 운영하는 것은 아니며, 회원관리규정을 제정하여 운영하는 지방공기업 중 서울특별시종로구시설관리공단 규정의 내용을 살펴보면 다음과 같다. 종로구시설관리공단의 회원관리규정은 지난 1999년 3월에 제정되어 운영되고 있으며, 총칙, 회원, 회비, 이용시간, 보칙 등 총 5장 19개 조항으로 구성되어 있다. 회원관리규정의 제정목적은 서울특별시종로구시설관리공단 내 체육시설을 이용하는 회원의 효율적인 관리를 목적으로 한다.'고 정하고 있다. 제1장 총칙은 목적, 적용범위, 용어의 정의 등 3개 조항으로 구성하고 있으며, 제3조(용어의 정의)에서는 회원(會員), 회원증(會員證), 회비(會費), 개시일(開市日), 이용일(利用日)에 대해 정의하고 있다. "회원"이라 함은 공단의 회원관리규정에 의하여 등록된 자를 말하며, "회원증"이라 함은 공단에서 정한 회비를 납부하고 회원관리실에 등록된 회원에 대하여 교부한 증을 말한다. "회비"라 함은 공단에서 운영하는 프로그램 등록 시 납부하는 금액을 말하며, '개시일'이라 함은 공단과 사용자가 체결한 계약에 명시하는 당해 월 1일자를 말한다. '이용일'은 개시일부터 사용허가취소(환불)신청한 날까지로 한다고 정의하고 있다. 제2장 회원은 회원의 구분, 회원증 및 부대시설 이용, 회원모집, 탈퇴 및 수시접수, 회원의 권리, 회원의 의무 등 6개 조항으로 구성하고 있으며, 제4조(회원의 구분)에서는 일반회원, 일일회원, 특별회원 등 3가지로 회원을 구분하고 있다. "일반회원"은 1개월 또는 12개월 이내 기간 중 정당하게 체육시설 이용권을 부여받은 회원을 말하며, "일일회원"이란 일일 시설이용권을 부여받은 회원을 말한다.

"특별회원"이란 공단 발전에 공로가 있는 회원이나 이사장이 특별히 인정한 자로 최장 12개월 이내의 지정 프로그램을 무료로 이용할 수 있다고 정하고 있다. 공단에서는 체육시설 이용회원의 등록기간을 최장 1년으로 운영하고 있다. 제3장 회비는 회비납부, 회비환불 및 연기 등 2개 조항으로 구성하고 있으며, 제10조(회비납부) 1항과 3항에서는 기존회원의 회비납부와 신규 회원의 등록기간에 대해 규정하고 있다. 기존회원은 매월 19일까지 회비납부를 기준으로 하고 있으며, 신규 회원은 매월 20일부터 등록하고 회비를 납부하도록 정하고 있다. 기존회원은 은행자동이체, 신규 회원은 현금 및 신용카드로 납부하도록 정하고 있다. 제4장 이용시간은 회원관리실 근무시간, 휴관일, 평일운영시간, 휴일운영시간 등 4개 조항으로 구성하고 있으며, 제15조(휴관일) 2항에서는 '정기휴무일, 국경일, 근로자의 날, 행정지시 또는 시설의 정비 및 보수 등 운영상 불가피한 사유가 발생할 경우에 휴강 또는 휴관을 실시할 수 있으며, 설날·추석 등 고유명절 기간의 휴강 또는 휴관은 시설별로 회원에게 사전 고지하고 제한적으로 실시할 수 있다.'고 정하고 있다. 제5장 보칙은 관리규정변경, 시행규정 등 2개 조항으로 구성되어 있으며, 제18조(관리규정변경)에서는 회원관리규정을 변경하고자 할 경우 공단 이사회의 의결을 얻도록 규정하고 있다.

3 이용약관

"이용약관"이란 시설 및 특정 서비스를 이용하는 이용조건과 절차 등에 관한 사항을 정하여 명시한 문서로 정의할 수 있을 것이다. 이러한 이용약관은 시설 및 서비스 이용자(회원)에게 공시함으로서 효력이 발생한다. 지방공기업에서는 해당 지방공기업에서 운영하는 시설을 이용하는 이용자(회원)에게 이용조건과 절차 등을 문서화하여 공시하고 있다. 지방공기업 운영형태에 따라 차이는 있을 수 있을 것이다. 서울시 광진구시설관리공단(http://www.gwangjin.or.kr)의 이용약관은 다음과 같다(2012.11.16. 시행). 광진구시설관리공단의 이용약관은 총 20개 조항과 부칙으로 구성되어 있으며, 20개 조항은 목적, 적용대상, 용어의 정의, 약관의 효력 및 변경, 공단의 게시 및 설명의무, 회원의 종류, 회원의 의무, 회원의 자격, 회원의 자격 제한, 회원증 제시, 회원모집, 회원가입신청, 반 변경, 수강료의 연기 및 환불, 사물함 보증금 및 사용료, 손해배상, 소지품의 보관, 귀중품의 보관, 시설운영 및 휴관, 기타 사항 등으로 구성되어 있다. 제1조(목적)에서는 체육시설/문화시설 및 서비스를 이용하는 사용자(이하 "회원"이라 한다)와 공단간의 권리·의무에 관한 사항을 정하는 것을 목적으로 한다고 정하고 있으며, 제3조(용어의 정의)에서는 1) "회원"이라 함은 공단이 규정하는 소정의 등록절차를 거쳐 일정기간 동안 체육시설/문화시설 및 서비스 이용계약을 공단과 체결한 자.'로 정의하고 있다. "서비스"는 다음과 같이 정의하고 있다. "서비스"라 함은 회원의 이용상 편의를 위해 공단이 운영하는 체육시설·문화시설에서 제공하는 일체의 행위 및 물품 등을 말한다. 제7조에서는 회원의 의무에 대하여 규정하고 있으며, 회원의 의무는 3가지로 정하였으며, 그 내용은 다음과 같다. 1) 회원은 시설물 이용에 있어서 각 사업장 이용수칙을 지켜야 하며, 안전요원 또는 지도강사의 지도·감독에 따라야 한다. 2) 회원의 부주의나 고의로 시설물을 손괴한 경우에는 현물 내지 그에 상응하는 실비로 변상하여야 한다. 3) 회원은 출입이 허락되지 않은 회관 내의 시설에 출입해서는 안 된다. 제9조에서는 회원의 자격제한에 대해 정하고 있으며, 1) 전염성 질환 보유자로 이용자에게 보건, 환경상 위험요소가 발생할 수 있다고 인정되는 경우. 2) 프로그램 이용 시 강습질서문란, 배타적 회원화합, 부당금액 징수 등의 행위로 인하여 이용회원 간 또는 공단의 질서를 문란하게 한 경우. 3) 공단의 제 규정을 위반하여 회원자격이 소멸된 경우 등에, 회원의 자격을 한시적 또는 영구적으로 제한할 수 있다고 정하고 있다. 제11조에서는 회원모집 기준에 대하여 설명하고 있으며, 광진구시설관리공단에서는 운영하고 있는 프로그램에 참여하고 있는 기존회원을 우선모집(등록)하고 모집이 되지 않은 정원대비 미달 인원에 대해 신규모집을 실시한다고 정하고 있다. 기존회원 접수기간은 전월 15일~20일까지이며, 이때 미등록된 인원에 대해 전원 22일~말일까지 접수순(선착순)으로 회원을 모집하고 있다. 신규가입 회원은 제12조(회원가입 신청)에서 정하고 있는 회원가입 신청서를 작성 및 제출하고 회비를 납부하여야 회원자격을 갖게 된다. 제14조는 수강료의 연기 및 환불과 관련된 약관으로 연기를 원할 경우 연기신청서 및 증빙서류를 첨부하여 제출하여야 하며, 환불은 프로그램 개시일 이후에 프로그램 사용 계약을 해지 요청할 경우 환불 신청일까지의 강습일수에 해당하는 수강료와 총 수강료의 10% 금액을 공제한 후 환불하는 것을 약관으로 정하고 있다. 연기 및 환불의 경우 해당 체육시설의 관리 및 운영에 관한 조례에서 정하고 있는 기준으로 작성된 이용약관이다.

「서울특별시 광진구 체육시설의 설치 및 운영에 관한 조례 시행규칙」 제6조(사용료의 납부와 반환) 1항 조례 제9조에 따른 사용료는 사용 신청과 동시에 납부하여야 하며 납부된 사용료는 반환하지 아니한다. 다만, 부득이 시설을 이용하지 못하게 되어 사용료를 반환받고자 하는 때에는 수강료의 경우 강좌 개시일 이전에는 전액을 환불(수수료 제외)하고, 강좌 개시일 이후에는 회비의 10퍼센트를 공제한 금액과 취소 일까지 일할을 계산한 금액을 더하여 공제한 후 환불한다.

제16조는 손해배상에 대한 조항으로 공단 체육시설의 문제에 의한 배상과 회원의 과실에 의한 배상 책임에 대해 명시하고 있으며, 해당 공단 체육시설에서는 이러한 문제가 발생할 경우를 대비해 지방재정공제회에서 운영하는 시설물 배상책임 보험에 가입하게 된다. 광진구시설관리공단에서 운영하는 체육시설을 이용

할 경우 위에서 설명한 이용약관을 기준으로 사용자와 서비스 제공자 간 계약이 형성되며, 문제 발생 시 약관에서 명시한 내용을 기준으로 판단하게 되는 것이다.

4 고객서비스 헌장

"고객서비스 헌장"은 지방공기업이 지역주민 또는 운영하는 시설을 이용하는 이용고객에게 최상의 서비스를 제공하기 위해 서비스 기준과 내용, 제공방법 및 절차, 잘못된 서비스에 대한 시정 및 보상조치 등을 구체적으로 정하여 공표하고 공표한 내용에 대해 기관에 속한 직원들이 성실히 실천하기 위해 정한 헌장이다.

○○○도시공사(공단)는
"수익 창출과 효율적 시설관리로 ○○공기업 육성"이라는 경영이념으로 우리 공사(공단)을 이용하는 회원(고객)이 감동을 받을 수 있도록 다음과 같이 실천할 것을 다짐합니다.

- 하나, 우리는 회원(고객)님의 입장과 편의를 최우선으로 생각하여, ○○으로부터 신뢰받는 지방공기업이 되도록 최선의 노력을 다하겠습니다.
- 하나, 우리는 회원(고객)님의 알권리 충족을 위하여 회원(고객)님께서 원하시는 정보를 신속히 제공하고, 회원(고객)님께서 제기하신 불만족 및 민원사항에 대해 비밀을 약속드리겠습니다.
- 하나, 우리는 회원(고객)님의 의견을 적극 수렴하고 존중하여 최대한 경영에 반영함으로써 회원(고객)님을 최우선으로 하는 고객가치 경영을 실천하겠습니다.
- 하나, 우리는 시설 이용에 대한 회원(고객)님의 의견을 정기적으로 조사하고 그 결과를 공개하며 불편사항을 지속적으로 개선해 나가겠습니다.
- 하나, 우리는 회원(고객)님이 공공시설물을 안전하게 이용할 수 있도록 시설물 관리에 최선을 다하겠습니다.

우리는 이와 같은 목표 달성을 위해 「고객서비스 이행기준」을 정하고, 이를 성실히 실천할 것을 약속드립니다.

"고객서비스 이행 기준"은 기관의 공동이행 기준과 각 시설별 서비스 이행 기준으로 구분하여 운영하고 있다. 지방공사(공단)에서 운영하는 공동이행 기준은 다음과 같이 설명할 수 있을 것이다. 공동이행 기준은 고객을 맞이하는 기본자세, 안전하고 쾌적한 시설제공, 청렴하고 투명한 고객서비스 구현, 민원처리자세, 잘못된 서비스에 대한 시정 및 보상, 고객의 알권리 충족 및 비밀보장, 고객참여 및 의견수렴, 고객협조사항 등으로 구성될 수 있으며, 고객을 맞이하는 기본자세의 세부 항목은 전화고객응대자세, 방문고객응대자세, 근무실명제 등으로 설명할 수 있다. 기관에서 운영하는 사업성격과 현황에 따라 적정하게 운영할 수 있다.

전화고객 응대자세

1. 전화는 벨이 3번 이상 울리기 전 "○○공사(공단) ○○팀 ○○○입니다" 라고 인사 후 정중히 받겠습니다.
2. 통화 종료 시 추가 문의사항이 있는지 확인하며 "○○○ 하루 되십시오." 등의 인사를 하고 회원(고객)이 전화를 끊은 후 수화기를 내려놓겠습니다.

방문고객 응대자세

1. 방문하시는 회원(고객)을 맞이할 때는 웃으며 밝은 표정으로 먼저 인사를 드린 후 업무를 추진하겠습니다.
2. 회원(고객)의 민원은 5분 이상 기다리지 않도록 신속히 처리하고, 바로 처리가 어려운 업무는 1일(정해진 기간) 내에 처리 결과를 통보하겠습니다.
3. 몸이 불편하신 회원(고객)이 미리 연락을 주시면 약속시간 전 입구에 나가서 맞이하고 민원사항을 최우선으로 처리하겠습니다.
4. 회원(고객)께서 용무를 마치고 돌아가실 때에는 "○○합니다. 안녕히 가십시오."라고 인사를 정중히 하겠습니다.

근무실명제

전 직원은 항상 신분증 또는 명찰을 패용하고 사무실 및 각 고객센터 입구에 담당 업무와 담당자의 성명을 기재한 좌석배치도를 게시하겠습니다.

7. 시설 및 안전관리

1 시설관리

지방공기업에서 운영하는 공공체육시설 중 종합체육시설의 관리 및 운영에 있어 시설의 관리 및 운영은 중요한 업무 중 하나일 것이다. 수영장을 포함한 종합체육시설에서의 시설물 관리는 "시설관리" 및 "안전관리" 등 크게 두 가지로 구분할 수 있다. 첫째, 시설관리는 시설의 유지보수에 필요한 관리의 영역이며, 둘째, 안전관리는 시설의 운영에 있어 이용자 및 시설물의 안전과 관련한 영역으로 설명할 수 있을 것이다. 체육시설을 준공하고 시설의 용도에 맞게 운영하기 위해 필요한 장비 및 인력을 투입하게 된다. 지방공기업에서 운영하는 종합체육시설에서는 다양한 프로그램을 운영하며, 이에 따라 지역주민들의 참여가 높은 다중이용시설로서 관리 운영되고 있다. 종합체육시설의 경우 막대한 예산이 투입되어 설립되고 운영되는 시설로서 운영주체는 해당 시설물의 효율적 관리 운영을 위해 시설물의 유지보수에 필요한 예산확보와 안전관리에 대한 예산 등을 확보하여 적정하게 집행할 것이다. 지방공기업에서 운영하는 종합체육시설은 수영장, 헬스장, 골프장, 체육관 등 다양한 시설로 구분되어 운영되고 있다. 지역주민들은 종합체육시설에서 운영되는 다양한 프로그램에 참여하여, 건강과 여가생활, 지역 내 커뮤니티 활동 등 다양한 방식으로 건강한 사회생활을 영위하게 된다. 지방공기업에서는 지역주민들의 복지시설인 종합체육시설을 효율적으로 운영하기 위해 조직 및 예산 등을 매년 편성하여 관리 운영하고 있다. 종합체육시설의 시설을 관리하기 위해서는 전문적인 시설의 관리에 필요한 조직을 구성하여 운영하게 된다. 지방공기업별 조직구성 및 업무분장은 다음과 같다.

(1) 조직 및 업무분장

지방공기업에서는 운영하는 사업 중 체육시설을 관리 및 운영하기 위해 조직을 구성하여 필요한 사무를 분장하게 되는데, 종합체육시설을 관리·운영하기 위해서는 다양한 직군(종)이 필요할 것이다. 예산·인사·계약 등을 위한 행정인력, 프로그램 운영을 위한 지도(강습)인력, 시설물의 관리를 위한 시설관리인력 등은 종합체육시설 운영에 반드시 필요한 인력인 것이다. 이러한 인력 중 시설관리에 필요한 인력은 건축·토목·기계설비·전기·통신·가스 등 다양한 분야일 것이다. 지방공기업에서는 해당 지방공기업에서 운영하는 체육시설의 특성에 맞게 직원을 채용 시설물을 관리할 것이다. 종합체육시설에서 시설물을 관리하기 위해 필요한 인력은 건축, 기계설비, 전기 등일 것이다. 지방공기업 중 지방공사와 지방공단 종합체육시설의 시설관리 및 안전관리를 위한 조직 및 업무분장 내용은 다음과 같다. 지방공사 형태의 지방공기업 중 의왕도시공사의 경우 「의왕도시공사 직제규정시행내규」 제3조(직원의 구분) 제1호에서 일반직 직원의 정의를 다음과 같이 정하고 있다. 일반직은 행정사무 및 기술업무를 담당하는 직원으로 구분하고 있으며, 제7조(업무분장) 제1항 〔별표3〕업무분장표에서는 시민복지실 평생교육팀 세부사업명은 여성회관 시설의 전반적인 관리 및 운영과 시설물의 안전관리 및 보수에 관한 사항으로 규정하고 있다.

「남양주도시공사의 경우 직제규정 시행내규」 제5조(팀별사무분장)〔별표3〕체육문화운영처 남양주체육문화센터의 사무명에서 남양주종합운동장, 금곡체육관 운영 및 시설의 관리와 시설장비 운용에 대해 정하고 있으며, 남양주체육문화센터 홈페이지(https://www.ncuc.or.kr/) 내 업무내용 중 시설관리에 대한 직원 업무분장은 다음과 같이 정하고 있다. 남양주체육문화센터 시설관리(전기설비·수질·기계설비), 공조 설비 운전 및 유지관리, 중앙통제실 자동제어 운영, 보일러 세관작업 및 정기검사 협조, 전기설비 운전 및 유지관리(전기·소방), 가스설비 및 정압기 유지관리, 수영장설비운전 및 유지관리, 기계설비 운전 및 유지관리 등으로 구분하고 있다. 지방공단 형태의 지방공기업 중 서울시광진구시설관리공단 식세규정 세18조의2(구민체육팀)의 시설관리 분야의 업무분장 사무는 구민체육센터 관리운영에 관한 사항, 이용자 안전관리에 관한 사항, 소방·재난·안전관리 등에 관한 사항 등이다. 성북구도시관리공단 직제규정 제13조(사업1본부) 2항에서는 체육시설의 시설관리에 대한 업무분장을 다음과 같이 정하고 있다. 종합체육팀은 레포츠센터, 개운산스포츠센터, 북악골프센터의 운영 및 관리 업무를 수행하며, 시설물 유지관리도 포함하고 있다. 노원구서비스공단의 경우 운영하는 시설물관리를 위해 별도의 팀을 운영하고 있다. 「노원구서비스공단 직제규정 시행내규」 제6조(안전총괄팀) '안전총괄팀은 다음 각호의 업무를 분장한다.'고 정하고 있으며, 업무분장 내용은 안전관리기본계획 수립, 산업안전보건 고객안전, 시설안전, 기계설비 안전, 전기설비안전, 소방, 승강기, 위생 등 기타 안전관리, 사업장 음향, 통신 관리, 공사 및 용역 계약, 노원구민체육센터, 월계문화체육센터, 노원구민회관, 배드민턴장, 축구장 등 야외체육시설, 노원평생교육원, 노원구 보훈회관 등 공단 전사업장 시설 및 건축물 관리, 영선반 운영, 친환경 경영, 소속직원 복무관리(사업장별 기능직, 전문직, 시설관리, 경비, 영선), 기타 이사장이 별도 지정하는 사업 등으로 분장되어 있다. 안전총괄팀에서는 해당 업무를 수행하게 된다. 지방공기업에서는 운영하는 체육시설의 효율적 관리운영을 위해 해당 지방공기업 운영규정 중 직제규정에 시설관리에 대한 사무분장을 명문화하여 운영하고 있다. 직제규정을 보면 시설관리를 위한 별도의 조직을 구성하거나 또는, 본부 개념의 지원 부서에서 시설물에 대한 시설관리 및 안전관리의 업무를 분장하고 운영하고 체육시설에서는 세부적인 시설관리를 업무분장으로 추진하는 경우가 대부분이다. 운영하는 체육시설의 특성과 차이에 따라 지방공기업에서는 운영특성에 맞게 시설관리의 효율성 강화할 수 있는 방안을 수립하여 추진하고 있는 것으로 이해할 수 있을 것이다. 안전의 중요성이 강화되면서 안전관리 또는 시설관리를 전담으로 추진하는 전문성 있는 부서 또는 팀을 운영하는 지방공기업들이 늘어나고 있는 추세이다.

(2) 예산편성

체육시설을 운영하기 위해서는 다양한 항목의 예산이 필요할 것이다. 종합체육시설을 운영하기 위해 소요되는 예산 중 시설관리에 필요한 예산을 살펴보고자 한다. 종합체육시설은 수영장을 포함하여 헬스장, 골프장, 체육관 등을 운영하는 시설로 개별종목 체육시설에 비해 소요되는 예산이 큰 편이다.

특히, 수영장에 소요되는 예산은 전체예산 중 상당히 큰 비중을 차지하게 된다. 소요되는 비용 중 시설관리에 필요한 예산에 대해 지방공기업 예산편성기준을 근거로 설명하고자 한다. 지방공기업에서 운영하고 있는 체육시설 중 종합체육시설의 경우 시설물의 유지에 필요한 예산과 시설물의 보수에 필요한 예산, 법정의무사항 이행을 위한 예산 등으로 구분하여 설명할 수 있다. 시설물의 유지에 필요한 예산으로는 재료비(206) 중 일반재료비(01)에 포함되는 수도요금과 약품비(02)에 포함되는 수영장 수질관리에 필요한 약품비, 보일러에 포함되는 청관제 등의 예산이 포함되어 집행된다. 동력비(215)에서는 전기요금과 가스요금 등이 포함된다. 수도요금과, 전기요금, 가스요금은 종합체육시설 운영 시 가장 큰 비중을 차지하는 예산이다. 종합체육시설을 운영하기 위해서는 업무의 일부를 전문 업체에 위탁하여 운영할 수 있으며, 이때 필요한 예산은 위탁관리비(220) 등에 포함하여 예산을 편성한다. 위탁관리비(220)에 포함되는 시설관리 업무로는 시설물의 청소와 관련된 예산, 무인경비, 폐기물위탁관리비 등이 포함된다. 시설물의 고장 등에 의한 보수 등에 필요한 예산은 수선유지교체비(214)에 편성되어 집행되는 예산으로 체육시설 등에 대한 시설안전개량비(헬스장, 골프장, 체육관 등의 시설 보수비), 수영장 시설안전개량비(자동크리너수선유지비, 여과기 여재교체, 수영장 수질관련 체크 비품 등 교체), 펌프·배관설비, 기계·전기·통신설비 등에 소요되는 수선유지교체비용이 포함된다. 시설물 유지를 위한 법정의무사항 이행을 위한 예산으로는 일반운영비(201)

중 사무관리비(01)에 포함되는 예산으로 검사비 항목이 이에 해당한다. 시설검사비 항목은 공기질관리 법정검사, 가스사용시설검사, 소방시설종합검사, 소방시설작동기능검사, 승강기정기검사, 수변전실 정기안전검사, 보일러운전성능검사비 등이 포함된다. 일반운영비(201) 중 공공운영비(02)에 편성되어 집행되어야 하는 예산은 주민세(법인균등분·재산세분), 지방재정공제회비(건물시설물재해복구·영조물손해배상), 정화조 수거비, 소방안전 및 전력기술인협회비 등이다. 위탁관리비(220)에서는 법정 의무사항을 이행하기 위해 전문기관에 업무를 위임하여 운영할 수 있는 예산을 편성하며, 보일러세관, 방역소독용역, 물탱크청소용역, 승강기유지보수 등의 예산을 편성 집행한다.

(3) 운영프로그램 관리

지방공기업은 설립목적에 맞게 다양한 사업을 수행하게 된다. 다양한 사업이란 지방공기업의 설립형태별 차이에 따른 사업 수행을 의미하며, 각 기관은 운영하는 사업영역에 맞는 시스템을 구축하여 업무를 수행하게 된다. 지방공기업에서 운영하는 사업수행에서 가장 중요한 부분 중 하나는 전산시스템 구축일 것이며, 각 기관의 운영사업에 따라 달라질 수 있다. 지방공기업 중 공공체육시설 관리 및 운영을 단위 사업으로 직제에 편성하여 운영하는 기관을 기준으로 공통적으로 활용되는 전산프로그램은 회원관리, 예산·회계(會計), 인사관리, 성과평가(BSC), 근태관리프로그램, 홈페이지 구축 등일 것이다. 회원관리프로그램은 운영하는 사업에 따라 체육시설, 주차, 도서관 등 다양하게 구분되며, 회원모집을 월 회원 단위로 모집하여 운영하는 개별 체육시설 및 종합체육시설의 회원 관리를 위한 프로그램을 말한다. 예산·회계(會計)프로그램은 지방공기업의 예산의 집행 및 결산 등에 필요한 프로그램을 말하며, 인사관리프로그램은 임직원의 인사 관련 사항을 관리하는 프로그램이다.

성과평가는 개인별 성과에 대해 평가하는 프로그램을 말한다. 근태관리(勤怠管理)프로그램은 직원들의 근태관리를 위한 프로그램으로 출·퇴근, 출장, 교육, 휴가 등을 관리하기 위한 프로그램을 말한다. 체육시설의 관리를 직제에 편성하여 운영하는 지방공사 및 지방공단에서는 전산프로그램 및 S/W개발과 유지보수 등의 업무를 다음과 같이 수행하게 된다. 기관 내 자체 전산 관련 부서를 직제에 편성하고 운영하여 기관에 필요한 프로그램 또는 S/W를 개발하고 운영하는 유형의 지방공기업과 기관운영에 필요한 프로그램 또는 S/W를 구매 또는 임차하여 운영하는 지방공기업 등으로 크게 구분할 수 있을 것이다. 전산시스템 구축은 기관의 형태 및 규모에 따라 운영방식의 차이는 있을 것이며, 이는 지방공기업의 규모 및 형태에 따라 결정되어 기관의 특성에 맞게 운영되는 것이다. 그리고 지방공기업은 운영형태에 따라 전산화하는 분야가 유사할 수밖에 없을 것이다. 이는 유사한 사업을 운영하기 때문일 것이다. 일부 지방공단에서는 전산정보팀을 구성하고 직제에 편성하여 필요한 프로그램을 개발하고 유사한 형태의 지방공기업에 시스템구축 및 유지보수를 지원하기도 한다. 지방공기업에서 사용되는 공공체육시설의 "회원관리프로그램"은 프로그램별 이용현황을 관리하는데 사용되며, 종합체육시설에서 사용되는 프로그램을 기준으로 회원관리, 프로그램(강습)관리, 사물함관리, 회원분석통계 등 체육시설의 형태에 맞게 구성하게 된다. 회원관리의 경우 회원출입내역, 회원수강 내역관리, 수강등록결재, 회원조회, 일일입장, 정보수정, 매출 등의 기능으로 구성되어 있으며, 프로그램(강습)관리는 프로그램명, 프로그램별 강습시간, 강습요일, 대상, 담당강사 등의 기능으로 구성되어 있다. 사물함관리는 공용사물함과 개인사물함으로 구분하여 운영되며, 사물함의 이동, 회수, 사용, 만기, 만료도래 관리 등의 기능으로 구성되어 있다. 기타 기능으로는 수입과 지출에 대한 관리 기능이 있으며, 수입과 지출은 일일, 월별 등 기간별 수입과 지출에 대해 조회가 가능하다. 지방공기업에서 운영하는 체육시설에서 근무하는 직원 중 수입 또는 지출 등 회계업무 담당자에게는 가장 중요한 기능이기도 하다. 회원관리프로그램 도입과 운영을 통해 체육시설에서 운영하는 프로그램과 관련한 수입, 지출, 등록회원 등에 대한 각종 분석 및 통계가 가능하며, 이용고객을 대상으로 SMS를 통한 시설이용 안내 서비스도 가능하다. 회원관리프로그램을 제외 한 예산·회계(會計)관리, 인사관리, 성과평가(BSC), 근태관리프로그램 등은 체육시설을 관리하는 부서에서 직접 관리하는 비중은 매우 낮다. 조직도를 기준으로 사업 부서를 지원하는 부서에서 주로 관리하게 되는데 회계관리는 예산결산 업무 담당부서, 인사 및 근태관리는 인사담당부서, 성과평가는 인사담당부서 또는 기획부서, 근태관리는 인사 담당부서, 홈페이지는 기획 또는 홍보 담당부서 등에서 주로 담당하게 된다. 전산관련 부서를 별도로 운영하는 기관에서는 전산관련 부서에서 담당하는 경우도 있다. "예산·회계프로그램"은 회계처리의 투명성을 통해 공공기관으로서의 사회적 책무를 다하고 지방공기업의 당해 사업연도 영업활동의 결과인 경영성과 및 재무상태를 재무제표로 확정하는 결산의 업무를 수행하기 위해 필요한 프로그램이다. 예산·회계프로그램의 주요기능은 예산·집행·계약·자산·결산관리, 자율통제 등이다. 또한, 정부의 정책인 재정 신속집행 등을 관리하는 기능 등을 포함하여 운영할 수 있다. 지방공기업에서는 예산·회계프로그램의 구축을 크게 3가지 방법으로 수행하고 있다.

먼저, 행정안전부 소관 산하기관 경영실적평가 대상기관인 한국지역정보개발원에서 개발한 프로그램, 민간 기업체에서 개발한 상용 S/W, 지방공기업 자체개발 프로그램 등으로 설명할 수 있을 것이다. 한국지역정보개발원은 공공기관으로써 국가정책에 대한 신속한 업데이트 지원 기능이 가능하며, 지방공기업 결산통계시스템, 재정신속집행 등 외부 자료 제출 시 데이터가 연계되어 업무의 효율성이 높은 것이 장점일 것이다. 민간기업 상용 S/W는 기관별 필요기능을 수시로 개발하고 업그레이드 할 수 있으며, 프로그램 문제 발생 시 신속한 A/S 등이 가능한 것이 장점일 것이다. 지방공기업 자체개발 프로그램 사용 기관은 적은 비용으로 개선할 수 있으며, 수시로 A/S가 가능한 것이 장점일 것이다. 지방공기업에서는 모든 장단점을 분석하여 해당 기관에 가장 적합한 시스템을 구축하여 운영할 것이다. "인사관리(人事管理)프로그램"은 직원의 인사관리를 효율적으로 관리하기 위해 운영하는 프로그램이며, 지방공기업에서는 직원들의 인사관리를 위해 인사규정을 제정하여 운영하게 된다. 인사규정을 제정하여 운영하는 목적은 직원의 인사 및 임직원의 복무에 관한 기준을 정하여 인사관리를 보다 합리적이고 공정하게 추진하기 위함일 것이다. 지방공기업에서의 인사관리는 그 무엇보다도 공정성과 형평성이 최우선으로 강조되어 수행되어야 하는 업무일 것이다. 이는 공공기관으로서의 당연한 의무이며, 책무일 것이다. 이러한 업무를 수행하기 위해 지방공기업에서는 인사관리프로그램을 운영하게 되는 것이다. 인사관리의 범위는 채용(계획 수립 및 대상자 선정), 인력수급, 인재육성, 교육, 승진후보자 서열명부 작성, 직원 근무성적 평가, 호봉산정 및 호봉획정, 포상계획수립 및 대상자 확정, 인사위원회 운영, 인사운영 중장기 계획 수립 등 너무나 다양할 것이다. 하지만 인사관리프로그램의 기능은 기관에 채용되어 근무하는 직원들의 인사관리 업무를 위한 프로그램으로 보는 것이 타당할 것이다. 인사평가를 제외한 인사관리프로그램은 직원의 인사와 관련된 항목을 관리하게 되며, 관리되는 항목은 부서관리, 직원(사원)관리, 인사관리, 증명서관리, 인사에 대한 통계 등 운영프로그램별 다양하게 구성되어 운영된다. 직원(사원)관리항목은 직원의 리스트, 직원등록, 정보백업 등의 기능으로 직원의 학력, 경력, 교육, 자격사항 등 기본정보 등에 대해 관리하게 되는 항목이며, 인사관리항목은 인사기록카드, 이력현황조회, 채용 및 발령, 입사자 및 퇴직자 명단, 교육승인 목록조회 등을 주로 관리하는 항목이다. 증명서관리항목은 재직증명서, 경력증명서, 근무확인서 등 각종 증명서를 확인하고 출력할 수 있도록 구성되어 있다. 성과평가(Balanced Score Card)는 조직의 비전과 전략목표 실현을 위해 4가지(재무, 고객, 내부프로세스, 학습과 성장) 관점의 성과지표를 도출하여 성과를 관리하는 "성과관리시스템"이라고 정의하고 있다(지식경제용어사전, 2010). 지방공기업 인사운영기준(행정안전부, 2018)에서는 직원의 성과관리에 대해 지방공사·공단의 장(시장·이사장)은 당해 기관의 직위별로 그 역할과 책임을 명확히 하도록 지침을 수립하였으며, 지방공사·공단의 장은 소속 직원의 업무성과를 객관적으로 측정하여 기관의 경영목표 등을 달성할 수 있도록 성과관리체계를 구축·운영하도록 하고 있다. 성과관리체계 운영을 통해 직원의 업무동기 및 기관의 경영성과를 높일 수 있도록 경영목표를 수립하고, 경영목표 등을 정할 경우 팀·개인 등 하부단위까지 체계적으로 연계하도록 정하고 있다.

또한, 기관의 장은 성과평가 결과에 따라 업무실적 성과급 및 연봉의 차등지급, 승진·전보 등에 활용하는 등 다양하고 실효성 있는 보상체계를 구축·운영하도록 지침을 수립토록 하고 있다. 지방공기업에서는 성과평가를 인사평가에 반영하고 있으며, 인사평가는 성과평가, 근무평정, 다면평가, 교육훈련 등 기관별 다양하게 구분하여 반영하게 된다. 평가 항목 중 성과평가의 비중은 점증적으로 높아지고 있으며, 성과평가의 비중이 높다는 것을 객관적 성과에 대한 평가비중이 높다고도 할 수 있을 것이다. 성과평가는 재무, 고객, 내부프로세스, 학습과 성장 등 4대 관점을 기준으로 기관별 핵심전략과 목표를 기준으로 전사지표 및 부서지표를 설정하고 목표 및 가중치를 정하여 전 직원이 동일한 기준으로 실시하며, 동일한 평가기준인 지표별 평가기준을 정하여 성과에 대해 평가하게 된다. 비계량보다 계량화된 목표설정을 통해 객관적인 평가를 수행할 수 있는 방법이 성과평가인 것이다. 지방공기업 기준 4대 관점을 설명하면 다음과 같을 것이다. 첫째, 재무(財務)적 관점은 결국 돈과 관련된 관점으로 지방공기업을 기준으로는 예산과 관련된 관점일 것이다. 지방공기업 예산은 수입(세입)과 지출(세출)에 대한 부분일 것이며, 수입은 당해 연도 목표 달성률 또는 수익창출이 기준이 될 수 있을 것이다. 지출은 비용절감이 목표가 되어 비용을 절감할 수 있는 예산절감 또는 예산절감을 위한 노력 등이 포함될 수 있을 것이다. 둘째, 고객관점은 지역주민 또는 운영시설을 이용하는 이용자들에 대한 목표로 직접적으로는 고객만족도와 관련된 내용과 간접적으로는 지방공기업으로서 이행해야 하는 기준인 청렴, 윤리경영, 공정성, 지역사회 공헌 등이 목표가 될 수 있을 것이다. 지역주민들이 바라보는 지방공기업의 이미지 제고를 위한 다양한 실적들이 목표가 될 수 있을 것이다. 셋째, 내부프로세스관점은 성과를 최대한 달성하기 위해 추진해야 하는 목표로 관리하는 시설과 시스템의 안전한 관리를 위한 노력과 책임경영, 업무시스템 개선 등이 목표가 될 수 있을 것이며, 넷째, 학습과 성장관점은 내부프로세스 능력을 개선하기 위해 추진되어야 할 사항과 내부역량 강화를 위한 학습과 교육 등의 추진실적 등이 목표가 될 것이다. 또한, 조직의 활성화 노력과 건전한 노사문화를 위한 노력 등도 포함될 수 있을 것이다. 이러한 성과평가 이행과 관리를 위해 각 기관에서는 성과평가(BSC) 프로그램을 도입하고 운영하게 된다. 프로그램 구성은 4대 관점을 기준으로 핵심전략, 목표 등을 기관의 상황에 맞게 설정하고 전사적 차원의 지표와 부서별 지표를 설정하여 팀 평가, 개인평가 등을 시행하게 된다. 조직 구성원에게 부여된 목표를 어느 정도 달성했는지 측정하고 판단하기 위하여 추진성과 또는 이행실적에 대해 평가하는 제도가 성과평가인 것이다. "근태관리(勤怠管理)프로그램"은 직원의 근태를 효율적으로 관리하기 위한 프로그램으로 국어사전에는 근태(勤怠)를 출근과 결근을 관리하는 일. 부지런함과 게으름으로 정의하고 있다. 기관에서는 직원의 출근과 퇴근 등을 관리하여야 하며, 직원의 출결에 대한 내용은 지방공기업 기관별 취업규정 또는 직원관리규정 등에 관련 내용이 규정되어 있기 때문이다. 직원은 근무시간 시작 전까지(전에) 출근(도착)하여 근무에 임하여야 한다. 등으로 직원의 근태는 중요하게 관리되고 있으며, 직원의 근태는 근무에 대한 평가와 급여 등 다양하게 활용된다. 기관에서는 이러한 출·퇴근을 효율적으로 관리하기 위해 객관적이고 공평한 방법을 찾아 운영하게 된다.

직원의 출·퇴근을 관리하는 방법으로는 SNS 활용, 사원증 리더기, 지문 출·퇴근기, 출·퇴근 앱(application)개발, 근무상황카드, 수기작성 등이 주로 활용되고 있다. 지방공기업에서 사용하는 근태관리 프로그램은 출·퇴근 관리만을 위한 용도로 사용하지는 않는다. 직원의 출·퇴근 관리는 기본적인 기능이며, 시간외 근무(초과근무), 교육(출장)신청, 출장여비결의, 연차관리, 유연근무제 등 신청 등 직원의 근태 및 인사관리 등과 연동하여 다양하게 활용되고 있다. "홈페이지" 운영은 가장 적은 비용으로 기관을 소개할 수 있는 수단일 것이다. 지방공기업은 수행하는 사무에 따라 홈페이지에 게시되는 내용이 차이가 있을 수 있다. 도시철도공사 유형은 안전·환경·문화·알림·시민참여 등이 우선하여 공지되고 있다. 특이한 점은 안전 길잡이, 안전 및 환경이야기 등 안전과 환경에 대한 내용이 우선적으로 공지되고 있다. 개발공사 유형의 지방공기업은 분양, 임대, 개발 등이 우선시 되어 소개되며, 관광공사유형의 지방공기업은 자료마당, 지역관광지소개, 관광정보, 지역투어, 홍보관 등 관광과 관련된 내용이 우선 소개되고 있다. 자료마당 등에는 지역 여행알림, e-book홍보, 지역관광홍보물 신청 등이 소개되고 있다. 시설관리유형의 지방공사·공단은 운영하는 시설에 대한 공지가 우선되고 있으며, 운영시설은 체육시설·주차·장례/문화·교통·도로 등 다양하다. 공공체육시설을 운영하는 지방공기업은 운영하는 체육시설을 해당 기관 홈페이지에 공지하거나 또는 해당 기관 홈페이지에서 체육시설별 개별 홈페이지로 연동하는 방법 등을 통해 체육시설에 대해 홍보하고 있다. 체육시설 홈페이지에 공지되는 내용은 프로그램안내, 시설소개(안내), 수강신청, 이용안내, 강사소개 등이 공통적으로 공지되고 있다. 환경공사·공단 유형은 환경정보, 시설이용(체험 및 투어), 에너지, 폐기물 등의 내용이 공통적으로 공지되고 있다. 이렇게 지방공기업은 유형에 따라 홈페이지 내 우선 게시하는 내용이 차이는 있으나 기관소개, 정보공개 등은 모든 지방공기업이 동일하게 공지하고 있으며, 정부 또는 지방자치단체의 정책도 지역주민에게 공지하고 있다. 홈페이지 운영은 자체제작과 아웃소싱 등으로 운영된다. 아웃소싱은 홈페이지 제작 및 관리 전문 업체를 선정하여 위탁하는 형식으로 운영되며, 유지보수의 범위는 디자인, 텍스트, 팝업, 오류 및 버그 수정, 웹 보안 등이다.

(4) 주요 시설관리 분야

지방공기업에서 운영하는 종합체육시설은 기본적으로 연 면적이 큰 시설물일 것이다. 이러한 시설물의 유지·관리에 필요한 시설관리 분야는 다양할 것이며 운영하는 기관별 관리 분야의 차이는 있을 수 있을 것이다. 다양한 시설관리 분야 중 전문기관에 의해 공통으로 관리되고 연 단위의 계약으로 관리되는 분야에 대해 우선 설명하고자 한다. 그 대상 시설관리 분야는 승강기, 정화조관리, 방역소독, 무인경비 등일 것이다. 직접관리가 될 수도 있지만 직원 고용의 한계성과 고도의 전문 기술이 필요한 전문성에 의해 해당 업무를 전문적으로 수행하는 외부 전문 업체에 위탁하여 운영하는 것이 효율적일 것이다. 대상 사업별 법적 근거 및 위탁방법은 다음과 같다. 승강기관리 업무의 경우 최근 내도시에 설립되는 종합체육시설은 공간적 제한성으로 인해 연 면적이 크게 설계되는 이유로 승강기의 설치는 크게 증가하고 있다. 또한, 장애인과 어르신, 몸이 불편한 분들 등 사회적 약자의 체육시설 이용 접근성을 보다 원활하게 하기 위한 수단이기도 할 것이다. 승강기 관리에 대한 법적 근거는 「승강기안전관리법」 제31조(승강기의자체점검) 제4호이며, 제4호에서는 '관리주체는 자체점검을 스스로 할 수 없다고 판단하는 경우에는 제39조(승강기 유지관리업의 등록)

제1항에 따라 승강기의 유지관리를 업(業)으로 하기 위하여 등록을 한 자로 하여금 이를 대행하게 할 수 있다.'고 정하고 있다. 이를 근거로 지방공기업에서는 승강기의 관리 업무에 관해 외부 전문기관에 위탁할 수 있는 것이다. 승강기의 관리업무는 통상적으로 1년 단위로 기간을 정하여 해당업무를 전문적으로 수행하는 기관에 업무를 위탁하게 된다. 용역비는 승강기의 규모 및 위탁내용에 따라 정해지게 되며, 승강기의 법정 정기검사는 년 1회이다. 정화조 관리업무의 경우 개인하수처리시설의 관리기준(규칙 제33조 관련)을 근거로 수행되는 업무로서 연간 단위의 계약으로 시설물을 관리하게 된다. 정화조 관리를 위탁하는 이유는 전문적인 관리업체를 통해 체계적인 기기점검 등을 통해 안정적인 시설의 유지 및 관리하기 위함일 것이다. 정화조 관리 용역비는 정화조의 규격 및 관리방법 등에 따라 차이가 있을 수 있을 것이다. 위탁업체는 정화조 시설에 대해 약품투입, 수질관리, 기계설비 등의 정기점검 등의 업무를 수행하게 된다. 약품투입은 종균제(효소 미생물 제제) 및 염소 투입 등을 말한다. 방역소독관리업무의 경우 「감염병의 예방 및 관리에 관한 법률」 제51조(소독의무) 제2항의 규정에 의거하여 추진하게 된다. 제51조 제2항은 공동주택, 숙박업소 등 여러 사람이 거주하거나 이용하는 시설 중 대통령령으로 정하는 시설을 관리·운영하는 자는 보건복지부령으로 정하는 바에 따라 감염병 예방에 필요한 소독을 하여야 하고 제3항에서는 제2항에 따라 소독을 하여야 하는 시설의 관리·운영자는 제52조 제1항에 따라 소독업의 신고를 한 자에게 소독하게 하여야 한다고 정의하고 있다. 이를 근거로 하여 지방공기업에서는 종합체육시설의 시설물에 대해 방역소독을 이행하게 되는 것이다. 방역소독의 용역비는 방역대상 및 방역횟수, 소독방법 등에 따라 차이는 있을 수 있을 것이다. 소독방법의 경우 독먹이법, 잔류분무소독 등 살충, 살균, 구서 등을 포함하여 진행하게 된다. 위탁업체에서는 방역을 소독한 후 관계적용 법규에 의거 "소독필증"을 해당 지역 지방자치단체 보건소 등에 제출하여야 한다. 무인경비 관리업무는 시설물에 대한 화재, 도난, 방범 등 비상 상황 발생 시 안전사고 사전 예방과 화재 및 야간 비상 상황 등 발생 시 즉각적 조치를 통해 시설물을 보호하기 위한 업무로서 시설규모 및 장비투입 등에 따라서 용역비 등이 결정된다.

2 안전관리

(1) 법률적 근거

체육시설에 있어서의 "안전관리"는 시설과 관련된 사고 발생을 미연에 방지하기 위한 필수적인 행위일 것이다. 스포츠 행위 자체에서도 신체적 위험이 발생할 수 있지만, 체육시설과 관련된 사고가 발생되면 피해의 범위가 무엇보다 크기 때문에 체육시설의 안전사고 예방을 위한 노력은 당연할 것이다. 체육시설의 안전사고 예방을 위해서는 다음과 같은 대책이 필요할 것이다.

1. 시설이 지니고 있는 안전사고 발생요인 예측
2. 안전사고 발생 방지를 위한 기술적 대책강구
3. 시설이용 및 운영에 관한 안전교육 실시
4. 안전성 유지 관리노력(정기점검, 안전담당자배치, 응급조치계획 등)

 이러한 체육시설의 안전관리에는 화재 등과 같이 체육시설에서 발생할 수 있는 안전사고 예방활동이 포함된다. 화재를 예방하기 위해서는 「소방법」 규정에 근거하여 체육시설의 규모와 종류에 따라 필요한 소방시설, 대피시설, 소방용수 등을 설치하고 화재 시에 제 기능을 발휘할 수 있도록 사전에 관리해야 한다. 그리고 체육시설의 이용 시에 발생 가능한 사고(안전사고)를 항상 염두에 두고 시설에 대한 철저한 점검과 준비가 필요하다. 이렇듯 체육시설의 안전관리는 무엇보다 중요하며, 체육시설의 안전사고 예방을 위한 다양한 노력이 이행되고 있다. 체육시설의 안전관련 내용은 체육 관련 법령에서도 그 내용을 찾아볼 수 있다. 「체육시설의 설치·이용에 관한 법률」 제4조(국가와 지방자치단체 등의 의무) 제2항에서는 '국가와 지방자치단체는 체육시설의 안전을 위하여 필요한 제도적 장치를 마련하고 이에 필요한 재원을 확보하도록 노력하여야 한다.'고 규정하고 있으며, 동법 제3항에서는 '체육시설을 설치·운영하는 자 및 체육시설을 위탁받아 운영·관리하는 자는 해당 체육시설의 기능 및 안전성이 지속적으로 유지되도록 체육시설에 대한 유지·관리를 하여야 한다.'고 정의하고 있다. 또한, 「산업안전보건법」 제1조(목적)는 '이 법은 산업안전·보건에 관한 기준을 확립하고 그 책임의 소재를 명확하게 하여 산업재해를 예방하고 쾌적한 작업환경을 조성함으로써 근로자의 안전과 보건을 유지·증진함을 목적으로 한다.'고 정의하고 있다. 체육시설에 대한 안전관리를 위한 법률적 근거는 「체육시설의 설치·이용에 관한 법률」이며, 체육시설 내에서 시설을 유지·관리하는 직원들의 안전한 업무수행을 위한 법률은 「산업안전보건법」이라 할 수 있을 것이다. 이외 각종 시설물의 유지 및 관리를 위해 검토되어야 할 법률은 다음과 같다. 소방안전관리자선임 및 소방안전 관리자 업무대행, 소방안전 관리자교육, 자위소방대의 편성, 소방훈련과 교육 등의 이행을 위한 「공공기관의 소방안전 관리에 관한 규정」, 재난신고, 재난 예방을 위한 안전조치, 위기사항 매뉴얼 작성 등과 관련한 「재난 및 안전관리기본법」, 화재예방, 자위소방대의 조직 및 편성 등과 관련한 「화재예방, 소방시설 설치 유지 및 안전관리에 관한 법률」, 전기설비의 안전관리를 위한 기술기준 고시 및 전기안전관리자의 선임과 관련한 「전기사업법」, 승강기 안전부품의 정기심사와 자체심사를 위한 「승강기 안전 관리법」, 가스공급시설이나 특정가스 사용시설에 대한 정기 또는 수시 검사를 위한 「도시가스사업법」, 개인하수처리시설의 운영관리 및 급수설비에 대한 위생상의 조치 등에 필요한 「하수도법」과 「수도법」, 실내공기질관리를 위한 유지 및 권고 기준과 관련한 「실내공기질관리법」 등이 지방공기업에서 운영하는 종합체육시설에 참고해야 할 법률일 것이다. 지방공기업에서는 운영하는 체육시설의 안전관리를 위해 안전관리에 대한 교육, 예산편성, 보험가입 등 다양한 노력을 기울일 것이다.

(2) 교육

지방공기업에서 운영하는 체육시설에서 이행하는 안전과 관련한 교육은 매우 다양할 것이다. 법률에서 정하고 있는 필수 안전교육과 전문지식습득을 위한 안전 직무교육, 재난사고 대비 안전교육, 이용고객들을 대상으로 추진하는 안전교육 등 다양한 안전교육을 이행하여야 한다. 법률에서 정하고 있는 안전관련 중 대표적인 교육은「산업안전보건법」과 관련된 교육일 것이다.「산업안전보건법」제13조(안전보건관리책임자), 제15조(안전관리자 등)와 관련하여 지방공기업에서는 산업안전관리업무를 대행할 수 있다. 산업안전관리 업무 대행 시 매월 근로자를 대상으로 안전교육 실시 및 안전교육과 관련한 자료 제공 등 산업안전·보건교육을 실시한다. 이를 근거로 지방공기업에서는 해당 직원들에 대한 교육을 이수하게 되는 것이다.「재난 및 안전관리 기본법 시행령」제73조의6(안전점검의 날 등) 제1항과 관련하여 안전점검의 날 행사 및 안전교육을 실시하게 된다. 또한, 지방공기업은 행정안전부에서 실시하는 지방공기업 대상 경영평가에서 안전과 관련한 평가지표를 중요한 지표로 평가하기 때문에 지방공기업에서는 안전사고 예방을 위한 직원 및 이용고객들의 안전 관련교육을 통해 안전사고 건수를 최소화하기 위해 노력하고 있다. 지방공기업에서 추진하는 안전관련 교육 내용은 다음과 같다. 재난안전체험교육, 재난안전실무자 전문 과정(지방공기업 평가원), 공공기관 소방안전 교육 및 훈련, 가스 사용시설 안전관리자 전문보수교육, 관리감독자 안전보건 법정교육 등이다.

(3) 예산편성

이용고객들의 안전사고 발생 시 소모되는 비상 구급약품 구매에 필요한 예산은 일반운영비(201) 중 공공운영비(02)에 편성하며, 시설관리 및 안전관리를 주 업무로 수행하는 직원들의 피복비 및 안전화 등 안전보호구 등의 예산은 복리후생비(212) 중 기타복리후생비(09)에 편성한다. 안전관련 외부교육 참여에 필요한 예산과 수영장 내 안전사고 예방을 위한 수상안전요원교육비는 교육훈련비(213)에 편성하며, 수영장 인명구조요원의 운영에 필요한 경비는 일반보상금(301)에 편성한다. 일반보상금에 편성하는 경우는 인명구조요원의 채용형태가 시간강사 또는 강사의 형태로 운영할 경우에 한한다. 시설의 고장 및 부식 등에 의한 안전사고 예방을 위한 경비는 수선유지비(214) 내 시설안전개량비 형식으로 편성하게 된다. 또한, 시설이용고객들의 망실, 또는 도난 등에 대한 배상금과 영조물손해배상보험처리에 따라 소요되는 손해배상보험 자기부담금은 배상금 등(305)에 편성한다.

(4) 보험가입

지방공기업에서 운영하는 종합체육시설의 경우 시설물에 대한 보험과 체육시설을 이용하는 이용자들을 위한 보험 등으로 구분하여 보험 등에 가입할 것이다. 이러한 보험가입과 관련한 근거는「체육시설의 설치·이용에 관한 법률」 제26조(보험가입)일 것이다. 제26조(보험가입)는 '체육시설업자는 체육시설의 설치·운영과 관련되거나 그 체육시설 안에서 발생한 피해를 보상하기 위하여 문화체육관광부령으로 정하는 바에 따라 보험에 가입하여야 한다.'로 정하고 있다.

문화체육관광부령으로 정하는 바는 「체육시설의 설치·이용에 관한 법률 시행규칙」 제25조(보험가입)를 말하며, 제25조(보험가입) 제1항에서는 '법 제26조 본문에 따라 체육시설업자는 체육시설업을 등록하거나 신고한 날부터 10일 이내에 「자동차손해배상 보장법 시행령」 제3조 제1항 각호에 따른 금액 이상을 보장하는 손해보험에 가입하여야 한다.'고 정하고 있으며, 「자동차손해배상 보장법 시행령」 제3조 제1항은 다음과 같다. 법 제5조 제1항에 따라 자동차보유자가 가입하여야 하는 책임보험과 책임공제의 보험금 또는 공제금은 피해자 1명당 다음 각호의 금액과 같다. 1. 사망한 경우에는 1억 5천만 원의 범위에서 피해자에게 발생한 손해액. 다만, 그 손해액이 2천만 원 미만인 경우에는 2천만 원으로 한다. 2. 부상한 경우에는 〔별표1〕에서 정하는 금액의 범위에서 피해자에게 발생한 손해액. 다만, 그 손해액이 법 제15조 제1항에 따른 자동차보험 진료수가(診療酬價)에 관한 기준(이하 "자동차보험 진료수가 기준"이라 한다)에 따라 산출한 진료비 해당액에 미달하는 경우에는 〔별표1〕에서 정하는 금액의 범위에서 그 진료비 해당액으로 한다. 3. 부상에 대한 치료를 마친 후 더 이상의 치료효과를 기대할 수 없고 그 증상이 고정된 상태에서 그 부상이 원인이 되어 신체의 장애가 생긴 경우에는 〔별표2〕에서 정하는 금액의 범위에서 피해자에게 발생한 손해액을 책임보험금으로 정하여 가입하여야 한다. 공공체육시설을 설립하는 지방자치단체에서는 지방공기업에 체육시설을 위탁할 시 지방자치단체 조례 및 위·수탁협약서 등에 보험과 관련한 내용을 정하여 지방공기업이 체육시설 운영에 필요한 보험에 가입하도록 하고 있다. 「서울특별시 광진구 체육시설의 설치 및 운영에 관한 조례 시행규칙」 제18조(수탁자의 의무) 제6항에서는 보험가입과 관련한 내용을 다음과 같이 정하고 있다. '수탁자는 체육시설을 위탁하여 관리하고 운영하는 중에 시설의 이용에 따른 손해배상·안전사고 등에 대비하여 이에 소요되는 비용을 부담할 수 있는 보험에 가입하여야 하고, 제3자에 대한 민사·형사의 법률적 책임을 진다.' 이를 근거로 지방공기업에서는 체육시설의 운영에 필요한 보험에 가입하게 되며, 보험가입은 「한국지방재정공제회법」을 근거로 설립된 "지방재정공제회"에 가입하게 된다. 한국지방재정공제회는 전국의 지방자치단체 상호 간에 재정상의 어려움을 해결하고자 공제이념을 바탕으로 상호지원 하는 재해복구사업, 공공청사정비사업, 지방관공선사업, 손해배상공제사업 및 회원지원 사업을 보다 효율적으로 추진하기 위한 법인으로서 지방재정 발전을 위하여 설립된 특별 법인이다. 지방공기업에서는 해당 기관에서 운영하는 체육시설의 운영특성에 맞게 보험에 가입하게 되며, 종합체육시설의 경우 화재 및 각종 자연재해 등으로 건물과 시설물이 파손되었을 경우 복구를 위한 "재해복구"와 영조물의 관리·설치 하자로 인해 제3자에게 발생한 안전사고 배상을 위한 "영조물손해배상"에 가입하게 된다.

(5) 안전수칙

체육시설을 이용해 체육활동을 하는 목적은 여가활용 및 건강관리 등 다양한 이유가 있을 것이다. 하지만 이러한 목적에도 불구하고 체육시설을 이용한 체육활동 중 뜻하지 않은 안전사고가 종종 발생하게 된다. 안전사고 발생은 개인의 부주의, 용품의 불량, 체육시설의 하자 등 여러 원인에 의해 발생되는데 체육활동 중 발생되는 안전사고를 예방하기 위해「체육시설의 설치·이용에 관한 법률 시행규칙」[별표6]에서는 체육시설업자는 시설 이용에 관한 "안전수칙"을 게시하여야 한다고 정하고 있다. 안전수칙은 안전에 관해 지켜야 할 수칙(守則)을 정해 위험이 생기거나 또는 위험이 생기지 않도록 노력하기 위한 예방 활동일 것이다. 안전수칙에 대한 법률적 근거는 다음과 같다.

〈별표 7-3-48〉 안전수칙에 대한 법률적 근거

「체육시설의 설치·이용에 관한 법률 시행규칙」		
제23조 (안전·위생기준)	1. 공통기준	[별표6](제23조 관련)
	차. "체육시설업자는 체육시설의 이용에 관한 **안전수칙**을 작성하여 이용자가 쉽게 알아볼 수 있는 장소에 게시해야 한다."	

체육시설업자는 시설 이용에 관한 안전수칙을 게시하여야 한다고 정하고 있으며, 이러한 기준을 근거로 문화체육관광부와 국민체육진흥공단에서는 체육시설에서 활용할 수 있는 안전수칙을 제정했다. 제정된 체육시설별 안전수칙은 체육시설에서 활용할 수 있도록 "체육시설알리미(https://www.spoinfo.or.kr/)"를 통해 배포하고 있으며, 배포된 안전수칙은 체육시설(업종별)에서 지켜야 할 10가지 약속과 안전수칙을 업종별 특성에 맞도록 제정했다. 제정된 안전수칙은 각 업종별 체육시설에 활용하도록 권고하고 있으며, 제정된 체육업종별 안전수칙은 카누장, 체육도장, 조정장, 자동차경주장, 요트장, 야구장, 승마장, 스키장, 수영장, 빙상장, 무도학원 및 무도장, 골프장 및 골프연습장, 체력단련장, 당구장 등의 체육시설과 스크린야구장, 스크린골프장 등 가상체험 체육시설업 등에 대해 정하고 있다(체육시설알리미, 2020.6.). 제정된 수칙은 기본 가이드라인이며, 해당 사업장의 특성과 사정에 따라 안내 및 적용하도록 권고하고 있다. 안전수칙은 이용 전, 이용 중, 이용 후 등 3단계로 구분하여 종목별 운동 특성에 맞게 상세히 설명하고 있다. 주요 체육시설의 10가지 약속 및 안전수칙은 다음과 같다.

(5)-1 수영장 안전수칙

즐겁고 안전한 수영장을 위한 10가지 약속은 1. 안내 꼭 따르기(지도자 안전요원), 2. 준비운동은 필수(이용 전), 3. 안전장비 위치 확인(소화기, 피난안내도, AED 등) 4. 물깊이 확인하기(입수 전), 5. 천천히 입수(심장에서 먼 부위부터 적시며), 6. 입수기간 50분 휴식시간 10분, 7. 음주는 No No(이용 전 이용 중), 8. 절대 뛰지 않기(바닥이 미끄러울 수 있으니), 9. 바로입수 금지(체온조절실 이용 후), 10. 정리운동 꼭(이용

후) 등으로 약속을 정하고 있으며, 수영장 안전수칙은 다음과 같다.

〈별표 7-3-49〉 수영장 안전수칙

수 영 장 안 전 수 칙	이용 전 확인해주세요	○ 수영장 이용자는 안전수칙을 반드시 확인하고 이용합니다. ○ 술을 마신 후에는 수영장 체육활동을 절대 하지 않습니다. ○ 이용자는 지도자 및 안전요원의 안내를 따라 주시기 바랍니다. ○ 이용자는 수영장 운동 상해 예방을 위하여 입수 전 준비운동을 합니다. ○ 이용자는 연령 및 개인의 신체능력에 맞는 운동량을 준수합니다. ○ 이용자는 비상상황을 대비하여 안전장비(소화기, 피난안내도, AED 등)의 위치를 확인합니다. ○ 이용자는 수영장 바닥이 미끄러울 수 있으므로 절대 뛰지 않습니다. ○ 이용자는 식사 후 충분한 소화를 시키고 체육활동을 합니다. ○ 고혈압 및 질병(눈병, 피부질환 등), 과로 등 신체에 이상이 있으신 분들은 수영장 이용을 자제하여 주시기 바랍니다.
	이용 중 주의해주세요	○ 이용자는 과격한 활동, 장난, 불필요한 행위 등 위험한 행동을 하지 않으며, 안전사고에 주의해야 합니다. ○ 이용자는 입수 전 물의 깊이를 확인합니다. ○ 이용자는 입수 시에는 심장에서 먼 부위부터 물을 적시며 천천히 들어갑니다. ○ 이용자는 안전사고 예방을 위해 절대 다이빙을 하지 않습니다. ○ 이용자는 수영 중 신체에 이상이 느껴질 경우 즉시 체육활동을 하지 않습니다. ○ 이용자는 자신의 실력을 과대평가 하거나 무리한 체육활동을 하지 않습니다. ○ 이용자는 안전사고 발생 시 즉각 지도자에게 사고사실을 알리고 조치를 받습니다. ○ 이용자는 수영 시에는 입수시간(50분)과 휴식시간(10분)을 갖습니다. ○ 이용자는 체온조절실 이용 후 수영장에 바로 입수를 하지 않습니다.
	이용 후 기억해주세요	○ 이용자는 수영장 체육활동 후 정리운동을 실시합니다. ○ 이용자는 탈의실 및 샤워실을 청결하게 사용해야 합니다.

자료: 체육시설알리미(https://www.spoinfo.or.kr/)

(5)-2 체력단련장 안전수칙

〈별표 7-3-50〉 체력단련장 안전수칙

체 력 단 련 장 안 전 수 칙	운동 전 확인해주세요	○ 체력단련징 이용자는 안진수칙을 반드시 확인하고 이용합니다. ○ 술을 마신 후에는 체력단련장 체육활동을 절대 하지 않습니다. ○ 이용자는 지도자의 안내를 따라 주시기 바랍니다. ○ 이용자는 체력단련장 운동 상해 예방을 위하여 준비운동을 합니다. ○ 이용자는 반드시 운동복과 실내용 운동화를 착용해야 합니다. ○ 안전수칙을 지키지 않거나 안내에 따르지 않으면 지도자가 사용을 중단시킬 수 있습니다. ○ 이용자는 올바른 운동기구 사용법을 숙지합니다. ○ 비상상황을 대비하여 안전장비(소화기, 피난안내도, AED 등)의 위치를 확인합니다. ○ 타인에게 땀으로 불쾌감을 주지 않도록 수건을 지참합니다.
	운동 중 주의해주세요	○ 과격한 활동, 장난, 불필요한 행위 등 위험한 행동을 하지 않으며, 안전사고에 주의해야 합니다. ○ 이용자는 체육활동 중에 운동기구로 장난을 하지 않습니다. ○ 이용자는 운동기구 사용 시 무리하지 않은 중량을 이용합니다. ○ 이용자는 안전사고 발생 시 즉각 지도자에게 사고사실을 알리고 조치를 받습니다. ○ 이용자는 휴식 중에는 빠른 피로회복을 위해 충분한 수분섭취를 합니다. ○ 이용자는 충분한 휴식을 취하고 무리한 운동을 하지 않습니다.
	운동 후 기억해주세요	○ 이용자는 체력단련장 체육활동 후 정리운동을 실시합니다. ○ 이용자는 운동기구 사용 후 제자리에 정리합니다.

자료: 체육시설알리미(https://www.spoinfo.or.kr/)

즐겁고 안전한 체력단련장을 위한 10가지 약속은 1. 지도자 안내 준수, 2. 준비운동은 필수(운동 전), 3. 안전장비 위치 확인(소화기, 피난안내도, AED 등) 4. 반드시 착용하기(운동복, 실내용 운동화), 5. 사용법 숙지(올바른 운동기구), 6. 운동 중 수건 지참(타인에게 불쾌감 주지 않도록), 7. 음주는 No No(운동 전, 운동 중), 8. 위험한 행동 No(휴대전화 보면서 운동금지 등), 9. 무리한 중량 No(운동기구), 10. 정리운동 꼭!(운동 후) 등으로 약속을 정하고 있으며, 체력단련장 안전수칙은 위 표와 같다.

(5)-3 골프장 안전수칙

즐겁고 안전한 골프장을 위한 10가지 약속은 1. 안전수칙준수(확인하고 이용하기), 2. 준비운동은 필수!(이용 전), 3. 비상약품 휴대(개인질환, 고혈압 등), 4. 위험한 행동 금지(과격한 활동, 장난 등), 5. 안전거리 유지(앞 팀 및 주변사람들과의), 6. 타구주의(분실구 찾을 때 옆 홀 등), 7. 바른 자세로 탑승(카트 안전 손잡이 잡기 등), 8. 완전 정차 후 내리기(카트에서 내릴 때), 9. 위험장소 접근 금지(해저드 및 골프 코스 이외의), 10. 신속히 대피(번개 등 기상악화 시) 등으로 약속을 정하고 있으며, 골프장 안전수칙은 다음과 같다.

〈별표 7-3-51〉 골프장 안전수칙

골프장 안전수칙	이용 전 확인해주세요		○ 이용자는 안전수칙을 반드시 확인하고 시설을 이용합니다. ○ 이용자 과도한 음주 시 골프장 체육활동을 절대 하지 않습니다. ○ 이용자는 관리요원의 안내를 따라 주시기 바랍니다. ○ 이용자는 바른 복장 착용 및 타인에게 불쾌감을 주는 행동은 삼가야 합니다. ○ 이용자는 골프장 운동 상해 예방을 위하여 준비운동을 합니다. ○ 이용자는 고혈압, 심장질환, 당뇨 등 개인질환이 있는 경우 사전에 캐디/동반자에게 알립니다. ○ 이용자는 비상구와 자동심장 충격기 등 안전장구 위치 확인 및 비상약품을 휴대합니다. ○ 14세 미만의 미성년자는 보호자를 반드시 동반하여야 합니다.
	이용 중 주의해 주세요	타구 사고 예방	○ 과격한 활동, 장난, 불필요한 행위 등 위험한 행동을 하지 않으며, 안전사고 방지를 위해 주의해야 합니다. ○ 이용자는 골프장에서 타인에게 방해되는 행동(고성방가, 욕설 등)을 하지 않습니다. ○ 이용자는 자신의 실력을 과대평가 하거나 무리한 체육활동을 하지 않습니다. ○ 이용자는 연습 스윙 및 공을 칠 때 주위를 살피는 등 주변사람과의 안전거리 및 방향을 확인합니다. ○ 이용자는 이동 시 앞 팀과의 일정한 안전거리(간격)를 반드시 유지합니다. ○ 이용자는 공이 사람이 있는 방향으로 날아가면 '포어'라고 외쳐 위험을 알립니다. ○ 이용자는 분실구(로스트볼)를 찾을 때 뒷 팀 또는 옆 홀에서의 타구를 주의해야 합니다. ○ 이용자는 안전사고 발생 시 응급조치 후 즉각 관리요원에게 사고발생을 알립니다. ○ 급격한 기상 변동 시 캐디/경기진행요원의 안내에 따라 플레이를 중단하고 안전한 장소로 이동하여 대기해야 합니다.
		카트 사고 예방	○ 카트에 탑승하여 이동 시(내리막이나 커브길 운행 등) 안전 손잡이 잡기 등 바른 자세로 탑승해야 합니다. ○ 카트에서 내릴 때 카트가 완전히 정차한 후 카트에서 내려야 합니다. ○ 카트에 탑승하여 이동 중 물건이 떨어졌을 경우 카트가 완전히 정차할 때 까지 카트에서 절대로 내리지 않습니다. ○ 주행 중인 카트 앞으로 걷지 않으며, 주변에 가까이 다가가지 않습니다. ○ 카트에 탑승하여 이동 시 휴대폰 사용, 골프채 휴대, 취식 등을 하지 않습니다. ○ 이용자는 지정된 장소에서만 흡연을 합니다.
	이용 후 기억해주세요		○ 카트대기소에서는 천천히 이동합니다. ○ 에어컨 사용 시 안전에 유의해야 합니다.

자료: 체육시설알리미(https://www.spoinfo.or.kr)

(5)-4 야구장 안전수칙

즐겁고 안전한 야구장을 위한 10가지 약속은 1. 안전점검은 필수!(장비 상태), 2. 준비운동은 필수!(경기 전), 3. 안전장구 착용(야구화, 헬멧, 포수장비 등), 4. 안전거리유지(배트연습 시 주의 살피고), 5. 큰 소리로 알리기(파울볼·불특정 볼 나올 때), 6. 위험한 행동금지(야구장비로), 7. 음주는 No No(경기 전, 경기 중), 8. 반입금지(주류 및 음식물), 9. 충분한 휴식하기(무리하지 않고), 10. 정리운동 꼭!(경기 후) 등으로 약속을 정하고 있으며, 야구장 안전수칙은 다음과 같다.

〈별표 7-3-52〉 야구장 안전수칙

야구장 안전수칙	경기 전 확인해주세요	○ 야구장 이용자는 안전수칙을 반드시 확인하고 이용합니다. ○ 술을 마신 후에는 야구장 체육활동을 절대 하지 않습니다. ○ 이용자는 야구장 운동 상해 예방을 위하여 준비운동을 합니다. ○ 이용자는 반드시 안전장구(야구화, 헬멧, 포수장비 등)를 착용해야 합니다. ○ 이용자는 사전에 장비 상태를 안전점검 합니다.
	경기 중 주의해주세요	○ 과격한 활동, 장난, 불필요한 행위 등 위험한 행동을 하지 않으며, 안전사고에 주의해야 합니다. ○ 이용자는 타격 및 송구 시 타구, 파울볼에 조심하여 경기에 임하여야 합니다. ○ 이용자는 파울볼과 불특정 볼이 나올 때에는 큰소리로 주변 사람에게 위험을 알립니다. ○ 이용자는 체육활동 중에 야구장비로 장난을 하지 않습니다. ○ 이용자는 자신의 실력을 과대평가 하거나 무리한 체육활동을 하지 않습니다. ○ 이용자는 배트연습 시 주위를 살피고 주변사람과 안전거리를 유지합니다. ○ 장비고장 및 안전사고 발생 시 즉각 관리요원에게 사고사실을 알리고 조치를 받습니다. ○ 이용자는 자신의 실력을 과대평가 하거나 무리한 체육활동을 하지 않습니다. ○ 이용자는 충분한 휴식을 취하고 무리한 운동은 하지 않습니다. ○ 이용자는 야구장 내 금연이며, 흡연은 지정된 장소에서 해야 합니다. ○ 이용자는 지정된 연습공간에서만 투구연습을 합니다. ○ 이용자는 경기장 내 주류 및 음식물 반입을 하지 않습니다. ○ 이용자는 야구장 사용시간을 반드시 준수해야 합니다.
	경기 후 기억해주세요	○ 이용자는 야구장 체육활동 후 정리운동을 실시합니다. ○ 이용자는 탈의실 및 샤워실 이용 시 청결하게 사용해야 합니다.

자료: 체육시설알리미(https://www.spoinfo.or.kr/)

(5)-5 체육도장 안전수칙

즐겁고 안전한 체육도장을 위한 10가지 약속은 1. 지도자 안내 준수, 2. 준비운동은 필수!(운동 전), 3. 안전장비 위치 확인(소화기, 피난안내도, AED 등), 4. 운동장비 및 보호장구 착용, 5. 안전점검은 필수(장비 상태), 6. 충분한 수분섭취(빠른 피로회복을 위해), 7. 음주는 No No(운동 전, 운동 중), 8. 신체이상 느낄 시(지도자에게 알리고 활동 중단), 9. 위험한 행동 금지(과격한 활동, 장난 등), 10. 정리운동 꼭!(운동 후) 등으로 약속을 정하고 있으며, 체육도장 안전수칙은 다음과 같다.

〈별표 7-3-53〉 체육도장 안전수칙

체육도장 안전수칙	운동 전 확인해주세요	○ 체육도장 이용자는 안전수칙을 반드시 확인하고 이용합니다. ○ 술을 마신 후에는 체육도장 체육활동을 절대 하지 않습니다. ○ 이용자는 지도자의 안내를 따라 주시기 바랍니다. ○ 이용자는 체육도장 운동 상해 예방을 위하여 준비운동을 합니다. ○ 이용자는 반드시 운동장비 및 보호 장구를 착용해야 합니다. ○ 이용자는 사전에 장비 상태를 안전점검 합니다. ○ 비상상황을 대비하여 안전장비(소화기, 피난안내도, AED 등)의 위치를 확인 합니다.
	운동 중 주의해주세요	○ 과격한 활동, 장난, 불필요한 행위 등 위험한 행동을 하지 않으며, 안전사고에 주의해야 합니다. ○ 이용자는 체육활동 중에 운동기구로 장난을 하지 않습니다. ○ 체육활동 중 신체에 이상이 느껴질 경우 즉시 지도자에게 알리고 활동을 중단합니다. ○ 이용자는 자신의 실력을 과대평가 하거나 무리한 체육활동을 하지 않습니다. ○ 이용자는 안전사고 발생 시 즉각 지도자에게 사고사실을 알리고 조치를 받습니다. ○ 이용자는 휴식 중에는 빠른 회복을 이해 충분한 수분섭취를 합니다.
	운동 후 기억해주세요	○ 이용자는 체육도장 체육활동 후 정리운동을 실시합니다. ○ 이용자는 체육활동 후 자신의 장비를 점검 및 관리합니다.

자료: 체육시설알리미(https://www.spoinfo.or.kr/)

제8장

지방공사·공단 운영 공공체육시설

제8장 목차

제1절 공공체육시설 현황   379
1. 개요
2. 지방공사 · 공단 운영 체육시설

제2절 서울시 자치구 공단 운영 체육시설   402
1. 설립
2. 조직구성
3. 체육시설 관리

제1절 공공체육시설 현황

1. 개요

1 분류기준 및 공공체육시설 현황

(1) 분류기준

공공체육시설은 「체육시설의 설치·이용에 관한 법률」에서 정하고 있는 바와 같이 전문체육시설, 생활체육시설, 직장체육시설로 구분할 수 있으며, 전문체육시설의 경우 국내외 경기대회 개최와 선수훈련 등에 필요한 운동장, 체육관 등의 체육시설로 구분할 수 있을 것이다. 생활체육시설은 국민이 거주지와 가까운 곳에서 쉽게 이용할 수 있는 체육시설로 구분하며, 직장체육시설은 직장인의 체육활동에 필요한 체육시설(직장인 500명 이상 직장 대상)로 구분하여 정의하고 있다. 이러한 공공체육시설의 현황 및 관리를 위해 문화체육관광부에서는 "전국공공체육시설현황"을 발간하여 공공체육시설에 관해 분석 및 통계를 통해 관리하고 있다. "전국공공체육시설현황(문화체육관광부, 2017)[21]"에서는 전국 시·도별 공공체육시설현황에 대하여 운동종목 및 시설형태에 따라 22개 시설항목으로 구분하여 관리하고 있으며, 시설항목별 시설분류기준은 다음 표와 같다.

〈별표 8-1-1〉 공공체육시설의 분류기준

시설항목	시설분류기준
1. 육상경기장	일주거리 400m 또는 300m, 200m의 육상트랙, 필드(축구경기장) 및 보조경기장 등을 갖춘 경기시설로서 종합운동장, 종합운동장 주경기장, 종합경기장 주경기장, 공설운동장, 시민운동장, ○○경기장 등으로 일컬어짐
2. 축구장	길이 100~110m, 폭 64~75m(국제경기 규격) 또는 이와 유사한 규격(축구 경기 가능시설로서, 육상경기장내의 축구경기장은 제외)
3. 하키장	길이 91.4m, 폭 55m 또는 이와 유사한 규격(하키 전용 경기장에 한함)
4. 야구장	본루로 부터 1,3루 측 야외거리가 98m 이상, 백스크린까지 110m 이상 또는 이와 유사한 규격
5. 싸이클 경기장	일주거리 실내 250~400m(통상 333.33m가 주종), 실외 250~500m, 주로 폭 7m 이상, 경사도 직선주로 8°~10°, 곡선주로 38°~45°
6. 테니스장	가로 10.97m, 세로 23.77m(마을체육시설 수준의 테니스장은 간이 운동장으로 분류)

자료: 전국공공체육시설현황(문화체육관광부, 2017)

---

[21] 전국공공체육시설현황은 「체육시설의 설치·이용에 관한 법률」 제36조(시책 수립에 필요한 사항 등의 보고) 및 같은 법 시행규칙 제28조(보고사항)에 따라 지방자치단체 등이 제출한 공공체육시설 현황을 시설항목 등으로 구분하여 분석한 자료이다.

1. 육상경기장의 경우 일주거리 400m 또는 300m, 200m의 육상트랙, 필드(축구경기장) 및 보조경기장 등을 갖춘 경기시설로서 종합운동장, 종합운동장 주경기장, 종합경기장 주경기장, 공설운동장, 시민운동장, ○○경기장 등으로 구분한다. 2. 축구장은 길이 100~110m, 폭 64~75m(국제경기 규격) 또는 이와 유사한 규격(축구 경기 가능시설로서, 육상경기장 내의 축구경기장은 제외) 3. 하키장은 길이 91.4m, 폭 55m 또는 이와 유사한 규격(하키 전용 경기장에 한함) 4. 야구장은 본루로부터 1·3루 측 야외거리가 98m 이상, 백스크린까지 110m이상 또는 이와 유사한 규격 5. 싸이클 경기장은 일주거리 실내 250~400m(통상 333.33m가 주종), 실외 250~500m, 주로 폭 7m 이상, 경사도 직선주로 8°~10°, 곡선주로 38°~45°인 경기장을 말한다. 6. 테니스장은 가로 10.97m, 세로 23.77m(마을 체육시설 수준의 테니스장은 간이 운동장으로 분류)를 기준으로 분류한다.

〈별표 8-1-2〉 공공체육시설의 분류기준

시설항목		시설분류기준
7. 씨름장		경기장 높이 30㎝ 이상 70㎝ 이하, 경기장 직경 8m 이상인 원형의 모래시설과 경기장 밖 1.5m 이상의 보조경기장 또는 이와 유사한 규격
8. 간이운동장		축구, 배구, 농구, 테니스, 배드민턴, 게이트볼, 체력단련기구 등 간이운동시설이 설치된 거주지 인근의 마을체육시설
9. 체육관	구기체육관	핸드볼, 농구, 배구, 배드민턴 등 구기 종목의 경기 개최가 가능한 체육관
	투기체육관	유도, 레슬링, 복싱, 태권도, 펜싱, 검도, 씨름, 체조, 역도 등 투기 종목의 경기 개최가 가능한 체육관
	생활체육관	농구, 배구 등 구기 종목과 수영, 볼링, 에어로빅, 헬스 등 생활체육 종목의 각종 체육시설이 복합 설치된 체육관(올림픽 기념국민생활관, 국민체육센터, 시민체육관, 구민체육센터, 농어민 문화·체육센터, 농어촌 복합체육시설 등)
10. 전천후 게이트볼장		정식 규격의 게이트볼 장으로 지붕, 기둥 또는 벽면으로 구성된 경기장(단, 지붕구조가 막 구조로 된 게이트볼장도 포함)
11. 수영장	경영풀	폭 25m, 길이 50m 8레인으로 레인폭은 2.5m 이상(1레인과 8레인 수영조 벽과 폭 0.5m 이상) 또는 이와 유사한 규격
	다이빙풀	폭과 길이가 25m×33m, 수심 5m
	비정규 풀	경기장 규격이 정규수준에 미달되는 시설
12. 롤러스케이트장 - 정 규(트랙) - 정 규(로드) - 간 이		트랙경기장: 일주거리 200m의 트랙, 주 폭 6m 이상 로드경기장: 250m~1,000m, 주 폭 8m 이상 경기장 규격이 정규수준에 미달되는 시설

자료: 전국공공체육시설현황(문화체육관광부, 2017)

7. 씨름장은 경기장 높이 30㎝ 이상 70㎝ 이하, 경기장 직경 8m 이상인 원형의 모래시설과 경기장 밖 1.5m 이상의 보조경기장 또는 이와 유사한 규격이며, 8. 간이운동장은 축구, 배구, 농구, 테니스, 배드민턴, 게이트볼, 체력단련기구 등 간이운동시설이 설치된 거주지 인근의 마을체육시설 등을 말한다. 9. 체육관은 구기체육관·투기체육관·생활체육관으로 구분하고 있으며, 구기체육관은 핸드볼, 농구, 배구, 배드민턴 등 구기 종목의 경기 개최가 가능한 체육관을 말하며, 투기체육관은 유도, 레슬링, 복싱, 태권도, 펜싱, 검

도, 씨름, 체조, 역도 등 투기종목의 경기 개최가 가능한 체육관을 말한다. 생활체육관은 농구, 배구 등 구기종목과 수영, 볼링, 에어로빅, 헬스 등 생활체육종목의 각종 체육시설이 복합 설치된 체육관(올림픽 기념 국민생활관, 국민체육센터, 시민체육관, 구민체육센터, 농어민 문화·체육센터, 농어촌 복합체육시설 등)을 말한다. 10. 전천 후 게이트볼장은 정식 규격의 게이트볼장으로 지붕, 기둥 또는 벽면으로 구성된 경기장(단, 지붕 구조가 막 구조로 된 게이트볼장도 포함)을 말한다. 11. 수영장은 경영풀, 다이빙풀, 비정규풀 등으로 구분하고 있으며, 경영풀은 폭 25m, 길이 50m, 8레인으로 레인 폭은 2.5m 이상(1레인과 8레인 수영조 벽과 폭 0.5m 이상) 또는 이와 유사한 규격의 시설을 말한다. 다이빙풀은 폭과 길이가 25m×33m, 수심 5m인 시설을 말하며, 비정규풀은 경기장 규격이 정규 수준에 미달되는 시설을 말한다. 12. 롤러스케이트장은 정규(트랙), 정규(로드), 간이 스케이트장을 말하며, 트랙경기장은 일주거리 200m의 트랙, 주폭 6m 이상의 시설을 말한다. 로드경기장은 250m~1,000m, 주폭 8m 이상 시설을 말하며, 경기장 규격이 정규수준에 미달되는 시설을 간이 시설로 구분한다.

〈별표 8-1-3〉 **공공체육시설의 분류기준**

시설항목		시설분류기준
13. 사격장		공기총사격(10m), 화약총사격(10m, 25m, 50m, 300m), 클레이사격 (트랩,스키트)시설, 러닝 타겟 시설 중 전부 또는 일부를 보유한 사격장
14. 국궁장		사정거리는 관저 중심에서 사대 중심까지 145m, 과녁 사이 5m 이상 또는 이와 유사한 규격
15. 양궁장		30m, 50m, 60m, 70m, 90m 거리의 경기 가능
16. 승마장		마장마술(길이 60m, 폭 20m), 장애물 비월(폭의 길이 최소한 60m 총 넓이 4,800㎡ 이상) 시설의 전부 또는 일부를 보유한 승마장
17. 골프연습장		골프 연습 타석을 갖춘 시설
18. 조정카누장		조정 경기 가능 시설/카누 경기 가능 시설
19. 요트장		요트 경기에 필요한 시설과 요트의 수납가 정비용 부대시설을 갖춘 경기징 또는 이와 유사한 경기장
20. 빙상장	쇼트트랙	길이 60m, 폭 30m(일주거리 111.12m의 트랙) 또는 이와 유사한 규격(아이스하키 경기 가능)
	400m트랙	일주거리 400m 이상 333.3m 미만의 길이 두개외 주로
21. 설상경기장 - 스키점프장 - 바이애슬론 - 크로스컨트리 - 봅슬레이, 루지, 스켈레톤경기장		길이 90m, 120m 또는 이와 유사한 규격(스키점프 경기 가능) 3.25km와 2km지점에 컷오프를 갖춘 하나의 4km 주로로 구성 5km×3코스=15km 또는 이와 유사한 규격(크로스컨트리 경기 가능) 길이 1,200~1,650m 트랙을 갖춘 규격(1,200m 경사로)
22. 기타 체육시설		상기 분류기준에 포함되지 않은 공공체육시설

자료: 전국공공체육시설현황(문화체육관광부, 2017)

13. 사격장은 공기총사격(10m), 화약총사격(10m, 25m, 50m, 300m), 클레이사격(드랩, 스키트)시설, 러닝 타겟 시설 중 전부 또는 일부를 보유한 사격장을 말한다. 14. 국궁장은 사정거리는 관저 중심에서 사대 중심까지 145m, 과녁 사이 5m 이상 또는 이와 유사한 규격의 시설을 말한다. 15. 양궁장은 30m, 50m, 60m, 70m, 90m 거리의 경기가 가능한 시설을 말하며, 16. 승마장은 마장마술(길이 60m, 폭 20m), 장애

물 비월(폭의 길이 최소한 60m 총 넓이 4,800㎡ 이상) 시설의 전부 또는 일부를 보유한 승마장을 말한다. 17. 골프연습장은 골프 연습 타석을 갖춘 시설을 말하며, 18. 조정 카누장은 조정과 카누를 말하며, 조정은 조정 경기 가능 시설, 카누는 카누 경기 가능 시설을 말한다. 19. 요트장은 요트 경기에 필요한 시설과 요트의 수납과 정비용 부대시설을 갖춘 경기장 또는 이와 유사한 경기장을 말한다. 20. 빙상장은 쇼트트랙과 400m 트랙으로 구분하며, 쇼트트랙은 길이 60m, 폭30m(일주거리 111.12m의 트랙) 또는 이와 유사한 규격(아이스하키 경기 가능)을 말하며, 400m트랙은 일주거리 400m 이상 333.3m 미만 길이 두 개의 주로를 가진 시설을 말한다. 21. 설상경기장은 스키점프장, 바이애슬론경기장, 크로스컨트리경기장, 봅슬레이·루지·스켈레톤 경기장을 말하며, 스키점프장은 길이 90m, 120m 또는 이와 유사한 규격(스키점프 경기 가능)이며, 바이애슬론경기장은 3.25km와 2km 지점에 컷오프를 갖춘 하나의 4km 주로로 구성된 시설을 말한다. 크로스컨트리경기장은 5km×3코스=15km 또는, 이와 유사한 규격(크로스컨트리 경기 가능)을 말하며, 봅슬레이·루지·스켈레톤 경기장은 길이 1,200~1,650m 트랙을 갖춘 규격(1,200m경사로)을 말한다. 22. 기타체육시설은 상기 분류기준에 포함되지 않은 공공체육시설을 말한다.

(2) 공공체육시설 현황

2017년 말 기준(문화체육관광부) 전국 공공체육시설 수는 22개 시설항목을 기준으로 총 26,927개소로 조사되었다. 시설 항목별로는 육상경기장 256개소, 축구장 984개소, 하키장 16개소, 야구장 264개소, 싸이클경기장 11개소, 테니스장 772개소, 씨름장 66개소 등으로 조성되어 있다. 간이운동장(마을체육시설)은 20,602개소, 체육관은 1,010개소, 전천후게이트볼장 1,479개소, 수영장 406개소, 롤러스케이트장 157개소, 사격장 26개소, 국궁장 264개소, 양궁장은 24개소, 승마장 20개소, 골프연습장 83개소, 조정카누장 11개소, 요트장 17개소, 빙상장 29개소, 설상경기장 4개소, 기타시설은 426개소로 조성되어 있으며, 기타시설은 탁구장, 풋살장, 클라이밍장, 장애인론볼장, 족구장, 인공암벽장, 농구장, 사이클연습장, 배구장, 파크골프장, 헬스장, 라켓볼장, 다목적운동장 등이 포함되어 있다. 체육관중 구기체육관은 427개소, 투기체육관은 47개소, 생활체육관은 536개소이며, 구기체육관은 장충체육관, 동대문구 체육관, 배드민턴장, 다목적체육관, 실내체육관, 탁구전용구장 등을 말하며, 투기체육관은 역도경기장, 태릉선수촌 개선관 및 필승관, 검도장, 유도회관, 펜싱훈련장, 복싱체육관을 말한다. 생활체육관은 국민생활관, 구민회관, 문화체육센터, 청소년수련관, 스포츠센터, 구민체육센터, 체육관, 체육회관, 농어촌복합체육회관 등 지방공기업에서 가장 운영을 많이 하는 시설들을 말한다.

〈별표 8-1-4〉 공공체육시설현황 (단위: 개소)

시설항목	육상경기장	축구장	하키장	야구장	싸이클경기장	테니스장	씨름장
2017년	256	984	16	264	11	772	66
시설항목	간이운동장	체육관	게이트볼장	수영장	롤러스케이트장	사격장	국궁장
2017년	20,602	1,010	1,479	406	157	26	264
시설항목	양궁장	승마장	골프연습장	조정카누장	요트장	빙상장	설상경기장
2017년	24	20	83	11	17	29	4

공공체육시설 중 가장 많은 7개 시설항목은 간이운동장, 전천후게이트볼장, 체육관, 축구장, 테니스장, 기타시설, 수영장 등 이며, 간이운동장(마을체육시설)은 20,602개소로 전체 26,927개소 대비 약 76.5%를 차지하고 있다. 22개 시설항목 중 상위 7개 시설항목이 25,679개소로 전체 시설항목 대비 약 95.4%로 조사되어 특정 시설항목에 편중되어 있는 것으로 보이나 간이운동장을 제외하면 고른 비율로 조성되어 있는 것을 알 수 있다.

〈별표 8-1-5〉 상위 시설항목 (단위: 개소)

시설항목	합계	간이운동장	게이트볼장	체육관	축구장	테니스장	기타시설	수영장
2017년	25,679	20,602	1,479	1,010	984	772	426	406
비율	95.4	76.5%	5.5%	3.8%	3.7%	2.9%	1.6%	1.5%

공공체육시설 현황(2017년 말 기준)은 2010년부터 2017년까지를 기준으로 시설항목에 대해 조사 분석하고 있으며, 2010년 대비 2017년 시설개소의 증가율이 가장 높은 시설항목은 "기타시설"로 2010년 5개소에서 2017년 426개소로 2010년 대비 421개소 증가하였다. 지방자치제 실시에 따라 참여할 수 있는 생활체육시설에 대한 지역주민의 높은 요구에 따른 증가로 분석할 수 있을 것이다. 기타시설 다음으로 증가율이 높은 시설항복은 '야구장'으로 2010년 77개소에서 2017년 264개소로 2010년 대비 187개소가 증가하였다. 이는 2000년 이후 프로야구 관중 증가에 따른 "사회인 야구" 리그 활성화에 기인한 현상일 것이다. 보는 스포츠에서 참여하는 스포츠로의 대표적 현상일 것이다. 위 시설 항목 중 지방공기업에서 많이 운영하고 있는 시설항목은 축구장, 야구장, 싸이클경기장, 체육관, 수영장, 사격장, 승마장, 골프연습장, 기타 시설 등일 것이다.

2 연도별 공공 체육시설 현황

"전국공공체육시설현황(문화체육관광부, 2017)"에서는 연도별 공공체육시설현황을 2010년부터 2017년 말을 기준으로 연도별 분석하여 통계로 관리하고 있다. 육상경기장은 2010년 210개소에서 2017년 256

개소로 46개소 증가하였으며, 축구장은 2010년 607개소에서 2017년 984개소로 377개소 증가하였다. 하키장은 2010년 12개소에서 2017년 16개소로 4개소 증가하였으며, 야구장은 2010년 77개소에서 2017년 264개소로 187개소 증가하였고 싸이클경기장은 같은 기간 동안 변동이 없는 것으로 조사되었다. 테니스장은 2010년 532개소에서 2017년 772개소로 240개소 증가하였으며, 씨름장은 2010년 34개소에서 2017년 66개소로 32개소 증가하였다. 간이운동장은 2010년 11,553개소에서 2017년 20,602개소로 9,049개소 증가하였으며, 체육관은 2010년 630개소에서 2017년 1,010개소로 380개소 증가하였다. 380개소 중 생활체육관은 219개소, 구기체육관 153개소, 투기체육관 8개소 등이 증가하였으나 구기 및 생활체육관에 비해 투기체육관 증가율은 다소 미비한 것으로 조사되었다. 전천후게이트볼장은 2010년 728개소에서 2017년 1,479개소로 751개소 증가하였으며, 수영장은 2010년 278개소에서 2017년 406개소로 128개소 증가하였다.

〈별표 8-1-6〉 연도별 현황(공공체육시설 시설항목별)

(단위: 개소)

시설항목	연도별 현황							
	10'	11'	12'	13'	14'	15'	16'	17'
육상경기장	210	216	226	238	242	254	257	256
축구장	607	649	718	801	852	886	928	984
하키장	12	13	13	15	16	16	16	16
야구장	77	101	126	169	202	222	241	264
싸이클경기장	11	11	12	12	12	12	11	11
테니스장	532	565	598	660	696	718	740	772
씨름장	34	34	40	45	52	54	62	66
간이운동장	11,553	12,194	12,855	14,536	16,046	17,111	18,394	20,602
체육관	630	681	738	819	875	905	955	1,010
게이트볼장	728	818	938	1,090	1,226	1,294	1,362	1,479
수영장	278	292	320	334	357	370	379	406

롤러스케이트장은 2010년 115개소에서 2017년 157개소로 42개소 증가하였으며, 사격장은 2010년 20개소에서 2017년 26개소로 6개소 증가하였다. 국궁장은 2010년 231개소에서 2017년 264개소로 33개소 증가하였으며, 양궁장은 2010년 19개소에서 2017년 24개소로 5개소 증가하여 국궁장의 증가율에 비해 양궁장의 증가율은 다소 저조한 것으로 분석되고 있다. 승마장은 2010년 14개소에서 2017년 20개소로 6개소 증가하였으며, 골프연습장은 2010년 55개소에서 2017년 83개소로 28개소 증가하였다. 조정카누장은 2010년 8개소에서 2017년 11개소로 3개소 증가하였으며, 요트장은 2010년 17개소에서 2017년 17개소로 변동없이 동일하다. 조정카누장과 요트장은 큰 증가율을 보이지 않았으나 향후 타 시설항목에 비해 발전가능성이 큰 시설항목으로 참여 인원이 점증적으로 향상 될 것으로 분석되고 있다. 빙상장은 2010년 20개소에서 2017년 29개소로 9개소 증가하였으며, 2017년 증가한 빙상시설은 2018년 동계올림픽을 위한 강릉

스피드스케이팅경기장, 강릉아이스아레나, 강릉하키센터, 관동하키센터, 쇼트트랙 보조경기장 등이다. 설상경기장은 2010년 3개소에서 2017년 4개소로 1개소 증가하였으며, 증가한 시설은 2018년 동계올림픽을 위한 올림픽슬라이딩센터를 말한다. 기타시설은 2010년 5개소에서 2017년 426개소로 421개소 증가하여 가장 많은 증가율을 보인 시설항목이다.

〈별표 8-1-7〉 연도별 현황(공공체육시설 시설항목별) (단위: 개소)

시설항목	연도별 현황							
	10'	11'	12'	13'	14'	15'	16'	17'
롤러스케이트장	115	124	132	140	143	147	159	157
사격장	20	21	21	22	24	26	26	26
국궁장	231	236	244	249	251	252	260	264
양궁장	19	19	19	21	22	23	23	24
승마장	14	16	17	17	18	19	19	20
골프연습장	55	56	68	73	74	74	79	83
조정카누장	8	10	11	11	11	11	11	11
요트장	17	17	17	17	17	17	17	17
빙상장	20	20	21	21	21	22	23	29
설상경기장	3	3	3	3	3	3	3	4
기타시설	5	31	20	107	157	226	338	426

공공체육 시설항목 중 지방공기업에서 관리 운영하는 비율이 높은 축구장, 생활체육관, 야구장, 수영장, 골프연습장의 연도별 현황은 다음과 같다.

〈별표 8-1-8〉 지방공기업 운영 주요 시설항목 연도별 현황 (단위: 개소)

구분	합계	축구장	생활체육관	야구장	수영장	골프연습장
2010	1,334	607	317	77	278	55
2017	2,273	984	536	264	406	83
증가	939	377	219	187	128	28

축구장은 377개소, 생활체육관 219개소, 야구장 187개소, 수영장 128개소, 골프연습장 28개소 등 총 939개소가 2010년 대비 2017년 증가한 것으로 분석되었다.

생활체육관은 농구, 배구 등 구기종목과 수영, 볼링, 에어로빅, 헬스 등 생활체육종목의 각종 체육시설이 복합 설치된 체육관으로서 올림픽 기념국민생활관, 국민체육센터, 시민체육관, 구민체육센터, 농어민 문화·체육센터, 농어촌 복합 체육시설 등을 말한다. 〔별표3〕을 기준으로 2010년 생활체육관 현황은 317개소이며, 2017년 말 기준으로는 536개소로 7년 동안 219개소가 증가하여 70%의 증가율을 보이고 있는 것으로 분석됐다. 수영장의 경우 2010년 278개소에서 2017년 406개소로 128개소 증가하여 증가율은 약 46%인 것으로 분석되고 있어 정부 및 지방자치단체에서는 지역주민들의 욕구를 충족하기 위해 생활체육관과 수영장의 설립에 많은 노력을 기울인 것으로 판단할 수 있을 것이다. 골프연습장의 경우 아웃도어 및 인도어 골프연습장이 대부분이며, 인도어 골프연습장의 경우 단독 골프연습장 시설 비율보다는 생활체육관(종합체육시설)에 포함되어 있는 골프연습장의 비율이 월등히 높게 조사되었다. 골프연습장의 경우 타 시설항목에 비해 증가 개소수가 다소 적은 원인은 골프라는 종목 특성상 '사치', '고비용' 등의 고정관념이 남아 있는 것이 원인일 것이며, 이는 지방자치단체에서 골프연습장을 타 시설항목보다 많이 건립할 수 없는 이유일 것이다. 하지만 지방공기업에서 운영하는 골프연습장의 저렴한 사용료는 지역주민들이 반대할 이유는 없을 것이다. 축구장 중 지방공기업에서 운영하는 대표 시설은 서울월드컵경기장(상암동), 대전월드컵경기장, 전주월드컵경기장 등이 있으며, 해당 시설은 서울시설공단, 대전광역시시설관리공단, 전주시설공단에서 관리운영하고 있다. 서울월드컵경기장(상암동)의 건축면적은 58,551.73㎡이며, 연 면적은 166, 515.44㎡이고 지하1층부터 지상6층 규모로 조성되어 있다. 총 관람석은 66,704석이다. 대전월드컵경기장의 시설규모는 대지 172,378,18㎡(52,144평)이며, 연 면적은 101,786.46㎡(30,790평)이고 지하 1층부터 지상 6층으로 형태는 직사각형(205.2m×168.3m)으로 구성되어 있다. 수용인원은 약 4만 2천 명이다. 전주월드컵경기장 주경기장은 50,017㎡이며, 관람석은 42,564석 규모로 조성되어 있다. 수원월드컵경기장은 월드컵경기장관리재단, 제주월드컵경기장은 서귀포시 체육진흥과에서 관리하고 있다. 야구장 중 지방공기업에서 운영하는 대표 시설은 고척스카이돔 야구장과 수원종합운동장야구장이다. 고척스카이돔 야구장은 서울시설공단에서 운영하고 있으며, 수원종합운동장 야구장은 수원도시공사에서 관리 운영하고 있다. 잠실, 광주, 대전, 인천, 대구, 부산은 해당 지방자치단체 체육시설 관리사무소에서 해당 지역을 연고로 운영되고 있는 프로야구팀에 위탁 운영하고 있다. 2019년 3월에는 마산종합운동장 철거 후 창원시에서 건립한 창원NC파크야구장은 NC 다이노스에 위탁하여 운영되고 있다.

3 설립주체별 현황

2017년 말 기준(문화체육관광부, 2017) 전국의 공공체육시설은 26,927개소가 설립되어 운영되고 있다고 분석하였으며, 공공체육시설의 설치주체는 지방자치단체, 대한체육회, 대한장애인체육회, 국민체육진흥공단 등 4개 기관으로 구분하였다.

이 중 설치 주체별 설립현황은 지방자치단체 설립 체육시설 26,877개소, 대한체육회 설립 체육시설 20개소, 대한장애인체육회 설립 체육시설 14개소, 국민체육진흥공단 설립 체육시설은 16개소이다.

〈별표 8-1-9〉 설립주체별 설립현황

(단위: 개소)

구분	지방자치단체	대한체육회	대한장애인체육회	국민체육진흥공단
계	26,877	20	14	26

지방자치단체에서 설립한 공공체육시설은 전체 26,927개소 대비 약 99.8%를 차지하고 있어 거의 모든 공공체육시설은 지방자치단체에서 설립한 것으로 조사되고 있다. 지방자치단체에서 설립하여 운영하고 있는 공공체육시설 중 가장 많은 비중을 차지하고 있는 체육시설은 간이운동장으로 20,602개소인 것으로 조사되고 있다. 간이운동장 20,602개소는 모두 지방자치단체에서 설립하여 운영되고 있다. 간이운동장 다음으로 많이 설립한 체육시설 순서는 전천후 게이트볼장 1,479개소, 체육관 995개소, 축구장 981개소, 테니스장 766개소, 기타시설 420개소, 수영장 401개소 등이다.

〈별표 8-1-10〉 지방자치단체 설립 시설항목

(단위: 개소)

간이운동장	게이트볼장	체육관	축구장	테니스장	기타시설	수영장
20,602	1,479	995	981	766	420	401

체육관의 경우 전체 995개소 중 생활체육관이 533개소, 구기체육관 419개소, 투기체육관은 43개소로 분석되어 투기체육관이 가장 적은 시설항목으로 분석되었으며, 생활체육관은 전체 995개소 대비 약 54%의 비율로 조성되어 있는 것으로 조사되었다. 지방자치단체에서 설립한 공공체육시설 시설항목은 지역주민들이 우선 참여할 수 있는 체육이 그렇지 않은 시설보다 많이 설립되어 있는 것을 알 수 있다. 대한체육회에서 설립한 공공체육시설 시설항목은 총 20개소이며, 구기체육관, 테니스장, 투기체육관, 빙상장, 육상경기장, 축구장, 하키장, 야구장, 수영장, 사격장, 양궁장, 조정카누장 등이다.

〈별표 8-1-11〉 대한체육회 설립 시설항목

구분	4개소	3개소	2개소	1개소
시설항목	구기체육관	테니스장, 투기체육관	빙상장	육상경기장, 축구장, 하키장, 야구장, 수영장, 사격장, 양궁장, 조정카누장

대한장애인체육회에서 설립한 공공체육시설은 총 14개소이며, 시설항목은 기타시설, 구기체육관, 육상경기장, 축구장, 테니스장, 생활체육관, 수영장, 양궁장 등이다. 국민체육진흥공단에서 설립한 공공체육시설은 총 16개소이며, 시설항목은 수영장, 테니스장, 구기체육관, 생활체육관, 골프연습장, 축구장, 싸이클경기장, 투기체육관, 조정카누장, 빙상장 등이다.

〈별표 8-1-12〉 대한장애인체육회 및 국민체육진흥공단 설립 시설항목

대한장애인체육회 설립 시설항목	
구분	시설항목
6개소	기타시설
2개소	구기체육관
1개소	육상경기장, 축구장, 테니스장, 생활체육관, 수영장, 양궁장

국민체육진흥공단 설립 시설항목	
구분	시설항목
3개소	수영장
2개소	테니스장, 구기체육관, 생활체육관, 골프연습장
1개소	축구장, 싸이클경기장, 투기체육관, 조정카누장, 빙상장

지방공기업에서 관리 운영하는 비율이 높은 축구장, 야구장, 생활체육관, 수영장, 골프연습장의 소유기관별 현황은 다음과 같다.

〈별표 8-1-13〉 소유기관별 현황

(단위: 개소)

시설항목	합계	지방자치단체	대한체육회	대한장애인체육회	국민체육진흥공단
축구장	984	981	1	1	1
야구장	264	263	1		
생활체육관	536	533		1	2
수영장	406	401	1	1	3
골프연습장	83	81			2

축구장은 984개소, 야구장 264개소, 생활체육관 536개소, 수영장 406개소, 골프연습장 83개소이다. 이 중 축구장의 경우 지방자치단체 소유가 981개소이며, 각 기관별 1개소씩 소유하고 있다. 대한체육회와 대한장애인체육회는 국가대표 훈련시설이며, 국민체육진흥공단 소유시설은 미사리근린공원 내 위치하고 있다. 야구장은 지방자치단체와 대한체육회가 소유하고 있으며, 대한체육회 소유 1개 시설은 진천선수촌다목적필드이다. 지방자치단체 소유의 야구장은 프로야구 홈구장을 제외하고는 어린이 야구장과 생활체육을 위한 사회인야구장 등으로 구분되어 운영되고 있다. 생활체육관의 경우 총 536개소가 설립·운영되고 있으며, 지방자치단체 소유 생활체육관은 533개소이다. 대한장애인체육회 소유는 1개소이며, 국민체육진흥공단 소유는 2개소로 대부분의 생활체육관은 지방자치단체에서 소유하고 있는 것으로 조사되고 있다. 대한장애인 체육회에서 소유하고 있는 생활체육관과 수영장은 이천에 소재하고 있는 이천훈련원으로 훈련원 내 체력단련장과 수영장을 말한다. 국민체육진흥공단 소유 생활체육관 2개소는 분당올림픽 스포츠센터와 일산스포츠센터이며, 수영장은 생활체육관 2개소 내 수영장시설과 서울 송파구에 위치하고 있는 올림픽수영경기장 등 3개소를 말한다. 지방자치단체 소유 생활체육관과 수영장의 관리주체는 다양하다. 그중 지방자치단체에서 직접 운영하거나 지방공기업에 위탁하여 운영하는 방식이 가장 많은 비중을 차지하고 있으며, 그 외, 체육회, 종교단체, 청소년단체, 문화·예술단체, YWCA, YMCA등에 위탁하여 운영되고 있다. 국민체육진흥공단 소유 시설인 분당올림픽스포츠센터와 일산스포츠센터, 올림픽수영경기장 등 3개소는 국민체육진흥공단에서 출자하여 설립된 "한국체육산업개발"에 모두 위탁하고 있다.

수영장의 경우 생활체육관 시설 중 수영장이 포함된 수치이기도 하다.

골프장 83개소 중 국민체육진흥공단 소유는 2개 시설이며, 2개 시설은 올림픽공원 내 올림픽골프교실과 올림픽파크텔골프교실 등으로 올림픽파크텔과 올림픽체조경기장 내에 위치하고 있다. 관리주체는 한국체육산업개발과 국민체육진흥공단이다.

4 시(市)·도(道)별 현황

전국의 공공체육시설(문화체육관광부, 2017) 26,927개소 중 특별 및 광역시의 경우 총 7,780개소가 설립되어 운영되고 있어 전체 시설 대비 약 28.9%를 차지하고 있으며, 도(道)는 19,147개소를 설립하여 전체 시설 대비 약 71.1%를 차지하고 있는 것으로 분석되고 있다. 먼저 특별 및 광역시의 경우 서울 2,893개소, 부산 1,363개소, 인천 1,109개소, 대구 791개소, 광주 742개소, 대전 506개소, 울산 278개소, 세종 98개소가 설립되어 운영되고 있다. 서울특별시는 2,893개의 공공체육시설이 설립되어 특별 및 광역시 전체 공공체육시설 대비 약 37.2%를 차지하고 있는 것으로 조사되고 있다.

〈별표 8-1-14〉 특별 및 광역시 공공체육시설 설립현황

(단위: 개소)

합계	서울	부산	인천	대구	광주	대전	울산	세종
7,780	2,893	1,363	1,109	791	742	506	278	98

각 도(道)의 공공체육시설 설립현황은 경기도 4,541개소, 경북 2,688개소, 강원도, 2,306개소, 전남 2,319개소, 경남 2,278개소, 충북 1,933개소, 충남 1,409개소, 전북 1,173개소, 제주도 500개소가 설립되어 운영되고 있다. 경기도는 4,541개 시설이 설립되어 도(道) 전체 시설 대비 약 23.7%를 차지하고 있는 것으로 조사되고 있다.

〈별표 8-1-15〉 도(道) 공공체육시설 설립현황

(단위: 개소)

합계	경기	경북	강원	전남	경남	충북	충남	전북	제주
19,147	4,541	2,688	2,306	2,319	2,278	1,933	1,409	1,173	500

공공체육시설 중 지방공기업에서 많이 관리 운영하고 있는 축구장, 야구장, 생활체육관, 수영장, 골프연습장의 시·도별 현황은 다음과 같다. 먼저 특별 및 광역시의 시설항목 중 축구장은 전체 224개소가 있으며, 서울 69개소, 부산 34개소, 대구 29개소, 인천 27개소, 광주 21개소, 대전 13개소, 울산 27개소, 세종 4개소 등이 설립되어 운영되고 있다. 야구장은 전체 56개소가 있으며, 이 중 서울 16개소, 부산 10개소, 대

구 12개소, 인천 6개소, 광주 6개소, 대전 2개소, 울산 2개소, 세종 2개소 등이 설립되어 운영되고 있으며, 생활체육관의 경우 서울 95개소, 부산 25개소, 인천 24개소, 광주 17개소, 대구 16개소, 대전 14개소, 울산 7개소, 세종 6개소 등 총 204개소 운영되고 있다.

수영장의 경우 전체 191개소가 있으며, 이 중 서울이 90개소를 설립하여 전체 시설 중 약 47.1%를 차지하고 있다. 부산은 25개소, 대구 15개소, 인천 19개소, 광주 10개소, 대전 18개소, 울산 9개소, 세종 5개소 등이 설립되어 운영되고 있다. 골프연습장의 경우 전체 48개소가 있으며, 이 중 서울이 34개소를 설립하여 전체 시설 대비 약 70.8%를 차지하고 있다. 부산은 8개소, 인천 4개소, 광주 2개소 등이 설립되어 운영되고 있으며 대구, 대전, 울산, 세종 등은 골프연습장을 설립하고 있지 않다.

〈별표 8-1-16〉 지방공기업 운영 주요 시설항목(특별 및 광역시) (단위: 개소)

시설항목	특별 및 광역시							
	서울	부산	대구	인천	광주	대전	울산	세종
축구장	69	34	29	27	21	13	27	4
야구장	16	10	12	6	6	2	2	2
생활체육관	95	25	16	24	17	14	7	6
수영장	90	25	15	19	10	18	9	5
골프연습장	34	8		4	2			

축구장, 야구장, 생활체육관, 수영장, 골프연습장의 도(道)별 현황은 다음과 같다. 먼저 축구장의 경우 총 760개소가 운영되고 있으며, 경기도 216개소, 강원도 64개소, 충북 36개소, 충남 20개소, 전북 102개소, 전남 80개소, 경북 60개소, 경남 162개소, 제주도 20개소가 운영되고 있다. 경기도는 216개소의 축구장을 운영하고 있어 전체 축구장 대비 약 28.4%를 차지하고 있다. 야구장은 경기도 64개소, 강원도 23개소, 충북 12개소, 충남 12개소, 전북 20개소, 전남 23개소, 경북 20개소, 경남 30개소, 제주도 4개소 등 총 208개소의 야구장이 건립되어 운영되고 있으며, 경기도는 전체시설 대비 약 30.8%의 야구장을 보유하고 있다. 생활체육관은 경기도 104개소, 강원도 33개소, 충북 22개소, 충남 21개소, 전북 39개소, 전남 25개소, 경북 37개소, 경남 43개소, 제주도 8개소 등 총 332개소의 생활체육관이 건립되어 운영되고 있으며, 경기도는 전체 시설 대비 약 31.3%의 생활체육관을 보유하고 있다. 수영장은 경기도 92개소, 강원도 16개소, 충북 14개소, 충남 7개소, 전북 17개소, 전남 21개소, 경북 22개소, 경남 24개소, 제주도 2개소 등 총 215개소의 수영장이 건립되어 운영되고 있으며, 경기도는 전체 시설 대비 약 42.8%의 수영장을 보유하고 있다. 골프연습장은 경기도 7개소, 강원도 8개소, 충북 3개소, 전북 3개소, 전남 4개소, 경북 4개소, 경남 5개소, 제주도 1개소 등 총 35개소의 골프연습장이 건립되어 운영되고 있다. 충남의 경우 골프연습장을 보유하고 있지 않다.

〈별표 8-1-17〉 지방공기업 운영 주요 시설항목(도(道))

(단위: 개소)

시설항목	도(道)								
	경기	강원	충북	충남	전북	전남	경북	경남	제주
축구장	216	64	36	20	102	80	60	162	20
야구장	64	23	12	12	20	23	20	30	4
생활체육관	104	33	22	21	39	25	37	43	8
수영장	92	16	14	7	17	21	22	24	2
골프연습장	7	8	3		3	4	4	5	1

2. 지방공사·공단 운영 체육시설

1 지방공사

"전국공공체육시설현황(문화체육관광부, 2017)"에서 분석한 통계자료에서는 22개 시설항목 중 간이운동장을 제외한 전국의 공공체육시설은 총 6,325개소이며, 이 중 지방공사에서 관리 운영하는 시설은 총 376개소로 조사되었다. 간이운동장을 제외한 21개 시설항목은 육상경기장, 축구장, 하키장, 야구장, 싸이클경기장, 테니스장, 씨름장, 체육관, 게이트볼장, 수영장, 롤러스케이트장, 사격장, 국궁장, 양궁장, 승마장, 골프연습장, 조정카누장, 요트장, 빙상장, 설상경기장, 기타체육시설 등이며, 체육관은 구기체육관, 투기체육관, 생활체육관 등 3개 유형으로 구분하고 있다. 설상경기장은 스키점프경기장, 바이애슬론경기장, 크로스컨트리경기장, 봅슬레이·루지·스켈레톤경기장 등으로 구분하고 있으며, 21개 시설항목 중 지방공사 운영 비율이 높은 10개 시설항목 순위는 하키장, 육상경기장, 롤러스게이트징, 수영장, 야구장, 씨름장, 체육관, 사격장, 축구장, 골프연습장 등이다. 하키장의 경우 전체 16개소 중 3개소를 지방공사에서 운영하여 운영비율이 약 18.8%로 가장 높은 시설항목이며, 다음은 육상경기장으로 운영비율은 11.3%인 것으로 조사되었다.

지방공사에서 운영하는 체육시설 항목 중 가장 많이 관리·운영하는 체육시설은 체육관으로 조사되었으며, 체육관은 2017년 말 기준 84개소를 운영하고 있다. 체육관 다음은 72개소를 관리·운영하는 축구장으로 조사됐다.

<별표 8-1-18> 지방공사 운영 시설항목(비율)

순번	시설항목	시설개소	지방공사		기타	
			운영개소	비율(%)	운영개소	비율(%)
1	육상경기장	256	29	11.3	227	88.7
2	축구장	984	72	7.3	912	92.7
3	하키장	16	3	18.75	13	81.25
4	야구장	264	24	9.09	240	90.91
5	싸이클경기장	11	0	0	11	100
6	테니스장	772	40	5.2	732	94.8
7	씨름장	66	6	9.09	60	90.91
8	간이운동장	제외				
9	체육관	1,010	84	8.3	926	91.7
10	게이트볼장	1,479	20	1.3	1459	98.7
11	수영장	406	37	9.11	369	90.9
12	롤러스케이트장	157	15	9.6	142	90.4
13	사격장	26	2	7.7	24	92.3
14	국궁장	264	10	3.8	254	96.2
15	양궁장	24	0	0	24	100
16	승마장	20	1	5	19	95
17	골프연습장	83	6	7.2	77	92.8
18	조정카누장	11	0	0	11	100
19	요트장	17	1	5.9	16	94.1
20	빙상장	29	2	6.9	27	93.1
21	설상경기장	4	0	0	4	100
22	기타체육시설	426	24	5.6	402	94.4
	합계	6,325	376	6.05	5,949	94.1

자료: 전국공공체육시설현황(문화체육관광부, 2017)

<별표 8-1-19> 상위 10개 시설항목

순위	시설항목	시설개소	지방공사	
			운영개소	비율(%)
1	하키장	16	3	18.8
2	육상경기장	256	29	11.3
3	롤러스케이트장	157	15	9.6
4	수영장	406	37	9.1
5	야구장	264	24	9.09
6	체육관	1,010	84	8.3
7	사격장	26	2	7.7
8	씨름장	66	5	7.6
9	축구장	984	72	7.3
10	골프연습장	83	6	7.2
	합계	3,268	277	8.5

지방공사에서 높은 비율로 운영하고 있는 상위 5개 시설항목의 운영기관 및 시설현황은 다음과 같다.

(1) 하키장

하키장의 경우 전체 16개 시설 중 3개소를 운영하여 지방공사 운영비율은 18.75%로 21개 시설항목 중 지방공사에서 운영하는 비율이 가장 높은 시설항목이다. 하키장의 경우 지방자치단체에서 직접 운영하는 시설개소는 8개소로 전체 시설의 50%를 직접 운영하고 있다. 지방공사에서 운영하는 3개소는 경기도 2개소와 강원도 1개소이며, 경기도 소재 하키장은 고양시와 성남시에 위치하고 있다. 강원도는 춘천시에 위치하고 있으며, 해당 시설물의 운영기관은 고양도시관리공사, 성남도시개발공사, 춘천도시공사이다. 고양도시관리공사에서 운영하는 하키장은 신일산 배수지 인라인 하키장으로 부지면적은 3,452㎡이며 2008년도에 준공된 시설이다. 성남도시개발공사에서 운영하는 하키장의 부지면적은 13,255㎡이며, 1997년에 준공된 인조잔디하키장이다. 춘천도시공사에서 운영하는 춘천하키장 부지면적은 21,239㎡이고 1996년 준공되었으며, 지난 2008년 리모델링되었다.

〈별표 8-1-20〉 하키장

순위	시설항목	시설개소	지방공사		기타	
			운영개소	비율(%)	운영개소	비율(%)
1	하키장	16	3	18.75	13	81.25

성남종합운동장 하키장의 사용료는 전용(대관)사용료의 경우 주간과 야간, 체육경기 및 체육이외 행사, 평일과 토·공휴일 등으로 구분하여 사용료를 징수하고 있다. 개인사용료의 경우 개인 및 단체로 구분하여 개인은 1,500원, 단체는 1,000원의 사용료를 징수한다.

(2) 육상경기장

육상경기장의 경우 전체 256개 시설 중 29개소를 운영하여 운영비율은 약 11.3%이며, 이는 지방공사가 운영하는 시설항목 중 두 번째로 높은 운영비율이다. 육상경기장의 경우 지방자치단체에서 직접 운영하는 시설개소는 180개소이며, 기타 기관에서는 47개 시설을 운영하고 있다. 지방공사에서 운영하는 29개소는 경기도 19개소, 강원도 2개소, 경남 8개소 등이며, 수원도시공사, 고양도시관리공사, 용인도시공사, 성남도시개발공사, 부천도시공사, 안산도시공사, 화성도시공사, 남양주도시공사, 김포도시공사, 광명도시공사, 하남도시공사, 춘천도시공사, 김해시도시개발공사, 거제해양관광개발공사, 창녕군개발공사 등의 기관에서 관리 운영하고 있다. 육상경기장의 주요 시설은 다음과 같다. 수원종합운동장 주경기장은 수원도시공사에서 운영하며, 1986년 준공된 시설로 부지면적은 37,531㎡이며, 트랙바닥은 우레탄으로 조성되어 있다.

필드바닥은 천연잔디로 조성되어 있다. 춘천도시공사는 송암스포츠타운종합경기장과 보조경기장을 관리하며, 종합경기장은 2009년 준공된 시설로 부지면적은 75,595㎡이고 트랙 바닥재료는 몬도트랙이다. 주로 연장은 400m, 주로 수는 8개이며, 필드바닥재료는 천연잔디로 조성되어 있다. 거제해양관광개발공사에서는 거제종합운동장, 아주운동장, 옥포운동장, 거제스포츠파크주경기장, 둔덕가족체육공원 등을 관리하며, 거제스포츠파크 주경기장은 2012년 준공된 시설로 부지면적은 98,505㎡이고 트랙 바닥 재료는 합성탄성고무이다. 주로는 8개이며, 400m이고 필드바닥재료는 천연잔디로 조성되어 있다.

〈별표 8-1-21〉 육상경기장

순위	시설항목	시설개소	지방공사		기타	
			운영개소	비율(%)	운영개소	비율(%)
2	육상경기장	256	29	11.3	227	88.7

(3) 롤러스케이트장

롤러스케이트장의 경우 전체 157개 시설 중 15개소를 운영하여 운영비율은 약 9.6%이며, 이는 지방공사가 운영하는 시설항목 중 세 번째로 높은 운영비율이다.

지방자치단체에서 직접 운영하는 롤러스케이트장 시설개소는 114개소이며, 기타 기관에서는 28개 시설을 운영하고 있다. 지방공사에서 운영하는 15개소는 경기도 9개소, 강원도 2개소, 경남 4개소 등이며, 용인도시공사, 성남도시개발공사, 안산도시공사, 화성도시공사, 하남도시공사, 춘천도시공사, 김해시도시개발공사, 거제해양관광개발공사 등의 기관에서 관리 운영하고 있다. 롤러스케이트장의 주요 시설은 다음과 같다. 수내 롤러스케이트장은 성남도시개발공사에서 운영하며, 2000년 준공된 시설로 부지면적은 5,285㎡이다. 면적은 1,920㎡이며, 바닥은 우레탄이고 실외 시설물로 조성되어 있다. 동탄센트럴파크 인라인스케이트장은 화성도시공사에서 운영하며, 실외시설물로 2008년 준공된 시설로 부지면적은 3,825㎡이고 바닥은 우레탄으로 조성되어 있다. 김해시민롤러스케이트장은 김해시도시개발공사에서 운영하며, 실외시설물로 2005년 준공된 시설이다. 부지면적은 3,885㎡이고 주로는 200m이며, 바닥은 우레탄, 관람석 좌석 수는 500석으로 계단식으로 조성되어 있다.

〈별표 8-1-22〉 롤러스케이트장

순위	시설항목	시설개소	지방공사		기타	
			운영개소	비율(%)	운영개소	비율(%)
3	롤러스케이트장	157	15	9.6	142	90.4

(4) 수영장

수영장의 경우 전체 406개 시설 중 37개소를 운영하여 지방공사에서 운영하는 운영비율은 약 9.11%이다. 수영장의 경우 지방자치단체에서 직접 운영하는 시설개소는 117개소이며, 기타 기관에서는 252개 시설을 운영하고 있다. 지방공사에서 운영하는 37개소는 광주 1개소, 경기도 30개소, 강원도 4개소, 경남 2개소 등이며, 광주광역시도시공사, 수원도시공사, 고양도시관리공사, 용인도시공사, 성남도시개발공사, 부천도시공사, 안산도시공사, 화성도시공사, 남양주도시공사, 경기도광주지방공사, 하남도시공사, 구리도시공사, 의왕도시공사, 춘천도시공사, 강릉관광개발공사, 통영관광개발공사 등의 기관에서 관리 운영하고 있다. 수영상의 주요 시설은 다음과 같다. 성남종합스포츠센터 수영장은 성남도시개발공사에서 운영하는 실내수영장으로 2016년 준공하였으며, 부지면적은 122,221㎡이고 연 면적은 33,472㎡의 정규 경영수영장이다. 수영장 관람석 수용인원은 308명이고 수영장 길이는 50m이며, 10개 레인으로 조성되어 있다. 강릉시국민체육센터 수영장은 강릉관광개발공사에서 운영하는 실내수영장으로 2009년 준공하였으며, 부지면적은 9,307㎡이고 연 면적은 2,483㎡의 비정규 경영수영장이다. 수영장 길이는 25m이며, 8개 레인으로 조성되어 있다.

〈별표 8-1-23〉 수영장

순위	시설항목	시설개소	지방공사		기타	
			운영개소	비율(%)	운영개소	비율(%)
4	수영장	406	37	9.11	369	90.89

(5) 야구장

야구장의 경우 전체 264개 시설 중 24개소를 운영하여 지방공사에서 운영하는 운영비율은 약 9.09%이다. 지방자치단체에서 직접 운영하는 시설개소는 155개소이며, 기타 기관에서는 85개 시설을 운영하고 있다. 지방공사에서 운영하는 24개소는 경기도 19개소, 강원도 3개소, 경남 2개소 등이며, 수원도시공사, 고양도시관리공사, 용인도시공사, 성남도시개발공사, 안산도시공사, 하남도시공사, 춘천도시공사, 통영관광개발공사, 김해시도시개발공사 등의 기관에서 관리 운영하고 있다. 야구장의 주요시설은 다음과 같다. 고양 국가대표 야구연습장은 고양도시관리공사에서 운영하며, 2011년 준공된 시설로 부지면적은 12,209㎡이며, 연 면적은 2,602㎡이다. 야구장 바닥은 외야와 내야 모두 인조잔디로 조성되어 있으며, 야구장 규격은 홈플레이트에서 외야 중앙은 121.9m, 외야 1,3루 쪽은 99m이다. 주요시설은 본부석, 관중석, 덕아웃, 라이트, 주차장 등의 시설이 구성되어 있으며, 관중석은 390석 규모이다. 화성드림파크는 화성도시공사에서 관리 운영하는 시설로 부지면적은 242,689㎡(약 7.3만 평)이며, 연 면적은 3,535.76㎡(지하1층, 지상3층)로 조성된 파크이다. 주요시설은 리틀야구장 4면, 주니어야구장 3면, 여자야구장 1면 등 총 8면의 야구장으로 구성되어 있으며 관람석은 1,140석의 규모로 조성되었다. 메인리틀야구장의 규모는 763.46㎡(약 230평)로 화성드림파크는 리틀 및 주니어 등 유소년 전용야구장으로 국내 최대 규모의 야구장이다. 해당 시설의 이용시간은 하절기와 동절기로 구분하여 운영되고 있으며, 사용료는 체육경기와 체육 이외 행사로 구분하여 주간 및 조기, 야간의 사용료를 1회 3시간을 기준으로 징수하고 있다. 국가 · 지자체 · 화성시체육회 주체, 주관경기 및 행사는 사용료가 100% 감면된다.

〈별표 8-1-24〉 야구장

순위	시설항목	시설개소	지방공사		기타	
			운영개소	비율(%)	운영개소	비율(%)
5	야구장	264	24	9.09	240	90.91

2 지방공단

전국공공체육시설현황(문화체육관광부, 2017)에서 분석한 통계자료 기준 지방공단에서 관리 운영하는 시설은 총 762개소이다. 간이운동장을 제외한 21개 시설항목은 육상경기장, 축구장, 하키장, 야구장, 싸이클경기장, 테니스장, 씨름장, 체육관, 게이트볼장, 수영장, 롤러스케이트장, 사격장, 국궁장, 양궁장, 승마장, 골프연습장, 조정카누장, 요트장, 빙상장, 설상경기장, 기타체육시설 등이다.

〈별표 8-1-25〉 지방공단 운영 시설항목(비율)

순번	시설항목	시설개소	지방공단		기타	
			운영개소	비율(%)	운영개소	비율(%)
1	육상경기장	256	37	14.5	219	85.5
2	축구장	984	129	13.1	855	86.9
3	하키장	16	2	12.5	14	87.5
4	야구장	264	32	12.1	232	879
5	싸이클경기장	11	6	54.5	5	455
6	테니스장	772	66	8.5	706	915
7	씨름장	66	3	4.5	63	95.5
8	간이운동장	제외				
9	체육관	1,010	199	19.7	811	80.3
10	게이트볼장	1,479	19	1.3	1460	98.7
11	수영장	406	122	30.1	284	69.9
12	롤러스케이트장	157	23	14.6	134	85.4
13	사격장	26	5	19.2	21	80.8
14	국궁장	264	9	3.4	255	96.6
15	양궁장	24	3	12.5	21	87.5
16	승마장	20	5	25	15	75

17	골프연습장	83	30	36.1	53	63.9
18	조정카누장	11	0	0	11	100
19	요트장	17	2	11.8	15	88.2
20	빙상장	29	9	31	20	69
21	설상경기장	4	0	0	4	100
22	기타체육시설	426	61	14.3	365	85.7
	합계	6,325	762	12.05	5,563	87.95

자료: 전국공공체육시설현황(문화체육관광부, 2017)

체육관 시설항목과 설상경기장은 지방공사와 동일하게 일원화하였으며, 지방공단에서는 조정카누장과 설상경기장을 운영하고 있지 않은 것으로 조사되었다. 조정카누장과 설상경기장을 제외하고는 게이트볼장(1.3%)과 국궁장(3.4%)의 운영비율이 가장 저조한 것으로 조사되었으며, 간이운동장을 제외한 21개 시설항목 중 지방공단 운영비율이 높은 10개 시설항목 순위는 싸이클경기장, 골프연습장, 빙상장, 수영장, 승마장, 체육관, 사격장, 육상경기장, 기타체육시설, 축구장 순이다. 지방공사에서 운영하는 상위 10개 시설항목 중 수영장, 체육관, 사격장, 육상경기장, 축구장 등 5개 시설항목이 동일한 것으로 분석되었으며, 나머지 5개 시설항목은 지방공사와 지방공단이 차이가 있는 것으로 조사되었다. 이는 지방공사와 지방공단의 사업영역의 차이에 의한 것으로 볼 수 있을 것이다. 상위 10개 시설항목의 총 시설개소 수는 3,251개소이며, 이 중 지방공단에서 운영하는 시설개소 수는 603개소로 상위 10개소 시설 대비 운영비율은 약 18.5%로 분석되었다. 지방공단이 지방공사에 비해 운영하는 체육시설 개소 및 비율이 조금 더 높은 원인은 지방공단이 지방공사보다 조금은 더 주민밀착형 기업이기 때문일 것이다. 시설 항목 중 지방공단에서 가장 많이 관리·운영하는 체육시설은 체육관으로 조사되었으며, 체육관은 2017년 말 기준 199개소를 운영하고 있다. 체육관 다음은 129개소를 관리·운영하는 축구장으로 조사되었다.

〈별표 8-1-26〉 상위 10개 시설항목

순위	시설항목	시설개소	지방공단	
			운영개소	비율(%)
1	싸이클경기장	11	6	54.5
2	골프연습장	83	30	36.1
3	빙상장	29	9	31
4	수영장	406	122	30.1
5	승마장	20	5	25
6	체육관	1,010	199	19.7
7	사격장	26	5	19.2
8	육상경기장	256	37	14.5
9	기타체육시설	426	61	14.3
10	축구장	984	129	13.1
	합계	3,251	603	18.5

지방공단에서 높은 비율로 운영하고 있는 상위 5개 시설항목의 운영기관 및 시설현황은 다음과 같다.

(1) 싸이클경기장

싸이클경기장의 경우 전체 11개소 중 5개소를 지방공단에서 운영하고 있어 전체시설 대비 지방공단 운영 비율은 약 45.4%로 21개(간이운동장 제외) 시설항목 중 지방공기업에서 운영하는 비율이 가장 높은 시설항목으로 분석됐다. 지방자치단체에서 직접 운영하는 싸이클경기장은 2개소이며, 기타 기관에서는 9개 시설을 운영하고 있다. 지방공단에서 운영하는 5개소는 부산, 대전, 경기, 전북, 경남 등이 각 1개소씩 운영하고 있다. 부산지방공단스포원, 대전광역시시설관리공단, 의정부시시설관리공단, 전주시설공단, 창원경륜공단 등의 기관에서 관리 운영하고 있다. 싸이클경기장의 주요 시설은 다음과 같다. 스포원경륜경기장은 부산지방공단 스포원에서 운영하며, 2002년 준공된 시설로 부지면적은 31,861㎡, 연 면적은 38,942㎡의 시설이다. 경기장 트랙 바닥 재료는 아스콘이며, 주로연장은 333m, 좌석수는 6,730석, 수용인원은 20,000명이다. 의정부시싸이클경기장은 의정부시시설관리공단에서 운영하며, 1989년 준공된 시설로 부지면적은 25,456㎡, 연 면적은 1,292㎡의 시설이다. 경기장 트랙 바닥 재료는 콘크리트이며, 주로연장은 333m, 좌석수는 1,988석이고 수용인원은 3,000명이다. 싸이클경기장의 전용(대관)사용료는 트랙의 경우 체육경기일 경우 평일과 토·공휴일 등으로 구분하여 사용료를 징수하며, 안전상의 이유로 선수의 경우만 입장가능하다. 창원자전거경기장은 창원경륜공단에서 운영하며, 1996년 준공된 시설로 부지면적은 50,500㎡, 연 면적은 42,339㎡의 시설이다.

〈별표 8-1-27〉 싸이클경기장

순위	시설항목	시설개소	지방공단		기타	
			운영개소	비율(%)	운영개소	비율(%)
1	싸이클경기장	11	5	45.4	6	54.6

(2) 골프연습장

골프연습장의 경우 전체 83개소 중 30개소를 지방공단에서 운영하고 있어 전체시설 대비 지방공단 운영 비율은 약 36.1%이다. 지방자치단체에서 직접 운영하는 시설개소는 20개소이며, 기타 기관에서는 33개 시설을 운영하고 있다. 지방공단에서 운영하는 30개소는 서울시자치구공단 21개소, 부산 3개소, 인천 1개소, 경기 2개소, 충북 1개소, 전북 2개소 등이며, 서울자치구 지방공단은 중구, 광진구, 성북구, 강북구, 은평구, 서대문구, 마포구, 양천구, 강서구, 금천구, 영등포구, 동작구, 관악구, 강남구, 송파구, 강동구 등이 운영하고 있다. 부산지방공단 스포원, 부산시설공단, 부산환경공단, 인천중구, 양주시시설관리공단, 연천군시설관리공단, 단양관광관리공단, 전주시시설관리공단 등의 기관에서 골프연습장을 관리 운영하고 있다. 지방공단에서 운영하는 주요 골프연습장 시설은 다음과 같다. 북악골프연습장은 성북구도시관리공단에서 운영하며, 1971년 준공된 시설이다. 부지면적은 35,016㎡, 연 면적은 946㎡이며, 52타석으로 비거리는 201m이다. 골프연습장 이용은 월 정기회원, 월 주중회원, 일일이용, 쿠폰 등 4가지 방식으로 구분하여 운영하고 있으며, 평일, 주말/공휴일 등으로 구분하여 이용시간 및 사용료를 징수한다. 청산골프연습장은 연천군시설관리공단에서 운영하며, 2010년 준공된 시설이다. 부지면적은 18,337㎡, 연 면적은 1,617㎡이며, 40타석으로 비거리는 180m이다. 골프연습장 이용은 정회원, 쿠폰회원, 일일입장 등 3가지 방식으로 구분하여 운영하고 있으며, 정회원은 1개월, 3개월, 6개월, 1년 등 단위로 1회 100분을 이용시간으로 사용료를 징수한다. '단양골프장'은 단양관광관리공단에서 운영하며, 2004년 준공된 시설이다. 부지면적은 9,337㎡, 연 면적은 3,060㎡이며, 33타석으로 조성되어 있다. 골프연습장은 정회원, 청소년, 쿠폰이용 등으로 구분하여 사용료를 징수한다.

〈별표 8-1-28〉 골프연습장

순위	시설항목	시설개소	지방공단		기타	
			운영개소	비율(%)	운영개소	비율(%)
2	골프연습장	83	30	36.1	53	63.9

(3) 빙상장

빙상장의 경우 전체 29개 시설 중 9개소를 운영하여 31%의 운영비율을 나타내고 있으며, 이는 지방공단에서 운영하는 시설항목 중 세 번째로 비율이 높은 시설항목이다. 빙상장의 경우 지방자치단체에서 직접 운영하는 시설개소는 8개소이며, 기타 기관에서는 12개 시설을 운영하고 있다. 지방공단에서 운영하는 9개소는 대구 1개소, 경기도 5개소, 전북 1개소, 경남 2개소 등이며, 대구시설공단, 고양시시설관리공단, 성남시시설관리공단, 안양시시설관리공단, 의정부시시설관리공단, 과천시시설관리공단, 창원시시설관리공단 등의 기관에서 관리 운영하고 있다. 빙상장의 주요 시설은 다음과 같다. 대구시설공단에서 운영하는 대구실내 빙상장은 1995년 준공된 시설로 부지면적은 11,283㎡이며, 연 면적은 4,095㎡이다. 숏트랙 링크로 링크 폭은 30m이며, 관람석은 이동식 의자로 구성되어 1,000명을 수용할 수 있다. 의정부시시설관리공단에서 운영하는 의정부시실내빙상장은 2003년 준공된 시설로 부지면적은 29,468㎡이며, 연 면적은 5,373㎡이다. 숏트랙 링크로 링크 폭은 30m이며, 관람석은 의자식으로 구성되어 1,300명을 수용할 수 있다. 창원시에는 서부스포츠센터 빙상장과 성산스포츠센터 빙상장 등 2개의 빙상장이 있다. 빙상장은 창원시시설관리공단에서 운영하고 있으며, 성산스포츠센터 빙상장은 2016년 준공된 시설로 부지면적은 9,916㎡이며, 연 면적은 11,515㎡이다. 숏트랙 링크로 링크 폭은 30m이며, 관람석은 스탠드식으로 204명을 수용할 수 있게 조성되어 있다.

〈별표 8-1-29〉 빙상장

순위	시설항목	시설개소	지방공단		기타	
			운영개소	비율(%)	운영개소	비율(%)
3	빙상장	29	9	31	20	69

(4) 수영장

수영장의 경우 전체 406개소 중 122개소를 지방공단에서 운영하고 있어 전체시설 대비 지방공단 운영 비율은 약 36.1%이다. 지방자치단체에서 직접 운영하는 시설개소는 117개소이며, 기타 기관에서는 167개 시설을 운영하고 있다. 지방공단에서 운영하는 122개소는 서울 47개소, 부산 6개소, 대구 5개소, 인천 12개소, 광주 1개소, 대전 4개소, 울산 6개소, 경기도 20개소, 강원도 1개소, 충북 4개소, 전북 2개소, 경북 5개소, 경남 9개소 등이다. 서울시 자치구 중 마포구와 서초구를 제외한 23개 지방공단과 부산지방공단(스포원), 부산환경공단, 부산시설공단, 기장군도시관리공단, 대구시설공단, 달성군시설관리공단, 인천시시설관리공단, 인천중구, 부평구, 남동구, 서구 등 자치구 지방공단, 강화군시설관리공단, 광주광산구시설관리공단, 대전시설관리공단, 대전 동구 및 중구시설관리공단, 울산시설관리공단, 남구도시관리공단, 울주군시설관리공단, 고양시, 안양시, 의정부시, 시흥시, 김포시, 오산시, 양주시, 안성시, 포천시, 여주시, 과천시시설관리공단, 가평군시설관리공단, 동해시, 청주시, 충주시, 전주시, 포항시, 경주시, 안동시, 구미시, 창원시시설관리공단 등의 기관에서 관리 운영하고 있다. 수영장의 주요 시설은 다음과 같다. 창원시시설관리공단의 경우 9개의 수영장을 관리하고 있으며, 창원실내수영장의 시설은 다음과 같다. 1997년 준공된 시설로 부지면적은 39,626㎡이며, 연 면적은 14,329㎡이다. 실내수영장으로 다이빙장, 정규경영장, 비정규경영장 등이 있으며, 다이빙장은 25m, 정규경영장은 50m×10레인, 비정규 경영장은 15m로 조성되어 있다.

〈별표 8-1-30〉 수영장

순위	시설항목	시설개소	지방공단		기타	
			운영개소	비율(%)	운영개소	비율(%)
4	수영장	406	122	30.1	284	69.9

(5) 승마장

승마장의 경우 전체 20개소 중 5개소를 지방공단에서 운영하고 있어 전체시설 대비 지방공단 운영 비율은 약 25%이다. 지방자치단체에서 직접 운영하는 시설개소는 7개소이며, 기타 기관에서는 8개 시설을 운영하고 있다. 지방공단에서 운영하는 5개소는 대구 2개소, 대전 1개소, 전주 1개소, 구미 1개소 등이다. 지방공단에서 운영하는 5개소는 대구 2개소, 대전 1개소, 전북 1개소, 경북 1개소 등이며, 대구시설관리공단, 대전시시설관리공단, 전주시시설관리공단, 구미시시설공단 등의 기관에서 관리운영하고 있다.

승마장의 주요시설은 다음과 같다. 대구시설공단에서 운영하는 승마장은 승마힐링센터 내 전용마장과 대덕승마장 등 2개소이다. 대덕승마장은 1992년 준공된 시설로 부지면적은 31,773㎡이며, 연 면적은 4,796㎡이다. 길이는 주경기장 90m, 보조마장 70m, 실내마장 70m이며, 관람석의 좌석 수는 500개로 1,000명을 수용할 수 있는 시설로 조성되어 있다. 대전시설관리공단에서 운영하는 복용승마장은 1994년 준공된 시설로 부지면적은 28,991㎡이며, 연 면적은 6,232㎡이다. 길이는 주경기장 85m, 보조마장 25m, 실내마장 70m이며, 계단식으로 조성된 관람석의 좌석 수는 318개로 1,000명을 수용할 수 있는 시설이다. '전주승마장'은 1991년 준공된 시설로 부지면적은 23,478㎡이며, 연 면적은 4,818㎡이다. 길이는 주경기장 85m, 실내마장 72m이며, 관람석의 좌석 수는 1,080개로 1,080명을 수용할 수 있는 시설로 조성되어 있다. 구미시승마장은 2011년 준공된 시설로 부지면적은 90,129㎡이며, 연 면적은 5,278㎡이다. 길이는 주경기장 80m, 보조마장 75m, 실내마장 72m이며, 관람석의 좌석 수는 1,080개로 1,080명을 수용할 수 있는 시설로 조성되어 있다.

〈별표 8-1-31〉 승마장

순위	시설항목	시설개소	지방공단		기타	
			운영개소	비율(%)	운영개소	비율(%)
5	승마장	20	5	25	15	75

제2절 서울시 자치구 공단 운영 체육시설

1. 설립

　서울특별시에는 25개의 자치구가 있으며, 25개 자치구 중 서초구를 제외한 24개 자치구에는 각 자치구에서 출자한 지방공기업이 설립되어 운영되고 있다. 서울시 자치구 지방공기업은 시·군·구 형태의 지방공기업에 포함되며, 24개 기관 모두 지방공단 형태의 지방공기업으로 운영 중에 있다.

〈별표 8-2-1〉 서울시 자치구 공단 설립현황

설립연도	설립일	공단명	설립연도	설립일	공단명
2000년 이전	1996.04.19	강서구시설	2003년	12.01	중랑구시설
	1997.11.01	강북구도시		12.22	서대문구도시
	1998.01.07	종로구시설	2004년	01.07	광진구시설
	1999.09.01	강남구도시		06.18	영등포구시설
2000년	01.17	양천구시설		07.01	마포구시설
	01.24	성북구도시		10.01	성동구도시
	09.22	동작구시설		10.27	금천구시설
2002년	01.02	송파구시설	2005년	04.01	도봉구시설
2003년	03.04	용산구시설	2006년	08.22	은평구시설
	09.01	구로구시설	2007년	02.23	관악구시설
	11.01	동대문구시설		10.09	노원구서비스
	11.18	강동구도시	2013년	06.17	중구시설

자료: 클린아이(http://www.cleaneye.go.kr/)

　24개 지방공기업 중 가장 먼저 설립된 자치구는 강서구시설관리공단이다. 강서구시설관리공단은 지난 1996년 4월 19일 설립되었으며, 최초 설립 시에는 교통시설관리공단으로 설립되었다. 강서구시설관리공단 설립을 시작으로 2013년까지 24개의 자치구 지방공단이 순차적으로 설립되었으며, 서울시 자치구 지방공단 설립순서는 다음과 같다. 2000년 이전 설립된 지방공단은 강서구시설관리공단, 강북시설관리공단, 종로구시설관리공단, 강남구도시관리공단 등 4개 기관이며, 2000년 설립된 지방공단은 양천구시설관리공단, 성북구도시관리공단, 동작구시설공단 등 3개 기관이다. 2002년에는 송파구시설공단이 설립되었으며, 2003년에는 용산구시설관리공단, 구로구시설관리공단, 동대문구시설관리공단, 강동구도시관리공단, 중랑구시설관리공단, 서대문구도시관리공단 등 6개 기관이 설립되어 한 해 동안 가장 많은 자치구 지방공기업이 설립되었다. 2004년에는 광진구시설관리공단, 영등포구시설관리공단, 마포구시설관리공단, 성동구도시관리공단, 금천구시설관리공단 등 5개 기관, 2005년과 2006년에는 도봉구시설관리공단, 은평구시설관리공단, 2007년에는 관악구시설관리공단, 노원서비스공단 등 2개 기관, 2013년에는 중구시설공단 1개 기관이 설립되었다. 중구시설관리공단을 제외한 23개 자치구 지방공단은 2007년 이전에 설립되어 서울시 자치구 지방공단은 1990년 중반부터 2007년 까지 가장 활발하게 설립되었다. 서울시 자치구별 지방공기업이 설립되면서 서울시 자치구 지방자치단체에서 운영하던 일부 사무(행정)업무가 지방공단으로 이관되었다.

서울시 자치구 지방공단의 설립일은 클린아이[22](http://www.cleaneye.go.kr/)의 지방공기업별 일반현황을 참고하였으며, 추진사업은 클린아이와 각 자치구 공단별 홈페이지 연혁 등을 참고했다. 또한, 자본금은 자치구별 지방공기업 설치 조례(자본금)에서 정하고 있는 금액을 기준으로 설명하였으며, 일부 지방공단 자치조례는 조례의 제정일과 공단 설립일이 차이가 있어 공단 설립(창립)일을 기준으로 개정된 조례의 자본금을 기준으로 설명했다. 자본금은 지방공기업을 설립한 지방자치단체에서 전액 현금 또는 현물로 출자한다고 정하고 있다. 서울을 도심 및 서북생활권, 동북생활권, 동남생활권, 서남생활권 등 4개 권역으로 구분하여 설명하고자 하며, 서울시 24개 자치구 지방공기업 설립현황은 다음과 같다.

1 도심 및 서북생활권

〈별표 8-2-2〉 서울시 자치구 공단 설립현황(도심 및 서북생활권)

공단명	설립연도	추진사업(설립 시)	비고
종로	1998.01.07	올림픽기념국민생활관	5억
용산	2003.03.04	복지관(06.01), 어린이집(09.01), 서빙고헬스장(10.01)	5억
서대문	2003.12.22	공영주차장	10억
마포	2004.07.01	1998.01 마포개발공사 설립 2004.07 마포구시설관리공단으로 명칭변경 2004.07.01. 농수산물시장, 거주우선주차, 노상·노외주차상, 마포문화체육센터, 피견인차량보관소 등 운영	20억
은평	2006.08.22	공영주차장, 은평문화예술회관, 은평구민체육센터	5억
중구	2013.06.17	거주자우선주차제, 체육시설(4개소), 노점상실명제, 종량제봉투공급	30억

자료: 클린아이(http://www.cleaneye.go.kr/)

도심 및 서북생활권은 총 6개 자치구 지방공단이 대상이며, 종로구·용산구·서대문구·마포구·은평구·중구 순으로 설립되었다. 종로구시설관리공단의 경우 1998년 1월 7일 설립되었으며, 설립자본금은 5억 원, 설립 시 추진사업은 올림픽기념국민생활관 운영이었다. 용산구시설관리공단의 경우 2003년 3월 4일 설립되었으며, 설립자본금은 5억 원, 설립 시 추진사업은 복지관·어린이집·서빙고헬스장 운영이었다.

---

22) 클린아이는 지방공공기관 경영정보공개시스템(Local Public Enterprise Clean-Eye)으로 「지방공기업법」에 의해 설립된 지방공기업의 경영정보를 일반 국민들에게 공개하기 위해 행정안전부에서 구축(2007)하여 운영하는 시스템이다.

서대문구도시관리공단의 경우 2003년 12월 22일 설립되었으며, 설립자본금 10억, 설립 시 추진사업은 공영주차장 운영이었다. 마포구시설관리공단의 경우 2004년 7월 1일 설립되었으며, 설립자본금 20억, 설립 시 추진사업은 농수산물시장 · 거주자우선주차 · 공영주차장 · 마포문화체육센터 · 견인차량보관소 운영이었다. 마포구시설관리공단은 1998년 1월 마포개발공사로 설립되어 운영되었으나 2004년 7월 마포구시설관리공단으로 명칭이 변경되었다. 은평구시설관리공단의 경우 2006년 08월 22일 설립되었으며, 설립자본금 5억, 설립 시 추진사업은 공영주차장 · 은평문화예술회관 · 은평구민체육센터 운영이었다. 중구시설관리공단의 경우 2013년 6월 17일 설립되었으며, 설립자본금 30억, 설립 시 추진사업은 거주자우선주차 · 체육시설 4개소 · 노점상 실명제 · 종량제봉투공급 등 운영이었다.

2 동북생활권

〈별표 8-2-3〉 서울시 자치구 공단 설립현황(동북생활권)

공단명	설립연도	추진사업	비고
강북	1997.11.01	강북구민생활서비스코너, 공영주차장관리	20억
성북	2000.01.24	트리즘빌딩, 길음환승주차빌딩, 구민체육관, 공영 · 부설 · 거주자주차관리, 북악골프연습장 민간위탁관리	10억
동대문	2003.11.01	장평공원테니스장, 구민체육센터, 동대문구체육관	10억
중랑	2003.12.01	구립정보도서관, 구민체육센터	10억
광진	2004.01.07	공영주차장(2월)	5억
성동	2004.10.01	공영주차장, 거주자우선주차, 성동구민종합체육센터	20억
도봉	2005.04.01	거주자우선주차, 공영주차장, 구민회관, 행정지원센터, X-Sport Land, 실내배드민턴장, 현수막게시대, 구청사시설관리	10억
노원	2007.10.09	노원구민체육센터, 거주자우선주차	10억

자료: 클린아이(http://www.cleaneye.go.kr/)

동북생활권은 총 8개 자치구 지방공단이 대상이며, 강북구 · 성북구 · 동대문구 · 중랑구 · 광진구 · 성동구 · 도봉구 · 노원구 순으로 설립되었다. 강북구도시관리공단의 경우 1997년 11월 1일 설립되었으며, 설립자본금 20억, 설립 시 추진사업은 강북구민생활서비스코너, 공영주차장 운영이었다. 성북구도시관리공단의 경우 2000년 1월 24일 설립되었으며, 설립자본금 10억, 설립 시 추진사업은 트리즘빌딩, 길음 환승주차빌딩, 구민체육관, 공영주차장, 거주자우선주차, 북악골프연습장 민간위탁 등 운영이었다. 동대문구시설관리공단의 경우 2003년 11월 1일 설립되었으며, 설립자본금 10억, 설립 시 추진사업은 장평공원테니스장, 구민체육센터, 동대문구체육관 운영이었다. 중랑구시설관리공단의 경우 2003년 12월 1일 설립되었으며, 설립자본금 10억, 설립 시 추진사업은 구립정보도서관, 구민체육센터 운영이었다. 광진구시설관리공단의 경우 2004년 1월 7일 설립되었으며, 설립자본금 5억, 설립 시 추진사업은 공영주차장, 도서관 등 운영이었다. 성동구도시관리공단의 경우 2004년 10월 1일 설립되었으며, 설립자본금 20억, 설립 시 추진사업은 공영주차장, 거주자우선주차, 성동구민종합체육센터 운영이었다. 도봉구시설관리공단의 경우 2005년 4월 1일 설립되었으며, 설립자본금 10억, 설립 시 추진사업은 거주자우선주차, 공영주차장, 구민회관, 행정지원센터, X-Sport Land, 실내배드민턴장, 현수막게시대, 구청사시설관리 운영이었다. 노원구서비스공단의 경우 2007년 10월 9일 설립되었으며, 설립자본금 10억, 설립 시 추진사업은 노원구민체육센터 거주자우선주차 운영이었다.

3 동남생활권

〈별표 8-2-4〉 서울시 자치구 공단 설립현황(동남생활권)

공단명	설립연도	추진사업	비고
강남	1999.09.01	노상노외, 거주자우선주차, 구립체육시설	30억
송파	2002.01.02	1996년 송파개발공사 창립(08.01) 1997년 거주자우선주차제 운영 2001년 송파여성문화회관 운영 2002년 송파구시설관리공단 창립(공사에서 공단으로 전환) 거주자우선주차, 송파여성문화회관 운영	10억
강동	2003.11.18	해공체육문화센터, 구민건깅생활관 수딕운영	10억

※ 서초구 지방공기업 미설립으로 제외

자료: 클린아이(http://www.cleaneye.go.kr/)

동남생활권은 총 3개 자치구 지방공단이 대상이며, 강남구·송파구·강동구 순으로 설립되었고, 서초구는 시설관리공단이 설립되지 않아 제외하였다. 강남구도시관리공단의 경우 1999년 9월 1일 설립되었으며, 실립자본금 30억, 실립 시 추진사업은 공영주차장, 거주자우선주차, 구립체육시설 운영이었다.

송파구시설관리공단의 경우 2002년 1월 2일 설립되었으며, 설립자본금 10억, 설립 시 추진사업은 거주자우선주차, 송파여성문화회관 운영이었다. 송파구시설관리공단은 1996년 8월 송파개발공사로 창립되어 거주자우선주차 및 송파여성문화회관 등의 사업을 운영하다 2002년 1월 송파구시설관리공단으로 전환되었다. 강동구도시관리공단의 경우 2003년 11월 18일 설립되었으며, 설립자본금 10억, 설립 시 추진사업은 해공체육문화센터, 구민건강생활관 운영이었다.

4 서남생활권

〈별표 8-2-5〉 서울시 자치구 공단 설립현황(서남생활권)

공단명	설립연도	추진사업	비고
강서	1996.04.19	자치구 최초의 공기업(교통시설관리공단 출범), 공영주차장, 불법주차차량 견인 및 보관	20억
양천	2000.01.17	목동주차장 및 공원매점, 목동테니스장 및 신월문화체육센터	20억
동작	2000.09.22	흑석체육센터, 공영주차장, 거주자우선주차	3억 이상
구로	2003.09.01	공영주차장, 거주자우선주차	5억
영등포	2004.06.18	공영주차장, 영등포구민체육센터	20억
금천	2004.10.27	공영주차장, 거주자우선주차, 견인보관소	10억
관악	2007.02.23	관악구민종합체육센터, 신림체육센터, 관악구민운동장, 거주자우선주차,공영주차	10억

자료: 클린아이(http://www.cleaneye.go.kr/)

서남생활권은 총 7개 자치구 지방공단이 대상이며, 강서구 · 양천구 · 동작구 · 구로구 · 영등포구 · 금천구 · 관악구 순으로 설립되었다. 강서구시설관리공단의 경우 1996년 4월 19일 설립되었으며, 설립자본금 20억, 설립 시 추진사업은 공영주차장, 불법주차차량 견인 및 보관 사업을 수행했으며, 양천구시설관리공단은 2000년 1월 17일 설립되었고 설립자본금 20억, 설립 시 추진사업은 목동주차장 및 공원매점, 목동테니스장 및 신월문화체육센터 운영이었다.

동작구시설관리공단의 경우 2000년 9월 22일 설립되었으며, 설립자본금 3억 이상, 설립 시 추진사업은 흑석체육센터, 공영주차장, 거주자우선주차 운영이었다. 구로구시설관리공단의 경우 2003년 9월 1일 설립되었으며, 설립자본금 5억, 설립 시 추진사업은 공영주차장 및 거주자우선주차 사업 운영이었다. 영등포구시설관리공단의 경우 2004년 6월 18일 설립되었으며, 설립자본금 20억, 설립 시 추진사업은 공영주차장 및 영등포구민체육센터((現)영등포제1스포츠센터) 운영이었다. 금천구시설관리공단의 경우 2004년 10월 27일 설립되었으며, 설립자본금 10억, 설립 시 추진사업은 공영주차장 및 거주자우선주차, 견인보관소 사업운영이었다. 관악구시설관리공단의 경우 2007년 2월 23일 설립되었으며, 설립자본금 10억, 설립 시 추진사업은 관악구민종합체육센터, 신림체육센터, 관악구민운동장, 거주자우선주차, 공영주차 사업 운영이었다.

2. 조직구성

1 도심 및 서북생활권

서울시 자치구 지방공단 중 도심 및 서북생활권 지방공단은 종로구, 중구, 용산구, 은평구, 서대문구, 마포구 등 6개 지방공단을 말하며, 직제 및 정원은 다음과 같다.

〈별표 8-2-6〉 서울시 자치구 공단 직제현황(도심 및 서북생활권)

공단명	직제	팀명	정원
종로	1본부 6팀	기획경영팀, 생활관리, 구민회관팀, 문화체육센터팀, 주차사업팀, 안전시설팀	97명
중구	1본부 1단 2실 5부 11팀	사회서비스사업단, 홍보감사실, 전략기획실 경영지원부, 체육사업부, 주차사업부, 공공사업부, 기술안전부 인사총무팀, 재정지원팀, 체육사업1팀·2팀·3팀, 주차사업 1팀, 2팀, 공공복지팀, 도서관팀, 기술지원팀, 시설관리팀	104명
용산	1본부 8팀	기획감사팀, 경영전략팀, 주차사업팀, 체육공익사업팀, 안전시설관리팀, 청소년수련관, 문화체육센터, 꿈나무종합타운, 용산 제주유스호스텔	124명
은평	1본부 4팀	경영지원팀, 주차사업팀, 체육사업팀, 시설안전팀	52명
서대문	1본부 3팀 3관	경영안전팀, 자원화시설팀, 주차사업팀, 문화체육회관, 형무소역사관, 구립도서관	62명
마포	1본부 7팀	감사혁신팀, 경영기획팀, 임대관리팀, 공영주차팀, 거주자주차팀, 시설안전팀, 문화체육팀	96명

자료: 클린아이(http://www.cleaneye.go.kr/) | 기준일: 2019.12.31.

서울 자치구 지방공단 중 도심 및 서북생활권에 속해 있는 지방공단은 6개 기관이다. 6개 기관에서 조직하여 운영하는 부서는 총 51개로 조사되어 6개 공단은 평균 8.5개의 조직(부서)을 구성하여 사업을 수행한다. 51개 조직 중 '팀'으로 구성된 조직은 39개이며, 이는 전체대비 약 76.5%의 비율로 구성되어 운영되고 있다. 도심 및 서북생활권 6개 기관 중 가장 많은 부서를 조직하여 사업을 수행하는 기관은 중구시설관리공단으로 18개 부서를 조직하여 사업을 수행하고 있다. 18개부서 중 '5부'는 사업을 수행하지 않아 사업을 수행하는 부서는 13개 부서이다.

〈별표 8-2-7〉 직제현황

구분	공단명	조직	실	단	부	팀	수련관	센터	타운	호스텔	회관	계
도심 및 서북 생활권 (6)	종로구	1본부 6팀				6						6
	중구	1본부 2실 1단 5부 10팀	2	1	5	10						18
	용산구	1본부 5팀 1수련관 1센터 1타운 1호스텔				5	1	1	1	1		9
	은평	1본부 5팀				5						5
	서대문	1본부 6팀				6						6
	마포구	1본부 7팀				7						7
	소계		2	1	5	39	1	1	1	1	0	51

자료: 클린아이(http://www.cleaneye.go.kr/) | 기준일: 2019.12.31.

도심 및 서북생활권 6개 지방공단에서 운영하는 사업 중 가장 많이 운영하는 사업 분야는 체육관련 부서로서 전체 46개 사업 분야 중 11개 부서로 조사되어 전체 부서 중 차지하는 비율은 약 24%를 차지하고 있다.

〈별표 8-2-8〉 조직(부서)형태

구분	공단명	본부				주차/체육		공공			합계
		감사	지원	기획	안전/시설	주차	체육	공공	문화	기타	
도심 및 서북 생활권 (6)	종로구			1	1	1	3				6
	중구	1(실)	2	1(실)	2	2	3	2(1단)			13
	용산구	1		1	1	1	2	2	1		9
	은평		1	1	1	1	1				5
	서대문				1	1	1	1	2		6
	마포구	1		1	1	2	1			1	7
	소계	3	3	5	7	8	11	5	3	1	46

자료: 클린아이(http://www.cleaneye.go.kr/) | 기준일: 2019.12.31.

2 동북생활권

서울시 자치구 지방공단 중 동북생활권 지방공단은 강북구, 광진구, 노원구, 도봉구, 동대문구, 성동구, 성북구, 중랑구 등 8개 지방공단을 말하며, 직제 및 정원은 다음과 같다.

〈별표 8-2-9〉 서울시 자치구 공단 직제현황(동북생활권)

공단명	직제	팀명	정원
강북	1본부 6팀	기획감사팀, 경영지원팀, 주차사업팀, 문화예술팀, 웰빙체육팀, 문화정보팀	170
광진	1본부 7팀	경영감사팀, 기획재정팀, 주차사업팀, 문화사업팀, 구민체육팀, 중곡체육팀, 도서관운영팀	124
노원	1본부 2부 6팀	안전총괄팀, 실내체육팀, 야외체육팀, 문화레저팀, 주차사업팀, 경영혁신팀	60
도봉	1본부 8팀	열린혁신팀, 경영지원팀, 주차사업팀, 구민회관팀, 청사관리팀, 창동문화체육팀, 도봉동체육팀, 체육공원팀	185
동대문	1본부 8팀	성과감사팀, 경영지원팀, 주차사업팀, 공공사업팀, 구민체육센터팀, 이문체육문화센터팀, 체육관팀, 도서관운영팀	115
성동	1본부 1실 6팀	안전감사실, 경영혁신팀, 시설관리팀, 환경개선팀, 주차사업팀, 생활체육팀, 열린체육팀	242
성북	2본부 1실 9팀	경영지원실, 종합체육팀, 생활체육팀, 주차관리팀, 공공사업팀, 기획혁신팀, 인사총무팀, 예산회계팀, 청렴안전팀, 전산정보팀	201
중랑	1본부 1실 9팀	경영기획실, 기획감사팀, 경영지원팀, 시설안전팀, 구민체육센터팀, 중랑문화체육팀, 전용체육시설팀, 도서관운영팀, 회관청사관리팀, 주차사업팀	208

자료: 클린아이(http://www.cleaneye.go.kr/) | 기준일: 2019.12.31.

서울 자치구 지방공단 중 동북생활권에 속해 있는 지방공단은 8개 기관이다. 8개 기관에서 조직하여 운영하는 부서는 총 64개로 조사되어 8개 공단은 평균 8개 조직을 구성하여 사업을 수행한다. 64개 조직 중

'팀'으로 구성된 조직은 59개이며, 이는 전체 대비 약 92.2%의 비율로 구성되어 운영되고 있다. 동북생활권 8개 기관 중 가장 많은 부서를 조직하여 사업을 수행하는 기관은 성북과 중랑구시설관리공단으로 10개 팀을 조직하여 사업을 수행하고 있다.

〈별표 8-2-10〉 직제현황

구분	공단명	조직	실	단	부	팀	수련관	센터	타운	호스텔	회관	계
동북생활권(8)	강북	1본부 6팀				6						6
	광진	1본부 7팀				7						7
	노원	1본부 2부 6팀			2	6						8
	도봉	1본부 8팀				8						8
	동대문	1본부 8팀				8						8
	성동	1본부 1실 6팀	1			6						7
	성북	2본부 1실 9팀	1			9						10
	중랑	1본부 1실 9팀	1			9						10
	소계		3	0	2	59	0	0	0	0	0	64

자료: 클린아이(http://www.cleaneye.go.kr/) | 기준일: 2019.12.31.

동북생활권 직제 중 사업운영이 없는 노원구 2 '부'와 성북구 및 중랑구 2 '실' 등 총 4개 부서를 제외하고 가장 많이 운영되는 사업 분야는 18개 부서를 운영하는 체육 관련 부서이다. 전체 60개 사업 분야 중 18개 부서를 운영하여 전체 부서 중 차지하는 비율은 약 30%이다.

〈별표 8-2-11〉 조직(부서)형태

구분	공단명	본부				주차/체육		공공			합계
		감사	지원	기획	안전/시설	주차	체육	공공	문화	기타	
동북생활권(8)	강북	1	1			1	1		2		6
	광진	1		1		1	2		2		7
	노원			1	1	1	2		1		6
	도봉		1	1		1	3	1	1		8
	동대문	1	1			1	3	1	1		8
	성동	1		1		1	2	2			7
	성북	1	2	1		1	2	1		1	9
	중랑	1	1		1	1	3	1	1		9
	소계	6	6	5	2	8	18	6	8	1	60

자료: 클린아이(http://www.cleaneye.go.kr/) | 기준일: 2019.12.31.

3 동남생활권

서울시 자치구 지방공단 중 동남생활권 지방공단은 강남구, 강동구, 송파구 등 3개 지방공단을 말하며, 3개 지방공단의 직제 및 정원은 다음과 같다.

〈별표 8-2-12〉 서울시 자치구 공단 직제현황(동남생활권)

공단명	직제	팀명	정원
강남	1본부 1실 5부	감사실, 경영기획부, 경영지원부, 주차사업부, 주차관리부, 체육사업부	321
강동	1본부 2실 7팀	감사실, 안전실, 경영지원팀, 주거지주차팀, 공영주차팀, 온조체육관팀, 유소년체육관팀, 해공체육관팀, 문화사업팀	135
송파	2본부 1실 5팀 2센터 1회관	감사실, 경영지원팀, 기획혁신팀, 산모건강증진센터, 시니어복합문화센터, 시설안전팀, 공영주차팀, 거주자주차팀, 체육문화회관	152

자료: 클린아이(http://www.cleaneye.go.kr/) | 기준일: 2019.12.31.

서울 자치구 지방공단 중 동남생활권에 속해 있는 지방공단은 3개 기관이다. 3개 기관에서 조직하여 운영하는 부서는 총 24개로 조사되어 3개 공단은 평균 8개의 조직을 구성하여 사업을 수행한다. 24개 조직 중 '팀'으로 구성된 조직은 12개이며, 이는 전체 대비 약 50%의 비율로 구성되어 운영되고 있다. 강동구와 송파구시설관리공단은 각 9개 팀을 조직하여 사업을 수행하고 있다.

〈별표 8-2-13〉 직제현황

구분	공단명	조직	실	단	부	팀	수련관	센터	타운	호스텔	회관	계
동남 생활권 (3)	강남	1본부 1실 5부	1		5							6
	강동	1본부 2실 7팀	2			7						9
	송파	2본부 1실 5팀 2센터 1회관	1			5		2			1	9
	소계		4	0	5	12	0	2	0	0	1	24

자료: 클린아이(http://www.cleaneye.go.kr/) | 기준일: 2019.12.31

동남생활권 3개 지방공단에서 운영하는 사업 중 가장 많이 운영하는 사업 분야는 주차관련 부서로서 전체 24개 사업 분야 중 6개 부서로 조사되어 전체 부서 중 차지하는 비율은 약 25%를 차지하고 있다.

〈별표 8-2-14〉 조직(부서)형태

구분	공단명	본부				주차/체육		공공			합계
		감사	지원	기획	안전/시설	주차	체육	공공	문화	기타	
동남 생활권 (3)	강남	1	1	1		2	1				6
	강동	1	1		1	2	3		1		9
	송파	1	1	1	1	2	1	1	1		9
	소계	3	3	2	2	6	5	1	2	0	24

자료: 클린아이(http://www.cleaneye.go.kr/) | 기준일: 2019.12.31.

4 서남생활권

서울시 자치구 지방공단 중 서남생활권 지방공단은 강서구, 관악구, 구로구, 금천구, 동작구, 양천구, 영등포구 등 7개 지방공단을 말하며, 직제 및 정원은 다음과 같다.

〈별표 8-2-15〉 서울시 자치구 공단 직제현황(서남생활권)

공단명	직제	팀명	정원
강서	1본부 7팀	기획감사팀, 경영지원팀, 공영주차팀, 거주자주차팀, 강서체육팀, 마곡체육팀, 공공사업팀	119
관악	1본부 6팀	열린혁신팀, 경영지원팀, 체육사업1, 2팀, 주차사업팀, 환경시설팀	146
구로	1본부 6팀	기획감사팀, 경영지원팀, 주차사업팀, 구로구민체육센터팀, 신도림생활체육관팀, 시설안전팀	78
금천	1본부 1실 5부	감사안전실, 시설관리부, 주차사업부, 금천문화체육부, 금나래문화체육부, 경영혁신부	112
동작	1본부 6팀	경영지원팀, 기획재정팀, CS혁신팀, 시설안전팀, 주차사업팀, 체육사업팀	141
양천	1본부 4팀 3센터	경영기획팀, 성과감사팀, 주차사업팀, 시설사업팀, 양천센터, 신월센터, 목동센터	87
영등포	1본부 8팀	안전감사팀, 경영기획팀, 경영지원팀, 제1,2스포츠센터팀, 주차사업팀, 주차관리팀, 공공여가팀	84

자료: 클린아이(http://www.cleaneye.go.kr/) | 기준일: 2019.12.31.

서울 자치구 지방공단 중 서남생활권에 속해 있는 지방공단은 7개 기관이다. 7개 기관에서 조직하여 운영하는 부서는 총 46개로 조사되어 7개 공단은 평균 6.6개의 조직을 구성하여 사업을 수행한다. 46개 조직 중 '팀'으로 구성된 조직은 37개이며, 이는 전체 대비 약 80.4%의 비율로 구성되어 운영되고 있다. 서남생활권 7개 기관 중 가장 많은 부서를 조직하여 사업을 수행하는 기관은 영등포구시설관리공단으로 8개 팀을 조직하여 사업을 수행하고 있다.

〈별표 8-2-16〉 직제현황

구분	공단명	조직	실	단	부	팀	수련관	센터	타운	호스텔	회관	계
서남생활권(7)	강서	1본부 7팀				7						7
	관악	1본부 6팀				6						6
	구로	1본부 6팀				6						6
	금천	1본부 1실 5부	1		5							6
	동작	1본부 6팀				6						6
	양천	1본부 4팀 3센터				4		3				7
	영등포	1본부 8팀				8						8
	소계		1	0	5	37	0	3	0	0	0	46

자료: 클린아이(http://www.cleaneye.go.kr/) | 기준일: 2019.12.31.

서남생활권 7개 지방공단에서 운영하는 사업 중 가장 많이 운영하는 사업 분야는 체육관련 부서로서 전체 46개 사업 분야 중 14개 부서로 조사되어 전체 부서 중 차지하는 비율은 약 30.4%를 차지하고 있다.

〈별표 8-2-17〉 조직(부서)형태

구분	공단명	본부				주차/체육		공공			합계
		감사	지원	기획	안전/시설	주차	체육	공공	문화	기타	
서남 생활권 (7)	강서	1	1			2	2	1			7
	관악		1	1	1	1	2				6
	구로	1	1		1	1	2				6
	금천	1		1	1	1	2				6
	동작		1	2	1	1	1				6
	양천	1		1	1	1	3				7
	영등포	1	1	1		2	2	1			8
	소계	2	5	6	5	9	14	2	0	0	46

자료: 클린아이(http://www.cleaneye.go.kr) | 기준일: 2019.12.31.

5 직제 및 조직형태

서울시 자치구 지방공단 24개 기관의 조직(기구)을 정관 및 직제규정을 통해 분석한 결과 총 185개의 조직을 구성하여 운영하고 있는 것으로 분석되어 공단별 평균 7.7개의 조직을 구성하여 사업을 수행하는 것으로 조사됐다. 단, 전체 조직은 185개로 조사되었으나 수행하는 업무가 하부조직에만 있고 하부조직을 관리하는 개념의 상부 조직 9개를 제외하면 176개 조직이 되어 실제 업무를 수행하는 조직 수는 176개이다. 185개의 조직은 지방공기업에서 운영하는 조직체계를 기준으로 실, 단, 부, 팀, 수련관, 센터, 타운, 호스텔, 회관 등 9개로 구분하면 서울시 자치구 지방공기업의 조직체계는 10실, 1단, 17부, 147팀, 1수련관, 6센터, 1타운, 1호스텔, 1회관으로 운영되고 있다.

〈별표 8-2-18〉 직제현황

구분	실	단	부	팀	수련관	센터	타운	호스텔	회관	계
합계	10	1	17	147	1	6	1	1	1	185

전체 조직체계 중 "팀"은 147개의 조직이 구성되어 전체 조직 대비 약 79.5%를 차지하고 있어 서울시 자치구 지방공기업의 약 80%는 팀으로 구성하여 운영되고 있는 것을 알 수 있다. 2000년 초반에 주로 운영되던 "부"제는 17개 조직만 남아 있는 것을 알 수 있으며, 이러한 현상은 조직의 슬림화, 또는 결정의 신속성 등을 위해 추진되어 온 결과라 할 수 있을 것이다. 특별한 사업운영 형태가 아닌 조직은 "팀"으로 조직하여 운영되고 있는 것은 서울시 자치구 지방공단의 특징이라 할 수 있을 것이다. 24개 지방공단 185개 조직은 분장사무 및 추진업무의 성격에 따라 두 가지 기능으로 구분되어 운영되고 있다. 첫째는 "본부(지원)"

기능이며, 둘째는 "사업" 기능이다. 본부기능의 분장사무 및 추진(수행)업무는 감사, 지원, 기획, 안전(시설) 등 크게 4개 형태의 수행업무를 말하며, 사업기능의 추진(수행)업무는 주차, 체육, 공공, 문화, 기타 등 5개 형태의 수행업무를 말한다.

본부기능 중 "지원" 사업형태는 인사, 노무, 급여, 복지, 결산 등의 업무를 수행하는 부서를 말하며, "기획" 사업형태는 평가, 사업계획, 신규사업개발 등의 업무를 수행하는 부서를 말한다. 사업기능 중 "공공" 사업형태는 도로, 공원, 하천, 독서실 등을 관리·운영하는 업무를 수행하는 부서를 말하며, "문화" 사업형태는 도서관, 아트홀 등의 사업을 수행하는 부서를 말한다. 24개 지방공단에서는 "본부" 기능의 조직을 다음과 같이 구성하여 운영하고 있다. 감사 및 지원(인사)부서는 17개, 기획부서는 18개, 안전 및 시설부서는 16개 등 총 68개 부서를 구성하여 운영하고 있으며, 이는 전체 부서 대비 약 38.6%의 비중으로 조사됐다. "사업" 기능의 조직은 주차 31개, 체육 48개, 공공 14개, 문화 13개, 기타 2개 등 108개의 부서를 구성하여 운영하고 있어 전체 부서대비 약 61.4%를 차지하고 있다. 다시 말해 본부기능과 사업기능의 비율은 3.9:6.1의 비율인 것을 알 수 있다. 본부 기능의 조직과 사업 기능의 조직 중 가장 높은 비율로 구성되어 운영되고 있는 부서는 "체육사업" 관련부서이다. 체육사업 관련부서는 총 48개부서가 조직되어 운영되고 있어 24개 지방공단에는 평균 2개의 체육사업 부서가 있는 것으로 조사됐다. 체육시설의 증가에 따른 체육관련 조직의 확대는 당분간 지속될 수밖에 없을 것이며, 이는 경제발전에 따른 건강관리에 대한 관심도의 향상과 운동을 통한 삶의 질 향상을 무엇보다 높은 가치로 보는 현 사회의 실태 때문일 것이다.

〈별표 8-2-19〉 조직(부서)형태

구분	본부기능					사업기능						합계
	소계	감사	지원	기획	안전/시설	소계	주차	체육	공공	문화	기타	
부서 수	68	17	17	18	16	108	31	48	14	13	2	176
비율	38.7	9.7	9.7	10.2	9.1	61.3	17.6	27.3	7.9	7.4	1.1	100

3. 체육시설 관리

1 직원(인력)운영

서울시 자치구 지방공단 체육사업 분야에서 근무하는 직원(인력)운용은 각 자치구 지방공단이 상이할 것이며, 이는 해당 기관별 운영규정의 차이 때문일 것이다. 서울시 자치구 지방공단에서 운영하는 종합체육시설을 기준으로 인력이 소요되는 공통적 업무영역을 구분하면 업무지원, 회원관리, 시설관리, 주차관리, 프로그램 관리 등 5개 업무영역으로 구분할 수 있을 것이며, 업무영역별 정의는 다음과 같이 설명할 수 있을 것이다. "업무지원"이라 함은 회원관리, 시설관리, 주차관리, 프로그램 관리 등 업무 추진 시 필요한 행정적 지원 업무를 말한다. "회원관리"는 프로그램 참여 및 이용에 필요한 상담 · 접수 · 안내 · 키 분출 등 이용고객 관리에 필요한 업무를 말한다. "시설관리"는 체육시설을 유지 및 관리하는 분야를 말하며, 크게 시설물관리 및 환경정비 등 2개 영역으로 구분할 수 있다. "시설물관리"는 건축물 및 구축물 등의 시설물을 유지 및 보수하는 업무를 말하며, "환경정비"는 시설물 운영 시 발생되는 폐기물 처리와 청결한 시설관리를 위해 추진되는 업무를 말한다.

"주차관리"는 체육시설에 포함되어 있는 주차시설과 주차시설을 이용하는 이용고객 및 차량 등 주차장 운영전반에 대해 관리하는 업무를 말한다. "프로그램 관리"는 프로그램 운영 및 프로그램 운영에 따라 파생적으로 발생되는 모든 업무를 포괄적으로 관리하는 업무를 말한다. 프로그램 관리에 포함되는 업무는 회원지도 · 홍보 · 민원 · 강사관리 등으로 설명할 수 있을 것이다. 인력운영 형태는 서울시 자치구 지방공단 홈페이지 및 규정을 참고하였으며, 규정은 직제규정 및 인사, 무기 및 기간제 규정 등을 참고하였다. 권역별 대표 종합체육시설을 정하여 해당 체육시설에서 운영되는 직원(인력)운영 형태를 알아보고자 한다. 서울시 자치구 지방공단 중 도봉구, 노원구, 중랑구 등 3개 지방공단에서 운영하는 창동문화체육센터, 노원구민체육센터, 중랑구민체육센터의 직원 운영형태는 다음과 같다. 먼저, 도봉구시설관리공단에서 운영하는 창동문화체육센터의 운영 인력은 총 36명으로 구성되어 운영되고 있으며, 업무지원 분야에는 체육센터 업무를 총괄하는 팀장과 서무, 예산, 직원교육 등 업무를 담당하는 직원들로 구성되어 있다. 회원관리 분야는 고객지원 업무를 담당하며, 시설관리는 방재 등 시설정비 및 환경정비 등으로 구분하여 시설물의 유지 보수 및 시설물 환경정비 등의 업무를 수행한다. 회원관리 및 시설관리(방재 등) 업무 담당자의 신분은 업무직이며, 시설관리 중 환경정비 담당자의 신분은 공무직과 계약직으로 운영된다. 프로그램 분야는 수영, 헬스, 유아체능단 등으로 구분하며, 신분은 업무직 중 지도직 6급~8급으로 운영된다. 노원구서비스공단에서 운영하는 노원구민체육센터 운영 인력은 총 44명이며, 담당업무별 다음과 같이 구분되어 운영하고 있다. 업무지원 분야에는 체육센터 업무를 총괄하는 팀장과 직원관리, 수입 분석, 민원, 자산관리 등 업무를 담당하며, 해당 직원들의 신분은 일반직으로 구성되어 있다. 회원관리 분야는 프로그램 접수 및 안내 업무를 담당하며, 시설관리는 시설관리와 환경관리로 구분하여 업무를 수행한다. 노원구서비스공단의 무기계약직 직원의 직종은 강사직, 기능직, 업무직, 전문직으로 구분하여 운영하고 있으며, 회원관리를 담당하는 직원들의 신분은 무기계약직 중 업무직에 속한다. 시설관리(방재 등) 업무 담당자의 신분은 기능직이며, 환경정비를 담당하는 직원의 신분은 업무직과 계약직으로 운영되고 있다. 주차관리 담당직원은 업무직과 계약직이며, 프로그램 담당직원은 일반직, 강사직, 업무직 등으로 구분하여 운영되고 있다. 노원구서비스공단의 무기계약직 규정에서 무기계약직의 직종별 업무를 다음과 같이 정하고 있다. "강사직"의 경우 관련자격증을 소지하고 체육·문화 프로그램 운영 및 지도, 기타 필요하다고 인정되는 업무. "기능직"은 관련자격증을 소지하고 전기, 통신, 전산, 건축, 토목, 기계(용접, 배관, 보일러, 냉동, 고압가스 등), 소방, 환경, 승강기 등 기타 필요하다고 인정되는 업무. "업무직"은 사무보조, 주차장 관리, 안내 및 회원관리 (이용료수납 등), 청소, 경비, 단순업무, 업무보조, 시설관리, 기타 필요하다고 인정되는 업무. "전문직"은 법률, 노무, 무대, 예술, 공연 등 전문지식, 특수한 기술·기능·경험·자격 등이 필요하다고 인정되는 업무 등으로 직무내용을 구분하고 있다. 중랑구시설관리공단에서 운영하는 중랑구민체육센터의 운영인력은 총 25명이며, 업무지원 분야에는 중랑구민체육센터 업무를 총괄하는 팀장과 서무, 사무 등 업무를 담당하는 업무 담당자로 구성되어 있다.

회원관리 분야는 안내 및 고객관리 업무를 담당하며, 시설관리는 시설 및 안전관리 업무와 환경정비 등의 업무를 수행한다. 회원관리 및 환경정비 업무 담당자의 신분은 공무직으로 운영된다. 업무지원, 시설 및 안전관리, 프로그램 업무 담당 직원의 신분은 일반직과 전문직 직원으로 사무직, 기술직, 체육직을 말한다.

〈별표 8-2-20〉 인력운영

구분	창동문화체육센터		노원구민체육센터		중랑구민체육센터	
	업무	인원	업무	인원	업무	인원
업무지원	팀장	1	팀장	1	팀장	1
	서무, 예산 등	6	직원, 수입 등	3	서무, 사무 등	3
회원관리	고객지원	4	접수/안내	7	안내/고객	3
시설관리	방재 등	7	시설관리	5	시설/안전	3
	환경	8	환경정비	8	환경	5
주차관리			주차관리	2		
프로그램	수영/헬스	6	헬스	2	수영	4
		6	스포츠단	8	헬스	3
	체능단	4	강사직	0	이기스포츠단	3
합계		36		44		25

자료: 클린아이(http://www.cleaneye.go.kr/) | 기준일: 2019.12.31.

2 채용

서울시 자치구 지방공기업인 지방공단에서 운영하는 체육시설 운영에 필요한 인력은 각 기관별 차이는 있지만 공통적인 인력 운영형태는 다음과 같이 정의할 수 있을 것이다. 정원 내 인력(정규직), 전문직, 상용직 및 기간제근로자, 프로그램 강사(시간제, 비율제, 정액제)이다.

(1) 정원 내 인력

지방공기업에서의 "정원 내 인력"이라 함은 다음과 같은 5가지 기준에 충족되어야 할 것이다. 첫째, 기관(지방공기업)에서 규정으로 정하고 있는 "정년"이 정해져 있는 직원. 둘째, 지방공기업 규정인 정관 또는 직제규정 등에서 정하고 있는 해당 기관의 정원에 포함되어 있는 인력. 셋째, 「지방공기업법」과 「지방공기업 인사운영기준」에서 정하고 있는 상임이사 정수에 반영되는 인원. 넷째, 직제규정과 인사규정 등에서 별도의 인사 관련 규정을 정하여 운영하는 규정이 없는 직원. 다섯째, 지방공기업 경영평가 결과에 따라 지급 받는 평가급이 지방공기업 예산편성기준 중 직원 평가급(인센티브 평가급+자체평가급) 기준에 따라 평가급을 지급 받는 직원 등 5가지 조건이 충족되는 직원을 "정원 내 인력"이라 말할 수 있을 것이다.

정원 내 인력의 채용과 관련한 내용은 규정 중 인사규정(人事規定)에서 정하고 있으며, 인사규정의 목적(目的)은 직원에게 적용할 인사관리에 관한 기준을 정하며, 적용범위(適用範圍)는 직원의 인사에 관하여 법령 또는 다른 규정에 특별히 정한 것을 제외하고 해당 지방공기업의 인사규정을 따르도록 정하고 있다. 서울시 자치구 지방공단의 인사규정에는 직원채용에 대한 규정이 명문화되어 있으며, 직원 채용 시 해당 규정을 기준으로 채용 업무를 수행하여야 한다. 서울시 자치구 지방공단의 채용 관련 규정 세부 내용은 지방공단별 일부 차이는 있으나 공통적으로 채용원칙, 채용방법, 자격기준, 결격사유, 구비서류 등으로 구성되어 있다. 서울시 자치구 지방공단 중 공개채용을 실시한 ○○지방공단의 공개채용 공지 내용을 기준으로 정원 내 인력 채용방법을 설명하고자 한다. ○○지방공단의 인사규정 제4조(직종, 직급 및 직명)1항에서는 직원의 직종을 다음과 같이 규정하고 있다. 직원의 직종은 일반직 · 전문직 · 상용직 및 기간제근로자 등 4개의 직종으로 구분하고 있다. 또한, 그 직종 및 직위는 동 규정(별표1)과 같다고 정하고 있다. 동 규정(별표1)(직종별 직급 및 직위)에서는 일반직을 사무직, 기술직, 사서직, 체육직 등 4가지 직렬로 구분하고 있으며, 직급은 2급부터 8급으로 동일하게 정하고 있다. 6~8급은 팀원, 5급 파트장 · 대리, 4급 팀장 · 파트장, 3급 팀장, 2급 실장으로 정하고 있으며, 인사규정 제5조(용어의 정의)에서는 "체육직"을 체육 관련 학과 전공자로서 생활체육의 교육 · 지도 · 관리 등 체육시설의 운영 관련 업무를 담당하는 직으로 규정하고 있다. ○○지방공단의 일반직 중 "체육직"에 포함되어 있는 정원 내 인력의 채용 방법과 절차는 다음과 같다. 인사규정 제8조(채용방법) 1항에서는 '직원의 신규채용은 공개채용을 원칙으로 한다.'고 정하고 있으며, 동 규정 시행내규 제3조(공개채용) 1항에서는 인사규정 제8조 제1항의 규정에 의하여 직원의 신규채용을 공개채용 또는 경력경쟁으로 채용할 경우 서류전형, 필기시험, 면접시험 등으로 구분하여 시행하도록 정하고 있다. 다만, 인사규정 제8조 제1항 각호의 1에 해당하는 경우 필기시험을 생략할 수 있다고 정하고 있다. ○○지방공단은 인사규정 시행내규에 채용과 관련한 세부사항을 정하고 있으며, 그 내용은 다음과 같다. 제3조(공개채용), 제4조(응시자의 제출서류), 제5조(시험의 방법 및 가산점수), 제6조(필기시험과목), 제7조(출제수준), 제8조(시험위원의 임명), 제8조의2(비밀누설 금지 및 시험채점), 제9조(문제채택), 제9조의2(시험위원의 제척·기피·회피), 제9조의3(채용관련의뢰), 제10조(합격기준), 제10조2(채용비리 피해자 구제), 제11조(임용대상자 등록 등), 제12조(임용 대상자의 구비서류) 등이다. ○○지방공단 인사업무 담당자는 "체육직" 결원 또는 충원 필요성 발생 시 인사규정에서 정한 바와 같이 채용 업무를 추진한다. 공개채용 계획 수립 완료 후 채용 계획에 따라 채용을 실시하게 된다. 인사규정 시행내규 제3조(공개채용)2항에서는 제1항의 규정에 의하여 공개채용을 할 때에는 다음 각호의 사항을 게재하여 원서접수 마감일 20일 전까지, 경력경쟁 시험을 실시하려면 원서접수 마감일 10일 전까지 지방자치단체와 ○○지방공단 홈페이지, 지방공기업경영정보 포털사이트 등에 모집공고를 하여야 한다고 규정하고 있다. 각호는 원서교부기간, 원서접수기간, 시험일시 및 시험장소, 시험과목, 응시자격, 구비서류, 기타 필요한 사항 등이다. ○○지방공단에서는 각호의 게재사항을 포함하여 정해진 사이트에 채용공고문을 공시하게 된다. 공개 채용에 게재된 내용은 총 14개 항목이며, 14개 항목은 다음과 같다. ① 채용공고 전문, ② 채용분야 및 인원, ③ 공통자격, ④ 채용 직렬별 자격기준, ⑤ 결격사유(인사규정 제12조), ⑥ 전형단계, ⑦ 전형별 배점기준, ⑧ 채용 세부일정, ⑨ 제출서류, ⑩ 가산점 특전, ⑪ 근로조건 등, ⑫ 채용서류 반환, ⑬ 응시자 유의사항, ⑭ 보수 및 기타 사항 등이다. 공개채용 공고문의 세부 내용은 다음과 같다.

① 채용공고 전문에서는 ○○지방공단의 공고번호를 시작으로 채용공고의 타이틀, 채용안내, 채용공고일, 채용기관 기관장 등으로 구성하고 있다.

〈별표 8-2-21〉 채용공고 전문

서울특별시○○지방공단공고 제0000 – 00호

○○지방공단 직원채용공고

서울특별시○○지방공단에서 함께 근무할 직원 채용계획을 다음과 같이 공고하오니 역량 있는 분들의 많은 응모 바랍니다.

2000년 00월 00일
서울특별시○○지방공단이사장

② 채용분야 및 인원에서는 채용직종 및 직급, 직렬, 채용인원, 직무내용 등에 관해 설명하고 있으며, 채용은 ○○지방공단의 일반직 중 체육직 7급 채용에 대한 내용이다. 직렬은 테니스, 배드민턴, 축구 등이며, 채용인원은 직렬별 각 1명이다. 해당 분야 자격 종목 보유자로서 체육행정 및 기획업무, 프로그램 운영 및 강습 등을 직무내용으로 구분하고 있으며, 최종 합격자는 6개월의 수습기간이 의무 적용된다.

〈별표 8-2-22〉 채용분야 및 인원

구분		직급	직렬	채용인원	직무내용	비고
합계				3명		임용일: 0000.00.00.(예정) 최종합격자 수습 6개월 의무적용 보수: 연봉제(관계규정에 의함) 응시연령: 만18세~만60세 미만 학력·성별·거주지 제한 없음 근무지: ○○시 ○○구
일반직	체육직	7급	테니스	1명	해당직렬(자격종목) 체육행정 및 기획 업무, 프로그램 운영/강습 등	
			배드민턴	1명		
			축구	1명		

※ 임용일은 공단 사정에 따라 변경될 수 있음

③ 공통자격은 「지방공무원법」 제31조는 공무원이 될 수 없는 결격사유에 대한 내용으로 ○○지방공단 인사규정 제12조와 유사한 내용으로 구성하고 있으며 다음과 같다.

1. 「지방공무원법」 제31조 및 ○○지방공단 인사규정 제12조에 결격사유가 없는 자.
2. 지역발전과 주민편익을 위한 건전한 사고를 갖고 있는 자.
3. 남자는 병역필 또는 면제된 자.

④ 채용 직렬별 자격기준은 3가지 기준 중 어느 하나에 해당되어야 하며, 3가지 기준은 선수경력, 프로선수경력, 경기지도경력 등으로 정하고 있다.

〈별표 8-2-23〉 채용 직렬별 자격기준

구분		직급	직렬	인원	자격기준
일반직	체육직	7급	테니스	1명	아래 각 요건 중 어느 하나에 해당되는 자격 구비(증빙서류 제출 포함)한 자. 1. 해당직렬(자격종목)에 대하여 만 18세 이후로 5년 이상의 선수경력이 있는 자. 2. 문화체육관광부장관이 지정하는 프로스포츠단체에서 해당직렬(자격종목)에 대하여 프로선수경력이 5년 이상인 자. 3. 「초·중등교육법」 제2조에 따른 학교에서 해당직렬(자격종목)의 경기 지도경력이 5년 이상인 자.
			배드민턴	1명	
			축구	1명	

※ 공통사항: 휴일 및 주·야간 교대근무 가능 자

⑤ 결격사유는 ○○지방공단 인사규정에서 정하고 있으며, 다음과 같다.

1. 대한민국 국민이 아닌 자.
2. 피 성년후견인·피 한정후견인 및 파산의 선고를 받고 복권되지 아니한 자.
3. 금고 이상의 형을 받고 그 집행이 종료되거나, 그 집행을 받지 아니하기로 확정된 후 2년이 경과되지 아니한 자.
4. 금고 이상의 형을 받고 그 집행유예 기간이 만료된 날로부터 2년이 경과되지 아니한 자.
5. 금고 이상의 형의 선고 유예를 받은 경우에, 그 선고유예기간 중에 있는 자.
6. 법률 또는 법원의 판결에 의하여 자격이 상실 또는 정지된 자.
7. 「지방공기업법」을 위반하여 벌금형을 받고 2년이 경과되지 아니한 자.
8. 징계에 의하여, 해임 처분을 받은 날로부터 3년, 파면처분을 받은 날로부터 5년이 경과되지 아니한 자.
9. 「부패방지 및 국민권익위원회의 설치와 운영에 관한 법률」 제82조에 따른 비위면직자 등의 취업제한을 받은 자.

⑥ 전형단계는 3단계이며, 서류전형, 면접시험, 결격사유 조회·최종합격 등으로 진행된다.

〈별표 8-2-24〉 전형단계

1단계	⇒	2단계	⇒	3단계
서류전형		면접시험(블라인드)		결격사유 조회·최종합격

⑦ 전형별 배점기준은 서류전형과 블라인드 면접시험으로 구분하여 최종합격자를 정한다. 서류전형은 자격기준과 결격사항 등이 정해진 기준에 적격한지 또는 부적격한지를 판단하며, 블라인드 면접시험은 위원별 50점 만점으로 직무이해도, 지식/능력 등을 평가한다. 최종합격자는 면접시험(100%) 50점 만점 중 고득점자 순으로 정하며, 동점일 경우 직무 관련 자격증 다수 소지자가 최종 합격자가 된다.

〈별표 8-2-25〉 전형별 배점기준

구분	배점기준
서류전형	응시자의 자격·경력 등이 채용기준에 적합한지의 여부를 심사 ※ 서류전형은 해당 직무수행에 관련되는 응시자의 자격·경력 등이 정해진 기준에 적합한지 등을 서면으로 심사하여 적격 또는 부적격을 판단함.
블라인드 면접시험	직무 이해도, 지식/능력, 태도, 논리성, 발전성 등 평가, 응시자 1인에 대한 위원별 평가점수는 50점을 만점으로 함, 위원별 점수를 산술평균하여 고득점자 순으로 합격자 결정
최종합격자 결정	50점 만점으로 하되 면접시험(100%) 고득점자 순으로 최종 합격자 결정
동점자 우선순위	직무관련 자격증 다수 소지자
전형절차 공개 및 예비합격자	희망자에 한해 각 단계별 본인점수 공개(합격자 발표일로부터 1개월 이내) 최종합격자 외 채용예정 인원의 2배수 내에서 예비합격자 번호 부여

⑧ 채용 세부일정은 채용공고, 서류접수, 서류전형, 서류합격사발표, 면접선형, 최종합격자발표, 임용등록, 임용배치 등 총 8단계로 설명하고 있다.

〈별표 8-2-26〉 채용 세부일정·접수기간·접수처

	구분	내용
1	채용공고	지자체 및 공단 홈페이지, 지방공기업경영정보공개 시스템 등 기간: 2000.00.0.(목)~00.00.(월), 10일 이상
2	서류접수	접수기간: 2000.00.00.(월) 09:00~00.00.(월) 18:00까지 토·일요일·공휴일 접수 불가 점심시간(12:00~13:00) 접수 불가 접수방법: 방문 접수(우편접수 불가) 접수장소: ○○시방공단 ○○시원님 사무실 서울시 ○○구 ○○동
3	서류전형	일시: 2000.00.00.(화)~00.00.(목) 예정 심사기준: 응시자격(직무관련 자격기준) 적격여부만 판단
4	서류합격자발표	발표일: 2000.00.00.(금) 예정 방법: 지자체 및 공단 홈페이지, 지방공기업경영정보공개 시스템 등

5	면접전형	일자: 2000.00.00.(수) 예정 장소: 미정(추후 공지) 면접방법: 개별면접 또는 집단면접 심사기준: 직무 이해도, 지식/능력, 태도, 논리성, 성실성, 발전성 등 준비물: 주민등록증 또는 운전면허증, 입사지원서 기재한 교육/자격/경력사항 증명서 사본 등 제출
6	최종 합격자발표	발표일: 2000.00.0.(월) 예정 방법: 공단 홈페이지 및 지방공기업경영정보공개시스템 등
7	임용등록	방법: 방문 기간: 2000.00.0.(금) 예정 장소: ○○지방공단 ○○지원팀
8	임용배치	임용일: 2000.00.0.(월) 예정

⑨ 제출서류는 입사지원서, 자기소개서 등 각 1부이며, 입사지원서 및 자기소개서는 ○○지방공단 인사규정 시행내규 "별지 제1호"에 포함된 서식으로 채용공고 시 첨부파일로 게재한다. 응시자는 첨부 파일 다운로드 후 작성하여 제출한다.

제출서류	입사지원서, 자기소개서 각 1부(필수), 취업보호(지원) 대상자 증명서 1부(해당자에 한함), 최근 3개월 이내의 것 ※ 입사지원서의 교육·자격·경력사항은 증명서로 제출 가능한 사항만 작성하고 합격 후 증명서가 사실과 다를 경우 불합격처리 또는 임용 취소될 수 있음

⑩ 가산점 특전은 관련 법에 의해 진행되며, 취업보호(지원) 대상자는 다음과 같다.

가산점 대상자	「독립유공자 예우에 관한 법률」 제16조, 「국가유공자 등 예우 및 지원에 관한 법률」 제29조 등에 의한 취업보호(지원)대상자는 각 전형(심사)마다 만점의 10% 또는 5%를 가산 ※ 가점을 받아 채용시험에 합격하는 자는 그 채용시험 선발 예정인원의 30퍼센트를 초과할 수 없음(가점에 따른 선발 인원을 산정하는 경우 소수점 이하는 버림).

⑪ 근로조건은 휴일, 새벽, 야간 등 초과근무 및 교대제 근무가 가능하여야 한다고 정하고 있으며, 이는 체육시설 개관 시간에 맞춰진 근로조건으로 다음과 같다.

근로 조건 등	2000년 00월 중 임용예정으로 ○○지방공단 사정에 따라 변경될 수 있습니다. 사업 부서별 여건 및 특성에 따라 휴일, 야간 등 초과근무, 교대제 근무(새벽, 야간 등) 가능 자.

⑫ 채용 시 제출한 서류반환 요청은 정해진 기간에 요청해야 한다.

채용서류반환	합격자 결정 후 제출서류는「채용절차의 공정화에 관한 법률」제11조 및 동 시행령, 시행규칙에 따라 반환, 청구기간 내에 청구된 반환청구분에 한하여 반환하며, 청구기간이 지난 후에는 채용 서류 반환이 불가(채용서류 파기) 청구기간: 최종 합격자 공고일 이후 14일부터 30일까지 청구방법: 최종 합격자 발표 후 유선(☎00-000-0000) 반환청구 후 팩스(00-000-0000)로 반환청구서식 전송(동 시행규칙 제3조 별지 제3호 서식) 청구서류는 전자서류를 제외한 제출 서류이며, 반환방법은 등기우편물 또는 직접 방문수령이다.

⑬ 유의사항에는 응시자의 잘못에 의한 불이익에 대한 내용을 공지하고 있으며, 블라인드 채용 유의사항도 포함하고 있다.

〈별표 8-2-27〉 응시자 유의사항

유의사항
1) 응시서 등 허위기재 또는 기재착오, 구비서류 미제출 및 연락불능 등으로 인한 불이익은 응시자 본인의 책임으로 합니다. 2) 응시자는 결격사유 해당 여부·응시 자격요건 등이 적합한지를 확인 후 원서를 접수하기 바랍니다. 3) 응시원서나 각종 증명서의 기재내용이 사실과 다르거나 시험에 관한 규정을 위반한 응시자는 시험을 정지 또는 무효로 하며, 합격을 취소합니다. 4) 면접전형 당일에 서류전형 합격결정 관련 증명서(교육·자격·경력)를 제출하여야 하며, 이에 불응 하거나 제출한 증명서가 허위인 경우 합격 취소나 입사지원 자체가 무효처리 될 수 있습니다. 5) 최종합격 또는 임용 후에라도 결격사유(서류 허위기재·증빙서류 불일치·범죄사실 등)가 발견될 경우는 임용이 취소됩니다. 6) 입사지원서의 교육·자격·경력사항에 대한 기준일은 공고일로 합니다. 7) 본 채용계획은 ○○지방공단 사정에 의하여 변경될 수 있으며, 변경된 사항은 대상자에게 안내 후 변경 시행 할 예정입니다. 8) 면접전형 결과 적격자가 없는 경우 선발하지 않을 수 있습니다.

※ 블라인드 채용 유의사항: 입사 지원 시 '성별·신체조건·학력·연령·출신지역·가족관계 등'의 정보는 받지 않고 있습니다.

⑭ 보수 및 기타사항에서는 보수와 경력인정에 대한 내용을 설명하고 있다. 보수는 ○○지방공단 연봉제 규정 및 시행내규, 복지후생규정 등의 기준에 준하여 지급된다.

보수 및 기타사항	보수는 ○○지방공단 관련 규정에 의함 보수에 관한 자세한 사항은 지방공기업경영정보공개시스템 내 지방공기업별 경영정보「신입사원 평균임금」에 공시된 사료 참고 ※ 경력인정은 ○○지방공단 관련 규정에 의하며, 동 규정에 따라 군 복무 경력 포함하여 최대 2년까지만 인정 기타문의: ○○지방공단 ○○지원팀 채용담당(00-000-0000)

(2) 전문직

정원 내 인력 외 인력은 전문직과 상용직 및 기간제근로자로 구분하여 운영하고 있다. "전문직"이라 함은 ○○지방공단 전문직관리규정 제2조(용어의 정의) 1호에서 '전문지식, 자격 또는 경험을 요한다고 판단되는 업무에 종사하기 위하여, 채용된 근로자를 말한다.'로 정의하고 있다.

동 규정 제9조(계약기간) 1항에서는 '전문직의 계약기간은 2년으로 하되, 기간에 관계없이 채용연도를 포함하여 2년에 해당하는 연도의 12월 31일까지로 한다.'로 정하고 있어 전문직은 계약기간이 정해진 기간제 근로형태의 근로계약을 체결한다. 단, 3항에서는 제1항의 규정에도 불구하고 상시·지속적인 업무에 종사하며, 근로계약이 3회를 초과하고, 근무성적이 우수한 자에 대하여 정원의 범위 이내에서 심의를 거쳐 일반직으로 전환할 수 있다고 정하고 있어 전문직에서 일반직으로 전환될 수 있는 근거를 마련하고 있다. ○○지방공단 전문직 관리규정[별표1]에서는 전문직의 직무내용에 관해 규정하고 있다. 직무내용은 특정 운동지도, 특수면허(자격)증 필요 업무, 스포츠교실 및 생활체육지도 업무, 기타 전문지식, 경험이 요구되는 업무로 정하고 있으며, 전문직 채용자격기준은 생활체육지도자, 국내 심판, 국제심판, 경기지도자, 체육정교사, 유아교육, 인명구조원, 에어로빅(협회)수료자, 레크리에이션지도자 등 해당분야 자격증 소지자, 국가대표선수 경력이 있거나, 5년 이상의 경기 경력이 있는 자로 정하고 있다. 전문직관리규정 제4조(채용방법)1항에서는 전문직원은 공개채용 및 특별채용에 의한다고 정하고 있으며, 2항에서는 다음 각호의 1에 해당하는 경우에는 특별채용을 할 수 있다고 규정하고 있다. 전문직원의 등급은 가급~마급으로 정하고 있으며, 마급은 일반직 7급 수준으로 자격기준과 임금 한계액이 정해져 있다. 각호는 3가지로 정하고 있으며, 1호는 긴급충원이 불가피한 경우, 2호는 공개채용의 지원후보자가 미달된 경우, 3호는 전문직으로 당해 직급에서 3년 이상 근무한 자로서 근무성적이 우수하여 차 상위 직급으로 임용하고자 하는 경우 등이다. 전문직에 대한 공개채용 계획 수립 완료 후 채용 계획에 따라 공개채용을 실시하게 되는데 홈페이지 등에 게재된 공개채용공고문은 다음과 같다. 게재된 내용은 총 8개 항목으로 ① 채용공고 전문, ② 채용분야 및 인원, ③ 응시자격 및 우대 결격사항, ④ 공고 및 원서접수, ⑤ 전형절차, ⑥ 제출서류, ⑦ 근로조건, ⑧ 유의사항 등이며, 세부 내용은 다음과 같다.

① 채용공고 전문에서는 ○○지방공단의 공고번호를 시작으로 채용공고의 타이틀, 채용안내, 채용공고일, 채용기관 기관장 등으로 구성하고 있다.

〈별표 8-2-28〉 채용공고 전문분야 및 인원

```
서울특별시○○지방공단공고 제0000-00호
            ○○지방공단 직원채용공고
   서울특별시○○지방공단에서 함께 근무할 직원 채용계획을 다음과
        같이 공고하오니 역량 있는 분들의 많은 응모 바랍니다.
                                    2000년 00월 00일
                                 서울특별시○○지방공단이사장
```

② 채용분야 및 인원에서는 직급, 업무분야, 채용인원으로 구분하고 있으며, 수영 "마"급 전문직 1명 채용에 대한 공고이다.

〈별표 8-2-29〉 채용분야 및 인원

구분	직급	업무분야	채용인원
전문직	"마"급	생활체육지도(수영)	1명

③ 응시자격 및 우대·결격사항에의 응시자격은 관련분야 자격증 소지자 및 선수경력, 지도경력이 있어야 하며, 결격사유는「○○지방공단 인사규정」제12조의 결격사유에 해당되지 않는 자이다.

〈별표 8-2-30〉 응시자격 및 우대·결격사항

구분	내용
전문직 "마"급 ▼ 생활체육지도(수영)	생활체육(스포츠) 지도사(수영) 자격증 소지자. 국가대표선수(수영) 경력이 있거나, 5년 이상의 경기 경력이 있는 자. 생활체육지도(수영) 분야 2년 이상의 경력이 있는 자. ※ 근무경력: 해당 지도 경력은 '수영' 지도 경력에 한하여 인정함
공통자격/우대사항	병역의무자는 병역필 또는 면제자 / 2000.00.00.부터 근무 가능자. / 취업보호·지원대상자.
결격사유	1)「○○지방공단 인사규정」제12조의 결격사유에 해당되지 않는 자. 2) 금치산자·한정치산자와 파산의 선고를 받고 복권되지 아니한 자. 3) 금고 이상의 형을 받고 그 집행이 종료되거나, 그 집행을 받지 아니하기로 확정된 후 2년이 경과되지 아니한 자. 4) 금고 이상의 형을 받고 그 집행유예기간이 만료된 날로부터 2년이 경과되지 아니한 자. 5) 금고 이상의 형의 선고유예를 받은 경우에, 그 선고유예 기간 중에 있는 자. 6) 법률 또는 법원의 판결에 의하여 자격이 상실 또는 정지된 자. 7)「지방공기업법」을 위반하여 벌금형을 받고 2년이 경과되지 아니한 자. 8) 징계에 의하여 파면처분을 받은 날로부터 5년이 경과되지 아니한 자. 9) 징계에 의하여, 해임처분을 받은 날로부터 3년이 경과되지 아니한 자.

④ 공고 및 원서접수에서는 접수기관과 방법에 대해 게재하고 있다.

〈별표 8-2-31〉 공고 및 원서접수

구분	내용
공고기간	2000.00.00(월)~2000.00.00(금) 18:00
접수기간	000.00.00(월)~2000.00.00(금) 18:00 〈토, 일, 공휴일 제외〉
접수방법	업무시간(09:00~18:00)내 방문(대리)접수에 한함(우편, 온라인 접수 불가) 　가. 마감시간 이내 지원자에 한해 접수 인정 / 나. 찾아오시는곳: ○○지방공단 홈페이지 참조

⑤ 전형절차에서는 서류전형과 면접전형에 대해 설명하고 있으며, 면접전형은 서류전형 합격자에 한하여 1차 면접과 치종면접으로 구분하여 진행된다.

〈별표 8-2-32〉 전형절차

구분	내용
서류전형	홈페이지 공고 및 개별통보(2000.00.00.예정)
면접전형	서류전형 합격자에 한함 1차면접: 심사위원 5명 이하로 구성, 채용인원의 10배수 이내 선정 최종면접: 고득점자 순으로 2배수 선정 심사위원: 5명 이하로 구성(외부위원 과반수 이상 구성) ※ 응시인원 현황에 따라 1, 2차 면접으로 분할 또는 통합하여 시행될 수 있음
최종 합격자발표	홈페이지 공고 및 개별통보(2000.00.00.예정)

⑥ 제출서류에서는 입사지원서, 자기소개서, 개인정보 이용 동의서는 지정된 양식으로 제출하며, 나머지 서류는 개인별 준비 후 제출한다.

| 공통 제출서류 | 응시원서(입사지원서, 자기소개서) 각 1부(별첨 소정양식) (사진 미부착(이미지 삽입 컬러출력) 및 소정양식으로 제출하지 않은 경우 접수하지 않음), / 경력증명서 1부(해당자에 한함) / 최종학력증명서 1부(대학원졸업의 경우 대학졸업증명서 동봉) / 최종학력성적증명서 1부(100분위 평균점수 표시분 제출) / 자격증 사본 각 1부(해당자에 한함) / 개인정보 이용 동의서 1부(별첨 소정양식) / 취업보호·지원 대상자 증명서 1부(해당자에 한함) / 장애인 증명서 1부(해당자에 한함) |

⑦ 근로조건은 관련 규정 및 4대 보험, 기타 복리후생 지원으로 설명하고 있다.

| 근로조건 | ○○지방공단 관련 규정에 의함(초임 급여 산정 시 공단 사규에 의거 최대 인정 경력은 2년에 한함)
4대 보험 및 기타 복리후생 지원 |

○○지방공단의 전문직 관리규정 제11조(전문직원의 임금 및 수당) 1항에서는 '전문직원의 임금은 연봉제규정의 직원 기본급 표에 해당하는 호봉급을 적용하도록 정하고 있으며, '가'급은 3급 3호봉내지 15호봉이다. '마'급은 7급 1호봉내지 5호봉에 의한 연봉액을 월평균 분할하여 지급하며, 등급별 임금 한계액은 [별표5]와 같다.'고 정하고 있다. 제2항에서는 '전문직원의 수당 및 복리후생비 지급은 연봉제규정 및 직원 제수당 지급기준 및 복지후생비 지급기준을 적용한다.'로 정하고 있다.

⑧ 유의사항은 응시자의 잘못에 의한 불이익 내용을 공지하고 있다.

| 유의사항 | 응시원서 등 허위기재 또는 기재착오, 구비서류 미제출 및 연락불능 등으로 인한 불이익은 응시자 본인의 책임으로 합니다. / 응시자는 결격사유 해당 여부, 응시 자격요건 등이 적합한지를 확인 후 원서를 접수하기 바라며, 제출한 서류는 일체 반환하지 않습니다. / 응시원서나 각종 증명서의 기재 내용이 사실과 다르거나 시험에 관한 규정을 위반한 응시자는 시험을 정지 또는 무효로 하며, 합격을 취소합니다. / 본 채용계획은 ○○지방공단 사정에 의하여 변경될 수 있으며, 변경된 사항은 대상자에게 안내 후 변경 시행할 예정입니다. / 면접전형 결과 적격자가 없는 경우 선발하지 않을 수 있습니다. / 기타 자세한 사항은 ○○지방공단 ○○지원팀 인사담당자(☎02-000-0000)로 문의하시기 바랍니다. |

(3) 상용직 및 기간제근로자

○○지방공단의 상용직 및 기간제근로자 관리규정에서는 상용직과 기간제근로자를 다음과 같이 규정하고 있다. 「상용직 및 기간제근로자 관리규정」 제3조(용어의 정의) 1호 '"상용직"이라 함은 특별히 정한 요건에 의해 따로 정한 절차를 거쳐 기간의 정함이 없는 근로자로 전환된 자 또는 채용된 자를 말한다.'로 정하고 있다. 다시 말해 상용직 직원은 무기근로계약직원을 말하는 것이다. 제2호 "기간제근로자"라 함은 「기간제 및 단시간근로자 보호 등에 관한 법률」 제2조에 따라 기간의 정함이 있는 근로계약을 체결한 자를 말한다. 「상용직 및 기간제근로자 관리규정」 [별표1] 상용직 및 기간제근로자 정원표에서는 상용직 및 기간제근로사의 정원에 대한 기준을 정하고 있으며, [별표2] 상용직 및 기간제근로자 직렬·직무명세표에서는 상용직 및 기간제근로자 직원의 직렬과 직무에 대한 기준을 정하고 있다. 직렬은 6개 업무로 구분되어 있으며, 6개 업무는 시설보조·체육지도·사서보조 및 사무보조·주차관리·안내 및 경비·청소 등으로 구분하고 있다. 체육지도 직렬의 주요직무(업무)는 특정 운동지도, 스포츠교실 및 생활체육지도 업무, 고객에게 체육 관련 각종 정보를 제공하고, 체육시설 내 민원 업무 처리 등이다. [별표3] 상용직 및 기간제근로자 채용 자격기준에서는 상용직 및 기간제근로자 직원의 채용 자격기준에 대한 기준을 정하고 있으며, 체육지도와 체육지도 외 등 2개로 구분하고 체육지도의 자격기준은 해당 체육지도 분야 자격증 소지자로 정하고 있다. 상용직 및 기간제근로자 관리규정 제5조(채용의 원칙)에서는 상용지 및 기간제지원의 채용 원칙에 대해 정의하고 있으며, 제1항에서는 상시·지속적 업무가 신설되거나 결원이 발생하는 경우 상용직 직원으로 채용하는 것을 원칙으로 한다고 정의하고 있다. 동 규정 제5조 제2항에서는 제1항에도 불구하고 다음 각호의 어느 하나에 해당되는 경우 기간제근로자 수시(긴급)채용을 실시할 수 있다고 정의하고 있다. 다만, 근로계약기간은 최대 9개월 미만으로 하며, 갱신할 수 없다고 정의하고 있으며, 다음 각호는 ① 재난·재해발생 등으로 인하여 긴급충원이 필요한 경우. ② 월 중 의원면직 또는 직권면직 사유 발생 등으로 긴급충원이 필요한 경우. ③ 공개경쟁채용 시 시원후보사가 미달되거나 석격자가 없는 경우 능이다. 특별한 경우를 제외하고 업무신설이나 결원 발생 시에는 상용직 채용을 원칙으로 해야 하는 것이다. 제5조 3항에서는 '상용직 직원의 채용절차와 방법 등은 인사규정시행내규 제2장(채용)을 준용한다.'고 정의하고 있어 상용직 직원의 채용은 정원 내 인력 채용과 동일하게 진행하도록 규정하고 있다. 제5조 제4항에서는 '기간제근로자 직원의 채용은 서류 및 면접시험 절차를 거쳐서 공개경쟁 채용하며, 직무에 따라 필기시험 및 실기시험을 추가로 실시할 수 있다.'고 정의하고 있다. 제5조 5항에서는 기간제근로자 지원이 채용은 인사규정이 정한 인사위원회의 심의과정을 생략할 수 있다고 정하고 있다. 동 규정 제6조(채용인원 및 절차) 1항에서는 상용직 및 기간제근로자 채용인원은 정원범위 내에서 정하며, 2항에서는 상용직 및 기간제근로자 직원을 채용하고자 하는 고용부서에서는 [별지 제1호 서식] 채용 요구 신청서를 인사담당부서에 제출하여야 한다. 3항에서는 '상용직 및 기간제근로자 직원의 채용공고는 공단 홈페이지와 지방공기업경영정보 포털사이트에 모집공

고를 하여야 한다.'고 정하고 있다. 상용직 및 기간제근로자 직원을 채용하기 위해서는 채용하고자 하는 부서에서 인사담당부서에 요청하고 인사담당부서에서는 채용을 위한 채용공고를 진행하게 된다. 상용직 및 기간제 직원 공개채용 계획 수립 완료 후 채용 계획에 따라 공개채용을 실시하게 되는데 공개채용공고문은 다음과 같다. 공개 채용에 게재된 내용은 총 11개 항목이며, 11개 항목은 다음과 같다. ① 채용공고 전문, ② 채용분야 및 인원, ③ 자격조건 및 결격사유, ④ 전형단계, ⑤ 시험과목 및 배점기준, ⑥ 채용 세부일정·접수기간·접수처, ⑦ 제출서류, ⑧ 가산점 특전, ⑨ 근로조건 등, ⑩ 응시자 유의사항, ⑪ 채용서류 반환 등이다. 세부 내용은 다음과 같다.

① 채용공고 전문에서는 해당 기관의 공고번호를 시작으로 ○○지방공단 채용공고의 타이틀, 채용안내, 채용공고일, 채용기관 기관장 등으로 구성하고 있다.

〈별표 8-2-33〉 채용공고 전문

```
서울특별시○○지방공단공고 제0000 - 00호
              ○○지방공단 상용직 직원채용공고
   서울특별시 ○○지방공단에서 함께 근무할 직원 채용계획을 다음과 같이 공고하오니
              역량 있는 분들의 많은 응모 바랍니다.
                                          2000년 00월 00일
                                          서울특별시○○지방공단이사장
```

② 채용분야 및 인원에서는 채용분야, 채용인원, 직무내용 등으로 구분하여 설명하고 있으며, 채용 직원의 신분은 상용직, 채용분야는 시설관리, 안내, 체육지도(헬스 및 수영장 안전가드) 등이다. 모집인원은 분야별 각 1명으로 총 4명에 대한 채용공고이다. 체육지도 중 헬스 및 수영 안전가드 분야는 관련분야 자격소지자이어야 하며, 회원관리 및 지도, 체육행정 사무업무, 시설 안전유지 및 청결관리 등의 업무를 수행한다. 최종 합격자는 정원 내 인력과 동일하게 6개월의 수습기간이 의무적용 된다.

〈별표 8-2-34〉 채용분야 및 인원

채용분야	채용인원	직무내용
총계	4명	
시설관리	1명	문화/체육/시설 등 전기 및 기계실 관리, 전기시설, 냉난방 가동 유지, 시설물 안전점검 등
안내	1명	고객이나 방문객 안내 및 각종 정보 제공, 방문 및 전화 고객의 민원 업무 처리, 시설 무단 침입 및 도난 방지를 위한 출입 통제·시설보안
체육지도 (헬스)	1명	회원관리 및 지도, 체성분 분석을 통한 운동 상담, 시설 안전유지 및 청결관리 등 ※ 생활스포츠지도사(보디빌딩) 2급 이상 소지자(필수) / ※ 체육지도(헬스) '직무기술서' 참고

체육지도 (수영/안전가드)	1명	수영장 안전근무, 수영프로그램 지도, 체육행정 사무업무 ※ 생활스포츠지도사 2급(수영) 이상 소지자(필수) / ※ 수상안전요원 자격 소지자(필수) ▶ 2020.3.1. 기준 자격이 최소 3개월 이상 유효하여야 하며, 「체육시설의 설치·이용에 관한 법률 시행규칙」 제23조의 "별표 6"의 수상안전요원 자격을 충족하는 자(※ 체육지도(안전가드)' 직무기술서' 참고)	
비고	공통	응시연령: 만18세~만60세 미만(정년: 만60세) 임용일: 2000년 00월~00월 최종합격자 수습 6개월 의무적용	학력·성별·거주지 제한 없음 근무지: 서울시 ○○구
		※ 임용일은 ○○지방공단 사정에 따라 변경될 수 있음	

③ 결격사유 및 자격조건에서는 자격조건과 결격사유에 대해 설명하고 있으며, 자격조건은 공통사항에 관해 기술하고 있다. 결격사유에서는 해당 공단의 인사규정과 상용직 및 기간제근로자관리규정에서 정하고 있는 결격사유에 관해 게재하고 있다.

결격사유	대한민국 국민이 아닌 자 / 피성년후견인·피한정후견인 및 파산의 선고를 받고 복권되지 아니한 자 / 금고 이상의 형을 받고 그 집행이 종료되거나, 그 집행을 받지 아니하기로 확정된 후 5년을 경과하지 아니한 자 / 금고 이상의 형을 받고 그 집행유예기간이 만료된 날로부터 2년이 경과되지 아니한 자 / 금고 이상의 형의 선고유예를 받은 경우에, 그 선고유예기간 중에 있는 자 / 법원의 판결 또는 법률에 따라 자격이 상실 또는 정지된 자 /「지방공기업법」을 위반하여 벌금형을 선고 받고 2년이 경과되지 아니한 자 / 징계에 의하여, 해임처분을 받은 날로부터 3년, 파면처분을 받은 날로부터 5년이 경과되지 아니한 자 /「부패방지 및 국민권익위원회의 설치와 운영에 관한 법률」 제82조에 따른 비위 면직자 등의 취업 제한을 받은 자 / 병역의무자로서 병역기피 사실이 있는 자 /「성폭력범죄의 처벌 등에 관한 특례법」 제2조에 규정된 죄를 범한 자로서 100만 원 이상의 벌금형을 선고받고 그 형이 확정된 후 3년이 지나지 아니한 자 / 미성년자에 대한 다음 각 목의 어느 하나에 해당하는 죄를 저질러 파면·해임 되거나 형 또는 치료 감호를 선고받아 그 형 또는 치료감호가 확정된 자(집행유예를 선고받은 후 그 집행유예기간 이 경과한 자를 포함한다) /가. 「성폭력범죄의 처벌 등에 관한 특례법」 제2조에 따른 성폭력범죄, 나. 「아동·청소년의성보호에관한 법률」 제2조 제2호에 따른 아동·청소년대상 성범죄 /신체 또는 정신상의 장애로 직무를 감당할 수 없다고 인정되는 자 / 재직 시 징계 또는 형사사건으로 면직된 자 / 부조리로 인하여 계약 해지된 자 /「공직자윤리법」에 따른 취업제한 퇴직공직자
자격요건 공통	「지방공무원법」 제31조 및 ○○지방공단 인사규정 제12조에 결격사유가 없는 자 / ○○지방공단 상용직 및 기간제근로자관리규정 제9조에 결격사유가 없는 자 / 지역발전과 주민편익을 위한 건전한 사고를 갖고 있는 자 / 남자는 병역필 또는 면제된 자 / 채용분야별 직무기술서의 관련자격 및 직무수행(현장근무)이 가능한 자

④ 전형단계는 3단계이며, 서류전형, 면접시험, 결격사유 조회·최종합격 등으로 진행된다.

〈별표 8-2-35〉 전형단계

1단계	⇒	2단계	⇒	3단계
서류전형		면접시험		결격사유 조회·최종합격

⑤ 시험과목 및 배점기준은 서류전형, 블라인드 면접시험, 최종합격자결정, 전형절차 공개 및 예비합격자 등으로 구분하여 설명하고 있다. 서류전형은 응시자격 적격여부만 판단하며, 블라인드 면접시험은 위원별 50점 만점으로 직무이해도, 지식/능력 등을 평가한다. 최종합격자는 면접심사 50점 만점 중 고득점 순으로 정하며, 동점일 경우 채용분야에 필요한 자격증 다수 소지자가 우선한다.

〈별표 8-2-36〉 전형별 배점기준

구분	배점기준	
서류전형	응시자격 적격여부만 판단	
블라인드 면접시험	직무 이해도, 지식/능력, 태도, 논리성, 발전성 등 평가 응시자 1인에 대한 위원별 평가점수는 50점을 만점으로 함 위원별 점수를 산술 평균하여 고득점자 순으로 합격자 결정	
최종합격자 결정	면접심사 고득점 순(50점 만점) 동점자 발생 시 다음 순서에 의하여 결정	※ 채용분야에서 필요로 하는 자격증 다수 소지자 우선
전형절차 공개 및 예비합격자	희망자에 한해 각 단계별 본인점수 공개(합격자 발표일로부터 1달 이내) 최종합격자 외 채용예정 인원의 2배수 내에서 예비합격자 번호 부여	

⑥ 채용 세부일정 · 접수기간 · 접수처는 채용공고, 서류접수, 서류전형, 서류합격자발표, 면접전형, 면접합격자발표, 임용등록, 임용배치 등 총 8단계로 설명하고 있다. 서류전형에서는 직무관련 자격기준만 판단한다.

〈별표 8-2-37〉 채용 세부일정 · 접수기간 · 접수처

구분	내용
채용공고(1)	방법: 지정 사이트를 이용 / 공단 홈페이지 및 지방공기업경영정보공개시스템 등 기간: 2000.00.0.(목)~00.00.(수) 20일 이상(초일 불산입)
서류접수(2)	접수기간: 2000.00.00.(월) 09:00~00.00.(월) 18:00까지 토 · 일요일 · 공휴일 접수 불가 / 점심시간(12:00~13:00) 접수 불가 접수방법: 방문 접수(우편접수 불가) / 접수장소: ○○지방공단 ○○지원팀 사무실(서울시 ○○구 ○○동)
서류전형(3)	일시: 2000.00.00.(화)~00.00.(목) 예정 / 심사기준: 응시자격(직무관련 자격기준) 적격여부만 판단
서류합격자발표(4)	발표일: 2000.00.00.(금) 예정 방법: 공단 홈페이지, 지방공기업경영정보공개 시스템 등
면접전형(5)	일자 및 장소: 2000.00.00.(수) 예정 / 미정(추후 공지) 면접방법: 개별면접 또는 집단면접 심사기준: 직무 이해도, 지식/능력, 태도, 논리성, 성실성, 발전성 등 준비물: 주민등록증 또는 운전면허증, 입사지원서 기재한 교육/자격/경력사항 증명서 사본 등 제출
면접합격자발표(6)	발표일: 2000.00.0.(월) 예정 방법: 공단 홈페이지 및 지방공기업경영정보공개시스템 등
임용등록(7)	방법 및 장소: 방문(○○지방공단 ○○지원팀) 기간: 2000.00.0.(금) 예정
임용배치(8)	임용일: 2000.00.00.(월) 예정

⑦ 제출서류는 입사지원서, 자기소개서 등 각 1부이며, 입사지원서 및 자기소개서는 ○○지방공단 인사규정 시행내규 "별지 제1호"에 포함된 서식으로 채용공고 시 첨부파일로 게재한다.

응시자는 첨부 파일 다운로드 후 작성하여 제출한다.

제출서류	입사지원서·자기소개서 각 1부(필수) / 취업보호(지원) 대상자 증명서 1부(해당자에 한함), 최근 3개월 이내의 것(입사지원서의 교육·자격·경력사항은 증명서로 제출 가능한 사항만 작성하고 합격 후 증명서가 사실과 다를 경우 불합격 처리 또는 임용 취소될 수 있음)

⑧ 가산점 특전은 관련 법률에 의해 진행된다.

가산점 특전	「독립유공자 예우에 관한 법률」 제16조, 「국가유공자 등 예우 및 지원에 관한 법률」 제29조 등에 의한 취업보호(지원)대상자는 각 전형(심사)마다 만점의 10% 또는 5%를 가산 ※ 가점을 받아 채용시험에 합격하는 자는 그 채용시험 선발 예정인원의 30퍼센트를 초과할 수 없음(가점에 따른 선발 인원을 산정하는 경우 소수점 이하는 버림)

⑨ 근로조건 등은 크게 5가지로 구분하여 공지하고 있으며, 5가지는 공통사항, 근무처, 수습, 급여, 근무시간 등을 말한다. 공통사항에서는 휴일, 야간, 연장 등 초과근무 및 주6일제 근무, 교대제 근무가 가능하여야 한다고 정하고 있으며, 수습기간은 6개월로 정원 내 인력과 동일하다. 수습기간 중의 급여는 수습기관과 관계없이 동일한 급여를 받게 되며, 급여 기준은 해당 자치구에서 정하고 있는 생활임금(시급)이 기준이다. 근무시간은 채용 예정 분야에 따라 차이가 있으며, 안내 및 체육지도의 근무시간은 오전과 오후로 2교대 순환근무를 기준으로 운영하고 있다.

공통사항 (근로조건)	2000년 00월 중 임용예정이나 공단 사정에 따라 변경될 수 있음. / 사업부서 여건에 따라 휴일, 야간, 연장 등 초과근무 가능자 / 사업부서 배치 후 연장근로가 포함된 주6일 근무 가능자 / 사업부서 특성에 따라 교대제 근무(새벽, 야간 등) 가능자 / 공단 사업장 운영사정에 따라 근무지 순환배치, 근무시간, 근무일, 업무내용은 변경될 수 있습니다.

〈별표 8-2-38〉 근로조건 등

구분		주요내용
근무처		○○구 관내(근무명령에 따름)
수습		상용직 임용 시 최초임용 후 6개월간의 수습기간을 두며, 수습기간 중 ○○지방공단 인사규정 제12조 등 결격사유에 해당하는 사항이 있을 경우 임용을 취소할 수 있습니다.(수습기간 중 급여 등의 조건 동일)
급여		급여는 ○○구 생활임금(시급) 지급(채용공고일 기준)
근무 시간	시설	운영시간: 24시간 이내 기준 근로시간: 주40시간 이내(토·일요일 및 공휴일 포함) ※ 근무지별 근무시간 및 근무조건 상이, 연장근로 시 수당지급 ※ 운영사정에 따라 근무지 순환배치 및 근무시간, 근무일, 업무 내용은 변경될 수 있음 　　(교대근무, 격일근무, 당직근무 등)
	안내	기준 근로시간: 주40시간 이내(토·일요일 및 공휴일 포함) 운영시간: 06:00~22:00 이내 / 오전·오후 2개 스케줄로 순환근무
	체육	각 사업장 근무편성 따르며, 연장·야간·휴일근무 발생 가능

⑩ 유의사항에는 응시자의 잘못에 의한 불이익에 대한 내용을 공지하고 있으며, 블라인드 채용 유의사항

도 포함하고 있다. 최종 합격 또는 임용 후에도 결격사유(서류 허위기재 · 증빙서류 불일치 · 범죄사실 등)가 발견되면 임용이 취소된다고 공지하고 있다. 최종 합격자 외에 예비합격자 제도를 운영하고 있으며, 최종 합격자의 임용등록포기 및 임용취소 등 발생 시 예비합격자 순위에 의해 채용할 수 있도록 공지하고 있다.

〈별표 8-2-39〉 응시자 유의사항

유의사항
1) 응시서 등 허위기재 또는 기재착오, 구비서류 미제출 및 연락 불능 등으로 인한 불이익은 응시자 본인의 책임으로 합니다.
2) 응시자는 결격사유 해당 여부 · 응시 자격요건 등이 적합한지 확인 후 원서를 접수하기 바랍니다.
3) 응시원서나 각종 증명서의 기재내용이 사실과 다르거나 시험에 관한 규정을 위반한 응시자는 시험을 정지 또는 무효로 하며, 합격을 취소합니다.
4) 면접전형 당일에 서류전형 합격결정 관련 증명서(교육 · 자격 · 경력)를 제출하여야 하며, 이에 불응하거나 제출한 증명서가 허위인 경우 합격취소나 입사지원 자체가 무효처리 될 수 있습니다.
5) 최종합격 또는 임용 후에라도 결격사유(서류 허위기재 · 증빙서류 불일치 · 범죄사실 등)가 발견될 경우는 임용이 취소됩니다.
6) 예비합격자는 최종합격자의 유고(임용 · 등록 · 포기 · 임용취소 등) 등 내규에서 정한 임용사유 발생 시 선발할 수 있으며, 공고에서 정한 범위 내에서 순위를 부여합니다. 예비합격 유효 기간은 최종 합격자 발표일로부터 12개월입니다.
7) 입사지원서의 교육 · 자격 · 경력사항에 대한 기준일은 공고일로 합니다.
8) 본 채용계획은 공단 사정에 의하여 변경될 수 있으며, 변경된 사항은 대상자에게 안내 후 변경 시행할 예정입니다.
9) 면접전형 결과 적격자가 없는 경우 선발하지 않을 수 있습니다.
10) 여성의 경우 임용후보자 등록 시 "야간(22:00~익일06:00) 및 휴일근로동의서"를 제출하여야 임용이 가능합니다.

※ 블라인드 채용 유의사항: 입사 지원 시 '성별 · 신체조건 · 학력 · 연령 · 출신지역 · 가족관계 등'의 정보는 받지 않고 있습니다.

⑪ 채용 시 제출한 제출서류 반환은 관련 법률에 의해 정해진 기간 내에 신청해야 하며, 신청 기간은 최종 합격자 공고일 이후 14일부터 30일까지로 공지하고 있다. 제출(채용)서류 반환 신청 시 ○○지방공단은 등기우편 또는 직접 방문 수령 등 방법에 의해 제출서류 반환을 진행하게 된다.

채용서류반환
- 합격자 결정 후 제출서류는 「채용절차의 공정화에 관한 법률」 제11조 및 동 시행령, 시행규칙에 따라 반환, 청구기간 내에 청구된 반환청구분에 한하여 반환하며, 청구기간이 지난 후에는 채용서류 반환이 불가(채용서류 파기)
- 청구기간: 최종 합격자 공고일 이후 14일부터 30일까지
- 청구방법: 최종 합격자 발표 후 유선(☎00-000-0000) 반환청구 후 팩스(00-000-0000)로 반환청구서식 전송(동 시행규칙 제3조 별지 제3호 서식)
- 청구서류는 전자서류를 제외한 제출 서류이며, 반환방법은 등기우편물 또는 직접 방문수령이다.

(4) 프로그램 강사

○○지방공단에서 운영하는 체육시설 중 종합체육시설에서 체육관련 업무를 담당하는 직원은 위에서 설명한 바와 같이 정원 내 인력, 전문직, 상용직 및 기간제근로자 등이다. 정원 내 인력, 전문직, 상용직 직원 등은 체육시설에 상주하며, 담당 업무를 이행하게 된다. ○○지방공단에서는 체육관련 분야 직원에게 체육지도 업무 및 회원관리, 체육행정 등 사무(행정)업무 등을 수행하도록 업무를 분장하게 된다. 정원 내 인력, 전문직, 상용직 직원들이 모든 체육프로그램의 강습 및 관리하기에는 현실적인 어려움이 있을 수밖에 없

다. 이는 정원 내 인력, 전문직, 상용직 등의 직원은 규정상 정원이 정해져 있어 운영할 수 있는 인원이 한정될 수밖에 없기 때문이다. 그럼에도 불구하고 지방공기업은 운영하고 있는 체육시설을 활용하여 다양한 프로그램을 운영하여야 한다. 이는 지역주민들에게 다양한 프로그램을 제공하여 만족도를 향상시키는 것이 지방공기업의 의무이기 때문일 것이다. 다양한 프로그램 운영을 위해 서울시 자치구 지방공단에서는 프로그램 강습 및 회원관리를 전문적으로 담당하여 운영하는 프로그램 강사제도를 운영하고 있다. 하지만 서울시 자치구 지방공단에서 운영하는 체육시설에서 프로그램 강습에 참여하는 강사의 운영형태 및 기준 등은 각 기관별 차이가 있다. 각 기관별 운영 특성에 따라 차이는 있으나 공통적인 강사 운영형태는 "시간제", "비율제", "정액제" 등 크게 3가지 운영형태로 정의할 수 있다. 프로그램 강사와의 계약형태는 근로계약이 아닌 용역계약 또는 자유소득자의 계약일 경우를 말하며, 3가지 형태의 기준은 지방공단과 프로그램 강사의 프로그램 운영 계약에 의해 지급되는 위탁 대가 또는 위탁료 지급으로 정의할 수 있을 것이다. 3가지 운영형태를 정의하면 다음과 같다. "시간제(時間制)"라 함은 프로그램 운영 또는 프로그램 위탁수행에 대한 대가(代價)를 상호 계약에 의해 시간당금액(시급)을 지급하는 것을 말한다. "비율제(比率制)"라 함은 프로그램 운영 또는 프로그램 위탁수행에 대한 대가(代價)를 프로그램에 참여하여 발생된 총 사용료를 기관과 프로그램 강사가 계약에 의해 정해진 비율만큼 지급하는 것을 말한다. "정액제(定額制)"라 함은 프로그램 운영 또는 프로그램 위탁수행에 대한 대가(代價)를 상호 계약에 의해 정해진 금액을 지급하는 것을 말하며, 정액제는 월(月) 단위로 정하게 된다. 서울시 자치구 지방공단에서는 프로그램 강사 운영에 대한 근거를 크게 2가지로 구분하여 운영하고 있으며, 2가지는 ○○지방공단규정에 포함하여 운영하는 형태와 기관장의 방침으로 운영하는 형태 등을 말한다. 프로그램 강사 운영에 대한 내용을 규정화하여 운영하고 있는 기관 중 동작구시설관리공단의 운영규정은 다음과 같다.

「서울특별시 동작구 시설관리공단 기간제계약직관리규정」 제3조(계약직의 종류)에서는 '기간제계약직은 특정업무직, 체육교사직, 고객관리직, 파트직으로 정하며, 직종별 직무내용은 [별표1]과 같다.' 제4조(용어의 정의) 2호에서는 체육교사직과 파트직에 관해 정의하고 있으며, "체육교사직"은 체육강습, 교구재 관리, 회원등록 유지업무에 종사하는 자를 말한다고 정의하고 있다. "파트직"은 6개월 이내 또는 계절적·일시적으로 고용되어 해당 업무에 종사하는 자를 말한다고 규정하고 있으며, 기간제계약직 관리규정에서는 계약직 직원 운영과 관련하여 직무명세표, 채용자격기준, 임금지급 단가, 복지후생비 지급기준, 표준근로계약서 등을 규정화하여 운영하고 있다. [별표1] 직무명세표에는 체육관련 직종을 체육교사직과 파트직으로 구분하여 기준을 정하고 있다. 체육교사직의 직무내용은 체육프로그램 강습·회원 정보관리·체육 프로그램 편성·교구재 관리 등 기타 체육 강습에 필요하다고 인정되는 업무이며, 파트직은 체육프로그램 시간강습 및 지도로 정하여 운영하고 있다.

[별표2] 채용자격기준에서는 '체육교사직은 전문직(교사) 8급의 자격기준에 준하며, 파트직의 경우는 체육 및 해당분야 자격증 소지자로서 강습능력이 있다고 인정하는 자.'로 정하고 있다. 체육교사직의 임금 지급단가는 전문직(체육)의 보수규정에 준하도록 규정하고 있으며, 파트직의 임금지급단가는 체육프로그램 강습을 수영, 일반종목, 특정종목 등 3개의 직종으로 구분하여 단가를 정하고 있다. 수영의 경우 시간당 13,000~18,000원이며, 일반종목의 경우 시간당 20,000~30,000원으로 책정되어 있다. 특정종목의 경우 별도계약에 의한다고 정하고 있다. 프로그램 강사에 대한 규정이 없는 지방공단은 프로그램 강사 운영이 필요한 경우 기관장의 방침 및 승인을 통해 운영하게 된다. 프로그램 강사의 결원 또는 충원이 필요할 경우 채용계획을 수립하여 충원 및 채용을 위한 업무를 추진한다. ○○지방공단에서는 프로그램 강사를 "위촉강사"로 분류하고 채용하고자 하는 부서에서 위촉강사 채용을 위한 위촉강사 채용 계획 수립 후 채용을 실시하게 되며, 공개 채용 시 채용공고문은 다음과 같다. 공개 채용 위촉강사는 수영 및 안전가드 업무를 수행하며, 시간제로 강사료를 지급받는 시간제 위촉강사이다. 공개 채용에 게재된 내용은 6개 항목으로 ① 채용공고 전문, ② 모집분야 및 인원, ③ 세부내용, ④ 근무환경, ⑤ 결격사유, ⑥ 제출서류 및 접수방법 등이다. 세부 게재 내용은 다음과 같다.

① 채용공고 전문에서는 채용공고의 제목과 채용안내 등으로 구성하고 있다.

〈별표 8-2-40〉 채용공고 전문

○○지방공단 ○○○문화체육관
수영/안전가드 위촉강사 모집공고
○○지방공단과 ○○○문화체육관에서 수영지도 및 안전가드를 담당할 전문 강사를 모집합니다.

② 모집분야 및 인원은 분야, 직종, 채용인원, 직무내용, 응시자격 등으로 구분하여 공지한다. 응시자격은 수영 생활스포츠자격증 소지자 및 수상인명구조 자격증 소지자가 대상이다.

〈별표 8-2-41〉 모집분야 및 인원

분야	직종	채용인원	직무내용	응시자격
수영 지도자/안전가드	위촉 강사	1명	수업지도 및 회원관리	2급 생활스포츠지도사(수영) 자격증 소지자 수상인명구조 자격증 소지자

③ 세부내용은 모집직종과 프로그램명, 강습시간, 요일, 채용인원 등으로 구분하여 공지하였으며, 강습시간은 15:00~16:50까지로 안전가드, 어린이강습, 성인소그룹 레슨 등을 담당하게 된다.

〈별표 8-2-42〉 세부내용

구분	프로그램명	강습시간	요일	채용인원
수영/ 안전가드	안전가드/성인소그룹레슨 /어린이강습	15:00~15:50(안전가드) / 16:00~16:50(어린이강습)	월, 수, 금	1명
		15:00~15:50(성인소그룹) / 16:00~16:50(어린이강습)	화, 목	

④ 근무환경은 분야, 강사료 지급기준 등으로 구분하고 있으며, 위촉강사와 안전근무의 강사료 지급기준에 대해 공지한다.

〈별표 8-2-43〉 근무환경(강사료 지급기준/수영)

분야		강사료 지급기준				
		1년차	2년차	3년차	4년차	고정강사료(토)
위촉 강사	경력(無)	19,000원	20,000원	21,000원	22,000원	24,000원 (근속 인상금 없음)
	경력(有)	20,000원	21,000원	22,000원	22,000원	
안전근무		16,000원				

※ 위촉강사 1년 이상 근속 시 1,000원 인상. 위촉강사 상한액 22,000원

⑤ 결격사유는 ○○지방공단의 인사규정 제12조의 결격사유 8개 항목에 대해 공지하고 있다.

결격사유	금치산자·한정치산자와 파산의 선고를 받고 복권되지 아니한 자. / 금고 이상의 형을 받고 그 집행이 종료되거나, 그 집행을 받지 아니하기로 확정 된 후 2년이 경과되지 아니한 자. / 금고 이상의 형을 받고 그 집행유예기간이 만료된 날로부터 2년이 경과되지 아니한 자. / 금고 이상의 형의 선고유예를 받은 경우에, 그 선고유예기간 중에 있는 자. / 법률 또는 법원의 판결에 의하여 자격이 상실 또는 정지된 자. /「지방공기업법」을 위반하여 벌금형을 받고 2년이 경과되지 아니한 자. / 징계에 의하여 파면처분을 받은 날로부터 5년이 경과되지 아니한 자. /징계에 의하여, 해임처분을 받은 날로부터 3년이 경과되지 아니한 자. (부조리 등 징계로 인해 계약이 해지되거나, 재직 시 근무성적 평가 결과가 70점 미만인 자.)

⑥ 제출서류 및 접수방법에서는 제출서류, 전형방법 및 일정, 기타사항 등으로 구분하여 공지하고 있다. 제출서류에서는 관련자격증과 경력증명서를 제출하여야 하며, 1차 서류 평가 및 합격자 발표 후 2차 면접을 통해 최종 합격자를 위촉하게 된다. 시간제 강사는 체육(프로그램)지도에 대한 강사료를 시간당 정해진 금액을 지급받게 되며, 시간제 강사로 계약하는 주요프로그램은 수영프로그램으로 프로그램 운영에 필요한 수영지도강사와 수상안전요원 근무자 등이 포함된다. 강사는 수영프로그램과 관련된 수영지도 및 수상안전 근무를 담당하는 강사가 속하게 된다.

〈별표 8-2-44〉 제출서류 및 접수방법

구분	내용
제출서류	모집지원서+자기소개서(소정양식)/개인정보 수집 · 이용 동의서 1부 관련 자격증 사본 1부 / 경력증명서 1부
원서접수	2000.00.00.(수)~00.00(수) 18:00까지 접수 분에 한함
접수방법	우편, 방문, E-mail 접수(00000000@00.or.kr)
1차 합격자발표	합격자에 한하여 개별 연락
2차 면접	2000.00.00(금)
최종발표	2000.00.00(금)
위촉일	2000.00.00(금)
기타	전형일정 및 위촉예정일은 변경될 수 있습니다. 적격자가 없을 경우 채용하지 않을 수 있습니다. 문의: 담당자 000(☎ 02-0000-0000) 제출한 서류는 반환은「채용절차의 공정화에 관한 법률」제11조에 의거하여 진행됩니다.
위치안내	○○구 ○○동 지하철 0호선 ○○역 0번 출구, 도보 0분 거리

강사료를 비율제로 받게 되는 강사는 농구, 축구, 요가, 방송댄스, 발레 등을 담당하는 강사가 해당되며, 정액제는 아쿠아로빅, 에어로빅 등 프로그램 강사가 포함된다. 하지만 각 기관별 운영기준이 동일한 것이 아니어서 동일한 종목이지만 강사료 계약형태는 차이가 있을 수 있다.

3 프로그램 사용료 및 정원

서울시 자치구 지방공단 중 강동구, 송파구, 양천구, 동작구에서 운영하는 공공체육시설의 프로그램별 사용료에 관해 알아보고자 하며, 각 기관별 운영 프로그램은 수영, 헬스, 구기, 요가, 댄스 등 크게 5개로 구분하였다. 구기(球技)프로그램은 탁구, 배드민턴, 농구, 축구 등 4개, 요가는 필라테스, 요가, SNPE(바른자세운동) 등 3개, 댄스는 에어로빅, 음악줄넘기, 스피닝 등 3개 프로그램으로 구분하였으며, 프로그램별 정원은 운영 장소(시설)의 크기, 강사와의 계약내용, 강습시간, 강습대상, 사용도구 및 기구, 강습형태(일반, 소수 등) 등에 따라 다른 것으로 조사되었다. 대상시설은 온조대왕문화체육관, 송파구체육문화회관, 양천구민체육센터, 동작구민체육센터 등 4개 공공체육시설이며, 각 시설별 사용료 및 정원은 다음과 같다. 수영프로그램 성인 기준 주3회 사용료는 강동구 55,000원, 송파구 58,000원, 양천구 48,400원, 동작구 49,500원 등으로 4개 지방공단 평균 사용료는 52,725원이다.

〈별표 8-2-45〉 수영 프로그램 사용료 및 정원

구분	강동구	송파구	양천구	동작구	평균
사용료	55,000원	58,000원	48,400원	49,500원	52,725원
정원	102명	150명	120명	110명	
기준	주3회				

기준일: 2019.12.31

헬스 프로그램 성인 기준 주3회 사용료는 강동구 60,000원, 송파구 55,000원, 양천구 48,400원, 동작구 49,500원 등으로 4개 지방공단 평균 사용료는 53,225원이다.

〈별표 8-2-46〉 헬스 프로그램 사용료 및 정원

구분	강동구	송파구	양천구	동작구	평균
사용료	60,000원	55,000원	48,400원	49,500원	53,225원
정원	240명	350명	450명	1,000명	
기준	월(月)기준				

기준일: 2019.12.31

구기 프로그램은 탁구, 배드민턴, 농구, 실내축구 등 4개 종목을 대상으로 사용료를 구분하였으며, 탁구 종목의 경우 주3회 성인기준 평균 사용료는 41,400원이다. 강동구는 44,000원이며, 송파구 38,000원, 양천구 45,100원, 동작구 38,500원이다. 배드민턴의 경우 강동구, 송파구는 주5회 기준으로 사용료는 강동구 35,000원, 송파구 37,000원이다. 양천구는 주6회 기준으로 사용료는 39,000원이며, 동작구는 주2회 기준 38,500원이다. 농구와 실내축구 프로그램은 초등학생을 대상으로 운영되며, 농구는 주2회 기준 사용료는 강동구 29,700원, 송파구 28,000, 양천구 20,200원, 동작구는 26,000원으로 평균사용료는 25,975원이다. 실내축구는 강동구 주2회 29,700원, 송파구 주1회(평일) 25,000원, 양천구와 동작구는 주1회(토) 30,250원, 50,000원의 사용료가 책정되어 운영된다.

〈별표 8-2-47〉 구기 프로그램 사용료 및 정원

종목		강동구	송파구	양천구	동작구	평균
탁구	사용료	44,000원	38,000원	45,100원	38,500원	41,400원
	정원	30명	15명	30명	26명	25.25명
	기준	주3회				
배드민턴	사용료	35,000원	37,000원	39,000원	38,500원	37,375원
	정원	60명	60명	30명	40명	47.50명
	기준	주5회		주6회	주2회	
농구	사용료	29,700원	28,000원	20,200원	26,000원	25,975원
	정원	40명	40명	40명	32명	38.00명
	기준	주2회				
실내축구	사용료	29,700원	25,000원	30,250원	50,000원	33,737원
	정원	30명	20명	30명	18명	24.50명
	기준	주2회(평일)	주1회(평일)	주1회(토)		

기준일: 2019.12.31

요가 프로그램은 필라테스, 요가, SNPE 등 3개 종목으로 구분하여 운영되고 있으며, 필라테스 주3회 성인기준 평균 사용료는 43,525원이다. 요가는 주2회 성인 기준 평균 사용료는 34,150원이며, 강동구와 동작구는 33,000원으로 사용료가 책정되어 있다. SNPE 프로그램은 송파구와 양천구는 주2회 운영되며, 송파구 38,000원, 양천구 34,600원이며, 주1회 운영하는 동작구는 34,000원의 사용료를 책정하여 운영하고 있다.

〈별표 8-2-48〉 요가 및 댄스 프로그램 사용료 및 정원

종목		강동구	송파구	양천구	동작구	평균
필라테스	사용료	44,000원	43,000원	45,100원	42,000원	43,525원
	정원	40(소도구)명	45명	40명	30명	
	기준	주3회				
요가	사용료	33,000원	36,000원	34,600원	33,000원	34,150원
	정원	40명	30명	40명	30명	35.00명
	기준	주2회				
SNPE	사용료		38,000원	34,600원	34,000원	
	정원		40명	40명	25명	
	기준		주2회		주1회	
에어로빅	사용료	55,000원	55,000원	45,100원	39,000원	48,525원
	정원	45명	40명	40명	45명	42.50명
	기준	주5회		주3회		
음악줄넘기	사용료	29,700원	23,000원	26,200원(2개월)	33,000원	
	정원	40명	25명	40명	38명	35.75명
	기준	주2회	주1회	주1회(토)	주2회	
스피닝	사용료	48,000원			44,000원	
	정원	35명			35명	
	기준	주2회			주2회	

기준일: 2019.12.31.

댄스 프로그램은 에어로빅, 음악줄넘기, 스피닝 등 3개 종목이며, 에어로빅의 경우 성인대상 강동구와 송파구 주5회 운영하며, 양천구와 동작구는 주3회 운영된다. 사용료는 주5회 55,000원이며, 양천구는 45,100원, 동작구는 39,000원의 사용료를 책정하여 운영되고 있다. 음악줄넘기는 초등학생을 대상으로 운영되며, 강동구는 주2회 29,700원, 송파구는 주1회 23,000원, 양천구는 2개월 주1회(토) 기준 26,200원, 동작구는 주2회 기준 33,000원의 사용료를 책정하여 운영하고 있다. 스피닝은 강동구와 동작구에서 주2회 성인을 대상으로 운영되며, 사용료는 강동구 48,000원, 동작구 44,000원으로 책정하여 운영되고 있다. 지방공단별 사용료의 책정은 지방공단이 속해 있는 지방자치단체의 조례에 따라 결정되어 진다. 지방공기업에서 운영하는 공공체육시설의 사용료 책정 방법은 크게 4가지로 구분할 수 있을 것이다. 첫째, 모든 프로그램에 대한 사용료를 조례에서 정하고 있는 경우. 둘째, 이러한 번거로움을 해소하기 위해 지방자치조례에서는 대표적 프로그램의 사용료만 정한 후 유사 프로그램은 이를 따르도록 하는 경우. 셋째, 신규 프로그램 개설 시 민간 또는 타 지방공기업에서 운영하는 사용료 검토 후 합리적 사용료를 책정하는 경우. 넷째, 지방자치단체의 승인 또는 지역주민에게 공시 등의 방법을 통해 사용료를 책정하는 경우일 것이다. 첫째의 경우는 수시로 생겨나는 프로그램의 사용료를 조례에 즉각적으로 적용하는 것은 쉬운 일이 아닐 것이다.

제9장

지방공사·공단 운영규정

제9장 목차

제1절 운영규정의 이해 439
1. 개요
2. 제정 및 개정

제2절 지방공사 운영규정 444
1. 개요
2. 정관
3. 기획
4. 총무
5. 인사
6. 재무
7. 감사

제3절 지방공단 운영규정 463
1. 개요
2. 기본규정
3. 조직규정
4. 업무절차규정

제4절 체육시설 및 선수단 운영규정 480
1. 지방공사
2. 지방공단

제1절 운영규정의 이해

1. 개요

지방자치단체에서는 지방공기업 설립을 위해 해당 지방자치단체의 조례를 정한다. 통상적으로 "○○지방공사·공단 설립 및 운영에 관한 조례"와 동 조례의 시행규칙 등을 제정하여 지방공기업이 설립될 수 있는 기준을 마련하고 있다. 지방자치단체의 조례에 의해 설립된 지방공기업은 조례에서 정하고 있는 기준을 근거로 운영규정을 제정하여 해당 지방공기업의 운영기준이 될 수 있는 지침으로 활용하게 된다. 지방공기업 관리 및 운영에 필요한 내부 업무 규정이 바로 "운영규정"이다. 운영규정은 지방공기업의 운영형태 및 운영사업에 따라 상이할 수 있다. 이러한 지방공기업의 운영규정은 지방자치단체의 조례에서 정하고 있는 정관을 기준으로 구성하게 된다. "정관"이란 회사의 설립, 조직, 업무 활동 등에 관한 기본규칙을 정한 것으로 법률을 보충하거나 변경하여 회사의 단체적 법률관계들을 규정한 총체를 말하며, 민간기업(주식회사) 정관의 경우 상법에서 정한 회사의 목적, 상호, 회사가 발행할 주식의 총수, 1주의 금액, 회사의 설립 시에 발행하는 주식의 총수, 본점의 소재지, 회사가 공고를 하는 방법, 발기인의 성명·주민등록번호 및 주소가 절대적 기재사항이므로 정관 내에 꼭 포함되어야 한다. 하지만 지방공기업의 정관 기재사항은 지방자치단체의 지방공기업 설립과 운영에 관한 조례에서 그 기준을 정하고 있다. 자치법규정보시스템(http://www.elis.go.kr/)을 통해 지방공기업에 대한 자치조례를 검색할 수 있으며, 지방공기업 설립 및 운영에 관한 조례 중 「인천도시공사 설립 및 운영에 관한 조례」 제6조(정관)에서 인천도시공사의 정관에 관해 규정하고 있다. 제6조(정관) 1항에서는 '공사의 정관에는 다음 각호의 사항을 기재하여야 한다.'고 정의하고 있으며, 기재 사항은 다음과 같이 규정하고 있다.

기재사항	목적 / 명칭 / 사무소의 소재지 / 자본금에 관한 사항 / 사업에 관한 사항 / 조식 및 정원에 관한 사항(구체적인 기구표 및 정원표 포함)/ 임직원에 관한 사항 / 이사회에 관한 사항(이사회의 구성에 관한 사항 포함) / 이사의 대표권을 제한한 때에는 그 제한 / 재무회계에 관한 사항 / 사채발행에 관한 사항 / 정관 변경에 관한 사항 / 공고에 관한 사항 / 그 밖에 필요한 사항

인천도시공사의 정관에는 1. 공사의 설립 목적부터 14. 그 밖에 필요한 사항까지로 구성되어 있으며, 반드시 정관에 기재하고 포함되어야 함을 규정하고 있다. 정관의 변경에 있어서도 지방공사의 경우는 자치단체 조례에서 규정한 바와 같이 이행하여야 한다. 「인천도시공사 설립 및 운영에 관한 조례」 제6조 제2항 '공사의 정관을 정하고자 할 때는 시장의 인가를 받아야 한다. 정관을 변경하고자 할 때에도 또한 같다.'로 정하고 있어 정관의 변경 시 지방자치단체장의 인가 또는 승인을 얻도록 규정되어 있다. 지방공기업에서는

이러한 근거와 절차를 기준으로 해당 지방공기업 운영규정을 제정하여 운영하고 있으며, 운영규정의 목차는 통상적으로 조례 및 법령, 정관, 운영규정 등으로 구성되어 진다. 정관의 변경은 지방자치단체장의 인가 또는 승인의 절차를 거치며, 지방공기업 운영규정은 해당 지방공기업 이사회의 의결 및 해당 지방자치단체의 승인에 의해 제정 및 개정된다.

2. 제정 및 개정

"제정(制定)"이라는 국어사전의 의미는 '제도나 법률 따위를 만들어서 정한다.'는 의미로 정의하고 있다. 지방공기업을 운영하기 위해 필요한 운영규정은 지방공기업의 설립과 함께 새로이 제정되어야 하며, 지방공기업 설립 전 지방공기업 운영에 관한 기본적인 규정은 해당 지방자치단체조례에서 정하고 있는 정관을 기준으로 제정할 것이다. 제정 내용은 설립 예정 지방공기업의 사업에 관한 사항, 조직 및 정원에 관한 사항, 임직원에 관한 사항 등이 될 것이다. 최초 제정 시 반영될 사안인 사업범위는 해당 지방공기업의 설립 및 운영에 대한 조례에서 정하고 있는 범위로 정하며, 사업 수행을 위해 필요한 인력 운영에 대한 규정은 해당 지방공기업의 설립 타당성 검토 등을 참고하여 범위를 정하게 된다. 이렇게 설립된 지방공기업에서는 사업운영과 업무추진을 위한 운영규정을 제정하게 되는 것이다. 지방공기업 운영에 필요한 운영규정은 최초 설립 시 제정되나 법령신설, 신규 사업 확대 등에 따라 신규 제정이 필요한 세부 규정은 수시로 제정될 수 있다.

"개정(改定)"은 이미 정하였던 것을 고쳐 다시 정하는 것을 의미한다. 법률을 개정한다는 것은 앞에서 설명한 바와 같이 이미 있던 법률에 대하여 고쳐서 다시 정하는 것을 의미하는데 개정은 크게 전부개정, 일부개정, 타법개정으로 설명된다. "전부개정"은 법을 전부 개정하는 것이고(조항 및 조항 순서 등이 많이 바뀔 경우에도 전부개정으로 정의할 수 있다), "일부개정"은 법령 조항 중 조항의 일부 내용만 개정하는 것이다. "타법개정"은 다른 법률의 개정에 따라 해당 법률도 개정되는 것을 말한다(예를 들어 「정부조직법」에서 정부부처의 명칭이 변경될 경우, 부처의 명칭이 변경된 법령들은 변경된 명칭으로 개정을 하게 되는데 이때 변경되는 것을 "타법개정"이라고 설명할 수 있다). 지방공기업 운영규정은 법령 및 조례, 기획, 총무, 인사, 재무, 운영사업, 감사 또는 법령 및 조례, 기본규정, 조직규정, 업무절차규정, 사업장 운영규정 등 지방공기업별 특성에 맞게 제정 운영되고 있으며, 공통적으로는 조례 및 정관, 업무절차, 사업운영 등 크게 3가지 틀로 구분되어 제정·운영되고 있다. 이러한 지방공기업의 운영규정은 법령의 개정, 운영사업의 변경,

조직진단 등 변경 사안 발생 시 해당 지방공기업의 담당부서에서 부의안건을 상정하여 이사회 및 해당지방자치단체의 승인을 통해 개정을 하게 된다. 지방공기업 정관에는 이사회의 설치 및 구성, 의결사항, 이사회의 참여제한, 이사회의 소집, 의결방법, 서면의결, 재심요청, 회의록 작성 등 이사회의 구성 및 운영에 관하여 규정화되어 있다. 이를 근거로 지방공기업 운영규정에는 이사회운영과 관련된 규정을 운영하고 있으며, 그 내용은 다음과 같다.

　이사회운영규정은 지방공기업별 약간의 상이성은 있으나 유사한 형식과 내용으로 구성되어 규정되고 있다. 지방공기업에서 사용하는 이사회운영규정의 공통적 요소는 다음과 같은 내용일 것이다. 이사회운영규정은 이사회의 목적, 구성, 회의소집, 의결방법, 감사의 출석, 직원 등의 출석, 의결사항(또는 부의사항), 재심요청, 권한위임, 부의절차, 의결방법의 특례, 의안설명, 간사, 이사회 결의서 작성, 의결사항 통보, 회의록 등의 작성 및 보존, 수당 지급 등으로 구성되어 있다. 운영규정의 개정과 관련된 조항은 의결사항(또는 부의사항)에서 정의하고 있으며, 의결사항(또는 부의사항)에서는 '의결사항은 이사회의 의결을 거쳐야 한다.'고 정의하고 있다. 이사회에서 의결하는 내용은 해당 지방공기업의 사업계획 및 기본방침에 관한사항, 예산 및 결산, 정관의 변경, 조직 및 정원, 중요한 규정의 제정 또는 개폐에 관한 사항, 자금의 차입 또는 외국차관의 도입 및 상환에 관한 사항(지방공사의 경우 해당), 중요한 재산의 취득·처분 및 임대차에 관한 사항, 자산 재 평가액의 확정 및 주식발생과 관련된 사항(지방공사의 경우 해당), 잉여금·결손금 처분에 관한 사항, 중요한 소송 및 화해에 관한 사항, 생산재화 및 용역의 판매가격 결정, 기금의 설치 및 운영에 관한사항, 임원추천위원회의 임원후보추천에 관한 사항, 기타 업무운영에 필요하다고 의장·사장(이사장)이 인정하는 사항 등이다. 이러한 의결(부의)사항이 발생되면 해당 지방공기업 부서에서는 지방자치단체의 관계부서와 협의 후 해당 지방공기업의 사장(이사장)의 결재를 득한 후 해당 안건에 대해 이사회의 안건으로 접수 및 제출 한다. 안건이 접수되면 이사회가 개최되고 이사회에서는 해당 안건에 관해 심의 및 의결하고 의결된 안건은 관계부서에 통보한다. 조례 및 정관, 위·수탁 협약서 등 근거에 의해 해당 지방자치단체에 통보 및 승인을 요청하고 해당 지방자치단체의 승인을 받게 되면 운영규정은 개정되는 것이다. 개정된 운영규정은 시행일로부터 적용되며, 해당 지방공기업에서는 개정된 운영규정에 대해 공시하게 된다.

　운영규정 개정의 필요성이 생기게 되면 해당 규정을 담당하는 업무 담당부서에서는 규정 개정을 추진하게 된다. 규정의 개정에 대한 내용은 이사회 규정에서 언급하고 있으며, 규정의 개정이 필요한 경우는 크게 3가지로 구분할 수 있을 것이다. 3가지는 첫째, 관련 법률 의 제정 및 개정, 둘째, 운영 사업의 변경, 셋째, 조직진단 등일 것이다. 첫째, '관련 법률'의 개정은 가장 빈번하게 발생되는 개정사유일 것이다. 지방공기업 운영은 다양한 법률의 범위 내에서 수행되어야 하며, 수행해야 하는 업무의 기준이 변경될 경우에는 그 기준에 맞도록 변경되어야 하기 때문일 것이다. 지방공기업에서 운영하고 있는 운영규정은 「지방공기업법」, 「체육시설의 설치 운영에 관한 법률」, 「지방자치단체를 당사자로 하는 계약에 관한 법률」, 지방자치조례 등과 같은 다양한 법률을 근거로 제정되어 운영되고 있기 때문인 것이다. 둘째, 운영사업의 변경은 지방공기업에서 운영하는 사업이 변경되는 경우를 말한다. 운영하는 사업의 변경은 신규 사업의 수탁과 기존사업의 종료에 따른 이관 등 두 가지로 설명할 수 있을 것이다.

신규 사업의 경우 사업규모의 변동에 의한 것으로 규정의 '제정'과 '개정'이 동시에 이루어 질수 있을 것이며, 주된 개정 규정은 정관, 직제규정 등으로 사업범위의 확대와 사업범위의 확대에 따른 정원의 변동에 따른 개정일 것이다. 제정의 경우는 단위 사업별 운영규정이 있는 경우 신규 사업이 지방공기업에서 운영하고 있지 않을 경우 ○○○○ 운영규정 등을 새로이 제정할 수 있을 것이다. 셋째, '조직진단'에 의한 규정의 개정으로 '지방공기업 설립운영기준(행정안전부)'에서는 성과중심의 조직·인력관리를 위해 정기적인 조직·인력 진단을 실시하도록 권고하고 있다. 이는 정원의 과다 산정, 정원 외의 편법적 인력운영 실태 분석 등을 통해 기능을 개편하고 업무프로세스를 개선하여 불필요한 인력을 감축하는 등 경영합리화를 추진하기 위한 것으로 인사 및 업무 관련 규정, 직제규정 등의 개정이 필요할 것이다. 이러한 규정의 개정은 다음과 같은 절차에 의해 진행되게 된다. 규정 개정과 관련한 절차는 지방공기업별 운영하는 규정에 의해 일부 차이는 있을 수 있을 것이다. 서울시 자치구 지방공단의 규정을 예로 설명하면 다음과 같다. 영등포구시설관리공단에서는 단규관리규정을 제정하여 운영하고 있으며, 제정된 단규관리규정은 제3장 제16조 및 부칙으로 구성되어 있다. 단규관리규정 제3조(적용범위)에서는 '단규의 제정·개폐·시행 및 관리에 관하여는 정관 및 이사회운영규정에서 정한 것을 제외하고는 이 규정이 정하는 바에 의한다.'고 규정하고 있다. 제2조(용어의 정의)에서는 '단규', '규정', '내규', '예규'를 다음과 같이 정의하고 있다.

〈별표 9-1-1〉 단규·규정·내규·예규 용어의 정의

단규	"단규"라 함은 공단의 조직과 업무운영에 준거할 기준과 절차를 체계적인 규범형식으로 정한 것을 말한다.
규정	"규정"이라 함은 공단의 기본조직과 경영활동의 질서, 직원의 권리의무, 업무의 관리운영에 관한 방침 및 기준을 체계화하여 공단규범의 근간이 되는 것을 말한다.
내규	"내규"라 함은 규정에서 위임한 사항과 공단업무 중 부분적이며 한정적인 업무에 관한 사무처리 방법 및 절차 등을 정한 것으로 규정보다 하위인 규범을 말한다.
예규	"예규"라 함은 내규에서 위임한 사항과 업무수행에 필요한 실무처리절차를 정한 것으로 내규보다 하위인 규범을 말한다.

자료: 클린아이(지방공기업 기관별 공시, 영등포구시설관리공단)

"단규"는 공단의 조직과 업무운영에 준거할 기준과 절차를 체계적인 규범형식으로 정한 것을 말하며, 이러한 '단규'의 제정·개폐·시행 및 관리에 관한 것은 정관 또는 이사회운영규정에서 정한 것을 제외하고는 단규관리규정에 의한다고 규정하고 있다.

단규관리규정 제2장(제정 및 개폐)은 제7조부터 제11조까지로 구성되어 있으며, 제7조부터 11조까지는 단규의 제정 및 개폐에 대한 절차를 규정하고 있다. 절차는 다음과 같다.

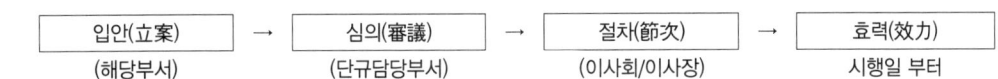

〈그림 9-1-1〉 단규의 제정 및 개폐 절차

첫째, 입안(立案) 업무는 단규의 제정 및 개폐는 당해 안건의 주무부서(이하 "입안부서"라 한다)가 입안하여 단규담당부서에 제출함을 원칙으로 하며, 그 입안양식은 별도의 지정된 양식으로 한다. 입안 내용이 다른 부서의 업무와 관련이 있는 경우에는 그 관련 부서와의 협의를 거쳐야 하고, 담당부서는 단규 중 개정 또는 보완사항과 제정을 필요로 하는 사항에 대하여 입안부서에 그 입안을 요청하거나, 협의 후 직접 개정 또는 제정할 수 있을 것이다. 입안양식은 제정(개정)이유와 주요골자에 대하여 제정 또는 개정하고자 하는 근본 취지 및 요지에 대하여 구체적으로 기재하고, 제정 및 개정 내용의 참고사항에 대하여 기술하게 된다. 참고사항은 제안근거, 예산조치, 합의, 절차, 기타 참고사항 등으로 기재하게 된다. 둘째, 심의(審議) 업무는 단규담당부서에서는 입안부서에서 제출된 시안을 관련 법규, 단규의 체계 및 관련규정과의 관련성을 검토하여 심사하며, 필요시 기안을 수정하거나 대안을 작성하여 제시할 수 있다. 셋째, 절차(節次)는 단규담당부서의 심의가 끝난 안건에 대해 이사회 또는 이사장(사장)의 의결, 결재를 얻는 과정으로 그 결과에 따라 입안된 내용이 제정 또는 개폐되는 것이다. 단규담당부서에서는 제정 및 개정된 내용에 대해 규정 대장 등에 등록하고 시행하게 된다. 넷째, 효력(效力)은 위와 같은 절차를 거쳐 제정 또는 개정된 규정(내규 등)이 시행일로부터 효력을 갖는 것을 의미하게 된다.

제2절 지방공사 운영규정

1. 개요

　의왕도시공사는 지난 2011년 3월 8일 「의왕도시공사 설립 및 운영조례」를 공포하고 같은 해 4월 5일 의왕도시공사 법인 등기를 마쳤다. 해당 지방공사의 설립목적은 의왕시 지역실정에 맞는 도시개발사업 발굴 및 진행, 지역경제 활성화, 의왕시 발전과 주민의 복리증진 기여, 의왕시민이 만족하는 공공서비스 제공(http://www.uuc.or.kr) 등으로 소개하고 있다. 설립근거는 「지방공기업법」 제49조를 근거로 하고 있으며, 의왕도시공사의 설립자본금은 50억이었으나 정관상 수권자본금은 1,000억 원이다. 수권자본금 1,000억 원은 전액 의왕시에서 출자하고 있다. 정관에서는 의왕도시공사의 사업의 범위를 정하고 있으며, 그 사업의 범위는 다음과 같다.

사업범위	1. 토지개발 등을 위한 토지의 취득·개발 및 공급·임대관리 2. 주택 및 일반건축물의 건설·개량·공급·임대 및 관리 3. 관광지·리조트 등 위락(慰樂)단지조성 및 관리 4. 산업단지 조성 및 관리 5. 도로·도시철도 등 교통관련시설의 건설 및 유지관리 6. 도심 재건축·재개발 사업에 따른 도시기반시설 관리 및 개선사업 7. 개발제한구역 해제예정지구 개발사업 및 우선해제 취락지구사업 8. 하수처리장 건립사업 **9. 체육시설의 조성 및 관리** 10. 지역특화 발전을 위한 경관조성사업 11. 시가 설치한 각종 시설 및 시설물 관리사업 12. 시장이 필요하다고 인정하여 대행한 사업의 추진 및 관리 13. 제1호부터 제10호까지의 규정에 따른 업무에 부수되는 설계용역 및 감리 등의 업무 14. 국가 또는 타 지방자치단체, 공공기관으로부터 대행 또는 위탁받은 업무 15. 그 밖에 「지방공기업법」 제2조와 관련된 공공성과 수익성이 있는 경영수익사업

　의왕도시공사 정관 제48조(정관의 변경)에서는 정관 변경을 위해서는 이사회의 의결을 거쳐 시장의 승인을 얻도록 규정하고 있다. 해당 공사 운영규정의 경우 공사 관계 법령(정관), 기획. 총무, 인사, 재무, 건설사업, 사업관리, 감사의 순으로 구성되어 있다. 기획 분야에서는 이사회운영규정, 임원추천위원회설치운영규정, 직제규정 및 시행내규, 위임전결내규, 사규관리규정, 소송업무규정, 내부경영평가규정, 자문위원회운영규정, 재난안전대책본부 설치 및 운영규정, 안전보건관리규정 등 9개의 규정과 2개의 내규로 구성되어 있다.

총무 분야에서는 취업규정, 보수규정 및 시행내규, 복리후생규정 및 시행내규, 피복시행내규, 차량관리시행내규, 여비규정, 사무관리 규정 및 시행내규, 사무인계·인수 시행내규, 보안업무취급내규, 민원사무처리규정, 직인관리규정, 공무국·외 여행규정, 제안내규, 고객서비스헌장운영규정 등 9개의 규정과 8개의 내규로 구성되어 있다. 인사 분야에서는 인사규정 및 시행내규, 무기 및 기간제등 계약직관리시행내규, 전임 및 비전임계약직관리시행내규, 신분증발급내규, 교육훈련내규, 임·직원업무관련범죄고발규정, 기능인재추천채용제운영규정, 임금피크제운영규정, 인턴사원관리시행내규 등 4개의 규정과 6개의 내규로 구성되어 있다. 재무 분야에서는 회계규정, 회계담당직원재정보증시행내규, 계약심의위원회구성운영 내규, 물품관리규정, 재산관리규정, 재산심의회구성 및 운영내규, 계약사무처리규정 등 4개의 규정과 3개의 내규로 구성되어 있다. 건설사업 분야에서는 개발업무규정, 설계자문위원회운영내규, 건설공사집행규정, 주택관리규정 및 주택관리시행내규, 건설공사안전관리규정, 건설공사품질시험관리규정 등 5개의 규정과 2개의 내규로 구성되어 있다. 사업관리 분야에서는 임대규정 및 임대규정시행내규, 수입금징수업무 시행내규, 분양규정 및 분양규정시행내규, 택지개발선수금규정, 용지업무규정, 용지보상채권업무처리내규, 보상규정, 이주 및 생활대책시행내규 등 5개의 규정과 5개의 내규로 구성되어 있다. 감사 분야에서는 감사규정 및 시행내규, 임직원행동강령시행내규, 적극행정 면책제도 및 경고 등 처분에관한운영내규 등 1개의 규정과 3개의 내규로 구성되어 있다. 건설사업 분야와 사업관리 분야는 체육시설 운영과 관련하여 무관한 규정으로 제외하고 설명하고자 한다. 의왕도시공사의 정관 및 규정은 다음과 같다. 단, 운영규정은 수시로 제정 및 개정되며, 각 기관별 특성에 따라 상이할 수 있을 것이다.

2. 정관

공사 관계 법령에서는 의왕도시공사의 정관에 대해 기술하고 있으며, 정관은 총칙, 사업, 임원 및 직원, 이사회, 재무회계, 사채 등, 보칙, 부칙 등 총 8개의 장과 60개의 조항 및 부칙으로 구성되어 있다. 제1장 총칙은 목적, 명칭, 사무소의 소재지, 자본금, 공고방법 등 5개 조항으로 구성되어 있으며, 제1조 목적에서는 '의왕도시공사는 의왕시의 발전과 주민의 복리증진에 기여함을 목석으로 한다.'고 정의하고 있다. 제2장 사업은 4개 조항으로 구성되어 있으며, 사업, 사업계획서, 사업의 집행, 설립등기 등으로 구성하고 있다. 의왕도시공사가 운영할 수 있는 사업은 제6조(사업)에서 정의하고 있다. 제6조 제1항 제9호에서는 '체육시설의 조성 및 관리'에 대하여 규정하고 있어 의왕도시공사의 사업에는 체육시설 조성과 조성된 체육시설의 운영·관리도 포함하고 있는 것으로 규정되어 있다.

의왕도시공사에서는 의왕시에 설립예정인 체육시설과 설립된 체육시설에 대해 의왕시와 협의하여 해당 조례 및 정관을 근거로 위·수탁 협약을 체결하고 해당사업을 수행할 수 있는 것이다.

제7조는 사업계획서와 관련된 내용이며, '의왕도시공사는 위 정관 조항에 의거 매 사업 연도 사업계획서를 작성하여 해당 사업 연도 개시 전까지 이사회의 의결(승인)을 얻어 이를 시장에게 보고하여야 한다.'고 정의하고 있다. 제6조(사업)에서 정하고 있는 사업 중 의왕도시공사가 운영 중인 사업, 또는 차기년도 운영 예정인 사업에 대해 사업 연도 개시 전까지 의왕시장에 보고하도록 규정되어 있다. 제3장 임원 및 직원은 17개 조항으로 구성되어 있으며, 임직원 및 하부조직, 임원, 임원의 임기, 임원추천위원회, 임원의 임무, 감사, 직원의 임면, 임직원의 결격사유, 임직원의 복무, 임직원의 겸직제한, 임원의 의원면직 제한, 임직원의 보수, 비밀누설의 금지 등, 임원의 대표권에 대한 제한, 권리행사와 대리인의 선임, 고문, 신분보장 등으로 구성하고 있다. 임원추천위원회의 경우 「지방공기업법시행령」에서 정하고 있는 기준으로 지방공기업의 임원 임용과 관련한 업무를 임원추천위원회에서 진행하게 되며, 비상설 조직이다. 제4장 이사회는 8개 조항으로 구성되어 있으며, 이사회의 설치 및 구성, 의결사항, 의결권의 제한, 의장 및 소집, 의결방법, 서면의결, 재심요청, 이사회의 회의록 등으로 구성되어 있다. 이사회는 해당 공사의 중요 사항을 심의·의결하는 기구로 제27조에서는 이사회의 의결사항에 대하여 정의하고 있으며, 그 내용은 다음과 같다.

이사회 의결사항	공사의 사업계획 및 기본방침에 관한 사항, 예산 및 결산에 관한 사항, 정관의 변경에 관한 사항, 조직·기구 및 정원에 대한 사항, 중요한 규정의 제정 또는 개폐에 관한 사항, 사채의 발행·상환에 관한 사항, 자금의 장·단기 차입과 그 상환에 관한 사항, 외국차관의 도입에 관한 사항, 중요한 재산의 취득, 처분 및 임대차에 관한 사항, 중요한 대행사업의 위·수탁 및 임대차에 관한 사항, 중요사업의 신규참여 및 추진 중인 사업의 주요변경·취소에 관한 사항, 자산 평가액의 확정, 그 밖에 공사운영에 필요하다고 사장이 인정하는 사항 등

제5장 재무회계는 9개 조항으로 구성되어 있으며, 사업연도, 회계원칙 등, 사업계획 및 예산, 예산불성립 시의 예산집행, 결산, 손익금의 처리, 경비의 부담, 기금의 조성, 재산의 관리와 처분 및 귀속 등으로 구성되어 있다. 제35조 회계원칙 등에서는 공사는 사업의 성과 및 재정 상태를 명백하게 파악할 수 있도록 회계거래를 발생사실에 따라, 기업회계기준에 의하여 회계 처리하여야 한다고 규정하고 있다. 지방공기업의 회계기준은 발생주의와 기업회계를 준용하고 있으며, 지방공사의 회계운영에 대한 주요 사항에 대하여 규정하고 있다. 제6장에서는 사채의 발행 등, 차관, 자금의 차입, 단기차입금, 선수금 등 사채와 관련된 내용으로 구성되어 있으며, 해당공사에서 자금을 차입하거나 사채를 발행하기 위해서는 이사회의 의결 후 행정안전부장관 및 시장의 승인을 얻도록 규정하고 있다. 제7장에서는 정관의 변경, 경영평가, 업무상황의 공표, 사업의 민간위탁, 공무원의 파견요구 등, 파견공무원의 인사평정·관리, 공인의 비치, 해산, 시행규정 등

9개의 조항으로 구성되어 있다. 정관의 변경과 해당공사에서 운영 중인 사업의 일부를 민간에 위탁하기 위해서는 이사회의 의결을 거쳐 시장의 승인을 받거나 시장의 승인을 얻어야 정관의 변경 및 사업의 민간위탁을 할 수 있도록 규정화되어 있다. 제8장 부칙에서는 시행일, 최초임원의 임기, 최초의 사업연도, 경과규정 등에 대하여 규정하고 있다.

3. 기획

기획 분야에 속해 있는 규정은 이사회규정, 임원추천위원회설치운영규정, 직제규정, 직제규정시행내규, 위임전결 내규, 사규관리규정, 소송업무규정, 내부경영평가규정, 자문위원회운영규정, 재난·안전 대책 본부 설치 및 운영규정, 안전보건관리규정 등 11개의 규정 및 내규로 구성되어 있으며, 기획 분야에 속해 있는 규정 중 이사회규정, 임원추천위원회설치운영규정, 직제규정의 주요 내용은 다음과 같다.

1 이사회규정

이사회규정은 목적, 구성, 회의소집, 의결방법, 감사의 출석, 직원 등의 출석, 의결사항, 보고사항, 재심요청, 권한위임, 부의절차, 의결방법의 특례, 의안설명, 간사, 회의록 작성, 의결사항통보, 의사록의 보존으로 구성되어 있으며, 이사회의 운영에 필요한 세부사항에 대하여 규정하고 있다. 이사회는 비상임이사 중 호선된 이사가 이사회의 의장이 되며, 매분기 1회 개최하는 것으로 규정되어 있다. 안건에 대한 의결은 재적이사 과반수의 출석과 출석이사 과반수의 찬성이 있을 경우 의결되며, 중요 의결사항의 경우 재직이사 3분의 2이상의 찬성으로 의결하는 것으로 규정되어 있다. 이사회는 의결사항과 보고사항으로 구분되어 있으며, 보고사항은 감독기관의 승인·인가가 필요한 이사회 의결안건 중 승인·인가를 받지 못한 사항과 이사회 권한의 일부를 위임받아 처리한 내용, 기타 이사회 또는 의장이 필요하다고 인정하는 사항에 대하여는 보고하여야 한다고 규정되어 있다. 이러한 이사회의 안건에 대한 부의절차는 부의할 부서의 소관부서에서 입안하여 관계부서와 협의를 거친 후 사장의 결재를 받아 해당 서식으로 회의개최 10일 전까지 간사에게 제출한다. 간사는 의왕도시공사의 이사회 업무를 담당하는 부서의 장이며, 간사는 부의안의 접수순서에 따라 연도별로 의결안건과 보고안건을 구분하여 관리 대장 등에 기록하고 이사회 소집통지서와 함께 이사 및 감사에게 배부하도록 규정되어 있다.

2 임원추천위원회설치운영규정

임원추천위원회설치운영규정은 목적, 적용범위, 추천위원회의 구성 및 운영, 위원장, 위원회의 존속, 임무, 회의, 간사, 임원후보자의 모집, 공개모집계획수립, 제출서류, 심사기준, 심사절차 및 방법, 임원후보의 추천 및 임명, 임원의 연임, 실비보상, 사무협조, 채용과정 공개, 비밀누설의 금지 등으로 구성되어 있다. 임원추천위원회는 공사의 사장, 감사 및 이사 등(당연직 이사제외) 임원 후보를 추천하기 위해 구성하는 위원회의 운영에 필요한 사항을 규정하기 위한 규정이다. 임원추천위원회는 의왕시장 추천2인, 의왕시의회 추천3인, 의왕도시공사 추천 2인 등 총 7명의 위원으로 구성되며, 추천된 위원 중에서 호선된 위원이 위원장의 업무를 수행하게 규정되어 있다.

위원회는 임원이 임명될 때까지 존속한다. 위원회의 간사는 인사업무를 담당하는 팀장이 되며, 위원장의 명을 받아 추천위원회의 사무를 처리한다.

3 직제규정

직제규정 및 직제규정시행내규는 의왕도시공사의 조직 및 정원, 팀 업무분장 등 직제에 관한 사항을 규정하기 위한 규정이다. 직제규정은 총칙, 구성원, 조직, 직무분장, 보칙 등 5장 20개 조항 및 부칙으로 구성된 규정으로 제1장 총칙은 목적, 적용범위, 직제의 개편 등 3개 조항으로 구성하고 있으며, 제3조(직제의 개편)에서는 '공사의 기구설치 및 직제의 신설·개편·폐지에 관한 사항은 이사회의 의결을 거쳐 의왕시장의 승인을 받아야 한다. 다만, 정원의 증원 없이 부서(팀) 명칭 변경이나 팀조직의 신설·개편·폐지에 관한 사항은 그러하지 아니한다.'로 규정하고 있다. 제2장 구성원은 구성원, 사장, 이사, 감사, 직무대행, 직원, 고문 및 자문위원 등 7개 조항으로 구성되었으며, 제4조(구성원)에서는 공사에는 사장, 이사, 감사 및 직원을 둔다고 정하고 있으며, 제9조(직원)에서는 직원은 일반직 및 계약직으로 구분하고 일반직 직원은 1급부터 8급까지, 계약직은 전임 및 비전임 계약직, 무기 및 기간제 계약직으로 구분하고 있다.

제3장 조직은 기구, 직위, 정원, 근속승진에 따른 정원관리 등 4개 조항이며, 공사의 기구는〔별표1〕정원은 〔별표2〕와 같고 제4장 직무분장에서의 실별 업무분장은 〔별표3〕과 같다고 규정하고 있다. 제5장은 보칙으로 권한과 책임, 특명사항, 사업소 등, 파견자 보직, 공사 직원 파견 시, 시행내규 등으로 구성되어 있다.

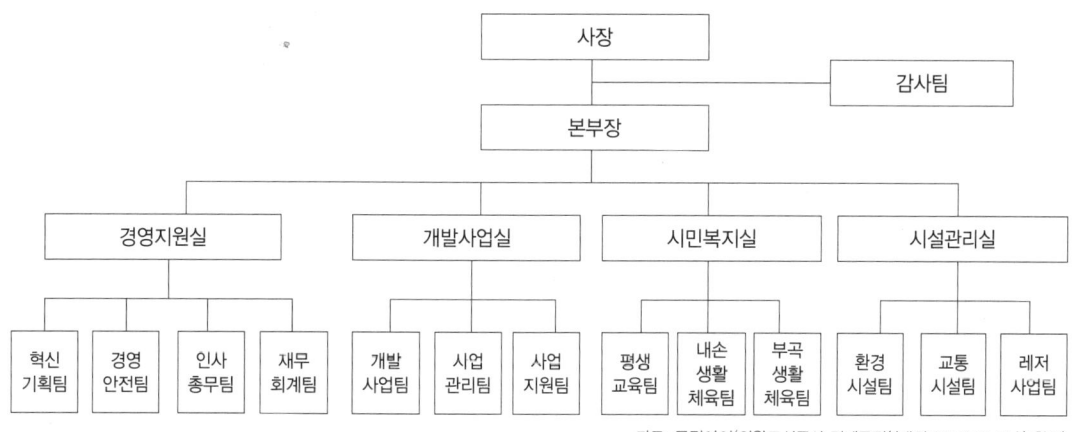

〈그림 9-2-1〉 의왕도시공사 기구표

4. 총무

총무 분야에 속해 있는 규정은 취업규정, 보수규정, 보수규정시행내규, 복리후생규정, 복리후생규정 시행내규, 피복시행내규, 차량관리시행내규, 여비규정, 사무관리규정, 사무관리규정시행내규, 사무인계·인수시행내규, 보안업무취급내규, 민원사무처리규정, 직인관리규정, 공무국외여행규정, 제안내규, 고객서비스헌장운영규정 등 17개의 규정 및 내규로 구성되어 있으며, 총무 분야에 속해 있는 규정 중 취업규정, 보수규정, 민원사무처리규정, 고객서비스헌장운영규정의 주요 내용은 다음과 같다.

1 취업규정

취업규정은 공사 직원의 근로조건 및 취업에 관한 기준으로 총칙, 복무, 휴직 및 복직, 사무인계, 보수 및 승급, 퇴직, 퇴직금 및 성과금, 후생복지, 교육 및 능률, 재해보상, 상벌, 안전과보건, 모성보호 및 양성평등 등 총 63개 조항과 2개의 부칙 조항으로 구성되어 있다. 제2장은 복무로서 직원들의 복무와 관련된 사항에 대한 규정으로서 총 5절로 구분하여 조항이 구성되어 있다. 제1절은 통칙으로 성실의무, 복종의무, 품위유지의 의무, 비밀유지의 의무와 증여, 향응, 금전차용 금지, 겸직금지, 신상변경신고, 손해배상 등 지방공기업직원으로서 지켜야 할 기준에 대해 규정하고 있다. 제2절은 근무시간 및 휴식시간과 관련한 규정으로 근무시간, 휴식시간, 연장근무, 시간외근무, 야간근무, 휴일근무, 수당지급, 야간근로와 휴일근로의 제한 등 근로기준법에서 정하고 있는 기준에 대한 규정이며, 제3절은 출근 및 퇴근과 관련한 조항으로 출근 및 퇴근, 조퇴신고, 외출허가, 출근 시 회행 등에 대해 규정하고 있다. 제4절 휴일 및 휴가에서는 휴일, 법정휴가, 연차휴가, 특별유급휴가, 공가, 병가, 포상휴가, 청원휴가, 휴직기간중의 토요일 또는 공휴일, 휴가시간의 초과, 예외, 대휴, 출장, 출장변경, 복명서 제출 등의 조항으로 구성되어 있으며, 제5절은 당직으로 당직과 관련한 당직근무, 당직구분 및 임무, 위임규정 등의 조항으로 구성되어 있다.

2 보수규정

보수규정은 공사의 임원 및 직원의 보수와 관련한 규정으로 총칙, 연봉의 계산 및 지급방법, 연봉, 부가급여, 퇴직급여, 재심청구 및 처리, 보칙 등 총 7장 41개 조항 및 부칙으로 구성되어 있다. 공사는 연봉제를 기본으로 급여체제를 운영하고 있으며, 제3장 연봉에서는 연봉의 결정은 당사자 간 계약에 따라 매년 결정하며, 연봉계약 체결자는 공사의 사장은 의왕시장이며, 임직원은 사장과 체결한다.

연봉은 각 직급별 기본연봉상한액, 기준연봉, 기본연봉하한액 등으로 구분하여 상한액과 하한액 범위에서 연봉이 결정되게 된다. 제4장 부가급여에서는 의왕공사의 부가급여는 가족수당, 자녀학비보조수당, 연차수당, 시간외 근무수당 등, 일·숙직수당, 직급수당, 직책수당, 명절수당으로 구분되어 있다. 직급수당과 직책수당은 〔별표8〕과 〔별표9〕의 기준에 따라 지급된다.

〈별표 9-2-1〉 직급수당

구분	일반직							
	1급	2급	3급	4급	5급	6급	7급	8급
지급액	550,000원	500,000원	400,000원	300,000원	200,000원	100,000원	50,000원	50,000원

자료: 클린아이(의왕도시공사 보수규정(〈개정 2016.12.29.〉) 참조)

〈별표 9-2-2〉 직책수당

구분	사장	본부장(상임감사)	처장·실장	팀장	월수계산
지급액	1,000,000원	800,000원	500,000원	300,000원	10일 이상 1월로 산정

자료: 클린아이(의왕도시공사 보수규정(〈개정 2020.06.29.〉) 참조)

제6장(재심청구 및 처리)에서는 연봉책정에 이의가 있는 이의 제기자는 면담신청을 통해 연봉에 대한 재심청구를 할 수 있으며 재심청구가 들어오면 연봉재심위원회를 구성하고 개최하여 결정된 결과에 따라 처리하게 된다. 보수규정은 시행내규도 제정되어 있으며, 시행내규에서는 보수에 필요한 세부 사항을 규정하고 있다. 시행내규의 목적과 수당 지급기준, 특별성과급, 일할계산 등 4개 조항으로 구성되어 있다.

3 민원사무처리규정

민원사무처리규정에서는 공사의 민원사무를 신속, 친절, 공정, 정확히 처리하기 위한 방법과 절차를 정한 규정으로 총 22개 조항 및 부칙으로 구성되어 있다. 지방공기업 중 지방공사 및 공단은 해당 지역주민들을 대상으로 사업을 운영하고 있으며 사업 운영 중 가장 중요하고 민감해 할 수밖에 없는 분야가 바로 민원과 관련된 분야이다. 이러한 민원을 관리하기 위한 규정이 바로 민원규정이며, 규정 중에도 가장 중요시되는 부분이라 할 수 있을 것이다. 제2조(정의)에서 민원사무에 대한 정의를 하고 있으며, "민원사무"라 함은 민원인이 공사에 제출하는 진정 건의 및 확인, 제 증명 또는 확인, 그 밖에 공사의 특정행위를 요구하는 의사표기 등을 민원사무로 규정하고 있다. 이러한 민원사무를 처리하기 위해 적용범위, 민원서류의 접수, 민원서류의 분류, 타 기관 민원서류의 이송, 구술 또는 전화 민원접수, 민원인 중 대표자의 선정, 접수증, 신청서등의 비치, 서류의 보완 등, 서류의 처리, 관계부서의 협조, 처리기간, 처리기간의 연장 등, 처리지연의 보고, 불문처리 사항, 민원사무의 통제, 결과의 통보, 민원서류의 통제 및 발송, 기간의 계산, 위반사항에 대한 조치, 준용규정 등의 조항으로 민원에 대한 관리 및 처리의 업무를 수행하고 있다.

4 고객서비스헌장운영규정

고객서비스헌장운영규정은 크게 3가지로 구분되어 있다. 첫째, 고객서비스헌장, 둘째, 공통 서비스 이행 기준, 셋째, 사업별 서비스 이행 기준 등이며, 헌장 및 기준은 다음과 같이 구성되어 있다. 먼저, 고객서비스헌장은 6개의 약속으로 구성되어 있다.

공사 임·직원은 "최고의 우수공기업 달성"을 목표로 고객가치 실현과
고객감동을 구현하는 최고의 서비스를 제공하며 의왕시민의 행복파트너로서 다음과 같이 노력할 것을 약속드립니다.

우리는 항상 고객의 의견을 존중하고, 고객의 입장에서 생각하고 행동하며, 고객과 함께 의왕시 도시개발사업의 성공적 추진과 시민의 복리증진 기여에 최선의 노력을 다하겠습니다.
우리는 보다 나은 서비스 제공을 위해 더욱 고민하고 필요한 역량을 개발하여 최고의 서비스를 제공해 드리도록 노력하겠습니다.
우리는 항상 밝은 미소와 바른 자세로 고객을 맞이하겠으며, 고객이 납득할 수 있도록 정직하고 진실된 마음으로 고객을 대하겠습니다.
우리는 고객에게 불편을 초래하는 경우에는 즉시 시정하고 재발방지에 노력하겠으며, 고객의 의견을 적극 반영하여 미흡한 사항에 대해 지속적으로 개선해 나가겠습니다.
우리는 고객들의 안전과 사고예방, 환경의 최적화를 위해 현장중심의 체계를 구축하고 시설과 장비, 제도를 수시로 정비하여 쾌적하고 안전한 환경을 조성하도록 하겠습니다.
우리는 항상 고객의 불편과 어려움을 고객의 입장에서 수용하며, 고객이 공감할 수 있는 서비스를 정확하고 신속하게 제공하겠습니다.

공통 서비스 이행 기준과 사업별 서비스 이행 기준은 다음 표와 같다.

〈별표 9-2-3〉 서비스 이행 기준(공통/사업별)

공통 서비스 이행 기준	사업별 서비스 이행 기준	
1) 민원접수 처리기준	1) 도시개발 분야	8) 산림휴양분야
2) 고객을 맞이하는 자세	2) 문화시설 분야	9) 학습체험분야
3) 고객 방문 시 응대	**3) 체육시설분야**	10) 레저시설분야
4) 전화 응대	4) 공원시설분야	
5) 시설관리	5) 공영주차분야	
6) 고객께서 협조하여 주실 사항	6) 공영차고지분야	
7) 고객참여 및 의견수렴	7) 교통약자 이동지원센터 분야	

공통서비스 이행 기준은 고객관련 업무분야별 이행 기준에 대해 기준을 정하고 있으며, 사업별 서비스 이행 기준은 해당 공사의 사업을 10개 분야로 구분하여 서비스 이행 기준을 마련하였다. 사업별(체육시설분야) 서비스 이행 기준은 다음과 같다.

〈별표 9-2-4〉 서비스 이행 기준(체육시설분야)

체육시설분야 서비스 이행 기준
1) 시민 및 고객에게 운동기회를 공정하게 제공하며 항상 밝은 미소와 친절한 태도로 서비스를 제공하겠습니다.
2) 신규 프로그램은 고객 참여로 이루어지는 "고객 주도형" 맞춤 프로그램을 개설토록 하겠습니다.
3) 불편 민원은 고객 불편을 최소화하여 신속히 처리하겠으며 기한이 길어질 경우 진행 사항을 유선으로 사전 설명 드리도록 하겠습니다.
4) 고객님께서 최고의 시설을 언제든 이용하실 수 있도록 장소별 환경점검 일정을 수립·실시하여 쾌적하고, 안전하며, 청결한 시설을 유지하도록 하겠습니다.
5) 매년 강사평가 실시를 통하여 우수강사 양성 및 프로그램 지도 전문성을 높여 강습의 수준을 지속적으로 업그레이드 하겠습니다.

5. 인사

인사 분야에 속해 있는 규정은 인사규정, 인사규정시행내규, 무기 및 기간제 등 계약직관리시행내규, 전임 및 비전임 계약직관리시행내규, 신분증발급내규, 교육훈련내규, 임직원업무관련범죄고발규정, 기능인재 추천채용제운영규정, 임금피크제운영규정, 인턴사원관리시행내규, 성과연봉제운영규정 등 11개의 규정 및 내규로 구성되어 있으며, 인사 분야에 속해 있는 규정 중 인사규정 및 인사규정시행내규, 전임 및 비전임 계약직관리시행내규의 주요 내용은 다음과 같다.

1 인사규정 및 인사규정시행내규

인사규정은 공사 직원의 인사에 관한 기준을 정한 규정으로서 합리적이고 공정한 인사관리를 위해 제정된 규정이다. 인사규정은 총칙, 채용, 보직 및 전보, 승진 및 승급, 근무성적평정, 신분보장, 인사위원회, 상벌, 복무, 보수, 보칙 등 총 11장 및 60개의 조항과 부칙으로 구성되어 있다.

제1장에서는 목적, 적용, 용어의 정의, 직종 등, 임용권자, 임용 및 결원보충 등 6개 조항으로 구성되어 있으며, 제3장(용어의 정의)에서 임용에 대한 정의는 "임용"이라 함은 신규채용, 승진, 전보, 전직, 겸임, 강임, 파견, 휴직, 직위, 해제, 정직, 복직, 면직, 해임 및 파면을 말한다. 로 정의하고 있다. "직위"는 1인의 직원에게 부여하는 직무와 책임을 말하며, "직급"이라 함은 직무의 종류, 곤란성과 책임도가 상당히 유사한 직원의 군으로 정의하고 있다. 제4조에서는 해당 공사의 직종 등에 관하여 규정하고 있으며, 제1항에서는 직원의 직종은 일반직, 계약직으로 구분하되 그 직종별 직렬 직급 및 등급은 〔별표1〕과 같다고 규정하고 있다. 〔별표1〕의 직종별 직렬, 직급 및 등급표에서는 직종은 일반직과 계약직 2개의 직종으로 구분되고 일반직의 직렬은 행정과 기술 직렬로 직급은 1급부터 8급까지로 구분되어 있다. 1급과 2급은 처장이며, 3급은 부장, 4급은 차장, 5급은 과장, 6급은 대리, 7급·8급은 주임으로 구분된다. 계약직의 경우 전임 및 비전임과 무기 및 기간제로 구분되고 전임 및 비전임의 경우 직급은 '가~바' 등급으로 구분된다. 직위는 임용직위이다. 무기 및 기간제의 직급은 부여하고 있지 않으며, 직위는 사원으로 구분되어 운영되고 있다. 제2장에서는 채용원칙, 응시자의 공정한 기회보장, 채용방법, 특별채용제한, 보수, 수습임용, 결격사유, 휴직자 등의 결원충원, 채용구비서류, 양성평등 채용 등 9개 조항으로 구성되어 있으며, 제8조(채용방법)에서 직원의 채용은 직급별 임용자격기준에 따라 공개채용을 원칙으로 한다고 규정하고 있다. 제3장에서는 보직관리, 보직과 정원, 순환보직, 전보, 전직 또는 직종변경, 성과부진자 등에 대한 조치, 겸직, 직무대행 등 보직 및 전보에 관한 규정이다. 제3조 용어의 정의에서는 보직과 전보에 대해 정의하고 있으며, "보직"이라 함은 직원을 어떤 사무에 종사하게 함을 말한다. 로 "전보"라 함은 동일한 직급 내에서 보직을 변경하는 것으로 정의하고 있다. 제4장에서는 승진 및 승급과 관련한 조항으로서 승진 및 승급의 원칙, 승진순위, 승진소요연수, 대우직원의 선발, 승진의 제한, 특별승진 등으로 구성되어 있으며, 승진 순위는 근무성적평정, 경력평정, 포상평정, 교육평정 등에 의하며 세부사항은 내규로 정하고 있다. 승진 소요연수는 8급에서 7급, 또는 7급에서 6급으로 승진하기 위해서는 해당 직무에서 최소 2년 이상 근무해야 한다. 6급에서 5급, 또는 5급에서 4급으로 승진하기 위해서는 해당 직무에 3년 이상 근무해야 하며, 3급에서 2급은 4년 이상, 2급에서 1급은 3년 이상 해당 직무를 수행해야 한다. 제5장과 제6장은 근무성적평정 및 신분보장에 대한 조항으로 구성되어 있으며, 해당공사의 근무평정은 연2회 실시한다. 실시시기는 6월말과 12월말을 기준으로 근무성

적평가를 실시한다. 제6장(신분보장)은 신분보장, 정년, 당연 퇴직, 명예퇴직, 조기퇴직, 의원면직, 직권면직, 휴직, 휴직기간, 휴직의 효력, 직위해제, 강임, 복직 등으로 구성되어 있으며, 해당공사의 정년은 만60세로 6월말과 12월말을 정년퇴직 기준일로 규정하고 있다. 제7장과 제8장은 인사위원회 및 상벌과 관련한 조항으로 구성되어 있다. 인사위원회는 합리적이고 공정한 인사관리를 위하여 7인 이내로 구성하며 위원장은 해당 공사의 인사부문을 담당하는 본부장으로 하고 내부 위원은 팀장 중 사장이 임명한다. 외부인사는 2분의 1 이상 위촉하도록 규정되어 있고 국가 또는 지방공무원 5급 이상의 재직 경력자, 국가 또는 지방공기업 부장급 이상 간부 경력자, 대학교수, 변호사 또는 노무사 자격이 있는 자, 공인회계사, 그 밖에 인사에 관한 학식과 경험이 풍부하다고 인정되는 자에 한해 위촉할 수 있다. 이러한 인사위원회는 인사제도와 인사에 관한 중요 기본방침, 직원의 채용 및 승진에 관한 사항, 직원의 포상 및 징계에 관한 사항, 사장의 재심의 요구에 관한 사항, 명예퇴직, 조기퇴직에 관한 사항, 기타 사장이 필요하다고 인정하는 사항 등에 대해 심의·의결한다. 제8장에서는 포상, 포상의 종류, 포상의 제한, 추천과 심사, 포상시기, 징계, 징계의 종류와 효력, 징계사유의 시효, 감사원 등에서의 조사와의 관계 등, 징계양정 기준 등으로 구성되어 있다. 포상의 종류에는 정부 및 의왕시의 표창규정에 의한 표창과 사장의 포창으로 구분되어 있으며, 사장 표창은 유공표창, 우수표창, 모범표창, 근속표창이 있다. 징계의 경우 징계 대상자가 임원일 경우에는 이사회의 심의·의결, 직원일 경우 인사위원회의 심의·의결을 거치며 징계의 종류는 견책, 감봉, 정직, 강등, 해임, 파면으로 구분한다. 이 중 파면, 해임, 강등, 정직은 중징계로 구분하며, 감봉, 견책은 경징계로 구분한다. 제9장, 제10장, 제11장은 복무, 보수, 보칙 등으로 구성되어 있으며, 복무는 취업규정, 보수는 보수규정에 따른다고 규정되어 있다. 보칙은 재정보증, 파견근무, 인사기록, 시행내규 등이며 재정보증은 회계 관계 직원의 금전상 재정상의 사고를 보증하기 위해 보증보험에 가입하여야 하며, 제58조(파견근무)에서는 시장은 사장의 요청 시 공사의 운영과 관리의 적정을 기하기 위해 특별히 인정하는 경우에 공사정원의 100분의 5 범위 안에서 공무원을 파견할 수 있도록 규정하고 있다.

인사규정시행내규는 인사규정의 시행에 필요한 기준을 정한 규정으로 총칙, 채용, 전보 및 승진, 근무성적 평정, 경력평정, 인사위원회, 상벌, 보칙 등 총 8장 및 67개의 조항과 부칙으로 구성되어 있다(〈개정 2019.05.07.〉). 제2장은 채용과 관련한 조항으로 채용시험의 원칙, 경력경쟁시험, 시험의 방법, 시험의 시기, 모집공고, 시험방법 및 필기시험 과목, 출제수준, 시험위원 임명, 문제채택, 시험 관리요원, 필기시험 합격결정, 서류전형 기준 및 평가요령, 서류전형 및 인·적성 검사 합격자 합격결정, 면접시험 기준 및 합격결정, 최종합격자 결정, 임용대상자 등록 등, 구비서류, 재정보증, 예산조치, 신체검사, 인사기록 등 채용준비부터 최종 결과까지에 대한 세부 사항들이 규정되어 있다. 해당 공사 채용시험의 원칙은 불특정 다수인을 대상으로 균등한 기회 보장과 보다 우수한 인력을 선발하기 위해 공개경쟁시험으로 채용하는 것을 원칙으로 규정하고 있다. 공개경쟁시험은 필기시험, 인·적성검사, 면접시험 및 신체검사의 방법으로 실시하며 필요에 따라 실기시험을 병과할 수 있도록 규정하고 있다. 필기시험은 해당 직무수행에 필요한 직무능력을 객관적으로 평가하며 필요한 경우 일반교양을 추가할 수 있다. 인·적성검사는 적성능력, 적성성격, 조직적응도 등을 검정하며, 면접시험은 해당직무에 필요한 논술능력, 인품, 태도, 능력 및 적격성 등을 검정한다. 실기시험은 해당 직무수행에 필요한 지식 및 기술을 실험·실습 또는 실기의 방법에 따라 검정한다. 서류전형은 해당 직무수행에 관련되는 응시자의 자격·경력 등의 정해진 기준에 적합한지 서면으로 심사하며, 신체검사는 해당 직무수행에 필요한 건강 또는 체력을 검사한다. 인사규정시행내규 제7조는 시험방법 및 필기시험 과목에 대한 조항이며, 제7조 제1항에서는 직원 공개채용 시험과목 및 시험방법은 〔별표 1〕과 같다고 정의하고 있다.

〈별표 9-2-5〉 직원 공개채용 시험과목

직종		1차 시험과목		2차시험	3차시험
		공통과목	필수과목		
일반직 6급 이상	행정직	서류전형 또는 필기시험		인성검사 (생략가능)	면접
	기술직				
일반직 7급	행정직	NCS 직업 기초 능력 평가	직무수행에 필요한 직무능력, 필요시 사장이 추가/변경 가능		
	기술직		〈도시개발관련 법〉 1. 국토의 계획 및 이용에 관한 법률 2. 도시개발 3. 도시 및 주거환경 정비법 4. 공익사업을 위한 토지 등의 취득 및 보상에 관한 법률 5. 필요시 사장이 추가/변경 가능		
일반직 8급	행정직		직무수행에 필요한 직무능력, 필요시 사장이 추가/변경 가능		
	기술직		도시개발법, 필요시 사장이 추가/변경 가능		

자료: 클린아이(의왕도시공사 인사규정시행내규 제7조(시험방법 및 필기시험 과목) 참조)

해당 공사는 1차 서류전형 및 필기시험, 2차 인성검사, 3차 면접 순으로 공개 채용을 진행하고 있다. 또한, 취업보호대상자에 대한 가점제도 운영하고 있으며 가산점수는 필기시험의 각 과목별 만점의 5~10%를 가산한다. 「국가유공자 예우 및 지원에 관한 법률」 제29조에 해당하는 자 「독립유공자 예우에 관한 법률」 제16조에 해당하는 자 「광주민주유공자 예우에 관한 법률」 제20조 및 「특수 업무수행자 지원에 관한 법률」 제19조에 의한 취업지원 대상자 등으로 규정하고 있다. 제12조는 필기시험 합격결정에 대한 조항으로 필기시험은 매 과목별 100점을 기준으로 과목별 40점 이상 득점한 자 중 총점의 고득점자 순으로 합격자를 결정한다.

〈별표 9-2-6〉 시험방법

구분	1차 시험	2차 시험	3차 시험
1급~3급	서류전형	인성검사 (생략가능)	면접시험
4급~6급	서류전형 또는 필기시험		
7급~8급	서류전형 및 필기시험		

자료: 클린아이(의왕도시공사 인사규정시행내규 제7조(시험방법 및 필기시험 과목) 참조)

제14조는 서류전형 및 인·적성 검사 합격자 합격결정에 대한 조항으로 1항에서는 직종 및 직급을 기준으로 모집 분야별 고득점자순으로 채용예정 인원의 3배수 이상으로 하고 동점자가 2인 이상인 경우 모두 합격자로 한다. 2항에서는 인·적성 검사에서 적격자 여부 판단은 인성과 직무 평균의 보통 등급 이상으로 규정하고 있다. 제15조는 면접시험 기준 및 합격결정에 대한 조항으로 3항에서는 면접시험은 필기시험, 실기시험, 서류전형 합격자에 한하여 실시하되 면접위원이 다음 각 요소마다 최고점수를 탁월, 우수, 보통, 미흡, 부족의 5단계로 평가하고 각 위원이 평가한 점수를 평균하여 고득점자 순으로 합격자를 결정한다. 단, 위원의 과반수가 어느 하나의 평가요소에 "미흡 이하"로 평가한 경우에는 불합격으로 한다고 규정하고 있다. 면접시험의 평가요소 기준은 아래와 같다.

평가요소　　직원으로서의 해당 직무 이해도(20%), 전문지식과 그 응용능력(30%), 의사발표력과 정확성 및 논리
(100%)　　성(30%), 창의력·의지력·기타 발전 가능성(10%), 예의·품행 및 성실성(10)

제16조에서는 최종합격자 결정에 대한 조항으로 1항에서는 최종합격자는 면접시험 점수의 고득점자순으로 결정하되, 선발예정 인원을 초과한 동점자가 있는 경우 취업보호(지원)대상자, 필기시험 성적순으로 합격자를 결정한다. 인사규정시행내규 제12조(필기시험 합격결정), 14조(서류전형 및 인·적성 검사합격자 합격결정), 제15조(면접시험 기준 및 합격결정)의 규정에 의해 해당 지방공기업 사장은 인사위원회의 심의를 거쳐 최종적으로 합격자를 확정한다. 최종합격자는 임용대상자로서 임용후보자 등록원서, 서약서, 최종학력증명서, 경력증명서, 병역사항이 포함된 주민등록 초본, 채용신체검사서 등의 서류를 제출하여야 한다.

2 전임 및 비전임 계약직관리시행내규

전임 및 비전임 계약직관리시행내규는 인사규정 제4조(직종 등)의 규정에 의하여 전임 및 비전임 계약직 직원의 인사, 보수, 복무 등에 필요한 내용을 규정하고 있으며, 총칙, 인사, 보수, 복무, 복리후생, 휴직 및 복직, 사무인계 등 총 6장 56개 조항 및 부칙으로 구성되어 있다(〈개정 2019.05.07.〉). 제1장에서는 목적, 적용범위, 정의, 직원의 구분, 임용권자 등 5개 조항으로 구성되어 있으며, 제4조(직원의 구분)1호에서는 "전임계약직"은 공사와의 채용계약에 따라 전문지식·기술이 요구되거나 임용의 신축성 등이 요구되는 업

무에 일정기간 종사하는 상근직원으로 일반직 직원을 대체하여 정원 및 예산의 범위 내에서 채용하되 '가' 급에서 '바' 급으로 구분하며, '가' 급은 일반직 1급 상당, '나' 급은 일반직 2급 상당, '다' 급은 일반직 3급 상당, '라' 급은 일반직 4급 상당, '마' 급은 일반직 5급 상당, '바' 급은 일반직 6급 상당으로 한다고 정의하고 있다. 2호에서는 "비전임(시간제) 계약직"은 공사와의 채용계약에 따라 전문지식·기술이 요구되거나 임용의 신축성 등이 요구되는 업무에 근무시간이 1주당 15시간 이상 35시간 이하의 범위에서 정하되 상근하지 아니하는 직원으로 예산의 범위 내에서 채용하고 '가' 급에서 '바' 급으로 구분하며, '가' 급은 일반직 1급 상당, '나'급은 일반직 2급 상당, '다' 급은 일반직 3급 상당, '라' 급은 일반직 4급 상당, '마' 급은 일반직 5급 상당, '바' 급은 일반직 6급 상당으로 한다고 정의하고 있어 전임계약직과 비전임(시간제)계약직은 근무시간의 차이에 의한 구분인 것을 알 수 있다. 제2장에서는 채용, 계약의 종료, 근무평정, 표창 및 징계, 휴직 등 5절로 구성되어 있으며, 채용자격기준은 자격은 서면으로 심사하고 해당 직무수행에 필요한 지식능력 및 적격성 등을 필기시험, 실기시험 또는 면접시험을 통하여 검정한다. 전임 및 비전임 계약직 직원은 인사규정 시행내규 제4조 및 제21조를 준용하여 채용하도록 규정되어 있다. 전임 및 비전임 계약직 지원의 채용기간은 회계연도 말을 기준으로 1년 이내로 하여 계약을 하되 최장 3년 이내의 범위에서 해당 업무를 수행하는 데 필요한 기간으로 한다. 제3장은 보수에 대한 조항으로 전임 및 비전임 계약직 직원은 담당업무의 특성, 난이도 및 자격조건, 근무 년 수 등을 고려하여 사장이 정하고 한계액은 〔별표2〕에서 정하도록 규정하고 있다. 제4장은 복무와 관련한 규정으로 성실의무, 복종의 의무, 품위유지의 의무, 비밀유지의 의무, 증여·향응·금전차용 금지, 겸직금지, 신상변경신고, 손해배상, 근무시간, 휴식시간, 연장근무, 시간외근무, 야간근무, 휴일근무, 수당지급, 출근 및 퇴근, 조퇴신고, 외출허가, 법정휴가, 연차휴가, 특별유급휴가, 공가, 병가, 포상휴가, 청원휴가, 당직근무 등으로 구성되어 있다. 제5장과 제6장은 휴직 및 복지, 사무인계에 대한 규정으로서 전임 및 비전임 계약직 직원의 휴직 등은 인사규정이 정하는 바에 의하며, 사무인계는 휴직, 직위해제 또는 근무상 변동이 있을 때에는 5일 이내에 사무인수인계서를 작성하여 후임자에게 인계하여야 한다고 규정하고 있다. 전임 및 비전임 계약직관리시행내규 〔별표1〕에서는 계약직 채용자격기준에 대하여 정의하고 있다. 채용자격기준은 '가' 급의 응시자격은 공무원 4급과 4급 상당 이상, 국가 또는 지방자치단체 50% 이상 투자 기관 동일직급 1년 이상 근무, 100인 이상 기업체 등에서 상임 임원급 3년 이상 근무, 기술사 이상 자격으로 15년 이상 해당분야 근무, 관련분야 박사학위 받은 후 10년 이상 또는 관련 석사학위 받은 후 15년 이상 당해 분야 경력, 기타 위 각호에 준하는 자격 또는 해당 분야 경력이 있다고 인정되는 사람에 한해 응시 자격이 주어진다.

6. 재무

재무 분야에 속해 있는 규정은 회계규정, 회계담당직원재정보증시행내규, 계약심의위원회구성운영내규, 물품관리규정, 재산관리규정, 재산심의회구성 및 운영내규, 계약사무처리규정 등 7개의 규정 및 내규로 구성되어 있으며, 재무 분야에 속해 있는 규정 중 회계규정, 계약사무처리규정의 주요 내용은 다음과 같다.

1 회계규정

회계규정은 「지방공기업법」과 「의왕시 의왕도시공사 설립 및 운영에 관한 조례」에 따라 의왕도시공사의 공정, 타당하고 일관성 있는 회계업무를 수행하기 위하여 이에 관한 주요한 기준과 절차를 정하기 위한 규정으로 총칙, 회계장표, 금전회계, 자산회계, 부채 및 자본회계, 수익 및 비용회계, 예산, 결산, 경영분석, 계약 등 총 제11장 174개 조항 및 부칙으로 구성되어 있다(〈개정 2019.05.07.〉). 회계규정의 주요 내용은 다음과 같다. 제1장 총칙은 목적, 적용범위, 회계연도, 회계연도 소속구분, 회계단위, 회계 관계 임직원의 관직지정, 회계 관계 직원의 임면통보, 회계업무의 인계인수, 회계 관계 직원의 책임, 회계 관계 직원의 재정보증, 회계 관계 직원의 직인사용 등, 회계서류의 보관 등, 계정과목, 재무제표 및 부속명세서, 사업별 분리계리, 시행내규 등 16개의 조항으로 구성되어 있다. 총칙에서는 회계 관계 직원에 대한 조항이 주를 이루고 있으며, 규정 중 회계 관계 직원의 책임에 관하여는 「회계 관계 직원 등의 책임에 관한 법률」이 정하는 바에 의한다고 정의하고 회계 관계 직원은 재정보증 없이는 그 직무를 담당할 수 없도록 규정되어 있다. 제4장 자산회계는 제1절 통칙, 제2절 유동자산, 제3절 비유동자산 등으로 구분하고 있다. 제1절 통칙에서는 자산의 구분, 재무 상태표의 작성기준, 자산의 관리, 자산의 평가, 자산의 평가기준, 취득일, 부외자산의 범위, 부외자산의 자산등재 가액, 관리대장 등으로 구성되어 있다. 자산은 유동자산과 비유동자산으로 구분하고 있으며, 자산의 가액은 재무상태표에 기재하는 취득원가를 기초로 계상함을 원칙으로 하고 있다. 제2절에서는 유동자산의 분류, 대손충당금, 재고자산의 범위, 재고자산의 관리 등, 투자유가증권의 평가 등 유동자산과 관련한 조항으로 구성되어 있으며, 유동자산은 당좌자산 및 재고자산을 구분하도록 규정되어 있다. 제96조(재고자산의 범위)에서는 재고자산을 상품, 완성용지, 완성건물, 미성용지, 미성건물, 수탁용지 등 6가지로 정의하고 있다. 제3절에서는 비유동자산의 분류, 비유동자산의 취득가액, 건설 가계정, 권리보존, 감가상각의 범위, 감가상각의 방법, 감가상각의 실시시기, 잔존가액, 장부가액 변경 시의 상각, 「법인세법」의 준용, 자산의 임대, 처분결정, 비유동자산의 처분 등 비유동자산과 감가상각의 기준 및 방법과 관련한 조항으로 구성되어 있다. 비유동자산은 투자자산, 유형자산, 무형자산으로 분류하고 있다.

제7장은 제1절 통칙, 제2절 예산의 편성, 제3절 예산의 집행으로 구분하고 있다. 제1절 통칙에서는 예산의 내용, 예산의 전용, 예산의 이월 등 3개 조항으로 구성되어 있다. 제129조(예산의 내용) 1항에서는 '예산은 예산총칙, 사업예산, 자본예산 및 이월예산으로 한다.'고 정의하고 있으며 2항에서는 '사업예산 및 자본예산은 각각 관, 항, 목으로 구분한다.'고 정의하고 있다. 또한, 예산의 전용과 이월에서 예산은 전용 시 예산총칙으로 특별히 정한 과목은 이사회의 의결을 거치지 않고 전용할 수 없으며, 예산의 이월은 이사회의 의결을 거치도록 규정화 하고 있다. 제2절에서는 예산안의 편성, 예산안의 수정, 준예산, 추가경정예산, 계속비, 예비비 등 예산의 편성과 집행에 관한 사항으로 구성되어 있다. 공사에서는 관련 법에 따라 예산안을 편성하고 이사회에 제출한다.

"준예산"이란 공사의 예산이 회계연도 개시 전까지 확정되지 않을 경우 전년도 예산에 준하여 편성 운영할 수 있는 예산을 말하며, "추가경정예산"은 예산 성립 후 변경 사유 발생 시 이미 편성한 예산을 변경할 필요가 있는 경우에 예산을 조정하는 행위를 의미하며 이때에도 이사회의 의결을 받도록 규정되어 있다. 제3절에서는 예산집행 계획 및 자금수급 계획, 현금지출을 수반하지 아니하는 경비의 집행, 발생주의에 의한 특례적 수입지출, 수입금 마련지출, 예산집행품의, 예산집행 실적보고 등 예산의 집행에 대한 조항으로 구성되어 있다. 공사의 사장은 예산이 성립되면 공사의 효율적 경영관리와 예산운영을 위해 성립된 예산의 범위 내에서 월별, 분기별, 예산집행계획을 작성하여 집행하도록 규정하고 있다. 또한, 집행한 예산에 대해서는 매 분기 말을 기준으로 지출담당은 예산집행 실적을 종합 분석하고, 그 결과를 공사의 사장에게 보고하도록 규정하고 있다. 제8장 결산은 결산, 결산시행, 결산승인, 결산정리, 결산서의 비치공시공고, 손익계산 기록의 수정, 외화자산 및 부채의 평가기준, 결손처리, 장부의 마감 및 이월, 월말 결산절차, 사업 년도 결산절차, 결산정리 사항 등으로 구성되어 있다. 결산은 공사의 결산담당이 총괄하여 결산 보고서를 작성하며 사장은 회계연도 종료 후 작성된 결산서를 다음 해 3월 이내에 이사회의 의결을 거쳐, 결산확정 시 지체 없이 시장에게 제출하여 승인을 받도록 규정되어 있다. 제9장 경영분석은 경영분석, 경영분석의 방법, 재성상태의 분석, 예산분석, 원가분석, 경제성분석 등으로 구성되어 있다. 사장은 공사의 업무를 추진하면서 경영활동을 지속적으로 파악하여 경영계획, 경영통제, 경영의사 결정에 필요한 자료를 얻기 위하여 공사의 경영상태를 분석, 검토하고, 경영분석 방법은 수익성과 유동성 분석을 위한 실수분석(實數分析)과 비율분석(比率分析)의 방법에 의하도록 규정하고 있다. 실수분석은 수익성을 위한 실수분석과 유동성분석을 위한 실수분석을 말하며, 비율분석은 수익성 분석을 위한 분석과 유동성 분석을 위한 분석을 의미한다.

2 계약사무처리규정

계약사무처리규정은 공사의 회계규정에 따라 계약업무 처리에 관한 필요한 사항을 규정하여 계약담당이 공정하고 합리적으로 계약업무를 집행하도록 추진하기 위한 기준으로 총칙, 공사 및 용역 도급계약, 구매계약 등 총 3장 35개 조항 및 부칙으로 구성되어 있다(〈개정 2019.11.27.〉). 제1장 총칙은 목적과 적용범위로 구성되어 있으며, 제2조(적용범위)에서는 공사가 계약에 관한 업무를 처리함에 있어서는 이 규정을 우선 적용한다. 이 규정에서 정하지 않은 사항은 「지방자치단체를 당사자로 하는 계약에 관한 법률」과 별도 방침을 정하여 사장의 결재를 득한 후 시행할 수 있다. 제2장은 발주계획서, 계약의뢰, 계약방법의 결정, 협상에 의한 계약체결, 입찰공고 또는 통지, 현장설명, 설계금액 공개, 예정가격 산출기초조서의 작성, 재공고입찰, 계약체결 시 제출서류, 계약서 작성 및 계약체결, 계약의 통보, 계약변경, 공사 및 용역감독관 및 검사자 지정, 공사 및 용역의 중지와 게재, 하자조치, 하자보수보증금 수납, 하자보수보증금의 환급 등 공사 및 용역 도급계약에 관한 조항으로 구성되어 있다. 제3장은 구매요청, 구매요청서의 검토, 구매결정, 입찰공고, 수의계약통보, 시방서 등의 비치, 입찰참가신청서의 접수, 예정가격 산출기초조서의 작성, 낙찰선언, 계약서작성 및 계약체결, 계약의 통보 및 납품지시, 납기관리, 납기의 변경, 계약의 해제 등 관급자재 포함 구매계약과 관련한 조항으로 구성되어 있다.

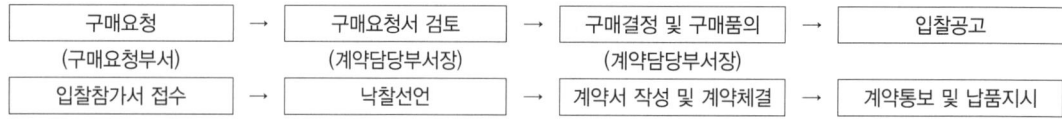

〈그림 9-2-2〉 구매계약 진행 절차

7. 감사

감사 분야에 속해 있는 규정은 감사규정, 감사규정시행내규, 임직원행동강령시행내규, 적극행정면책제도 및 경고 등 처분에관한운영내규 등 4개의 규정 및 내규로 구성되어 있으며, 감사분야에 속해 있는 규정의 주요 내용은 다음과 같다.

1 감사규정 및 감사규정시행내규

감사규정은 공사 정관 제15조(감사)의 규정에 의해 감사의 직무수행의 기준과 절차를 정함으로써 공사의 내부감사기능을 강화하여 자율적인 경영합리화에 기여하기 위한 규정으로서 목적, 적용범위, 감사의 직무, 권한의 위임, 감사의 종류, 감사의 방법, 감사인의 독립원칙, 감사보조기구, 감사인, 감사인의 자격, 감사인의 보직 및 전보, 전문성확보, 감사인의 의무, 청렴의무 등, 감사인의 권한, 감사인의 대우, 감사계획의 수립, 감사의 통보, 중복감사의 지양, 증표의 제시, 감사불응 시의 조치, 감사결과에 대한 조치, 적극행정 면책제도, 조치결과 통보, 시정확인, 이의신청, 감사보고, 감사종합보고, 긴급보고, 사고보고, 대회보고서의 사전검토, 외부감사의 총괄, 위임규정, 타 규정과의 관련 등 총 26개 조항 및 부칙으로 구성되어 있다(〈개정 2019.05.07.〉). 3조(감사의 종류)에서는 감사의 종류를 종합감사, 특정감사, 재무감사, 성과감사, 복무감사, 일상감사로 구분하고 있으며, 특정감사란 특정한 업무·사업·자금 등에 대해 문제점을 파악하여 원인과 책임소재를 규명하고 개선대책을 마련하기 위해 실시하는 감사이다. 일상감사의 경우는 공사 주요업무의 집행에 앞서 그 업무의 적법성·타당성 등을 점검·심사하는 사전 예방적 감사의 감사로 규정하고 있다. 감사의 방법은 서면감사 또는 실지감사에 의하여 실시하며 감사는 직무 수행상 공사의 의결기관 및 집행기관으로부터 독립된 입장에서 업무를 수행함을 원칙이며, 감사규정시행내규는 공사의 감사규정을 시행하기 위한 세부사항을 정하기 위한 규정이다. 내규는 목적, 감사준거, 감사인의 권한과 성실의무, 감사계획의 작성, 감사실시의 결정, 감사 착수, 감사증표제시, 증거서류의 청구 등, 감사의 종결, 우선처리, 감사결과 보고, 감사결과 조치요구, 조치처리기준, 조치결과 통보, 미집행사항의 독촉, 수범사례의 발굴, 일상감사의 범위, 일상감사의 시기, 일상감사의 중점사항, 일상감사의 방법, 접수 및 검토절차, 감사의견서, 조치결과 등, 일상감사 의제, 일상감사 효력, 계약심사 결과, 외부감사의 수감보고, 사고보고 등 총 22개 조항 및 부칙으로 구성되어 있다.

2 임직원행동강령시행내규

임직원행동강령시행내규는 부패방지와 깨끗한 공직풍토 조성을 위하여 「부패방지 및 국민권익위원회의 설치와 운영에 관한 법률」 제8조에 따라 공사의 임직원이 준수하여야 할 기준을 정한 규정으로 목적, 정의, 적용범위, 공정한 직무수행을 해치는 지시 등에 대한 처리, 사적 이해관계의 신고 등, 임원의 민간 분야 업무활동 내역 제출, 직무 관련 영리행위 등 금지, 가족 채용 제한, 수의계약 체결 제한, 퇴직자와의 사적 접촉 신고, 특혜의 배제, 예산의 목적 외 사용금지, 정치인 등의 부당한 요구에 대한 처리, 인사 청탁 등의 금지, 투명한 회계 관리, 이권개입 등의 금지, 직위의 사적 이용금지, 알선·청탁 등의 금지, 직무관련 정보를 이용한 거래 등의 제한, 공용재산의 사적사용·수익금지, 사적 노무 요구 금지, 직무권한 등을 행사한 부당행위의 금지, 금품 등의 수수금지, 청렴한 계약의 체결 및 이행, 외부강의 등의 사례금 수수제한, 초과사례금의 신고방법 등, 직무관련자 등과의 거래 신고, 건전한 경조사 문화의 정착, 감독기관의 부당한 요구 금지, 기타 공직풍토의 조성, 위반여부에 대한 상담, 위반행위의 신고와 확인, 신고인의 신분보장, 행동강령 위반행위 조사위원회, 징계, 수수 금지 금품 등의 신고 및 처리, 교육, 행동강령책임관의 지정, 준수여부 점검, 포상, 행동강령의 운영 등 총 6장 30개 조항 및 부칙으로 구성되어 있다(〈개정 2019.11.27.〉). 제2조(정의) 3호에서는 "금품 등"을 다음에 해당되는 경우로 정하고 있다. 가. 금전, 유가증권, 부동산, 물품, 숙박권, 회원권, 입장권, 할인권, 초대권, 관람권, 부동산 등의 사용권 등 일체의 재산적 이익, 나. 음식물·주류·골프 등의 접대·향응 또는 교통·숙박 등의 편의 제공, 다. 채무 면제, 취업 제공, 이권(利權) 부여 등 그 밖의 유형·무형의 경제적 이익 등이다. 제24조(외부강의 등의 사례금 수수제한)에서는 '공사의 임직원은 교육·홍보·토론회·세미나·공청회 또는 그 밖의 회의 등에서 한 강의·강연·기고 등의 대가로 〔별표2〕에서 정하는 금액을 초과하는 사례금을 받아서는 아니 된다.'고 규정하고 있다.

외부강의 등 사례금 상한액(임직원행동강령시행내규 제24조 관련)

1. 공직자별 사례금 상한액
    가. 법 제2조 제3호 '가' 목 및 '나' 목에 따른 공직자: 40만 원
    나. 「초·중등교육법」, 「고등교육법」, 「유아교육법」 및 그 밖의 다른 법령에 따라 설치된 각 급 학교의 장과 교직원('가' 목에 따른 공직자에도 해당하는 경우에는 '나' 목에 따른다): 100만 원
    다. '가' 목 및 '나' 목에도 불구하고 국제기구, 외국정부, 외국대학, 외국연구기관, 외국학술단체, 그 밖에 이에 준하는 외국기관에서 지급하는 외부강의 등의 사례금 상한액은 사례금을 지급하는 자의 지급기준에 따른다.

2. 적용기준
    가. 제1호 '가' 목 및 '나' 목의 상한액은 강의 등의 경우 1시간당, 기고의 경우 1건당 상한액으로 한다.
    나. 제1호 '가' 목에 따른 공직자 등은 1시간을 초과하여 강의 등을 하는 경우에도 사례금 총액은 강의시간에 관계없이 1시간 상한액의 100분의 150에 해당하는 금액을 초과하지 못한다.
    다. 제1호 '가' 목 및 '나' 목의 상한액에는 강의료, 원고료, 출연료 등 명목에 관계없이 외부강의 등 사례금 제공자가 외부강의 등과 관련하여 공직자 등에게 제공하는 일체의 사례금을 포함한다.
    라. '다' 목에도 불구하고 공직자 등이 소속기관에서 교통비, 숙박비, 식비 등 여비를 지급받지 못한 경우에는 「공무원여비규정」 등 공공기관별로 적용되는 여비규정의 기준 내에서 실비수준으로 제공되는 교통비, 숙박비 및 식비는 제1호의 사례금에 포함되지 않는다.

제3절 지방공단 운영규정

1. 개요

　서울시설공단은 「지방공기업법」 제76조 1항과 「서울시설공단 설립 및 운영에 관한 조례」에 의거하여 서울특별시장이 지정하는 시설물의 효율적 관리운영을 통하여 시민의 복리증진에 기여함을 목적으로 1983년 9월 1일 우리나라 최초의 지방공단으로 설립된 지방공기업이다. 서울시설공단은 1983년 9월 1일 서울시설관리공단으로 설립되었으며, 같은 해 9월 23일 설립등기를 완료하고 10월 1일부터 지하도 상가 관리업무 인수를 시작으로 본격적인 수탁사업을 추진한 대표적인 지방공기업이다. 서울시설공단은 1980년대 지하도 상가를 시작으로 새 서울 지하상가, 공영주차장관리업무, 어린이대공원관리업무, 시립승화원 묘지관리업무 등을 추진하였다. 1990년대에는 인현지하상가 인수를 시작으로 망우리 및 내곡리 묘지 관리업무, 남산 1, 3호 터널 혼잡통행료 징수 업무, 을지로입구 및 남대문 등 지하상가 인수 및 공단명칭 변경 등 업무를 수행하였고 1980~2000년까지 수탁한 사업은 주로 지하상가, 묘지관리, 혼잡통행료 징수 등이었다. 2000년대 들어와서는 지하상가 외 도시고속도로 교통정보시스템 운영, 월드컵경기장 운영, 자동차세 체납차량 번호판 영치 지원업무 인수, 장애인콜택시, 동대문역사문화공원 인수, 서울 글로벌센터 관리업무 인수, 태양광발전사업인수, 장충체육관 사업 인수, 고척 스카이돔 운영 등 사업 영역을 다변화하여 운영되고 있다. 2019년 기준 해당 지방공기업은 6본부 26처(실원) 81팀(대) 27관리소(센터)로 운영되고 있으며, 6본부는 경영전략본부, 복지경제본부, 문화체육본부, 도로관리본부, 시설안전본부, 교통사업본부이며, 이 중 문화체육본부는 서울월드컵경기장운영처, 돔경기장 운영처, 서울어린이대공원, 청계천관리처 등 3처 및 1원으로 구성하여 서울시의 문화체육관련 시설 등에 대해 수탁운영 중이다. 서울월드컵경기장 운영처에는 장충체육관사업팀이 포함되어 있다. 해당 기관에서 지방공공기관통합공시사이트(http://www.cleaneye.go.kr/)에 공시한 2017년 12월 말 기준 전체 인력현황은 약 3,500여 명 규모이다. 2018년 10월 해당 공단의 정관기준 임원 및 일반직 정원은 2,757명이며, 이 중 임원은 6명으로 규정하고 있다. 이러한 시설관리공단에서도 관련 법에 근거하여 해당 지방공기업의 운영규정을 제정하여 업무에 반영하고 있다.

　해당 지방공기업 운영규정은 공단 관계 법령 및 조례, 기본규정, 조직규정, 업무절차규정, 관련조례 등으로 구성되어 있으며, 규정은 55개, 내규는 19개, 강령은 1개 등 총 75개의 규정 및 내규로 운영규정을 제정하여 관리운영하고 있다(〈개정 2017.4.26.〉). 기본규정에는 해당 공단의 정관, 이사회운영규정, 취업규칙, 규정관리규정 등 총 4개의 규정으로 구성되어 있다.

조직규정은 직제규정 및 시행내규, 공무직직원정원관리내규, 사무위임전결규정 및 시행내규, 위원회관리규정, 개방형직위운영내규 등 규정 3개, 내규 4개 등 총 7개 규정 및 내규로 구성되어 있다.

업무절차규정은 인사관련규정, 보수·복지 관련규정, 재무관리규정, 일반관리규정, 업무관리규정, 보안관련규정, 감사규정 등 총 7개 분야별 규정으로 구분하여 구성하고 있다. 인사관련규정은 인사규정 및 시행내규, 임원인사규정, 서비스직원관리규정, 사회복지직직원관리규정, 조사직직원관리규정, 임원추천위원회운영규정, 계약직원운영관리내규, 기능인재추천채용제운영내규, 직원학위취득지원관리내규, 공무직직원관리내규, 상수도직직원관리내규 등 규정 6개, 내규 6개 등 총 12개 규정으로 구성되어 있다. 보수·복지 관련규정은 보수규정 및 시행내규, 임원 및 직원퇴직금규정, 연봉제시행규정, 복지후생규정, 피복지급규정 등 규정 5개, 내규 1개 등 총 6개 규정으로 구성되어 있다. 재무관리규정은 회계규정 및 회계규정시행내규, 물품관리규정 등 규정 2개, 내규 1개 등 총 3개 규정으로 구성되어 있다. 일반관리규정은 소송사무처리규정, 문서관리규정, 여비규정, 공무국·외 여행규정, 민원사무처리규정, 창의활동운영 및 보상에관한규정, 정보화업무규정, 정보공개심의회구성 및 운영내규, 시민서비스헌장제정 및 운영규정, 안전보건관리규정, 시설물관리규정, 기록관운영규정, 지식재산권관리규정 등 규정 12개, 내규 1개 등 총 13개 규정 및 내규로 구성되어 있다. 업무관리규정은 지하도상가관리규정, 광고물관리규정, 공원관리규정, 장사시설관리규정, 운동부운영규정, 도시고속도로업무규정, 공동구관리규정, 공사감독업무규정, 교통관리시스템운영 및 관리규정, 자동차세체납차량 번호판영치지원업무운영규정, 월드컵경기장관리규정, 공영주차장관리규정, 공영차고지관리규정, 혼합통행료업무규정, 서울글로벌센터빌딩운영관리규정, 장충체육관관리규정, 공공자전거운영 및 관리규정, 서남권돔구장관리규정, 수도계량기점검 및 교체업무운영규정 등 해당 공단에서 수탁 운영 중인 사업과 관련한 19개 규정으로 구성되어 있다. 보안 관련규정은 당직근무규정, 보안업무규정시행내규, 민방위운영규정 등 2개의 규정 및 1개의 내규 등 총 3개의 규정 및 내규로 구성되어 있다. 감사규정은 감사규정 및 감사규정시행내규, 적극행정면책제도운영내규, 임직원행동강령, 임직원직무관련범죄고발규정, 시민옴부즈만의설치 및 운영에관한내규, 공익신고처리 및 신고자보호등에관한내규, 부패행위신고접수처리 및 신고자보호등에 관한내규 등 2개의 규정, 5개의 내규 및 1개의 강령 등 총 8개의 규정 및 내규, 강령 등으로 구성되어 있다.

2. 기본규정

1 정관

　서울시설공단 정관은 크게 법령과 조례, 기본규정 등으로 구성되어 있으며, 법령 및 조례에서는 「지방공기업법」과 조례, 기본규정에서는 정관, 이사회운영규정, 취업규칙, 규정관리규정 등으로 구성되어 있다. 해당 기관의 정관은 총칙, 사업, 임원 및 직원, 조직 및 정원, 이사회, 재무회계, 공단채 등 발행, 보칙 등 총 8개의 장과 38개의 조항 및 부칙으로 구성되어 있다(〈개정 2018.10.1.〉).

　제1장 총칙은 목적, 명칭, 사무소의 소재지, 수권자본금, 공고방법 등 5개 조항으로 구성되어 있으며, 제1조(목적)에서는 '「서울특별시 서울시설공단 설립 및 운영에 관한 조례」가 정하는 바에 의하여 서울특별시장이 지정하는 시설물을 효율적으로 관리 운영함으로써 시민의 복리증진에 기여함을 목적으로 한다.'고 정의하고 있다. 제2장 사업은 자체사업, 대행사업, 사업계획서, 사업의 집행 등 4개 조항으로 구성되어 있으며, 제6조(자체사업)에서는 공단은 시장의 승인을 얻어 자본금의 범위 내에서 자체사업을 할 수 있는 근거를 마련하고 있으며, 제7조(대행사업) 1항에서는 '공단은 국가지방자치단체 또는 기타 위탁자의 사업을 대행할 수 있으며, 이 경우 상호 위탁계약에 의한다.'고 규정하고 있다. 제8조(사업계획서)에서는 '공단은 매 사업년도의 사업계획서를 작성하여 당해 사업연도 개시 전까지 이사회의 의결을 거쳐 이를 시장에게 보고하여야 한다. 이를 변경하고자 할 경우에도 또한 같다.'고 규정하고 있어 해당 공단에서는 사업계획을 수립하여 이사회의 의결 및 시장의 보고를 매년 추진해야 하는 것으로 규정되어 있다. 제3장 임원 및 직원은 임원, 임기, 임원추천위원회, 임원의 직무, 임원의 결격사유, 직원의 임면, 임직원의 복무, 임직원의 겸직제한, 임직원의 보수, 비밀누설의 금지 등, 임원의 대표권에 대한 제한, 대리인의 선임 등 12개 조항으로 구성되어 있으며, 제10조(임원) 1항에서는 '공단의 임원은 이사장을 포함한 5인 이내의 상임이사와 9인 이내의 비상임이사 및 1인의 감사를 둔다.'고 정의하고 있으며, '다만, 비상임이사 중 2인 이내를 서울특별시 근로자 이사제 운영에 관한 조례에 따라 근로자 이사로 둔다.'고 규정하고 있다. 제4장은 조직 및 정원과 관련된 규정으로 제22조(조직 및 정원)에서는 '공단의 조직은〔별표1〕, 정원은〔별표2〕와 같으며, 조직 및 정원에 관한 세부적인 사항은 직제규정으로 정한다.'고 정의하고 있다. 제5장은 이사회와 관련된 규정으로 설치 및 구성, 의결사항, 이사회의 참여제한, 이사회의 의장, 이사회의 소집, 의결방법, 의사록 작성 등 7개 조항으로 구성되어 있다. 이사회는 이사장을 포함한 이사 전원으로 구성하고 이사회 의결사항은 제24조(의결사항)에서 규정한 바와 같이 총 17개의 안건에 대해 의결하도록 규정되어 있다. 제6장은 사업연도, 예산 및 결산, 회

계처리의 원칙, 손익금의 처리, 재산의 관리와 처분 등 재무회계 관련 5개 조항으로 구성되어 있다. 제7장은 공단채 등 발행과 관련된 규정으로 공단채 발행, 차관, 자금차입 등 3개 조항으로 구성되어 있으며, 제8장 보칙은 정관의 변경과 관련된 1개의 조항으로 구성되어 있다. 제38조(정관의 변경)에서는 공단의 정관을 변경하고자 할 때에는 시장의 인가를 받아야 한다고 규정되어 있다.

2 이사회운영규정

이사회운영규정은 공단의 이사회구성과 운영에 관한 사항을 정하기 위한 규정으로 목적, 구성, 의장 및 회의소집, 의결방법, 가사의 출석, 직원의 출석, 기능, 의결방법의 특례, 권한의 위임, 부의절차, 의결권 위임, 의견첨부, 의안설명, 의사록작성, 의결사항 통보, 의사록 등의 보존 등 총 14개 조항 및 부칙으로 구성되어 있다. 제7조(기능)에서는 이사회의 심의 의결사항에 대해 규정하고 있으며, 그 내용은 다음과 같다.

이사회 의결사항	사업계획 및 예산과 결산에 관한 사항, 정관의 변경에 관한 사항, 조직·기구 및 정원에 관한 사항, 중요한 규정의 제정 또는 개폐에 관한 사항, 공단채의 발행 및 상환에 관한 사항, 자금의 장단기차입과 그 상환에 관한 사항, 자금의 일시 차입한도액 및 차입한도 증액 변경에 관한 사항, 외국차관의 도입 및 그 상환에 관한 사항, 중요한 재산의 취득·처분 및 임대차에 관한 사항, 중요한 대행사업의 수탁, 위탁 및 재 위탁 시행에 관한 사항, 잉여금의 처분에 관한 사항, 결손금의 처분에 관한 사항, 중요한 소송 및 화해에 관한 사항(단, 이사회 의결 후 제기 또는 신청하는 동일 또는 유사한 사항의 소송 및 화해의 경우는 생략한다.), 임원추천위원회 위원 추천에 관한 사항, 이사장과의 경영계약에 관한 사항, 안전 분야 사업의 외주화(外注化)에 관한 사항, 기타 공단 운영에 필요하다고 이사장이 인정하는 사항

3 규정관리규정

규정관리규정은 공단의 규정의 체계와 그 제정, 개폐, 시행 및 관리에 관한 사항을 정하여 제 규정의 적정한 관리운용을 도모하기 위한 규정이다.

규정은 총칙, 제정 및 개폐, 관리 등 총 16개 조항 및 부칙으로 구성되어 있으며, 제1장 총칙에서는 목적, 용어의 정의, 규정의 총괄, 규정의 분류, 효력 등 5개 조항으로 구분되어 있다. 제4조(규정의 분류) 1항에서는 '규정은 그 성질과 내용에 따라 기본규정, 조직규정, 업무절차규정으로 대분류하며, 그 내용은 다음과 같다.'고 정의하고 있다.

1. "기본규정"이라 함은 공단운영의 기본적인 사항을 내용으로 한 규정으로써 정관, 이사회운영규정, 취업규칙 및 규정관리규정과 그 규정의 시행내규를 말한다.
2. "조직규정"이라 함은 공단의 직제와 직무권한을 내용으로 하는 규정으로써 직제규정, 사무위임전결규정, 위원회 규정 및 그 규정의 시행내규를 말한다.
3. "업무절차규정" 이라 함은 부문별 업무수행에 필요한 기준 및 절차를 내용으로 하는 규정 및 그 규정의 시행내규를 말한다.

제2장에서는 제정형식, 입안, 부패영향평가, 규정안 사전예고 및 심의, 규정심의위원회, 이사회부의, 절차, 효력발생시기, 시행 등 개정 및 개폐에 관한 사항에 대해 규정하고 있으며, 제6조(제정형식) 1항에서는 목차, 목적, 한정적으로 사용하는 용어의 정의, 적용범위, 각 조문의 명칭, 시행일자 등을 기재함을 원칙으로 함을 규정하고 있다. 2항에서의 규정형식은 아래와 같다.

1. 규정의 항목구분은 장, 절, 조, 항, 호의 순서로 하되 필요에 따라 장, 절을 두지 아니할 수 있다.
2. 조문은 가로쓰기로 하고 숫자는 아라비아숫자로 표시한다.
3. 서식 등 별표는 일련번호를 붙여 별도로 작성 첨부한다.
4. 부득이 외래어를 사용할 경우에는 교육부 제정 외래어 표기법에 따르되 뜻의 전달이 곤란할 경우에는 괄호 안에 한자 또는 외국어를 병용할 수 있다고 규정하고 있다.

제3장에서는 규정의 해석, 규정관리, 규정의 정비, 규정의 공개 등 4개 조항으로 구성되어 있다.

3. 조직규정

조직규정은 직제규정, 직제규정시행내규, 공무직직원정원관리내규, 사무위임전결규정, 사무위임전결규정시행내규, 위원회관리규정, 개방형직위운영내규 등 7개 규정 및 내규로 구성되어 있다. 조직규정 중 직제규정 및 직제규정시행내규, 사무위임전결규정 및 사무위임전결규정시행내규의 주요 내용은 다음과 같다.

1 직제규정 및 직제규정시행내규

직제규정은 공단의 직제에 관한 사항을 정하기 위한 규정으로 총칙, 구성원, 조직, 보칙 등 총 4장 17개 조항 및 부칙으로 구성되어 있으며, 제1장에서는 목적, 적용범위, 직제의 개편 등 3개 조항으로 규정되어 있다.

제3조(직제의 개편)에서는 공단의 기구 설치 및 직제의 개편은 「정관」에서 정하는 범위 내에서 이사회 의

결로 정한다. 다만, 처(실·원) 산하 기구의 설치 및 직제의 개폐는 내규로 정한다고 정의하고 있다. 제2장에서는 구성원, 이사장, 이사 등, 감사, 직무대행, 직원, 고문, 전문위원 등, 공단의 구성원에 관한 사항에 대해 규정하고 있다. 제11조(고문, 전문위원 등)에서는 공단은 필요에 따라 고문, 전문위원 및 자문위원을 상근 또는 비상근으로 위촉할 수 있다고 규정하고 있다. 제3장은 기구, 직위, 정원, 직무분장 등 4개 조항으로 구성하고 있으며, 제13조(직위)에서는 '제12조의 처장(실·원)은 1급 내지 3급 직원으로, 팀장은 1급 내지 4급 직원으로 보한다. 단, 전문성이 특히 요구되는 직위에 대하여는 이를 개방형 직위로 지정하여 운영할 수 있다.'고 규정하고 있다. 직제규정시행내규는 직제규정 제17조의 규정에 의하여 공단의 직제를 효율적으로 운영하기 위하여 필요한 사항을 정하기 위한 내규로 총칙, 처·실·원, 현장관리소, 전문기구, 보칙 등 총 5장 46개 조항 및 부칙으로 구성되어 있다. 제1장 총칙에서는 목적, 적용범위, 기구 및 정원, 팀장운영, 업무분장의 조정 등 5개 조항으로 구성되어 있다. 제2장은 감사실, 기획조정실, 인사처, 총무처, 서울월드컵 경기장 운영처, 돔경기장운영처, 서울어린이대공원, 청계천관리처, 공공자전거 운영처, 홍보마케팅실 등 공단의 직제와 관련된 처·실·원의 구성 및 업무분장에 대해 규정하고 있다. 제3장은 지하도상가관리소, 공원묘지관리소, 이동지원센터, 유지용수관리소, 도로기전 관리소, 공동구관리소, 수도관리소, 주차장관리소, 혼잡통행료관리소, 공공자전거관리소 등 현장관리소의 구성 및 업무분장에 관한 사항에 대해 규정하고 있다. 제4장은 전문기구에 관한 조항으로 제43조(위원회 및 전문연구관) 1항 이사장은 분야별 업무의 전문성을 강화하기 위하여 업무상 필요하다고 인정하는 때에는 위원회 또는 해당업무 유경험자 등을 전문연구관으로 설치 운영할 수 있다. 2항 제1항에 의한 위원회 및 전문연구관의 설치 운영에 관한 세부사항은 이사장이 따로 정한다고 규정하고 있다. 제5장 보칙은 종합시설 관리사 운영, 감사관 운영, 팀장급 기구 등 3개 조항으로 구성되어 있다.

2 사무위임전결규정 및 사무위임전결규정시행내규

사무위임전결규정은 공단의 제반업무에 관한 전결사항과 그 절차를 정하여 업무능률의 향상과 사무 처리의 간소화를 정하기 위한 규정으로 목적, 적용범위, 권한과 책임, 전결사항, 중요사항의 처리, 합의사항, 전결권자 부재 시 대결, 전결사항 보고 등 총 8개 조항 및 부칙으로 구성되어 있다. 사무위임은 해당 기관의 장이 업무의 일정부분에 대한 전결 권한을 하위직급자에게 위임하는 것으로서 전결사항에 대한 범위는 이사장결재, 본부장결재, 처장결재, 팀장결재, 팀원결재 등 5개로 구분하였고 중요사항 및 합의사항 등에 대한 내용에 대해서도 규정하고 있다. 사무위임전결규정시행내규는 사무위임전결규정 제4조 제2항의 규정에 의하여 공단 업무의 일부를 각 직위별로 위임 전결케 함으로써 사무위임에 따른 권한과 책임을 정하기 위한 내규로 목적, 적용범위, 전결사항, 이행상태 평가 등 총 4개 조항 및 부칙으로 구성되어 있다.

4. 업무절차규정

업무절차규정은 인사관련규정, 보수·복지 관련규정, 재무관리규정, 일반관리규정, 업무관리규정, 보안관련규정, 감사규정 등 총 7개 분야별 규정으로 구분하여 구성하고 있으며, 7개 분야별 제정되어 운영되는 규정은 다음과 같다.

1 인사관련규정

인사관련규정은 인사규정 및 인사규정시행내규, 임원인사규정, 서비스직원관리규정, 사회복무요원복무관리규정, 조사직직원관리규정, 임원추천위원회운영규정, 계약직원운영관리내규, 기능인재추천채용제운영내규, 직원학위취득지원관리내규, 공무직직원관리내규, 상수도직직원관리내규 등 12개 규정 및 내규로 구성되어 있다. 인사관련규정 중 임원인사규정, 임원추천위원회운영규정의 주요 내용은 다음과 같다.

(1) 임원인사규정

임원인사규정은 임원의 인사에 관한 사항을 정하기 위한 규정으로 총칙, 임면, 복무, 보수, 상벌, 보칙 등 총 6장 24개 조항 및 부칙으로 구성되어 있다. 제1장 총칙은 목적, 적용범위, 용어의 정의 등 3개 조항으로 구성되어 있으며, 제3조(용어의 정의)에서는 '임원이라 함은 공단의 이사장을 포함한 이사와 감사를 말한다.'고 정의하고 있다. 제2장에서는 임원의 임면, 임원의 직위해제, 임기 및 직무 등 임원의 임면에 관한 사항을 규정하고 있다. 제4조(임원의 임·면) 제1항에서는 '이사장 및 감사는 서울특별시장이 임·면하되 이사장 및 감사를 임명할 때에는 임원추천위원회에서 추천한 사 중에서 임명한다.'고 정의하고 있으며, 1항에서는 '이사는 이사장이 임·면하되 이사를 임명할 때에는 위원회에서 추천한자 중에서 임명하고 임명 시 경영목표, 책임과 권한, 청렴의무, 위반 시 제재 사항 등이 명시된 경영성과계약을 체결하며, 청렴의무 위반 사례에 대해서는 공단 홈페이지, 행정안전부 경영정보시스템에 공개하는 등의 조치를 위하여야 한다.'고 규정하고 있다. 제3장에서는 성실의무, 복종의 의무, 직장이탈금지, 친절 공정의 의무, 비밀엄수의 의무, 청렴의 의무, 품위유지의 의무, 영리업무 및 겸직금지, 근무시간 등, 공단에 대한 책임, 교육훈련 등 임원이 복무에 관한 조항으로 구성되어 있다. 제4장은 보수에 관한 사항으로 보수규정 및 연봉제 규정이 정하는 바에 따라 지급한다고 정의하고 있다. 제5장은 포상, 문책, 문책의 종류, 문책의 효력, 문책의 절차, 문책 양정 기준 등 임원의 상벌에 관한 조항으로 구성되어 있다. 제6장은 보칙으로 인사관리 및 시행내규 등 2개 조항으로 구성되어 있다.

(2) 임원추천위원회운영규정

임원추천위원회운영규정은 「지방공기업법」 제58조 제3항 및 제6항, 동법 시행령 제56조의3, 「서울특별시 서울시설공단 설립 및 운영에 관한 조례」 제11조의 규정에 의하여 공단의 이사장 및 감사, 이사의 후보를 추천하기 위한 임원추천위원회의 구성 및 운영에 관하여 필요한 사항을 정하기 위한 규정으로서 목적, 적용범위, 위원회의 구성 및 운영, 위원장, 위원회의 존속, 임무, 회의, 간사, 임원후보자의 모집 및 공고, 공고내용, 재공고 및 변경공고, 자격요건, 이해관계 임원의 참여제한, 응시원서접수, 전문가 유치노력, 심사기준, 심사절차 및 방법, 근로자이사 후보 심사절차 및 방법, 임원후보의 추천, 실비보상, 사무협조, 채용과정의 공개, 기타 등 총 17개 조항 및 부칙으로 구성되어 있다. 위원회는 7인으로 구성하고 7인은 시장이 추천하는 자 2인, 시의회가 추천하는 자 3인, 공단 이사회가 추천하는 자 2인 등이며, 위원회의 위원은 제3조(위원회의 구성 및 운영) 4항에서 정하는 기준에 적합한 위원을 추천해야 한다. 그 기준은 1) 경영전문가, 2) 경제 관련 단체의 임원, 3) 4급 이상 공무원 또는 고위공무원단에 속하는 일반직공무원으로 퇴직한 자, 4) 공인회계사, 5) 공기업 경영에 관한 지식과 경험이 있다고 인정되는 자이다.

2 보수 · 복지 관련규정

보수 · 복지 관련규정은 보수규정, 보수규정시행내규, 임원 및 직원 퇴직금규정, 연봉제시행규정, 복지후생규정, 피복지급규정 등 6개 규정 및 내규로 구성되어 있으며, 보수 · 복지 관련규정 중 보수규정 및 보수규정시행내규, 복지후생규정의 주요 내용은 다음과 같다.

(1) 보수규정 및 보수규정시행내규

보수규정은 공단의 임원 및 직원보수에 관하여 필요한 사항을 정하기 위한 규정으로 총칙, 보수의 계산 및 지급방법, 기본급, 제수당, 퇴직금, 보칙 등 총 6장 20개 조항 및 부칙으로 구성되어 있다. 제1장 총칙은 목적, 용어의 정의 등 2개 조항이며, 제2조(용어의 정의)에서는 본봉, 직무급, 호봉급, 기본급, 보수, 제수당, 통상임금 등의 정의에 대해 규정하고 있다. 제2장에서는 보수의 지급일, 산정기준, 계산 기간, 신분변경 시의 보수, 휴직자의 보수, 직위해제자의 보수, 결근자의 보수, 비상시의 지급 등 직원의 보수의 계산 및 지급방법 등에 대한 조항으로 구성되어 있다. 제3장에서는 기본급과 호봉승급기간 및 가호봉 제한과 관련된 조항이며, 제4장은 기술수당, 시간외근무시간, 유일근무수당, 야간근무수당, 위험수당, 가족수당 등 수당의 종류에 대한 규정으로 구성되어 있다. 제5장은 퇴직금과 관련된 조항이며, 퇴직금과 평균임금에 대한 조항으로 구성되어 있다.

보수규정시행내규는 보수규정 제20조의 규정에 의하여 보수에 필요한 사항을 정하기 위한 내규로 목적, 퇴직 또는 사망 시의 보수 계산, 결근자의 보수 계산, 징계에 의한 보수지급 제한, 파견자의 보수 계산, 제수당 지급기준, 급여자료의 통보, 지급의 통례 등 총 9개 조항으로 구성되어 있다.

(2) 복지후생규정

복지후생규정은 공단 직원의 건강과 복리후생 및 업무수행 중 발생한 재해보상에 관한 사항을 규정하여 직원의 건강증진과 생활안정을 도모하기 위한 규정으로 총칙, 안전과 보건, 후생, 체육, 재해보상, 보칙 등 총 6장 16개 조항 및 부칙으로 구성되어 있다. 제1장은 목적 및 적용범위 등 2개 조항이며, 제2장은 안전 및 보건관리, 건강진단, 의료시설 등 안전과 보건에 대한 조항으로 구성되어 있다. 제3장은 후생시설운영, 후생비 지급, 학자금 보조, 통근차 운행, 피복지급 등 직원의 후생과 관련한 조항이며, 제4장은 직장체육진흥 및 기타 체육과 관련된 조항으로 구성되어 있다. 제5장은 재해보상, 제6장은 지급의 특례 및 위임규정 등 보칙으로 구성되어 있다. 복지후생규정은 공단 직원의 건강과 복리후생 및 업무수행 중 발생한 재해보상에 관한 사항을 규정하여 직원의 건강증진과 생활안정을 도모하기 위한 규정으로 총칙, 안전과 보건, 후생, 체육, 재해보상, 보칙 등 총 6장 16개 조항 및 부칙으로 구성되어 있다. 제1장은 목적 및 적용범위 등 2개 조항이며, 제2장은 안전 및 보건관리, 건강진단, 의료시설 등 안전과 보건에 대한 조항으로 구성되어 있다. 제3장은 후생시설운영, 후생비 지급, 학자금 보조, 통근차 운행, 피복지급 등 직원의 후생과 관련한 조항이며, 제4장은 직장체육진흥 및 기타 체육과 관련된 조항으로 구성되어 있다. 제5장은 재해보상, 제6장은 지급의 특례 및 위임규정 등 보칙으로 구성되어 있다.

3 재무관리규정

재무관리규정은 회계규정 및 회계규정시행내규, 물품관리규정 등 3개의 규정 및 내규로 구성되어 있으며, 재무관리규정 중 회계규정, 물품관리규정의 주요 내용은 다음과 같다.

(1) 회계규정

회계규정은 「지방공기업법」과 「서울특별시 서울시설공단 설립 및 운영에 관한 조례」에 의거 서울시설공단의 재무 및 회계에 관한 운영절차와 적정한 회계절차를 정하기 위한 규정으로 총칙, 회계처리와 장표, 금전회계, 자산회계, 부채 및 자본회계, 수익 및 비용회계, 예산, 결산, 계약 등 총 9장 150개 조항 및 부칙으로 구성되어 있다. 제1장 총칙은 목적, 적용범위, 회계연도, 회계연도 소속구분, 회계처리의 기준, 회계단위, 회계 관계 업무의 위임, 회계담당, 회계 관계 직원의 임면 통보, 회계 관계 직원의 직인 사용 등, 회계서류

보관, 시행내규 등 12개 조항으로 구성되어 있다. 해당 기관의 회계연도는 매년 1월 1일부터 12월 31일까지로 한다고 정의하고 있다. 제2장은 회계처리와 장표에 대한 조항으로서 제1절 통칙에서는 거래의 처리, 계정과목 등에 대한 조항으로 구성하고 있으며, 제2절 회계기준에서는 계산의 원칙, 수익과 비용의 대응, 총액계상, 자본적 지출과 수익적 지출의 구분 등에 관한 조항으로 구성되어 있다. 제3절은 전표, 제4절 장부, 제5절 증빙서 등의 내용으로 조항이 구성되어 있다. 제3장은 금전회계에 대한 조항으로서 제1절은 금전의 범위, 금전수납사무의 대행, 출납마감 등 통칙으로 구성되어 있으며, 제2절은 수입, 제3절은 지출, 제4절은 유가증권 취급 등으로 조항이 구성되어 있다. 제4장은 자산회계와 관련된 조항이며, 제1절은 자산의 구분, 재무상태의 작성 기준, 자산의 평가기준, 채권의 소멸시기, 부외자산, 부외자산의 자산등재 가액, 관리대장 등 통칙으로 구성되어 있다. 제2절은 유동자산, 제3절은 비유동자산으로 구분하여 구성되어 있다. 동자산은 당좌자산과 재고자산으로 분류하며, 비유동자산은 투자자산, 유형자산, 무형자산, 기타비유동자산 등으로 분류하고 있다. 제5장은 부채 및 자본회계, 제6장은 수익 및 비용회계와 관련된 조항으로 구성되어 있다. 제97조(유동부채의 범위)에서는 부채는 유동부채와 비유동부채로 분류하고 있고, 제98조(유동부채의 범위)에서는 단기차입금, 미지급금, 선수금, 예수금, 미지급비용, 미지급법인세, 유동성 장기부채, 선수수익 등을 유동부채의 범위로 정의하고 있으며, 제99조(비유동부채의 범위)에서는 장기차입금, 장기성매입, 충당부채 등을 비유동부채의 범위로 정의하고 있다. 제6장은 수익 및 비용회계와 관련한 조항으로서 손익계산서 작성 기준, 영업 손익계산, 영업수익, 영업비용, 영업외수익, 영업외 비용, 법인세 차감 전 순손익, 당기순손익 계산, 국고보조금 등, 수익적 지출과 자본적 지출의 기준 등으로 구성되어 있다. 제7장은 예산과 관련된 조항으로 제1절은 예산의 내용, 예산의 기능별 구분, 예산관리자, 예산의 전용, 예산의 이월 등 통칙으로 구성하고 있다. 제113조(예산의 내용) 1항에서는 예산은 예산총칙, 추정손익계산서 및 추정재무상태표, 자금운용계획으로 한다고 정의하고 있다. 제2절은 예산의 편성, 제3절은 예산의 통제, 제4절은 예산의 집행 등으로 구성되어 있다. 제8장은 결산과 관련된 조항으로 제1절에서는 결산, 결산지침, 결산정리, 결산시행, 결산승인, 결산서의 비치, 공시 및 공고 등 통칙이며, 제2절에서는 결산정리, 제3절에서는 결산실시 등으로 구성되어 있다. 제9장은 계약과 관련된 조항으로 계약요구, 결과통보, 지방계약법령 등의 준용 등으로 구성되어 있다.

(2) 물품관리규정

물품관리규정은 공단이 물품을 취득·보관·사용 및 처분함에 관한 사항을 정하여 물품의 효율적이고 적정한 관리를 도모하기 위한 규정으로 총칙, 수급관리, 취득, 재고관리, 불용품처분, 재물조사, 손·망실처리, 보칙 등 총 8장 43개 조항 및 부칙으로 구성되어 있다. 제1장 총칙은 목적, 적용, 물품의 범위, 물품관리기관, 물품관리체계, 물품출납원, 물품운용자, 물품관리자의 의무, 장부비치, 물품구분 및 관리 등으로 구성되어 있으며, 제3조(물품의 범위)에서는 "물품"이라 함은 공단이 소유하는 동산 중 다음 각호에 게기하는 것 이외의 동산과 업무수행을 위하여 보관하는 동산을 말한다. 각호에 게기되는 것은 현금 및 유가증권과 부동산의 종물을 말한다. 제2장은 수급관리에 대한 조항으로 물품의 분류, 물품의 표준화, 규격의 제정 등, 물품수급관리 계획수립, 물품정수책정 등 물품의 분류 및 표준화에 대한 조항이다. 제3장은 물품의 취득과 관련한 조항으로 제1절에서는 물품조달, 제2절에서는 물품검수에 대한 조항으로 구성하고 있다. 제4장은 재고관리에 대한 조항으로 제1절에서는 재고유지, 제2절에서는 청구 및 출납, 제3절에서는 보관관리 등에 대한 조항으로 구성하고 있다. 제5장에서는 불용품 처분과 관련한 조항으로 제1절에서는 불용결정기준, 불용결정의 절차 등 불용결정에 대한 조항이며, 제2절에서는 불용품의 매각, 불용품의 양여, 불용품의 해체, 불용품의 폐기, 처분결과 보고 등 불용품의 처분에 대한 조항으로 구성되어 있다. 제6장에서는 정기재물조사, 수시 재물조사, 특별재물조사, 재물조사 결과분석, 재물조정 등 재물조사에 대한 조항이며, 제7장은 손 망실 처리와 관련한 조항으로 손 망실 보고, 손 망실의 처리, 책임의 한계 등으로 구성되어 있다. 제8장은 보칙으로 기증품의 취득에 대한 조항으로 구성되어 있다.

4 일반관리규정

일반관리규정은 소송사무처리규정, 문서관리규정, 여비규정, 공무국외여행규정, 민원사무처리규정, 창의활동운영 및 보상에관한규정, 정보화업무규정, 정보공개심의회구성 및 운영내규, 시민서비스헌장제정 및 운영규정, 안전보건관리규정, 시설물관리규정, 기록관운영규정, 지식재산권관리규정 등 13개 규정 및 내규로 구성되어 있으며, 일반관리규정 중 문서관리규정, 여비규정의 주요 내용은 다음과 같다.

(1) 문서관리규정

문서관리규정은 문서의 작성, 처리, 서식 및 인장사용에 관한 기준을 정함으로써 문서 사무 처리의 능률화와 통일을 기하기 위한 규정으로 총칙, 문서의 작성 및 처리, 문서의 보관 및 보존, 서식관리, 인장, 보칙 등 총 6장 80개의 조항 및 부칙 등으로 구성되어 있다. 제1장 총칙은 목적, 정의, 적용범위, 문서의 종류, 문서의 성립 및 효력발생, 사무 처리의 원칙, 문서작성의 일반원칙, 문서정리의 원칙 등 총 8개 조항으로 구성되어 있다. 제4조(문서의 종류)에서는 문서의 종류를 규정문서, 지시문서, 공고문서, 비치문서와 일반문서로 구분하고 있다. "규정문서"는 정관, 공단규정, 내규 등 주로 규정사항을 정하는 문서를 말하며, "지시문서"는 지시, 명령 등 공단이 각 부서 및 하부기관 또는 소속직원에 대하여 일정한 사항을 지시하는 문서를 말한다. "공고문서"는 공공, 광고 등 일정한 사항을 일반인에게 알리기 위한 문서를 말하며, '비치문서'는 비치대장, 비치카드 등 공단이 일정한 사항을 기록하여 내부에 비치하면서 업무에 활용하는 문서를 말한다. "민원문서"는 민원인이 공단에 대하여 어떠한 특정행위를 요구하는 문서 및 그에 대한 처리 문서를 말하며, '일반문서'는 앞에서 정한문서에 속하지 않는 모든 문서를 말한다. 제2장 문서의 작성 및 처리는 총 7절로 구성되어 있으며, 제1절은 문서의 수정과 관련한 조항, 제2절은 문서의 구성, 제3절은 문서의 접수, 제4절은 기안 및 시행, 제5절은 결재, 제6절은 문서의 발송, 제7절은 문서통제 등으로 구성되어 있다. 제3장은 문서의 보관 및 보존에 대한 조항으로 1절은 일반사항, 2절은 편철 및 보관, 3절은 인계, 4절은 보존, 5절은 대출 및 폐기 등이었으나 (2014.4.1.) 전부 삭제되었다. 제4장은 서식제정의 원칙, 서식의 제정 및 개폐, 서식의 승인 신청, 서식의 승인 기준, 승인의 표시 등 서식관리에 대한 조항이며, 제5장은 직인 등의 종류 및 비치, 규격 및 글씨, 인장관리부서, 교부 및 등록, 재교부 및 폐기, 날인방법 등 인장과 관련한 조항으로 구성되어 있다. 제6장은 보칙과 관련한 조항으로 외국어로 된 문서, 회보, 요약보고서, 기록보고서, 기타서식 및 문서에 대한 표시인의 규격, 위임규정, 보칙 등으로 구성되어 있다.

(2) 여비규정

여비규정은 공단의 임원 및 직원이 업무로 출장할 때에 지급하는 여비에 관한 사항을 정하기 위한 규정으로서 총칙, 국내여비, 국외여비 등 총 3장 22개의 조항 및 부칙 등으로 구성되어 있다. 제1장 총칙은 목적, 여비의 구분, 여비계산, 여비의 지급 및 정산, 여비지급의 제한, 신분변경시의 여비, 고문 등의 여비, 통신비 등 8개 조항으로 구성되어 있으며, 제2장 국내 여비는 1절 출장여비, 2절 시내출장비 등 2절로 구분되어 규정되어 있다. 제9조(지급기준) 1항에서는 '임원 및 직원이 국내에 출장할 때의 교통비, 일비, 숙박비, 식비는 [별표1]에서 정하는 바에 따라 지급한다.'고 규정하고 있으며, 제3장에서는 국외여비에 대한 조항으로 제22조(국외 출장 시 여비)에서는 국외 출장에 있어 여비 및 준비금은 공무원여비규정을 준용하며 직급별 지급 기준은 [별표3]과 같다고 정의하고 있다.

〈별표 9-3-1〉 직급별 지급기준(국내여비)

등급	교통비				일비 (1일당)	숙박료 (1야당)	식비 (1일당)
	철도운임	선박운임	항공운임	자동차운임			
임원	실비(1등급)		실비		20,000	실비	25,000
처(실·원)장	실비(2등급)						
팀원	실비(2등급)						

1. 교통비는 정부부처 및 지방자치단체 등의 인가요금을 기준으로 하되, 할인이 가능한 경우에는 할인요금을 적용한다.
2. 철도운임 중 1등급은 특실, 2등급은 일반실을 말하며, 당해 철도운임을 적용할 수 없는 경우에는 그 노선의 열차 최고등급에 해당하는 철도운임을 지급한다.
3. 수로여행 시 페리호를 이용하는 경우에는 1등급은 특등, 2등급은 1등 운임을 지급하되, 운임은 국토해양부, 지방자치단체장의 인가요금을 기준으로 한다.
4. 여비 항목별 기준("교통비"는 여행 목적지로 이동하기 위해 교통수단을 이용함에 있어 소요되는 비용이며, "일비"는 여행 중 출장지에서 소요되는 교통비, 통신비, 등 각종 비용을 충당하기 위한 비용이다. "숙박료·식비"는 여행 중 숙박 및 식사에 소요되는 비용)

자료: 클린아이(서울시설공단 여비규정 제9조 지급기준, 개정 2015.3.26.)

〈별표 9-3-2〉 국외 여비기준

직위	적용기준(공무원 여비규정)	직위	적용기준(공무원 여비규정)
이사장 감사 · 본부장	제1호 "나"목(차관급) 해당자 제1호 "라"목(국장급) 해당자	처(실 · 원)장 팀장(부장차장),소장 팀원(4급이하)	제2호 "가"목(과장급) 해당자 제2호 "나"목 해당자 제2호 "나"목 해당자

자료: 클린아이(서울시설공단 여비규정 제22조 참조, 개정 2014.7.23.)

　공무국외여행규정은 공단 임직원의 국외여행에 관하여 필요한 사항을 정하기 위한 규정으로 목적, 적용범위, 공무국외 여행허가, 심사의뢰, 여행계획 사전협의, 심사위원회 설치, 위원회의 구성, 소집 및 의결, 심사위원회 기능, 여행목적 및 필요성 심사, 여행목적지 심사, 여행자심사, 여행기간 및 여행 시기 심사, 여행경비, 관계인의 출석, 수당, 소양교육, 보고의무 등, 출국 및 귀국 신고, 자료수집, 귀국보고서, 사후관리 및 항공마일리지 관리 등 총22개 조항 및 부칙으로 구성되어 있다. 제3조(공무국외여행 허가) 1항에서는 공단 임직원이 공무로 국외여행을 하고자 할 때에는 "공무국외여행 심사위원회"의 의결을 거쳐 이사장의 승인을 얻어야 하며 절차는 〔별표1〕과 같다고 규정하고 있다.

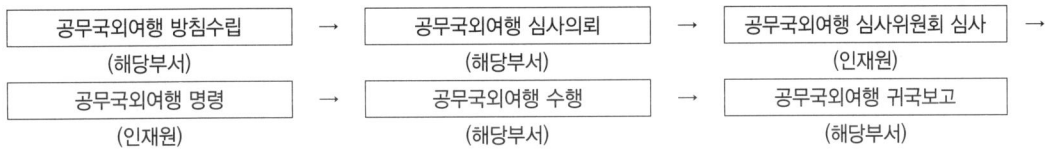

〈그림 9-3-1〉 공무국외여행 허가절차

5 업무관리규정

　업무관리규정은 서울시설공단에서 운영하는 사업관리를 위해 제정한 규정으로 체육관련 사업을 제외한 사업으로는 지하도상가관리규정, 광고물관리규정, 공원관리규정, 장사시설관리규정, 도시고속도로업무규정, 공동구관리규정, 공사감독업무규정, 교통관리시스템운영 및 관리규정, 자동차세체납차량번호판영치지원업무운영규정, 공영주차장관리규정, 공영차고지관리규정, 혼잡통행료업무규정, 서울글로벌센터빌딩 운영 · 관리규정, 공공자전거운영 및 관리규정, 수도계량기점검 및 교체업무운영규정 등 15개 규정 및 내규로 구성되어 있으며, 업무관리규정 중 공영주차장관리규정, 공공자전거운영 및 관리규정의 주요 내용은 다음과 같다.

(1) 공영주차장관리규정

공영주차장관리규정은 공단이 관리하는 공영주차장을 효율적으로 관리하기 위해 필요한 사항을 정하기 위한 규정으로 목적, 적용, 용어의 정의, 근무제도, 배상심의위원회, 운영시간, 월정기권 발행 등, 정기권 이용확인서 발행, 시설관리, 민간위탁주차장 지도점검 등 총 10개 조항 및 부칙으로 구성되어 있다. 제3조(용어의 정의) 1호 "공영주차장"이란 「주차장법」 제8조 및 제13조와 「서울특별시 주차장 설치 및 관리조례」 제10조의 규정에 의하여 공단이 운영·관리하는 주차장을 말한다.

(2) 공공자전거운영 및 관리규정

공공자전거운영 및 관리규정은 공단이 서울특별시로부터 위탁 받은 공공자전거를 효율적으로 운영 및 관리하기 위하여 필요한 사항을 정하기 위한 규정으로 총칙, 공공자전거 이용, 공공자전거 관리, 수입금관리 등 총 4장 13개 조항 및 부칙으로 구성되어 있다. 제1장 총칙은 목적, 적용, 용어의 정의, 근무제도 등 4개 조항으로 구성되어 있으며, 제3조(용어의 정의) 1호에서 "'공공자전거(브랜드명: 따릉이)"란 공단이 시로부터 위탁받아 관리하는 자전거로서 무상 또는 유상으로 시민의 이용에 제공되는 자전거를 말한다.'고 정의하고 있다. 제2장은 공공자전거 이용에 대한 조항으로 이용, 회원가입 보류 및 거부, 이용 시간 및 요금 등 3개 조항으로 구성되어 있으며, 제5조에서는 '공공자전거는 만 15세 이상부터 이용이 가능하다. 단, 만 15세 이상 만 19세 미만은 회원으로 가입하여야 이용할 수 있다.'고 규정하고 있다. 제3장은 공공자전거 관리에 대한 조항으로 공공자전거의 관리범위, 서비스 제공 중지, 안전점검, 사고처리 등 4개 조항으로 구성되어 있으며, 제4장 수입금관리조항에서는 수입금 보고 및 수입금 결산 및 납입 등 2개 조항으로 구성되어 있다.

6 보안관련규정

보안관련규정은 당직근무규정, 보안업무규정시행내규, 민방위운영규정 등 3개의 규정 및 내규로 구성되어 있으며, 보안관련규정 중 당직근무규정, 보안업무규정시행내규의 주요 내용은 다음과 같다.

(1) 당직근무규정

당직근무규정은 공단의 당직근무의 효율적인 운영과 그 근무에 관한 사항을 정하기 위한 규정으로 목적, 근무, 당직근무의 편성, 당직근무 면제 및 유예, 당직명령, 당직신고 및 인계인수, 당직실 비품, 책임, 일반임무, 비상시의 임무, 당직근무요령, 감독, 금지사항, 숙직근무자의 휴무, 일·숙직 수당, 비상연락망정비, 벌칙, 예외규정 등 총 18개 조항 및 부칙으로 구성되어 있다. 제2조(임무)에서는 당직근무는 일직과 숙직으로 구분하며 근무시간은 다음 각호와 같다.

1. "일직"은 토요일·공휴일에 근무하며 정상근무일의 근무시간에 준한다.
2. "숙직"은 '정상근무시간 또는 일직근무시간이 종료되는 때로부터 다음 날 정상근무시간 또는 일직근무가 개시될 때까지 근무한다.'로 정의하고 있다.

(2) 보안업무규정시행내규

보안업무규정시행내규는 관련 법령에 따라 공단에서 적용 시행해야 할 보안업무 전반에 관한 사항을 정하기 위한 내규로 총칙, 보안심사위원회, 비밀의 보호, 인원보안, 문서보안, 정보보안, 통신보안, 시설보안, 보안사고 등 총 9장 60개 조항 및 부칙으로 구성되어 있다. 제1장 총칙은 목적, 적용범위, 정의 등 3개 조항으로 구성되어 있으며, 제2장에서는 보안심사위원회와 관련된 조항으로 보안심사위원회, 위원회의 구성, 위원회의 임무, 위원회의 소집 및 의결, 시행 등 5개 조항으로 구성되어 있다. 제3장에서는 보안담당관의 지정, 보안담당관의 임무, 비밀소유현황 및 비밀취급인가자현황 조사 제출 등 비밀의 보호 등에 대한 3개 조항으로 구성되어 있으며, 제4장에서는 인원보안에 대한 조항으로 결격사유조회 및 신원조사, 결격사유조회 및 신원조사 요청절차, 회보사항 기록, 신원 특이자 관리, 비밀의 취급, 비밀취급인가 및 사무, 비밀취급인가 신청, 비밀취급인가, 비밀취급인가 해제, 비밀취급인가증 발급 및 회수, 발령사항 기록 등으로 구성되어 있다. 제5장은 문서보안과 관련한 조항으로 비밀의 분류, 비밀의 보관, 비밀보관책임자, 비밀보관책임자인수인계, 관리번호 및 사본번호, 예고문의 표시, 재분류의 검토 및 정리, 비밀의 등록, 비밀의 수발, 비밀관리기록부, 비밀관리기록부의 갱신, 비밀 영수증의 관리, 비밀의 반출·대출 및 열람, 안전반출 및 파기계획, 대외비 문서의 관리 등으로 구성되어 있다.

제6장은 정보보안과 관련한 조항으로 정보보안의 세부계획 수립 및 심사분석, 사이버보안진단의 날 운영, 접근권한의 관리, 접속기록의 관리, PC 등 단말기 보안관리, 비밀번호 사용 및 관리, 전자우편 보안대책, 전자정보 저장매체 불용처리 등으로 구성되어 있으며, 제7장은 통신보안에 대한 조항으로 통신보안의 세부계획 수립 및 시행, 통신보안 관리체계 확립, 통신보안교육, CCTV시스템 보안관리, 암호자재 수령 및 배포, 암호자재 보관·관리 등으로 구성되어 있다. 제8장은 시설보안에 대한 조항으로 시설보안의 업무담당, 주·야간 순찰, 보호구역의 설정, 보호구역에 대한 보안대책, 방화시설 및 방화훈련 등 5개 조항으로 구성되어 있으며, 제9장은 보안 사고에 대한 조항으로 보안사고, 정보보안사고, 보안사고의 지연 등 3개 조항으로 구성되어 있다.

7 감사규정

감사규정은 감사규정 및 감사규정시행내규, 적극행정면책제도운영내규, 임직원행동강령, 임직원 직무관련범죄고발규정, 시민옴부즈만의설치 및 운영에관한내규, 공익신고처리 및 신고자보호등에관한내규, 부패행위신고접수처리 및 신고자보호등에관한내규 등 8개 규정 및 내규로 구성되어 있으며, 감사규정 중 감사규정 및 감사규정시행내규, 적극행정면책제도운영내규의 주요 내용은 다음과 같다.

(1) 감사규정 및 감사규정시행내규

감사규정은 「공공감사에 관한 법률」 및 같은 법 시행령과 공단 정관 제13조 제4항에 따른 감사의 직무수행기준과 절차를 정함으로써 감사기능을 효율화하여 공단의 설립목적을 달성하기 위한 규정으로 총칙, 감사인의 의무와 권한, 감사 계획과 시행, 보고 및 기타 등 총 4장 24개 조항 및 부칙으로 구성되어 있다. 제1장 총칙은 목적과, 적용원칙, 감사의 범위, 감사의 구분, 일상감사, 감사의 방법, 감사의 독립원칙, 감사인의 자격, 감사인의 보직 및 전보, 감사인의 신분보장 등으로 구성되어 있다. 제3조(감사의 범위)에서는 감사의 범위를 회계 및 이와 관련되는 업무전반, 관계법령 정관 및 기타 규정에서 정하는 사항에 관한 감사, 감독기관이 의뢰한 상황, 기타 이사장이 정하는 지시사항 등으로 정하고 있으며, 감사는 종합감사, 특정감사, 재무감사, 성과감사, 복무감사, 일상감사 등으로 구분하고 있다. 제2장은 감사인의 의무와 권한에 대한 조항으로 감사인의 의무, 감사인의 권한 등을 규정하고 있으며, 제3장은 감사계획의 수립, 감사실시, 외부기관 협력 및 교차 감사, 외부 전문가 활용, 청렴 옴브즈만 제도, 중복감사의 지양, 감사불응시의 조치, 시정요구 등, 시정결과 통보, 시정확인, 이의신청, 적극행정에 대한 면책 등 감사 계획과 시행에 대한 조항으로 규정되어 있다. 제4장은 감사에 대한 보고 및 기타 사항으로 구성되어 있으며, 감사인의 보고, 긴급보고, 사고보고, 감사종합보고, 외부기관 수검보고, 위임규정 등으로 구성되어 있다. 감사규정시행내규는 감사규정을 시행하기 위한 세부사항을 정하기 위한 내규로써 총칙, 감사계획과 실시, 일상감사, 처리전말 등 총 4장 29개 조항 및 부칙으로 구성되어 있다.

제6조(종합감사 실시)에서 종합감사는 시행계획에 따라 실시하도록 규정되어 있으며 종합감사 시행계획에는 감사목적, 감사범위, 실시기간, 감사인의 선정 및 업무분담, 감사 착안사항 등이 포함되어야 한다고 규정하고 있다. 또한, 공단의 일상감사의 범위는 〔별표1〕에서 규정하고 있으며 그 내용은 다음과 같다.

| 일상감사의 범위 | 장·단기 사업계획 수립 및 예산안 편성, 직원의 상벌에 관한 사항, 중요한 소송과 중재에 관한 사항, 이사장 방침을 요하는 각 부서의 주요업무 추진계획 및 변경에 관한 사항, 예산의 이·전용 이월사용과 예비비 지출, 매 건당 1,000만 원을 초과하는 예산집행, 매 건당 100만 원을 초과하는 업무추진비의 지출, 매 건당 300만 원을 초과하는 가지급금의 집행, 결산 및 잉여금 처분에 관한 사항, 중요한 물자의 이관에 관한 사항, 기타 감사가 중요하다고 인정하는 사항. 다만 1~10중 다음에 열거하는 것은 제외한다. 사전에 감사의 협의를 받은 사항, 정기적으로 지출하는 인건비, 국내여비, 의무적 경비(제세공과금 및 공공요금 등), 월정액 고정경비, 기타 부서장이 전결하는 사항으로서 감사가 제외함이 타당하다고 인정하는 사항 |

(2) 적극행정면책제도운영내규

　적극행정면책제도운영내규는 감사규정 제18조의2(적극행정에 대한 면책) 규정에 의하여 임직원이 공익 증진과 공단의 발전을 위해 성실하고 능동적으로 업무를 처리하는 과정에서 부분적인 절차상 하자 등의 부작용이 발생하였더라도 일정 요건을 충족한 경우 불이익한 처분요구 등을 하지 않거나 감면하는 적극행정 면책제도의 적용 대상과 요건, 운영절차 등을 정하기 위한 내규로서 목적, 기본이념, 정의, 적용범위, 면책 대상자, 적극행정 면책요건, 면책 제외, 면책제도 통지 등, 적극행정 면책심의위원회의 설치, 위원회의 구성, 위원회의 기능 등, 위원회의 회의, 간사, 면책심사 신청 등, 면책심사 절차, 자료제출 요구 등, 심의결과의 처리, 준용규정 등 총 18개 조항 및 부칙으로 구성되어 있다. 제3조(정의)에서 "적극행정"은 임직원이 공단 또는 공공의 이익을 증진하기 위하여 성실하고 능동적으로 업무를 처리하는 행위를 말한다, 이며, "면책"이란 적극행정 과정에서 발생한 부분적인 절차상 하자 또는 비효율, 손실 등과 관련하여 그 업무를 처리한 임직원에 대한 감사규정에 따른 불이익한 처분요구 등을 하지 않거나 징계책임을 감면하는 것을 말한다고 정의하고 있다. 제7조(면책제외)에서는 '고의·중과실, 무사안일 및 업무태만, 자의적인 법 해석 및 집행으로 법령의 본질적인 사항을 위반한 경우, 위법·부당한 민원을 수용한 특혜성 업무처리, 공금을 횡령·유용한 경우, 직무와 관련하여 금품·향응을 수수한 경우, 음주운전 사건의 경우, 성폭력·성희롱·성매매 범죄의 경우, 그 밖에 위 각호에 준하는 위법·부당행위 등에 대해서는 면책대상에서 제외된다.'고 규정하고 있다

제4절 체육시설 및 선수단 운영규정

1. 지방공사

1 체육시설 운영규정

(1) 체육센터 운영규정

체육센터 운영규정은 용인도시공사에서 운영하는 체육센터(이하 '센터'라 한다)에서 제공하는 시설 및 서비스를 이용하는 사용자와 센터 간의 권리와 의무에 관한 사항을 정함을 목적으로 총칙, 권리와 의무, 회원가입, 반환 및 변경, 체육시설 사용신청 및 허가 등 총 5장 26개 조항 및 부칙으로 구성되어 있다.

〈별표 9-4-1〉 시민체육센터 운영규정

시민체육센터 운영규정
제1장 총칙
제1조(목적), 제2조(정의), 제3조(규정의 효력 및 변경)
제2장 권리와 의무
제4조(사용자의 의무), 제5조(사용자의 권리), 제6조(센터의 게시 및 설명의무)
제3장 회원가입
제7조(회원의 종류), 제8조(회원의 자격), 제9조(회원의 자격제한), 제10조(회원모집), 제11조(회원가입 신청), 제12조(사용료), 제13조(사용료의 감면), 제14조(회원증)
제4장 반환 및 변경
제15조(사용료의 반환), 제16조(이용기간연기), 제17조(프로그램 이용 및 시설 운영의 변경), 제18조(회원자격의 소멸 및 일시정지), 제19조(시설이용 및 휴관), 제20조(손해배상), 제21조(소지품의 보관), 제22조(재발급 비용의 처분), 제23조(기타)
제5장 체육시설 사용신청 및 허가
제24조(사용신청 및 허가), 제25조(사용의 제한), 제26조(입장거절 또는 퇴장)
부칙

자료: 클린아이(용인도시공사 규정 참조, 시행 2019.12.18. 기준)

제1장 총칙은 목적, 정의, 규정의 효력 및 변경 등 3개 조항으로 구성되어 있으며, 제2조(정의)에서는 회원, 체육시설, 서비스, 등록일, 개시일, 이용일, 일할계산, 횟수계산, 사용료 등에 대해 정의하고 있다. 일할계산과 횟수계산은 체육센터에서 운영하는 프로그램의 환불과 관련하여 사용되는 용어로 "일할계산"은 1개월 사용료를 30일 기준으로 나눈 1일 사용료로 계산하는 것을 말하며, "횟수계산"은 1개월 사용료를 1개월 이용횟수 기준으로 나눈 1회 사용료로 정의하고 있다. 제2장 권리와 의무에서는 사용자의 의무, 사용자의 권리, 센터의 게시 및 설명의무 등 3개 조항으로 구성되어 있으며, 제6조(센터의 게시 및 설명의무)에서는 센터를 이용하는 사용자에게 게시할 내용에 대해 규정하고 있다. 게시해야 할 내용은 시간별 프로그램 내용, 지도강사의 인적사항, 강습의 변경내용, 사용료, 규정내용, 소지품 보관 시 유의사항, 사용자 안전수칙 등 기타 필요사항 등이다. 시민체육센터는 7가지 사항을 사용자가 용이하게 볼 수 있는 장소에 반드시 게시하여야 한다. 제3장 회원

가입에서는 회원의 종류, 회원의 자격, 회원의 자격제한, 회원모집, 회원가입신청, 사용료, 사용료의 감면, 회원증 등 8개 조항으로 구성되어 있다. 제7조(회원의 종류)에서는 회원의 종류를 월 회원, 일일회원, 신규회원, 계속(기존)회원 등으로 정하고 있으며, "월 회원"은 매월 1일부터 말일까지 각 강습 프로그램별 이용요금을 센터에 납부한 사용자를 말한다. "일일회원"이라 함은 센터가 정한 일반 공개 프로그램의 명시되어 있는 시간에 자유이용요금을 납부한 사용자를 말하며, "신규 회원"이라 함은 센터의 최초가입자, 1개월 이상 휴회한 후 재가입자, 반환 후 재가입자 등으로 규정하고 있다. 이렇게 신규 회원을 명확히 규정하는 이유는 기존회원 재등록과 관련하여 대상을 명확하게 정하여 계속회원 재등록과 관련한 분쟁을 해결하기 위함일 것이다. "계속(기존)회원"이라 함은 매월 1일부터 말일까지 각 강습 프로그램별 이용요금을 센터에 납부하여 체육 시설을 이용하고 있는 자를 말한다.

제4장 반환 및 변경에서는 사용료의 반환, 이용기간연기, 프로그램 이용 및 시설운영의 변경, 회원자격의 소멸 및 일시정지, 시설이용 및 휴관, 손해배상, 소지품의 보관, 재발급 비용의 처분, 기타 등 9개 조항으로 구성되어 있다. 사용료의 반환은 대부분의 지방공기업에서는 해당 자치구 체육시설 관리 조례에서 정하고 있는 반환 기준을 규정화하여 운영하며, 해당 체육시설에서는 이용기간을 연기할 수 있도록 이용기간연기 규정이 명문화되어 있다. 이용기간연기는 5일 이상의 기간이 소요되는 국내외 출장자 또는 본인의 사고나 질병으로 인해 5일 이상 병원의 치료를 요하는 자에 한하도록 규정되어 있다. 제5장 체육시설 사용신청 및 허가에서는 사용신청 및 허가, 사용의 제한, 입장거절 또는 퇴장 등 3개 조항으로 구성되어 있다. 사용의 제한에서는 체육시설의 사용허가를 득하여도 다음과 같은 경우 사용을 제한할 수 있도록 규정되어 있다. 다음의 경우는 공공기관 및 단체 등의 공공성 행사가 있을 경우, 시설이용의 조건이나 지시를 위반하였을 경우, 공공질서 유지 및 미풍양속을 해할 우려가 있는 경우, 특별시설 등으로 체육시설 또는 설비를 훼손할 우려가 있는 경우, 체육시설의 관리유지상 부적낭하다고 인정될 경우, 신청서를 허위로 작성하는 행위, 기타 용인도시공사의 장이 필요하다고 인정할 때 등이다. 시민체육센터 운영규정에는 체육시설의 사용료(제12조 관련)와 시설사용료 반환기준(제15조 기준)이 [별표1]과 [별표2]로 규정되어 있으며, 용인시민체육센터 신규가입 신청서(회원이용규정), 할인대상자 신청서, 연기신청서, 연기접수대장, 사용허가취소 및 사용료반환 신청서, 다목적체육관 사용(변경)허가 신청서, 용인시 체육공원 축구장 사용허가 신청서(용인시 체육공원 축구장 감면 신청서), 풋살팀 등록 신청서 [별지 제1호 서식]~[별지 제8호 서식]으로 규정되어 있다. 용인시민체육센터 신규가입 신청서에는 개인정보(성명, 주소 등), 회원동의서(이용 동의), 참고사항(환불, 연기), 회원이용규정 등으로 구성하고 있다.

(2) 종합운동장 운영내규

〈별표 9-4-2〉 종합운동장 운영내규

종합운동장 운영내규
제1장 총칙
제1조(목적), 제2조(정의), 제3조(업무), 제4조(시설의 개방), 제5조(개방제한), 제6조(입장의 제한), 제7조(천연잔디구장 사용 제한)
제2장 시설 사용 및 사용료
제8조(사용허가), 제9조(사용허가의 우선순위), 제10조(사용시간), 제11조(사용료), 제12조(관람권 수입에 의한 사용료 징수), 제13조(초과사용료 등), 제14조(사용료 등의 감면), 제15조(사용료 및 관람료의 반환), 제16조(사용허가의 취소 및 정지), 제17조(손해배상), 제18조(사용자의 시설물 설치), 제19조(매표)
제3장 공유재산의 사용·수익허가
제20조(공유재산의 범위), 제21조(시설의 사용·수익 허가), 제22조(사용·수익 허가 기간), 제23조(공유재산 사용·수익 사용료)
제4장 생활체육 강좌
제24조(강좌신설 및 폐지), 제25조(수강신청), 제26조(수강료의 반환), 제27조(강사채용 및 해지)
제5장 부설주차장 관리 운영
제28조(부설주차장 운영), 제29조(주차장 운영시간), 제30조(주차요금의 징수·면제 등), 제31조(주차요금의 가산 및 감면), 제32조(주차요금), 제33조(월 정기주차), 제34조(월 정기주차 요금의 반환), 제35조(주차요금 등의 징수방법), 제36조(징수요금의 관리), 제37조(방치차량에 대한 조치), 제38조(주차장 관리), 제39조(주차장 이용자 준수사항), 제40조(주차거부), 제41조(출차제한), 제42조(손해배상 등의 책임), 제43조(면책), 제44조(주차장 관련 조례 준용)
제6장 보칙
제45조(준용)
부칙

자료: 클린아이(수원도시공사 규정 참조, 제정 2018.1.1. 기준)

종합운동장 운영내규는 수원도시공사에서 운영하는 종합운동장의 운영에 필요한 업무처리 기준 및 절차 등을 규정함을 목적으로 제정되었으며, 총칙, 시설 사용 및 사용료, 공유재산의 사용·수익허가, 생활체육 강좌, 부설주차장 관리 운영, 보칙 등 6장 45개 조항 및 부칙으로 구성되어 있다. 제1장 총칙은 목적, 정의, 업무, 시설의 개방, 개방 제한, 입장의 제한, 천연잔디구장 사용 제한 등 7개 조항으로 구성되어 있다. 제2조(정의)에서는 운동장, 시설의 사용, 사용자, 관람자, 어린이, 청소년, 군인, 전용사용자, 전용사용료, 단체 등에 대해 정의하고 있으며 "전용사용자"는 체육시설 전체를 일정기간 전용으로 사용하는 자를 말하며, "전용사용료"란 전용사용자가 납부하는 요금으로 정의하고 있다. '단체'란 동일 목적으로 인솔자를 따라 동시에 사용하는 30명 이상의 사람으로 정의하고 있다. 제2장 시설사용료 및 사용료에서는 사용허가, 사용허가의 우선순위, 사용시간, 사용료, 관람권 수입에 의한 사용료 징수, 초과 사용료 등, 사용료 등의 감면, 사용료 및 관람료의 반환, 사용허가의 취소 및 정지, 손해배상, 사용자의 시설물 설치, 매표 등 12개 조항으로 구성하고 있으며, 제9조(사용허가의 우선순위)에서는 사용하고자 하는 사람이 2명 이상 경합 시 정부 또는 경기도·시의 행사, 체육진흥을 위하여 필요한 각종 경기대회 및 행사, 각 급 학교에서 주관하는 행사 및 청소년을 대상으로 하는 행사, 직장 및 동호인 등 여럿이 참여하는 행사, 경기연습, 개인연습, 체력단련 등의 체육활동, 그 밖에 체육활동 이외의 문화행사, 공연, 전람, 전시 등 행사 순위에 따라 허가하도록 규정되어 있다. 제3장 공유재산의 사용·수익허가에서는 공유재산의 범위, 시설의 사용·수익 허가, 사용·수익 허가 기간, 공유재산 사용·수익 사용료 등 4개 조항으로 구성되어 있다. 제20조(공유재산의 범위)에서 정하고 있는 운동장의 공유재산 범위는 주경기장 임대사무실 및 창고, 수원체육관 임대 사무실 및 창고, 야구장 임대사무실 창고, 매점, 자동판매기, 현금 인출기, 기타 체육시설 등을 말한다. 제4장 생활체육강좌에서는 강좌신설 및 폐지, 수강신청, 수강료의 반환, 강사채용 및 해지 등 4개 조항으로 구성되어 있다. 제24조(강좌신설 및 폐지)에서는 상설 체육 강좌를 신설 및 폐지할 수 있는 기준을 정하고 있으며, 제27조(강사 채용 및 해지)에서는 강좌신설 시에 필요한 강사채용과 강사위촉에 대한 내용으로 규정되어 있다. 제5장은 부설주차장 관리 운영에 대한 내용으로 부설주차장 운영, 운영시간, 주차요금 징수·면제 등, 주차요금의 가산 및 감면, 주차요금, 월 정기주차, 월 정기주차 요금의 반환, 주차요금 등의 징수방법, 징수요금의 관리, 방치차량에 대한 조치, 주차장 관리, 주차장 이용자 준수사항, 주차거부, 출차제한, 손해배상 등의 책임, 면책, 주차장 관련 조례 준용 등으로 구성되어 있다. 제6장은 보칙으로 준용에 대한 1개 조항으로 구성되어 있다. 종합운동장 운영내규에는 전용사용료, 상업사용료, 부속설비사용료, 중계방송료, 일반적 소비자분쟁해결기준(「소비자기본법」 제8조 제2항 관련), 종합운동장부설주차장 주차요금표 등 6개의 [별표]로 구성되어 있다. 체육시설 사용허가 신청서, 체육시설 사용허가서, 체육시설 사용변경 신청서, 체육시설 사용변경 허가서, 부속설비 사용신청서, 라디오·텔레비전 방송중계신청서, 세외수입 납입증, 반환청구서, 공유재산(유상·무상) 사용·수익 허가 신청서, 공유재산(유상·무상) 사용허가서, 생활체육강좌 등록신청서, 강좌환불신청서, 강사 위촉 수락서, 종합운동장 정기주차 신규(연장)사용승인 신청서, 종합운동장 부설주차장 주차요금 환불 신청서 등 [별지 제1호 서식]부터 [별지 제16호 서식]으로 구성하고 있다.

(3) 체육시설 운영관리 지침

체육시설 운영관리 지침은 남양주도시공사가 운영하는 체육시설에 필요한 사항을 규정함으로써 체계적인 운영·관리를 목적으로 제정되었으며, 체육시설 운영관리, 동호회 사용허가 및 관리, 개인 사물함 운영관리, 시설물 관리 등 5장 53개 조항 및 부칙으로 구성되어 있다. 제1장 총칙은 목적, 용어의 정의, 적용범위 등 3개 조항으로 구성되어 있다. 제2조(용어의 정의) 16호에서는 "부속시설"을 체육시설의 전기, 조명, 냉방기, 난방기, 음향 등의 부속시설로 정의하였으며, "부속시설사용료"라 함은 부속시설 사용을 위하여 납부하는 요금으로 규정하고 있다. 제2장 체육시설 운영관리는 운영시간, 휴관일, 회원가입, 강좌별 프로그램 신청기준, 강좌별 신규 회원모집 기준, 기존회원 재등록, 기존회원 프로그램 변경, 수영추첨, 회원카드 발급, 프로그램 개설 기준, 프로그램 폐강 기준, 프로그램 폐강에 따른 조치, 프로그램 휴강에 따른 조치, 사용료 환불 기준, 사용료 감면 신청기간, 사용료 감면대상, 사용료 감면 확인서류, 이용수칙, 이용제한, 안전사고의 처리 절차, 보험처리 기준, 보험처리 예외 기준, 수납관리, 프로그램 환불 및 감면 업무, 체육시설 환경관리 등 체육시설의 운영관리에 관해 25개 조항으로 구성되어 있다.

〈별표 9-4-3〉 체육시설 운영관리 지침

체육시설 운영관리 지침
제1장 총칙
제1조(목적), 제2조(용어의정의), 제3조(적용범위)
제2장 체육시설 운영관리
제4조(운영시간), 제5조(휴관일), 제6조(회원가입), 제7조(강좌별 프로그램 신청기준), 제8조(강좌별 신규 회원모집 기준), 제9조(기존회원 재등록), 제10조(기존회원 프로그램 변경), 제11조(수영추첨), 제12조(회원카드 발급), 제13조(프로그램 개설 기준), 제14조(프로그램 폐강 기준), 제15조(프로그램 폐강에 따른 조치), 제16조(프로그램 휴강에 따른 조치), 제17조(사용료 환불 기준), 제18조(사용료 감면 신청기간), 제19조(사용료 감면대상), 제20조(사용료 감면 확인서류), 제21조(이용수칙), 제22조(이용제한), 제23조(안전사고의 처리절차), 제24조(보험처리 기준), 제25조(보험처리 예외 기준), 제26조(수납관리), 제27조(프로그램 환불 및 감면 업무), 제28조(체육시설 환경관리)
제3장 동호회 사용허가 및 관리
제29조(동호회 사용허가), 제30조(동호회 단체등록 기준), 제31조(동호회 단체등록 접수서류), 제32조(월 단위 사용 동호회), 제33조(연 단위 사용 동호회), 제34조(동호회 관리), 제35조(동호회 사용료 징수), 제36조(동호회 사용료 반환)
제4장 개인 사물함 운영관리
제37조(사물함 사용 대상), 제38조(사물함 사용료), 제39조(사물함 사용료 수납방법), 제40조(사물함 접수기간), 제41조(사물함 환불 기준), 제42조(사물함 환불 절차), 제43조(사물함 재등록 및 물품수거 안내), 제44조(사물함 사용료 미납회원 관리), 제45조(사물함 사용료 미납회원 물품관리)
제5장 시설물 관리
제46조(시설물의 점검 범위), 제47조(시설물 점검분야), 제48조(시설물 점검), 제49조(시설물 점검 및 운전일지), 제50조(절기별 점검일지), 제51조(수장 수질 점검 및 관리), 제52조(시설물 유지보수 기준), 제53조(교육 및 훈련)
부칙

자료: 클린아이(남양주도시공사 규정 참조, 개정 2019.12.16. 기준)

제13조(프로그램 개설 기준)에서는 신설 프로그램 개설 시 프로그램 개설과 관련된 회원 건의사항, 필요한 경우 지역주민 또는 회원 설문조사 의견수렴, 공사 체육시설 및 타 시설의 유사 프로그램 운영사례, 강습시간, 사용료, 모집대상, 이용 수요 등을 기준으로 개설하도록 정하고 있다. 제3장 동호회 사용허가 및 관리에서는 동호회 사용허가, 동호회 단체등록 기준, 동호회 단체등록 접수서류, 월 단위 사용 동호회, 연 단위 사용 동호회, 동호회 관리, 동호회 사용료 징수, 동호회 사용료 반환 등 체육시설 이용 동호회 등에 대한 내용을 정하고 있다. 제4장 개인사물함 운영관리에서는 사물함 사용 대상, 사물함 사용료, 사물함 사용료 수납방법, 사물함 접수기간, 사물함 환불 기준, 사물함 환불절차, 사물함 재등록 및 물품수거 안내, 사물함 사용료 미납회원 관리, 사물함 사용료 미납회원 물품관리 등 체육시설의 부속 시설물인 개인사물함에 대한 관리방법을 지침으로 마련하여 운영하고 있다. 제5장 시설물 관리에서는 시설물의 점검 범위, 시설물 점검분야, 시설물 점검, 시설물 점검 및 운전일지, 절기별 점검일지, 수영장 수질 점검 및 관리, 시설물 유지보수 기준, 교육 및 훈련 등 8개 조항으로 구성되어 있다. 체육시설의 휴관일(제5조 관련), 신규 회원모집 기간 및 신청방법(제8조 관련), 기존 회원 재등록 기간(제9조 관련), 기존 회원 반 변경 신청기간, 사용료 감면 확인서류, 시설 이용수칙, 탈의실 및 샤워장 이용수칙, 수영장 이용수칙, 헬스장 이용수칙, 실내 체육관 이용수칙, 강의실 이용수칙, 개인 사물함 이용수칙, 체육시설 이용제한 기간, 종목별 동호회 사용 구분, 종목별 동호회 단체등록 인원 기준, 체육시설 월 단위 사용 동호회 접수기간 및 방법, 개인 사물함 재등록 안내, 시설물 점검표, 시설물 법정 점검표, 시설물 절기별 점검표, 수영장 수질 등 관리 기준 표, 수영장 수질 등 세부관리 기준표, 안전 관리자 교육 등 23개의 〔별표〕로 구성되어 있다.

〔별지〕는 26개의 서식으로 구성하고 있으며, 26개 서식은 다음과 같다. 환불신청서(이용수칙 및 환불지침), 체육시설 이용제한 대상자 명단, 사고경위서, 업무일지(안내), 동호회 단체등록 신청서, 동호회회원 명부, 체육시설(축구장) 월 단위 사용 신청서, 체육시설 연 단위 정기사용 허가 신청서, 체육시설 연 단위 정기사용 허가 통보서, 연 단위 정기사용 동호회 사용료 정산서, 사용료 반환 신청서, 개인사물함 사용 신청서, 개인 사물함 사용료 미납회원 관리대장, 개인사물함 물품 수거 관리대장, 일일 업무일지, 보일러 운전일지, 공기조화기 운전일지, 냉온수기 운전 및 점검일지, 수·변전 점검일지, 터보냉동기 운전일지, 냉동기 운전일지, 정화조 시설 점검대장, 가스안전 점검일지, 기계실 펌프 및 팬 점검일지, 비상발전기 점검일지, 저수조 위생 점검표, 소방시설외관점검표, 시설물 안전점검표(해빙기), 시설물 안전점검표(우기), 시설물 안전점검표(동절기 내부), 시설물 안전점검표(동절기 외부), 수질관리 업무일지 등이다.

(4) 축구장 운영지침

축구장 운영지침은 부산교통공사가 운영하는 생활체육시설인 대저축구장의 관리 및 이용에 관한 사항을 규정하기 위해 제정되었으며, 운영지침은 목적, 소재지와 명칭, 축구장의 개방, 신청기한 및 이용승인, 이용시간, 이용료 징수, 이용료의 감면, 이용료의 반환, 양도의 금지, 이용자의 책임, 이용자 준수사항 등 총 14개 조항 및 부칙으로 구성되어 있다.

〈별표 9-4-4〉 대저축구장 운영지침

대저축구장 운영지침
제1조(목적), 제3조(축구장의 개방), 제4조(신청기한 및 이용승인), 제5조(신청의 취소 또는 변경), 제6조(이용승인의 우선순위), 제7조(이용승인의 취소 또는 징지), 제8조 (이용시간), 제9조(이용료 징수), 제10조(이용료의 감면), 제11조(이용료의 반환), 제12조(양도의 금지), 제13조(이용자의 책임), 제14조(이용자 준수사항), 제15조(이용제한)
부칙

자료: 부산교통공사(홈페이지 참조, 개정 2011.12.30. 기준)

제3조(축구장의 개방) 2항은 축구장의 이용 제한에 대한 내용으로 공사 축구단의 훈련 또는 경기 시, 국가나 지방자치단체, 공사의 특별한 행사, 시설의 개·보수, 시실의 이용 시 현저한 위험이 예상될 때, 기타 부득이한 사유로 축구장 개방이 불가한 경우 등에 대해 이용 제한 사유 및 기간을 미리 공고하거나 게시하여 이용을 제한할 수 있도록 규정하고 있다. 제9조(이용료 징수)에서는 '축구장 사용 시 이용료에 대한 내용으로 축구장의 이용료는 축구장 운영지침〔별표〕에서 정하는 바에 따른다.'고 정하고 있다. 〔별표〕 축구장 이용료는 다음과 같다.

〈별표 9-4-5〉 대저축구장 이용료

시설명	행사별	기준	기본요금(원)	
			평일	토·공휴일
대저축구장	축구경기	2시간	100,000	150,000
	축구경기 이외의 행사		150,000	225,000

· 이용인원의 50% 이상이 강서구 주민일 경우, 이용요금의 50%를 감면한다.
· 기본 2시간 이용 후 추가 이용 시에는 1시간 단위로 기본요금의 절반을 가산한다.

제10조(이용료의 감면)는 이용료의 감면에 대한 내용으로 면제의 경우는 국가, 부산광역시 및 부산광역시 강서구청 또는 공사가 주관하는 행사와 공사 축구단 및 동호회가 주관하는 경기 또는 행사 등이며, 감면의 경우는 이용 인원의 50% 이상이 강서구 주민일 경우 50%를 감면하도록 정하고 있다. 제11조(이용료의 반환)에서는 이용료의 반환은 전액반환과 공제 후 반환 등으로 구분하고 있으며, 전액반환은 축구장 관리자의 귀책사유, 천재지변, 기타 불가항력적인 사유, 이용예정 5일전까지 취소 신청한 경우이다. 공제 후 반환은 이용예정 3일전 신청은 70%, 이용 예정 전일까지 취소 신청한 경우는 50% 반환한다.

2 선수단 운영규정

(1) 운동경기부 운영규정

운동경기부 운영규정은 충청남도개발공사(개정 2019.8.13. 기준)가 운동경기부 설치 및 운영에 관하여 필요한 사항을 규정하기 위한 목적으로 제정되었으며, 총칙, 운동경기부 인사위원회, 임용, 복무, 보수 및 복리후생 등 5장 18개 조항 및 부칙으로 구성된 규정이다. 제1장 총칙은 목적, 적용범위, 구성, 임무 등 4개 조항으로 구성되어 있다. 제3조(구성)에서는 '경기부는 단장, 주무, 선수단원(감독, 코치, 선수, 지원인력)으로 구성하며, 그 인원은 종목별 선수단운영시행내규에서 따로 정한다.'고 규정하고 있으며, "주무"는 경기부 운영상의 제반 행정사항과 회계지원을 한다고 제4조(임무) 2항에 규정되어 있다. 제2장 운동경기부 인사위원회는 설치 및 운영, 기능 등 2개 조항으로 구성되어 있으며, 제6조(기능)에서는 운동경기부 인사위원회는 선수단원의 임용·보수·복무·후생복지·수당 등에 관한 중요한 사항, 선수단원의 징계에 관한 사항, 이 규정에서 명확히 정하지 않은 사항으로서 인사위원회 의결이 필요한 사항, 기타 사장 및 위원장이 부의하는 사항의 의결 등의 사무를 관장하도록 규정하고 있다. 제3장 임용(任用)은 자격 및 고용계약 등 2개 조항으로 구성되어 있으며, 제8조(고용계약) 7항에서는 '선수단원은 「국민체육진흥법」에 따른 선수와 체육지도자 업무에 종사하는 자로서 「기간제 및 단시간근로자 보호 등에 관한 법률」 제4조 제1항 제6호 및 같은 법 시행령 제3조 제3항 제7호에 따라 2년을 초과하여 기간제 근로계약을 할 수 있다.'고 규정하고 있다.

〈별표 9-4-6〉 운동경기부 운영규정

운동경기부 운영규정
제1장 총칙
제1조(목적), 제2조(적용범위), 제3조(구성), 제4조(임무)
제2장 운동경기부 인사위원회
제5조(설치 및 운영), 제6조(기능)
제3장 임용
제7조(자격), 제8조(고용계약)
제4장 복무
제9조(근무 및 훈련), 제10조(징계 및 해임), 제11조(선수단원의 의무)
제5장 보수 및 복리후생
제12조(보수·수당 등), 제13조(퇴직금), 제14조(이적), 제15조(보험 등), 제16조(합숙소운영), 제17조(훈련용품 및 피복지급), 제18조(준용규정)
부칙

자료: 클린아이(충청남도개발공사 규정 참조, 개정 2019.8.13. 기준)

선수단원은 무기근로가 아닌 기간제 근로자로 해당 개발공사와 고용계약을 체결하게 된다. 제4장 복무는 근무 및 훈련, 징계 및 해임, 선수단원의 의무 등 3개 조항으로 구성되어 있으며, 제11조(선수단원의 의무)에서는 성실의무, 품위유지, 복종의무, 겸직금지의무, 기타의무 등 5가지 의무를 이행하도록 규정하고 있다. 기타의무는 청렴 등의 의무를 말하며, 5가지 의무는 공공기관 직원으로서 지켜야 할 의무이기도 한 것이다.

제5장은 보수·수당 등, 퇴직금, 이적, 보험 등, 합숙소 운영, 훈련용품 및 피복지급, 준용규정 등 7개 조항으로 구성되어 있다. 제16조(합숙소운영)에서는 경기력 향상과 선수 관리의 효율성을 제고하기 위하여 합숙소를 운영하고 이에 필요한 관리비, 비품 및 소모품, 공공요금 등을 예산의 범위 내에서 지급할 수 있도록 규정하고 있다.

(2) 축구단 운영규정

축구단 운영규정은 부산교통공사가 「국민체육진흥법」 제10조에 따라 부산교통공사 축구선수단의 설치 및 운영에 관하여 필요한 사항을 규정하기 위한 목적으로 제정되었다. 축구단 운영규정은 총칙, 임용, 운영위원회, 보수, 복리후생 등, 복무, 보칙 등 7장 21개 조항 및 부칙으로 구성된 규정이다.

제1장 총칙은 목적, 적용범위, 구성, 임무 등 4개 조항으로 구성되어 있으며, 제3조(구성)에서는 축구단은 단장, 부단장, 단원으로 구성하고 단장은 소관 본부장, 부단장은 소관 부서장이 되며, 단원은 감독, 코치, 트레이너, 팀 닥터, 주무

〈별표 9-4-7〉 축구단 운영규정

축구단 운영규정
제1장 총칙
제1조(목적), 제2조(적용범위), 제3조(구성), 제4조(임무)
제2장 임용
제5조(자격), 제6조(고용계약), 제7조(계약구비서류)
제3장 운영위원회
제8조(설치 및 운영), 제9조(기능)
제4장 보수
제10조(보수), 제11조(퇴직금)
제5장 복리후생 등
제12조(훈련비 등), 제13조(승리수당 및 포상금), 제14조(보험 및 노후보장 등), 제15조(합숙소운영), 제16조(훈련용품 및 피복지급)
제6장 복무
제17조(근무 및 훈련), 제18조(징계 및 해임), 제19조(단원의 의무)
제7장 보칙
제20조(위탁 관리), 제21조(위임규정)
부칙

자료: 클린아이(부산교통공사 규정 참조, 개정 2020.7.9. 기준)

및 선수로 구성하도록 규정하고 있다. 부산교통공사 직제규정 시행내규 [별표2] 본사 부서별 업무분장표(業務分掌表)에서는 경영지원부의 업무 중 축구단 관리 및 운영 업무가 분장되어 있다. 경영지원부는 경영본부 소속으로 부산교통공사 축구단 단장은 경영본부장이 되는 것이다.

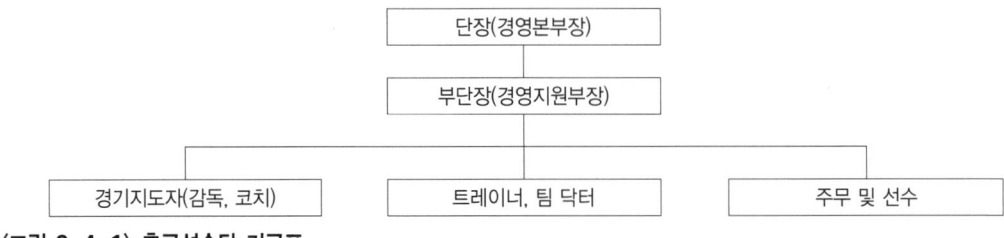

〈그림 9-4-1〉 축구선수단 기구표

　　제2장 임용은 자격, 고용계약, 계약구비서류 등 3개 조항으로 구성되어 있으며, 제5조(자격)에서는 단원이 되고자 하는 자는 공사의 인사규정 제21조의 결격사유가 없어야 한다. 지도자는 「국민체육진흥법시행령」제9조의 자격을 갖춘 자, 선수는 선수경력(고등학교 이상)이 3년 이상인 자, 팀 닥터는 스포츠의학 관련 전문자격증을 소지하고 경력 1년 이상의 자격을 갖춘 자로 정하고 있다. 제3장 운영위원회는 운영위원회의 설치 및 운영과 기능 등 2개 조항으로 구성하고 있으며, 제9조(기능)에서는 단원의 임용ㆍ보수ㆍ복무ㆍ후생복지ㆍ수당 등에 관한 중요한 사항, 징계ㆍ해임에 관한 사항, 이 규정에서 명확히 정하지 않은 사항으로서 위원회의 의결이 필요한 사항, 기타 사장 및 위원장이 부의하는 사항의 의결 등 위원회의 사무관장에 대해 정하고 있다. 제4장 보수에서는 보수와 퇴직금 등 2개 조항으로 구성하고 있으며, 제5장 복리후생 등에서는 훈련비 등, 승리수당 및 포상금, 보험 및 노후보장 등, 합숙소운영, 훈련용품 및 피복지급 등 5개 조항으로 구성하고 있다. 훈련비는 훈련비, 대회출전비, 전지훈련비 등으로 구분하고 예산의 범위 내에서 지침이 정하는 바에 따라 지급하도록 규정하고 있다. 제6장 복무와 제7장 보칙에서는 근무 및 훈련, 징계 및 해임, 단원의 의무, 위탁관리, 위임규정 등 5개 조항으로 구성되어 있으며, 제20조(위탁 관리)에서는 '사장은 필요하다고 인정될 때에는 선수단의 운영 및 관리를 위탁 또는 별도 법인을 설립하여 운영할 수 있고 이에 관한 세부사항은 따로 정한다.'고 정하고 있다.

(3) 펜싱선수단 운영내규

　　펜싱선수단 운영내규는 대전도시공사 인사규정 제4조에 의해 펜싱선수단의 채용과 처우 등 운영전반에 필요한 사항을 정하기 위해 제정되었으며, 총칙, 채용, 보수 및 예산, 복무 및 실적평가 등 4장 18개 조항 및 부칙으로 구성된 규정이다. 제1장 총칙은 목적, 용어의 정의, 적용범위, 조직 및 편성, 담당업무 등 5개 조항으로 구성되어 있으며, 제4조(조직 및 편성)에서는 단장, 총감독, 주무, 선수단 등으로 구성하고 단장과 총감독은 당연직으로 해당 기관의 사장과 경영이사가 업무를 수행하도록 규정하고 있다. 선수단은 6명 이내로 구성하고 지도자(指導者)는 2명까지 둘 수 있도록 규정되어 있으며, 제2장 채용은 계약기간, 채용기준, 계약의 해지 등 3개 조항으로 구성되어 있으며, 제7조(채용기준)에서는 감독, 코치, 선수의 채용기준을 정하고 있다.

〈별표 9-4-8〉 펜싱선수단 운영내규

펜싱선수단 운영내규
제1장 총칙
제1조(목적), 제2조(용어의 정의), 제3조(적용범위), 제4조(조직 및 편성), 제5조(담당업무)
제2장 채용
제6조(계약기간), 제7조(채용기준), 제8조(계약의 해지)
제3장 보수 및 예산
제9조(보수), 제10조(제수당 등), 제11조(연봉의 조정), 제12조(지원금 및 보상금), 제13조(퇴직금)
제4장 복무 및 실적평가
제14조(복무), 제15조(대회출전), 제16조(신분변경), 17조(실적평가), 제18조(인사규정 등의 준용)
부칙

자료: 클린아이(대전도시공사 규정 참조, 시행일 2018.12.12. 기준)

감독의 채용기준은 국가대표 펜싱선수로 2년 이상의 활동 및 지도자로 2년 이상 활동하고 경기지도자자격증을 취득한 만 50세 이하의 자 중 국가대표 코치 또는 지도자 경력이 있는 자, A급대회 이상 국내 및 국제대회에서 우승한 경력이 있는 자, 이상과 동일한 경력이 인정되는 자로 규정하고 있다. 선수는 지도자의 추천을 받아 펜싱선수경력 3년 이상인 만 27세 이하의 자로서 일반부 경기실적이 최근 2년 이내 국가대표 경력이 있어야 하며, 최근 2년 이내 A급대회 이상 국제대회에서 4강 이내 경력이 있어야 한다. 또한, 2년 이내 국내대회 4강 이내 경력이 있는 자, 위에서 설명한 바와 같이 동일한 경력이 인정되는 자를 채용할 수 있도록 규정하고 있다. 제3장 보수 및 예산은 보수, 제 수당 등, 연봉의 조정, 지원금 및 보상금, 퇴직금 등 5개 조항으로 구성되어 있으며, 제9조(보수) 1항에서는 경기인의 연봉은 [별표8]의 등급별 기준에 따라 책정하며, 신규로 입사하는 경기인의 연봉은 경력, 실적 등을 고려하여 사장이 별도로 결정한다. 단, 펜싱선수단 선수로 활동하면서 지도자가 된 경우의 최초 연봉은 [별표8]의 등급별 기준의 최하등급으로 책정하고, 제9조 2항에서는 경기인의 연봉은 제1항에 의하여 산정된 연봉을 12회로 나누어 매월 20일 지급하도록 규정하고 있다. 제12조(지원금 및 보상금) 1항 2호는 경기력 향상과 사기앙양을 위하여 전국규모대회 및 해외경기에 참가하여 입상하였을 경우 포상금은 [별표4]로 정하고 있으며, [별표4]의 대회출전 입상 포상금은 다음과 같다.

〈별표 9-4-9〉 대회출전 입상 포상금

구분		1위	2위	3위	비고
국제대회	올림픽	20,000,000원	10,000,000원	4,000,000원	단체전은 50%
	아시안 게임(세계선수권)	10,000,000원	5,000,000원	2,000,000원	〃
	기타 대회	4,000,000원	2,000,000원	1,000,000원	〃
국내대회	개인전	1,000,000원	600,000원	400,000원	입상선수 및 지도자
	단체전	1,000,000원	600,000원	400,000원	선수단에 지급

제4장 복무 및 실적평가는 복무, 대회출전, 신분변경, 실적평가, 인사규정 등의 준용 등 5개 조항으로 구성되어 있으며, 제15조(대회출전)에서는 선수단은 전국체전 및 지역대항 경기에 대전광역시 대표로 출전해야 하며 모든 경기는 사전에 공사의 승인을 득하여 출전할 수 있도록 규정하고 있다.

(4) 여자육상선수단 운영내규

여자육상선수단 운영내규는 전북개발공사 직제규정 제14조의2의 규정에 의거 공사 여자육상선수단의 관리기준을 정하여 효율적인 운영을 목적으로 제정되었으며, 총칙, 임용, 복무, 채용, 훈련 및 합숙소 설치·운영, 휴가, 보수 및 복리후생 등 6장 16개 조항 및 부칙으로 구성된 내규이다. 직제규정 제14조의2(사업소 등)는 사업소, 위원회 및 전문연구기구 등을 설치 할 수 있는 근거이며, 설치할 경우 필요한 사항은 시행내규로 정한다고 규정하고 있다. 여자육상선수단 운영내규는 위 근거를 기준으로 2011년 제정되었다.

〈별표 9-4-10〉 여자육상선수단 운영내규

여자육상선수단 운영내규
제1장 총칙
제1조(목적), 제2조(구성)
제2장 임용
제3조(자격과 임명), 제4조(선수 스카우트)
제3장 복무
제5조(복무), 제6조(계약 해지)
제4장 훈련 및 합숙소 설치·운영
제7조(훈련), 제8조(합숙소 설치·운영)
제5장 휴 가
제9조(휴가 등)
제6장 보수 및 복리후생
제10조(보수의 지급), 제11조(보수기준), 제12조(복리후생비), 제13조(피복 등 지급), 제14조(부상 보상관리), 제15조(퇴직금), 제16조(준용)
부칙

자료: 클린아이(전북개발공사 규정 참조, 개정 2019.10.01. 기준)

제1장 총칙은 목적, 구성 등 2개 조항으로 구성되어 있으며, 제2조(구성)에서는 선수단의 구성에 대해 단장, 주무, 지도자, 선수 등으로 구성하고 단장은 본부장, 주무는 업무담당 부서장, 지도자는 감독 1명, 선수는 5명 이내로 구성하도록 정하고 있다. 제2장 임용은 자격과 임명, 선수 스카우트 등 2개 조항으로 구성되어 있으며, 제3조(자격과 임명)에서는 선수단원 임명 시 필요한 서류에 대해 정하고 있다. 구비서류는 채용계약서, 입단신청서, 서약서, 이력서, 최종학교 졸업 증명서, 경기실적 증명서, 가족관계증명원, 주민등록등본, 건강진단서, 반명함판 등이다. 제3장(복무)과 제4장(훈련 및 합숙소 설치·운영)은 복무, 계약해지, 훈련, 합숙소 설치·운영 등 각 각 2개 조항으로 구성되어 있으며, 제5장 휴가는 1개 조항으로 '선수단의 휴가에 대한 사항은 계약서에 따른다.'고 제9조(휴가 등)에서 정하고 있다. 제6장 보수 및 복리후생은 보수의 지급, 보수기준, 복리후생비, 피복 등 지급, 부상 보상관리, 퇴직금, 준용 등 7개 조항으로 구성되어 있으며, 제11조(보수기준)에서는 지도자와 선수에 대한 연봉액 및 인상률은 사장의 방침으로 결정한다고 규정하고 있다. 제3조(자격과 임명)의 1호. 채용 계약서는 [별지 제1호 서식] 지도자 및 선수에 대한 연봉계약서로 연봉계약서는 목적, 계약기간, 급여 등, 근로형태 및 연가 보상 등, 퇴직금 및 보험급여,

권리와 의무, 대회출전 및 경비, 선수의 광고에 대한 처리, 부상위험의 보상관리, 성실 의무, 계약해지, 손해배상 책임, 기밀유지, 분쟁해결, 해석, 계약서의 작성 등 총 16개 조항으로 구성되어 있다.

(5) 우슈쿵푸선수단 운영 시행세칙

우슈쿵푸선수단 운영 시행세칙은 충북개발공사 운동경기부 규정에 의거하여 우슈쿵푸선수단의 관리기준을 정하여 선수단을 효율적으로 운영하기 위해 제정되었다.

시행세칙은 총칙, 임용, 복무, 선수단 인사위원회, 훈련 및 합숙소 설치운영, 휴가, 보수 및 복리후생 등 7장 21개 조항 및 부칙으로 구성된 규정이다.

〈별표 9-4-11〉 우슈쿵푸선수단 운영 시행세칙

우슈쿵푸선수단 운영 시행세칙
제1장 총칙
제1조(목적), 제2조.(구성)
제2장 임용
제3조(자격과 임명), 제4조(선수 스카우트)
제3장 복무
제5조(복무), 제6조(계약 해지 및 징계)
제4장 선수단 인사위원회
제7조(설치 및 운영), 제8조(회의·의결)
제5장 훈련 및 합숙소 설치·운영
제9조(훈련), 제10조(합숙소 및 차량 운영)
제6장 휴가
제11조(연가), 제12조(포상휴가), 제13조(병가), 제14조(특별휴가)
제7장 보수 및 복리후생
제15조(보수의 지급), 제16조(보수기준), 제17조(복리후생비), 제18조(피복 등 지급), 제19조(부상 보상관리), 제20조(퇴직금), 제21조(준용)
부칙

자료: 클린아이(충북개발공사 규정 참조, 개정 2018.12.18. 기준)

제1장 총칙은 목적, 구성 등 2개 조항으로 구성하고 있으며, 제2조(구성)에서는 우슈쿵푸선수단의 구성을 단장은 본부장, 주무는 인사총무부장, 지도자는 감독 1명, 선수는 10명 이내로 정하고 있다. 제2장 임용은 자격과 임명, 선수 스카우트 등 2개 조항으로 구성되어 있으며, 제4조(선수 스카우트)에서는 지도자에게 입단 할 선수 발굴을 위한 비용을 예산의 범위 내에서 지급할 수 있도록 정하고 있다. 또한, 우수 선수 스카우트를 위한 입단 비용과 부식비 등을 지급할 수 있도록 정하고 있다.

제3장 복무는 복무, 계약 해지 및 징계 등 2개 조항으로 구성되어 있으며, 제6조(계약 해지 및 징계)에서는 지도자 및 선수에게 인사위원회 의결을 거쳐 계약 해지 또는 징계조치 할 수 있는 근거를 마련하고 있다. 제4장 선수단 인사위원회는 설치 및 운영, 회의·의결 등 2개 조항으로 구성되어 있으며, 선수단 인사위원회는 위원장 포함 6인 이내로 구성하고, 위원장은 단장으로 정하고 있다. 제5장 훈련 및 합숙소 설치·운영은 훈련, 합숙소 및 차량운영 등 2개 조항으로 구성하고 있다. 제10조(합숙소 및 차량운영)에서는 지도자 및 선수의 훈련의 효율성을 높이기 위해 합숙소 및 차량 운영과 지도자 합숙에 대한 근거를 마련

하고 있다. 지도자 합숙은 참가할 대회의 시작일 5일전부터 대회 종료 시까지, 전지훈련기간, 기타 선수관리 및 훈련상 필요한 경우 등 3가지 경우이다. 제6장과 제7장은 휴가, 보수 및 복리후생으로 연가, 포상휴가, 병가, 특별휴가, 보수의 지급, 보수기준, 복리후생비, 피복 등 지급, 부상 보상관리, 퇴직금, 준용 등 11개 조항으로 구성되어 있다. 제17조(복리후생비)에서는 선수 단원에게 훈련수당 및 비용, 출전 실비, 포상금 등의 복리 후생비를 지급할 수 있는 근거를 정하고 있으며, 훈련수당 및 비용은 매월 지도자와 선수에게 20만 원을 지급한다. 국제대회 및 전국체육대회와 전국규모대회로 구분하여 최대 200만 원, 최하 15만 원의 포상금을 [별표2] 포상금 지급기준에 의해 지급한다.

2. 지방공단

1 체육시설 운영규정

(1) 월드컵경기장 관리규정

월드컵경기장 관리규정은 서울시설공단이 관리하는 월드컵경기장과 그 부대시설을 효율적으로 관리·운영하기 위하여 필요한 사항을 정하기 위한 규정으로 총칙, 사용허가, 시설관리, 임대시설, 부설주차장 등 총 5장 21개 조항 및 부칙으로 구성되어 있다.

제1장 총칙은 목적, 적용범위, 용어의 정의, 직무대행, 근무제도, 경기장의 개방 및 이용 등 6개 조항으로 구성되어 있으며, 제3조(용어의 정의)에서는 경기시설, 부속시설, 부대시설, 임대시설, 계약상대방 등에 대한 용어의 정의를 하였다. 제4호 "임대시설"에서는 월드컵경기장의 임대시설을 할인매장·스포츠시설, 예식장, 복합영상관, 사우나, 식음료 매점, 사무실 등으로 정하고 있다. 제2장은 제2장 사용허가와 제2의2장 대관심사위원회로 구성되어 월드컵경기장의 사용허가 및 대관 관련 내용으로 규정되어 있다.

〈별표 9-4-12〉 월드컵경기장 관리규정

월드컵경기장 관리규정
제1장 총칙
제1조(목적), 제2조.(적용범위), 제3조(용어의 정의), 제4조(직무대행), 제5조(근무제도), 제6조(경기장의 개방 및 이용)
제2장 사용허가, 제2장의2 대관심사위원회
제7조(사용허가), 제8조(대관심사위원회의 구성), 제9조(대관심사위원회 운영 등), 제10조(위원회 제척·기피·회피 등), 제11조(회의록 작성 및 공개)
제3장 시설관리
제12조(시설물 대장), 제13조(수목관리)
제4장 임대시설
제14조(임대시설의 대부 등), 제15조(관리비), 제16조(시설의 설치 및 변경), 제17조(손해보험계약), 제18조(시설물안전관리 등), 제19조(경비·청소), 제20조(점검 및 시정요구)
제5장 부설주차장
제21조(주차장 운영)
부칙

자료: 클린아이(서울시설공단 규정 참조, 개정 2019.12.31. 기준)

제13조(수목관리)는 월드컵경기장 주변 수목관리에 대한 내용으로 규정되어 있다. 제1항에서는 경기장주변 부지의 수목은 임의로 제거할 수 없으며, 제2항에서는 풍설해, 병충해 기타 사유로 도괴 위험이 예상되는 수목은 즉시 제거할 수 있도록 규정되어 있다. 제14조(임대시설의 대부)에서는 월드컵 경기장의 임대시설대부 및 사용·수익허가와 관련한 사항은 「공유재산 및 물품 관리법」, 「지방자치단체를 당사자로 하는 계약에 관한 법령」, 「서울특별시 공유재산 및 물품관리조례」 등 관련 법령에 의한다고 규정하고 있다. 제5장은 부설주차장에 대한 조항으로 부설주차장 운영에 관한 사항은 해당 지방자치단체 주무부서의 승인을 받아야 하며, 월드컵경기장 부설주차장 운영지침에 의한다고 정하고 있다.

(2) 장충체육관 관리규정

장충체육관 관리규정은 서울시설공단이 관리하는 장충체육관과 그 부대시설을 효율적으로 관리·운영하기 위하여 필요한 사항을 정하기 위한 규정으로 총칙, 사용허가 및 사용료 등, 시설관리, 체육관시설의 관리위탁 등, 부설주차장 등 총 5장 21개 조항 및 부치으로 구성되어 있다.

제1장 총칙은 목적, 적용범위, 용어의 정의, 직무대행, 근무제도, 체육관시설의 개방 및 이용 등 6개 조항으로 구성되어 있으며, 제3조(용어의 정의)에서 규정하고 있는 용어의 정의는 다음과 같다. "체육관시설"은 관람석을 포함한 체육관과 보조체육관 및 이의 사용에 필요한 부속시설을 말하며, "부속시설"은 경기시설을 사용하는

〈별표 9-4-13〉 장충체육관 관리규정

장충체육관 관리규정
제1장 총칙
제1조(목적), 제2조,(적용범위), 제3조(용어의 정의), 제4조(직무대행), 제5조(근무제도), 제6조(체육관시설의 개방 및 이용)
제2장 사용허가 및 사용료 등, 제2의2장 대관심사위원회
제7조(사용허가), 제8조(사용료의 부과·징수), 제9조(관람 또는 입장의 제한), 제10조(대관심사위원회 구성), 제11조(대관심사위원회 운영 등), 제12조(위원회 제척·기피·회피 등), 제13조(회의록 작성 및 공개)
제3장 시설관리
제14조(시설물 대장)
제4장 체육관시설의 관리위탁 등
제15조(매점시설의 관리위탁), 제16조(위탁매점의 관리), 제17조(기타 시설운영의 위탁), 제18조(위탁시설의 경비·청소), 제19조(지도감독), 제20조(위탁의 취소)
제5장 부설주차장
제21조(주차장 운영)
부칙

자료: 클린아이(서울시설공단 규정 참조, 개정 2019.12.31. 기준)

데 직접적으로 필요한 전광판 음향, 냉·난방, 전기, 조명시설 등을 말한다. "부대시설"은 체육관에 설치되어 있는 매점, 체력단련장, 다목적실, 주차장 등을 말한다.

제2장은 사용허가 및 사용료 등과 관련한 조항으로 제8조(사용료의 부과·징수)에서는 체육관 위탁시설의 관리비 부과는 "임대관리비 산정기준"〔별표1〕에 따라 매월 수탁자에게 납부하게 하도록 한다고 규정하고 있다. 매월 수탁자가 납부해야 될 〔별표1〕은 다음과 같다.

〈별표 9-4-14〉 임대관리비 산정기준(제8조 관련)

예산과목	주요항목
수도광열비	전기요금, 도시가스요금, 상·하수도요금 등
지급수수료	저수조청소, 정화조청소, 방역소독, 도시가스정기검사, 승강기안전검사, 전기설비안전진단, 냉각탑수질검사, 실내공기오염조사, 외벽청소, 냉온수기세관 등
공공요금	교통유발부담금, 시설물환경개선부담금 등
기타	화재보험 등 각종 보험료

※ 부과기준은 별도로 정하는 바에 의하며, 상기 항목은 체육관 운영 사정에 따라 변동이 가능함.

제3장은 시설관리에 관한 조항이며, 제14조(시설물 대장)에서는 체육관내 주요시설 및 재산에 관한 기본 관리대장을 비치하고 필요한 사항을 기록 유지하여야 한다고 규정하고 있다. 제4장은 체육관 시설의 관리위탁에 관한 조항으로 매점시설의 관리위탁, 위탁매점의 관리, 기타 시설운영의 위탁, 위탁시설의 경비·청소, 지도 감독, 위탁의 취소 등 6개 조항으로 구성되어 있다. 제15조(매점 시설의 관리위탁)에서는 수탁자의 선정에 대한 내용으로 수탁자 선정방법이 경쟁(일반경쟁, 제한경쟁)의 방법으로 결정된 경우에는 당해 위탁시설의 위치, 사용료, 기간, 위탁조건 등 필요한 사항을 공고하여야 한다고 규정하고 있다. 제5장은 부설주차장에 관한 조항으로 「서울특별시 주차장 설치 및 관리조례」를 준용하여 1급지 노외주차장 기준을 적용한다고 규정하고 있다.

(3) 서남권 돔구장 관리규정

서남권(西南圈) 돔구장 관리규정은 서울시설공단이 관리하는 서남권 돔구장과 그 부대시설을 효율적으로 관리·운영하기 위해 필요한 사항을 정하기 위한 규정으로 총칙, 사용허가 및 사용료, 시설관리, 시설의 위탁관리 등, 부설주차장 등 총 5장 21개 조항 및 부칙으로 구성되어 있다.

제1장 총칙은 목적, 적용범위, 용어의 정의, 직무대행, 근무제도, 돔구장시설의 사용제한 등 6개 조항으로 구성되어 있으며, 제3조(용어의 정의) 1호에서는 "돔구장시설"을 경기장과 관람석 및 이의 사용과 효용(效用)을 증대(增大)하기 위한 부속시설과 부대시설을 말한다고 정의하고 있다. 제4조(직무대행)에서는 공단 이사장은 돔

〈별표 9-4-15〉 서남권 돔구장 관리규정

서남권 돔구장 관리규정
제1장 총칙
제1조(목적), 제2조.(적용범위), 제3조(용어의 정의), 제4조(직무대행), 제5조(근무제도), 제6조(돔구장시설의 사용제한)
제2장 사용허가 및 사용료, 제2장의2 대관심사위원회
제7조(사용허가), 제8조(사용료의 부과·징수), 제9조(입장료의 반환), 제10조(대관심사위원회 구성), 제11조(대관심사위원회 운영 등), 제12조(위원회 제척·기피·회피 등), 제13조(회의록 작성 및 공개)
제3장 시설관리
제14조(시설물 대장)
제4장 시설의 관리위탁 등
제15조(매점의 사용수익허가), 제16조(매점의 관리), 제17조(기타 시설운영의 위탁), 제18조(위탁시설의 경비·청소), 제19조(지도감독), 제20조(위탁 등의 취소)
제5장 부설주차장
제21조(주차장 운영)
부칙

자료: 클린아이(서울시설공단 규정 참조, 개정 2019.12.31. 기준)

구장의 관리 및 운영에 관한 사무를 돔 경기장 운영처장에게 분장하고, 운영처장 유고로 직무 수행이 곤란한 경우에는 직제에 따른 차하위자가 그 직무를 대행한다고 규정하고 있다.

제8조(사용료의 부과·징수) 1항에서는 매월 "관리비 산정기준"에 따라 돔구장 위탁시설의 관리비를 납부하도록 하여야 한다고 정하고 있으며, 관리비 산정기준은 수도광열비(전기요금, 도시가스요금, 상·하수도 요금 등), 지급수수료(저수조청소, 정화조청소, 방역소독, 도시가스정기검사, 승강기안전검사, 전기설비안전진단, 냉각탑수질검사, 실내공기오염조사, 외벽청소, 냉온수기세관 등), 공공요금(교통유발부담금, 시설물환경개선부담금 등), 기타(화재보험 등 각종 보험료)등이다. 제17조(기타 시설운영의 위탁) 1항에서는 '효율적인 돔구장시설 운영을 위하여 필요하다고 인정할 때에는 돔구장 시설의 운영과 관련되는 사무(업무를 포함한다) 중 일부를 당해 업무를 전문으로 하는 법인, 단체 등에 위탁할 수 있다.'고 규정하고 있어 돔구장의 위탁근거를 규정에 포함하고 있다. 제5장은 부설주차장에 대한 조항으로 돔구장 부설 주차장의 사용료 부과 및 징수에 관하여는 「서울특별시 주차장 설치 및 관리조례」를 준용하여 기준을 적용하도록 규정되어 있다.

(4) 전주승마장 운영규정

전주승마장은 전주시시설관리공단에서 운영하는 사업으로 전주승마장의 운영에 관한 사항과 승마장 이용자가 준수해야 할 사항 승마장에서 사육하는 말을 건강하고 효율적으로 관리하기 위하여 필요한 사항 등을 규정하기 위한 규정으로 총칙, 시설운영, 마필관리 등 3장 26조 및 부칙으로 제정되어 운영되는 규정이다.

제1장 총칙은 목적과 정의로 구성되어 있으며, 제1조의2(정의) 1항에서는 "지정교관"에 대해 다음과 같이 정의하고 있다. '지정교관이라 함은 승마장 업무분장상 승마교육(乘馬敎育), 안전관리(安全管理), 마필 건강관리(馬匹 健康管理) 전반에 업무를 수행하는 자를 말한다.' 2항에서는 사육말 또는 소유주를 다음 각호와 같이 구분하고 있다. "공단마(公團馬)"는 공단이 소유하는 말로서 승마장에서 사육하는 말을 말하며,

〈별표 9-4-16〉 전주승마장 운영규정

전주승마장 운영규정
제1장 총칙
제1조(목적), 제1조의2(정의)
제2장 시설운영
제2조(개장시간), 제3조(휴장일), 제4조(기승시간), 제5조(이용자격 및 의무), 제6조(이용 및 강습권의 구분), 제7조(승마체험 강습 및 단체 이용), 제8조(자마 및 기관단체 소유 마필 이용), 제9조(강습료), 제10조(이용 및 강습시간), 제11조(이용 또는 강습료 반환), 제12조(제한), 제13조(장애인기승), 제14조(외승), 제15조(기타)
제3장 마필관리
제16조(마필진료), 제17조(마필 긴강점검 및 검진), 제18조(방역조치 등), 제19조(건초 및 사료의 규격,수량 및 검수), 제19조의2(건초 및 사료의 급여), 제20조(비상조치), 제21조(폐사 · 망실의 보고 및 처리), 제22조(발병 또는 폐사에 대한 면책), 제23조(폐사체의 처리), 제24조(마필 불용처리), 제25조(도태 · 증여 · 교환 · 매각), 제26조(마필관리수칙)
부칙

자료: 클린아이(전주시시설관리공단 규정 참조, 개정 2020.1.2. 기준)

"위탁마(委託馬)"는 개인이 소유하는 말로서 위탁관리 계약에 따라 마주가 승마장에 위탁하여 사육하는 말을 말한다.

"자마주"는 "위탁마"의 마주 또는 공단으로부터 사용허가를 받아 승마장 시설을 사용하는 마주를 말한다. 제2장 시설운영은 개장시간, 휴장일, 기승시간, 이용자격 및 의무, 이용 및 강습권의 구분, 승마체험 강습 및 단체이용, 자만 및 기관단체 소유 마필 이용, 강습료, 이용 및 강습시간 등으로 구성되어 있다. 제9조(강습료)에서는 승마장에서의 강습은 [별표1]에서 정한 강습료를 납부하여야 한다고 정하고 있으며, 일반승마는 월(月)강습과 일일강습으로 구분하여 운영하고 있다. 월 강습은 주2회, 주3회, 장애인 재활승마 등으로 구분하여 운영되며, 일일 강습은 1회, 10회, 단체(10인 이상), 학교교양과목, 장애인 재활승마, 자마를 이용한 자마주, 가족 강습권 등으로 구분하여 강습료가 정해져 운영된다. 체험승마는 개인과 단체(10인 이상)로 구분하여 유아 및 어린이를 대상으로 운영된다. 제10조(이용 및 강습시간)에서는 일반승마강습과 체험승마로 구분하여 일반승마강습의 1회 강습이용기간은 기승에서 하마까지 30분간, 체험승마의 1회 강습이용은 체험 승마장 내를 3회 이내 선회를 기준으로 한다고 규정하고 있다. 제3장 마필관리는 마필진료, 마필 건강점검 및 검진, 방역조치 등, 건초 및 사료의 규격·수량 및 검수, 건초 및 사료의 급여, 비상조치, 폐사·망실의 보고 및 처리, 발병 또는 폐사에 대한 면책, 폐사체의 처리, 마필 불용처리, 도태·증여·교환·매각, 마필관리 수칙 등으로 구성하고 있다. 제19조의2(건초 및 사료의 급여)에서는 건초 및 사료의 기준량과 급여원칙, 건초 및 사료의 종류 전환 등에 대해 규정하고 있으며, 사료의 기준량은 체중에 비례해서 유지에너지와 운동에너지를 반영하여 결정하고 급여원칙은 1일 3회로 하고 말의 건강상태에 따라 가감하도록 규정하고 있다.

(5) 청주종합사격장 관리·운영세칙

청주종합사격장 관리·운영세칙은 청주종합사격장의 관리·운영에 필요한 사항을 규정하기 위해 제정됐다.

청주종합사격장 관리·운영세칙은 총 14개 조항 및 부칙으로 제정되었으며, 각 조항은 다음과 같이 제정되어 운영되고 있다. 목적, 사격장 관리장의 선임, 무기고 운영, 무기고 직원의 직무, 무기고 및 실탄저장소 관리, 라이플사격장 운영, 라이플사격장 이용자 준수사항, 클레이사격

〈별표 9-4-17〉 청주종합사격장 관리·운영세칙

청주종합사격장 관리·운영세칙
제1조(목적), 제2조(사격장 관리자의 선임), 제3조(무기고 운영), 제4조(무기고 직원의 직무), 제5조(무기고 및 실탄저장소 관리), 제6조(라이플사격장 운영), 제7조(라이플사격장 이용자 준수사항), 제8조(클레이사격장 운영), 제9조(클레이사격장 관리), 제10조(클레이사격장 이용자 준수사항), 제11조(사격의 제한), 제12조(안전교육 실시), 제13조(사고발생시 조치사항), 제14조(준용)
부칙

자료: 클린아이(청주시시설관리공단 규정 참조, 개정 2019.7.2. 기준)

장 운영, 클레이사격장 관리, 클레이사격장 이용자 준수사항, 사격의 제한, 안전교육 실시, 사고발생 시 조치사항, 준용 등이다. 제2조(사격장 관리자의 선임)에서는 '이사장은 사격장에 1명 이상의 관리자를 두어야 하며, 관리자 선임과 자격기준 및 직무는「사격 및 사격장 안전관리에 관한 법률」에서 정하는 바에 따른다.'고 정하고 있다. 2항에서는 선임된 관리자는 소관부서장의 지도·감독을 받는다고 정하고 있으며, 청주시시설관리공단 조직에서 사격장관리자는 사업운영본부산하 레저사업부의 레저스포츠팀에 소속되어 업무를 수행하게 된다. 소관부서장은 레저사업부장 또는 레저스포츠팀장을 말한다. 제6조와 제8조에서는 청주종합사격장에서 운영하는 사격 사업에 대해 정하고 있으며, 운영하는 사업은 라이프사격과 클레이사격이 포함된다.

(6) 사정인라인스케이트장 운영내규

사정인라인스케이트장은 대전광역시시설관리공단에서 운영하는 사업으로 사정인라인스케이트장 운영내규는 인라인스케이트장 운영에 관한 사항과 이용자가 준수해야 될 사항 등을 규정하기 위해 총 14개 조항 및 부칙으로 제정되어 운영되는 내규이다.

〈별표 9-4-18〉 사정인라인스케이트장 운영내규

사정인라인스케이트장 운영내규
제1조(목적), 제2조(운영시간), 제3조(휴장일), 제4조(사용료의 징수), 제5조(사용료의 감면 및 경감), 제6조(사용료의 반환), 제7조(이용방법), 제8조(이용자 준수사항), 제9조(부정이용자), 제10조(입장의 제한 및 퇴장), 제11조(허가제한), 제12조(개방제한), 제13조(운영시간 변경), 제14조(기타)
부칙

자료: 클린아이(대전광역시시설관리공단 규정 참조, 개정 2020.2.27. 기준)

14개 조항은 목적, 운영시간, 휴장일, 사용료의 징수, 사용료의 감면 및 경감, 사용료의 반환, 이용방법, 이용자 준수사항, 부정이용자, 입장의 제한 및 퇴장, 허가제한, 개방제한, 운영시간 변경, 기타 등으로 구성되어 있다. 제2조(운영시간)에서는 인라인스케이트장의 운영시간을 09:00~21:00까지로 정하고 있으며, 제4조에서는 인라인스케이트장의 사용료는「대전광역시 체육시설 관리운영 조례」에 따른다고 정하고 있다. 동 조례 〔별표2〕 기본 전용사용료(평일주간 기준)와 〔별표3〕 이용료에서는 사정인라인스케이트장의 전용사용료는 1회 기준 체육경기의 경우 6만 원이며, 체육경기 외 사용 시는 10만 원으로 정하고 있다. 이용료는 성인, 청소년·군인, 어린이 등과 개인, 단체, 월 회원 등으로 구분하여 징수한다.

성인 개인의 경우 1일 이용료는 1,200원이며, 단체는 1인 900원, 월 회원은 월 기준 3만 원을 사용료로 징수한다. 제8조(이용자 준수사항) 1항에서는 이용자는 〔별표2〕의 인라인스케이트장 시설이용 시 준수사항을 숙지하여 성실한 이용자로서의 의무를 다하여야 한다고 정하고 있으며, 〔별표2〕의 준수사항은 다음과 같다.

준수 사항	1. 본 스케이트장 이용 시 먼저 입장권을 구입 후 이용하여야 하며 무단이용 시 사용료의 2배를 배상하여야 합니다. 2. 스케이트장 이용자는 반드시 보호 장구(헬멧, 보호대 등)를 착용하여야 합니다. 3. 스케이트장 내에서는 음주, 흡연, 취사, 고성방가 등을 금합니다. 4. 어린이는 보호자를 동반하고 시설을 이용하여야 하며 스케이트장 내 반려동물 출입을 금합니다. 5. 스케이트장 이용 시 손잡고 타기, 줄지어 타기 등 위험한 주행은 금하며 직원 또는 안전요원의 지시에 따르지 않을 경우 즉시 퇴장 조치합니다. 6. 이용자 부주의로 시설물이 훼손된 경우 즉시 원상복구하거나 손해배상을 하여야 합니다. 7. 안전수칙 위반 및 이용자의 부주의로 인한 안전사고 발생 시 그 책임은 전적으로 이용자에게 있습니다.

(7) 지수생활체육공원 운영내규

〈별표 9-4-19〉 지수생활체육공원 운영내규

지수생활체육공원 운영내규
제1조(목적), 제2조(운영시설), 제3조(적용범위), 제4조(운영시간), 제5조(휴장일), 제6조(사용료), 제7조(사용료의 반환), 제8조(이용절차), 제9조(이용자 준수사항), 제10조(개방제한), 제11조(이용 제한), 제12조(입장의 제한 및 퇴장), 제13조(운영시간 변경), 제14조(샤워장의 이용), 제15조(기타)
부칙

자료: 클린아이(대전광역시시설관리공단 규정 참조, 개정 2020.3.31. 기준)

지수생활체육공원은 대전광역시시설관리공단에서 운영하는 사업으로 지수생활체육공원 운영내규는 지수생활체육공원의 운영에 관한 사항과 이용자가 준수해야 할 사항 등을 규정하기 위한 내규로 총 15개 조항 및 부칙으로 제정되어 운영되고 있다. 15개 조항은 목적, 운영시설, 적용범위, 운영시간, 휴장일, 사용료, 사용료의 반환, 이용절차, 이용자 준수사항, 개방 제한, 이용 제한, 입장의 제한 및 퇴장, 운영시간 변경, 샤워장의 이용, 기타 등이다.

지수생활체육공원의 운영시설은 제2조(운영시설)에서 정하고 있으며, 운영시설은 론볼(lawn bowling)장, 풋살장, 궁도장 등이 있다. 운영시설 중 론볼장은 해당 자치구 장애인 론볼 연맹에 무상사용 허가할 수 있다고 정하고 있다. 운영시간은 제4조(운영시간)에서 정하고 있으며, 궁도장은 06:30~21:00, 풋살장은 09:00~18:00이다. 4월부터 10월까지 풋살장 운영시간은 09:00~21:00까지로 3시간 연장하여 운영된다. 제6조(사용료)에서는 지수생활체육공원 사용료는 「대전 광역시체육시설관리운영 조례」에 따른다고 규정하고 있으며, 동 조례(별표2)에서는 전용사용료를 (별표3)에서는 이용료에 대해 정하고 있다.

⟨별표 9-4-20⟩ 지수체육공원 전용사용료(제11조 제1항 관련)

종목	기준	체육경기	체육활동 외
론볼장	상시	무료	무료
풋살장	1회 1시간(1면)	15,000원	20,000원
궁도장	1회	20,000원	40,000원

⟨별표 9-4-21⟩ 지수체육공원 이용료(제11조 제1항 관련)

종목	기준	개인	단체	월 회원
론볼장	상시	무료	무료	무료
풋살장	1회 1시간(1면)	20,000원	-	-
궁도장	1회	1,000원	700원	700원

제8조(이용절차)에서는 풋살장과 궁도장의 이용절차에 대해 규정하고 있으며, 풋살장은 사전예약, 또는 직접 방문 접수가 가능하다. 궁도장은 당일에 한하여 이용요금 선납 후 1회(2시간) 이용할 수 있도록 정하고 있다.

(8) 한밭정구장 운영내규

한밭정구장은 대전광역시시설관리공단에서 운영하는 사업으로 한밭정구장 운영내규는 한밭정구장의 운영에 관한 사항과 이용자가 준수해야 할 사항 등을 규정하기 위한 내규로 총 12개 조항 및 부칙으로 제정되어 운영되고 있다.

⟨별표 9-4-22⟩ 한밭정구장 운영내규

한밭정구장 운영내규
제1조(목적), 제2조(운영), 제3조(휴장일), 제4조(이용료), 제5조(이용료의 반환), 제6조(이용절차), 제7조(이용자 준수사항), 제8조(개방 제한), 제9조(이용 제한), 제10조(입장의 제한 및 퇴장), 제11조(운영시간 변경), 제12조(기타사항)
부칙

자료: 클린아이(대전광역시시설관리공단 규정 참조, 개정 2020.1.31. 기준)

12개 조항은 목적, 운영, 휴장일, 이용료, 이용료의 반환, 이용설자, 이용자 준수사항, 개방 제한, 이용 제한, 입장의 제한 및 퇴장, 운영시간 변경, 기타사항 등이며, 정구장의 개장시간은 제2조(운영)에서 08:00~18:00으로 정하고 있다.

제4조(이용료)에서는 한밭정구장의 전용사용료와 이용료는 [별표1]과 같이 정한다고 규정하고 있으며, [별표1]은 한밭정구장의 전용사용료와 이용료로 구분하여 사용료 및 이용료를 정하고 있다.

⟨별표 9-4-23⟩ 한밭정구장 전용사용료(제4조 관련)

기준	체육경기	체육활동 외	비고
1회 2시간(1면)	15,000원	20,000원	평일주간기준

〈별표 9-4-24〉 한밭정구장 이용료(제4조 관련)

구분			이용료	비고
평일	1회 2시간(1면)	주간	4,000원	
주말·공휴일	1회 2시간(1면)		6,000원	

제9조(이용제한)에서는 공공질서와 선량한 풍속을 해할 우려가 있다고 인정될 때, 시설 관리상 지장이 있다고 인정될 때, 공익상 부적당하다고 인정될 때, 기타 책임자가 필요하다고 인정될 때 등 4가지에 해당하는 경우 이용을 제한할 수 있도록 규정하고 있다.

2 선수단 운영규정

(1) 운동부 운영규정

〈별표 9-4-25〉 운동부 운영규정

운동부 운영규정
제1조(목적), 제2조(용어의 정의), 제3조(적용범위), 제4조(조직 및 편성), 제5조(업무범위), 제6조(겸직금지), 제7조(계약), 제8조(지도자 및 선수 선발), 제8조의2(심의위원회 구성 및 운영), 제8조의3(위원의 제척·기피·회피), 제9조(자격기준), 제10조(고용권한), 제11조(고용관리)제12조(계약해지)제13조(복무), 제14조(보수), 제15조(예산집행), 제16조(의무), 제17조(대회출전), 제18조(기타)
부칙

자료: 클린아이(서울시설공단 규정 참조, 개정 2018.11.28. 기준)

운동부 운영규정은 서울시설공단에서 제정하여 운영되는 규정으로 목적, 용어의 정의, 적용범위, 조직 및 편성, 업무범위, 겸직금지, 지도자 및 선수 선발, 심의위원회 구성 및 운영, 위원의 제척·기피·회피, 자격기준, 고용권한, 고용관리, 계약해지, 복무, 보수, 예산집행, 의무, 대회출전, 기타 등 총 18개 조항 및 부칙으로 구성되어 있다. 제4조(조직 및 편성)에서는 운동부는 단장 1인과 부단장 1인, 주무 2인과 경기인(선수)으로 구성하고 단장은 경영전략본부장으로 하며, 부단장은 총무처장, 주무는 총무팀장과 업무담당자로 하되, 필요시 이사장이 따로 정할 수 있다고 규정하고 있다. 해당 공단에서는 볼링팀과, 우슈팀 등 2종목의 운동부를 운영하고 있으며 볼링팀은 지도자 1명과 8명 이내의 선수, 우슈팀은 지도자 1명과 5명 이내의 선수를 구성할 수 있도록 규정되어 있다. 경기인은 1년 단위로 고용계약하도록 규정되어 있다.

(2) 운동선수단 운영내규

인천시설공단의 운동선수단 운영내규는 인천시설공단이 설치 육성하는 운동선수단을 효율적으로 운영·관리하기 위해 제정되었으며, 총칙, 채용, 보수 및 복리후생, 복무, 훈련 및 합숙소 설치·운영과 경기대회 참가, 휴가 등 6장 25개 조항 및 부칙으로 구성된 규정이다.

〈별표 9-4-26〉 운동선수단 운영내규

운동선수단 운영내규
제1장 총칙
제1조(목적), 제2조(적용범위), 제3조(용어의정의), 제4조(조직 및 편성), 제5조(업무의 범위)
제2장 채용
제6조(선수단원의 자격기준), 제6조의2(채용 방법), 제7조(계약), 제8조(선수 스카우트), 제9조(계약의 해지)
제3장 보수 및 복리후생
제10조(보수의 지급), 제11조(연봉액 결정), 제12조(수당), 제13조(복리후생비), 제14조(피복 등 지급), 제15조(보험가입), 제16조(퇴직금),
제4장 복무
제17조(복무),
제5장 훈련 및 합숙소 설치·운영과 경기대회 참가
제18조(훈련), 제19조(합숙소 설치·운영), 제20조(경기대회 참가)
제6장 휴가
제21조(연차휴가), 제22조(포상휴가), 제23조(병가), 제24조(청원휴가), 제25조(준용)
부칙

자료: 클린아이(인천시설공단 규정 참조, 개정 2019.7.23. 기준)

제1장 총칙은 목적, 적용범위, 용어의 정의, 조직 및 편성, 업무의 범위 등 5개 조항으로 구성되어 있다. 제4조(조직 및 편성)1항에서는 선수단의 구성 내용을 정하고 있으며, 선수단은 단장, 총감독, 주무 각 1인과 선수단원으로 구성하도록 규정하고 있다. 2항에서는 선수단의 담당 업무별 담당자를 지정하고 있으며, "단장"은 본부장, "총감독"은 운동부 주관부서 실장을 당연직으로 정하고 있다. "주무"는 공단 직원 중 1인을 총감독이 지정하거나 전임주무를 채용하여 임무를 수행하게 하도록 규정하고 있다. 3항에서는 선수단의 명칭과 선수단원의 정원에 대해 규정하고 있으며, "지도자(指導者)"는 감독 1명, 코치 1명으로 2인까지 둘 수 있도록 정하고 있다. 제8조(선수 스카우트) 1항에서는 우수한 선수를 확보하기 위하여 예산의 범위 내에서 필요한 비용을 입단 대상 선수 본인 및 소속 팀에게 지급할 수 있도록 정하고 있으며, 2항에서는 지도자에게는 입단할 선수의 발굴을 위한 활동비를 예산의 범위 내에서 지급할 수 있도록 규정하고 있다. 제13조(복리후생비)에서는 지도자 및 선수에게 지급할 수 있는 복리후생비는 급양비, 출전실비, 특식비, 격려금, 포상금, 기타 등으로 구분하여 예산의 범위 내에서 지급할 수 있도록 규정하고 있다. "급양비"는 먹을 것과 입을 것을 사는 데 드는 비용으로 급양비는 매월 10만 원을 선수단원에게 지급한다. 제20조(경기대회 참가)에서는 모든 경기대회의 출전은 사전 단장의 승인을 득하도록 하고 있다. 지도자는 참가한 경기대회 종료 후 5일 이내에 결과에 대한 보고서를 제출하도록 규정하고 있으며, 제22조(포상휴가)에서는 '포상휴가는 대회에 참가하여 3위 이상 입상한 경우 또는 국가대표 팀에 선발되어 훈련을 종료한 후에는 5일 이내의 포상휴가를 실시할 수 있다.'고 정하고 있다.

(3) 사격선수단 관리 운영내규

대구시설공단의 사격선수단 관리 운영내규는 사격선수단 관리·운영에 필요한 사항을 정하기 위한 목적으로 제정되었으며, 총칙, 선수단 운영위원회, 채용 및 고용계약, 보수 및 보상, 훈련 및 대회출전, 복무 및 평가 등 6장 26개 조항 및 부칙으로 구성된 내규이다.

제1장 총칙은 목적, 다른 내규 등과의 관계, 구성, 조직 및 직무, 자격, 지도자 등의 의무 등 6개 조항으로 구성되어 있다. 제3조(구성)에서는 선수단은 단장, 부단장, 팀장, 지도자, 선수 등 5단계로 구분하고 단장은 소관업무 본부장, 부단장은 소관업무 부서장, 팀장은 대구국제사격장 소장, 지도자는 감독 1명, 선수는 6명 내외로 구성하도록 정하고 있다. 단장은 선수단을 대표하며, 업무를 총괄한다. 제5조(자격)에서는 선수단 지도자 및 선수의 자격에 대해 규정하고 있으며, 선수의 자격은 '고등학교 이상 졸업자(졸업예정자 포함)로서 대한사격연맹에 선수로 등록된 자 중에서 최근 2년 이내 국가대표 경력이 있거나 국내 또는 국제대회에서 4강 이내'에 진출한 경력이 있는 자여야 한다고 정하고 있다. 제2장 선수단 운영위원회는 위원회의 설치·운영, 준용 등 2개 조항으로 구성하고 있으며, 제7조(위원회의 설치·운영)에서는 위원회 심의사항과 구성에 대해 규정하고 있다.

〈별표 9-4-27〉 사격선수단 관리 운영내규

사격선수단 관리 운영내규
제1장 총칙
제1조(목적), 제1조(목적), 제2조(다른 내규 등과의 관계), 제3조(구성), 제4조(조직 및 직무), 제5조(자격), 제6조(지도자 등의 의무)
제2장 선수단 운영위원회
제7조(위원회의 설치·운영), 제8조(준용)
제3장 채용 및 고용계약
제9조(채용), 제10조(고용계약), 제11조(제출서류), 제12조(계약의 해지)
제4장 보수 및 보상
제13조(보수), 제14조(보수의 계산 및 지급), 제15조(영입비), 제16조(보상금), 제17조(성과급), 제18조(훈련비 및 감독활동비), 제19조(대회출전비 및 전지훈련비 등), 제20조(피복·장비 등의 지원)
제5장 훈련 및 대회출전
제21조(훈련), 제22조(대회참가 및 결과보고), 제23조(관리카드의 기록·관리)
제6장 복무 및 평가
제24조(복무), 제25조(휴가), 제26조(지도자 등에 대한 평가 및 반영)
부칙

자료: 클린아이(대구시설공단 규정 참조, 개정 2020.4.9 기준)

선수단 운영위원회의 심의사항은 지도자 등의 인사 및 보수, 선수단 관리·운영에 필요한 사항들이며, 위원장을 포함 7명 이내의 위원으로 구성하도록 정하고 있다. 제3장은 채용 및 고용계약은 채용, 고용계약, 제출서류, 계약의 해지 등 4개 조항으로 구성하고 있으며, 제9조(채용)에서는 지도자는 공개채용, 선수는 지도자의 추천을 받아 선발 후 채용하도록 규정하고 있다. 지도자 등은 기간제계약직을 고용되며, 계약기간은 고용일로부터 2년으로 정하고 있다. 제10조(고용계약) 3항에서는 지도자 등은 공무직으로 전환할 수 없도록 규정하고 있다. 제4장 보수 및 보상에서는 보수, 보수의 계산 및 지급, 영입비, 보상금, 성과급, 훈련비 및 감독활동비, 대회출전비 및 전지훈련비, 피복·장비 등의 지원 등 8개 조항으로 구성되어 있으며, 제16조(보상금)에서는 전국규모의 대회 및 국제대회에서 입상한 경우 예산의 범위 안에서[별표2]의 보상금을 지급할 수 있도록 규정하고 있다. 지도자에게는 출전대회의 성적 중 가장 높은 금액을 지급하며, 선수에게는 출전대회에서 입상한 모든 성적에 대하여 보상금을 지급한다. 대회입상 보상금 지급 기준표는 아래와 같다.

⟨별표 9-4-28⟩ 대회입상 보상금 지급 기준표

구분			지급금액			비고
			우승	준우승	3위	
국내대회	단체전	지도자	30만 원	20만 원	10만 원	전국체육대회의 경우 해당 지급금액의 100분의 200 지급
		선수(개인별)	20만 원	10만 원	7만 원	
	개인전	지도자	25만 원	15만 원	10만 원	
		선수	50만 원	30만 원	20만 원	
국제대회	단체전	지도자	100만 원	50만 원	30만 원	올림픽의 경우 해당 지급 금액의 100분의 200을 지급
		선수(개인별)	70만 원	50만 원	30만 원	
	개인전	지도자	50만 원	40만 원	30만 원	
		선수	150만 원	100만 원	50만 원	

자료: 클린아이(대구시설공단 규정 사격선수단관리운영내규 참조, 개정 2020.4.9 기준)

제5장 훈련 및 대회출전에서는 훈련, 대회참가 및 결과보고, 관리카드의 기록·관리 등 3개 조항으로 구성되어 있으며, 제22조(대회참가 및 결과보고)에서는 지도자는 전국규모 이상의 대회 일정이 확정된 때에는 대회 참가 10일 전까지 참가계획을 수립하여 보고하고, 대회 종료 시 대회참가 결과를 보고하도록 정하고 있다. 제6장 복무 및 평가는 복무, 휴가, 지도자 등에 대한 평가 및 반영 등 3개 조항으로 구성하고 있다. 사격선수단 관리운영내규 별지는 입단신청서, 추천서, 이적동의서, 사격선수단 대회참가 계획서, 사격선수단 대회참가 결과보고서, 사격선수단 관리카드, 지도자 실적평가표, 선수 실적평가표 등 8개 서식이 포함되어 있다.

참고문헌

저서

강신복, 강용호, 「체육행정학」, 보경문화사, 1991
강호정, 이준엽, 「현대스포츠경영학」, 학현사, 2013
김사엽, 「스포츠시설관리운영론」, 21세기교육사, 2004
김향기, 「행정법개론」, 삼영사, 2005
문개성, 「스포츠경영(21세기 비즈니스 미래전략)」, 박영사, 2019
이병익, 「체육행정학」, 경운출판사, 1994
이상효, 「체육행정·경영의 이론과 실제」, 금광, 2001
이상효, 「체육행정 경영의 이론과 실제」, 혜민북스, 2018
정동열, 「도서관경영론」, 한국도서관협회, 2008

논문

김종길(2010), 공공체육시설 이용만족도가 지역사회 애착도에 미치는 영향, 대구가톨릭대학교 석사학위 논문(2010.2)
남은정(2018), 공공체육시설 프로그램 참여 형태에 관한 연구, 중앙대학교 석사학위논문(2018.2)
안정균(2005), 사업계획서의 주요 구성과 성과 요인에 관한 연구, 배재대학교 석사학위논문(2005.11)
왕흥희(2009), 공공체육시설의 내부마케팅이 경영활성화에 미치는 영향, 경기대학교 박사학위논문(2009.6)
이상민(2012), 지방공기업 경영평가제도 개선방안에 관한 연구, 한양대학교 석사학위논문(2012.2)
이상범(2016), 공공체육시설 행정관리 척도 개발, 한국체육대학교 박사학위논문(2016.2)
전윤애(2009), 메가스포츠 이벤트 사후 공공체육시설 운영효율화 방안, 울산대학교 박사학위논문(2009.12)
정미균(2007), 지방공기업의 활성화 방안에 관한 연구, 충남대학교 석사학위 논문(2007.2)
정진찬(2012), 서울시 자치구 산하 시설관리공단의 구민체육센터 운영 개선방안에 대한 고찰(2012)
천성선(2011), 공공스포츠센터 운영방식에 따른 이용만족과 재구매 의도, 고려대학교 석사학위논문(2011.8)
한창구(2009), 지방공기업의 효율화를 위한 경영평가지표에 관한 연구, 경원대학교 박사학위논문(2010.2)

학술지

고인곤, 이상석, 김대호(2007), 잘 수립된 사업 계획은 양호한 기업성과를 가져오는가?: 사업계획의 구성요소에 관한 탐색적 연구, 대한경영학회지, 제20권 제1호, pp. 1-26
김현석(1998), 정부체육행정조직의 실태와 개선방안, 체육과학, 제524호, pp. 175-204
최웅선(2017), 충남공공체육시설의 적정 운영 방안, 열린 충남, pp. 38-44
백승천(2013), 지방공기업 존재 의미와 발전방향, 공공혁신과 지방자치경영을 위한 뉴 매거진, 통권 제92호
신열(2006), 지방공기업제도의 변화와 성장, 지방행정연구, 제20권 제2호 통권 제65호, pp. 73-99
원구환(2012), 지방공기업의 역사, 지방공기업, 통권 제1호, pp. 54-59
위성식, 정상원(1993), 스포츠 마케팅의 이론적 배경 탐색, 스포츠문화 과학연구지, 제4권, pp. 16-18
정상원(1994), 스포츠 경영체의 주체적 조건에 따른 소비자의 행동 분석, 스포츠科學論叢, 제5집, pp. 62-78

정창훈(2015), 지방공기업법 내용 분석을 통한 우리나라 지방공기업 제도 역사의 시기 구분과 각 시기별 지방공기업법 내용의 주요 특징에 대한 분석, 한국지방재정학회, pp. 25-50

공공기관 발행

김용동(2010), 「공공체육시설 운영의 효율성 제고 방안」, 대전발전연구원, (공공체육시설의 의의 등 참고함)
김태동(2012), 「강원도 공공체육시설의 효율적 관리・운영방안」, 강원발전연구원
문화체육관광부(2018), 「2018 전국공공체육시설현황」
문화체육관광부(2018), 「2016 체육백서」
문화체육관광부(2019), 「2017 체육백서」
영등포구(2019), 「2019년도 세출예산 집행지침」
전주시(2018), 「전주실내체육관 건립 사업 타당성 조사 및 기본구상(계획) 수립용역」
지방공기업평가원(2015), 「대한민국 지방공기업 50년사」, 경성문화사
행정안전부(2017), 「지방공기업 설립・운영기준」
행정안전부(2018), 「지방공사채 발행・운영기준」
행정안전부(2019), 「2019년도 서울시설공단 경영평가보고서」 (2019.8)
행정안전부(2019), 「2019년도 지방공기업 경영평가 종합보고서」
행정안전부(2019), 「2020년도 지방공기업 경영평가 편람」
행정안전부(2019), 「지방공기업 인사운영기준」
행정안전부(2020), 「지방공기업 예산편성기준」
행정안전부(2020), 「2020 지방자치단체 세출예산 집행기준」
행정학용어 표준화연구원(2010), 「이해하기 쉽게 쓴 행정학 용어사전」, 새정보미디어

인터넷

국가법령정보센터 http://www.law.go.kr/
서울특별시 법무행정시비스 http://legal.seoul.go.kr
서울특별시 체육정보 http://sports.seoul.go.kr
세종특별자치시 http://www.sejong.go.kr
자치법규정보시스템 http://www.elis.go.kr/
지방공기업 경영정보 https://www.cleaneye.go.kr
지방공기업평가원 https://www.erc.re.kr
체육시설알리미 https://www.spoinfo.or.kr
한국지방공기업학회 http://www.kalpe.or.kr
행정안전부 http://www.mois.go.kr
법제처(n.d.). 지방공기업법, 정부조직법, 국민체육진흥법, 체육시설의 설치 이용에 관한 법률, 스포츠산업진흥법, 전통무예진흥법, 경륜경정법, 수상레저안전법, 자전거 이용 활성화에 관한법률, 사격 및 사격장 안전관리에 관한 법률, 말산업육성법, 마리나 항만의 조성 및 관리 등에 관한 법률, 산림문화・휴양에 관한 법률, 서울특별시서울시설공단설립 및 운영에 관한 조례 http://www.moleg.go.kr

찾아보기, 색인

ㄱ

간접운영프로그램	331
강사직	415
개정	440
결정고시	353
경영평가	153
계속회원	481
고객서비스헌장	451
고시	353
공공조달 유류구매카드	307
공공체육시설	254
관서업무비	298
교육훈련비	295
규정	442
근태관리프로그램	363
기간제근로자	425
기능직	415

ㄴ

내규	442
년도(주요)업무계획	281

ㄷ

단규	442
단임지도직원	342
당연적용사업	12
대행사업비	175
도시개발공사	322
동력비	297

ㅂ

배분제직원	342
배상금	301
법정인력	99
복리후생비	295
본예산	119
부속시설사용료	483
비율제	431

ㅅ

사업계획서	277
사업예산	121
사업인력	99
상용직	425
서비스	358
성과관리시스템	365
세출	119
수선유지교체비	296
수입	119
수정예산	119
순금융비용	175
시간제	431
시간제직원	342
시설관리	360, 414
시설물관리	414
신규회원	481

ㅇ

업무직	415
여비	293
연구개발비	294
영조물손해배상	371
예규	442
예비비	302
예산	119
예산서	119
예산회계프로그램	363
운영규정	439
월회원	481
위탁관리비	299
위·수탁협약	273
위탁마	496
임의적용사업	12
이용약관	357
인사관리프로그램	364
일반보상금	300
일반운영비	292
일반회원	357
일일회원	357, 481
일직	477
임차료	175
입법예고	52

ㅈ

자본예산	121
자산취득비	302
재료비	293
전문직	415, 421
전용사용료	351
정관	349
정액제	431
제안서평가	95
제안요청서	95
제정	440
주차관리	414
준예산	119, 459
직접운영방식	258
직접(자체)운영프로그램	331

ㅊ

체육교사직	431
추가경정예산	119

ㅌ

특별운영프로그램	331
특별회원	357
특정 공사·공단	323

ㅍ

파트직	431
평가급 및 성과금	298
포상금	301
프로그램관리	414

ㅎ

행사홍보비	297
홈페이지	367
회원	356
회원관리	414
회원관리규정	356
회원관리프로그램	363
회원증	356
회의비	292
횟수계산	480